EUROPA-FACHBUCHREIHE
für Bautechnik

Prüfungsvorbereitung aktuell

HOCHBAU

Zwischen- und Abschlussprüfung

für Hochbaufacharbeiter
Maurer
Beton- und Stahlbetonbauer
Feuerungs- und Schornsteinbauer

7. Auflage

✓ gebundene Aufgaben
✓ ungebundene Aufgaben
✓ Lernfeldaufgaben
✓ Projektaufgaben
✓ Handlungsorientierte Aufgaben

Lektorat: Peter Peschel

VERLAG EUROPA-LEHRMITTEL · Nourney, Vollmer GmbH & Co. KG
Düsselberger Straße 23 · 42781 Haan-Gruiten

Europa-Nr.: 42918

Prüfungsvorbereitung aktuell

HOCHBAU

Autoren:

Peschel, Peter	Oberstudiendirektor a. D.	Göttingen
Labude, Ulrich	Oberstudienrat	Kassel
Lindau, Doreen	Studienrätin	Braunschweig
Reinecke, Hans-Joachim	Studiendirektor a. D.	Braunschweig
Schulzig, Sven	Oberstudienrat	Kassel

Lektorat:
Peschel, Peter

7. Auflage 2018

Druck 5 4 3 2 1
Alle Drucke derselben Auflage sind parallel einsetzbar, da sie bis auf die Behebung von Druckfehlern untereinander unverändert sind.

ISBN 978-3-8085-4297-2

Alle Rechte vorbehalten. Das Werk ist urheberrechtlich geschützt. Jede Verwertung außerhalb der gesetzlich geregelten Fälle muss vom Verlag schriftlich genehmigt werden.

© 2018 by Verlag Europa-Lehrmittel, Nourney, Vollmer GmbH & Co. KG, 42781 Haan-Gruiten
http://www.europa-lehrmittel.de

Satz: Satz+Layout Werkstatt Kluth GmbH, 50374 Erftstadt
Umschlag: Blick Kick Kreativ KG, 42653 Solingen
Druck: M.P. Media-Print Informationstechnologie GmbH, 33100 Paderborn

Vorwort

Prüfungsvorbereitung aktuell Hochbau umfasst prüfungskonforme, stets aktualisierte Prüfungsaufgaben, die eine zielstrebige und systematische Vorbereitung auf Klassenarbeiten, Zwischenprüfung und Abschlussprüfung ermöglichen.

Zielgruppe Auszubildende in den Berufen

- Hochbaufacharbeiter mit den Schwerpunkten Maurerarbeiten oder Beton- und Stahlbetonarbeiten,
- Maurer,
- Beton- und Stahlbetonbauer sowie
- Feuerungs- und Schornsteinbauer

Inhalte Der Auszubildende kann mit den Aufgaben und angebotenen Lösungen seinen Leistungsstand selbst überprüfen. Die Aufgaben gliedern sich wie folgt:

- Gebundene Aufgaben mit vorgegebenen Lösungen
- Ungebundene Aufgaben zur freien Beantwortung und Einübung des Lösungsweges
- Lernfeldorientierte Aufgaben für ausgesuchte Bereiche der Grundstufe
- Handlungsorientierte Aufgaben in Form von Projekten

Die Aufgaben sind für die Bereiche Lernfeldübergreifende Grundlagen, Lernfeldaufgaben der Grundstufe, Zwischenprüfung, Abschlussprüfung sowie Wirtschafts- und Sozialkunde durchnummeriert. Der Schwierigkeitsgrad der Aufgaben ist nach den Ausbildungsstufen gegliedert. Die Kopfleiste und die Randfarben erleichtern die genaue Zuordnung.

Alle Aufgaben der lernfeldübergreifenden Grundlagen sind auch für die Zwischen- und Abschlussprüfung verwendbar.

Insbesondere die lernfeld- und handlungsorientierten Aufgaben verknüpfen die arbeitsorganisatorischen, technologischen, mathematischen und zeichnerischen Inhalte und sind auf die Neuordnung der Abschlussprüfung orientiert.

Die Lösungsseiten am Ende des Buches sind durch einen roten Randstreifen gekennzeichnet.

Neu Für die 5. Auflage wurden die Aufgaben komplett gesichtet, erweitert und neu nummeriert. Die übersichtliche Neueinteilung aller Aufgabentypen nach Grund- und Fachstufen sowie der jeweiligen Schwerpunkte ermöglicht einen schnellen Einstieg in das Arbeiten mit dem Prüfungsbuch.

Die **jetzt vorliegende 7. Auflage** entspricht in der Abfolge von Seiten und Themen im Wesentlichen der vorherigen. Alle Normenangaben wurden überprüft und, falls notwendig, aktualisiert.

Anregungen Verlag und Autoren wünschen den Benutzern des Prüfungsbuchs HOCHBAU viel Erfolg beim Gebrauch und sind für Hinweise und Anregungen stets dankbar. Sie können dafür unsere Adresse lektorat@europa-lehrmittel.de nutzen.

Frühjahr 2018 Peter Peschel

Staatlich anerkannte Bau-Ausbildungsberufe

Struktur der Berufsausbildung in der Bauwirtschaft (Stufenausbildung)

* Diese Ausbildungsberufe sind für die Industrie staatlich anerkannt. Zum Teil bilden auch Ausbildungsbetriebe des Handwerks in diesen Berufen aus.

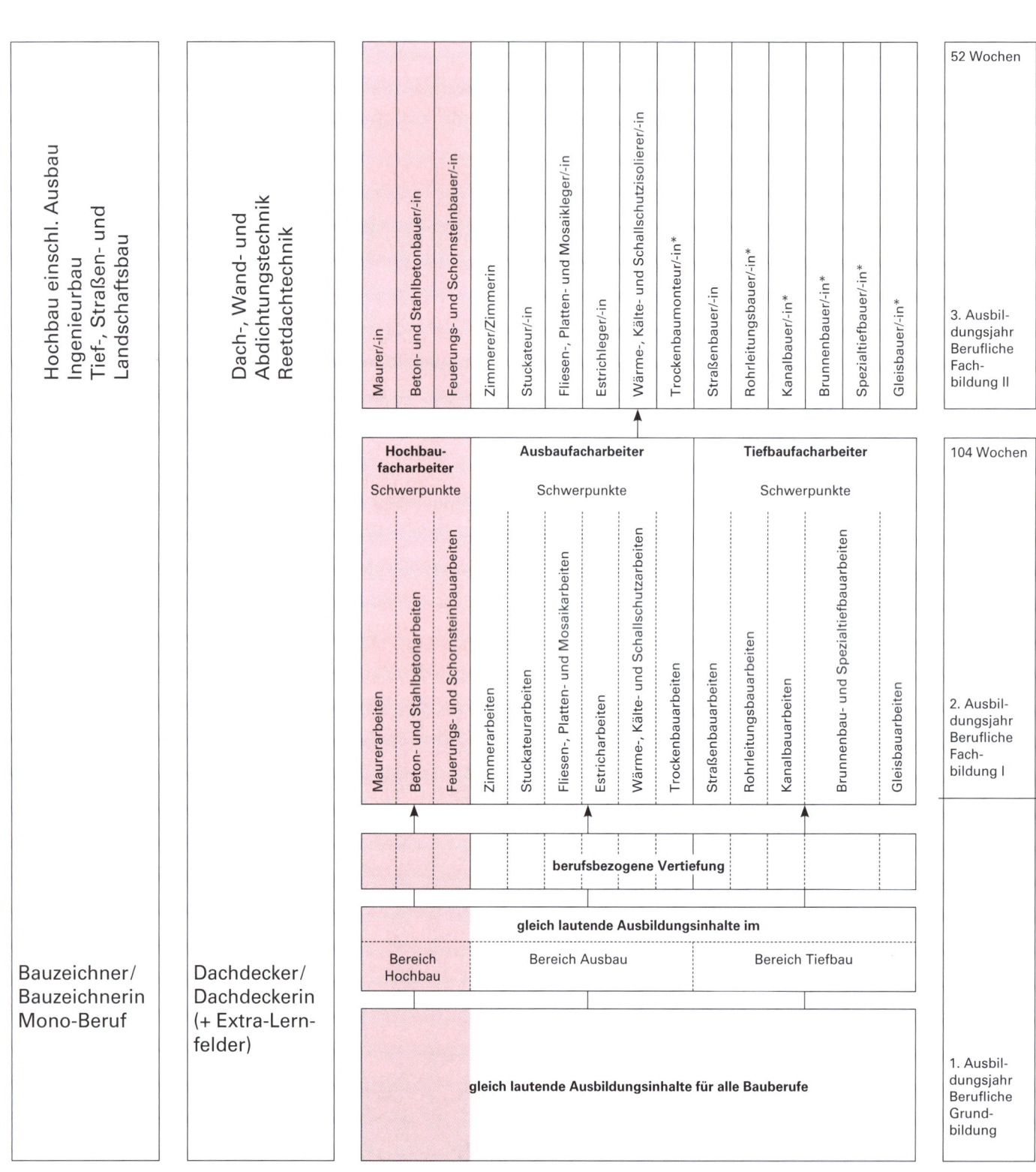

Aufbau Prüfungsbuch HOCHBAU

Das Buch **Prüfungsvorbereitung aktuell Hochbau** orientiert sich an den Lernfeldern der Rahmenlehrpläne und den Ausbildungsverordnungen der jeweiligen Ausbildungsberufe.

	Hochbaufacharbeiter	
	Schwerpunkt Maurerarbeiten	**Schwerpunkt Beton- und Stahlbetonarbeiten**
Grundbildung (gemeinsame Lernfelder)	1. Einrichten einer Baustelle 2. Erschließen und Gründen eines Bauwerks 3. Mauern eines einschaligen Baukörpers	4. Herstellen einer Holzkonstruktion 5. Herstellen eines Stahlbetonbauteils 6. Beschichten und Bekleiden eines Bauteils
Fachbildung Fachstufe I	7. Mauern einer einschaligen Wand 8. Mauern einer zweischaligen Wand 9. Herstellen einer Massivdecke 10. Putzen einer Wand 11. Herstellen einer Wand in Trockenbauweise 12. Herstellen von Estrich	7. Herstellen einer Stahlbetonstütze 8. Herstellen einer Kelleraußenwand 9. Mauern einer einschaligen Wand 10. Herstellen einer geraden Treppe 11. Herstellen einer Massivdecke
	Abschlussprüfung	

Übersicht 1: Lernfelder für Hochbaufacharbeiter

	Maurer/-in	**Beton- und Stahlbetonbauer/-in**
Grundbildung (gemeinsame Lernfelder)	1. Einrichten einer Baustelle 2. Erschließen und Gründen eines Bauwerks 3. Mauern eines einschaligen Baukörpers	4. Herstellen einer Holzkonstruktion 5. Herstellen eines Stahlbetonbauteils 6. Beschichten und Bekleiden eines Bauteils
Fachbildung Fachstufe I	7. Mauern einer einschaligen Wand 8. Mauern einer zweischaligen Wand 9. Herstellen einer Massivdecke 10. Putzen einer Wand 11. Herstellen einer Wand in Trockenbauweise 12. Herstellen von Estrich	7. Herstellen einer Stahlbetonstütze 8. Herstellen einer Kelleraußenwand 9. Mauern einer einschaligen Wand 10. Herstellen einer geraden Treppe 11. Herstellen einer Massivdecke
	Zwischenprüfung	
Fachbildung Fachstufe II	13. Herstellen einer geraden Treppe 14. Überdecken einer Öffnung mit einem Bogen 15. Herstellen einer Natursteinmauer 16. Mauern besonderer Bauteile 17. Instandsetzen und Sanieren eines Bauteils	12. Herstellen einer Fertigteildecke 13. Herstellen einer gewendelten Treppe 14. Instandsetzen eines Stahlbetonbauteils 15. Herstellen einer Stützwand 16. Herstellen eines Binders aus Spannbeton
	Abschlussprüfung	

Übersicht 2: Lernfelder für Maurer/-in bzw. Beton- und Stahlbetonbauer/-in

Der inhaltliche Aufbau gliedert lernfeldübergreifende Grundlagen, Lernfelder der Grundstufe, Lernfelder der Fachstufe I und Fachstufe II sowie Aufgaben für das Prüfungsfach Wirtschafts- und Sozialkunde.

Die Aufgaben sind in gut überschaubaren Feldern angeordnet durchnummeriert. Bei den Auswahl-Antwort-Aufgaben ist jeweils nur eine Antwort richtig. Negative Fragestellungen sind durch Rotdruck der Begriffe „nicht" bzw. „kein" besonders gekennzeichnet.

Bei den ungebundenen Aufgaben ist der Lösungsumfang durch das freie Feld bei normaler Schriftgröße ungefähr vorgegeben. Handlungsorientierte Aufgaben sind rot umrahmt und mit einem Grauraster unterlegt z. B. 1300 .

Hinweise zur Erarbeitung von Lösungen – insbesondere für handlungsorientierte Aufgaben – finden Sie im Tabellenbuch Bautechnik, im Fachbuch, bei den Institutionen der Baufachverbände und in den einschlägigen Normen. Hinweise dazu sind auf Seite 261 aufgeführt.

Aufbau und Inhalt Prüfungsbuch HOCHBAU

	Aufgabennummer	Seite
Aufgaben der lernfeldübergreifenden Grundlagen		**7**
Arbeitssicherheit und Ergonomie	001 ... 043	8
Mauerwerk	101 ... 190	14
Beton und Stahlbeton	201 ... 298	25
Projektaufgabe:		
Darstellen und Bemessen einfacher Bauobjekte	301 ... 344	35
Holz und Holzwerkstoffe	401 ... 499	39
Fliesen, Platten, Estrich	501 ... 529	51
Baugrund und Gründungen	601 ... 670	54
Vermessungsarbeiten	671 ... 695	63
Dach und Dachteile	701 ... 725	66
Baumetalle und Kunststoffe	751 ... 789	70
Technische Mathematik und statische Berechnungen	801 ... 898	74
Technisches Zeichnen und Bauzeichnen	901 ... 960	92
Lernfeldaufgaben		**103**
Arbeitsblätter		104
Mauern eines einschaligen Baukörpers	1101 ... 1114	109
Herstellen eines Stahlbetonbauteils	1115 ... 1125	111
	1130 ... 1138	112
Herstellen einer Holzdachkonstruktion	1139 ... 1173	113
Beschichten und Bekleiden eines Bauteils,		
Fliesen-, Platten- und Mosaikarbeiten	1174 ... 1179	119
Beschichten und Bekleiden eines Bauteils,		
Maurer- und Dachdeckerarbeiten	1180 ... 1197	120
Aufgaben der Zwischenprüfung Hochbau und		**123**
Abschlussprüfung Hochbaufacharbeiter/-in		
Information zur Prüfung		123
Maurerarbeiten	2101 ... 2199	129
Beton- und Stahlbetonbauarbeiten	2201 ... 2280	145
Handlungsorientierte Aufgaben	2301 ... 2302	163
Putz- und Estricharbeiten	2401 ... 2416	166
Aufgaben der Abschlussprüfung Maurer/-in und		**169**
Abschlussprüfung Beton- und Stahlbetonbauer/-in		
Information zur Prüfung		169
Mauerwerksbau	3101 ... 3199	174
Beton- und Stahlbeton	3201 ... 3298	194
Handlungsorientierte Aufgaben		**213**
Ein- und zweischalige Erdgeschosswände	3301	213
Projekt Ferienhaus	3302	214
Fundamentplan	3303	216
Betonbauteil	3304	217
Stahlbetonstütze auf bewehrtem Einzelfundament	3305	218
Stahlbetonkragträger	3306	219
Stahlbetonkonsole	3307	220
Stahlbetoneinzelfundament	3308	221
Stahlbetonvollplatte	3309	222
Lernfeldaufgaben		
Herstellen einer geraden Treppe	3401 ... 3420	223
Wirtschafts- und Sozialkunde	4001 ... 4374	227
Lösungen		**261**
Sachwortverzeichnis		**382**

Prüfungsvorbereitung aktuell

HOCHBAU

Grundbildung

Lernfeldübergreifende Grundlagen

		Seite
Arbeitssicherheit und Ergonomie	001 ... 043	8
Mauerwerk	101 ... 190	14
Beton und Stahlbeton	201 ... 298	25
Projektaufgabe: Darstellen und Bemessen einfacher Bauobjekte	301 ... 344	35
Holz und Holzwerkstoffe	401 ... 499	39
Fliesen, Platten, Estrich	501 ... 529	51
Baugrund und Gründungen	601 ... 670	54
Vermessungsarbeiten	671 ... 695	63
Dach und Dachteile	701 ... 725	66
Baumetalle und Kunststoffe	751 ... 789	70
Technische Mathematik und statische Berechnungen	801 ... 898	74
Technisches Zeichnen und Bauzeichnen	901 ... 960	92

Lernfeldübergreifende Grundlagen | Hochbaufacharbeiter

Arbeitssicherheit und Ergonomie | 001 ... 008

001
Wie groß muss der Sicherheitsabstand bei Arbeiten in der Nähe von Hochspannungsleitungen mit unbekannter Spannung sein?

① 1 m
② 2 m
③ 3 m
④ 4 m
⑤ 5 m

002
An welcher Stelle müssen die Unfallverhütungsvorschriften (UVV) auf der Baustelle vorhanden sein?

① Am Firmensitz oder in der nächstgelegenen Firmenniederlassung
② Im Büro des Bauleiters
③ An allen Baustelleneinfahrten und Zugängen zur Baustelle
④ An einer für jeden Beschäftigten zugänglichen und sichtbaren Stelle
⑤ An einem sicher verschlossenen Aufbewahrungsort auf der Baustelle

003
Welche Aussage über die persönliche Schutzausrüstung auf Baustellen ist **falsch**?

① Sicherheitsschuhe müssen immer getragen werden
② Schutzhelme müssen immer getragen werden
③ Besonders bei Maschinenarbeit muss enganliegende Kleidung getragen werden
④ Wenn Gefahr durch Funken, Spritzer oder ätzende Flüssigkeit besteht, muss eine Schutzbrille getragen werden
⑤ Wenn mit verdünnter Säure gearbeitet wird, müssen Gummihandschuhe und Gummischürze getragen werden

004
Welche Aussage über Alkoholgenuss auf der Baustelle ist zutreffend?

① Alkoholgenuss ist nur in ebenso geringen Mengen zulässig wie im Straßenverkehr
② Alkoholgenuss ist grundsätzlich verboten
③ Alkoholgenuss ist nur in der Mittagspause erlaubt
④ Alkoholgenuss ist bei Arbeiten über 1,7 m Höhe nicht erlaubt
⑤ Alkoholgenuss ist nur bei Arbeiten zu ebener Erde erlaubt

005
Welche Folgen hat es für einen Arbeiter, wenn er bei einem Arbeitsunfall Verletzungen erleidet, die nur durch das Fehlen der persönlichen Schutzausrüstung entstanden sind?

① Er wird von der Berufsgenossenschaft verwarnt
② Die Berufsgenossenschaft zahlt kein Schmerzensgeld
③ Die Berufsgenossenschaft kommt nur für 80 % der Heilkosten auf
④ Die Berufsgenossenschaft kommt nur für die Hälfte der Heilkosten auf
⑤ Die Berufsgenossenschaft übernimmt keine Leistungen

006
Wer darf kleine Reparaturen an Elektrogeräten auf der Baustelle durchführen?

① Nur ein entsprechend ausgebildeter Elektrofachmann
② Jeder gelernte Bauhandwerker
③ Ein Elektrofachmann oder der Bauleiter
④ Ein Mitarbeiter des Technischen Überwachungsvereins (TÜV)
⑤ Jeder Arbeiter auf der Baustelle

007
Was ist die Bauberufsgenossenschaft?

① Eine staatliche Behörde
② Die gesetzliche Unfallversicherung
③ Eine Unternehmensform der Bauindustrie in der ehemaligen DDR
④ Ein Bauunternehmen mit genossenschaftlicher Unternehmensform
⑤ Eine Überwachungseinrichtung für Baustellen

008
Was ist das Gewerbeaufsichtsamt?

① Ein gewerbliches Bauunternehmen
② Die gesetzliche Unfallversicherung
③ Ein privates Aufsichtsunternehmen
④ Eine staatliche Behörde
⑤ Ein Überwachungsverein für Gewerbebetriebe

Lösungen ab Seite 262

Lernfeldübergreifende Grundlagen — Hochbaufacharbeiter

Arbeitssicherheit und Ergonomie — 009 … 016

009
Wer ist für den vorschriftsmäßigen Zustand der Maschinen und Einrichtungen im Betrieb verantwortlich?

① Der Unternehmer
② Der Lieferant
③ Der Betriebsrat
④ Der jeweilige Benutzer
⑤ Die Berufsgenossenschaft

010
Welche Aussage über Gerüste ist falsch?

① Die Betriebssicherheit von Gerüsten muss überwacht werden
② Gerüste dürfen vor der Fertigstellung nicht benutzt werden
③ Von Gerüsten darf nicht abgesprungen werden
④ Bei Arbeiten auf Gerüsten müssen Rettungsgurte angelegt werden
⑤ Arbeitsgerüste dürfen nicht überlastet werden, und die Lasten müssen möglichst gleichmäßig verteilt werden

011
Welche Aussage über elektrische Geräte ist falsch?

① Elektrische Maschinen und Geräte müssen mit einem Prüfzeichen versehen sein
② Elektrische Maschinen und Geräte müssen von Baustromverteilern aus mit Strom versorgt werden
③ Schadhafte elektrische Geräte dürfen nur benutzt werden, wenn keine spannungsführenden Teile zugänglich sind
④ Schadhafte elektrische Geräte dürfen nicht benutzt werden
⑤ Leuchten auf Baustellen müssen mindestens regengeschützt sein

012
Welche Aussage über den Umgang mit Gefahrstoffen auf Baustellen ist zutreffend?

① Umgang mit Gefahrstoffen dürfen nur Personen mit abgeschlossener Berufsausbildung haben
② Umgang mit Gefahrstoffen dürfen nur Personen mit spezieller Ausbildung und abschließender Prüfung haben
③ Der Arbeitgeber hat eine Betriebsanweisung über den Umgang mit Gefahrstoffen in verständlicher Form zu erstellen, also in der Sprache der Beschäftigten
④ Die Betriebsanweisung über den Umgang mit Gefahrstoffen muss in deutscher Sprache verfasst sein
⑤ Eine spezielle Unterweisung der Beschäftigten mit den Gefahrstoffen ist nicht erforderlich, wenn eine vorschriftsmäßige Betriebsanweisung vorliegt

013
Welcher der genannten Stoffe ist kein Gefahrstoff im Sinne der Gefahrstoffverordnung?

① Zement
② gelöschter Kalk (Calciumhydroxid)
③ Gipspulver (Calciumsulfat-Halbhydrat)
④ Bitumenemulsion
⑤ Frischbeton

014
Wie ist die Gefahr durch einstürzende Baugruben einzuschätzen? 1 m³ Erde entspricht etwa der Masse …

① … eines Motorrades (200 kg)
② … einer Kuh (400 kg)
③ … eines Pferdes (600 kg)
④ … eines Kleinbusses (2000 kg)
⑤ … eines Elefanten (5000 kg)

015
Welche Aussage zur Unfallverhütung ist richtig?

① Die Tiefbauberufsgenossenschaft ist nicht der Träger der gesetzlichen Unfallversicherung
② Leichtsinn ist kein Mut, Vorsicht keine Angst
③ Persönliche Schutzausrüstungen sind nicht erforderlich
④ Ein Blutalkoholgehalt von unter 0,8 Promille ist auf Baustellen erlaubt
⑤ Betriebs- und Schutzeinrichtungen müssen vorhanden sein, aber nicht benutzt werden

016
Welche Aussage zur Sicherheit am Bau ist falsch?

① Schadhafte Leitern dürfen nur bis zu einer Höhe von 1,75 m eingesetzt werden
② Angebrochene Holme und Wangen dürfen nicht geflickt werden
③ An Baukreissägen muss der gesamte Zahnkranz des Sägeblattes bis auf die Schneidstelle verdeckt sein
④ Zur Vermeidung von Unfällen ist ein Unfallort sofort abzusperren
⑤ Rettungsmaßnahmen müssen unter Inkaufnahme der Arbeitseinstellung unterstützt werden

Lösungen ab Seite 262

Lernfeldübergreifende Grundlagen — Hochbaufacharbeiter

Arbeitssicherheit und Ergonomie — 017 ... 021

017

Welche Höhe *h* müssen die Leiterholme einer Anlegeleiter über den Leiteraustritt mindestens hinausragen, um die Unfallverhütungsvorschriften einzuhalten und damit einen sicheren Austritt zu gewährleisten?

① 0,5 m
② 0,7 m
③ 1,0 m
④ 1,2 m
⑤ 1,5 m

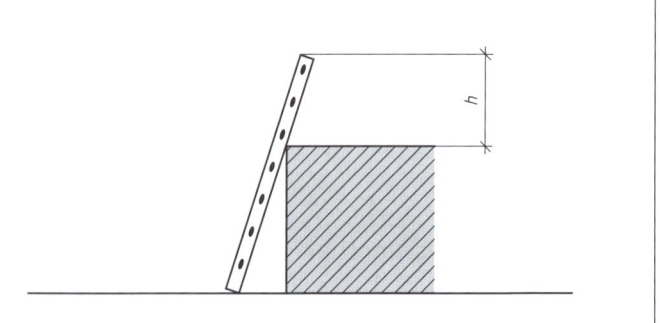

018

Ab welcher Höhe *h* müssen Gerüste über festem Boden seitliche Absturzsicherungen erhalten?

① ab 1,50 m
② ab 2,00 m
③ ab 2,50 m
④ ab 3,00 m
⑤ ab 4,00 m

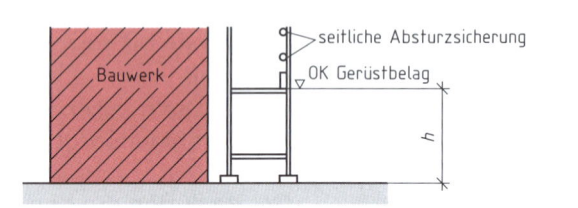

019

Welches der Symbole (bis 2015 gültig) auf einem Elektrogerät besagt, dass das Gerät Strahlwasser geschützt ist?

① Symbol A
② Symbol B
③ Symbol E
④ Symbol C
⑤ Symbol D

  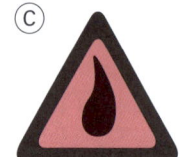   

020

Ab welcher Höhe *h* muss eine seitliche Absturzsicherung an Treppenläufen angebracht sein?

① 0,8 m
② 1,0 m
③ 1,2 m
④ 1,5 m
⑤ 2,0 m

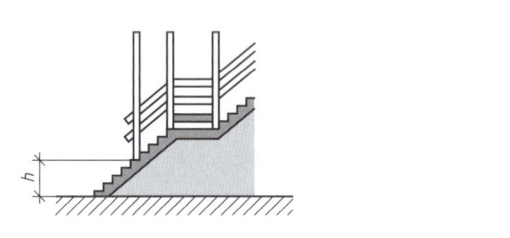

021

Ab welcher Arbeitsplatzhöhe *h* auf Dächern müssen Fanggerüste angebracht werden?

① 3 m
② 4 m
③ 5 m
④ 8 m
⑤ 10 m

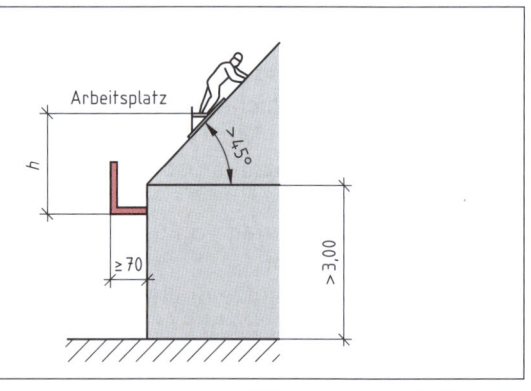

Lernfeldübergreifende Grundlagen — Hochbaufacharbeiter

Arbeitssicherheit und Ergonomie — 022 ... 031

022
Wie hoch über dem Gerüstbelag muss bei einem Arbeitsgerüst die Oberkante des Seitenschutzes liegen?
① 1,20 m ± 5 cm
② 1,00 m ± 5 cm
③ 0,90 m ± 5 cm
④ 0,80 m ± 5 cm
⑤ 0,75 m ± 5 cm

023
Welche der genannten Sicherungen einer Aussparung für eine Treppenöffnung entspricht den Unfallverhütungsvorschriften?
① Abdeckung mit einer Q-Matte
② Abdeckung mit lose liegenden Schalbrettern
③ Aufstellen von Gerüstblöcken mit Flatterband dazwischen
④ Umwehrung mit einem standfesten Geländer und Bordbrett
⑤ Beschilderung mit der Aufschrift: Vorsicht Öffnung!

024
Welche Ursache hat das Klemmen der Handkreissäge im Schnitt?
① Das Sägeblatt ist stumpf
② Der Spaltkeil verursacht das Klemmen
③ Der Schrank des Sägeblattes ist zu gering
④ Das Holz ist zu trocken
⑤ Der Spanauswurfschacht ist verdreckt

025
Für welche Arbeit wird ein Kröpfeisen benutzt?
① Zum Schärfen von Meißeln
② Zum Aufstielen von Vorschlaghämmern
③ Zum Reinigen von Mischertrommeln
④ Zum Befestigen von Abstandshaltern
⑤ Zum Biegen von Betonstahl

026
Wofür wird eine Schichtmaßlatte benutzt?
① Zum Fluchten zwischen den Ecken
② Zur Kontrolle der Schichthöhe beim Mauern
③ Zum Übertragen rechter Winkel
④ Zum lotrechten Aufsetzen von Mauerecken
⑤ Zur Einhaltung der Breite der Luftschichten im zweischaligen Mauerwerk

027
Wofür wird eine Schlauchwaage benutzt?
① Zur Kontrolle der Zugabewassermenge
② Zur Entwässerung der Baugrube
③ Zur Übertragung von Höhepunkten über mehr als 50 m
④ Zur Übertragung von Höhepunkten über mehrere Meter Entfernung
⑤ Zum Auftrommeln von Wasserschläuchen

028
Wofür wird ein Rotationslaser benutzt?
① Zum Flächennivellement
② Zum Verlegen von Kanalisationsleitungen
③ Zum Auffinden von unter Putz verlegten Leitungen
④ Zum Schneiden harter Materialien, z.B. Klinker
⑤ Zum Bohren in Stahlbeton

029
Welche Aufgabe hat ein Fanggerüst?
① Es ist ein begehbares Montagegerüst
② Es ist ein Leergerüst für Schalarbeiten
③ Es ist ein begehbares Arbeitsgerüst
④ Es ist ein Schutzgerüst zur Absturzsicherung
⑤ Es ist ein Gerüst zur Lagerung von Baustoffen

030
Benennen Sie die Teile der abgebildeten Baukreissäge!
A: _____
B: _____
C: _____
D: _____
E: _____

031
Benennen Sie das abgebildete Teil, das die Schalung zusammenhält!
_____

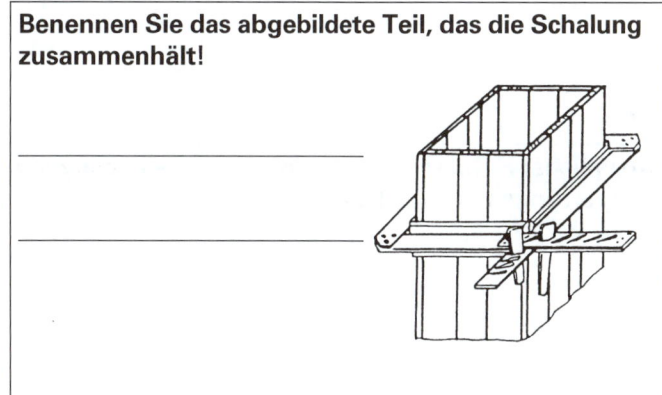

Lösungen ab Seite 262

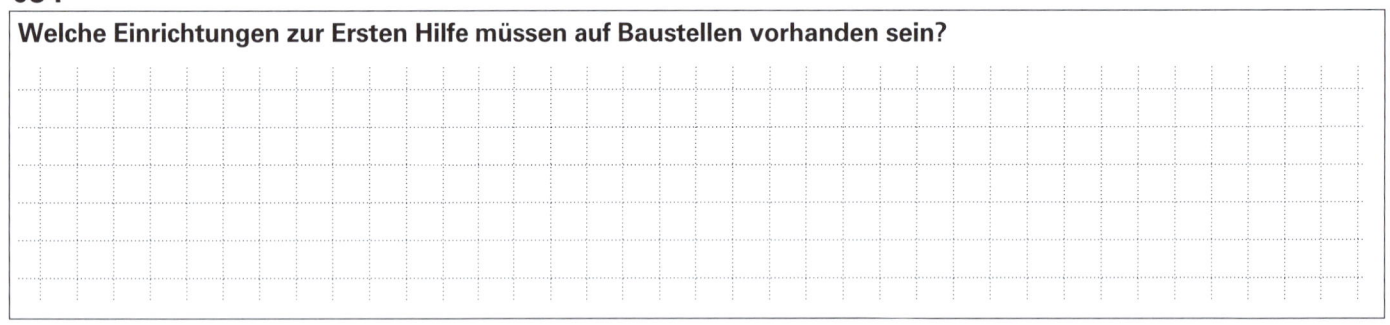

Lernfeldübergreifende Grundlagen — Hochbaufacharbeiter

Arbeitssicherheit und Ergonomie — 032 ... 037

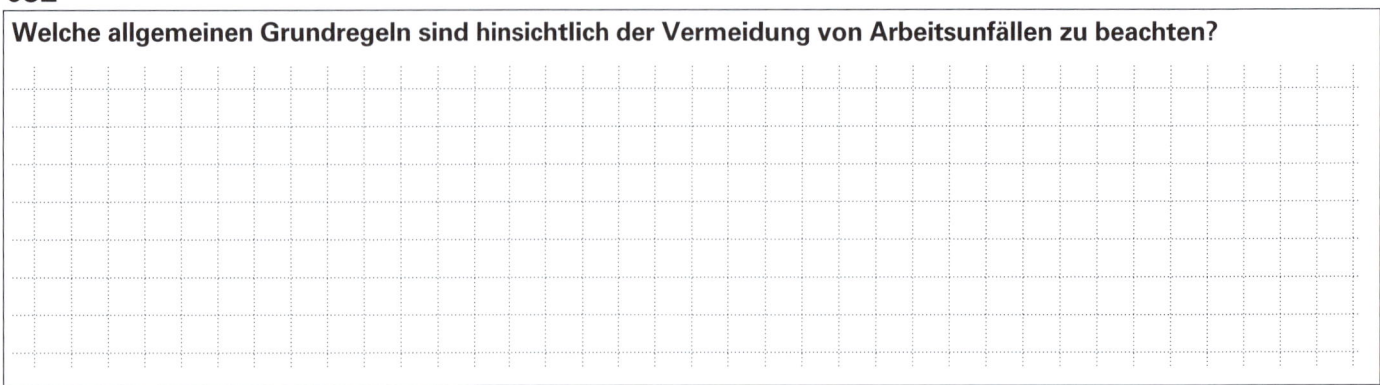

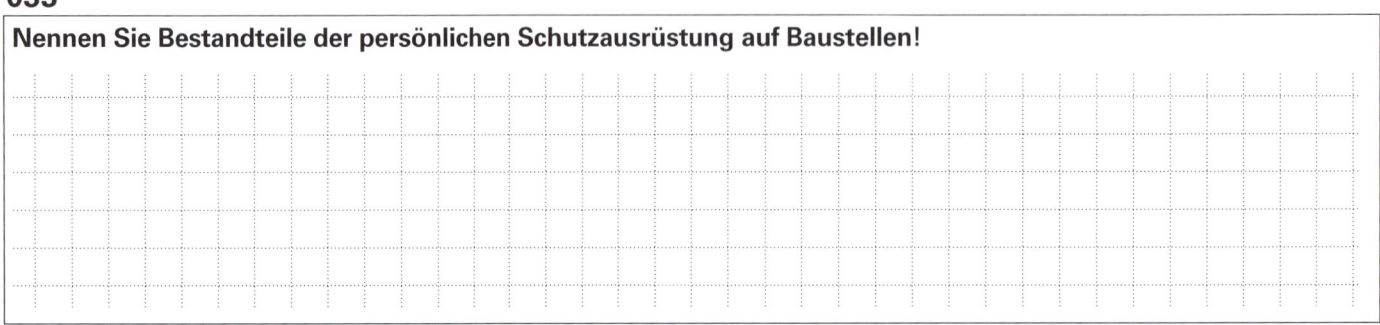

032 Welche allgemeinen Grundregeln sind hinsichtlich der Vermeidung von Arbeitsunfällen zu beachten?

033 Nennen Sie Bestandteile der persönlichen Schutzausrüstung auf Baustellen!

034 Welche Einrichtungen zur Ersten Hilfe müssen auf Baustellen vorhanden sein?

035 Welche Wirkung hat Strom auf den menschlichen Körper?

036 Welche Sofortmaßnahmen sind bei einem Stromunfall zu ergreifen?

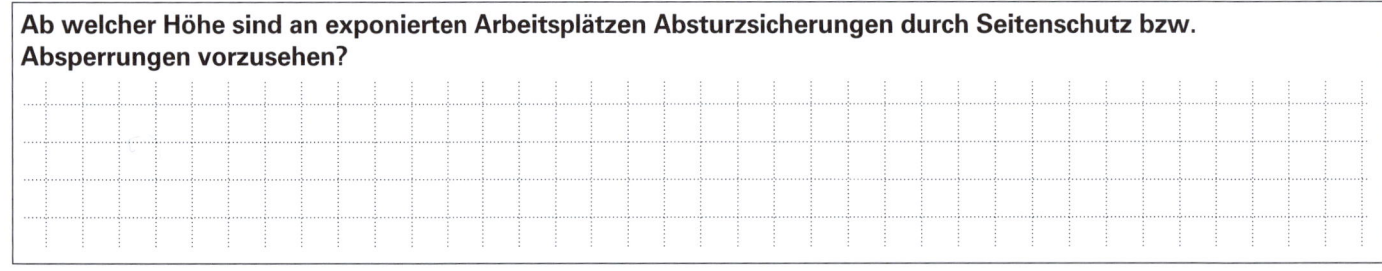

037 Ab welcher Höhe sind an exponierten Arbeitsplätzen Absturzsicherungen durch Seitenschutz bzw. Absperrungen vorzusehen?

Lernfeldübergreifende Grundlagen — Hochbaufacharbeiter

Arbeitssicherheit und Ergonomie — 038 … 043

038
Wie muss eine Treppenöffnung im Rohbau gesichert werden?

039
Welche Vorschriften sind beim Einsatz von Anlegeleitern einzuhalten?

040
Welche Sicherheitsvorschriften gelten für die Arbeit auf fahrbaren Hebebühnen?

041
Welche Arten von Gerüsten werden unterschieden?

042
Welche Vorschriften müssen bei Arbeiten auf Gerüsten beachtet werden?

043
Benennen Sie die Teile des dargestellten Gerüstes!?

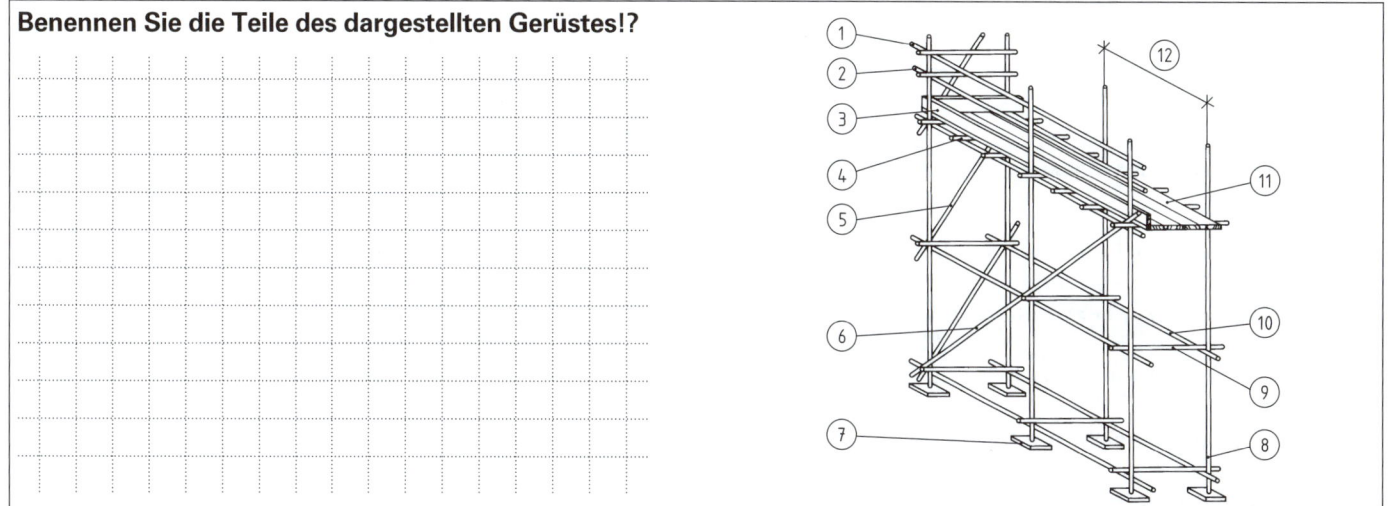

044 … 100 keine Aufgaben

Lösungen ab Seite 263

Lernfeldübergreifende Grundlagen — Hochbaufacharbeiter

Mauerwerk — 101 ... 110

101
Welche chemische Bezeichnung hat Kalkstein?

① Calciumoxid CaO
② Magnesiumoxid MgO
③ Calciumcarbonat $CaCO_3$
④ Calciumhydroxid $Ca(OH)_2$
⑤ Magnesiumcarbonat $MgCO_3$

102
Welcher Baukalk ist ein Luftkalk?

① HL 2
② HL 3,5
③ HL 5
④ HL 6
⑤ CL 70

103
Welche Bedeutung hat die Zahl 5 beim hydraulischen Kalk HL 5?

① Schüttdichte in kg/dm^3
② Schüttdichte in kg/m^3
③ Druckfestigkeit in N/mm^2 nach 7 Tagen
④ Druckfestigkeit in N/mm^2 nach 28 Tagen
⑤ Rohdichte in kg/dm^3

104
Welcher Normalmauermörtel gehört zum Mischungsverhältnis 1 : 1 : 6?

① NM I
② NM II
③ NM IIa
④ NM III
⑤ NM IIIa

105
Wann beginnt und endet das Erstarren von Normzementen?

	Erstarrungsbeginn (in h)	Erstarrungsende (in h)
①	2	10
②	0,5	5
③	3	4
④	1	12
⑤	2	5

106
Welches Bindemittel eignet sich nicht für Mauermörtel?

① Zement
② Kalkhydrat
③ Gips
④ Hydraulischer Kalk
⑤ Anhydritbinder

107
Was bedeutet die Zusatzkennzeichnung R bei der Zementart Portlandzement CEM I 32,5 R – HS?

① Für Fertigteile aus Beton bevorzugt
② Hoher Sulfatwiderstand
③ Höhere Anfangsfestigkeit (Rapid)
④ Niedrige Hydratationswärme
⑤ Niedriger wirksamer Alkaligehalt

108
Mit welchem Gerät wird der Versteifungsbeginn bei Baugipsen überprüft?

① Nadelgerät (Vicatgerät), Messer
② Prüfsiebsatz
③ Einlaufgerät nach Böhme
④ Luftpyknometer
⑤ Le-Chatelier-Ring

109
Welche Aussage über die Verwendung von Gipsarten ist richtig?

① Ansetzgips wird zum Ansetzen von Steingut- und Steinzeugfliesen verwendet
② Stuckgips wird zur Herstellung von Außenputz verwendet
③ Haftputzgips eignet sich zum Kleben von Natursteinplatten
④ Fugengips eignet sich zum Verfugen von Klinkermauerwerk
⑤ Putzgips wird für Innenputz- und Rabitzarbeiten verwendet

110
Wie wird Dünnbettmörtel (DM) in der Regel hergestellt?

① Als Baustellenmörtel
② Als Werk-Vormörtel
③ Als Werk-Trockenmörtel
④ Als Werk-Frischmörtel
⑤ Es gibt kein Dünnbettmörtel

Lernfeldübergreifende Grundlagen — Hochbaufacharbeiter

Mauerwerk — 111 … 120

111
Bei welcher Mauerwerkskonstruktion ist das Nennmaß als Außenmaß zu berechnen?
① Pfeiler
② Nische
③ Vorlage
④ Mauervorsprung
⑤ Türöffnung

112
Wie heißt die im Grundriss skizzierte Schicht der Wandvorlage?
① Schränkschicht
② Binderschicht
③ Blockschicht
④ Läuferschicht
⑤ Rollschicht

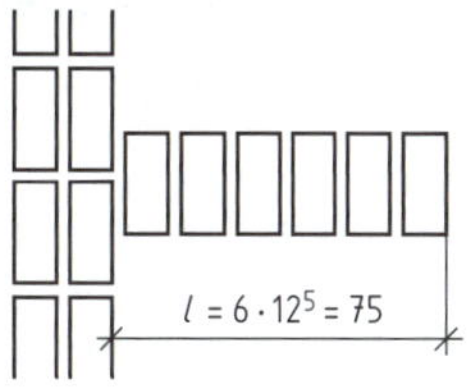

$l = 6 \cdot 12{,}5 = 75$

113
Welchen Korndurchmesser darf die Gesteinskörnung (Sand) von Mörtel höchstens haben?
① 1 mm
② 2 mm
③ 8 mm
④ 4 mm
⑤ 16 mm

114
Welche Putzmörtelgruppe (P) hat die Abkürzung PII?
① Gipsmörtel
② Kalkmörtel
③ Kalkzementmörtel
④ Anhydritmörtel
⑤ Zementmörtel

115
Welcher Normalmauermörtel (NM) bzw. welche Mörtelklasse (M) hat die größte Druckfestigkeit?
① NM II/ M 2,5 — Kalkzementmörtel
② NM IIa/ M 5 — Kalkzementmörtel
③ NM IIIa/ M 20 — Zementmörtel
④ NM III/ M 10 — Zementmörtel
⑤ NM I/ M 1 — Kalkmörtel

116
Mit welchem Mischungsverhältnis wird die Putzmörtelgruppe PIII (ohne Luftkalk) hergestellt?
① 1 : 1
② 1 : 3
③ 1 : 5
④ 2 : 1 : 10
⑤ 1 : 1 : 8

117
Aus Gips und Sand soll ein Innenputz hergestellt werden. Welches Mischungsverhältnis ist richtig?
① 1 : 0,5
② 1 : 2
③ 1 : 4
④ 1 : 1 : 4
⑤ 2 : 1 : 4

118
Wie dick muss im Allgemeinen mindestens ein Außenputz sein?
① 30 mm
② 25 mm
③ 20 mm
④ 15 mm
⑤ 10 mm

119
Welche Putzregel ist richtig?
① Der Putzgrund darf gefroren sein
② Glatter Putzgrund ist aufzurauen
③ Der Putzgrund darf verschmutzt sein
④ Die einzelnen Putzlagen müssen ungleichmäßig dick aufgebracht werden
⑤ Der Oberputz muss eine höhere Festigkeit erreichen als der Unterputz

120
Welcher Mauerverband ist nebenstehend abgebildet?
① Läuferverband
② Binderverband
③ Kopfverband
④ Blockverband
⑤ Kreuzverband

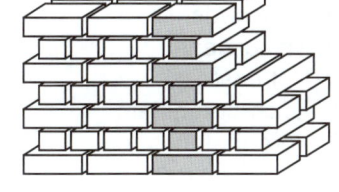

Lösungen ab Seite 263

Lernfeldübergreifende Grundlagen — Hochbaufacharbeiter

Mauerwerk — 121 ... 130

121
Welche zwei Eigenschaften sind für die Verwendung von natürlichen Mauersteinen besonders wichtig?
① Schall- und wärmedämmend
② Dicht/körnig
③ Druckfest/witterungsbeständig
④ Polierbar/feinkörnig
⑤ Dicht/wärmedämmend

122
Zum Mauern einer tragenden Wand werden Mauerziegel im Format NF verarbeitet. Welche Abmessungen in cm haben diese Ziegel?
① 24 × 17,5 × 11,3
② 24 × 30 × 11,3
③ 24 × 11,5 × 7,1
④ 24 × 11,5 × 5,2
⑤ 24 × 30 × 23,8

123
Welches Mauerziegelformat ist hier abgebildet?
① NF
② DF
③ 5 DF
④ 2 DF
⑤ 3 DF

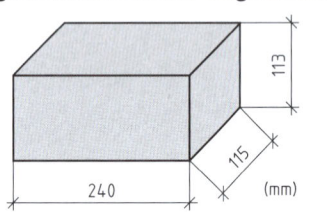

124
Welcher Mauerziegel wird mit dem Kurzzeichen KHLz gekennzeichnet?
① Hochlochklinker
② Vollziegel
③ Leichtlanglochziegel
④ Vollklinker
⑤ Vormauerziegel

125
Was bedeutet die Zahl 12 bei der Bezeichnung des Mauerziegels DIN 105-VMz 12-1,8-NF?
① Zugfestigkeit   in N/mm²
② Masse   in kg
③ Druckfestigkeit   in N/mm²
④ Rohdichte   in kg/dm³
⑤ Schubfestigkeit   in N/mm²

126
Was bedeutet die Zahl 1,8 bei der Bezeichnung des Mauerziegels DIN 105-VMz 12-1,8-NF?
① Zugfestigkeit   in N/mm²
② Masse   in kg
③ Druckfestigkeit   in N/mm²
④ Rohdichte   in kg/dm³
⑤ Schubfestigkeit   in N/mm²

127
Welche Bedeutung hat die Zahl 4 bei der Kennzeichnung DIN 4165-PP4 von Porenbeton-Plansteinen?
① Rohdichte eines Steins   in kg/dm³
② Mittelwert der Druckfestigkeit   in N/mm²
③ Mindestwert der Druckfestigkeit   in N/mm²
④ Masse des Steines   in kg
⑤ Breite eines Steines   in dm

128
Die Grundeinheit der Maßordnung im Mauerwerksbau ist 1 am. Welches Maß wird dadurch gekennzeichnet?
① 1 cm
② 10 cm
③ 11,5 cm
④ 12,5 cm
⑤ 24 cm

129
Welcher Stein ist ein gebrannter Mauerstein?
① Kalksandstein
② Mauerziegel
③ Hüttenstein
④ Leichtbetonstein
⑤ Porenbetonstein

130
Welcher Stein ist ein ungebrannter Mauerstein?
① Porenbetonstein
② Mauerziegel
③ Hochlochklinker
④ Leichthochlochziegel
⑤ Vollklinker

Lernfeldübergreifende Grundlagen — Hochbaufacharbeiter

Mauerwerk — 131 … 140

131
Für welches Steinformat reicht ein Überbindemaß von mindestens 4,5 cm aus?
① DF
② 9 DF
③ 10 DF
④ 12 DF
⑤ 16 DF

132
Welche Schicht aus NF-Mauerziegeln ist hier dargestellt?
① Binderschicht
② Rollschicht
③ Kopfschicht
④ Schränkschicht
⑤ Läuferschicht

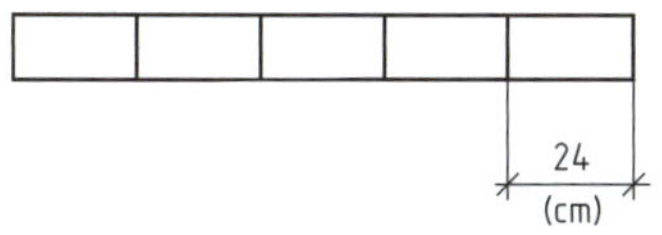

133
Welches Mauerziegelformat ist ein Vorzugsformat?
① 3 DF
② 5 DF
③ 10 DF
④ 12 DF
⑤ 16 DF

134
Wie dick sind Lagerfugen bei Mauerwerk aus 2 DF-Mauerziegeln?
① 1,0 cm
② 1,1 cm
③ 1,2 cm
④ 1,3 cm
⑤ 1,4 cm

135
Welcher Mauerziegel ist hier dargestellt?
① HLzA
② HLzB
③ HLzW
④ Mz
⑤ KK

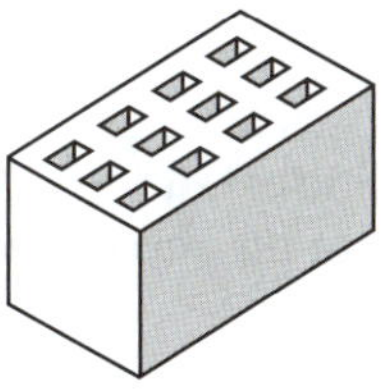

136
Welche Höhe hat ein Pfeiler aus 18 NF-Mauerwerksschichten?
① 1,68 m
② 1,70 m
③ 1,25 m
④ 1,50 m
⑤ 1,80 m

137
Wie dick sind Stoßfugen bei Mauerwerk aus NF-Mauerziegeln?
① 1,3 cm
② 1,2 cm
③ 1,0 cm
④ 1,1 cm
⑤ 1,4 cm

138
Welcher Regelverband ist hier abgebildet?
① Läuferverband
② Kreuzverband
③ Binderverband
④ Blockverband
⑤ Kopfverband

139
Welche Mindestdicke müssen Außenwände aus Mauerziegeln haben?
① 11,5 cm
② 17,5 cm
③ 36,5 cm
④ 24 cm
⑤ 30 cm

140
Welcher Regelverband hat eine Wanddicke von 1/2-Stein?
① Kopfverband
② Blockverband
③ Kreuzverband
④ Läuferverband
⑤ Binderverband

Lernfeldübergreifende Grundlagen — Hochbaufacharbeiter

Mauerwerk

141
Um das Aufsteigen von Bodenfeuchtigkeit im Mauerwerk zu verhindern, wird eine waagerechte Abdichtung eingebaut. Aus welchem Material besteht diese?

① Korkplatte
② Faserzementplatte
③ Gipskarton-Bauplatte
④ Glaswollematte
⑤ Bitumendachbahn R 500

142
Welcher Baustoff hat bei gleicher Dicke die größte Wärmedämmung?

① Mauer-Vollziegel
② Porenbetonstein
③ Kalksandstein
④ Betonstein
⑤ Klinker

143
Welche Verzahnung ist dargestellt?

① Liegende Verzahnung
② Stehende Verzahnung
③ Lochverzahnung
④ Stockverzahnung
⑤ Stumpfstoßverzahnung

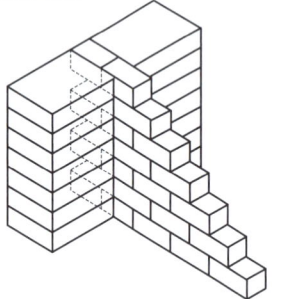

144
Viele mittel- und großformatige Mauersteine werden mit Löchern und Kammern hergestellt. Welches ist der wichtigste Grund für diese Hohlräume?

① Verbesserte Schalldämmung
② Verbesserte Wärmedämmfähigkeit
③ Materialeinsparung
④ Verbesserter Haftverbund zwischen Mauerstein und Mörtel
⑤ Griffhilfe beim Mauern

145
Welcher künstliche Mauerstein hat die beste Wärmedämmung?

① HLzA 20 – 2,0 – 5 DF
② Mz 12 – 1,8 – 5 DF
③ KSL 20 – 1,4 – 5 DF
④ HLzW 8 – 0,8 – 5 DF
⑤ V 6 – 1,0 – 5 DF

146
Mit welcher Mindestauflagertiefe a müssen KS- oder Ziegelflachstürze eingebaut werden?

① 5,25 cm
② 11,5 cm
③ 12,5 cm
④ 17,75 cm
⑤ 24,0 cm

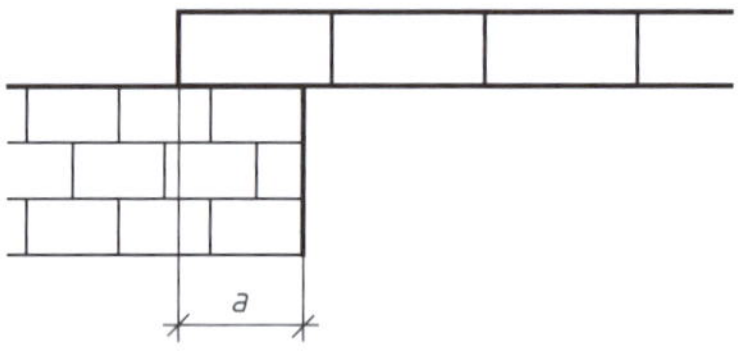

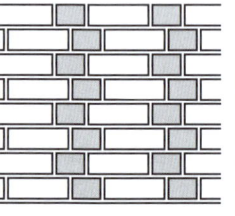

147
Welches Mauerwerk ist kein Natursteinmauerwerk?

① Feldsteinmauerwerk
② Porenbetonmauerwerk
③ Trockenmauerwerk
④ Zyklopenmauerwerk
⑤ Schichtmauerwerk

148
Welcher Zierverband ist nebenstehend dargestellt?

① Wilder Verband
② Läuferverband
③ Holländischer Verband
④ Märkischer Verband
⑤ Gotischer Verband

149
Welche Mindestdicke müssen tragende Innenwände haben?

① 17,5 cm
② 11,5 cm
③ 24,0 cm
④ 49,0 cm
⑤ 36,5 cm

150
Welche Geschosshöhe darf bei Innenwänden nicht überschritten werden, wenn die Wanddicke geringer als 24 cm ist?

① 1,75 m
② 2,00 m
③ 2,25 m
④ 2,50 m
⑤ 2,75 m

Lernfeldübergreifende Grundlagen
Hochbaufacharbeiter
Mauerwerk — 151 ... 157

151

Für zwei Gebäudeteile aus NF-Mauerwerk sollen 78,20 m² Mauerwerk, 24 cm dick, sowie 51,60 m² Mauerwerk, 11,5 cm dick, hergestellt werden.
Wie viel Liter Mauermörtel werden insgesamt benötigt?

① 6268 Liter   ④ 6262 Liter
② 6443 Liter   ⑤ 6442 Liter
③ 4512 Liter

152

Für zwei Gebäudeteile aus NF-Mauerwerk sollen 3,14 m³ Mauerwerk, 36,5 cm dick, sowie 2,68 m³ Mauerwerk, 24 cm dick, hergestellt werden.
Wie viel Liter Mauermörtel werden insgesamt benötigt?

① 1580 Liter   ④ 1423 Liter
② 1420 Liter   ⑤ 1582 Liter
③ 1565 Liter

153

Wie viel NF-Steine werden für die abgebildete 24 cm dicke Mauerwerkswand gebraucht?

① 1124 Steine
② 1238 Steine
③ 1200 Steine
④ 1120 Steine
⑤ 1172 Steine

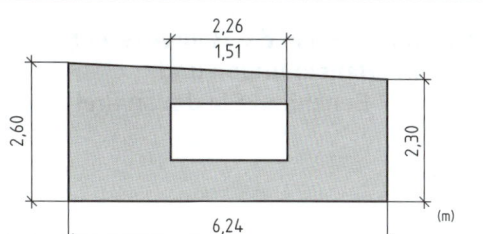

154

Wie viel Liter Mauermörtel werden für die Mauerwerkswand aus der Aufgabe 153 verwendet?

① 610 Liter
② 612 Liter
③ 794 Liter
④ 763 Liter
⑤ 750 Liter

155

Die im Bild dargestellte Giebelmauer soll aus 3DF-Steinen hergestellt werden. Wie groß ist der Stein- und Mörtelbedarf nach m³?

① 500 Steine / 400 l
② 500 Steine / 426 l
③ 517 Steine / 467 l
④ 1003 Steine / 902 l
⑤ 447 Steine / 398 l

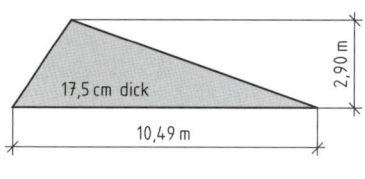

156

Wie viel NF-Steine werden für den dargestellten 2,00 m hohen Pfeiler benötigt?

① 43 Steine
② 63 Steine
③ 68 Steine
④ 45 Steine
⑤ 72 Steine

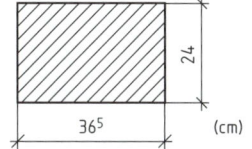

157

Wie viel Liter Mauermörtel werden für den Pfeiler aus der Aufgabe 156 verbraucht?

① 53 Liter
② 47 Liter
③ 56 Liter
④ 52 Liter
⑤ 60 Liter

Hinweis: Baustoffangaben finden Sie im Tabellenbuch Bautechnik und auszugsweise auf den Seiten 104 ... 108.

Lösungen ab Seite 264

Lernfeldübergreifende Grundlagen — Hochbaufacharbeiter

Mauerwerk — 158 … 164

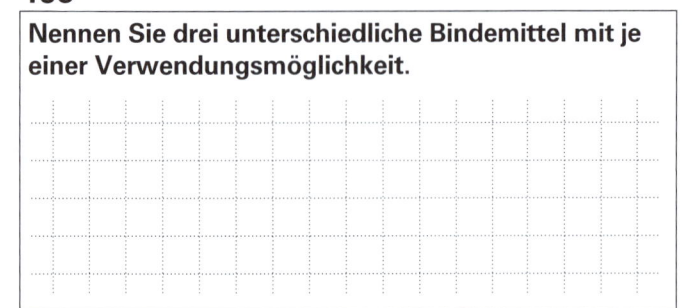

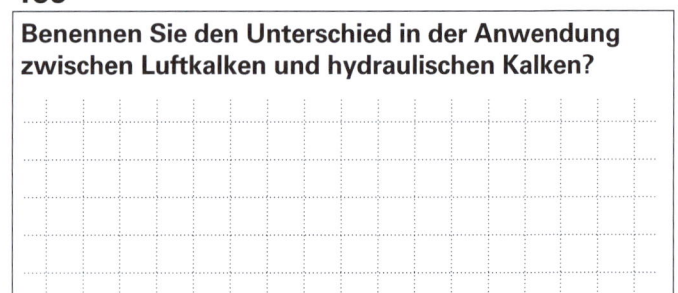

158
Nennen Sie drei unterschiedliche Bindemittel mit je einer Verwendungsmöglichkeit.

159
Benennen Sie den Unterschied in der Anwendung zwischen Luftkalken und hydraulischen Kalken?

160
Welche Zementarten werden in der Bauwirtschaft verwendet und welche Benennungen und Kurzzeichen haben sie? Benennen Sie davon drei Zementarten.

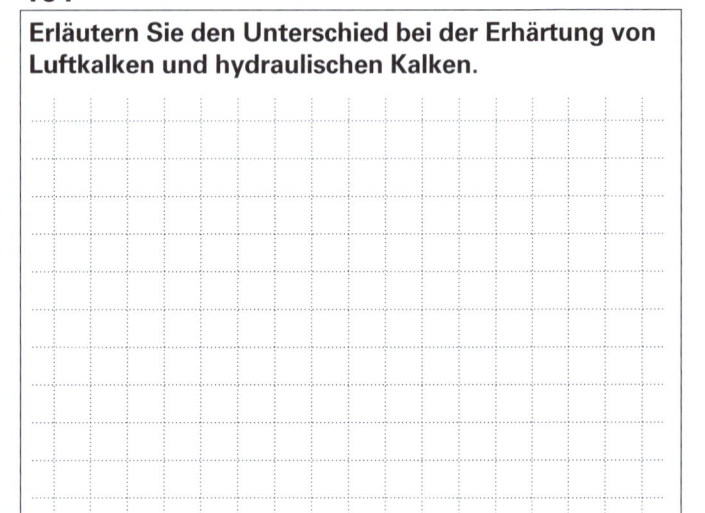

161
Erläutern Sie den Unterschied bei der Erhärtung von Luftkalken und hydraulischen Kalken.

162
Wie werden die einzelnen Festigkeitsklassen von Normzementen nach Kennfarbe (Grundfarbe des Sackes oder des Lieferscheins) und Farbe des Aufdruckes unterschieden?

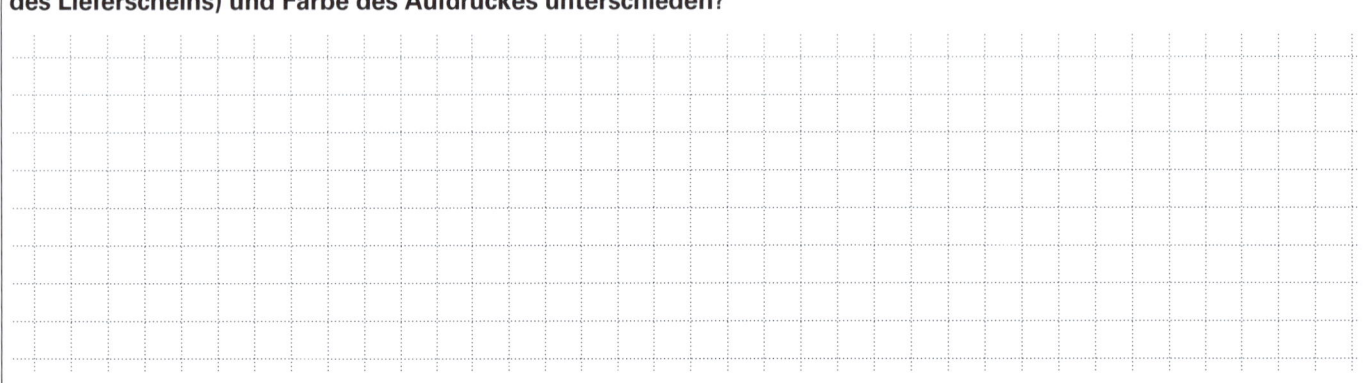

163
Wofür werden Baukalke verwendet?

164
Geben Sie die drei Hydraulefaktoren an. Was bewirken diese bei Wasserkalk?

Lösungen ab Seite 264

Lernfeldübergreifende Grundlagen — Hochbaufacharbeiter

Mauerwerk — 165 … 170

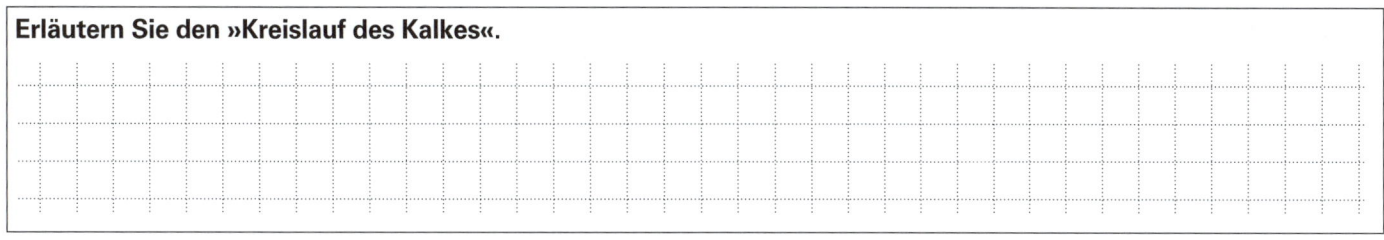

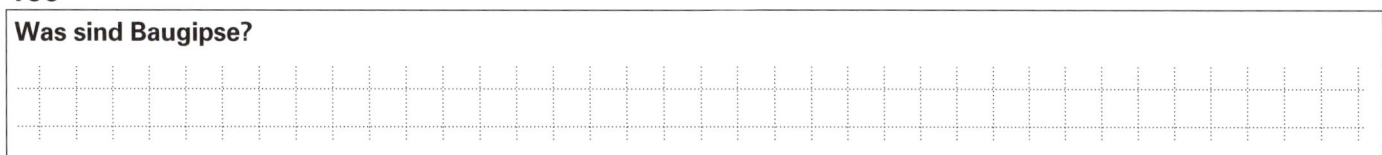

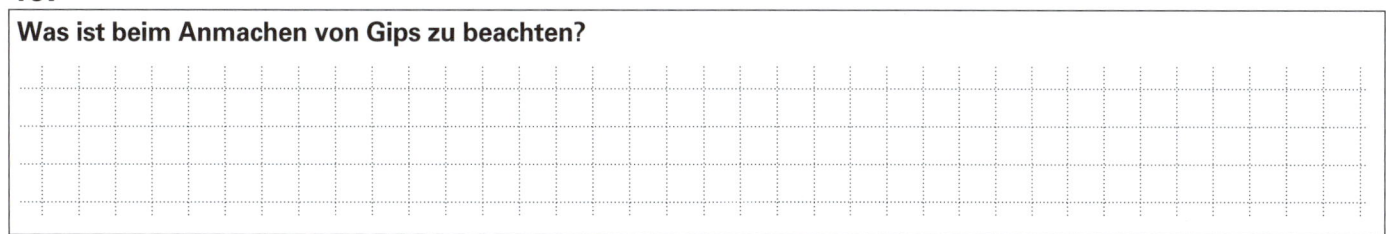

165 Erläutern Sie den »Kreislauf des Kalkes«.

166 Was sind Baugipse?

167 Was ist beim Anmachen von Gips zu beachten?

168 Welche Eigenschaften und Verwendungsmöglichkeiten haben die verschiedenen Baugipsarten?

	Baugipsarten	Eigenschaften	Verwendung
Baugipse ohne Zusätze	Stuckgips		
Baugipse ohne Zusätze	Putzgips		
Baugipse mit Zusätzen	Fertigputzgips / Haftputzgips		
Baugipse mit Zusätzen	Maschinenputzgips		
Baugipse mit Zusätzen	Ansetzgips / Fugengips / Spachtelgips		

169 Warum dürfen Zemente und Baugipse **nicht** miteinander gemischt werden?

170 Welche Einschränkungen gelten für den Einsatz der Mörtelgruppe I bzw. Mörtelklasse M1?

Lösungen ab Seite 264

Lernfeldübergreifende Grundlagen — Hochbaufacharbeiter

Mauerwerk — 171 ... 176

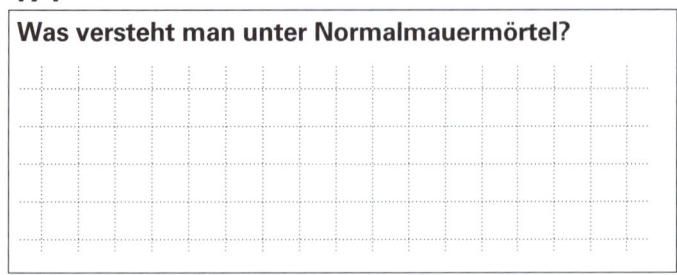

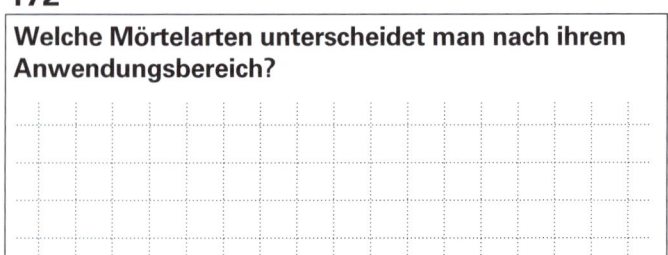

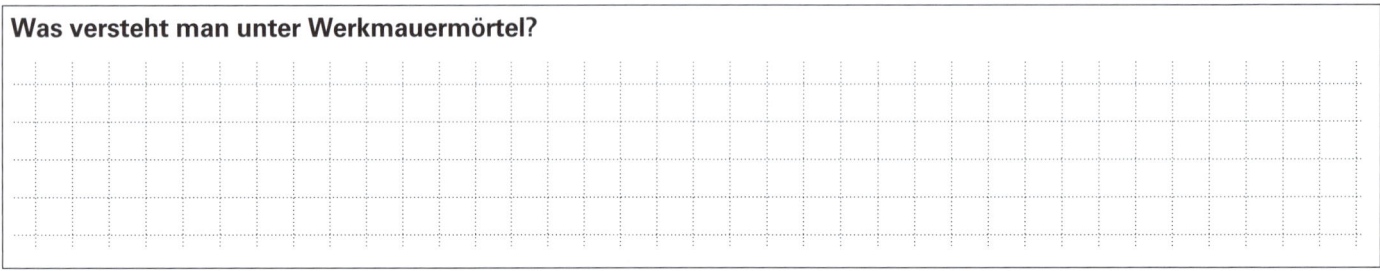

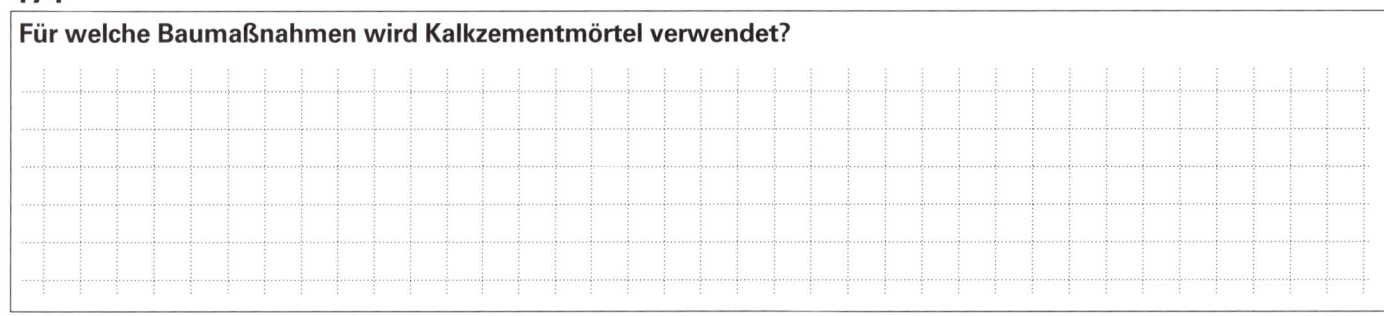

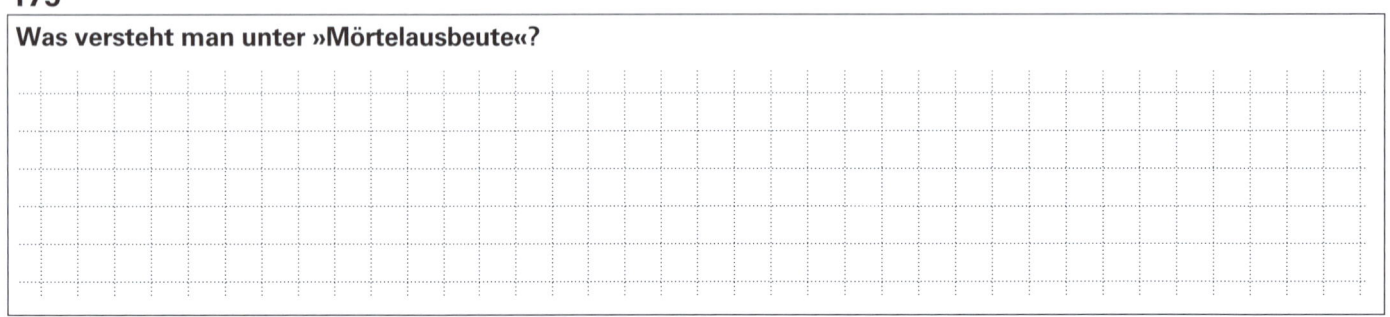

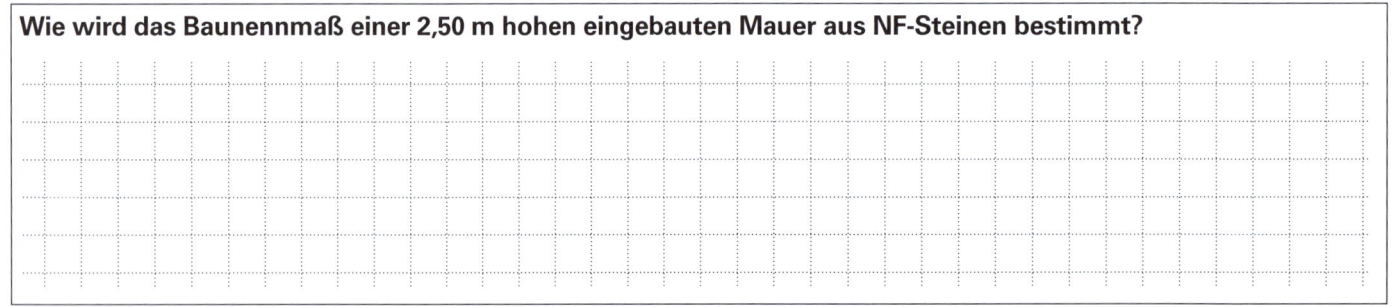

171 Was versteht man unter Normalmauermörtel?

172 Welche Mörtelarten unterscheidet man nach ihrem Anwendungsbereich?

173 Was versteht man unter Werkmauermörtel?

174 Für welche Baumaßnahmen wird Kalkzementmörtel verwendet?

175 Was versteht man unter »Mörtelausbeute«?

176 Wie wird das Baunennmaß einer 2,50 m hohen eingebauten Mauer aus NF-Steinen bestimmt?

Lernfeldübergreifende Grundlagen — Hochbaufacharbeiter

Mauerwerk — 177 … 182

177 Welche Aufgaben haben die Mörtelfugen im Mauerwerk zu erfüllen?

178 Welche Höhen haben DF, NF, 2DF, 3DF bei den Mauerziegeln?

179 Welche Mauerziegelformate gehören zu Vorzugsformaten?

180 Welche Maße hat ein NF-Läufer als
- 1-Stein (Ganzer)
- 3/4-Stein (Dreiviertelstein)
- 1/2-Stein (Halber)
- 1/4-Stein (Viertelstein)?

181 Welche 4 Verbandsregeln sind für ein fachgerechtes Mauerwerk einzuhalten?

182 Welche Unterschiede bestehen zwischen Vollziegeln und Hochlochziegeln bezüglich des Gesamtlochanteils?

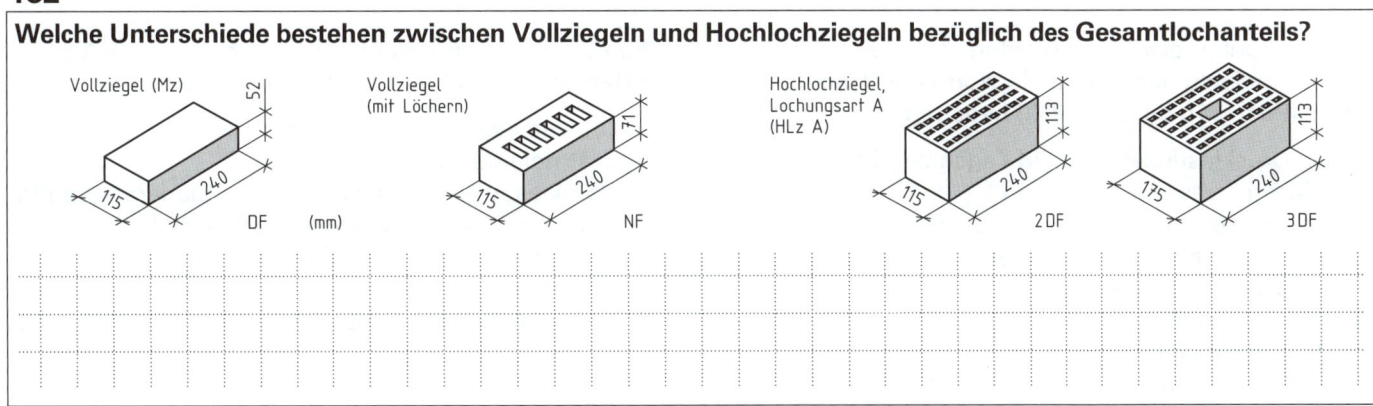

Lösungen ab Seite 265

Lernfeldübergreifende Grundlagen — Hochbaufacharbeiter

Mauerwerk — 183 … 190

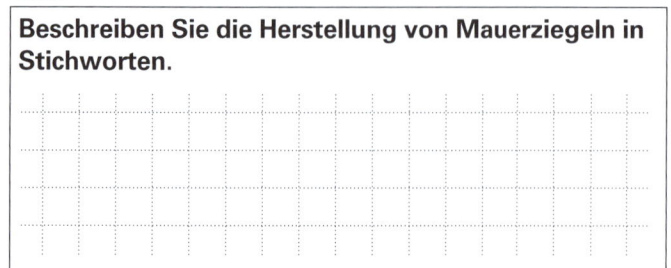

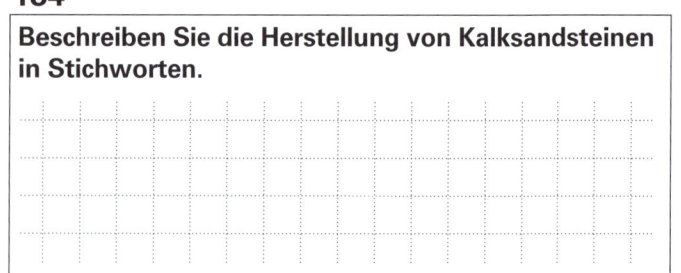

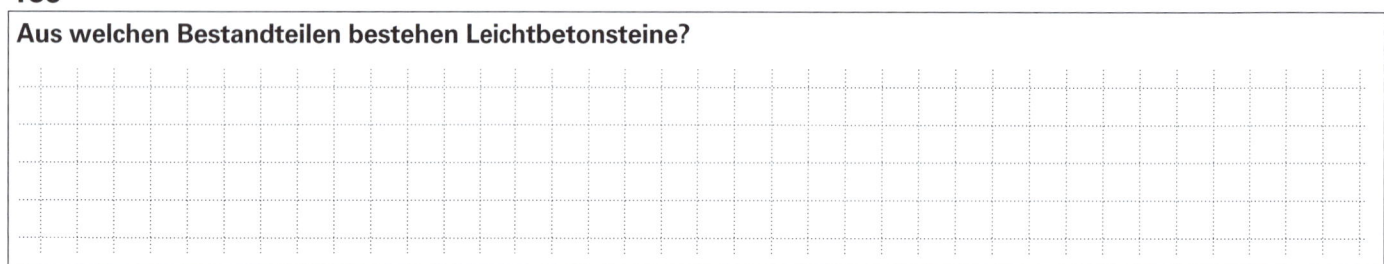

183 Beschreiben Sie die Herstellung von Mauerziegeln in Stichworten.

184 Beschreiben Sie die Herstellung von Kalksandsteinen in Stichworten.

185 Aus welchen Bestandteilen bestehen Leichtbetonsteine?

186 Welche Steinarten werden bei Leichtbetonsteinen angeboten?

187 Was bedeutet das CE-Zeichen bei einem Putzmörtel **nicht**:
① Der Mörtel sollte bevorzugt eingesetzt werden
② Das CE-Zeichen ist eine Übereinstimmungserklärung
③ Die Putzmörteleigenschaft ist nach Euro-Norm überwacht
④ Der Mörtel liegt im Preis-/Leistungsvergleich besonders gut
⑤ Der Putzmörtel ist zertifiziert

188 Was bedeutet nach DIN EN 998 das Kurzzeichen M 10? Der Mörtel
① hat eine Fugenfestigkeit von 10 kN/mm²
② hat eine Fugenfestigkeit von 10 N/mm²
③ entspricht der Mörtelgruppe NM IIa nach DIN 1053
④ kann mit keiner Mörtelgruppe nach DIN 1053 gleichgesetzt werden
⑤ muss als Leichtmörtel ausgewiesen werden

189 Die Werkputzmörtelarten werden nach der DIN EN 998 neu gegliedert. Ein Normalputzmörtel CS IV (Putzmörtelgruppe P III) bedeutet
① die Druckfestigkeit nach 28 Tagen beträgt 6 N/mm² oder mehr
② die Wasseraufnahmekategorie beträgt IV
③ die Wasseraufnahmefähigkeit ist bei einem NM CS IV nicht klassifiziert
④ CS IV ist ein Sanierputzmörtel mit einer Wasseraufnahme kleiner 0,4 kg/m²
⑤ der Normalputzmörtel CS IV ist nicht zu kennzeichnen

190 Für die Klassifizierung und Eigenschaften von Werkputzmörtel nach DIN EN 998 sind auszuweisen:
① Druckfestigkeit, Wasseraufnahme, Wärmeleitfähigkeit
② Druckfestigkeit, Schallschutzwert, Magerungsmittel
③ Magerungsmittel, Kalkanteil, Gipsanteil
④ Magerungsmittel, Druckfestigkeit, Wasseraufnahme
⑤ Wasseraufnahme, Frostwiderstand, Schallschutzwert

Lernfeldübergreifende Grundlagen — Hochbaufacharbeiter

Beton und Stahlbeton — 201 … 210

201
Welcher der Rohstoffe wird zur Zementherstellung hauptsächlich verwendet?
① Gipsstein
② Kalkstein
③ Bimsstein
④ Natürliches Anhydrit
⑤ Sandstein

202
Mit welchem Bindemittel darf Zement auf der Baustelle nicht gemischt werden?
① Weißkalk
② Dolomitkalk
③ Hydraulischer Kalk
④ Gips
⑤ Putz- und Mauerbinder

203
Wann erstarrt Zement (42,5 N) nach Wasserzugabe?
① Sofort
② Nach 30 Minuten
③ Nach 1 Stunde
④ Nach 12 Stunden
⑤ Nach 28 Tagen

204
Was bedeutet das »R« hinter der Festigkeitsklasse von Zement?
① Normalerhärtender Zement
② Regelfestigkeit nach 2 Tagen
③ Richtfestigkeit nach 7 Tagen
④ Schnellerhärtender Zement (rapid)
⑤ Regenunempfindlich

205
Welche Eigenschaft trifft für einen Portlandzement CEM I 52,5 R nicht zu?
① Schnelle Anfangserhärtung
② Hohe Druckfestigkeit
③ Hoher Sulfatwiderstand
④ Guter Rostschutz
⑤ Starke Wärmeentwicklung

206
Welches Material ist Hauptbestandteil des Portlandzements?
① Zementklinker
② Hüttensand
③ Natürliches Puzzolan
④ Kieselsäurereiche Flugasche
⑤ Gebrannter Schiefer

207
Welche Kennfarben hat ein Zementsack CEM II 52,5 R?

	Zementsack	Aufdruck
①	hellbraun	schwarz
②	hellbraun	rot
③	rot	schwarz
④	rot	weiß
⑤	grün	rot

208
Welche Gesteinskörnung ist günstig für Normalbeton?
① Sand- und Kiesgemisch aus verschiedenen Korngrößen
② Kiesgemisch aus großen, festen Körnern
③ Grobkies
④ Schotter
⑤ Kleine, feste Körner

209
Welche Korneigenschaft ist für Gesteinskörnung ungünstig?
① Frostbeständigkeit
② Hohe Kornfestigkeit
③ Gedrungene Kornform
④ Mäßig raue Kornoberfläche
⑤ Plattige, längliche Kornform

210
Wie wird ein Beton mit der Trockenrohdichte von $\varrho = 2{,}0 \text{ kg/dm}^3$ bis $\varrho \leq 2{,}6 \text{ kg/dm}^3$ bezeichnet?
① Leichtbeton
② Kornporiger Leichtbeton
③ Haufwerksporiger Leichtbeton
④ Normalbeton
⑤ Schwerbeton

Lernfeldübergreifende Grundlagen — Hochbaufacharbeiter

Beton und Stahlbeton — 211 … 220

211
Je größer die Trockenrohdichte des Betons, umso

① höher seine Wärmedämmung
② höher seine Festigkeit
③ geringer seine Festigkeit
④ höher seine Trittschalldämmung
⑤ geringer seine Luftschalldämmung

212
Was bedeutet in der Betonbezeichnung C25/30 die Zahl 30?

① Rohdichte in 3,0 kg/dm³
② Größtkorn 30 mm
③ Wasserzementwert 0,30
④ Mindestdruckfestigkeit von Würfeln 30 N/mm²
⑤ Mindestzementgehalt 300 kg/m³

213
Welche Umgebungsbedingungen finden sich nicht in den Expositionsklassen der DIN EN 205-1 und DIN 1045-2?

① Chloride aus Meerwasser
② Frostangriff
③ Basisches Milieu
④ Chemischer Angriff
⑤ Verschleißbeanspruchung

214
Mit welchen Klassenbezeichnungen werden die Expositionsklassen bei Beanspruchung durch Karbonatisierung erfasst?

① XF1 bis XF4
② XA1 bis XA3
③ XS1 bis XS3
④ XC1 bis XC4
⑤ XD1 bis XD3

215
Wann muss die charakteristische Festigkeit f_{ck} von Beton nach DIN EN 12390-2 erreicht sein?

① Nach 1 Stunde
② Nach 12 Stunden
③ Nach 1 Tag
④ Nach 14 Tagen
⑤ Nach 28 Tagen

216
Welcher Mindestzementgehalt ist nach DIN EN 206-1 einzusetzen für plastischen Standardbeton C16/20, Größtkorn 32 mm, Zementfestigkeitsklasse 32,5?

① 320 kg/m³
② 300 kg/m³
③ 290 kg/m³
④ 270 kg/m³
⑤ 230 kg/m³

217
Was ist ein Baustellenbeton?

① Ein Beton, der auf der Baustelle verarbeitet wird
② Ein auf der Baustelle zusammengestellter und gemischter Beton
③ Beton, der auf die Baustelle geliefert wird
④ Der für die Einrichtung einer Baustelle nötige Beton
⑤ Auf der Baustelle gibt es nur Baustellenbeton

218
Die DIN EN 206-1/DIN 1045-2 gilt nicht für

① Normalbeton
② Porenbeton
③ Leichtbeton
④ Schwerbeton
⑤ Spannbeton

219
In welcher Konsistenz wird Frischbeton im Regelfall für Stahlbeton verarbeitet?

① F1 – steif
② F2 – plastisch
③ F3 – weich
④ F4 – sehr weich
⑤ F5 – fließfähig

220
Was bedeutet »Konsistenz« von Frischbeton?

① Abriebfestigkeit
② Druckfestigkeit
③ Wasseraufnahmefähigkeit
④ Steifigkeit
⑤ Qualität

Lernfeldübergreifende Grundlagen — Hochbaufacharbeiter

Beton und Stahlbeton — 221 ... 226

221
Wozu dient der »Siebversuch«?

① Zum Säubern des Korngemisches
② Zur Prüfung der Kornfestigkeit
③ Zum Aussieben von Feinstsand
④ Zum Entfernen der Eigenfeuchte der Gesteinskörnung
⑤ Zur Ermittlung der Kornzusammensetzung

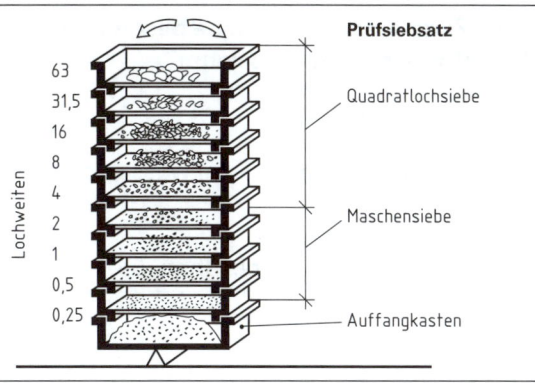

222
In welchem Bereich ①, ②, ③, ④ oder ⑤ liegt eine grob- bis mittelkörnige Gesteinskörnung?

① Bereich 1
② Bereich 2
③ Bereich 3
④ Bereich 4
⑤ Bereich 5

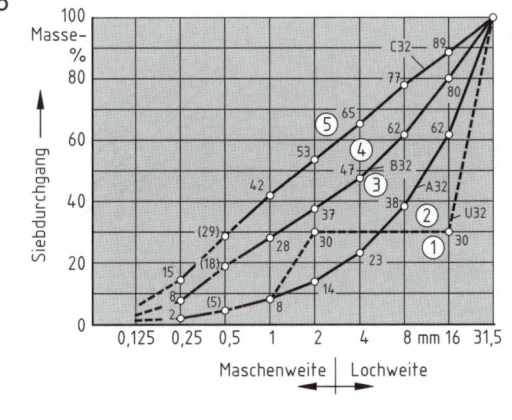

223
Die Gesteinskörnung eines Betons (punktierte Sieblinie) ist

① grobkörnig
② Ausfallkörnung
③ grob- bis mittelkörnig
④ mittel- bis feinkörnig
⑤ feinkörnig

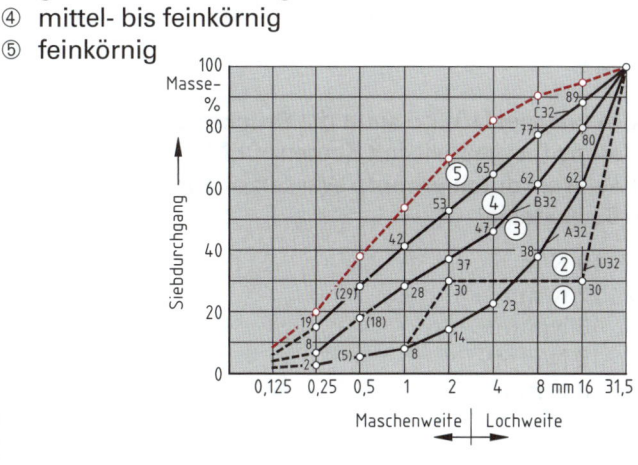

224
Welche Gesteinskörnung ist künstlich hergestellt?

① Brechsand
② Blähton
③ Sand
④ Kies
⑤ Splitt

225
Wie kann man die Frostbeständigkeit von Gesteinskörnungen beurteilen?

① Saugfähigkeit überprüfen
② Oberflächenfeuchte messen
③ Mit der Hammerschlagprüfung
④ Mit Natronlauge
⑤ Durch Temperaturmessung

226
Welche Aussage über eine Gesteinskörnung aus großen, groben Körnern ist nicht richtig?

① Viel Bindemittel zum Ausfüllen der Hohlräume ist erforderlich
② Er lässt sich schlecht verarbeiten
③ Hohe Betondruckfestigkeiten können erreicht werden
④ Es werden nur geringe Druckfestigkeiten erreicht
⑤ Er begünstigt Schwindrissbildung im erhärtenden Beton

Lernfeldübergreifende Grundlagen — Hochbaufacharbeiter

Beton und Stahlbeton

227
Welches Zugabewasser ist ohne besondere Prüfung für die Betonherstellung geeignet?

① Wasser aus einem Fluss
② Meerwasser
③ Wasser aus öffentlichen Trinkwasserversorgungsleitungen
④ Regenwasser
⑤ Wasser aus einem Tümpel ohne Zu- und Ablauf

228
Wie viel Liter Wasser braucht man pro 100 kg Zement für einen dichten und festen Beton?

① 50 l
② 70 l
③ 90 l
④ 100 l
⑤ 120 l

229
Welche Betonfestigkeit kann erwartet werden bei Verwendung von CEM II/A-S 42,5 R und einem Wasserzementwert $w/z = 0{,}80$?

① 19 N/mm²
② 21 N/mm²
③ 26 N/mm²
④ 30 N/mm²
⑤ 58 N/mm²

230
Um wie viel N/mm² sinkt die Druckfestigkeit eines Betons (hergestellt mit Zement CEM I 52,5), dessen w/z-Wert durch erhöhte Wasserzugabe von 0,5 auf 0,65 ansteigt?

① 10 N/mm²
② 12 N/mm²
③ 15 N/mm²
④ 16 N/mm²
⑤ 18 N/mm²

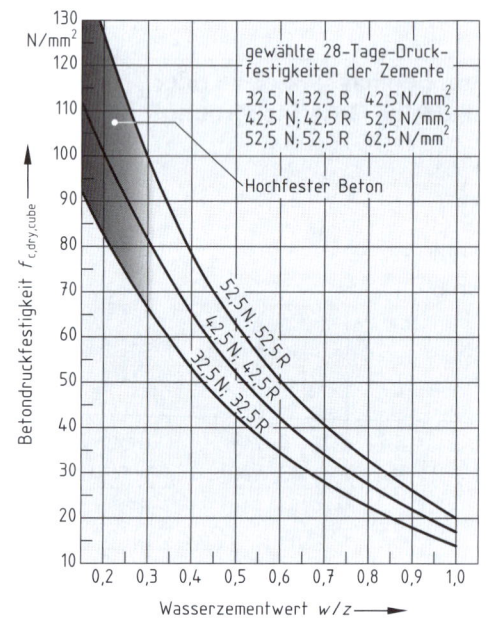

231
Wird Beton mit einem zu hohen Wasserzementwert hergestellt, so

① erhöht sich seine Rohdichte
② wird er witterungsunempfindlicher
③ wird die geforderte Betonfestigkeit nicht erreicht
④ wird die Druckfestigkeit erhöht
⑤ verbessert sich der Rostschutz der Bewehrung

232
Wie groß ist der w/z-Wert einer Betonmischung, die 338 kg Zement und 176 l Wasser enthält?

① 0,86
② 0,52
③ 1,92
④ 0,74
⑤ 1,06

233
Wie ermittelt man die richtige Anmachwassermenge einer Betonmischung?

① Anmachwasser = Zugabewasser
② Zugabewasser − Eigenfeuchte der Gesteinskörnung = Anmachwasser
③ Eigenfeuchte der Gesteinskörnung = Anmachwasser
④ Anmachwasser = Zugabewasser + Eigenfeuchte der Gesteinskörnung
⑤ Eigenfeuchte der Gesteinskörnung − Zugabewasser = Anmachwasser

Lernfeldübergreifende Grundlagen — Hochbaufacharbeiter

Beton und Stahlbeton — 234 ... 242

234
Wovon ist der seitliche Schalungsdruck, den der Frischbeton ausübt, nicht abhängig?

① Höhe der Schalung
② Dicke des Bauteils
③ Frischbetonrohdichte
④ Betoniergeschwindigkeit
⑤ Verdichtungsart

235
Wird der Beton (beim Einbringen in die Schalung) aus mehr als 1 m Höhe geschüttet, so

① braucht man ihn nicht zu verdichten
② erreicht man eine gute Verbindung mit der Bewehrung
③ entmischt er sich
④ muss ihm Wasser zugegeben werden
⑤ bindet der Zement zu schnell ab

236
Welche Arbeitsweise mit dem Innenrüttler (Rüttelflasche) ist richtig?

① Zügig eintauchen, langsam herausziehen
② Langsam eintauchen, schnell herausziehen
③ An die Bewehrung halten
④ Mehrere Minuten an die Innenseite der Schalung halten
⑤ Im Frischbeton umherziehen

237
Wann werden Schalungsrüttler (Außenrüttler) eingesetzt?

① Wenn der Beton bereits erstarrt
② Bei geringen Temperaturen
③ Bei Betonkonsistenz F1/C1
④ Beim Betonieren dicker Bauteile
⑤ Beim Betonieren dünner Wände

238
Welche Auswirkung hat eine ungenügende Betonverdichtung?

① Der Beton ist nicht richtig gemischt
② Der Beton erreicht nicht die geforderte Festigkeit
③ Der Zement bindet nur unvollständig ab
④ Der Erstarrungsbeginn des Betons verzögert sich
⑤ Die Festigkeit wird erst viele Tage später erreicht

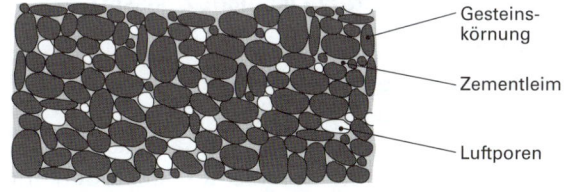

239
Wie kann der Frischbeton gut erhärten?

① Schnelle Austrocknung durch Sonne
② Wegwischen des austretenden Wassers
③ Zügige Windtrocknung
④ Abdecken mit Folie bei Wind und/oder Sonnenschein
⑤ Schnelles Ausschalen begünstigt die Belüftung

240
Welche Maßnahme ist zu ergreifen, wenn während des Betonerhärtens Frost einwirkt?

① Das Bauteil muss abgerissen werden
② Man verlängert die Ausschalfrist um die Dauer des Frostes
③ Es muss Tausalz zugegeben werden
④ Es kann früher ausgeschalt werden
⑤ Frost hat keinen Einfluss auf die Hydratation

241
Welche Temperatur darf der Frischbeton bei heißer Witterung nicht überschreiten?

① 30 °C
② 45 °C
③ 60 °C
④ 75 °C
⑤ 90 °C

242
Welchen Zweck hat das Aufbringen von Schalöl auf die Schaltafeln?

① Das Ausschalen wird erleichtert
② Die Schaltafeln werden sauber
③ Die Lücken zwischen den Schalbrettern werden geschlossen
④ Das Betonieren wird einfacher
⑤ Der Beton wird besser verdichtet

Lernfeldübergreifende Grundlagen — Hochbaufacharbeiter

Beton und Stahlbeton — 243 ... 251

243
Worauf ist bei der Herstellung von Brettschalungen zu achten?

① Nur imprägniertes Holz verwenden
② Die »rechte Seite« (Kernseite) soll zum Beton zeigen
③ Die »linke« Brettseite soll zum Beton zeigen
④ Abwechselnd »rechte« und »linke« Brettseite zeigen zum Beton
⑤ Die Brettdicke soll 40 mm sein

244
Wie sind die Laschen einer hohen Stützenschalung anzubringen?

① 50 cm Abstand
② 60 cm Abstand
③ 80 cm Abstand
④ Oben kleinere Abstände als unten
⑤ Unten kleinere Abstände als oben

245
Wie groß darf der Laschenabstand bei Brett-Schalungsplatten höchstens sein?

① 20 cm
② 40 cm
③ 50 cm
④ 60 cm
⑤ 80 cm

246
Wie viele Schalungsstützen dürfen bei einer Deckenschalung gestoßen (aus zwei Hölzern zusammengesetzt) sein?

① Jede Stütze
② Jede zweite Stütze
③ Jede dritte Stütze
④ Jede fünfte Stütze
⑤ Keine Stütze

247
Welche Schalungsstütze ist nicht zulässig?

① Stahlrohrstütze
② Rundholzstütze ⌀ 10 cm
③ Rundholzstütze ⌀ 12 cm
④ Kantholzstütze in halber Höhe gestoßen
⑤ Rundholzstütze im oberen Drittel gestoßen und mit Laschen gesichert

248
Welche Aussage über den Verbundbaustoff Stahlbeton ist nicht richtig?

① Beton und Stahl haften gut aneinander
② Beton nimmt die Druckkräfte und Stahl die Zugkräfte auf
③ Die Wärmeausdehnung von Beton und Stahl ist fast gleich
④ Beton nimmt die Zugkräfte und Stahl die Druckkräfte auf
⑤ Beton schützt den Stahl vor Rost

249
Welche Spannungen treten in einem belasteten Stahlbetonbalken auf?

① Keine, die Lasten werden abgeleitet
② Oben und unten Biegezugspannungen
③ Oben und unten Biegedruckspannungen
④ Oben Biegezug- und unten Biegedruckspannungen
⑤ Oben Biegedruck- und unten Biegezugspannungen

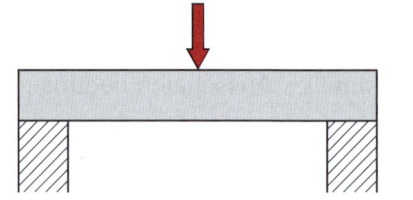

250
Wovon hängt die Dicke der Betondeckung im Stahlbetonbau nicht ab?

① Umwelteinflüsse
② Durchmesser der Stahleinlagen
③ Güte der Stahleinlagen
④ Zuschlaggröße
⑤ Betonfestigkeitsklasse

251
Betonstabstahl-Kurzname: B500A
Was gibt die Zahl 500 an?

① Zugfestigkeit in N/mm²
② Druckfestigkeit in N/mm²
③ Streckgrenze in N/mm²
④ Dehnung in %
⑤ Querschnittsfläche in mm²

Lernfeldübergreifende Grundlagen — Hochbaufacharbeiter

Beton und Stahlbeton — 252 ... 260

252
Was bedeutet die Bezeichnung »B500A«?

① Betonstahlmatte, Streckgrenze 500 N/mm²
② Betonstahlmatte, Zugfestigkeit 500 N/mm²
③ Betonstahlmatte, Mattenbreite 500 cm
④ Betonstahl, Querschnittfläche 500 mm²
⑤ Betonstahl, 500 g pro Meter

Hinweis:
Betonstahl für Bewehrung nach EC 2 (vgl. DIN 488)
Duktilitätsklasse A: B500A
Duktilitätsklasse B: B500B

253
Was bedeutet die Lagermatten-Kennzeichnung R 257A?

① Rechteckige Stababstände 150 × 250 mm, Querschnitt der Längsstäbe 257 mm² pro Meter
② Rechteckige Matte mit 257 Feldern
③ Regelzugfestigkeit 257 N/mm²
④ Rippenstahlmatte, Stababstände 257 mm
⑤ Rastermaß der Matte 257 × 257 mm

254
Wie werden Betonstahlmatten eingebaut?

① Die Lage der Stähle ist beliebig
② Die Verteiler liegen immer unten
③ Die Verteiler liegen immer am Betonrand
④ Die Tragstäbe liegen immer am Betonrand
⑤ Die Tragstäbe liegen immer oben

255
Welche statische Aufgabe haben die Bügel in einem Stahlbetonbalken?

① Sie verankern die Bewehrung im Beton
② Die nehmen Biegedruckspannungen auf
③ Die nehmen Biegezugspannungen auf
④ Sie nehmen Schubspannungen auf
⑤ Sie haben keine statische Aufgabe

256
Für welches Bauteil ist der dargestellte Bewehrungskorb geeignet?

① Stahlbetonbalken
② Bewehrte Einzelfundamente
③ Stahlbetonstützwände
④ Stahlbetonstützen
⑤ Stahlbetonrundstützen

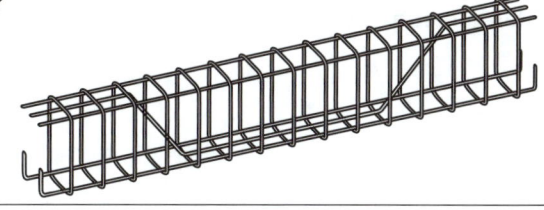

257
Wie groß muss der Abstand zwischen zwei Bewehrungsstäben mindestens sein?

① 1,0 cm
② 1,5 cm
③ Wie der Stabdurchmesser
④ Wie der größere Stabdurchmesser, mindestens aber 2,0 cm
⑤ 2,5 cm

258
Wie stellt man bei Betonstählen Aufbiegungen und Winkelhaken her?

① Mit dem Hammer umschlagen
② Über Biegerollen biegen
③ Erhitzen und schmieden
④ Biegen mit der Flechterzange
⑤ Anschweißen

259
Wie lang müssen Winkelhaken am Betonstahlende sein?

① 2 cm
② 5 cm
③ 2 x Stabdurchmesser
④ 5 x Stabdurchmesser
⑤ 10 x Stabdurchmesser

260
Wodurch wird die Bewehrung im Stahlbeton nicht rosten?

① Ausreichend dicke und dichte Betondeckung
② Großer Wasserzementwert (> 0,8)
③ Geringer Zementanteil im Beton
④ Gipszugabe zum Frischbeton
⑤ Gut belüfteter, poröser Beton

261 ... 270 keine Aufgaben

Lernfeldübergreifende Grundlagen — Hochbaufacharbeiter

Beton und Stahlbeton — 271 ... 278

271 Was ist Zement und wie erhärtet dieser?

272 In welche fünf Hauptarten werden Normalzemente nach DIN EN 197-1 unterteilt?

273 Wie wird Zement hergestellt?

274 In welche Festigkeitsklassen werden Zemente eingeteilt?

275 Wie lautet die normgerechte Bezeichnung für einen Portlandzement der Festigkeitsklasse 42,5 mit hoher Anfangsfestigkeit?

276 Warum eignet sich die Gesteinskörnung Ⓐ besser als die Gesteinskörnung Ⓑ zur Betonherstellung?

277 Welche Informationen enthält die normgerechte Zementbezeichnung CEM III 42,5 R (DIN EN 197-1)?

278 Welche Aufgabe haben die Gesteinskörnungen im Normalbeton?

Lernfeldübergreifende Grundlagen — Hochbaufacharbeiter

Beton und Stahlbeton — 279 … 288

279
Was ist Beton?

280
Was ist Stahlbeton?

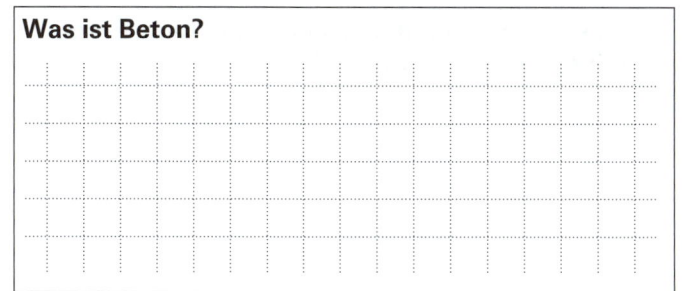

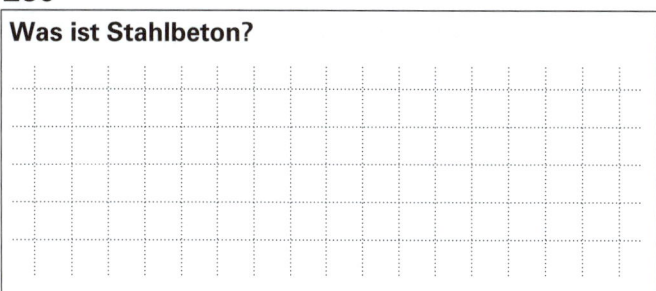

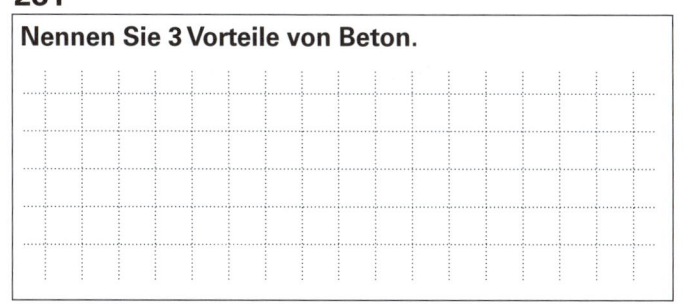

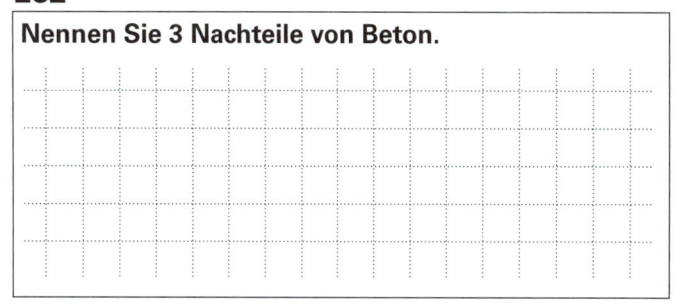

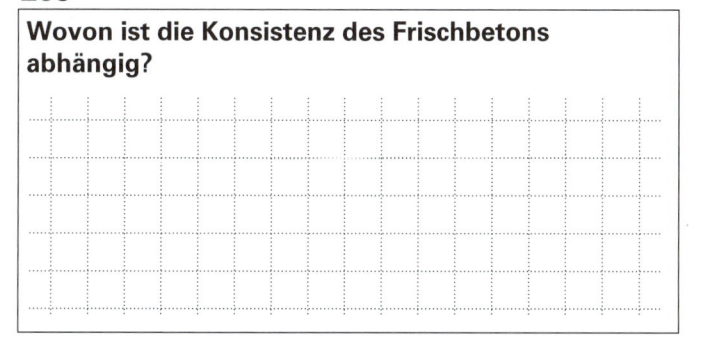

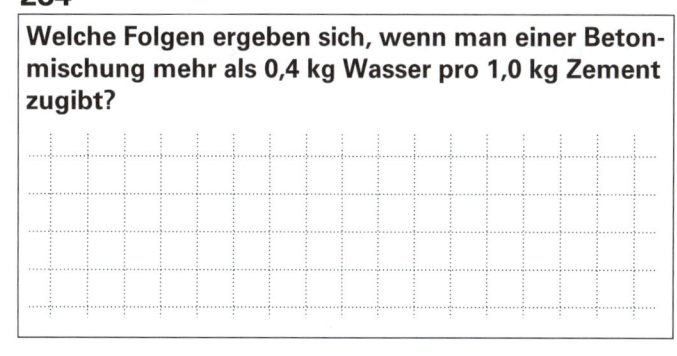

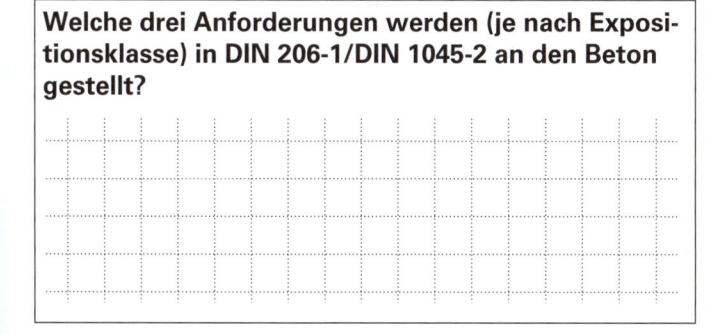

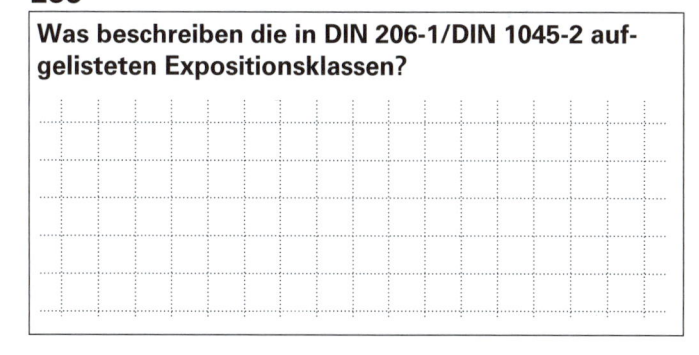

281
Nennen Sie 3 Vorteile von Beton.

282
Nennen Sie 3 Nachteile von Beton.

283
Wovon ist die Konsistenz des Frischbetons abhängig?

284
Welche Folgen ergeben sich, wenn man einer Betonmischung mehr als 0,4 kg Wasser pro 1,0 kg Zement zugibt?

285
Welche drei Anforderungen werden (je nach Expositionsklasse) in DIN 206-1/DIN 1045-2 an den Beton gestellt?

286
Was beschreiben die in DIN 206-1/DIN 1045-2 aufgelisteten Expositionsklassen?

287
Welche Mindestdruckfestigkeit min f_{ck} muss ein Beton für die Expositionsklasse XC4 erreichen?

288
Ein Beton wird durch Frost angegriffen (Expositionsklasse XF1). Nach DIN werden gefordert:

Mindestdruckfestigkeit min f_{ck} =
Mindestzementgehalt min z =
Maximaler Wasserzementwert max w/z =

Lösungen ab Seite 267

Lernfeldübergreifende Grundlagen — Hochbaufacharbeiter

Beton und Stahlbeton — 289 ... 298

289 Wie wird Baustellenbeton fachgerecht hergestellt?

290 Welche (vier von fünf) Regeln müssen beim Betoneinbringen beachtet werden?

291 Welche Aufgaben hat die Betonschalung?

292 Vor welchen Einwirkungen muss frisch eingebrachter Beton bis zum Erhärten geschützt werden?

293 Was sind die Hauptbestandteile jeder Schalung?

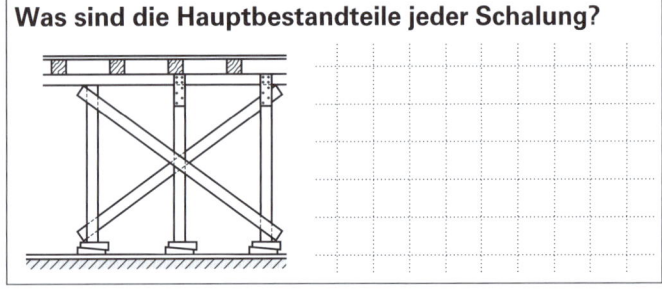

294 Wozu dienen Drängbretter?

295 Welche Aufgaben haben Betonstähle?

296 Weshalb ist die Oberfläche von Betonstählen gerippt?

297 Was ist eine Lagermatte?

298 R-Matten haben Tragstäbe und Verteilerstäbe. Was sind ihre Aufgaben?

299 ... 300 keine Aufgaben

Lösungen ab Seite 268

Lernfeldübergreifende Grundlagen — Hochbaufacharbeiter

Darstellen und Bemessen einfacher Bauobjekte — 301 ... 344

Ferienhaus am Mühlenweg

301

Familie Willbouwen hat in landschaftlich reizvoller Lage am **Mühlenweg** das **Flurstück Nr. 186** als Baugrund für ein **Ferienhaus** erworben.

Die ziemlich konkreten Raumvorstellungen der Familie für dieses Haus sind im **Vorentwurf** festgehalten. Weitere bautechnische Vorgaben sind aus der **Baubeschreibung** zu ersehen.

Baubeschreibung:

Grundstück	Lage und Abmessungen:	Lageplan – Auszug Mühlenweg, Flurstück Nr. 186
	Baugelände:	ohne beachtenswertes Gefälle
	Baugrund:	gewachsener bindiger Boden (halbfester Ton), höchster Grundwasserstand ca. 1,60 m unter Gelände
Ferienhaus	Bauweise:	freistehend, eingeschossig, nicht unterkellert, Satteldach, nicht ausgebaut
	Abmessungen:	rechteckiger Grundriss 8,50 m x 9,50 m (Baurichtmaße)
	Fundament:	Streifenfundament aus unbewehrtem Beton C8/10
	Fußboden:	12 cm dicke bewehrte Bodenplatte aus Beton C20/25, Oberkante Gelände = Unterkante Bodenplatte, Fliesenbelag in allen Räumen
	Außenwände:	einschaliges Ziegelmauerwerk aus HLz W-6-0,8 mit Mörtel LM 36, 36,5 cm dick, beidseitig verputzt
	Innenwände:	24 cm bzw. 11,5 cm dick, beidseitig verputzt
	Fenster – Türen:	Holzrahmen Profil IV 78, Holzart Nord. Kiefer, Wärmeschutzverglasung
	Schornstein:	3-schaliges Fertigsystem, Mantelstein 36,5 cm/36,5 cm, Innenrohr 14 cm/14 cm
	Decke über Erdgeschoss:	Holzbalkendecke, Deckenbalkenquerschnitt 10 cm/20 cm, Achsabstand der Balken max. 65 cm

Lageplan (ohne Maßstab)

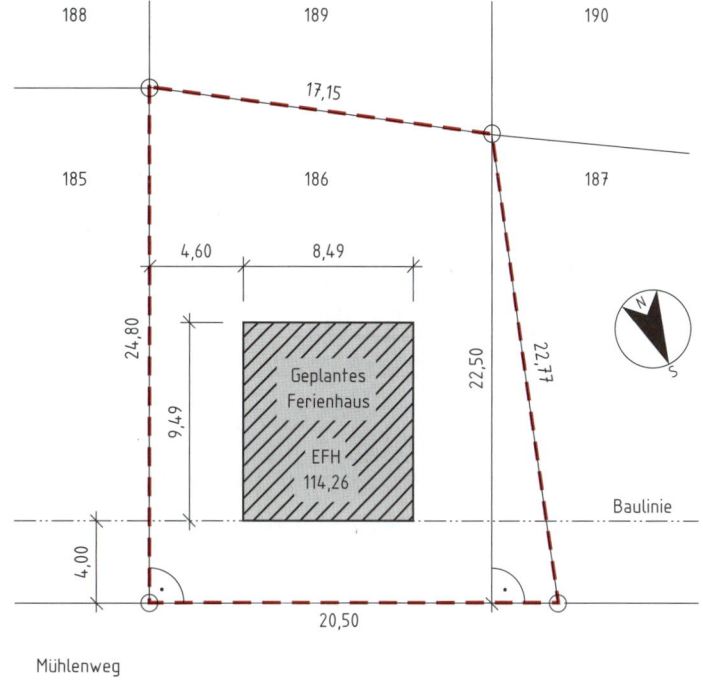

Lösungen ab Seite 269

Lernfeldübergreifende Grundlagen — Hochbaufacharbeiter

Darstellen und Bemessen einfacher Bauobjekte — 301 ... 344

301

Grundriss Ferienhaus – Vorentwurf nach Raumvorstellungen des Bauherrn
Maßvorstellungen in m

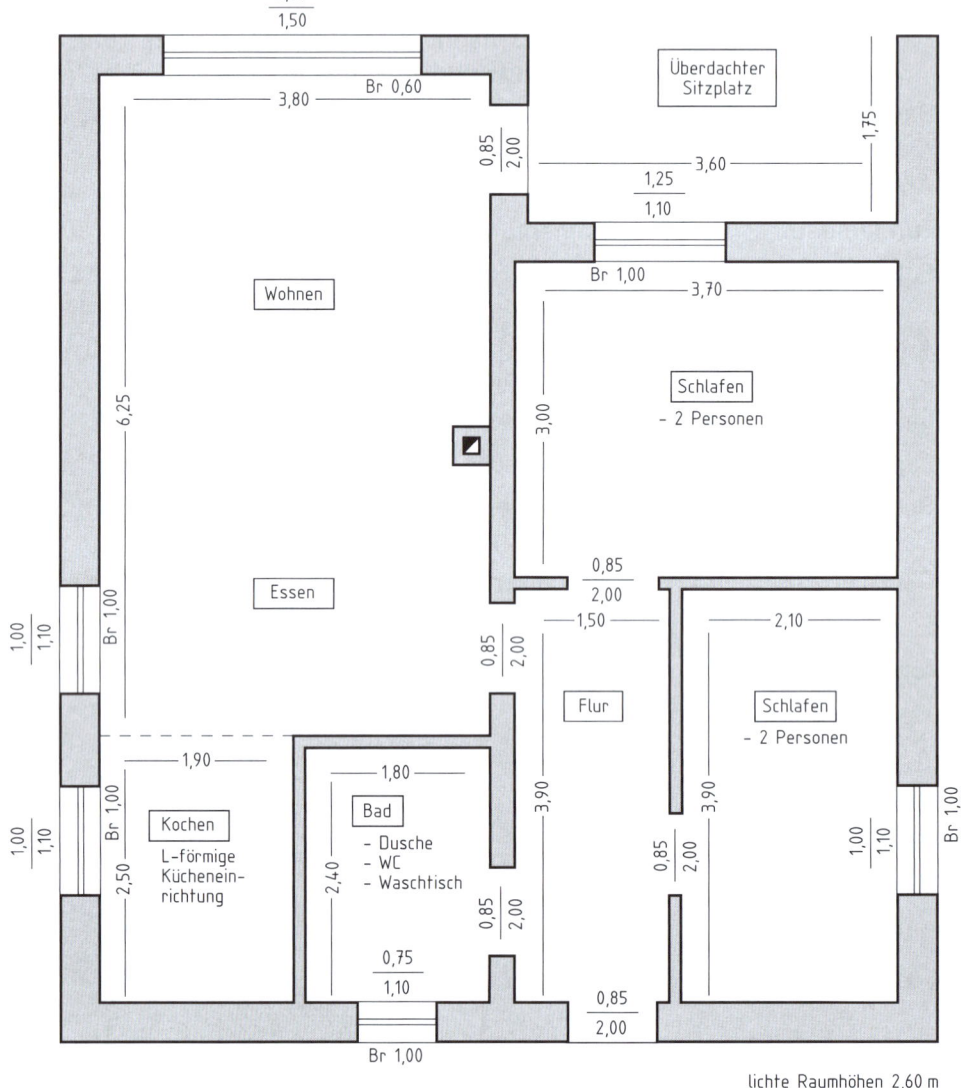

Lernfeldübergreifende Grundlagen — Hochbaufacharbeiter

Darstellen und Bemessen einfacher Bauobjekte — 302 ... 323

Einige wichtige planerische Entscheidungen sind noch zu treffen, bautechnische Details zu durchdenken sowie zu bemessen und als Planungs- bzw. Ausführungsgrundlage richtig und verständlich darzustellen:

Bauabsteckungsplan

302 Zeichnen Sie einen Bauabsteckungsplan mit allen Angaben zum genauen Einmessen des Ferienhauses auf dem Grundstück!

303 Die Baubehörde fordert einen Mindestabstand des Hauses zum Flurstück 187 von 5,00 m. Wird er eingehalten?

304 Wie groß ist die Grundstücksfläche (in m²)?

Grundrissplanung

305 Die Maßvorschläge des Bauherrn sind auf Rohbaurichtmaße nach DIN 4172 zu bringen. Wanddicken: Außenwand = 3 am / tragende Innenwand = 2 am / nicht tragende Innenwand = 1 am

306 Zeichnen Sie einen Grundriss des Ferienhauses im Maßstab 1:50 – m, cm und bemaßen Sie ihn in »Kopfmaßen« (1 am = 12,5 cm)!

307 Bestimmen Sie aus den festgelegten Baurichtmaßen die Baunennmaße für alle Ferienhausabmessungen!

308 Ein Grundriss ist im Maßstab 1:50 – m, cm zu zeichnen und mit den Nennmaßen (in m, cm) zu bemaßen.

309 Berechnen Sie die Wohnflächen der einzelnen Räume!

310 Unter Berücksichtigung der Bauherrenwünsche sind Ausstattung und Einrichtung des Ferienhauses zu planen und in den Grundriss einzuzeichnen.

Fundamente

311 Wo werden Fundamente vorgesehen und welche Fundamenthöhe schlagen Sie vor?

312 Der Tragwerkplaner hat unter Mittel- und Außenwänden eine maximale Belastung von 60 kN auf 1 m Fundamentlänge festgestellt. Wie breit muss das Fundament sein?

313 Bestimmen Sie eine Fundamentbreite und weisen Sie die Tragfähigkeit des Baugrundes nach!

314 Fertigen Sie einen Fundamentplan, aus dem alle zur Fundamentherstellung notwendigen Angaben ersichtlich sind!

315 Die Fundament-Betonmenge ist nach DIN 18331 »Beton- und Stahlbetonarbeiten« (VOB) zu ermitteln.

Entwässerung

316 Wo sind (unter Beachtung von Einrichtungs- und Ausstattungsgegenständen sowie Regenwasseranfall) Fallrohre vorzusehen?

317 Planen Sie die Lage der Grundleitungen nach den Ausführungsregeln (DIN 1986-100/DIN EN 12056/DIN EN 752) zur Entwässerung von Schmutz- und Regenwasser im Mischsystem bis zum Straßenkanal, der längs im Mühlenweg liegt!

318 Tragen Sie die getroffenen Entscheidungen in einem Entwässerungsplan mit allen notwendigen Angaben zusammen!

319 In welcher Höhe muss die Kontrollschachtsohle eingeplant werden?

Sockel- und Fußbodendetail

320 Wie viel m³ Beton C20/25 werden für die bewehrte Bodenplatte benötigt?

321 Welche Feuchtigkeitseinwirkungen sind im Fußboden- und Sockelbereich zu erwarten?

322 Welche baulichen Maßnahmen und Abdichtungen sind geeignet, die erdanliegenden Bauteile sicher vor eindringender Feuchtigkeit zu schützen?

323 Wie kann man das Eindringen von Spritzwasser und das Aufsteigen von Feuchtigkeit im Mauerwerk verhindern?

Lösungen ab Seite 269

Lernfeldübergreifende Grundlagen — Hochbaufacharbeiter

Darstellen und Bemessen einfacher Bauobjekte — 324 ... 344

324 Welche Dämmmaßnahmen sind für den Fußboden im Wohnbereich vorzunehmen?

325 Welche übliche Fußbodenkonstruktion wird im Wohnungsbau hergestellt? Wie ist sie aufgebaut?

326 Fertigen Sie eine vollständige Ausführungszeichnung des Sockel- und Fußbodendetails im Maßstab 1:10 – cm an! Nicht durch die Baubeschreibung vorgegebene Bemessungen sind nach bauüblichem Standard vorzunehmen.

Außenwände

Die Außenwände sollen aus HLz W-6-0,8 hergestellt werden. Ein bestimmtes Steinformat wird in der Baubeschreibung nicht gefordert. Der Bauherr Willbouwen erkundigt sich bei seinem Baustofflieferanten, der ihm den baupraktisch üblichen 6 DF-Stein zum Stückpreis (incl. MwSt.) von 1,08 € verkaufen würde. Allerdings hat der Lieferant aus einer Großbaustellen-Rückführung noch 35 Paletten zu je 208 Steinen 2 DF (der gewünschten Steinart) auf Lager, die er bei kompletter Abnahme für 40,50 € (incl. MwSt.) pro Palette anbietet.

327 Die tatsächliche Außenmauerwerks-Menge (in m³) ist zu ermitteln.

328 Entscheiden Sie sich für ein Steinformat, berücksichtigen Sie aber nicht nur die Steinpreise!

329 Was bedeuten die Kurzzeichen HLz W-6-0,8 und LM 36?

330 Wie werden die Steine fachgerecht im Verband vermauert? Zeichnen Sie zwei Schichten in der Draufsicht!

331 Welche Verbandsregeln gelten für die Wandenden und Wandecken? Zwei Schichten in der Draufsicht sollen das veranschaulichen.

332 In welcher Höhe beginnen die Wandöffnungen und wie sollen sie überbrückt werden?

333 Welche Baustoffe/Bauteile sollen zur Öffnungsüberbrückung bestellt werden?

334 Wie wird der obere Abschluss des Mauerwerks ausgebildet, damit die Deckenlasten und Dachlasten zerstörungsfrei aufgenommen werden können?

335 Welcher Außenputz eignet sich besonders gut für die Leichthochlochziegel? Begründen Sie Ihre Entscheidung und geben Sie eine Putzdicke an.

336 Warum wird das Mauerwerk innen verputzt? Wählen Sie einen geeigneten Putz, geben Sie Mischungsverhältnisse und Putzdicke an!

337 Beurteilen Sie die Wärmedämmfähigkeit der Außenwände! Erfüllen die Wände die Anforderungen der DIN 4108-2 (ohne Berücksichtigung des gesamtheitlichen Regelwerks der EnEV)?

338 Wie viel m³ Außenmauerwerk werden nach DIN 18330 abgerechnet?

Innenwände

339 In welchem Verband wird das 24 cm dicke Mauerwerk erstellt?

340 Zeichnen Sie in der Draufsicht (in Fensterhöhe geschnitten) zwei Schichten des Mauerwerk-Details zwischen Badfenster, Badtür und Hauseingangstür!

341 Wie werden die Öffnungen des 24 cm dicken Mauerwerks überbrückt, wie wird das Mauerwerk oben abgeschlossen?

342 Wie viel m² 24 cm dickes Mauerwerk werden nach DIN 18330 abgerechnet?

343 Aus 2 DF-Steinen sollen die 11,5 cm dicken Innenwände gemauert werden. Welcher Verband ist nur möglich?

344 Wie viel m² 11,5 cm dickes Mauerwerk werden nach DIN 18330 abgerechnet?

Die Lösungsvorschläge zur Ferienhausplanung und Ferienhausdarstellung zeigen ausführlich bautechnisch richtige Problembearbeitungen.
Auch andere Ergebnisse sind – unter Beachtung der aufgezeigten planerischen Rahmenbedingungen – denkbar. Wichtig ist immer, dass die Bearbeitungsschritte und Planungsentscheidungen (z.B. durch Stichworte, Skizzen, Hinweise, Kommentare, Berechnungen) nachvollziehbar dokumentiert sind.

345 ... 400 keine Aufgaben

Lösungen ab Seite 277

Lernfeldübergreifende Grundlagen — Hochbaufacharbeiter

Holz und Holzwerkstoffe — 401 … 409

401
Welche Behauptung über die Eigenschaften von Holz ist richtig?
① Holz kann quellen und schwinden
② Holz kann nur quellen
③ Holz kann nur schwinden
④ Holz ist nicht hygroskopisch
⑤ Holz nimmt keine Feuchtigkeit auf

402
In welcher Richtung ist bei Vollholz das geringste Schwindmaß zu verzeichnen?
① Quer zur Faser
② Längs zur Faser
③ In Richtung der Jahresringe (tangential)
④ In Richtung der Markstrahlen (radial)
⑤ Quer zu den Jahresringen

403
Was versteht man unter dem »Arbeiten des Holzes«?
① Insektenbefall am Schnittholz
② Bildung von Zellen im Baum
③ Beginn des Wachstums im Frühjahr
④ Formänderung durch Aufnahme und Abgabe von Feuchtigkeit
⑤ Elastizität beim Biegen des Holzes

404
Welche Aussage zum konstruktiven, handwerklichen Holzschutz ist **falsch**?
① Hirnholz muss im Außenbereich zur Wetterseite zeigen
② Eingebautes Holz ist vor Feuchtigkeit zu schützen
③ Holzstützen müssen einen bestimmten Abstand zum Erdboden haben
④ Hölzer sollen umlüftet oder hinterlüftet eingebaut werden
⑤ Sperrschichten schützen das Holz vor aufsteigender Feuchte

405
Was versteht man unter Bausperrholz?
① Sperrholz mit Stäbchen-, Stab- oder Streifen-Mittellage
② Sperrholz, das nur aus Furnieren aufgebaut ist
③ Spanplatten, die als Flachpressplatten hergestellt werden
④ Spanplatten, die als Strangpressplatten hergestellt werden
⑤ Holzfaserplatten

406
Welches der aufgeführten Bauschnitthölzer entspricht der Sortierklasse S7?
① Bauschnittholz mit üblicher Tragfähigkeit
② Bauschnittholz mit überdurchschnittlicher Tragfähigkeit
③ Bauschnittholz mit geringer Tragfähigkeit
④ Bauschnittholz nur für untergeordnete Bauteile
⑤ Bauschnittholz nur für den Innenbereich

407
Welches Bauholz ist im Bild dargestellt?
① Eine unbesäumte Bohle
② Eine besäumte Bohle
③ Ein unbesäumtes Brett
④ Ein Furnier
⑤ Eine Schwarte

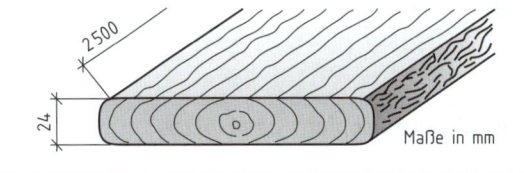

408
Welche Behauptung über das Verhalten des Holzes gegenüber Feuchtigkeit ist richtig?
① Holz kann Feuchtigkeit aufnehmen und abgeben
② Holz kann nur Feuchtigkeit aufnehmen
③ Holz arbeitet nicht
④ Holz kann nur Feuchtigkeit abgeben
⑤ Holz ist nicht hygroskopisch

409
In welcher Richtung schwindet Vollholz am meisten?
① Quer zu den Jahresringen
② Längs zur Faser
③ Radial in Richtung der Markstrahlen
④ Tangential in Richtung der Jahresringe
⑤ Quer zur Faser

Lösungen ab Seite 282

Lernfeldübergreifende Grundlagen — Hochbaufacharbeiter

Holz und Holzwerkstoffe — 410 … 419

410
Welche Eigenschaft weist Holz nicht auf?
① Gute Wärmedämmung
② Hohe Festigkeit längs zur Faser
③ Quellen und Schwinden
④ Gute Bearbeitbarkeit
⑤ Hohe Wärmeleitfähigkeit

411
Welche Eigenschaft trifft auf Holz nicht zu?
① Nicht brennbar
② Wärmedämmend
③ Hygroskopisch
④ Gute Bearbeitbarkeit
⑤ Anfällig für pflanzliche und tierische Schädlinge

412
Welche holzzerstörende Krankheit ist beim verarbeiteten Holz die gefährlichste?
① Rotfäule (Warzenschwamm)
② Bläue
③ Astfäule
④ Weißfäule
⑤ Braunfäule (echter Hausschwamm)

413
Wie nennt man die Umwandlung von Wasser und Kohlendioxid mit Hilfe von Sonnenlicht in Traubenzucker und Stärke?
① Kapillarität
② Fotosynthese
③ Adhäsion
④ Diffusion
⑤ Kambium

414
Was bildet der Baum mit Hilfe des Blattgrüns direkt aus Kohlendioxid und Wasser?
① Zellulose
② Zweige
③ Blätter
④ Traubenzucker
⑤ Holz

415
Wie soll Bauschnittholz gelagert werden?
① Im Freien direkt auf dem Boden
② In Trockenkammern bei 105 °C
③ In Lagerschuppen ohne Längswände
④ In geschlossenen klimatisierten Räumen
⑤ In feuchten, warmen Räumen

416
In welcher Antwort sind nur im Holz enthaltene Kohlenwasserstoffverbindungen aufgeführt?
① Zellulose, Lignin und Harz
② Zellulose, Teer und Harz
③ Zellulose, Lignin und Bitumen
④ Zellulose, PVC und Harz
⑤ Bitumen, Lignin und Harz

417
Welcher Stoff gehört nicht zu den lebensnotwendigen Aufbaustoffen von Bäumen?
① Wasser
② Kohlendioxid
③ In Wasser gelöste Mineralien
④ Sonnenlicht
⑤ Erdöl

418
Wie heißt die Wachstumsschicht des Holzes?
① Mark
② Bastschicht
③ Kambium
④ Borke
⑤ Markstrahlen

419
Wann sollte Holz gefällt werden?
① Im Winter
② Im Frühjahr
③ Im Sommer
④ Im Spätsommer
⑤ Im Herbst

Lernfeldübergreifende Grundlagen — Hochbaufacharbeiter

Holz und Holzwerkstoffe

420
Welche Eigenschaft trifft auf Holz mit einer Feuchte $u > 30\,\%$ (über dem Fasersättigungspunkt) zu?

① Gute Bearbeitbarkeit
② Gute Transportfähigkeit
③ Kein Quellen oder Schwinden des Holzes
④ Geringe Wärmeleitfähigkeit
⑤ Kein Schädlingsbefall

421
Was versteht man unter Kernholz?

① Helles, im Frühjahr und Sommer gewachsenes Holz
② Dunkles, im Spätsommer und Herbst gewachsenes Holz
③ Außenliegendes, helles und wasserführendes Holz
④ Bauholz
⑤ Innenliegendes, dunkles und nicht wasserführendes Holz

422
In welcher Auswahlantwort sind nur Kernholzbäume aufgeführt?

① Kiefer, Eiche, Lärche
② Kiefer, Eiche, Buche
③ Fichte, Eiche, Lärche
④ Kiefer, Tanne, Buche
⑤ Fichte, Tanne, Lärche

423
Welche Aufgabe hat die Bastschicht?

① Transport von Nährstoffen in senkrechter Richtung
② Transport von Nährstoffen in waagerechter Richtung
③ Bildung einer dünnen festen Schutzschicht
④ Wachstumsschicht des Baumes
⑤ Keine

424
Holz ist hygroskopisch. Was wird unter dieser Aussage verstanden?

① Die Abhängigkeit der Holzfeuchte von der Luftfeuchte
② Die gute Bearbeitbarkeit von Holz
③ Die Schönheit des Holzes
④ Eine geringe Wärmeleitfähigkeit des Holzes
⑤ Das unterschiedliche Verhalten von Holz je nach Richtung

425
Bis zu welchem Feuchtigkeitsgehalt u kann Holz natürlich getrocknet werden?

① Bis zum Fasersättigungspunkt, u ist etwa 30 %
② Halbtrocken, u liegt zwischen 20 % und 30 %
③ Trocken, u liegt unter 20 %
④ Bis etwa 15 %
⑤ Bis etwa 6 %

426
Woraus wird Bauholz hauptsächlich gewonnen?

① Aus Erzen
② Aus Wurzeln
③ Aus dem Boden
④ Aus Baumstämmen
⑤ Aus Blättern und Zweigen

427
Wovor muss Holz nicht geschützt werden?

① Wasser
② Feuer
③ Insekten
④ Metallen
⑤ Pilzen

428
In welchem Holz wird die Tragfähigkeit von Nägeln mit der Zeit stark verringert?

① In Brettschichtholz
② In Laubhölzern
③ In Nadelhölzern
④ Im frischen Bauholz
⑤ Im trockenen Bauholz

429
Welches Einbringungsverfahren wird beim chemischen Holzschutz nicht verwendet?

① Streichen
② Einpflanzen
③ Sprühen
④ Spritzen
⑤ Tauchen

Lösungen ab Seite 282

Lernfeldübergreifende Grundlagen — Hochbaufacharbeiter

Holz und Holzwerkstoffe — 430 … 436

430
Wonach wird der chemische Holzschutz unterteilt?

① Nach der Umweltverträglichkeit der Holzschutzmittel
② Nach der Konzentration der Holzschutzmittel
③ Nach der Einwirkdauer der Holzschutzmittel
④ Nach der chemischen Zusammensetzung der Holzschutzmittel
⑤ Nach der Eindringtiefe der Holzschutzmittel

431
Wie wird der Feuchtigkeitsgehalt u von Holz bestimmt?

① Überhaupt nicht, da der Feuchtigkeitsgehalt u unwichtig ist
② Er wird durch Inaugenscheinnahme geschätzt
③ Über das Gewicht vor und nach einer Trocknung bei 103 °C ± 2 °C (Darrprobe)
④ Über die Branddauer bei einer Verbrennungsprobe
⑤ Über die aufgenommene Wassermenge bei einer Saugprobe

432
Welchem Kurzzeichen ist eine falsche Wirksamkeit und Verwendung zugeordnet worden?

① Iv = vorbeugend gegen Insekten
② Ib = Bekämpfung von Insekten
③ P = gegen Pollen
④ M = Bekämpfung von Schwamm im Mauerwerk
⑤ W = geeignet für Witterungsschutz

433
Welchem Kurzzeichen ist eine falsche Wirksamkeit und Verwendung zugeordnet worden?

① Iv = vorbeugend gegen Insekten
② Ib = Bekämpfung von Insekten
③ W = geeignet für der Witterung ausgesetztes Holz
④ M = Bekämpfung von Schwamm im Mauerwerk
⑤ E = gegen Eintagsfliegen

434
Welcher Holzwuchsfehler wird im Bild dargestellt?

① Drehwuchs
② Exzentrischer Wuchs
③ Überwallung
④ Maserwuchs
⑤ Frostleiste

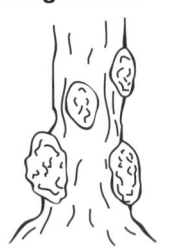

435
Welcher Holzwuchsfehler wird im Bild dargestellt?

① Drehwuchs
② Exzentrischer Wuchs
③ Luft- oder Trockenrisse
④ Maserwuchs
⑤ Frostleiste

436
Wie wird das im Bild mit Ⓐ bezeichnete Bauteil einer Fachwerkwand fachgerecht benannt?

① Schwelle
② Riegel
③ Pfosten
④ Strebe
⑤ Rähm

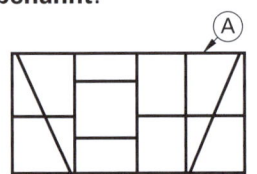

Lösungen ab Seite 282

Lernfeldübergreifende Grundlagen — Hochbaufacharbeiter

Holz und Holzwerkstoffe — 437 … 443

437
Wie wird das im Bild mit Ⓑ bezeichnete Bauteil einer Holzbalkendecke fachgerecht benannt?

① Ganzbalken oder Hauptbalken
② Stichbalken
③ Wechsel
④ Füllholz
⑤ Streichbalken

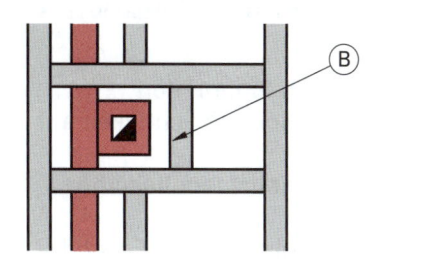

438
Wie wird die zimmermannsmäßige Holzverbindung im Bild bezeichnet?

① Schräges Blatt
② Einfaches Blatt mit Zapfen
③ Hakenblatt
④ Hakenblatt mit Zapfen
⑤ Druckblatt

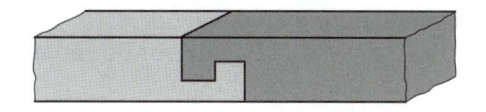

439
Welche Holzverbindung wird im Bild dargestellt?

① Verzapfung
② Stirnversatz
③ Doppelter Versatz
④ Fersenversatz
⑤ Aufschiebling

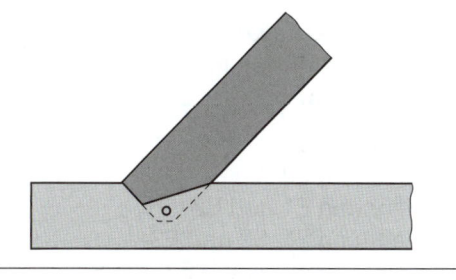

440
Welches Insekt gehört **nicht** zu den tierischen Holzschädlingen?

① Pochkäfer
② Holzwespen
③ Hausbockkäfer
④ Marienkäfer
⑤ Borkenkäfer

441
Welcher Pilz gilt als der gefährlichste pflanzliche Holzschädling?

① Bläuepilz
② Echter Hausschwamm
③ Rotfäule
④ Weißfäule
⑤ Balkenblättling

442
Welche Maßnahme ist zur Abwehr von pflanzlichen Holzschädlingen geeignet?

① Abdecken gegen Sonnenlichteinfall
② Feuchthalten
③ Sperren gegen Frischluftzufuhr
④ Trocknen mit Heißluft
⑤ Feuchtwarmes Reizklima

443
Wie sind die Reste von Holzschutzmitteln zu entsorgen?

① Im Mülleimer
② Im Boden vergraben
③ Als Sondermüll zur Mülldeponie bringen
④ In der Toilette wegspülen
⑤ Verbrennen

Lösungen ab Seite 282

Lernfeldübergreifende Grundlagen
Hochbaufacharbeiter
Holz und Holzwerkstoffe — 444 ... 451

444
Welche Maßnahme zum konstruktiven Holzschutz ist falsch?
① Holzverkleidung von Wänden hinterlüften
② Holzstützen zum Schutz vor Bodenfeuchtigkeit aufständern
③ Nur frisches Holz mit einem Feuchtegehalt von $u > 30\%$ verarbeiten
④ Zwischen Mauerwerk und Holzbauteilen Feuchtigkeitssperren anordnen
⑤ Ausbildung von Tropfnasen

445
Welche Maßnahme zum konstruktiven Holzschutz ist falsch?
① Holzbauteile hinterlüften
② Holz mit Feuchtigkeitssperren schützen
③ Nur trockenes Holz mit einem Feuchtegehalt von $u < 20\%$ einbauen
④ Holzbauteile satt ummörteln
⑤ Hirnholz im Außenbereich gegen Feuchtigkeit abdecken

446
Welche konstruktive Holzschutzmaßnahme wird hier im Bild abgebildet?
① Hinterlüftete Holzverkleidung einer Wand
② Aufgeständerte Holzstütze zum Schutz vor Bodenfeuchtigkeit
③ Abdeckung von Hirnholz im Außenbereich
④ Feuchtigkeitssperre zwischen Mauerwerk und einem Holzbalken
⑤ Ausbildung einer Tropfnase

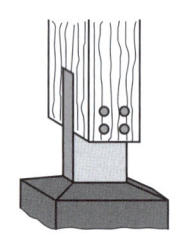

447
Die Leime für Spanplatten und Faserplatten enthalten Formaldehyd. Welche Platten dürfen innen ohne Einschränkung eingebaut werden?
① Platten mit Kennzeichnung E1
② Platten mit Kennzeichnung E3
③ Platten mit Kennzeichnung E1 und E2
④ Platten mit Kennzeichnung E1, E2 und E3
⑤ Keine Platten mit Kennzeichnung E1, E2 und E3

448
Mit welchem Feuchtigkeitsgehalt u wird Bauholz für den Rohbau in der Regel verarbeitet?
① Als Frischholz mit $u > 30\%$
② Halbtrocken, u liegt zwischen 20% und 30%
③ Trocken, $u < 20\%$
④ Darrtrocken, $u = 0\%$
⑤ Künstlich getrocknet, $u < 15\%$

449
Wie wird der im Bild mit Ⓐ gekennzeichnete Teil im Querschnitt eines Holzstammes bezeichnet?
① Jahresring
② Borke
③ Markstrahl
④ Kambium
⑤ Mark

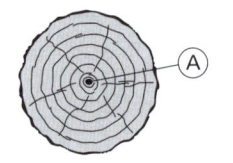

450
Was versteht man unter Tracheiden?
① Leitzellen für den Transport von Nährstoffen im Baum
② Stützzellen für die Festigkeit des Baumes
③ Speicherzellen in Bäumen
④ Zellen, die Leitungsaufgaben und Stützaufgaben bei Nadelbäumen wahrnehmen
⑤ Tracheiden sind Holzschädlinge

451
Was versteht man unter Assimilation?
① Die Nahrungsaufnahme des Baumes mit seinen Wurzeln
② Die Aufnahme von Kohlendioxid über die Blätter
③ Die Herstellung von Blattgrün (Chlorophyll)
④ Die Umwandlung der aufgenommenen Nährstoffe in Traubenzucker und Stärke
⑤ Die Entstehung eines Jahresringes aus Frühholz

Lernfeldübergreifende Grundlagen — Hochbaufacharbeiter

Holz und Holzwerkstoffe — 452 … 459

452
Welcher chemische Prozess läuft beim Faulen von Holz ab?

① Eine Hydratation
② Eine langsame Oxidation
③ Eine langsame Reduktion
④ Eine Karbonatisierung
⑤ Fotosynthese

453
Welches Bauholz gehört nicht zum Schnittholz?

① Dachlatten
② Rundholz
③ Kantholz
④ Bretter
⑤ Bohlen

454
Welcher Schnitt durch einen Baumstamm ist im Bild abgebildet?

① Querschnitt oder Hirnschnitt
② Sehnenschnitt oder Fladerschnitt
③ Aufschnitt
④ Radialschnitt oder Spiegelschnitt
⑤ Keiner der Schnitte

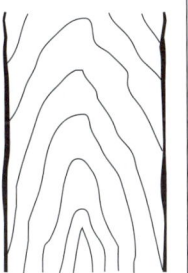

455
Welches Querschnittsmaß gehört zu den Balken?

① 16 cm/18 mm
② 40 mm/60 mm
③ 6 cm/6 cm
④ 10 cm/20 cm
⑤ 24 mm/48 mm

456
Welche Schnitthölzer haben das Querschnittsmaß 24 mm/48 mm?

① Balken
② Kanthölzer
③ Bohlen
④ Bretter
⑤ Dachlatten

457
Welche Mindestdicke nach DIN 4071 weisen Bohlen auf?

① 24 mm
② 32 mm
③ 44 mm
④ 50 mm
⑤ 60 mm

458
Welche Bauschnitthölzer gehören zur Sortierklasse S13?

① Bauschnitthölzer mit überdurchschnittlicher Tragfähigkeit
② Bauschnitthölzer mit üblicher Tragfähigkeit
③ Bauschnitthölzer mit geringer Tragfähigkeit
④ Bauschnitthölzer für untergeordnete Bauteile
⑤ Bauschnitthölzer für den Innenbereich

459
Welches Bauholz ist im Bild dargestellt?

① Eine unbesäumte Bohle
② Eine besäumte Bohle
③ Ein besäumtes Brett
④ Ein zweiseitig besäumtes Rundholz
⑤ Eine Schwarte

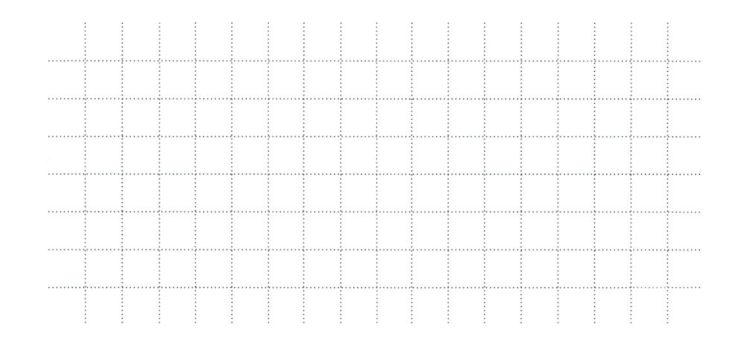

Lösungen ab Seite 282

Lernfeldübergreifende Grundlagen — Hochbaufacharbeiter

Holz und Holzwerkstoffe — 460 ... 467

460
Welches Bauholz ist im Bild dargestellt?

① Eine unbesäumte Bohle
② Eine besäumte Bohle
③ Ein unbesäumtes Brett
④ Ein Furnier
⑤ Eine Schwarte

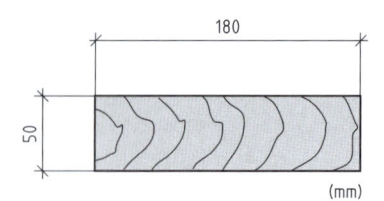

461
Welches der aufgeführten Bauschnitthölzer entspricht der Sortierklasse S10?

① Bauschnittholz mit üblicher Tragfähigkeit
② Bauschnittholz mit überdurchschnittlicher Tragfähigkeit
③ Bauschnittholz mit geringer Tragfähigkeit
④ Bauschnittholz mit besonders hoher Tragfähigkeit
⑤ Bauschnittholz nur für den Innenbereich

462
Welche Mindestbreite besitzen Bretter?

① 40 mm
② 60 mm
③ 80 mm
④ 100 mm
⑤ 120 mm

463
Wie wird das im Bild mit Ⓐ gekennzeichnete Brett vom Schnitt am Stamm her genannt?

① Schwarte
② Seitenbrett
③ Mittelbrett
④ Herzbrett
⑤ Besäumtes Brett

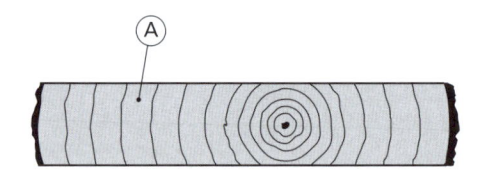

464
Welches Merkmal gehört nicht zu den Sortierkriterien nach DIN 4074?

① Insektenfraß
② Äste
③ Jahresringbreite
④ Anzahl der Jahresringe
⑤ Verfärbungen

465
Welches Merkmal gehört nicht zu den Sortierkriterien nach DIN 4074?

① Mistelbefall
② Baumkante
③ Baumart
④ Faserneigung
⑤ Risse

466
Welche Baumart wird für Bauholz am häufigsten verwendet?

① Eiche
② Kiefer
③ Tanne
④ Buche
⑤ Fichte

467
Welche Sortierklasse entspricht Nadelholz mit der Güteklasse C24?

① Visuelle Sortierung S7
② Visuelle Sortierung S10
③ Visuelle Sortierung S13
④ Maschinelle Sortierung MS13
⑤ Maschinelle Sortierung MS17

Lernfeldübergreifende Grundlagen — Hochbaufacharbeiter

Holz und Holzwerkstoffe — 468 ... 477

468
Welcher Baustoff gehört **nicht** zu den Holzwerkstoffen?
① Spanplatte
② Furniersperrholzplatte
③ Holzfaserplatte
④ Holzwolleleichtbauplatte
⑤ Glasplatte

469
Welches Bauholz zählt zu den Halbfertigerzeugnissen?
① Besäumte Bretter
② Unbesäumte Bohlen
③ Kanthölzer
④ Dachlatten
⑤ Gespundete Bretter

470
Wie sind Furniersperrholzplatten (FU) aufgebaut?
① Aus mindestens 2 Furnieren, die kreuzweise verleimt sind
② Aus mindestens 3 verleimten Furnieren
③ Aus mindestens 3 Furnieren, die kreuzweise verleimt sind
④ Aus mindestens 4 verleimten Furnieren
⑤ Aus mindestens 4 Furnieren, die kreuzweise verleimt sind

471
Welche Eigenschaft trifft auf Bausperrholz zu?
① Es ist wesentlich leichter als Vollholz
② Es ist wesentlich schwerer als Vollholz
③ Es besitzt eine wesentlich bessere Wärmedämmung als Vollholz
④ Es besitzt eine wesentlich bessere Schalldämmung als Vollholz
⑤ Es quillt und schwindet wesentlich geringer als Vollholz

472
Was versteht man unter Furnieren?
① Miteinander verleimte Bretter
② Miteinander verleimte Holzleisten
③ Miteinander verleimte Holzspäne
④ Miteinander verleimte Holzfasern
⑤ 0,5 mm bis 8 mm dicke Holzblätter, die vom Vollholz abgesägt, abgemessert oder abgeschält werden

473
Welchen Vorteil haben Spanplatten gegenüber Vollholz?
① Sie haben eine wesentlich höhere Festigkeit
② Sie lassen sich wesentlich besser bearbeiten
③ Sie sind teurer als Vollholz
④ Auch minderwertiges Holz kann verarbeitet werden
⑤ Sie sind umweltfreundlicher als Vollholz

474
Wie werden die Furniere genannt, die die äußerste Lage von Stabsperrholzplatten (ST) bilden?
① Deckfurniere
② Messerfurniere
③ Schälfurniere
④ Sägefurniere
⑤ Absperrfurniere

475
Bei welchen Platten aus Holzwerkstoffen wird auch Bitumen als Bindemittel verwendet?
① Spanplatten
② Bausperrholzplatten
③ Holzfaserplatten
④ Holzwolleleichtbauplatten
⑤ OSB-Platten

476
Welche zimmermannsmäßige Holzverbindung verwendet man für Eckverbindungen?
① Scherzapfen
② Stumpfer Stoß
③ Stirnversatz
④ Verkämmung
⑤ Fersenversatz

477
In welcher Antwort sind nur zimmermannsmäßige Holzverbindungen aufgeführt?
① Verkämmung, Überlattung, Verleimung
② Versatz, Verbolzung, Scherzapfen
③ Vernagelung, Eckblatt, Schlitz und Zapfen
④ Schlitz und Zapfen, Überblattung, Verschraubung
⑤ Scherzapfen, Stirnversatz, Eckblatt

Lösungen ab Seite 282

Lernfeldübergreifende Grundlagen | Hochbaufacharbeiter

Holz und Holzwerkstoffe — 478 … 485

478
Welche zimmermannsmäßige Holzverbindung verwendet man für Längsverbindungen?

① Stirnversatz
② Gerades Blatt
③ Scherzapfen
④ Eckblatt
⑤ Verkämmung

479
Welche zimmermannsmäßige Holzverbindung verwendet man für Kreuzungen von zwei Hölzern?

① Gerades Blatt
② Scherzapfen
③ Eckblatt
④ Stirnversatz
⑤ Verkämmung

480
Welche zimmermannsmäßige Holzverbindung verwendet man für Abzweigungen?

① Schräges Blatt
② Eckblatt
③ Verkämmung
④ Stirnversatz
⑤ Scherzapfen

481
Welches Verbindungsmittel ergibt eine lösbare Holzverbindung?

① Holzschrauben
② Drahtstifte
③ Phenolharzleim
④ Klammern
⑤ Weißleim

482
Welche zimmermannsmäßige Holzverbindung ist im Bild unter Ⓒ abgebildet?

① Stirnversatz
② Verkämmung
③ Schlitz und Zapfen
④ Gerades Blatt
⑤ Stumpfer Stoß

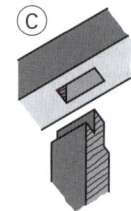

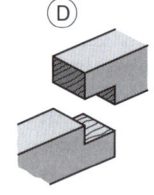

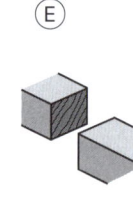

483
Welches metallische Holzverbindungsmittel ist im Bild unter Ⓓ abgebildet?

① Drahtstift
② Klammer
③ Holzschraube
④ Schraubenbolzen
⑤ Dübel besonderer Bauart

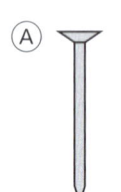

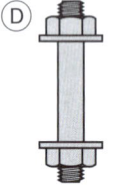

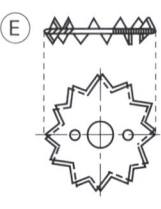

484
Wie viel Nägel sind für eine tragende Nagelverbindung, die auf Abscheren belastet wird, nach DIN EN 1995-1 mindestens erforderlich?

① 2
② 3
③ 4
④ 5
⑤ 6

485
Wie viel Schrauben mit einem Durchmesser $d < 10$ mm sind für eine tragende Schraubenverbindung nach DIN EN 1995-1 mindestens nötig?

① 2
② 3
③ 4
④ 5
⑤ 6

Lernfeldübergreifende Grundlagen — Hochbaufacharbeiter

Holz und Holzwerkstoffe — 486 … 493

486
Welche Mindestholzdicke muss ein Holzbauteil aus Kiefernholz für eine tragende Nagelverbindung nach DIN EN 1995-1 aufweisen?

① 20 mm
② 24 mm
③ 28 mm
④ 30 mm
⑤ 40 mm

487
In einer Holzbauzeichnung ist an einer Nagelverbindung 22 Na 3,4/90 zu lesen. Was ist mit der Zahl 3,4 gemeint?

① Nagellänge = 34 cm
② Nagellänge = 34 mm
③ Durchmesser des Nagelschaftes = 34 mm
④ Durchmesser des Nagelschaftes = 3,4 mm
⑤ Durchmesser des Nagelkopfes = 3,4 mm

488
Welche Abbildung im Bild zeigt eine zweischnittige Nagelverbindung?

① A
② B
③ C
④ D
⑤ E

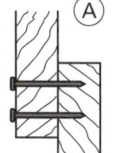

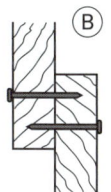

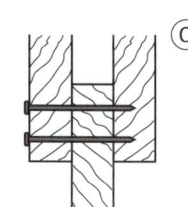

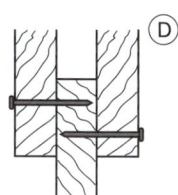

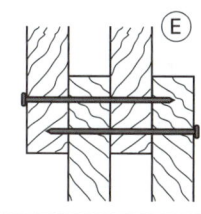

489
Welche Abbildung im Bild zeigt eine Holzschraube mit Linsenkopf?

① A
② B
③ C
④ D
⑤ keine der Abbildungen

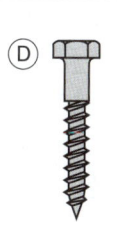

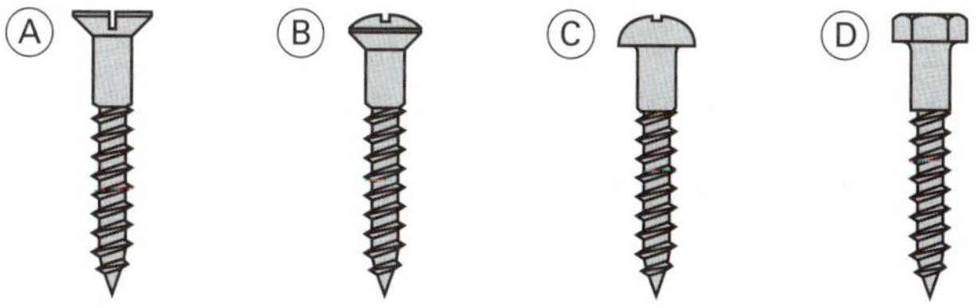

490
An einer Nagelverbindung ist 26 Na 4,2/110, vb zu lesen. Was bedeutet vb?

① Verbindlich: genau die angegebenen Nägel müssen genommen werden
② Unverbindlich: man darf auch andere Nägel nehmen
③ Vorgebohrt: damit die Nägel leichter eingeschlagen werden können
④ Vorgebohrt: die Tragkraft eines Nagels pro Scherfläche erhöht sich
⑤ Hier darf zur Arbeitserleichterung nicht vorgebohrt werden

491
Womit lässt sich die Gefahr des Spaltens von Holz bei einer Nagelverbindung nicht herabsetzen?

① Stauchen (Abstumpfen) der Nagelspitze
② Einhalten von vorgeschriebenen Randabständen
③ Einhalten von vorgeschriebenen Abständen der Nägel untereinander
④ Versetzen der Nägel zur Nagelrissachse mithilfe einer Nagelschablone
⑤ Maschinelles Einschlagen der Nägel

492
Wodurch kommt die Festigkeit einer Leimfuge zustande?

① Adhäsion
② Kapillarität
③ Kohäsion
④ Durch eine chemische Reaktion mit dem Holz
⑤ Adhäsion und Kohäsion

493
Welcher Baustoff wird aus Vollholz durch Verleimung hergestellt?

① Brettschichtholz (BSH)
② Spanplatten
③ Holzwolleleichtbauplatten
④ Hartfaserplatten
⑤ Gespundete Bretter

Lösungen ab Seite 282

Lernfeldübergreifende Grundlagen | Hochbaufacharbeiter

Holz und Holzwerkstoffe — 494 ... 499

494
Welche der Abbildungen im Bild zeigt eine Spundung?
① A
② B
③ C
④ D
⑤ E

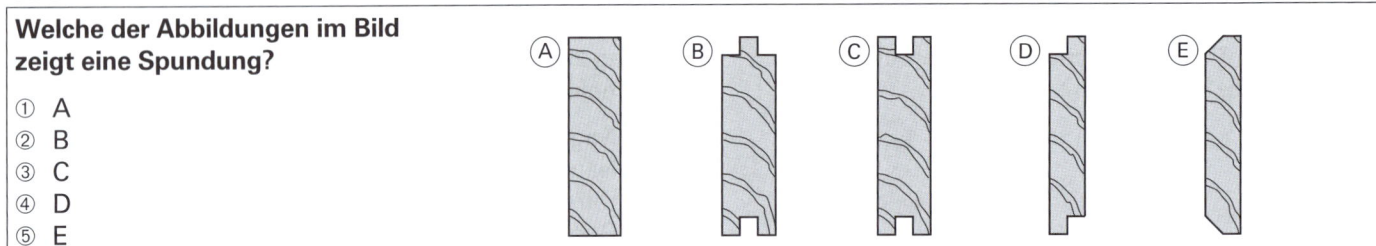

495
Welche der Abbildungen im Bild zeigt einen Drahtstift mit Senkkopf?
① A
② B
③ C
④ D
⑤ E

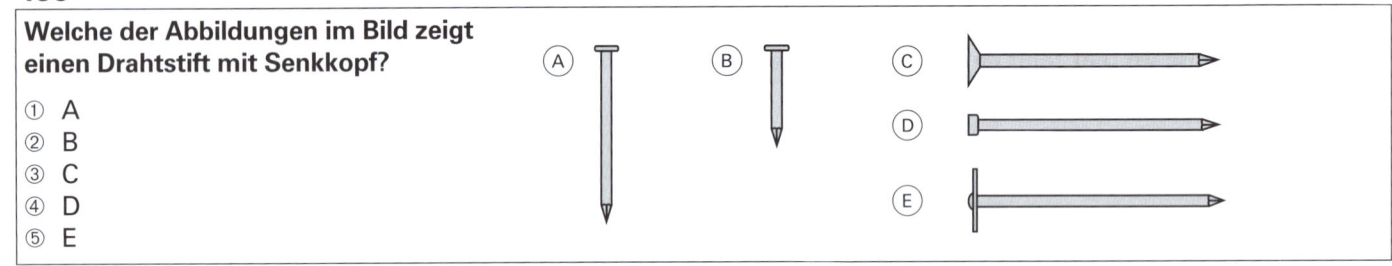

496
In welcher Antwort sind nur Leime aus natürlichen Grundstoffen aufgeführt?
① Glutinleim, Kaseinleim, Stärkeleim
② Melaminharzleim, Stärkeleim, Kaseinleim
③ Stärkeleim, Kaseinleim, Harnstoffharzleim
④ Kaseinleim, Resorcinharzleim, Stärkeleim
⑤ Polyvinylacetatleim (Weißleim), Stärkeleim, Kaseinleim

497
Erklären Sie die Entstehung von Holz unter Verwendung der Begriffe Fotosynthese und Assimilation. Verwenden Sie ein Extra-DIN-A4-Blatt.

498
Beschriften Sie den Stammquerschnitt eines Baumes.
① _____
② _____
③ _____
④ _____
⑤ _____
⑥ _____
⑦ _____
⑧ _____
⑨ _____

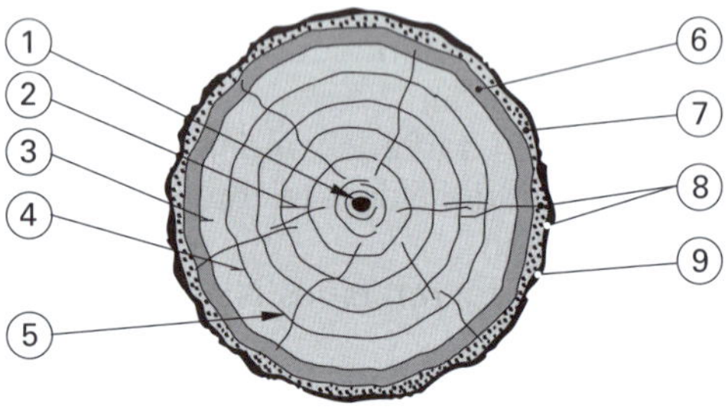

499
Skizzieren und benennen Sie vier verschiedene zimmermannsmäßige Holzverbindungen.

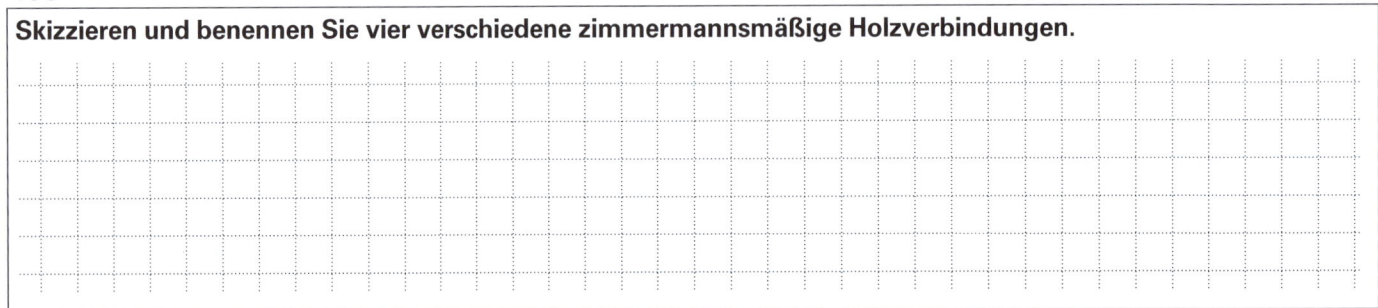

Lösungen ab Seite 282

Lernfeldübergreifende Grundlagen — Hochbaufacharbeiter

Fliesen, Platten, Estrich — 501 … 510

501
In welcher Antwort werden nur Estriche nach der Konstruktionsart aufgeführt?

① Verbundestrich, Estrich auf Trennschicht, Gussasphaltestrich
② Verbundestrich, Zementestrich, Schwimmender Estrich
③ Verbundestrich, Estrich auf Trennschicht, Schwimmender Estrich
④ Calciumsulfatestrich, Estrich auf Trennschicht, Schwimmender Estrich
⑤ Magnesiaestrich (Steinholzestrich), Estrich auf Trennschicht, Schwimmender Estrich

502
In welcher Antwort werden nur Estriche nach dem verwendeten Bindemittel aufgeführt?

① Verbundestrich, Estrich auf Trennschicht, Gussasphaltestrich
② Verbundestrich, Zementestrich, Schwimmender Estrich
③ Verbundestrich, Estrich auf Trennschicht, Schwimmender Estrich
④ Calciumsulfatestrich, Estrich auf Trennschicht, Schwimmender Estrich
⑤ Calciumsulfatestrich, Zementestrich, Gussasphaltestrich

503
Welche Platten gehören zu den Fliesen?

① Kacheln
② Platten aus Marmor
③ Spaltplatten
④ Beton-Werksteinplatten
⑤ Feinkeramische Platten aus Steingut

504
Welcher Baustoff gehört nicht zur Keramik?

① Steingut-Platten
② Klinkerriemchen
③ Irdengut-Platten
④ Glasfliesen
⑤ Cottoplatten

505
Welche Aufgabe hat die Trennschicht zwischen Dämmung und schwimmendem Estrich?

① Sie dient als Dampfsperre
② Sie verhindert eine chemische Reaktion zwischen Dämmung und Estrich
③ Sie verteilt die Estrichlasten gleichmäßig
④ Sie verhindert, dass Bindemittel in die Schalldämmung gelangt
⑤ Sie hat keine Aufgabe

506
Wie vermeidet man Schwindrisse im Zementestrich?

① Durch schnelles Trocknen des Estrichs
② Durch Dehnungsfugen und 7-tägiges Feuchthalten des Estrichs
③ Durch einen ausreichend hohen Zementgehalt
④ Durch Kühlung mit starker Zugluft
⑤ In Zementestrichen können keine Schwindrisse auftreten

507
In welcher Antwort sind nur Eigenschaften aufgelistet, die ein Estrich erfüllen muss?

① Elektrisch nicht leitend, abriebfest, druckfest
② Nicht quellend, abriebfest, druckfest
③ Eben, abriebfest, druckfest
④ Eben, abriebfest, elektrisch nicht leitend
⑤ Eben, abriebfest, nicht quellend

508
Welche Aufgabe hat der Randstreifen beim schwimmenden Estrich?

① Er dient zur Wärmedämmung
② Er spart Material für den Estrich ein
③ Er stellt das Auflager für die Fußleiste
④ Er vermeidet die Trittschallübertragung
⑤ Er hat keine Aufgabe

509
Welcher Baustoff wird als keramisch bezeichnet?

① Schamotte
② Natursteinplatten
③ Teppichfliesen
④ Asphaltplatten
⑤ Glasplatten

510
Welcher Baustoff wird als Keramik bezeichnet?

① Baustoff aus Kalk und Sand
② Baustoff aus gebranntem Ton
③ Baustoff, der mit Zement hergestellt wird
④ Baustoff, der Bitumen enthält
⑤ Baustoff aus Gips

Lösungen ab Seite 283

Lernfeldübergreifende Grundlagen — Hochbaufacharbeiter

Fliesen, Platten, Estrich — 511 ... 519

511
Welcher Estrich ist im Bild dargestellt?
① Verbundestrich
② Estrich auf Trennlage
③ Schwimmender Estrich
④ Trockenestrich
⑤ Im Bild ist kein Estrich dargestellt

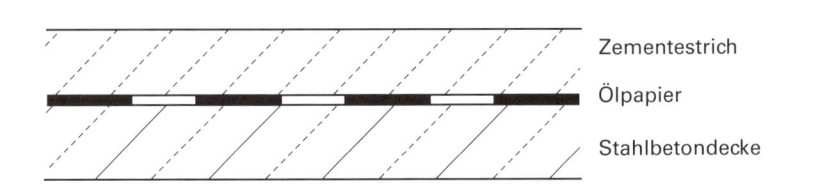

Zementestrich
Ölpapier
Stahlbetondecke

512
Woraus werden Steingutfliesen hergestellt?
① Aus Zement, Sand und Kies
② Aus Ton, Kalk, Kaolin und Feldspat
③ Aus Ton, Kaolin, Quarz und Feldspat
④ Aus Ton, Gips, Kaolin und Feldspat
⑤ Aus Bitumen, Sand und Kies

513
Welchen Zweck erfüllt die Glasur bei Steingutfliesen?
① Sie schützt die Fliesen vor UV-Strahlung
② Sie ist nur zur Verschönerung der Fliesen da
③ Sie schützt die Fliesen im Winter vor Frost
④ Die Fliesen werden durch sie Wasser abweisend und Schmutz abweisend
⑤ Sie hat keinen Zweck

514
Was versteht man unter Sintern bei der Herstellung von Steinzeugfliesen?
① Das einmalige Brennen von glasierten Steinzeugfliesen
② Das Mischen von Quarz, Ton und Feldspat
③ Das Mahlen von Quarz und Feldspat
④ Das teilweise Schmelzen von Feldspat beim Brennen bei rund 1500 °C
⑤ Das Pressen der Rohlinge

515
Welcher Baustoff wird in der Regel zur Verfugung der Fliesen verwendet?
① Kalkmörtel
② Kalkzementmörtel
③ Zementmörtel
④ Gipsmörtel
⑤ Bitumen

516
Welche Fliesenlegerkelle ist im Bild abgebildet?
① Hamburger Form
② Herzkelle
③ Schweizer Form
④ Viereckkelle
⑤ Das ist eine Maurerkelle

517
Welche Plattenart zeigt das Bild?
① Steingutfliese
② Natursteinplatte
③ Teppichfliese
④ Waschbetonplatte
⑤ Spaltplatte

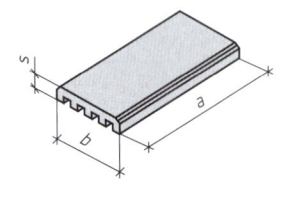

518
Wann werden Fliesenbeläge angesetzt?
① Vor dem Verputzen
② Bevor Fensterrahmen, Türfutter und Anschlagschienen angebracht werden
③ Vor den Installationsarbeiten
④ Nach dem Verputzen, aber vor den Installationsarbeiten
⑤ Nach dem Verputzen, den Installationsarbeiten, dem Anbringen von Fensterrahmen, Türfutter und Anschlagschienen

519
Weshalb werden Wandfliesen vor dem Ansetzen kurz (1 bis 3 Sekunden) ins Wasser getaucht?
① Damit die Fliesen sauber sind
② Damit die Fliesen schwerer werden
③ Damit der Ansetzmörtel auf den Fliesen rutscht
④ Damit der Ansetzmörtel nicht in die Poren der Fliesen eindringen kann
⑤ Damit die Fliesen dem Ansetzmörtel nicht zu viel Wasser entziehen

Lernfeldübergreifende Grundlagen — Hochbaufacharbeiter

Fliesen, Platten, Estrich — 520 … 529

520
Welche Eigenschaft spielt für die Haftung der Fliese am Untergrund keine Rolle?

① Die Saugfähigkeit des Untergrundes
② Die Rauheit des Untergrundes
③ Die Festigkeit des Untergrundes
④ Die Sauberkeit des Untergrundes
⑤ Die Farbe des Untergrundes

521
Welche Eigenschaft darf der Untergrund für Fliesenbeläge nicht aufweisen?

① Ebenheit
② Rauigkeit
③ Verschmutzung
④ Trockenheit
⑤ Tragfähigkeit

522
Wodurch kommt die Haftung der Fliese an der Wand zustande?

① Durch Kohäsion
② Durch die Dicke des Zementmörtels
③ Durch die Ebenheit des Untergrundes
④ Durch Adhäsion
⑤ Durch die Farbe des Untergrundes

523
Was versteht man unter Ansetzen im Dünnbett?

① Die Verwendung besonders dünner Fliesen
② Die Verwendung eines besonders dünnflüssigen Klebers
③ Die Verlegung in einem 5 mm bis 15 mm dicken Mörtelbett
④ Die Verlegung in einem 2 mm bis 3 mm dicken Mörtelbett
⑤ Die Verlegung im Putz

524
Zählen Sie drei verschiedene Konstruktionsarten für Estriche auf.

525
Skizzieren Sie den möglichen Aufbau eines schwimmenden Estrichs mit Wandanschluss.

526
Geben Sie drei Vorteile bzw. Nachteile von Zementestrich an.

527
Schildern Sie kurz die Herstellung von Steingutfliesen.

528
Zählen Sie fünf verschiedene keramische Baustoffe auf.

529
Welche Eigenschaft muss die Fugenmasse bei Anschlussfugen und Dehnfugen besitzen?

530 … 600 keine Aufgaben

Lernfeldübergreifende Grundlagen — Hochbaufacharbeiter

Baugrund und Gründungen — 601 ... 610

601
Welchen Boden bezeichnet man als »bindigen Boden«?

① Lehmboden
② Moorboden
③ Sandboden
④ Sandigen Kies
⑤ Kiesboden

602
Welchen Boden bezeichnet man als »nichtbindigen Boden«?

① Tonboden
② Moorboden
③ Lehmboden
④ Sand-Kies-Gemisch
⑤ Mergelboden

603
Welcher Boden hat eine besonders gute Tragfähigkeit?

① Mittelfeuchter Lehmboden
② Verdichteter Schluffboden
③ Mittelfeuchter Tonboden
④ Trockener Sandboden
⑤ Festgelagertes Kies-Sand-Gemisch

604
Wovon hängt die Tragfähigkeit von bindigen Böden besonders ab?

① Von der Verdichtung
② Von der Korngröße
③ Vom Eisengehalt
④ Vom Wassergehalt
⑤ Vom Sandanteil

605
Welche Eigenschaft ist für die Frostempfindlichkeit von Böden verantwortlich?

① Kornform
② Tragfähigkeit
③ Kapillarität
④ Lösbarkeit
⑤ Rauigkeit der Kornoberfläche

606
Welche der genannten Bodenarten ist besonders frostempfindlich?

① Sand-Kies-Gemisch
② Sandboden
③ Schluffboden
④ Kiesboden
⑤ Fels

607
Welche Aussage über bindige Böden als Baugrund ist zutreffend?

① Sie sind als Baugrund ungeeignet
② Für die Beurteilung als Baugrund muss eine genaue Bestimmung erfolgen, weil sie sehr unterschiedlich sein können
③ Bei ausreichend hohem Wassergehalt sind sie meist tragfähig
④ Eine mittlere Belastbarkeit ist immer gegeben
⑤ Mit der Bildung von Eisschichten und Eislinsen ist nicht zu rechnen

608
Welche der folgenden Ausssagen über Fundamente ist **falsch**?

Fundamente sollen ...
① die Lasten sicher auf den Baugrund übertragen
② die Lasten gleichmäßig auf den Baugrund übertragen
③ in frostfreier Tiefe gegründet sein
④ die Lasten des Bauwerks auf eine größere Fläche verteilen
⑤ den Baugrund punktförmig belasten

609
Welcher der genannten Natursteine wird der Entstehung nach als Erstarrungsgestein bezeichnet?

① Sandstein
② Schiefer
③ Dolomit
④ Basalt
⑤ Granit

610
Welcher der genannten Natursteine ist ein Ablagerungsgestein?

① Sandstein
② Schiefer
③ Gabbro
④ Basalt
⑤ Granit

Lernfeldübergreifende Grundlagen — Hochbaufacharbeiter

Baugrund und Gründungen — 611 ... 620

611

Welche Gründung ist keine Flachgründung?

① Streifenfundament
② Köcherfundament
③ Plattenfundament
④ Pfahlgründung
⑤ Fundamentwanne

612

Welche Aussage über Gründungen ist falsch?

① Die Gründung soll die Bauwerkslasten sicher auf den Baugrund übertragen
② Bauwerke sollen frostfrei gegründet werden
③ Tiefgründungen übertragen die Bauwerkslasten auf tieferliegende tragfähige Bodenschichten
④ Unter der Kellersohle muss sich immer eine Frostschutzschicht befinden
⑤ Die Gründungstiefe richtet sich nach den Bodenverhältnissen

613

Welcher der genannten Steine ist ein künstlicher Stein?

① Gabbro
② Bimsstein
③ Basalt
④ Marmor
⑤ Kalksandstein

614

Welcher der genannten Steine ist ein Naturstein?

① Kalksandstein
② Sandstein
③ Ungebrannter Lehmziegel
④ Hüttensteine
⑤ Blähton

615

Zu welcher Gesteinsart zählt der Kalkstein?

① Ablagerungsgestein
② Erstarrungsgestein
③ Tiefengestein
④ Künstlicher Stein
⑤ Umwandlungsgestein

616

Welcher der genannten Steine ist kein Naturstein?

① Schiefer
② Marmor
③ Kalksandstein
④ Granit
⑤ Basalt

617

Welcher der genannten Natursteine gehört zu den Umwandlungsgesteinen?

① Porphyr
② Basaltlava
③ Granit
④ Gneis
⑤ Basalt

618

Welches der genannten natürlichen Gesteine ist ein Erstarrungsgestein mit dichtem glasigem Gefüge?

① Kalkstein
② Sandstein
③ Basalt
④ Schiefer
⑤ Marmor

619

Welche Aussage über Basalt trifft nicht zu?

① Er ist polierfähig
② Er ist witterungsbeständig
③ Er ist schwer bearbeitbar
④ Er hat ein poröses Gefüge
⑤ Er hat eine hohe Druckfestigkeit

620

Welche der Aufzählungen nennt nur Natursteine?

① Travertin, Bimsbeton, Basaltlava
② Basalt, Sandstein, Gabbro
③ Granit, Blähton, Klinker
④ Hüttenstein, Sandstein, Marmor
⑤ Kalkstein, Kalksandstein, Bims

Lernfeldübergreifende Grundlagen — Hochbaufacharbeiter

Baugrund und Gründungen — 621 ... 628

621
Welche Aussage über die Eigenschaften von Naturstein trifft nicht zu?

① Marmor ist polierfähig
② Granit ist geschichtet
③ Bims hat ein poriges Gefüge
④ Basalt hat kein poriges Gefüge
⑤ Sandstein hat ein körniges Gefüge

622
Welche Aussage über die Entstehung von Natursteinen trifft auf Umwandlungsgesteine zu?

Umwandlungsgestein entstand durch ...
① Erstarrung flüssiger Lava im Vulkantrichter
② Ablagerung und Verfestigung von Sanden in tiefen Meeren
③ Ablagerung und Verfestigung grober Gesteinstrümmer unter Gletschern
④ großen Druck und große Hitze meist in tieferen Schichten der Erdrinde
⑤ Ablagerung und Verfestigung von Muscheln

623
Welches Gestein gehört nicht zu den Umwandlungsgesteinen?

① Gneis
② Kalkstein
③ Marmor
④ Quarzit
⑤ Tonschiefer

624
Welche der genannten Eigenschaften trifft auf Granit zu?

① Leicht spaltbar
② Schichtstruktur
③ Grobporig
④ Körnig
⑤ Glasig

625
Aus welchem Gestein ist Marmor durch Umwandlung unter Druck- und Hitzeeinwirkung entstanden?

① Basalt
② Kalkstein
③ Sandstein
④ Ton
⑤ Granit

626
Welcher Böschungswinkel ist bei Baugruben für die angegebene Bodenart falsch?

① 60° für weichen bindigen Boden
② 45° für leichten Boden
③ 60° für mittelschweren und schweren Boden
④ 80° für leichten Fels
⑤ 90° für schweren Fels

627
Welche Abbildung zeigt einen Fäustel?

① Abbildung A
② Abbildung B
③ Abbildung C
④ Abbildung D
⑤ Abbildung E

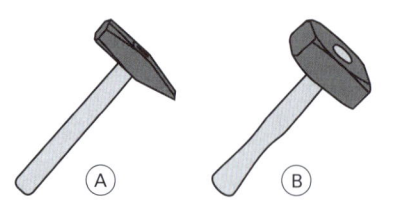

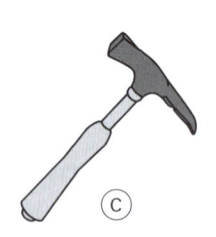

628
Welcher Böschungswinkel α ist gemäß den Unfallverhütungsvorschriften für eine 1,60 m tiefe Baugrube ohne Verbau in steif bis halbfestem bindigen Boden höchstens zulässig?

① α = 45°
② α = 50°
③ α = 60°
④ α = 80°
⑤ α = 90°

Lernfeldübergreifende Grundlagen

Hochbaufacharbeiter

Baugrund und Gründungen

629 ... 633

629
Welche der 5 Skizzen entspricht den Vorschriften?

① Abbildung A
② Abbildung B
③ Abbildung C
④ Abbildung D
⑤ Abbildung E

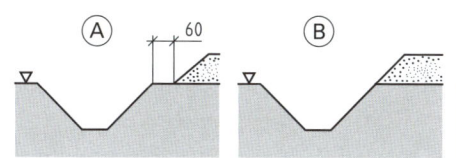

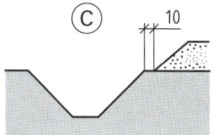

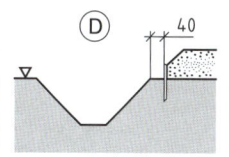

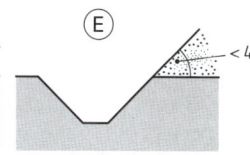

630
Welche Querschnittsform ist für ein Streifenfundament ungeeignet?

① Abbildung A
② Abbildung B
③ Abbildung C
④ Abbildung D
⑤ Abbildung E

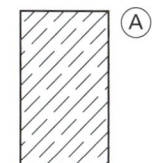

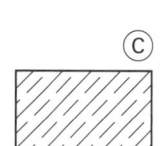

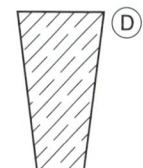

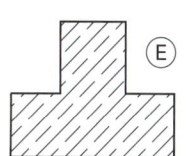

631
Welche Art von Verbau ist in der Skizze dargestellt?

① Waagerechter Verbau
② Senkrechter Verbau
③ Trägerbohlwand
④ Verbaugerät
⑤ Bohrpfahlwand

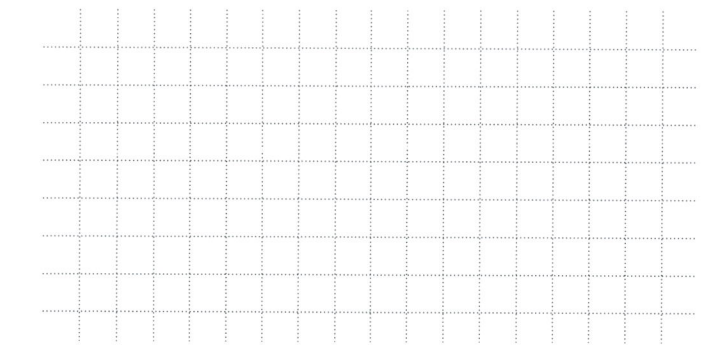

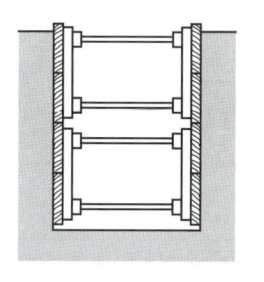

632
Wie groß ist die Mindestgrabenbreite b bei einem Rohrdurchmesser von 250 mm in einem verbauten Graben?

① 40 cm
② 50 cm
③ 60 cm
④ 65 cm
⑤ 75 cm

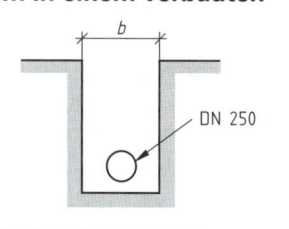

633
Welche Breite b muss der obere Sicherheitsstreifen neben Baugruben und Gräben haben, der nicht belastet werden darf?

① 50 cm
② 60 cm
③ 70 cm
④ 80 cm
⑤ 100 cm

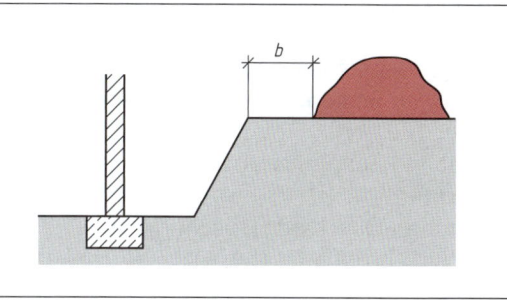

Lösungen ab Seite 285

Lernfeldübergreifende Grundlagen — Hochbaufacharbeiter

Baugrund und Gründungen — 634 ... 640

634
Bis zu welcher Tiefe t darf ein Graben mit Teilabböschung ungesichert ausgehoben werden?

① 1,25 m
② 1,50 m
③ 1,60 m
④ 1,75 m
⑤ 2,00 m

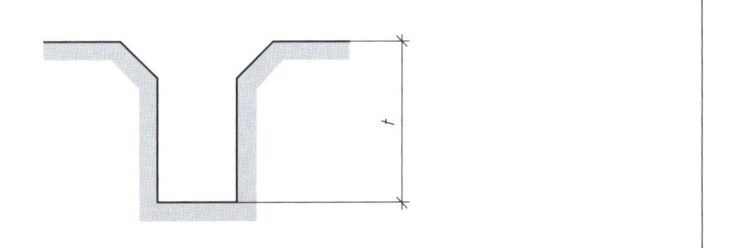

635
Bis zu welcher Tiefe t darf ein Graben senkrecht ungesichert ausgehoben werden?

① 1,00 m
② 1,25 m
③ 1,50 m
④ 1,60 m
⑤ 1,75 m

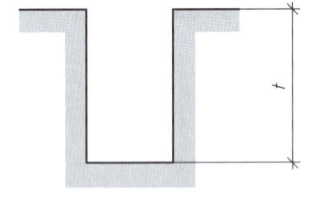

636
Welche Breite b muss der Arbeitsraum zwischen Fundament und Böschung oder Verbau in Baugruben haben?

① 50 cm
② 60 cm
③ 70 cm
④ 80 cm
⑤ 100 cm

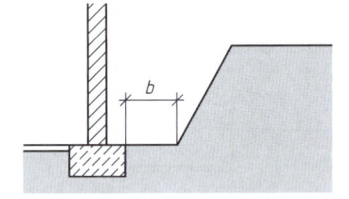

637
Was ist »anstehender« oder »gewachsener« Boden?

① Boden mit natürlichem Bewuchs
② In Mieten gelagerter Boden
③ Oberboden
④ Boden in der natürlichen und künstlich nicht veränderten Lagerung
⑤ Boden auf felsigem Untergrund

638
Welche der folgenden Aussagen ist für Lehm nicht zutreffend?

① Lehm hat einen hohen Anteil feiner Körnung
② Lehm ist ein nicht bindiger rolliger Boden
③ Lehm besteht aus Sand, Schluff und Ton
④ Die Belastbarkeit eines Lehmbodens hängt vom Wassergehalt ab
⑤ Feuchte Lehmböden setzen sich unter Belastung stark und sehr lange

639
Welcher Teil der Baugrube wird als Arbeitsraum bezeichnet?

① Der Bereich neben der Böschungsoberkante, der von Belastungen freizuhalten ist
② Die gesamte Baugrubensohle bis zum Böschungsfuß
③ Der Bereich zwischen Schalungsaußenkante und Böschungsfuß
④ Der Bereich zwischen Schalungsaußenkante und Böschungsoberkante
⑤ Der Bereich zwischen Oberkante Böschung und Schnurgerüst

640
Wie muss der Oberboden bei Ausschachtungsarbeiten behandelt werden?

① Er erfordert keine besondere Behandlung
② Er muss getrennt von anderen Bodenarten abseits vom Baubetrieb auf Mieten gelagert werden
③ Er kann mit anderen Böden zusammen gelagert werden
④ Er muss verdichtet werden
⑤ Er muss von der Baustelle abtransportiert werden

Lösungen ab Seite 285

Lernfeldübergreifende Grundlagen — Hochbaufacharbeiter

Baugrund und Gründungen — 641 ... 648

641
DIN 18300 (VOB 2012) bezeichnet die oberste Schicht des Bodens, die Humus und Bodenlebewesen enthält, als

① Klasse 1: Oberboden
② Klasse 2: Fließende Bodenarten
③ Klasse 3: Leicht lösbare Bodenarten
④ Klasse 4: Mittelschwer lösbare Bodenarten
⑤ Klasse 5: Schwer lösbare Bodenarten

642
Welche Mindesttiefe gilt in Deutschland in der Regel als frostfreie Gründungstiefe?

① 0,50 m
② 0,60 m
③ 0,70 m
④ 0,80 m
⑤ 1,00 m

643
Warum sind Streifenfundamente meist etwas breiter als die darauf stehenden Wände?

① Der Fundamentboden kann dann eine geringere Güte haben
② Die Lasten werden auf eine größere Fläche des Baugrundes verteilt
③ Die Fundamente sollten wegen der Kippgefahr etwas breiter sein
④ Die Fundamente sollten wegen der Ungenauigkeit beim Herstellen etwas breiter sein
⑤ Die Frostgefährdung ist dann geringer

644
Welche Aufgaben hat die Sauberkeitsschicht unter einem Stahlbetonbauteil?

① Die Baustelle soll leichter begehbar sein
② Sie soll nicht vorhersehbare Belastungen als Sicherheitszone aufnehmen
③ Sie soll die Lasten des Bauwerks sicher auf den Baugrund übertragen
④ Sie soll das Verschmutzen des Baustahls verhindern
⑤ Sie soll das Fundament vor betonschädlichem Grundwasser schützen

645
Welche Art von Fundament wird für Fertigteilstützen benötigt?

① Streifenfundamente
② Ringfundamente
③ Köcherfundamente
④ Plattenfundament
⑤ kein Fundament

646
Welche der sogenannten Gründungen ist eine Flachgründung?

① Stehende Pfahlgründung
② Schwimmende Pfahlgründung
③ Caissongründung
④ Einzelfundament
⑤ Brunnengründung

647
Welche Gründungsart ist hier dargestellt?

① Brunnengründung
② Streifenfundament
③ Caissongründung
④ Einzelfundament
⑤ Plattenfundament

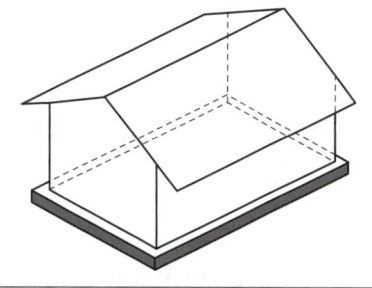

648
Welche Gründungsart ist hier dargestellt?

① Brunnengründung
② Streifenfundament
③ Caissongründung
④ Einzelfundament
⑤ Plattenfundament

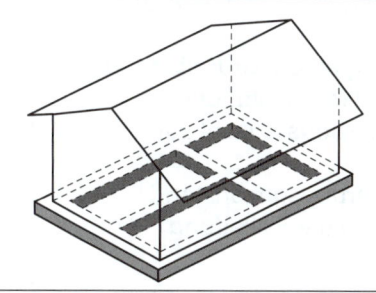

Lösungen ab Seite 285

Lernfeldübergreifende Grundlagen — Hochbaufacharbeiter

Baugrund und Gründungen — 649 ... 656

649
Welche Gründungsart ist hier dargestellt?

① Brunnengründung
② Streifenfundament
③ Caissongründung
④ Einzelfundament
⑤ Plattenfundament

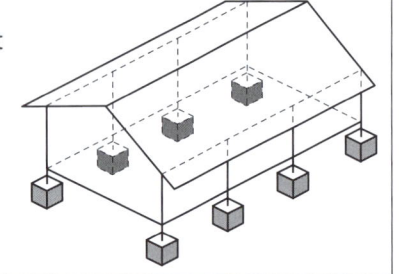

650
Wie wird das hier abgebildete Fundament bezeichnet?

① Köcherfundament
② Pfeilerfundament
③ Streifenfundament
④ Kastenfundament
⑤ Brunnengründung

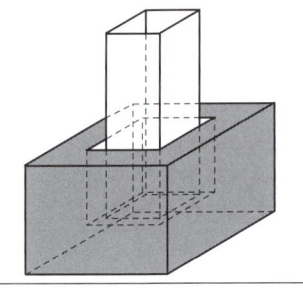

651
Welche Merkmale kennzeichnen nichtbindige Böden?

① Die Bodenteilchen sind kleiner als 0,06 mm
② Die Kapillarität ist groß
③ Sie bestehen aus einem losen Gefüge von Einzelkörnern
④ Sie haben einen hohen Gehalt an Ton und Schluff
⑤ Die Bodenteilchen haben eine blättchenförmige Kornform

652
Welche Gründungsart ist hier dargestellt?

① Streifenfundament
② Stehende Pfahlgründung
③ Köcherfundament
④ Schwebende Pfahlgründung
⑤ Flächenfundament

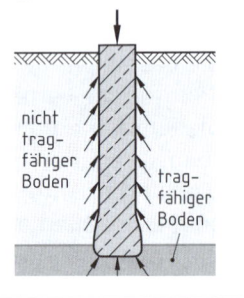

653
Um welches Mindestmaß muss bei einem Grabenverbau die oberste Bohle über die Gelände-Oberkante hinausragen?

① mindestens 15 cm
② mindestens 10 cm
③ mindestens 8 cm
④ mindestens 5 cm
⑤ mindestens 3 cm

654
Durch welchen Vorgang entstehen Risse in Gebäuden, wenn der Boden unter den Fundamenten gefriert?

① Eine Volumenverminderung beim Gefrieren des im Boden vorhandenen Wassers bewirkt das Nachgeben der Fundamente
② Der Boden hat während des Gefrierens eine verminderte Tragfähigkeit
③ Der Frost bewirkt ungleichmäßige und stärkere Setzungen
④ Der Frost wirkt auf die aufgehenden Bauteile
⑤ Eine Volumenvergrößerung beim Gefrieren des im Boden vorhandenen Wassers bewirkt ein ungleichmäßiges Anheben des Gebäudes

655
Was versteht man bei der Gebäude- und Grundstücksentwässerung unter einem Anschlusskanal?

① Anschluss der Grundleitung an den Revisionsschacht
② Anschluss der Fallleitung an die Grundleitung
③ Zusammenführung der Grundleitungen
④ Kanalabschnitt vom Revisionsschacht zum Straßenkanal
⑤ Anschluss der Entwässerungsgegenstände (WC, Waschmaschine) an die Fallleitung

656
Was versteht man unter einer Dränung?

① Verlegen der Grundleitungen zur Abführung des Abwassers
② Aufnahme und Ableitung von Bodenfeuchte und Sickerwasser durch Dränschichten und -leitungen
③ Aufbringen einer Abdichtungsschicht auf Kellerwände gegen Bodenfeuchte
④ Anschluss der Regenfallrohre an die Gebäudeentwässerungsleitungen
⑤ Vorsetzen einer Abdichtungswand vor eine Unterkellerung

Lösungen ab Seite 285

Lernfeldübergreifende Grundlagen — Hochbaufacharbeiter

Baugrund und Gründungen — 657 … 663

657
Welche Rohre dürfen als Drän- bzw. Sickerrohre nicht verwendet werden?

① Gelochte Steinzeugrohre
② Betonrohre aus haufwerksporigem Beton
③ Schleuderbetonrohre
④ Gelochte Kunststoffrohre mit Vliesfaserummantelung
⑤ Geschlitzte Kunststoffrohre

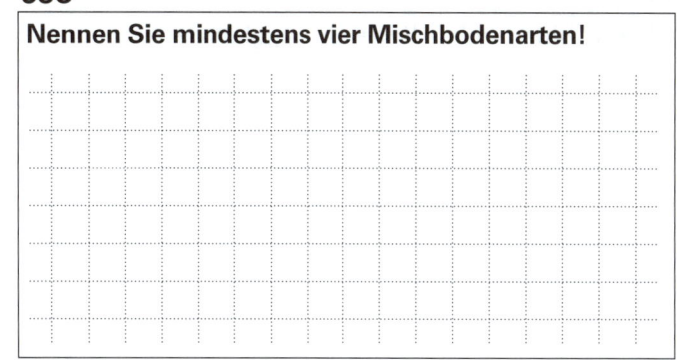

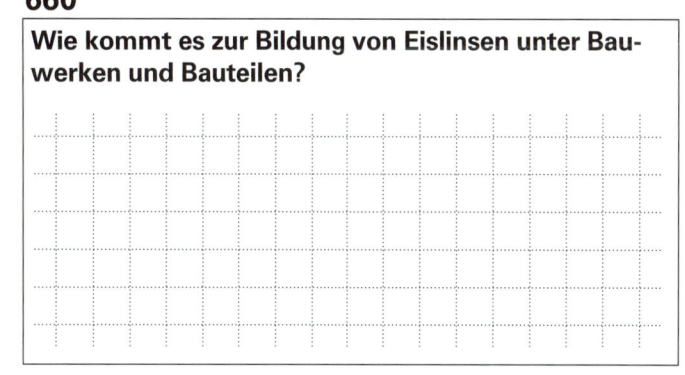

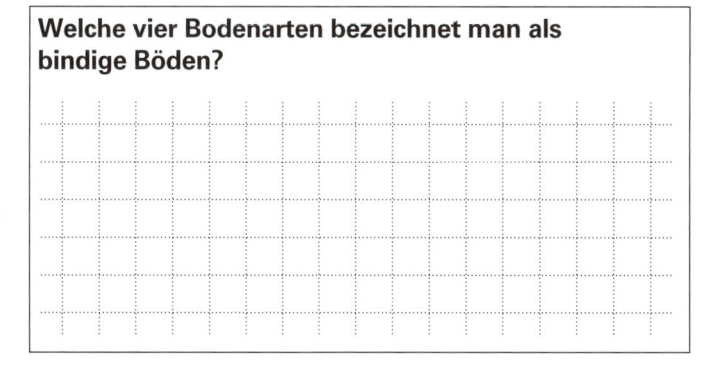

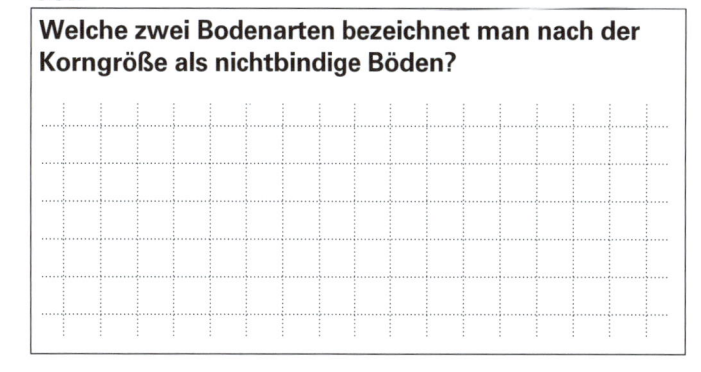

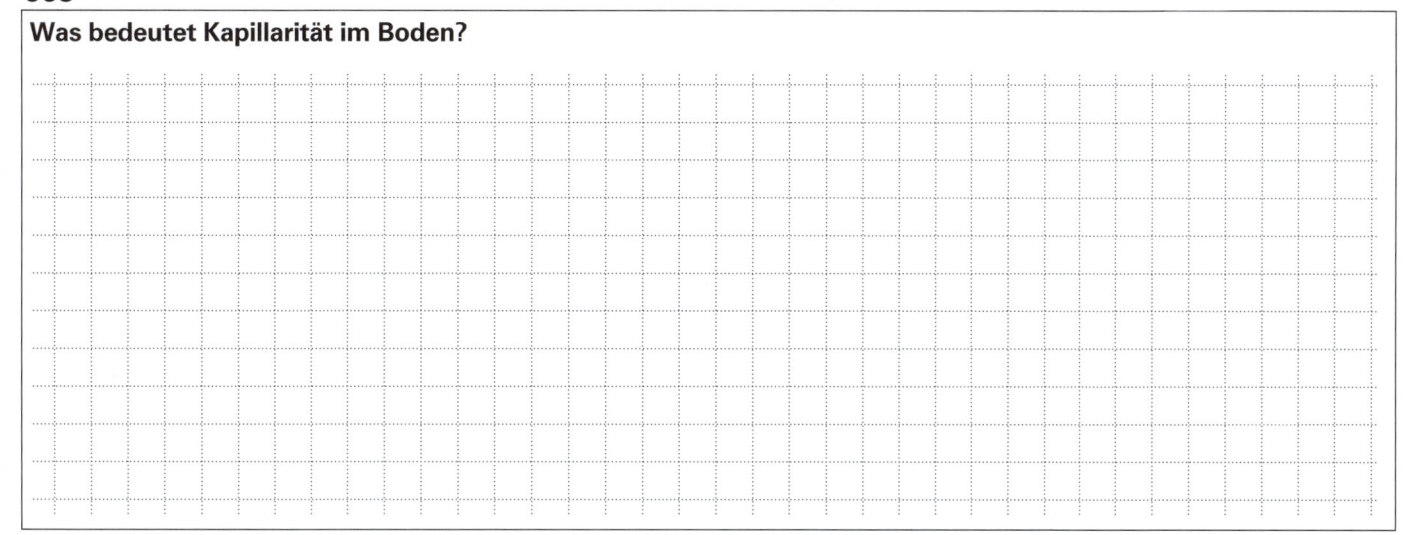

658
Nennen Sie mindestens vier Mischbodenarten!

659
Welche drei Gesteinsarten unterscheidet man nach der Entstehungsart?

660
Wie kommt es zur Bildung von Eislinsen unter Bauwerken und Bauteilen?

661
Welche vier Bodenarten bezeichnet man als bindige Böden?

662
Welche zwei Bodenarten bezeichnet man nach der Korngröße als nichtbindige Böden?

663
Was bedeutet Kapillarität im Boden?

Lernfeldübergreifende Grundlagen | Hochbaufacharbeiter

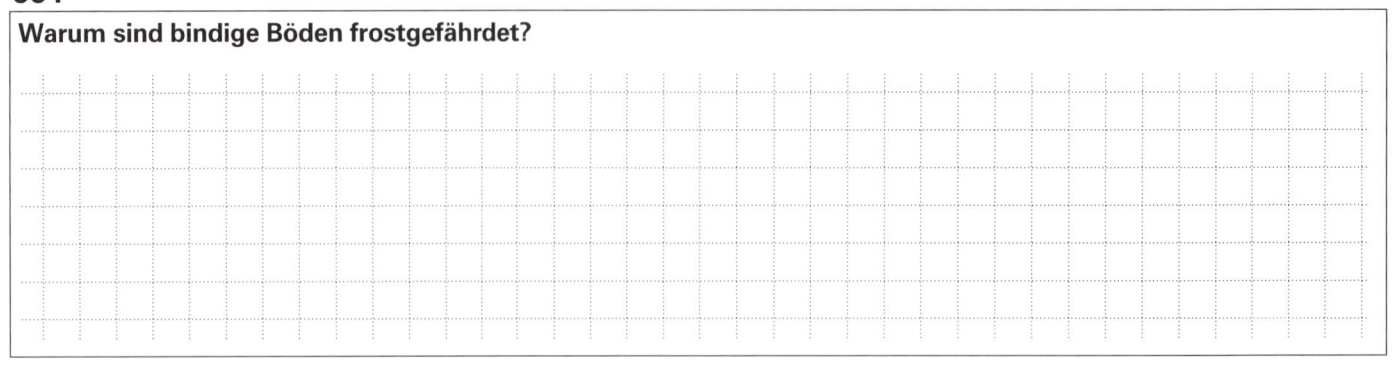

Baugrund und Gründungen — 664 ... 670

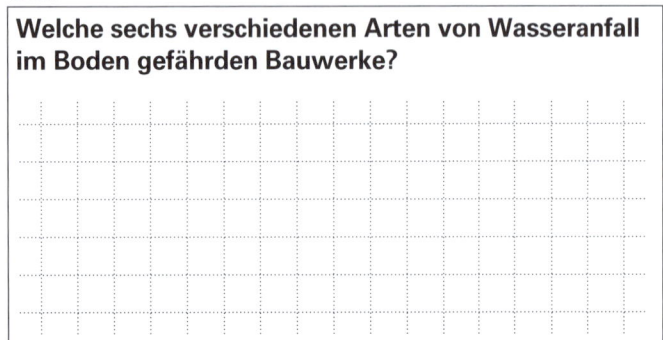

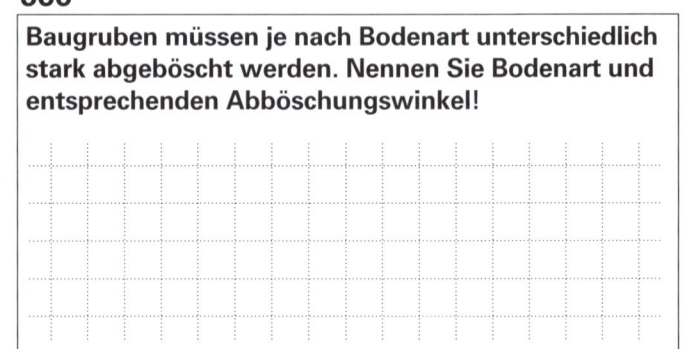

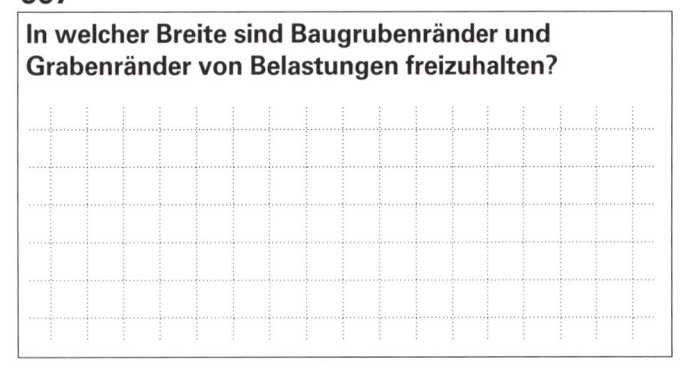

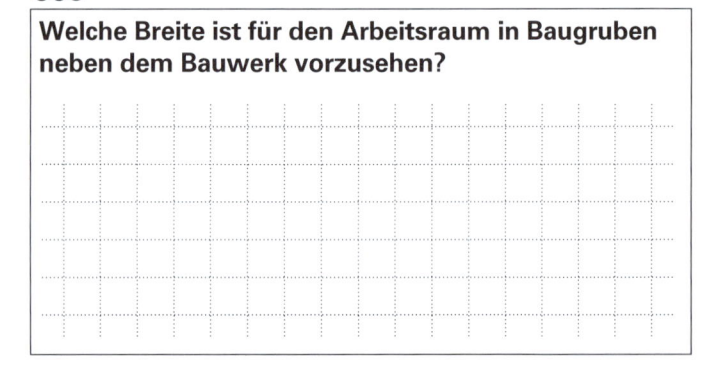

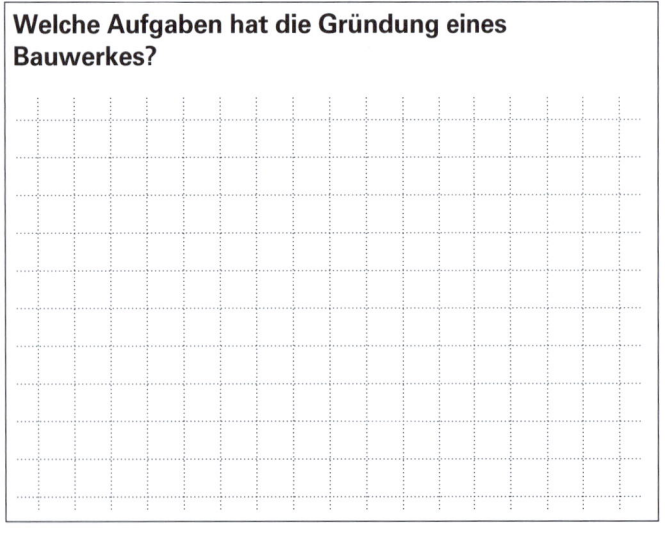

664
Warum sind bindige Böden frostgefährdet?

665
Welche sechs verschiedenen Arten von Wasseranfall im Boden gefährden Bauwerke?

666
Baugruben müssen je nach Bodenart unterschiedlich stark abgeböscht werden. Nennen Sie Bodenart und entsprechenden Abböschungswinkel!

667
In welcher Breite sind Baugrubenränder und Grabenränder von Belastungen freizuhalten?

668
Welche Breite ist für den Arbeitsraum in Baugruben neben dem Bauwerk vorzusehen?

669
Welche Aufgaben hat die Gründung eines Bauwerkes?

670
Welche drei Arten von Flachgründungen werden unterschieden?

Lösungen ab Seite 285

Lernfeldübergreifende Grundlagen — Hochbaufacharbeiter

Vermessungsarbeiten — 671 ... 680

671
Worauf bezieht sich bei Höhenangaben die Angabe »NHN« (Normalhöhennull)?
① Auf die Höhe des Meeresspiegels bei mittlerem Wasserstand in Cuxhaven
② Auf die Höhe des Meeresspiegels bei mittlerem Wasserstand in Amsterdam
③ Auf die Höhe des Festpunktes, bei dem man mit dem Nivellieren beginnt
④ Auf die Höhe des Festpunktes, bei dem man mit dem Nivellieren endet
⑤ Auf eine in Paris international festgelegte Höhe

672
Welche Aufgabe hat eine Libelle bei Vermessungsgeräten?
① Sie dient zum senkrechten oder waagerechten Ausrichten von Vermessungsinstrumenten und -geräten
② Sie erleichtert die Ablesung beim Blick durch das Nivelliergerät
③ Sie dient zur Markierung von Höhenpunkten an Gebäuden
④ Sie ermöglicht eine sichere Stellung der Nivellierlatte beim Umstellen des Nivelliergerätes
⑤ Sie ermöglicht das Abstecken rechter Winkel

673
Welche Arbeiten kann man mit einer Schlauchwaage ausführen?
① Einmessen senkrechter Fluchten
② Übertragung von Höhenpunkten
③ Bestimmung von Winkeln
④ Ermittlung von Grundflächen in Gebäuden
⑤ Ermittlung von Wandflächen in Gebäuden

674
Welche Arbeiten kann man mit einem Winkelspiegel ausführen?
① Übertragung von Höhenpunkten
② Bestimmung beliebiger Winkel
③ Bestimmung rechter Winkel
④ Einsicht in von Gebäuden verdeckte Bereiche
⑤ Fällen des Lotes

675
Welche Aufgabe hat ein Schnurgerüst?
① Ermittlung von Grundflächen in Gebäuden
② Festlegung von Fluchtrichtungen und Maßen des Bauwerks
③ Bestimmung beliebiger Winkel
④ Übertragung von Maßen um Gebäudeecken herum
⑤ Übertragung von Höhenpunkten

676
Welches Instrument kann für Höhenmessungen benutzt werden?
① Winkelspiegel
② Fluchtstab
③ Nivelliergerät
④ Lot
⑤ Dosenlibelle

677
Welches Instrument kann nicht für Höhenmessungen benutzt werden?
① Theodolit
② Schlauchwaage
③ Nivelliergerät
④ Laserwasserwaage
⑤ Winkelspiegel

678
Bei welchen Vermessungsarbeiten werden Visierkreuze benötigt?
① Beim Herstellen eines Winkels
② Beim Einfluchten von Höhen
③ Beim Einfluchten von Geraden
④ Bei der Stangenmessung in hügeligem Gelände
⑤ Als Zwischenpunkte bei der Längenmessung

679
Welches Gerät ist für die Übertragung von Höhen über eine größere Entfernung (> 100 m) am besten geeignet?
① Schlauchwaage
② Laserwasserwaage
③ Visierkreuz oder Visiertafeln
④ Nivellierinstrument
⑤ Rohrlaser

680
Welches der genannten Zahlenverhältnisse dient zum Abstecken eines rechten Winkels auf der Baustelle?
① 1 : 2 : 3
② 2 : 3 : 4
③ 3 : 4 : 5
④ 4 : 5 : 6
⑤ 2 : 4 : 6

Lösungen ab Seite 286

Lernfeldübergreifende Grundlagen — Hochbaufacharbeiter

Vermessungsarbeiten — 681 ... 689

681
Bei welchen Arbeiten kann man das abgebildete Gerät einsetzen?

① Ausrichten der Nivellierlatte
② Festlegen von Höhenfestpunkten
③ Ausrichten von Fluchtstäben
④ Ablesen von Entfernungen
⑤ Abstecken rechter Winkel

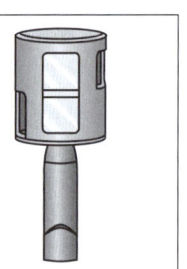

682
Welches Vermessungsgerät ist in 681 dargestellt?

① Kreuzvisier
② Winkelspiegel
③ Kreuzscheibe
④ Doppelpentagon
⑤ Dosenlibelle

683
Das nebenstehende Bild zeigt den Blick durch ein Nivelliergerät auf die Messlatte. Welche Ablesung ist richtig?

① 1,605 m
② 1,615 m
③ 0,165 m
④ 1,565 m
⑤ 1,060 m

685
Wozu braucht man das abgebildete Lattendreieck auf der Baustelle?

① Zum Anlegen rechter Winkel
② Als Schutz für Hilfsfestpunkte
③ Als Absteifung
④ Als Schnurgerüst
⑤ Als Visiereinrichtung

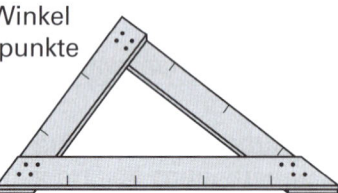

684
Welche Höhe hat Punkt D?

① $H = F + a + b + c + d$
② $H = F - a + b - c + d$
③ $H = F + a - b + c - d$
④ $H = F + a + b - c - d$
⑤ $H = F - a - b - c - d$

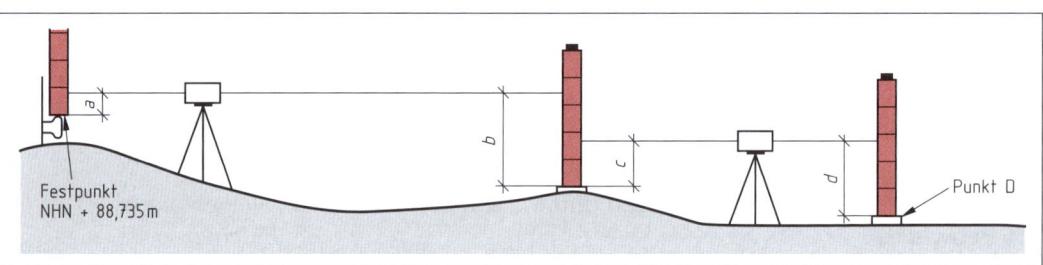

Festpunkt NHN + 88,735 m

686
Beim Aufstellen eines Nivelliergerätes auf das Stativ ist folgende Anweisung falsch:

① Das Stativ ist so zu stellen, dass die Stativspitzen ein gleichseitiges Dreieck bilden
② Die Stativbeine leicht in den Boden treten
③ Die Instrumentenlage im Instrumentenbehälter einprägen
④ Instrumente am Fernrohrträger festhalten, bis die Anzugschraube eine feste Verbindung mit dem Stativ darstellt
⑤ Die Stativbeine sind vollständig auszuziehen

687
Welche Benennungen gehören zu einem Nivellement?

① Schleife, Strecke, Festpunkt
② Erkundung, Knotenpunkt, Höhenfestpunkt
③ Höhenfestpunkt, Schleife, Strecke, Prisma
④ Vermarkung, Erkundung, Nivellierlatte
⑤ Höhenfestpunkt, Rollbandmaß, Prisma

688
Zeichnungen sind technische Unterlagen. Zu den »technischen Unterlagen« gehören:

① Kataster, ISO-Normen, Technische Merkblätter
② Grundbuch, DIN-Normen, Zulassungsbescheide
③ Kataster, Grundbuch, Zulassungsbescheide
④ DIN-Normen, Technische Merkblätter, ISO-Normen, EURO-Normen, Protokolle
⑤ Kaufvertrag, Kataster, Grundbuch, Protokolle

689
Im Liegenschaftskataster werden folgende Sachverhalte beschrieben:

① Ausschließlich Flurgrundstücke
② Liegenschaften in Karten und Büchern vollständig und aktuell
③ Grundstücke für kinderreiche Familien
④ Grundstücke für Erbbauberechtigte
⑤ Grundstücke der öffentlichen Hand

Lernfeldübergreifende Grundlagen — Hochbaufacharbeiter

Vermessungsarbeiten 690 ... 695

690
Welche drei Geräte werden auf der Baustelle für Längenmessungen eingesetzt?

691
Welche sechs Geräte werden auf der Baustelle für Höhenmessungen eingesetzt?

692
Was versteht man unter Nivellieren?

693
Welche Möglichkeiten gibt es, rechte Winkel auf der Baustelle anzulegen?

694
Welche vier Fehler müssen bei Längenmessungen mit dem Bandmaß vermieden werden?

695
Was ist bei der Aufstellung eines Nivelliergerätes zu beachten?

696 ... 700 keine Aufgaben

Lösungen ab Seite 286

Lernfeldübergreifende Grundlagen — Hochbaufacharbeiter

Dach und Dachteile — 701 ... 705

701
Welche Dachform wird im Bild dargestellt?
① Mansarddach
② Satteldach
③ Krüppelwalmdach
④ Walmdach
⑤ Sheddach

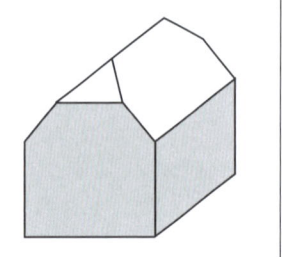

702
Welche Dachform wird im Bild dargestellt?
① Mansarddach
② Satteldach
③ Zeltdach
④ Pultdach
⑤ Sheddach

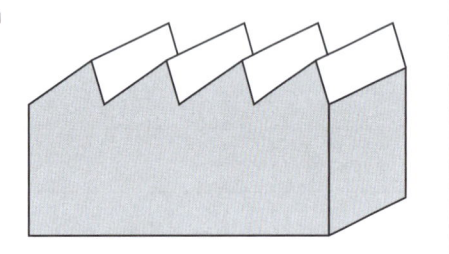

703
Welche Dachform wird im Bild dargestellt?
① Flachdach
② Satteldach
③ Pultdach
④ Mansarddach
⑤ Sheddach

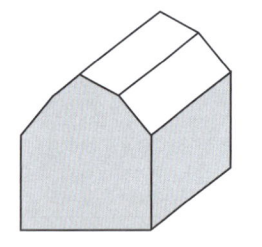

704
Wie wird das mit Ⓐ gekennzeichnete Dachteil im Bild genannt?
① First
② Traufe
③ Walm
④ Grat
⑤ Kehle

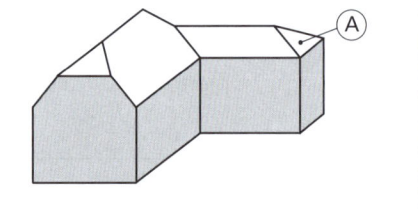

705
Wie wird das mit Ⓑ gekennzeichnete Dachteil im Bild genannt?
① Ortgang
② Verfallung
③ Anfallspunkt
④ Giebel
⑤ Krüppelwalm

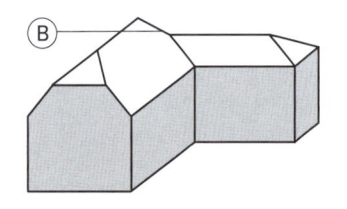

Beschreiben Sie, bei welchen Dacharbeiten Sie bereits mitgearbeitet haben. Unterscheiden Sie nach Dachformen, Dachgerüsten und Dachmaterialien.

Lösungen ab Seite 287

Lernfeldübergreifende Grundlagen — Hochbaufacharbeiter

Dach und Dachteile — 706 ... 712

706
Bis zu welcher Dachneigung wird die Dachhaut als Abdichtung ausgeführt?

① 3°
② 5°
③ 10°
④ 15°
⑤ 25°

707
Welcher Baustoff kommt als Abdichtung für das Flachdach eines Wohnhauses in Frage?

① PE-Folie
② Bitumenschweißbahn
③ Bitumenpappe
④ Bitumenemulsion
⑤ Dachziegel

708
Welche Deckungsart wird im Bild dargestellt?

① Deckung mit Hohlpfannen
② Mönch-Nonnen-Deckung
③ Deckung mit Flachdachpfannen
④ Deutsche Deckung
⑤ Biberschwanz-Doppeldeckung

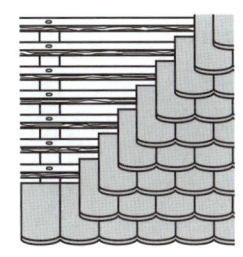

709
Welcher Dachziegel wird im Bild dargestellt?

① Hohlpfanne
② Flachdachpfanne
③ Mönch und Nonne
④ Falzziegel
⑤ Biberschwanzziegel

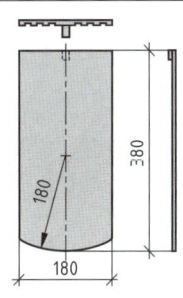

710
Welche Platte für die Dachdeckung ist im Bild zu sehen?

① Betondachstein (Frankfurter Pfanne)
② Rechteckplatte aus Faserzement
③ Faserzement-Wellplatte
④ Platte aus Naturschiefer für die Deutsche Deckung
⑤ Hohlpfanne

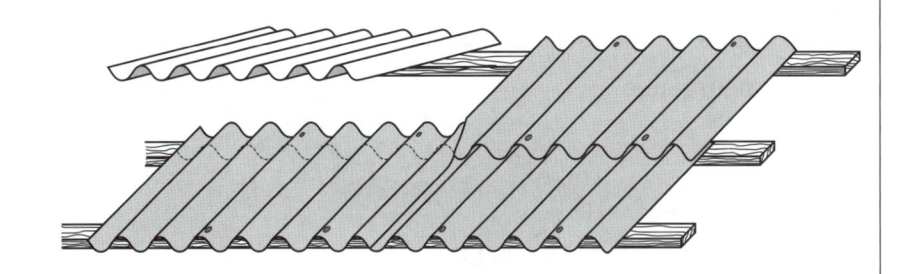

711
In welcher Auswahlantwort sind nur Baustoffe für die Dachdeckung aufgeführt?

① Betondachsteine, Schiefer, Bitumen-Dachbahn
② Dachziegel, Faserzement-Dachplatten, Polymerbitumenbahnen
③ Profilbleche, Polymerbitumenbahnen, Faserzement-Welltafeln
④ Schiefer, Dachziegel, Faserzement-Welltafeln
⑤ Betondachsteine, Dachziegel, Bitumenbahnen

712
Wovon hängt die Höhenüberdeckung bei allen Platten und Ziegeln für die Dachdeckung in erster Linie ab?

① Vom Lattenabstand
② Von der Länge der Ziegel und Platten
③ Von der Dachneigung
④ Vom Baustoff, aus dem die Ziegel und Platten bestehen
⑤ Vom Dachdecker

Lösungen ab Seite 287

Lernfeldübergreifende Grundlagen — Hochbaufacharbeiter

Dach und Dachteile — 713 … 720

713
Ein Dach mit 16° Dachneigung soll eingedeckt werden. Welche Dachplatte oder welcher Dachziegel kommt für die Eindeckung in Frage?

① Hohlpfanne
② Flachdachpfanne mit Unterdach
③ Betondachstein (Frankfurter Pfanne)
④ Biberschwanz (Doppeldeckung)
⑤ Naturschiefer mit Deutscher Deckung

714
Welche Aufgabe muss eine Dachdeckung aus Ziegeln oder Betondachsteinen nicht erfüllen?

① Schutz vor Niederschlägen
② Wetterbeständigkeit
③ Frostbeständigkeit
④ Wärmeschutz
⑤ Brandschutz

715
Welche Deckungsart wird im Bild dargestellt?

① Biberschwanz-Doppeldeckung
② Deutsche Deckung
③ Deckung mit Flachdachpfannen
④ Doppeldeckung
⑤ Deckung mit Hohlpfannen

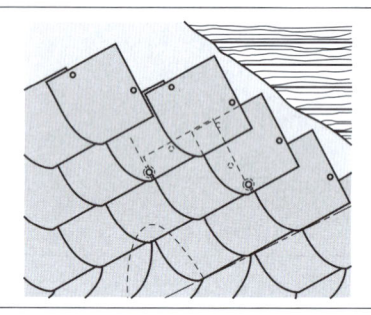

716
Welche Gaube wird im Bild dargestellt?

① Fledermausgaube
② Schleppgaube
③ Rundgaube
④ Trapezgaube
⑤ Dachhäuschen

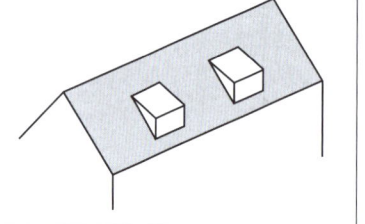

717
Welche Dachöffnung wird im Bild dargestellt?

① Fledermausgaube
② Schleppgaube
③ Rundgaube
④ Trapezgaube
⑤ Dachhäuschen

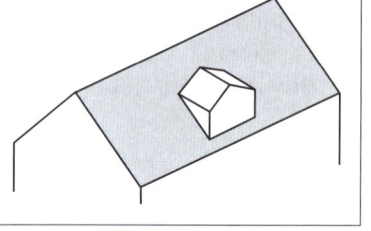

718
Welche Gaube wird im Bild dargestellt?

① Fledermausgaube
② Spitzgaube
③ Rundgaube
④ Schleppgaube
⑤ Dachhäuschen

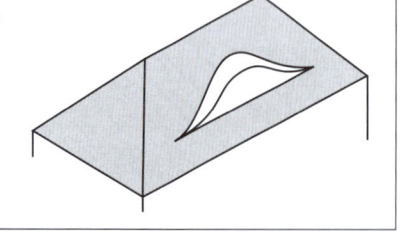

719
Welcher Dachziegel wird im Bild dargestellt?

① Flachdachpfanne
② Hohlpfanne
③ Mönch und Nonne
④ Biberschwanzziegel
⑤ Falzziegel

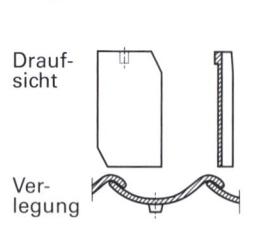

720
Welches Material ergibt eine »weiche Dacheindeckung« und ist damit brandgefährdet?

① Falzziegel
② Titanzink
③ Reet
④ Betondachstein
⑤ Faserzement-Wellplatten

Lernfeldübergreifende Grundlagen — Hochbaufacharbeiter

Dach und Dachteile — 721 … 725

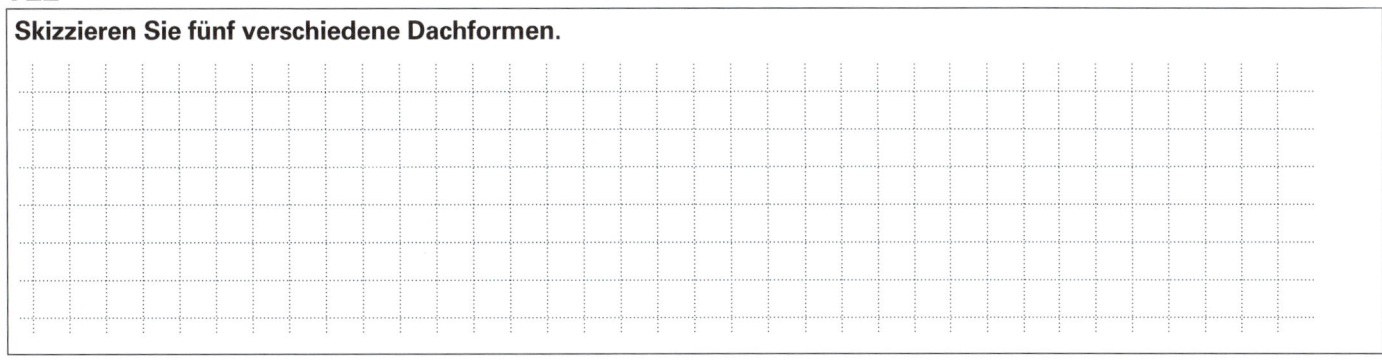

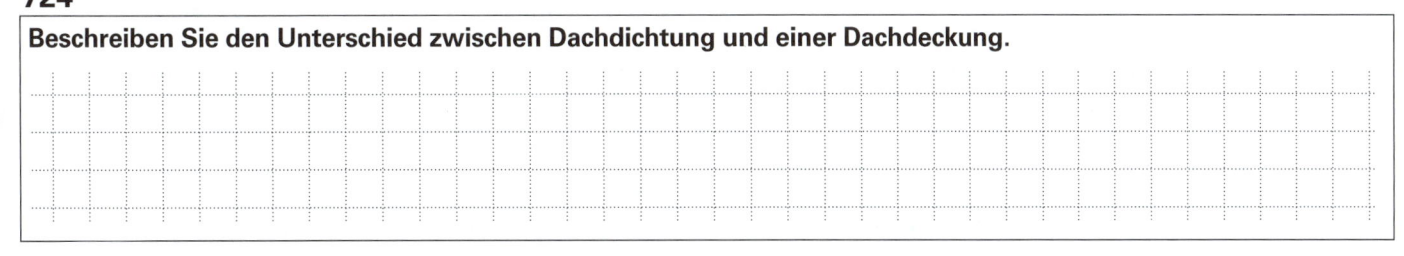

721
Nennen Sie fünf verschiedene Baustoffe für die Dachdeckung.

722
Skizzieren Sie fünf verschiedene Dachformen.

723
Ordnen Sie die Begriffe First, Traufe, Kehle, Grat, Krüppelwalm, Walm, Ortgang, Anfallspunkt und Verfallung den Nummern 1 bis 9 im Bild zu.

① _____ ⑥ _____

② _____ ⑦ _____

③ _____ ⑧ _____

④ _____ ⑨ _____

⑤ _____

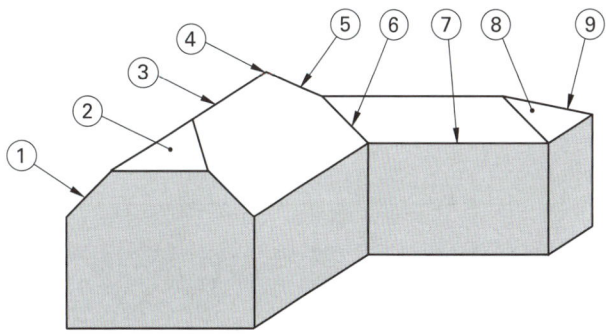

724
Beschreiben Sie den Unterschied zwischen Dachdichtung und einer Dachdeckung.

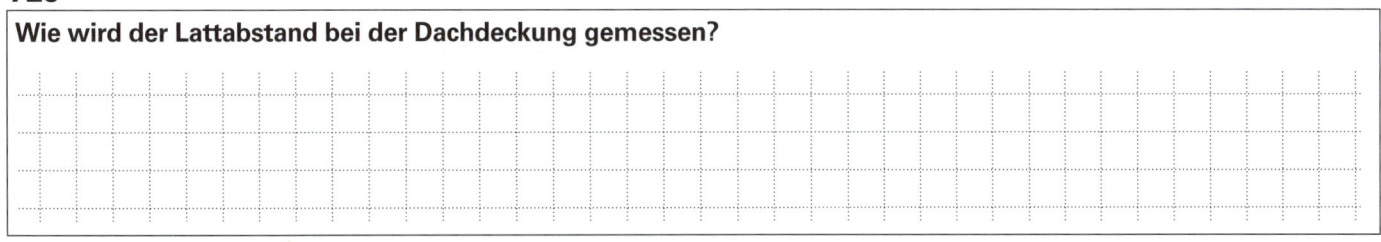

725
Wie wird der Lattabstand bei der Dachdeckung gemessen?

726 … 750 keine Aufgaben

Lösungen ab Seite 287

Lernfeldübergreifende Grundlagen — Hochbaufacharbeiter

Baumetalle und Kunststoffe — 751 ... 760

751
Aus welchen Rohstoffen wird Roheisen gewonnen?
① Eisenerz, Kalkstein, Koks
② Eisenerz, Ton, Koks
③ Eisenerz, Sand, Koks
④ Eisenerz, Kalkstein, Ton
⑤ Roheisen kommt in der Natur vor

752
Woraus wird Stahl hergestellt?
① Graues Roheisen
② Weißes Roheisen
③ Hochofenschlacke
④ Gusseisen
⑤ Armierungseisen

753
Welches Produkt aus dem Hochofen wird zu Gusseisen weiterverarbeitet?
① Hochofenschlacke
② Weißes Roheisen
③ Gichtgas
④ Graues Roheisen
⑤ Keines der Produkte

754
Wofür verwendet man Temperguss?
① Beschlagteile, Rohrverbindungen, Schlösser
② Beschlagteile, Rohrverbindungen, Schachtabdeckungen
③ Beschlagteile, Betonstähle, Schlösser
④ IPB-Träger, Betonstähle, Schlösser
⑤ IPB-Träger, Betonstähle, Schachtabdeckungen

755
Welches Bauteil entsteht aus Gusseisen?
① Bodeneinläufe
② IPB-Träger
③ Schloss und Schlüssel
④ Betonstahlmatte
⑤ Dachrinne

756
Welche Definition trifft auf Stahl zu?
① Ein nichtrostendes Edelmetall
② Kaltverformbarer Eisenwerkstoff mit einem Kohlenstoffgehalt < 2 %
③ Warmverformbarer Eisenwerkstoff mit einem Kohlenstoffgehalt < 2 %
④ Warmverformbarer Eisenwerkstoff mit einem Kohlenstoffgehalt zwischen 3 % und 5 %
⑤ Nicht verformbarer Eisenwerkstoff mit einem Kohlenstoffgehalt < 2 %

757
Was ist eine Legierung?
① Verfahren zur Stahlherstellung
② Leitung eines Stahlwerkes
③ Eine Mischung verschiedener Metalle
④ Methode zur Bearbeitung von Metallen
⑤ Verfahren zur Herstellung von Gusseisen

758
Welche Behauptung trifft auf Baustähle zu?
① Baustähle sind unlegierte Massenstähle
② Baustähle sind hochlegierte Massenstähle
③ Baustähle sind nicht rostende Edelstähle
④ Baustähle haben eine geringe Festigkeit
⑤ Baustähle werden nicht zu Betonstählen weiterverarbeitet

759
Welches Produkt gehört nicht zu den Handelsformen von Baustählen?
① IPB-Träger
② Kanaldielen
③ Trapezbleche
④ Messingschrauben
⑤ Halfeneisen (C-Profile)

760
In welcher Antwort sind nur Nichteisenmetalle aufgeführt?
① Zink, Stahl, Aluminium
② Blei, Stahl, Aluminium
③ Zink, Stahl, Kupfer
④ Zink, Blei, Aluminium
⑤ Blei, Stahl, Kupfer

Lernfeldübergreifende Grundlagen

Hochbaufacharbeiter

Baumetalle und Kunststoffe

761 ... 770

761
Welche Eigenschaft trifft auf Aluminium nicht zu?

① Weich
② Beständig gegenüber Kalkmörtel und Zementmörtel
③ Gut bearbeitbar
④ Sehr witterungsbeständig
⑤ Dehnbar

762
Für welches Bauprodukt ist Aluminium nicht geeignet?

① Fensterrahmen
② Dacheindeckungen
③ Fassadenprofile
④ Tragende Wände
⑤ Dampfsperren

763
Welche Eigenschaft trifft auf Kupfer nicht zu?

① Sehr korrosionsbeständig
② Beständig gegenüber Kalkmörtel und Zementmörtel
③ Schwer formbar
④ Weich
⑤ Gute elektrische Leitfähigkeit

764
Wofür eignet sich Kupfer nicht?

① Als Wärmedämmung
② Als Dacheindeckung
③ Als Verwahrung
④ Als Dachrinne
⑤ Als Rohrleitung

765
Welche Eigenschaft trifft auf Zink nicht zu?

① Nicht beständig gegenüber Kalkmörtel und Zementmörtel
② Gut formbar bei 100 °C bis 150 °C
③ Witterungsbeständig
④ Unbeständig gegenüber Säuren und Laugen
⑤ Geringe Wärmeausdehnung

766
Wofür lässt sich Zink im Bau nicht einsetzen?

① Für Dacheindeckungen
② Für Verwahrungen
③ Für Abwasserrohre
④ Als Rostschutz für Stahlteile (Verzinkungen)
⑤ Für Dachrinnen

767
Welche Handelsform von Baustahl ist im Querschnitt im Bild dargestellt?

① Stabstahl
② Kanaldiele
③ Trapezblech
④ IPE-Träger
⑤ IPB-Träger

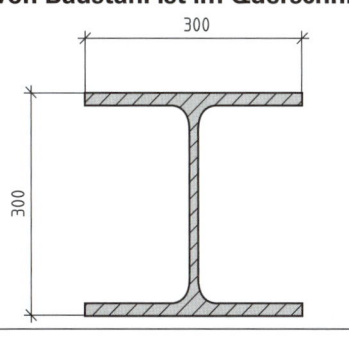

768
Welche Handelsform von Baustahl ist im Querschnitt im Bild dargestellt?

① Spundwandprofil
② Kanaldiele
③ Trapezblech
④ Stabstahl
⑤ Walzdraht

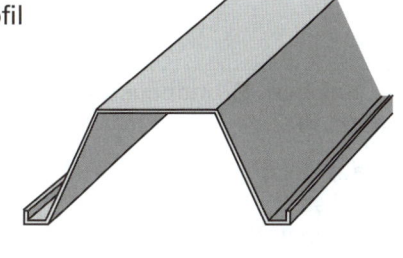

769
Welche Handelsform von Baustahl ist im Querschnitt im Bild dargestellt?

① Stabstahl
② Kanaldiele
③ U-Profil
④ IPE-Träger
⑤ IPB-Träger

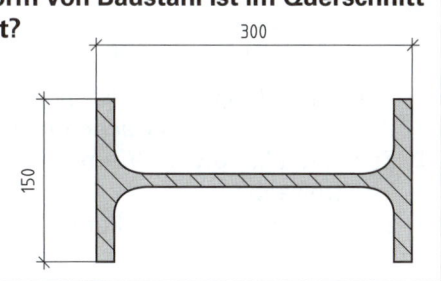

770
Welche Handelsform von Baustahl ist im Querschnitt im Bild dargestellt?

① Stabstahl
② U-Profil
③ Trapezblech
④ IPE-Träger
⑤ IPB-Träger

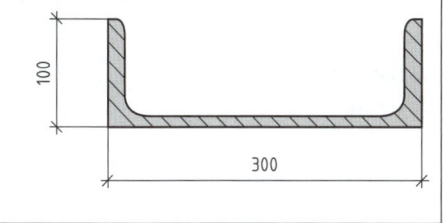

Lernfeldübergreifende Grundlagen — Hochbaufacharbeiter

Baumetalle und Kunststoffe — 771 ... 780

771
Welche Eigenschaft trifft auf Blei nicht zu?
① Besonders umweltfreundlich
② Sehr weich
③ Sehr dicht
④ Unbeständig gegenüber Kalkmörtel und Zementmörtel
⑤ Mit dem Messer schneidbar

772
Für welche Bauteile darf Blei nicht verwendet werden?
① Für Dacheindeckungen
② Für Verwahrungen
③ Für Sperrschichten
④ Trinkwasserrohre
⑤ Für Abdeckungen von Gesimsen und Mauern

773
Was versteht man unter der Korrosion von Metallen?
① Bildung einer Edelschutzschicht bei Kupfer (Patina)
② Besondere Metall-Legierung
③ Verfahren zur Metallgewinnung
④ Bestimmte Art der Metallverarbeitung
⑤ Zerstörung von Metallen

774
Alle Baumetalle reagieren mit dem Sauerstoff der Luft und bilden eine Oxidschicht aus. Wie heißt diese Oxidschicht bei den Eisenwerkstoffen?
① Rost
② Patina
③ Mennige
④ Messing
⑤ Grünspan

775
Unter welchen Bedingungen findet die chemische Korrosion, das Rosten, bei Eisenwerkstoffen statt?
① Trockene Umgebung und Anwesenheit von Sauerstoff
② Trockene Umgebung und Anwesenheit von Kohlendioxid
③ Feuchte Umgebung und Anwesenheit von Kohlendioxid
④ Feuchte Umgebung und Anwesenheit von Sauerstoff
⑤ Im Vakuum

776
Unter welchen Bedingungen findet eine Kontaktkorrosion statt?
① Berührung zweier verschiedener Metalle
② Berührung zweier verschiedener Metalle und Anwesenheit eines Elektrolyten
③ Anwesenheit eines Elektrolyten und eines Metalles
④ Berührung zweier verschiedener Metalle und Anwesenheit von Sauerstoff
⑤ Berührung zweier verschiedener Metalle und Anwesenheit von Kohlendioxid

777
Aus welchem Grundbaustoff bestehen fast alle Kunststoffe?
① Sauerstoff
② Stickstoff
③ Kohlenstoff
④ Silizium
⑤ Eisen

778
Welches Kurzzeichen steht für Polyethylen?
① PVC
② PS
③ PUR
④ PE
⑤ PA

779
Aus welchem Rohstoff wird Bitumen gewonnen?
① Steinkohle
② Braunkohle
③ Holz
④ Erdöl
⑤ Erz

780
Wo wird Bitumen nicht verwendet?
① Zur Herstellung von Gußasphaltestrich
② Zur Herstellung von Dachbahnen
③ Zur Herstellung von Wärmedämmstoffen
④ Im Straßenbau
⑤ Zum Abdichten von Kelleraußenwänden

Lernfeldübergreifende Grundlagen — Hochbaufacharbeiter

Baumetalle und Kunststoffe — 781 ... 789

781
Welche Eigenschaften treffen nur auf Thermoplaste (Plastomere) zu?

① Erwärmt nicht verformbar, nicht schweißbar
② Gummielastisch bei Raumtemperatur, aufschäumbar
③ Zersetzung bei Erwärmung, in Lösungsmitteln löslich
④ Bei Erwärmung verformbar, schweißbar
⑤ Sehr große Dichte, hohe Festigkeit

782
Welche Eigenschaften treffen nur auf Duroplaste (Duromere) zu?

① Duroplaste sind elastisch-weich bis hart
② Die Makromoleküle (Riesenmoleküle) der Duroplaste sind engmaschig vernetzt
③ Die Makromoleküle (Riesenmoleküle) der Duroplaste sind weitmaschig vernetzt
④ Die Makromoleküle der Duroplaste sind fadenförmig und untereinander verfilzt
⑤ Duroplaste sind gummielastisch

783
Was versteht man unter Bitumenemulsion?

① Bitumen, das ein leichtflüchtiges Lösungsmittel wie Benzin enthält
② Bitumen, das schwerflüchtige Fluxöle (aus Mineralöl) enthält
③ Bitumenpappen
④ Bitumen in Dachbahnen
⑤ Bitumen, das mit Hilfe eines Emulgators in Wasser fein verteilt vorliegt

784
Was versteht man unter Asphalt?

① Gemisch aus Kalk + mineralischem Zuschlag
② Gemisch aus Zement + mineralischem Zuschlag
③ Gemisch aus Teer + mineralischem Zuschlag
④ Gemisch aus Bitumen + mineralischem Zuschlag
⑤ Gemisch aus Gips + mineralischem Zuschlag

785
Was versteht man unter einer Dispersion?

① Die Zusammenhangskräfte in einem Körper
② Die Anhangskräfte zwischen zwei Körpern
③ Eine chemische Reaktion
④ Ein Herstellungsverfahren für Kunststoffe
⑤ Ein Stoffgemenge: ein Stoff ist in einem anderen Stoff fein verteilt

786
Wodurch unterscheiden sich Gussasphalte und Asphaltbeton?

① Asphaltbeton hat eine andere Zusammensetzung als Gussasphalt
② Asphaltbeton hat keine Hohlräume
③ Gussasphalt hat keine Hohlräume
④ Gussasphalt enthält Teerpech
⑤ Gussasphalt wird im Straßenbau wesentlich häufiger verwendet als Asphaltbeton

787
Aus welchem Rohstoff werden Kunststoffe hauptsächlich hergestellt?

788
Beschreiben Sie kurz die Herstellung von Roheisen.

789
Geben Sie vier Bauprodukte an, in denen Hochofenschlacke als Rohstoff weiterverarbeitet wird.

790 ... 800 keine Aufgaben

Lernfeldübergreifende Grundlagen | Hochbaufacharbeiter

Technische Mathematik und statische Berechnungen | 801 ... 809

801
Wie groß ist die Länge l des Gebäudes?

① 14,15 m
② 12,35 m
③ 14,10 m
④ 12,40 m
⑤ 12,34 m

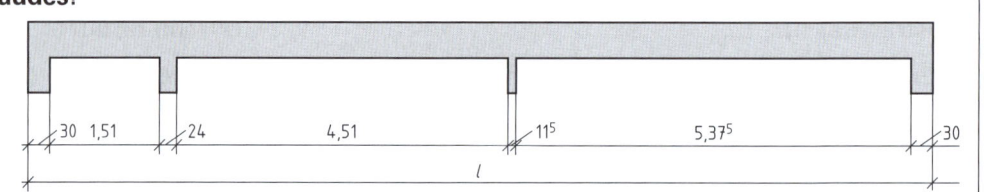

Maße: 30 | 1,51 | 24 | 4,51 | 11⁵ | 5,37⁵ | 30

802
Welches Ergebnis hat die Kettenrechnung?

$(188 - 7 + 73) : (14 - 6) + 3 \cdot 4 - 9{,}25 =$

① 26,7
② 33,6
③ 29,4
④ 31,2
⑤ 34,5

803
Wie groß ist der Produktwert von folgenden Faktoren?

$14{,}37 \cdot 0{,}348 \cdot 0{,}0041 \cdot 17{,}46 \cdot 23{,}71 =$

① 8,38
② 0,51
③ 6,74
④ 8,49
⑤ 9,53

804
Wie groß ist der Quotientenwert?

$34{,}87 : 12{,}80 : 0{,}623 : 9{,}12 : 0{,}098 =$

① 3,14
② 4,72
③ 5,16
④ 4,89
⑤ 5,15

805
Welches Ergebnis hat diese Divisionsaufgabe?

$\left(\dfrac{4}{7} : \dfrac{8}{21}\right) : \left(\dfrac{5}{6} : \dfrac{10}{3}\right) =$

① 5/6
② 1/10
③ 6
④ 2/3
⑤ 4

806
Wie groß ist der positive Wurzelwert?

$\sqrt{(48 - 14 + 9) + 18 - 4 \cdot 3} =$

① 5
② 7
③ 9
④ 3
⑤ 1

807
Welches Ergebnis hat diese Kettenrechnung?

$(4{,}1)^2 + (5{,}8)^2 - (3{,}6)^2 =$

① 37,49
② 36,42
③ 20,30
④ 42,00
⑤ 42,63

808
Eine Maurerkolonne aus 4 Maurern erhält eine Prämie von 368,20 €.
Wieviel Prämie erhält jeder Maurer, wenn an jeden Maurer bereits 18,41 € gezahlt wurden?

① 71,12 €
② 14,68 €
③ 15,19 €
④ 71,15 €
⑤ 73,64 €

809
Welches Ergebnis hat die Bruchrechnung?

$\dfrac{2}{5} + 2\dfrac{2}{3} - \dfrac{1}{4} : \dfrac{1}{2} =$

① $\dfrac{3}{4}$
② $3\dfrac{19}{30}$
③ $\dfrac{74}{30}$
④ $2\dfrac{17}{30}$
⑤ $\dfrac{16}{30}$

Lernfeldübergreifende Grundlagen — Hochbaufacharbeiter

Technische Mathematik und statische Berechnungen — 810 ... 819

810
In einer Ausführungszeichnung Maßstab 1 : 50 – m, cm fehlt eine Bemaßung. Wie groß ist die wirkliche Länge, wenn das Zeichnungsmaß 8,6 cm ist?

① 3,36 m
② 4,30 m
③ 2,16 m
④ 17,20 m
⑤ 17,15 m

811
Ein Bagger löst und belädt pro Stunde 75 m³ Boden. Zu wieviel Prozent ist der Bagger eingesetzt, wenn er an einem Arbeitstag (8 Stunden) 420 m³ Boden abbaut und belädt?

① 75 %
② 90 %
③ 76 %
④ 70 %
⑤ 91 %

812
Zur Herstellung von 2,3 m³ Mauerwerk wurden 932 Mauersteine und 635 Liter Mauermörtel benötigt. Wie viel Mauersteine und Liter Mauermörtel werden für 8,2 m³ Mauerwerk gebraucht?

	Mauersteine	Mauermörtel (Liter)
①	3235	2087
②	3323	2127
③	3316	2127
④	3323	2264
⑤	3316	2264

813
Wie viel Rabatt erhält man für ein Baugerät, wenn man statt des Verkaufspreises von 994,24 € nur 944,53 € bezahlt?

① 8 %
② 2 %
③ 3 %
④ 5 %
⑤ 4 %

814
In einer Waschküche soll Beton mit einem Gefälle von 2,0 % eingebracht werden. Wie groß ist der Höhenunterschied h?

① 9,8 cm
② 9,0 cm
③ 7,2 cm
④ 7,0 cm
⑤ 9,4 cm

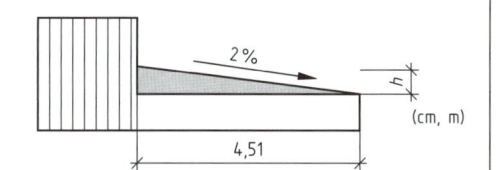

815
Die Dachfläche eines Hauses beträgt 236,00 m². Wie viel Bretter mit den Abmaßen von 0,14 m/3,20 m sind für eine Dachschalung notwendig, wenn mit 15 % Verschnitt gerechnet wird?

① 568 St
② 642 St
③ 512 St
④ 606 St
⑤ 619 St

816
Wie groß ist die obere Grabenbreite b?

① 5,40 m
② 3,00 m
③ 3,20 m
④ 3,10 m
⑤ 5,35 m

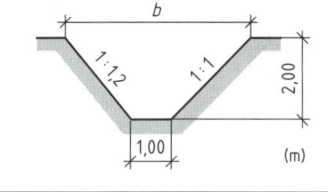

817
Eine Terrasse hat ein Gefälle von 2 %. Wie groß ist das entsprechende Neigungsverhältnis?

① 1 : 40
② 1 : 50
③ 1 : 60
④ 1 : 70
⑤ 1 : 80

818
Welches Neigungsverhältnis hat das skizzierte Pultdach?

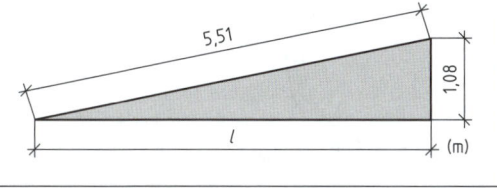

① 1 : 5
② 1 : 6
③ 1 : 4
④ 1 : 7
⑤ 1 : 3

819
Eine Böschung hat einen Neigungswinkel von 60°. Das Neigungsverhältnis beträgt

① 1,732 : 1
② 1 : 1
③ 1 : 0,5
④ 1,732 : 1,5
⑤ 0,5 : 1

Lösungen ab Seite 289

Lernfeldübergreifende Grundlagen — Hochbaufacharbeiter

Technische Mathematik und statische Berechnungen — 820 ... 824

820
Welchen Umfang U hat die skizzierte Fläche?

① 40,83 m
② 40,99 m
③ 35,12 m
④ 40,80 m
⑤ 41,12 m

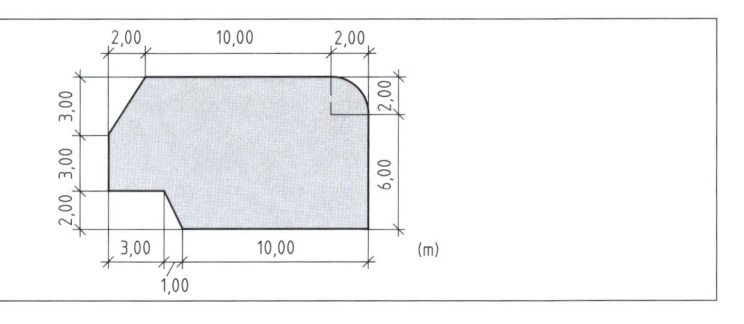

821
Wie lang ist der skizzierte beidseitig aufgebogene Tragstab, wenn der Biegewinkel für die Aufbiegungen 45° beträgt?

① 4,51 m
② 4,85 m
③ 3,96 m
④ 3,98 m
⑤ 4,14 m

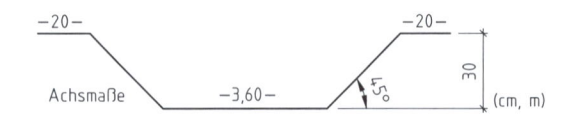

822
Wie groß ist die Bogenlänge b des nebenstehenden Kreisausschnittes?

① 2,560 m
② 2,213 m
③ 2,573 m
④ 2,180 m
⑤ 2,670 m

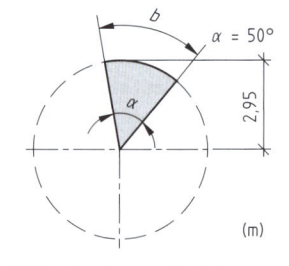

823
Wie groß ist die Sparrenlänge l des skizzierten Pultdaches?

① 7,40 m
② 6,91 m
③ 7,21 m
④ 7,51 m
⑤ 6,80 m

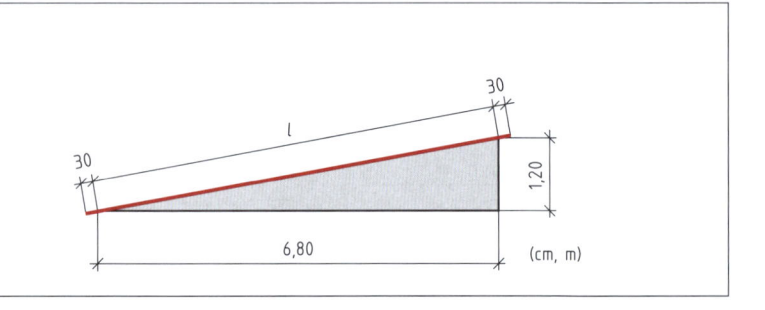

824
Welchen äußeren Umfang hat das abgebildete Betonrohr, wenn der Nenndurchmesser DN 1000 mm beträgt?

① 4,12 m
② 3,77 m
③ 1,00 m
④ 3,61 m
⑤ 1,20 m

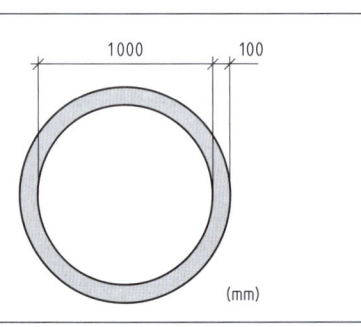

Lernfeldübergreifende Grundlagen | Hochbaufacharbeiter

Technische Mathematik und statische Berechnungen | 825 ... 830

825
Die Fläche eines Kreises beträgt 8,34 m². Wie groß ist der Durchmesser?

① 8,34 m
② 3,14 m
③ 1,84 m
④ 3,26 m
⑤ 4,17 m

826
Ein Baum hat einen Umfang von 68 cm. Welchen Durchmesser hat der Stamm?

① 14,13 cm
② 21,65 cm
③ 12,47 cm
④ 20,19 cm
⑤ 20,06 cm

827
Welche Länge l ergibt sich aus:
l = 37,1 cm − 114 mm + 3,864 m − 0,0018 km

① 1,980 m
② 3,712 m
③ 2,321 m
④ 2,340 m
⑤ 1,982 m

828
In der Bauzeichnung mit dem Maßstab M 1 : 100 – m, cm – sind in einer Maßkette folgende Maße eingetragen: 1,24; 2,01; 74; 88⁵; 36⁵.
Wie groß ist die Gesamtlänge in m?

① 6,38 m
② 5,24 m
③ 4,12 m
④ 3,49 m
⑤ 4,99 m

829
Wie groß ist der Umfang der abgebildeten Verkehrsinsel?

① 14,28 m
② 14,01 m
③ 13,17 m
④ 13,15 m
⑤ 14,00 m

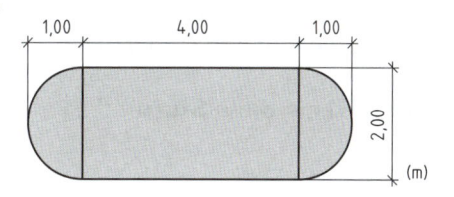

830
Welche Länge ergibt sich für den Diagonalstab D und den Obergurt O_1 der abgebildeten Laderampe?

① D = 3,874 m O_1 = 3,847 m
② D = 3,499 m O_1 = 3,517 m
③ D = 3,499 m O_1 = 3,847 m
④ D = 3,499 m O_1 = 3,532 m
⑤ D = 3,874 m O_1 = 3,532 m

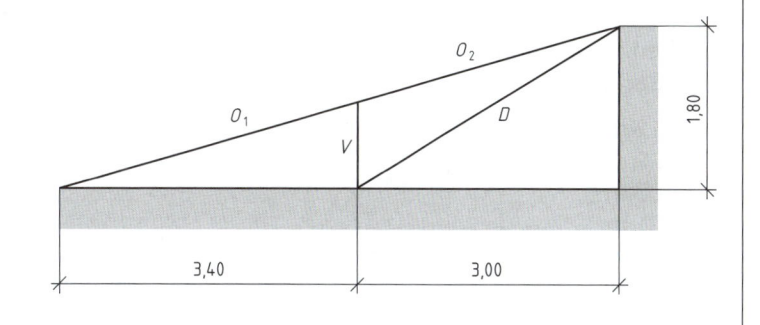

Lösungen ab Seite 289

Lernfeldübergreifende Grundlagen — Hochbaufacharbeiter

Technische Mathematik und statische Berechnungen — 831 ... 840

831
Wie groß ist die Putzfläche des skizzierten Giebels?
① 30,00 m²
② 25,26 m²
③ 20,29 m²
④ 48,00 m²
⑤ 25,19 m²

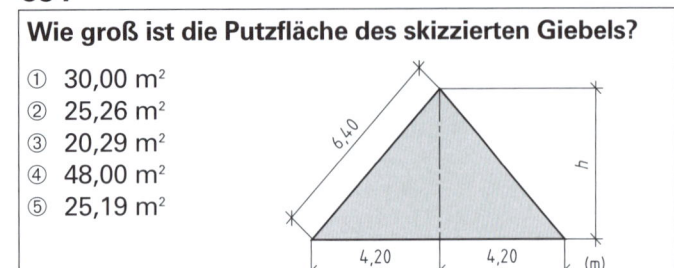

832
Von dem im Grundriss skizzierten Wasserbecken ist der Beckenrand zu verfliesen. Wie groß ist die Fläche des Beckenrandes?
① 4,80 m²
② 2,54 m²
③ 2,05 m²
④ 3,20 m²
⑤ 5,18 m²

833
Die dargestellte rechteckige Fläche soll mit Fußbodenfliesen gefliest werden. Wie groß ist diese Fläche A?
① 42,10 m²
② 30,00 m²
③ 42,95 m²
④ 28,12 m²
⑤ 31,36 m²

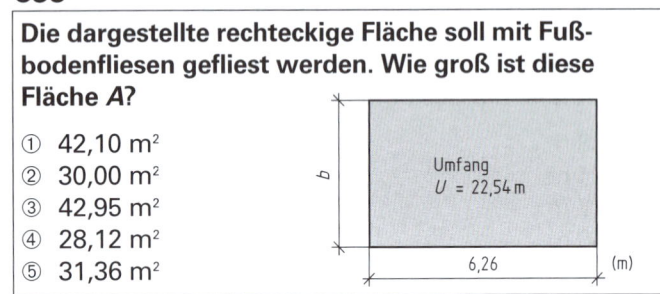

834
Wie groß ist eine Kreisfläche A, wenn ihr Umfang $U = 20,00$ m beträgt?
① 21,48 m²
② 10,18 m²
③ 37,12 m²
④ 31,85 m²
⑤ 21,86 m²

835
Eine Stahlbetonstütze hat die Querschnittsform eines regelmäßigen Sechseckes. Die 6 Seiten sind jeweils $s = 25$ cm lang. Welche Querschnittsfläche A hat diese Stütze?
① 17,24 dm²
② 16,28 dm²
③ 20,02 dm²
④ 17,00 dm²
⑤ 14,91 dm²

836
Welche Querschnittsfläche A hat der skizzierte Leitungsgraben?
① 4,30 m²
② 5,50 m²
③ 5,40 m²
④ 4,20 m²
⑤ 3,10 m²

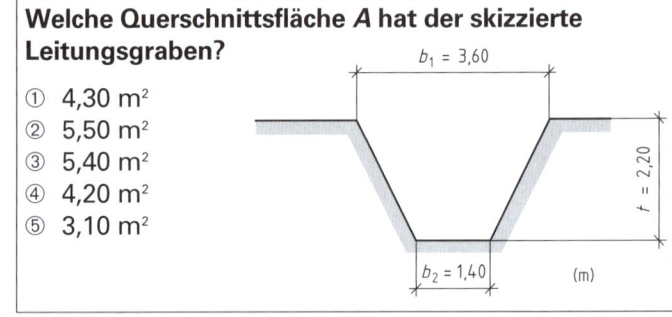

837
Welchen Flächeninhalt A hat die abgebildete Wand einer Garage?
① 16,12 m²
② 12,93 m²
③ 15,00 m²
④ 19,31 m²
⑤ 17,50 m²

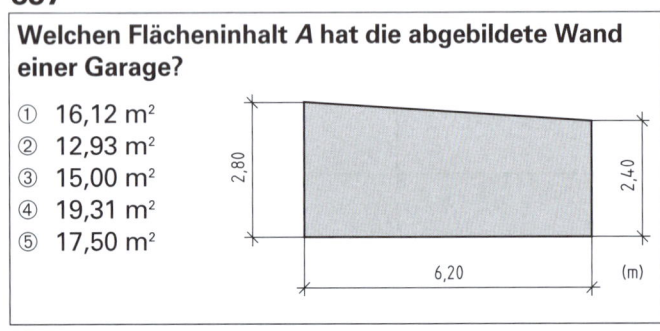

838
Wie groß ist der Flächeninhalt A der dargestellten Rundbogentür?
① 2,05 m²
② 2,14 m²
③ 2,10 m²
④ 1,98 m²
⑤ 1,95 m²

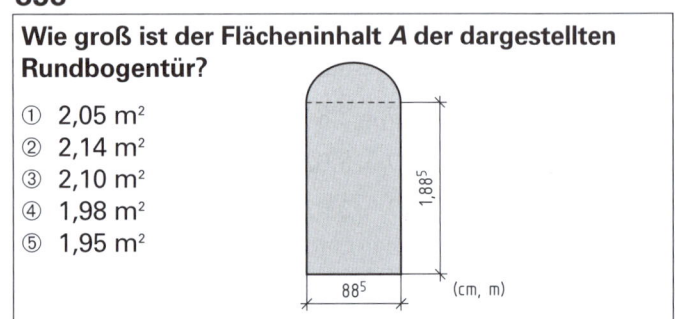

839
Für den Bau einer Straße ist die schraffierte Abtragsfläche A zu ermitteln.
① 128,14 m²
② 116,00 m²
③ 60,48 m²
④ 51,25 m²
⑤ 65,20 m²

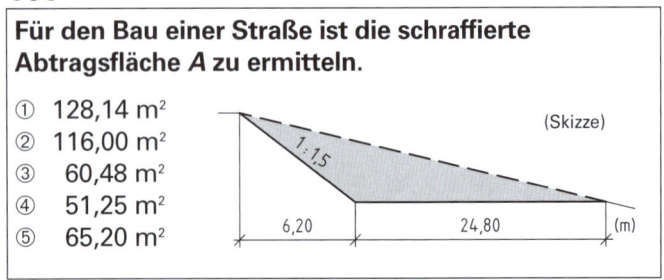

840
Welche äußere Mantelfläche hat der abgebildete Zylinder?
① 120,40 m²
② 100,10 m²
③ 126,67 m²
④ 120,30 m²
⑤ 126,40 m²

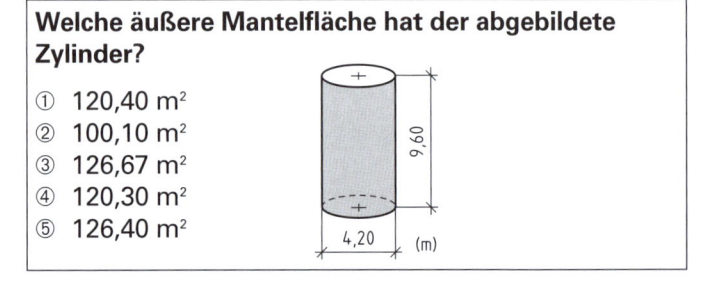

Lernfeldübergreifende Grundlagen
Hochbaufacharbeiter

Technische Mathematik und statische Berechnungen — 841 ... 845

841
Wie viel Liter Mörtel sind im dargestellten Kegelstumpf (Mörteleimer), wenn er zu 75 % seines Inhalts gefüllt ist?

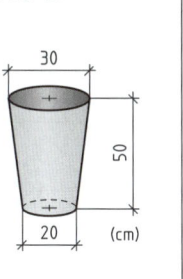

① 14,86 l
② 18,60 l
③ 14,41 l
④ 19,14 l
⑤ 17,18 l

842
Welchen Rauminhalt V in cm³ hat ein NF-Mauerziegel?

① 1200 cm³
② 240 cm³
③ 1000 cm³
④ 1960 cm³
⑤ 2400 cm³

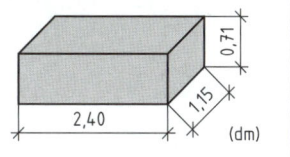

843
Wie groß ist das Volumen V der 1,50 m hohen gemauerten Wandecke?

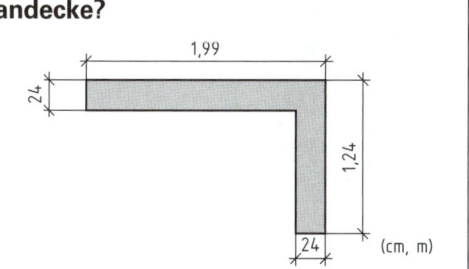

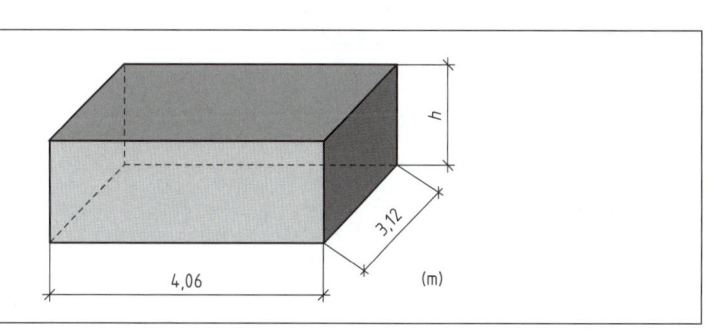

① 1,20 m³
② 1,08 m³
③ 2,04 m³
④ 1,56 m³
⑤ 2,00 m³

844
Das skizzierte Betonteil hat ein Volumen von 18,68 m³. Wie groß ist seine Höhe h?

① 2,82 m
② 1,14 m
③ 2,86 m
④ 1,50 m
⑤ 1,47 m

845
Von dem im Querschnitt abgebildeten 23,60 m langen Leitungsgraben ist der Bodenaushub zu berechnen.

① 65,72 m³
② 60,51 m³
③ 80,28 m³
④ 70,14 m³
⑤ 81,42 m³

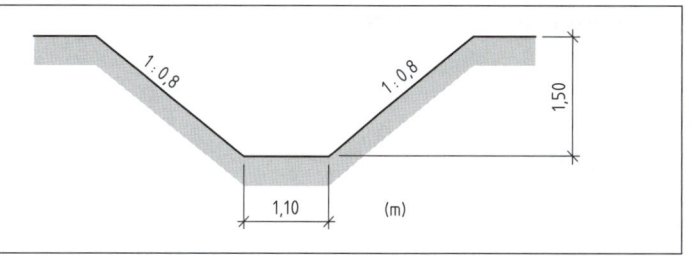

Lösungen ab Seite 289

Lernfeldübergreifende Grundlagen — Hochbaufacharbeiter

Technische Mathematik und statische Berechnungen — 846 ... 850

846
Das Dachraumvolumen V eines 14,20 m langen Satteldaches ist zu berechnen.

① 265,02 m³
② 108,46 m³
③ 257,94 m³
④ 260,20 m³
⑤ 218,10 m³

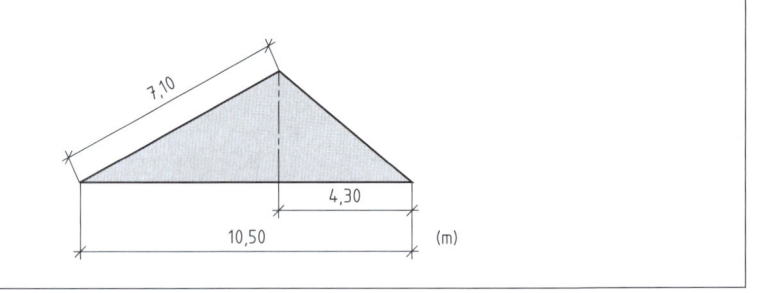

847
Ein Zeltdach mit rechteckiger Grundfläche 8,60 m/6,40 m ist 3,50 m hoch.
Welches Volumen V hat der Dachraum?

① 50,00 m³
② 62,83 m³
③ 70,12 m³
④ 64,21 m³
⑤ 40,00 m³

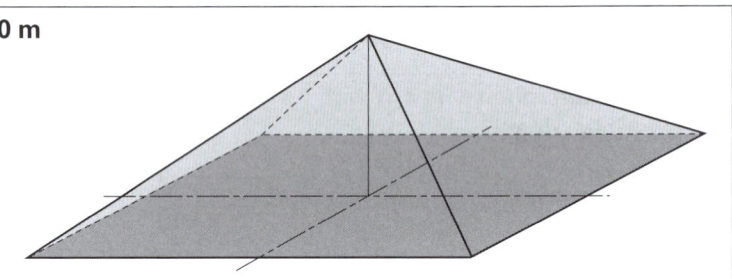

848
Ein kegelförmiger Sandhaufen hat einen Umfang von 4,02 m und eine Höhe von 80 cm.
Welches Volumen V hat der Sandhaufen?

① 0,21 m³
② 0,34 m³
③ 0,18 m³
④ 0,20 m³
⑤ 0,36 m³

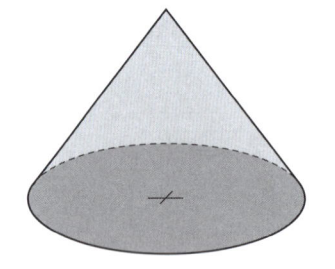

849
Wie groß ist die Mantelfläche des skizzierten kegelstumpfförmigen Fundamentes?

① 5,62 m²
② 4,47 m²
③ 5,20 m²
④ 6,74 m²
⑤ 5,34 m²

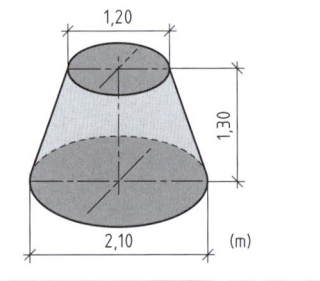

850
Wie groß ist das Volumen V des dargestellten kreisförmigen Fundaments?

① 1,34 m³
② 1,46 m³
③ 1,14 m³
④ 1,30 m³
⑤ 1,47 m³

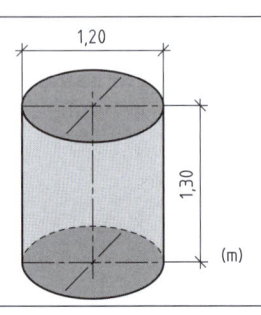

Lernfeldübergreifende Grundlagen | Hochbaufacharbeiter

Technische Mathematik und statische Berechnungen | 851 … 856

851

Ein Stahlbetonsturz ist im Zugbereich mit 6 Betonstabstählen ⌀ 16 mm bewehrt. Die Zugkraft im Stahlbetonsturz beträgt 120 kN. Wie groß ist die vorhandene Zugspannung in den Betonstabstählen?

① 0,01 N/mm²
② 24,9 N/mm²
③ 99,5 N/mm²
④ 398,1 N/mm²
⑤ 597,0 N/mm²

852

Wie groß ist die Biegezugfestigkeit in N/mm² eines Betonbalkens? Der Balken ist 200 mm breit, 200 mm hoch und wurde bei einer Stützweite von 800 mm für die Baustoffprüfung mit je 26,2 kN in den Drittelpunkten belastet.

① 0,524 N/mm²   ④ 1,31 N/mm²
② 52,4 N/mm²   ⑤ 3,42 N/mm²
③ 5,24 N/mm²

853

Für das skizzierte System Träger auf zwei Stützen aus Nadelholz MS10 ist die Auflagerkraft B_V zu berechnen.

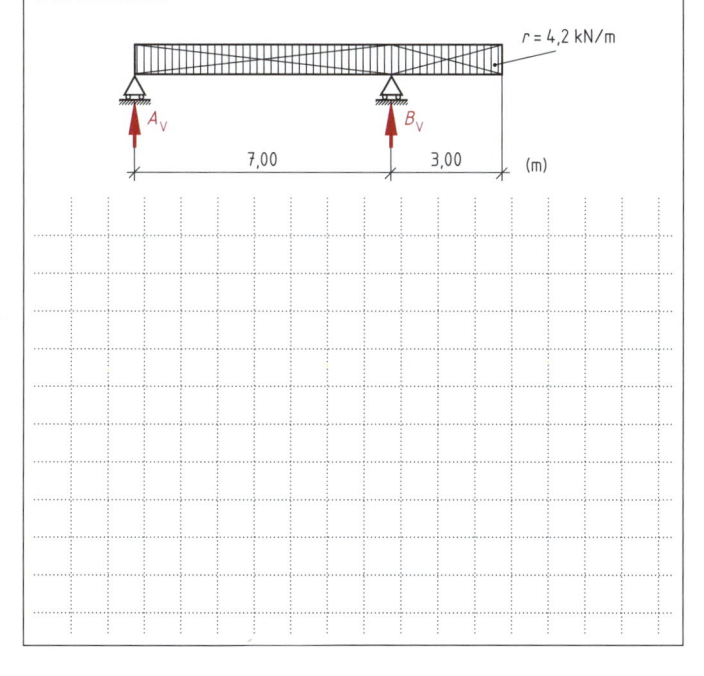

(Skizze: Träger mit Streckenlast $r = 4,2$ kN/m, Auflager A_V und B_V, Abstände 7,00 m und 3,00 m)

854

Ein Träger wird durch die Einzellast $F_1 = 4$ kN belastet. Wie groß sind die Auflagerkräfte F_A und F_B?

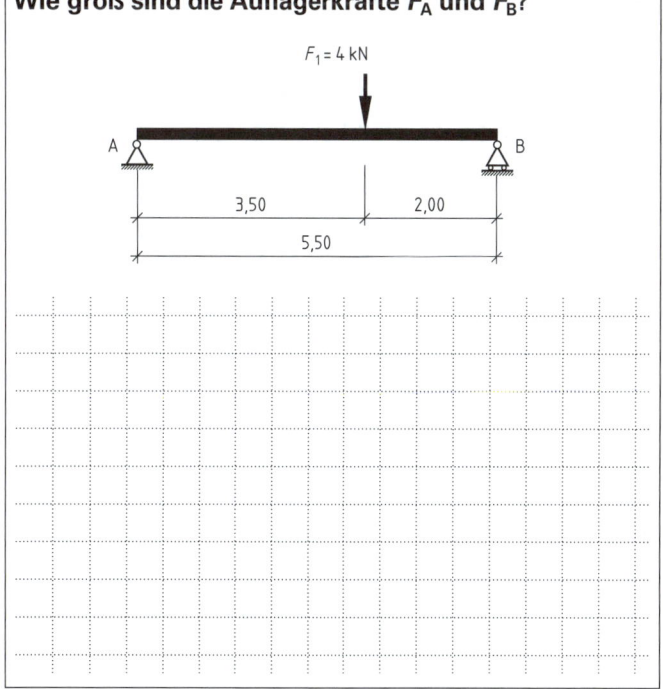

(Skizze: Träger mit Auflagern A und B, Stützweite 5,50 m, Last $F_1 = 4$ kN bei 3,50 m von A, 2,00 m von B)

855

Nach der statischen Berechnung sind für einen Stahlbetonbalken 4 Stähle mit ⌀ 20 mm erforderlich. Auf der Baustelle gibt es nur Stähle mit ⌀ 16 mm. Wie viele Stähle ⌀ 16 mm müssen stattdessen eingebaut werden?

① 2 Stähle
② 5 Stähle
③ 6 Stähle
④ 7 Stähle
⑤ 9 Stähle

856

Eine Hängesäule nimmt eine Kraft $F = 80$ kN auf. Die Auflagerkräfte A_V und B_V sind zu berechnen und betragen:

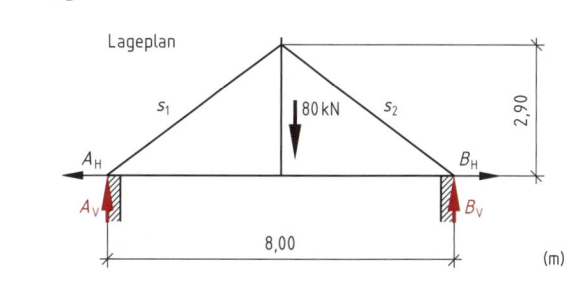

(Lageplan: Dreieckskonstruktion mit S_1, S_2, Last 80 kN mittig, Höhe 2,90 m, Spannweite 8,00 m, Auflager mit A_H, A_V, B_H, B_V)

① A = 40 kN   B = 40 kN
② A = 80 kN   B = 80 kN
③ A = 56,6 kN   B = 56,6 kN
④ A = 80 kNm   B = 80 kNm
⑤ Kein Ergebnis ist richtig

Lösungen ab Seite 289

Lernfeldübergreifende Grundlagen — Hochbaufacharbeiter

Technische Mathematik und statische Berechnungen — 857 … 860

857

Der abgebildete Querschnitt besteht aus zwei Teilflächen A_1 und A_2 gleichen Materials. Welche Schwerpunktkoordinaten $S\,(y/z)$ besitzt der Querschnitt?

① $S\,(50/50)$
② $S\,(50/52{,}66)$
③ $S\,(50/56{,}32)$
④ $S\,(50/58{,}76)$
⑤ $S\,(50/60)$

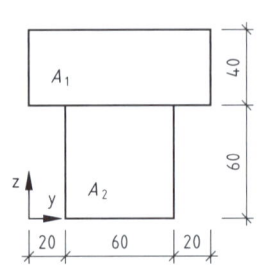

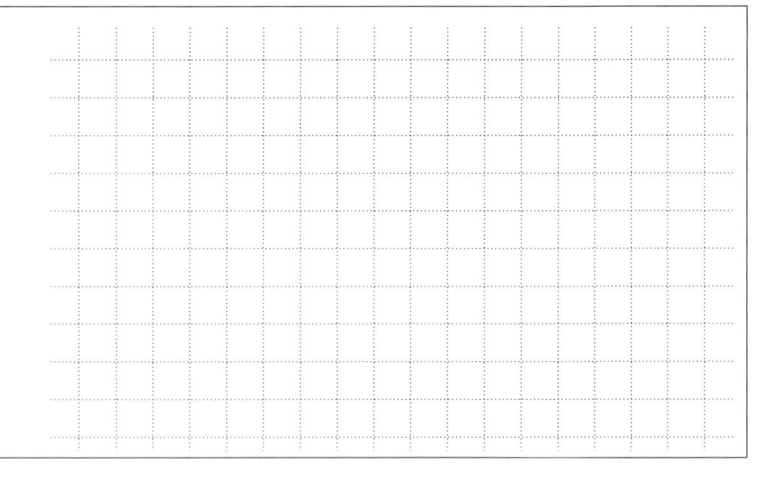

858

Welche Koordinaten $S\,(y/z)$ hat der Schwerpunkt des zusammengesetzten Querschnitts?

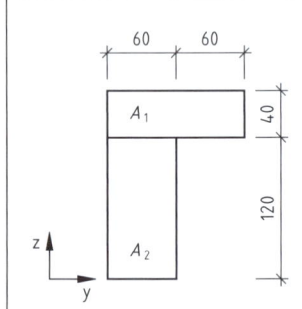

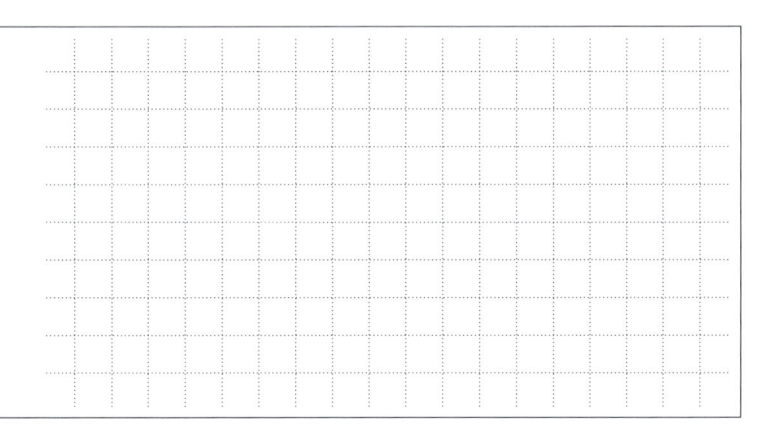

859

Das Stahlblech soll mit 3 Passschrauben M12 (Lochdurchmesser $d_l = 13$ mm) verschraubt werden. Wird bei den gegebenen Maßen und Randabständen der Mindestlochabstand $e = 3{,}5\,d_l$ eingehalten?

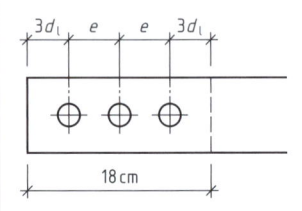

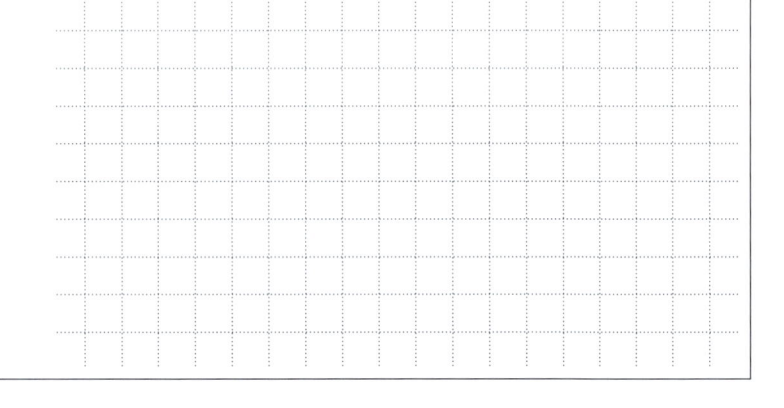

860

Wie groß ist die Spannung $\sigma\,[\text{N/mm}^2]$ im Nutzungsquerschnitt des Stahlblechs (Höhe: $h = 70$ mm, Dicke: $d = 9$ mm) infolge der Kraft $F = 50$ kN?

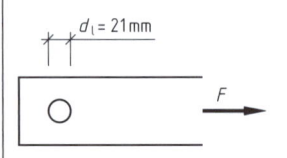

Lernfeldübergreifende Grundlagen — Hochbaufacharbeiter

Technische Mathematik und statische Berechnungen — 861 … 865

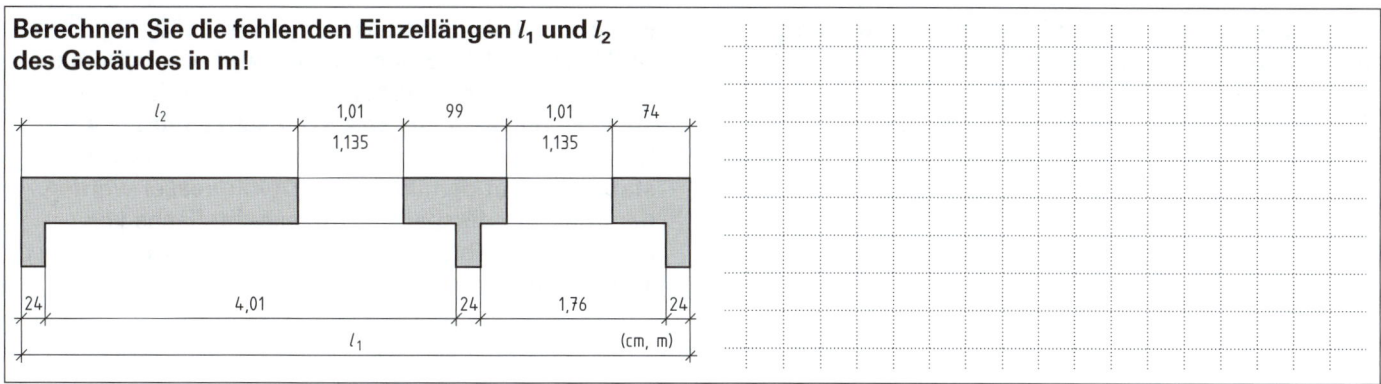

861
Berechnen Sie die fehlenden Einzellängen l_1 und l_2 des Gebäudes in m!

862
Die nachfolgende Stahlliste ist zu vervollständigen:

Pos.	Stück	⌀ (mm)	Einzellänge (m)	Gesamtlänge (m)	Längenmasse (kg/m)	Einzelmasse (kg)
1	2	6	0,82		0,222	
2	4	12	2,24		0,888	
3	3	20	1,16		2,470	
4	12	8	2,06		0,395	
Gesamtmasse (kg)						

863
Welche Querschnittsfläche A in mm² haben Betonstähle mit folgenden Angaben:

1) **6 mm**
2) **12 mm**
3) **18 mm**

Die Querschnittsflächen sind nach Tabellen zu ermitteln.

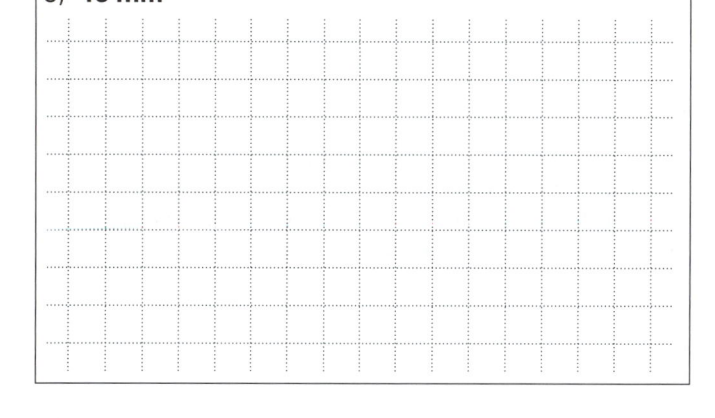

864
Ein rechteckiges Zimmer hat eine Grundfläche von 24,39 m². Die Länge beträgt 5,82 m.
Wie viel Meter Sockelleiste werden benötigt, wenn die Türöffnung 76 cm breit ist?

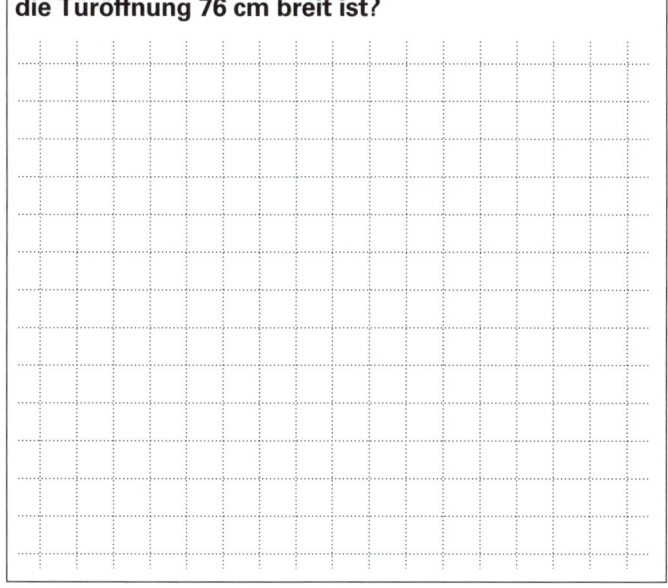

865
Auf einer Baustelle werden 196,37 m² Dämmplatten benötigt. Es sind noch 9 Pakete mit jeweils 8,70 m² Dämmplatten vorrätig.
Wie viel Pakete müssen bestellt werden?

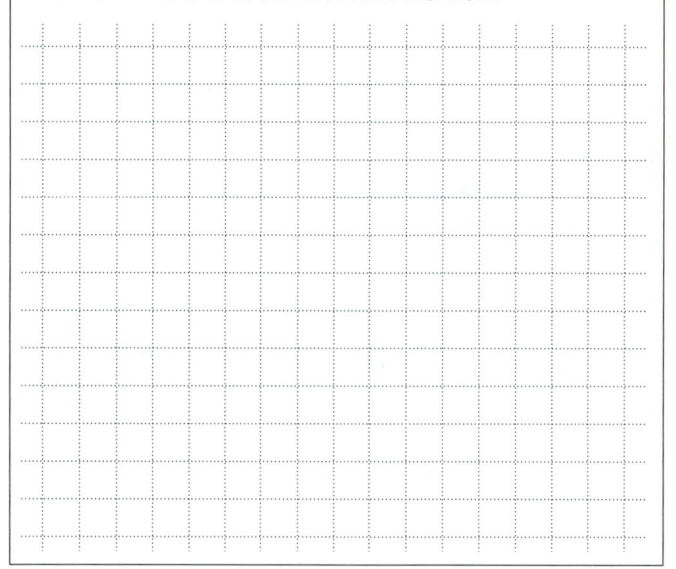

Lösungen ab Seite 288

Lernfeldübergreifende Grundlagen — Hochbaufacharbeiter

Technische Mathematik und statische Berechnungen — 866 … 870

866
Welche Umfänge U in mm haben die Kreisflächen mit folgenden Durchmessern:

1) ⌀ **8 mm**
2) ⌀ **16 mm**
3) ⌀ **24 mm**

Die Umfänge sind nach Tabellen zu ermitteln.

867
In einer Bewehrungszeichnung müssen für ein Stahlbetonteil 8 Betonstabstähle mit einem Durchmesser von 10 mm verlegt werden. Auf der Baustelle sind jedoch nur Betonstabstähle mit einem Durchmesser von 8 mm vorhanden. Wie viel Betonstabstähle mit dem kleineren Durchmesser werden benötigt, um die gleiche Querschnittsfläche von 8 Betonstabstählen mit einem Durchmesser von 10 mm mindestens zu erreichen?

868
Für 1 m² Fliesenbelag werden 33 Fliesen 15 cm/20 cm benötigt. Wie viel Fliesen sind für 28,60 m² notwendig, wenn für Bruch und Verhau 3 % Fliesen zu berücksichtigen sind?

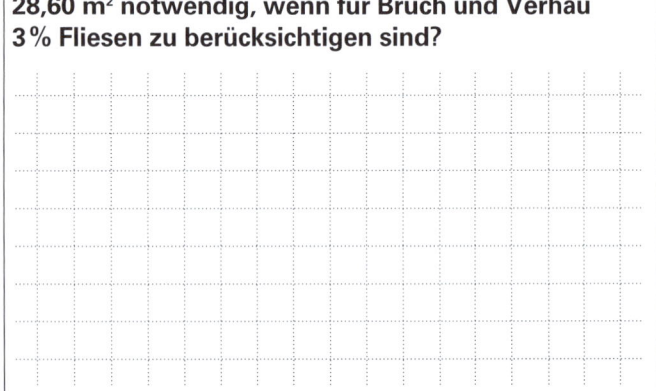

869
3 Maurer benötigen für das Herstellen von Mauerwerk 8 Stunden. Wie lange brauchen dazu 2 Maurer bei gleichem Arbeitstempo?

870
In einem Lageplan 1 : 500 – m soll das skizzierte Bauwerk eingetragen werden.
Welche Zeichnungsmaße ergeben sich aus den wirklichen Maßen?

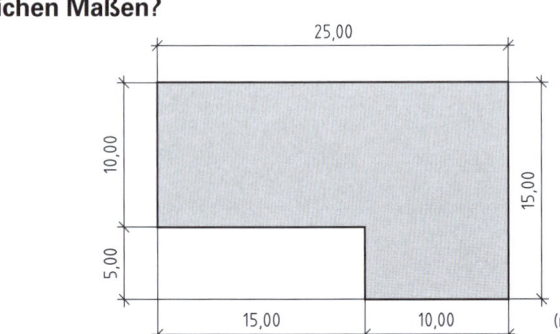

Lernfeldübergreifende Grundlagen — Hochbaufacharbeiter

Technische Mathematik und statische Berechnungen — 871 ... 876

871
Nachfolgende Tabelle ist zu ergänzen:

Aufgabe	a)	b)
Verhältnis	1 : 50	
Prozent		
Länge		8,00 m
Höhe	12 cm	14 cm

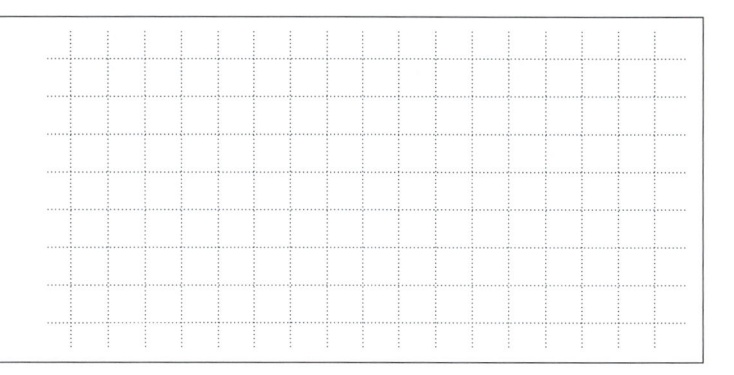

872
Wie groß muss die Böschungsbreite b der Baugrube sein, wenn die Baugrubenwände aus der Bodenklasse 5 bestehen?

Boden-klasse	Böschungs-winkel	Neigungs-verhältnis	b
3 und 4	45°	1 : 1	
5	60°	1 : 0,58	
6 und 7	80°	1 : 0,16	

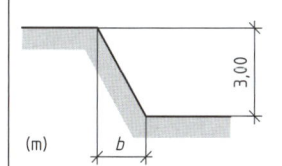

873
Der Stundenlohn eines Gesellen soll um 3,6 % erhöht werden. Wie hoch ist der zukünftige Stundenlohn, wenn der ehemalige 10,12 € betrug?

874
Die Gleichungen sind nach x umzustellen:

1) $18 - 4x + 3x = x - 2 + 2 + 3x$
2) $6 \cdot 2 : 3 - 2 - 3x = x - 2$

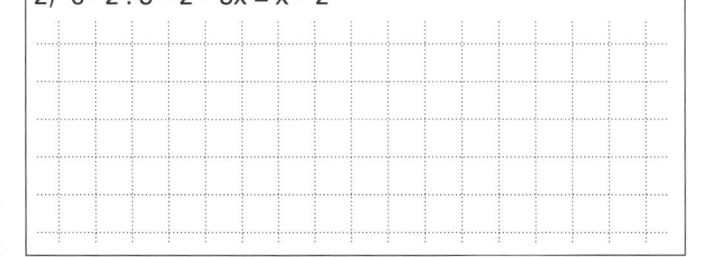

875
Die Formeln sind nach A umzustellen:

1) $b = \dfrac{2 \cdot A}{(l_1 + l_2)}$

2) $d = \sqrt{\dfrac{4 \cdot A}{\pi}}$

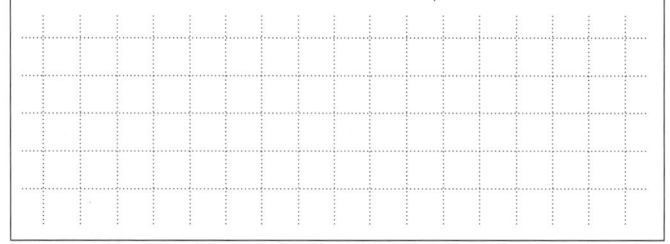

876
Mit welchen Formeln kann die dargestellte zusammengesetzte Fläche berechnet werden?

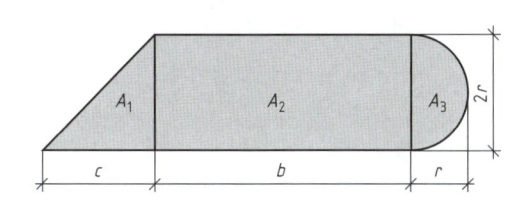

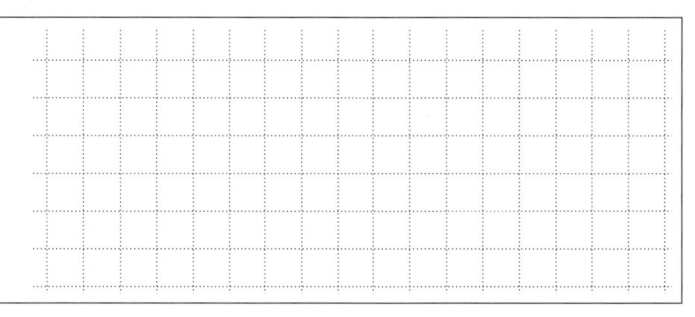

Lösungen ab Seite 290

Lernfeldübergreifende Grundlagen — Hochbaufacharbeiter

Technische Mathematik und statische Berechnungen — 877 … 881

877
Wie groß ist die Bogenlänge b für einen Kreisausschnitt, wenn der Radius 1,67 m und der Mittelpunktswinkel 114° betragen?

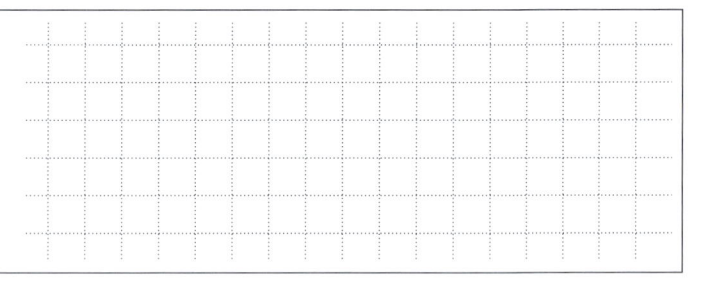

878
Wie lang ist der mit NF-Mauerziegeln als Draufsicht dargestellte Pfeiler?

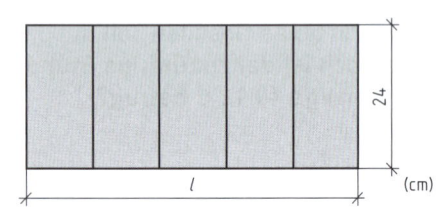

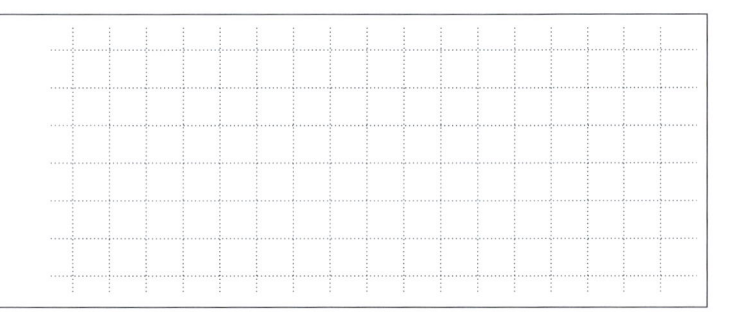

879
Wie groß ist die Firsthöhe h des skizzierten gleichhüftigen Satteldaches?

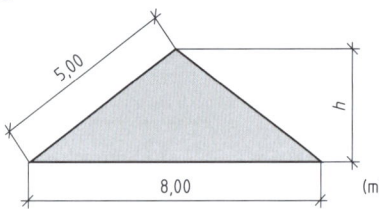

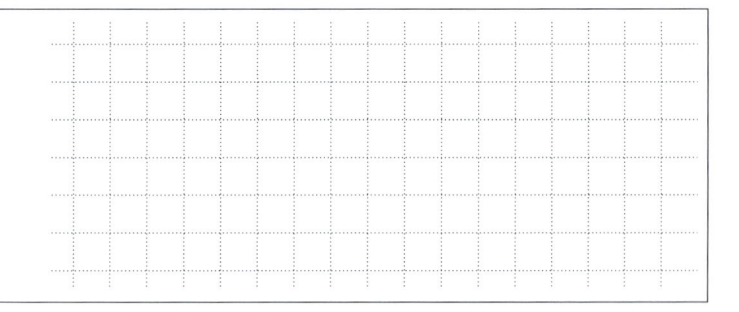

880
Wie groß ist der äußere und innere Umfang eines Betonrohres mit einem Nenndurchmesser DN 150 (innerer Durchmesser in mm) und einer Wanddicke von 28 mm?

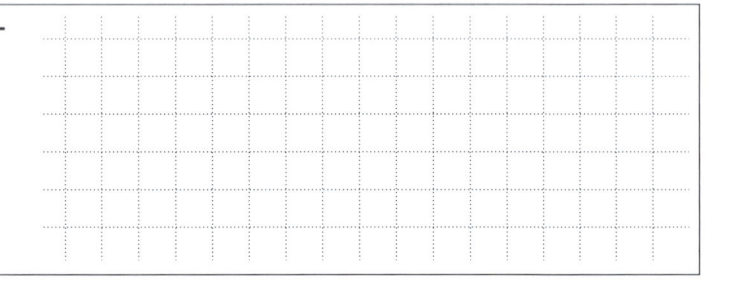

881
Welchen Umfang U hat die skizzierte Deckenfläche?

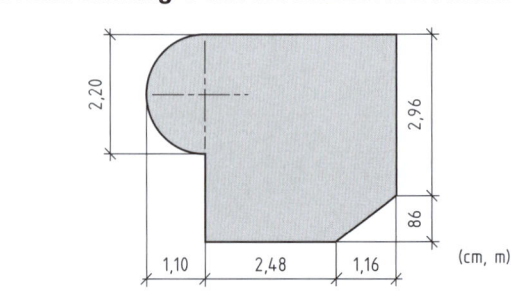

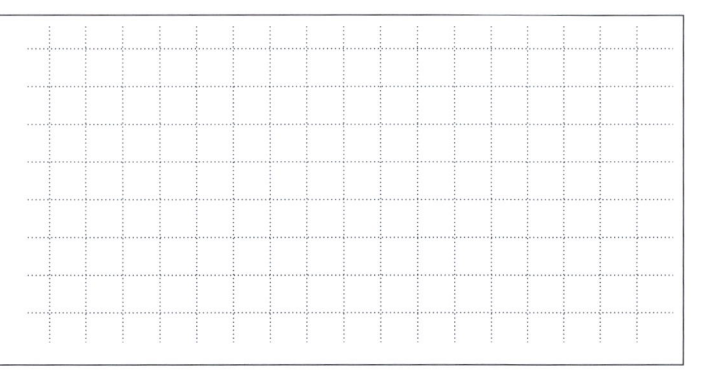

Lernfeldübergreifende Grundlagen | Hochbaufacharbeiter

Technische Mathematik und statische Berechnungen | 882 ... 884

882

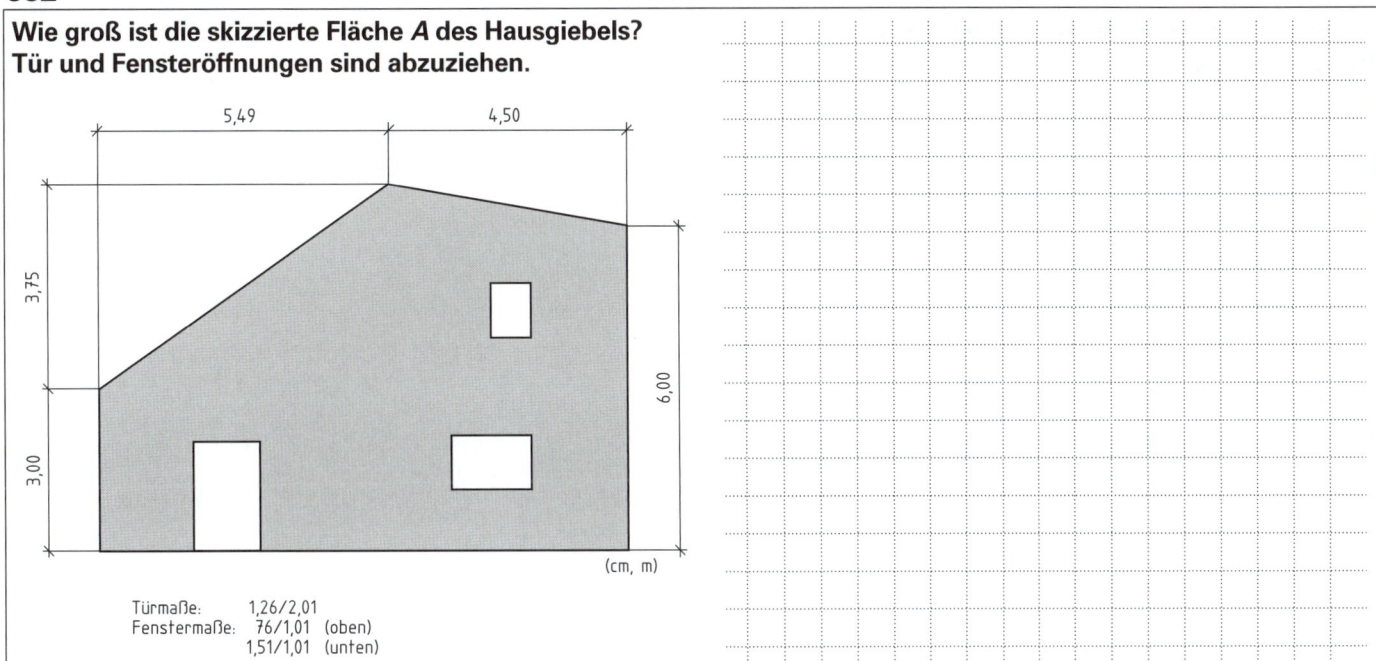

Wie groß ist die skizzierte Fläche A des Hausgiebels?
Tür und Fensteröffnungen sind abzuziehen.

Maße im Bild: 5,49 ; 4,50 ; 3,75 ; 6,00 ; 3,00 (cm, m)

Türmaße: 1,26/2,01
Fenstermaße: 76/1,01 (oben)
1,51/1,01 (unten)

883

Von dem skizzierten Kreisverkehrsbereich sind zu berechnen:
a) der Flächeninhalt A_1 für die Verkehrsinsel (Kreisring)
b) der Flächeninhalt A_2 für die Grünflächeninsel (Mittiger Kreis) und
c) der Umfang U_2 der Grünflächeninsel

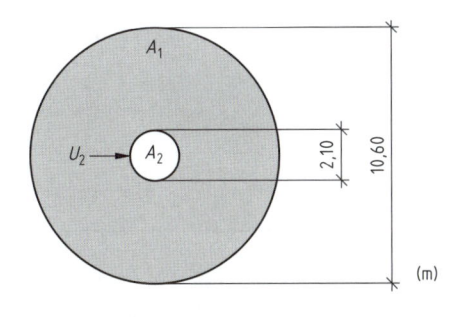

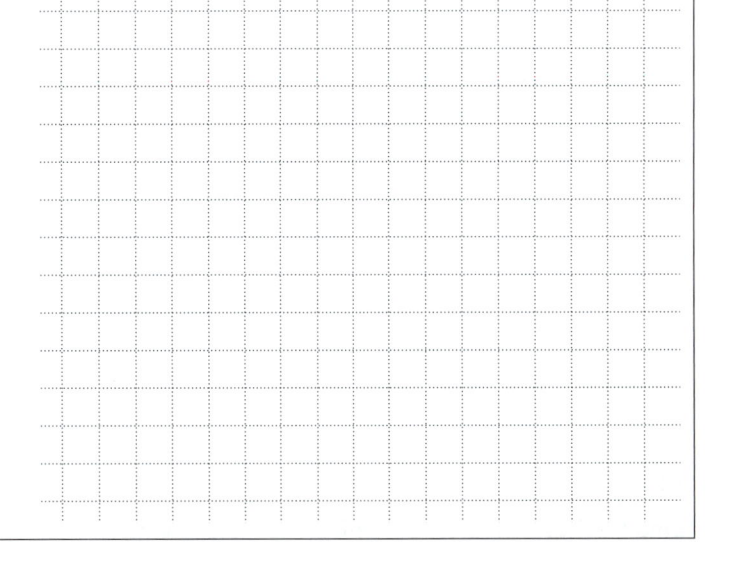

Maße: 2,10 ; 10,60 (m)

884

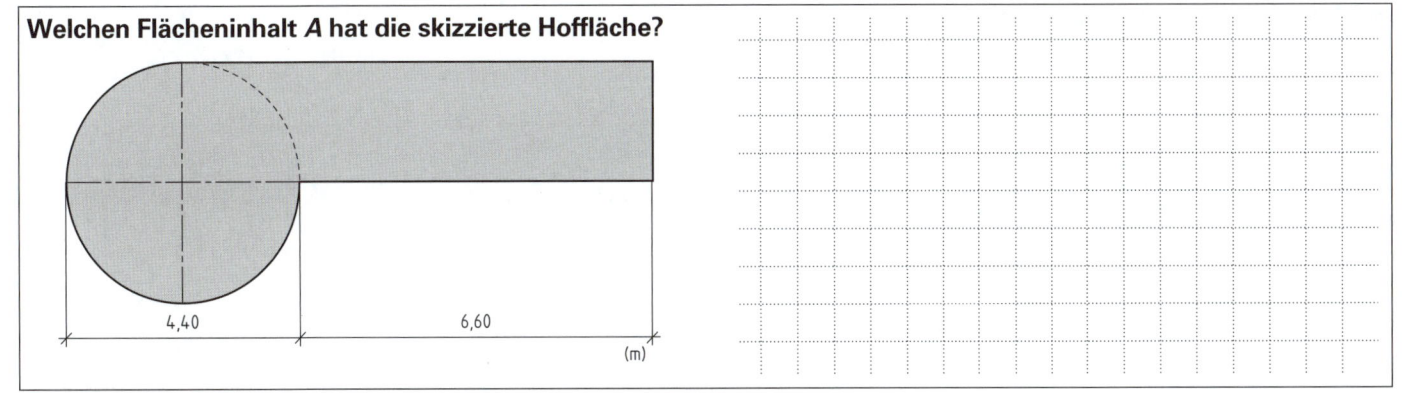

Welchen Flächeninhalt A hat die skizzierte Hoffläche?

Maße: 4,40 ; 6,60 (m)

Lösungen ab Seite 291

Lernfeldübergreifende Grundlagen — Hochbaufacharbeiter

Technische Mathematik und statische Berechnungen — 885 ... 887

885
Wie groß ist die dargestellte Fläche A aus Fußbodenfliesen?

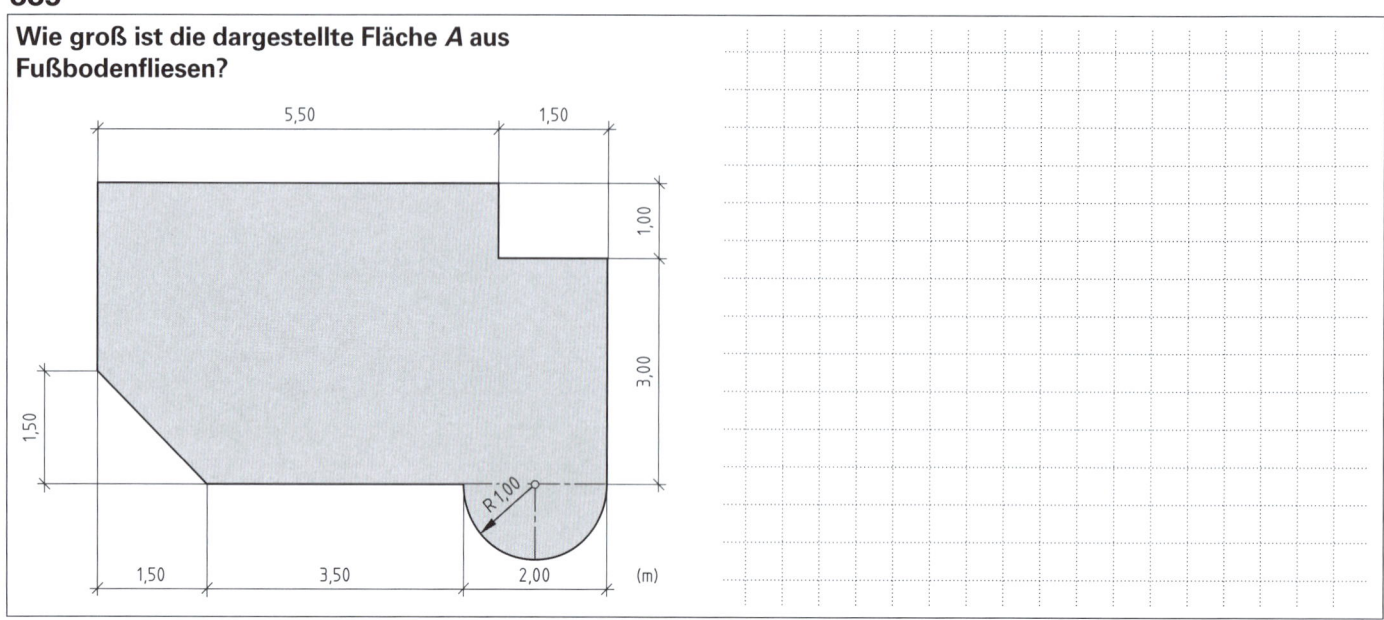

886
Wie groß ist die Putzfläche der Hausfassade, wenn die Fenster- und Türöffnungen abgezogen werden?

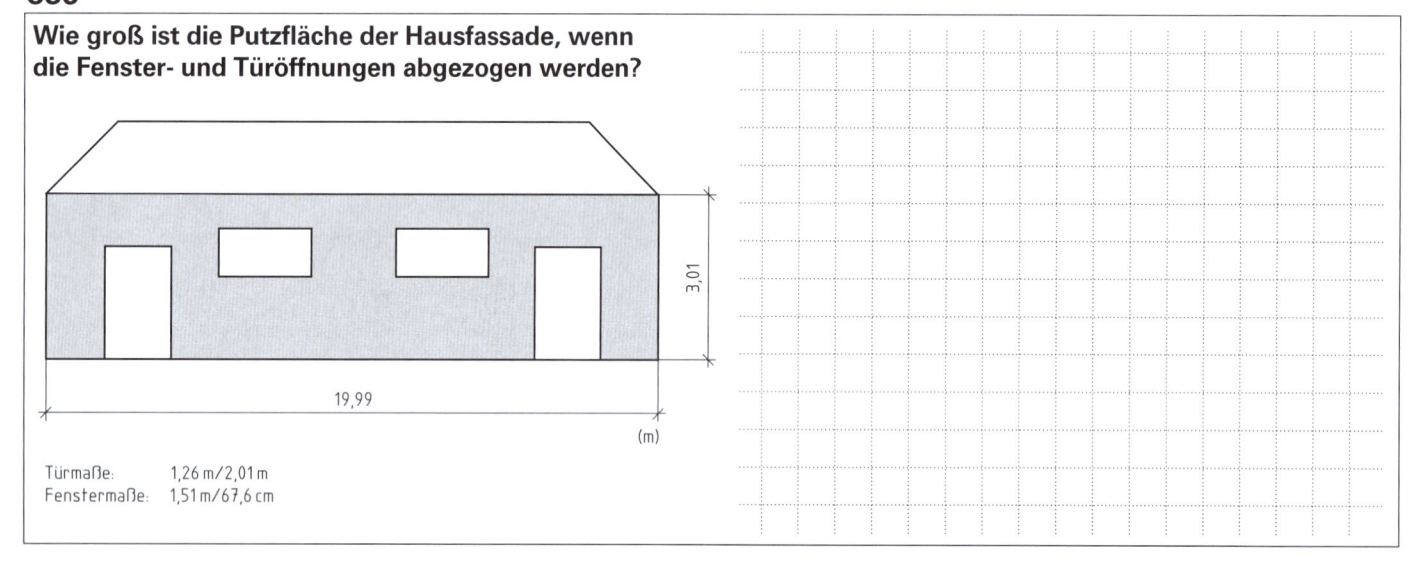

Türmaße: 1,26 m / 2,01 m
Fenstermaße: 1,51 m / 67,6 cm

887
Eine Dachgiebelfläche soll mit einer Holzschalung verkleidet werden.
Wie groß ist der Bedarf an Holzschalung in m², wenn ein Verschnitt von 25 % zu berücksichtigen ist?

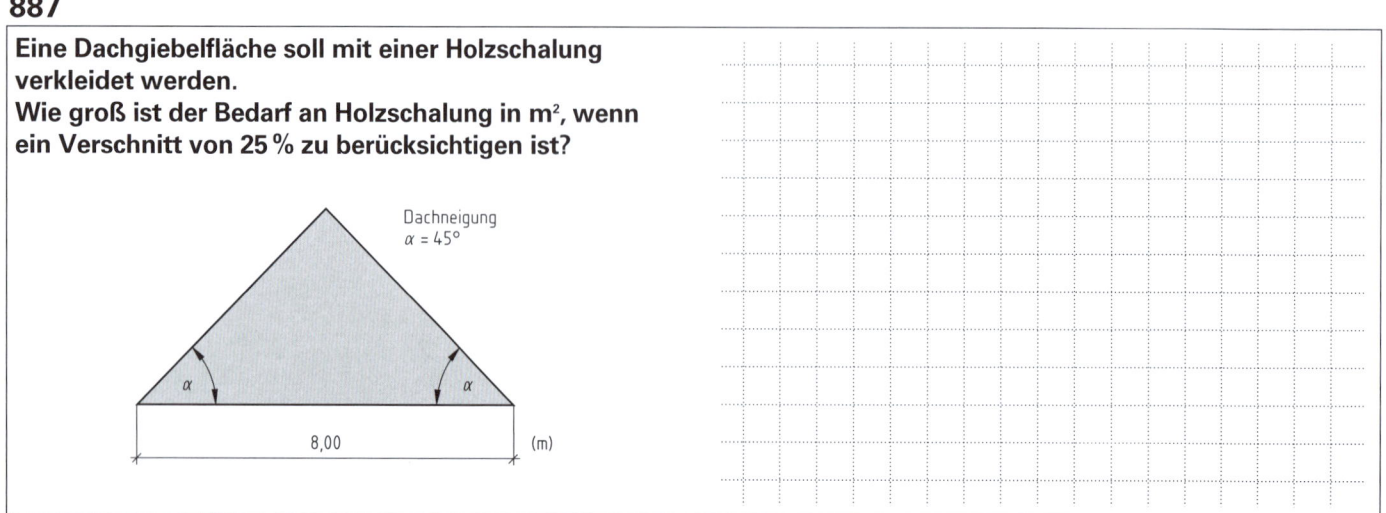

Dachneigung α = 45°

Lösungen ab Seite 292

Lernfeldübergreifende Grundlagen — Hochbaufacharbeiter

Technische Mathematik und statische Berechnungen — 888 ... 890

888

Wie viel Liter Putzmörtel werden für die vier abgebildeten Außenwände benötigt?

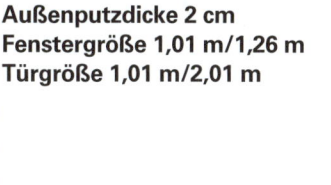

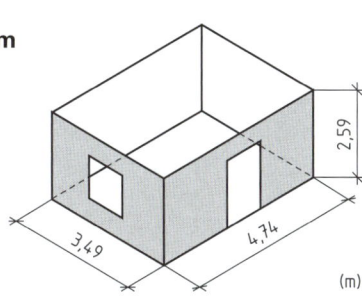

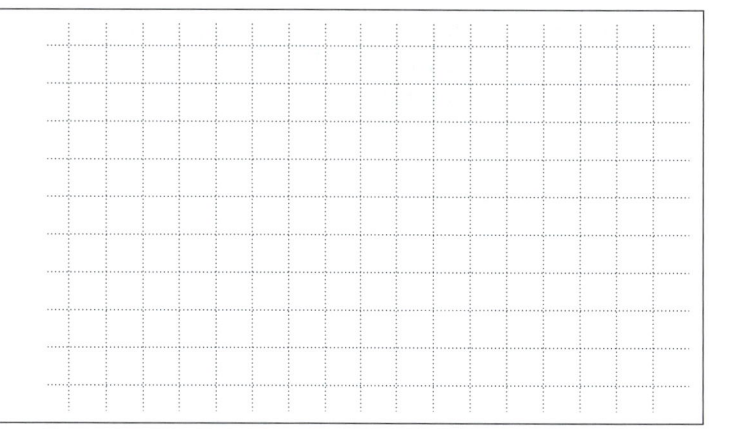

Außenputzdicke 2 cm
Fenstergröße 1,01 m/1,26 m
Türgröße 1,01 m/2,01 m

Maße: 3,49 m; 4,74 m; 2,59 m (m)

889

Ein zylinderförmiges Silo hat einen Radius von 2,90 m und eine Höhe von 4,10 m. Von diesem Silo sind zu berechnen:

1) das Volumen V
2) die Mantelfläche M
3) die Oberfläche O

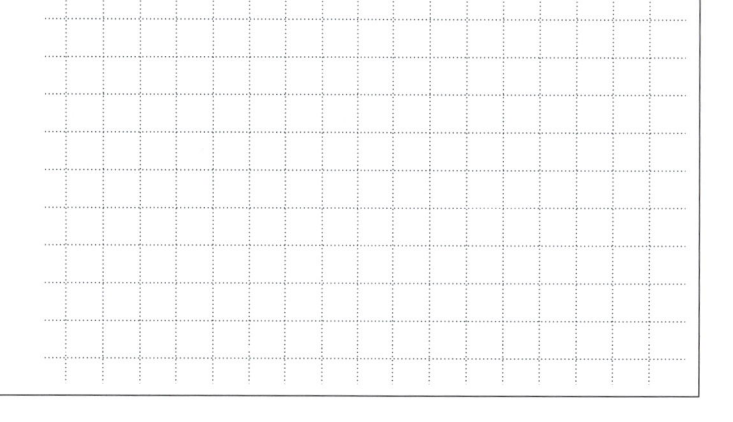

890

Von der unten dargestellten Baugrube sind zu berechnen:

1) das Bodenvolumen in m^3
2) der Bodenaushub in m^3, wenn ein Zuschlag für Auflockerung von 20 % berücksichtigt wird
3) die Anzahl der Lkw-Ladungen, wenn ein Lkw ein Ladungsvolumen von 4,20 m^3 hat.

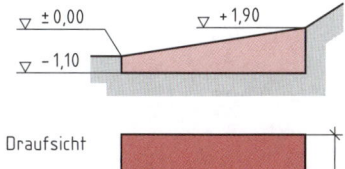

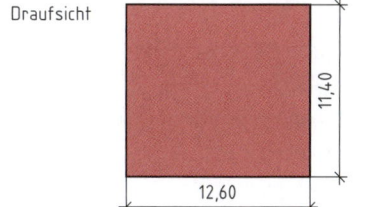

Schnitt: ±0,00; +1,90; −1,10

Draufsicht: 12,60 m × 11,40 m (m)

Lösungen ab Seite 292

Lernfeldübergreifende Grundlagen — Hochbaufacharbeiter

Technische Mathematik und statische Berechnungen — 891 … 894

891
Wie groß ist das notwendige Festbetonvolumen des skizzierten Streifenfundaments?
Die Fundamenttiefe beträgt 60 cm.

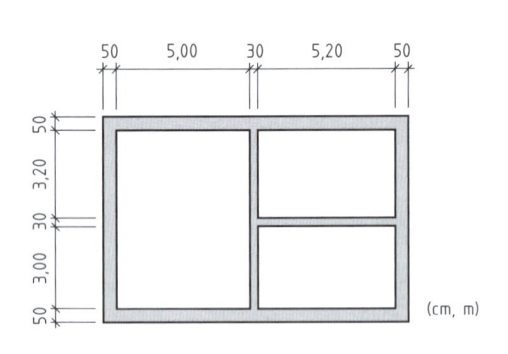

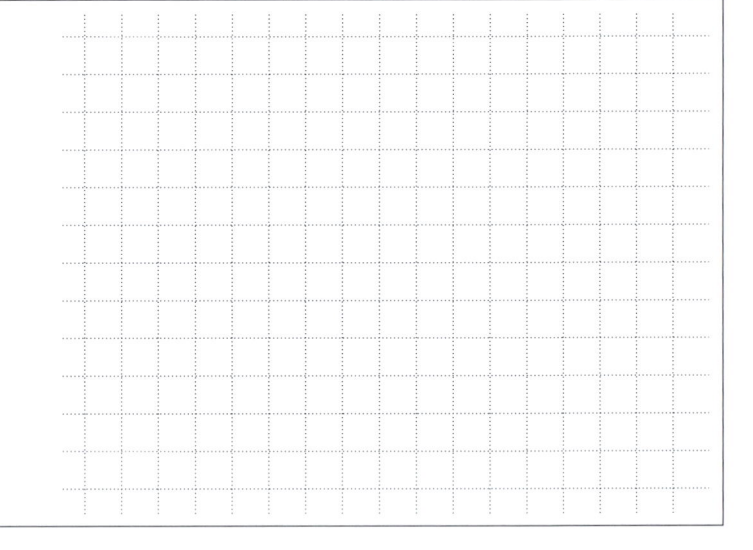

Maße (cm, m): 50 | 5,00 | 30 | 5,20 | 50 (horizontal); 50 | 3,20 | 30 | 3,00 | 50 (vertikal)

892
Für ein Bauwerk sind 15 rechteckige Stahlbetonstützen mit den Abmaßen 65 cm/35 cm/630 cm herzustellen. Die Mantelfläche M von allen Stahlbetonstützen ist zu ermitteln.

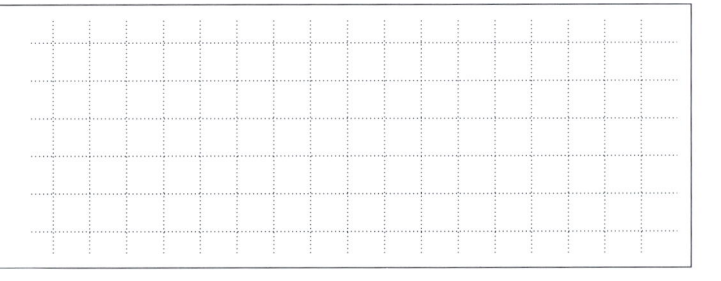

893
Das Volumen eines 2,00 m langen Abwasserrohrs aus Beton ist in dm³ zu berechnen. Der Außendurchmesser beträgt 20 cm und die Wandstärke $s = 3$ cm.

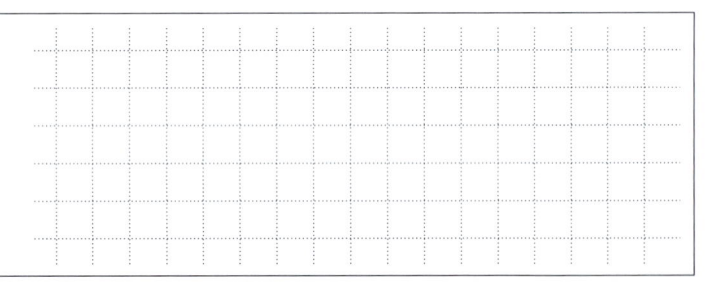

894
Wie viel Kubikmeter Erde müssen aus dem 43,20 m langen Rohrgraben ausgehoben werden?

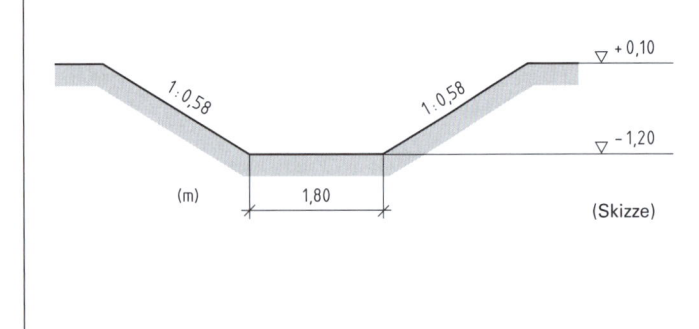

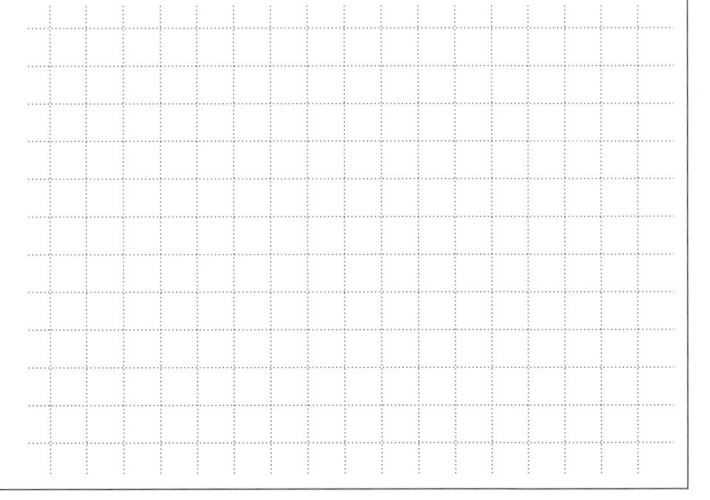

Skizze: Böschung 1 : 0,58, Geländeoberkante +0,10, Grabensohle −1,20, Sohlbreite 1,80 m.

Lösungen ab Seite 292

Lernfeldübergreifende Grundlagen — Hochbaufacharbeiter

Technische Mathematik und statische Berechnungen — 895 ... 898

895
Die Dachfläche M des Zeltdaches ist zu bestimmen.

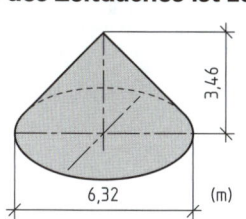

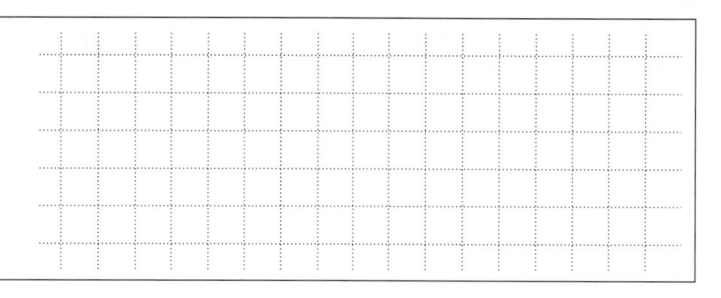

(Maße: 3,46; 6,32 (m))

896
Wie groß ist das Volumen V der 25,40 m langen Stützmauer?

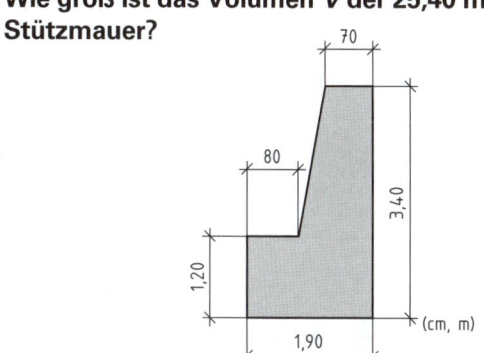

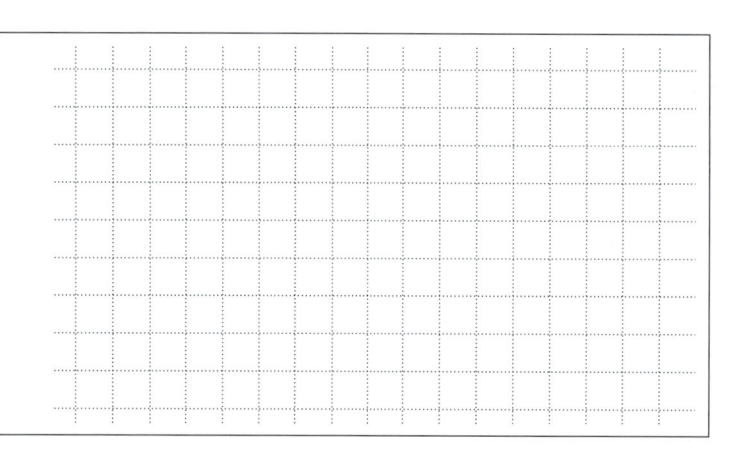

(Maße: 70; 80; 3,40; 1,20; 1,90 (cm, m))

897
Das Flächenmaß A der skizzierten Fläche ist in Abhängigkeit von a zu berechnen.

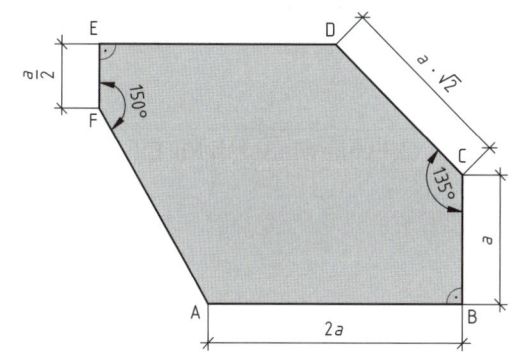

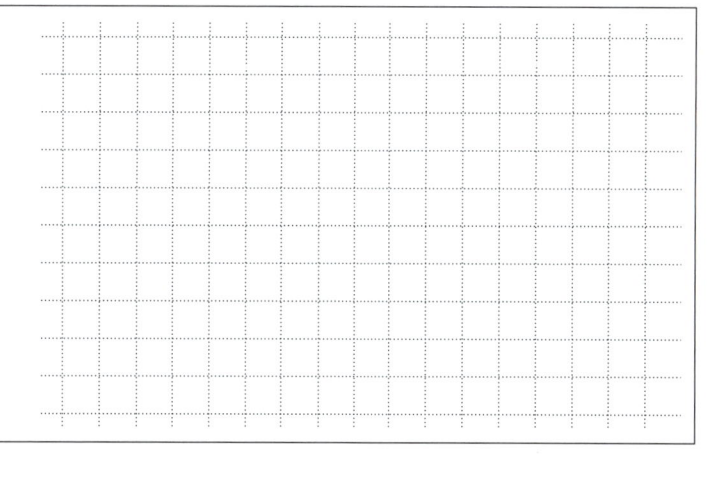

(Punkte A, B, C, D, E, F; Seiten: AB = 2a, BC = a, CD = a·√2, EF = a/2; Winkel bei F = 150°, bei C = 135°)

898
Der Radius x und der Flächeninhalt A der schraffierten Fläche sind zu berechnen.

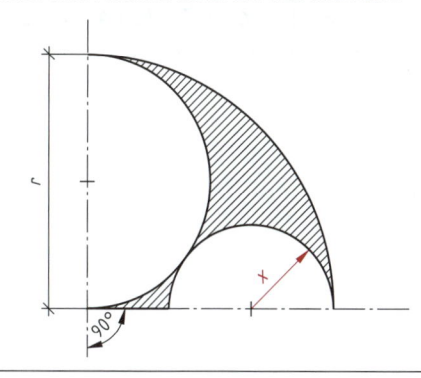

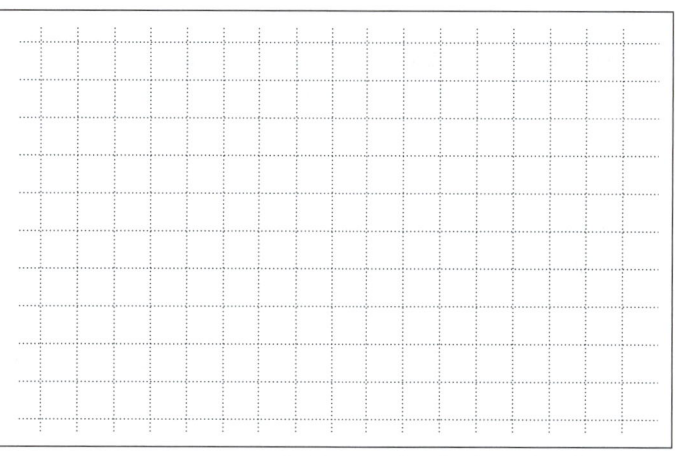

(Radius r, Winkel 90°)

899 ... 900 keine Aufgaben

Lösungen ab Seite 293

Lernfeldübergreifende Grundlagen — Hochbaufacharbeiter

Technisches Zeichnen und Bauzeichnen — 901 … 910

901
Welche Aussage über ein Zeichenpapier im Format DIN A4 ist richtig?
① Es ist viermal so groß wie DIN A1
② Es ist doppelt so groß wie DIN A2
③ Es ist doppelt so groß wie DIN A3
④ Es ist halb so groß wie DIN A3
⑤ Es ist halb so groß wie DIN A2

902
Welche Abmessungen (Breite x Höhe in mm) hat ein DIN-A4-Blatt?
① 210 x 297
② 297 x 420
③ 210 x 300
④ 200 x 300
⑤ 197 x 310

903
Auf welches handliche Format werden große Bauzeichnungen gefaltet?
① DIN A0
② DIN A1
③ DIN A2
④ DIN A3
⑤ DIN A4

904
Welches Zeichnungsformat wird für Bauzeichnungen nicht verwendet?
① DIN A0
② DIN A1
③ DIN A3
④ DIN A4
⑤ DIN A6

905
In welchem Maßstab kann man ein Bauteil auf der Bauzeichnung am besten erkennen?
① 1 : 5
② 1 : 10
③ 1 : 20
④ 1 : 50
⑤ 1 : 100

906
In welchem Maßstab werden Ausführungszeichnungen (Ansichten, Grundrisse, Schnitte) hergestellt?
① 1 : 5
② 1 : 10
③ 1 : 50
④ 1 : 100
⑤ 1 : 500

907
Welcher Maßstab ist für Detailzeichnungen geeignet?
① 1 : 10
② 1 : 50
③ 1 : 100
④ 1 : 500
⑤ 1 : 1000

908
Was ist kein üblicher Maßstab für Bauzeichnungen?
① 1 : 10
② 1 : 50
③ 1 : 100
④ 1 : 250
⑤ 1 : 500

909
Ein 9,50 m langes Gebäude ist auf der Bauzeichnung 19 cm lang. In welchem Maßstab ist es dargestellt?
① 1 : 20
② 1 : 50
③ 1 : 100
④ 1 : 200
⑤ 1 : 500

910
In einer Vorentwurfszeichnung (M 1 : 200 – m, cm) beträgt der Abstand zweier Säulen 4,2 cm. Wie groß ist der Abstand wirklich?
① 0,84 m
② 2,10 m
③ 8,40 m
④ 21,00 m
⑤ 84,00 m

Lernfeldübergreifende Grundlagen | Hochbaufacharbeiter

Technisches Zeichnen und Bauzeichnen — 911 ... 917

911
Wofür werden in Bauzeichnungen mittelbreite Volllinien benutzt?

① Geschnittene Bauteile
② Sichtbare Bauteilkanten
③ Maßlinien
④ Verdeckte Kanten
⑤ Symmetrieachsen

breit ——————————————
mittelbreit ——————————————
schmal ——————————————

912
Wie werden Kanten geschnittener Bauteile in Bauzeichnungen dargestellt?

① Durch eine mittelbreite Strichlinie
② Durch eine breite Strichpunktlinie
③ Durch eine schmale Volllinie
③ Durch eine mittelbreite Volllinie
⑤ Durch eine breite Volllinie

913
Was darf man in Bauzeichnungen mit Volllinien nicht darstellen?

① Verdeckte Kanten
② Sichtbare Kanten
③ Maßhilfslinien
④ Begrenzung von Schnittflächen
⑤ Maßlinien

914
Wo wird in Bauzeichnungen eine breite Strichpunktlinie eingesetzt?

① Bei verdeckten Kanten
② Zur Begrenzung von Flächen geschnittener Bauteile
③ Bei sichtbaren Kanten
④ Für Maßhilfslinien
⑤ Zur Kennzeichnung der Schnittebene

915
Wie wird die gekennzeichnete Linie x bezeichnet?

① Hinweislinie
② Maßeintragungslinie
③ Maßhilfslinie
④ Maßlinie
⑤ Maßlinienbegrenzung

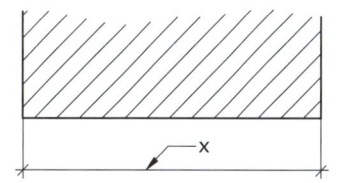

916
Welchen Abstand sollte in Bauzeichnungen die Maßlinie mindestens vom Baukörper haben?

① 5 mm
② 7 mm
③ 10 mm
④ 15 mm
⑤ 20 mm

917
Welche Maßlinienbegrenzung ist nicht normgerecht?

①
②
③
④
⑤

Lernfeldübergreifende Grundlagen | Hochbaufacharbeiter

Technisches Zeichnen und Bauzeichnen — 918 … 923

918
Wie wird die gekennzeichnete Linie x bezeichnet?
① Maßlinienbegrenzung
② Maßlinie
③ Maßhilfslinie
④ Maßzuordnungslinie
⑤ Maßkantenlinie

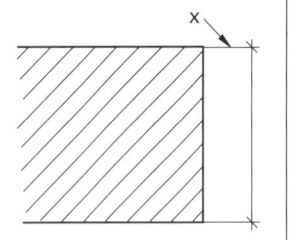

919
Welche Maßzahl steht richtig?
① ② ③ ④ ⑤

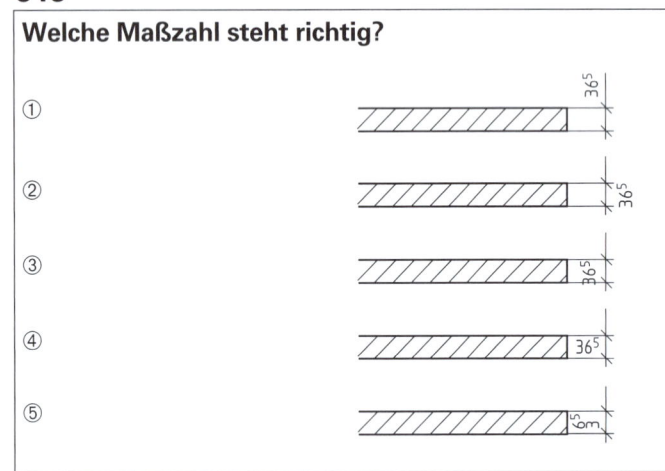

920
Welche Anforderung muss die Beschriftung von Bauzeichnungen nicht erfüllen?
① Lesbarkeit
② Eindeutigkeit
③ Beschriftung nur mit Großbuchstaben
④ Abstand zwischen den Zeichen mindestens zweifache Linienbreite
⑤ Eignung für verschiedene Reproduktionsverfahren

922
Wie hoch ist die Brüstung?
① 2,765 m
② 1,20 m
③ 0,24 m
④ 1,125 m
⑤ 1,135 m

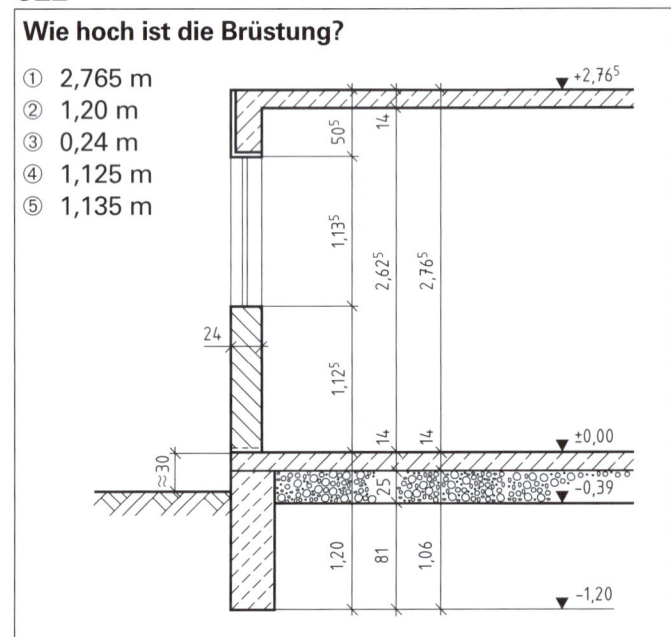

921
Welche lichte Breite hat die Tür zum WC-Duschraum?
① 0,885 m
② 0,76 m
③ 1,125 m
④ 2,135 m
⑤ 1,135 m

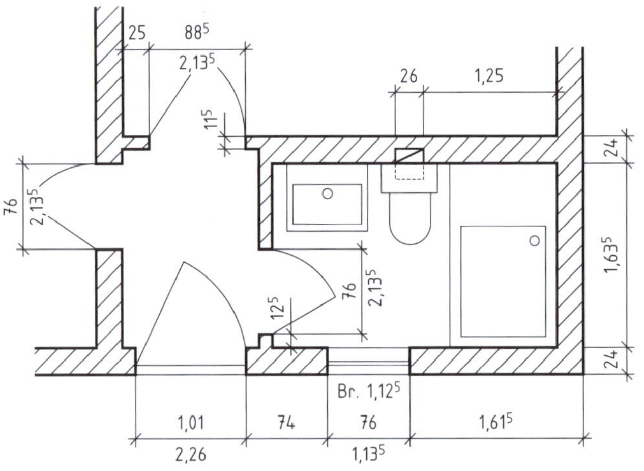

923
Welche lichte Höhe hat das Fenster?
① 0,55 m
② 1,01 m
③ 1,45 m
④ 1,51 m
⑤ 2,13⁵ m

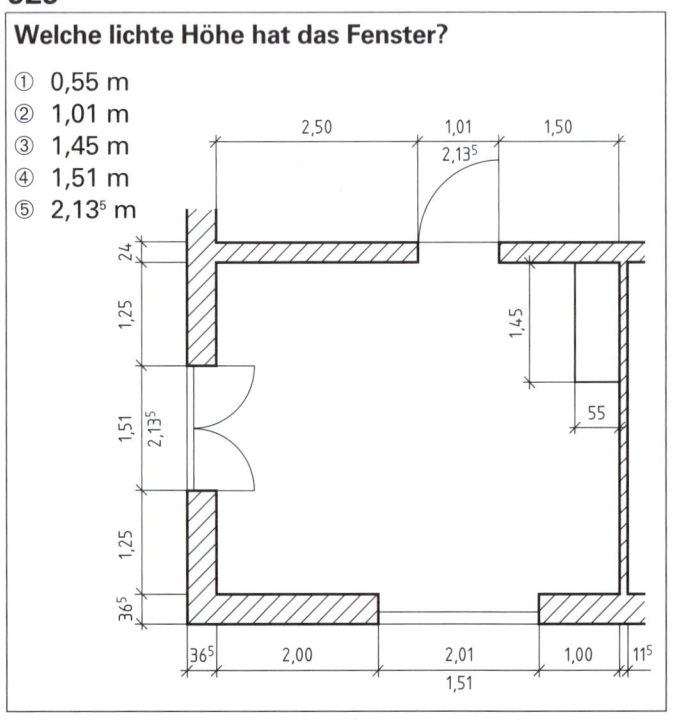

Lösungen ab Seite 294

Lernfeldübergreifende Grundlagen — Hochbaufacharbeiter

Technisches Zeichnen und Bauzeichnen — 924 … 928

924
Welche Innenmaße (Länge/Breite) hat der Vorraum?
① 1,10 m/0,50 m
② 2,01 m/1,51 m
③ 2,01 m/1,625 m
④ 2,01 m/1,65 m
⑤ 2,125 m/1,65 m

925
Welche Aussage über die Höhenangaben ist richtig?
① Die Oberkante des Rohfußbodens liegt auf ± 0,00
② Die Oberkante der Fensterbrüstung liegt 87,5 cm über dem Rohfußboden
③ Die Unterkante des Fenstersturzes liegt 2,385 m über dem Rohfußboden
④ Die lichte Höhe der Fensteröffnung beträgt 2,385 m
⑤ Die Oberkante der Fensterbrüstung liegt 95,5 cm über dem Rohfußboden

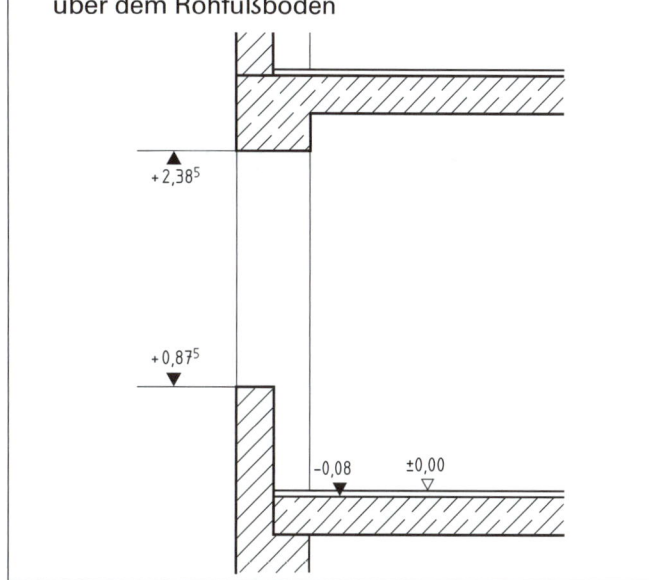

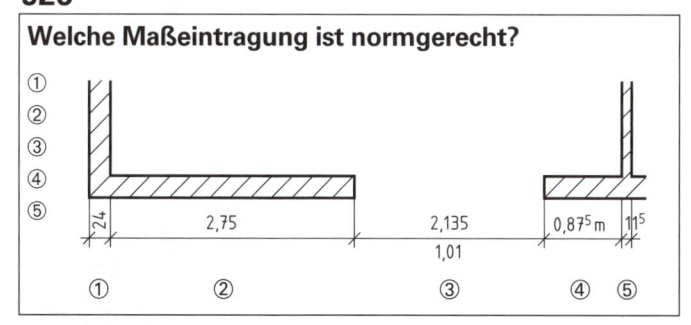

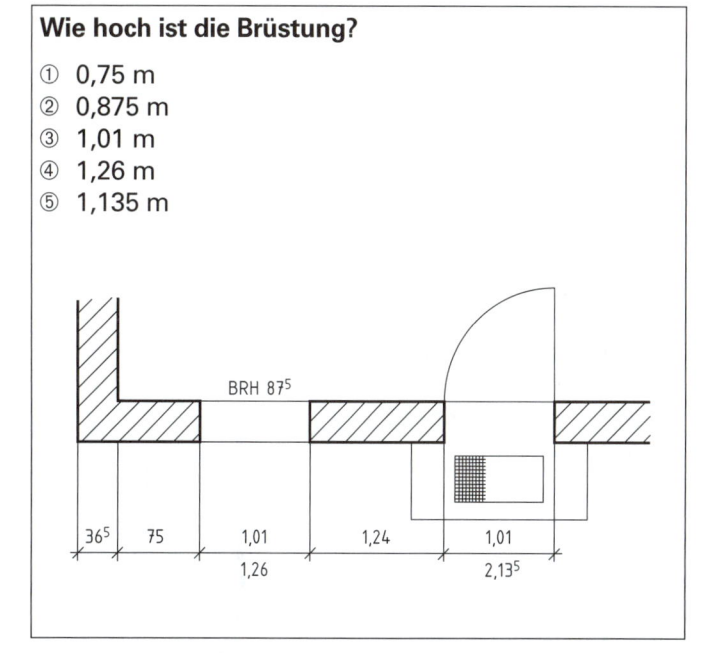

926
Welche Maßeintragung ist normgerecht?
① ② ③ ④ ⑤

927
Wie hoch ist die Brüstung?
① 0,75 m
② 0,875 m
③ 1,01 m
④ 1,26 m
⑤ 1,135 m

928
Was ist die folgende Darstellung in einer Ausführungszeichnung?
① Ein Maßpfeil
② Eine Maßtoleranzangabe
③ Eine Höhenangabe (Rohbaumaß)
④ Eine Höhenangabe (Fertigbaumaß)
⑤ Hinweis auf eine Schnittführung

Lösungen ab Seite 294

Lernfeldübergreifende Grundlagen — Hochbaufacharbeiter

Technisches Zeichnen und Bauzeichnen — 929 … 934

929
Welcher Baustoff bzw. welches Bauteil ist im Schnitt dargestellt?
① Mauerwerk aus künstlichen Steinen
② Mauerwerk aus natürlichen Steinen
③ Unbewehrter Beton
④ Bewehrter Beton
⑤ Dämmstoff zur Wärme- und Schalldämmung

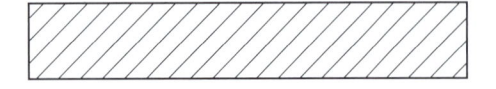

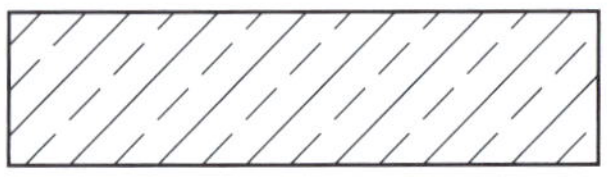

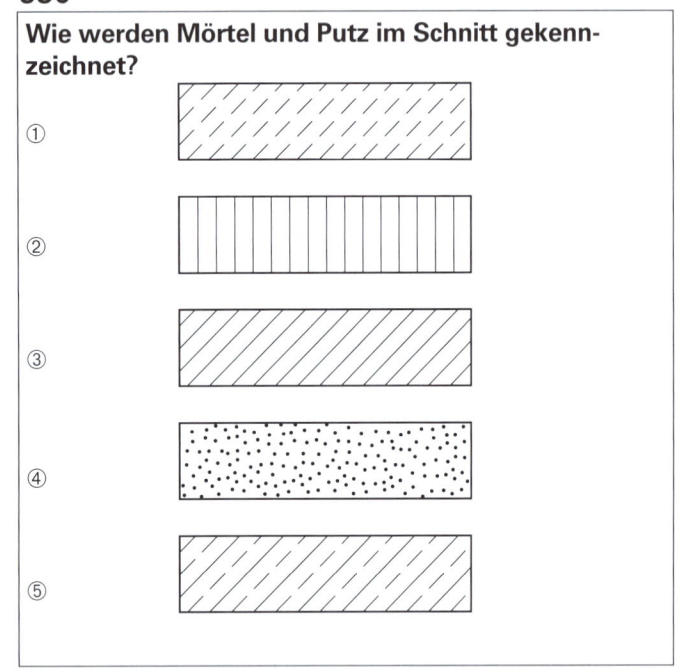

930
Wie werden Mörtel und Putz im Schnitt gekennzeichnet?

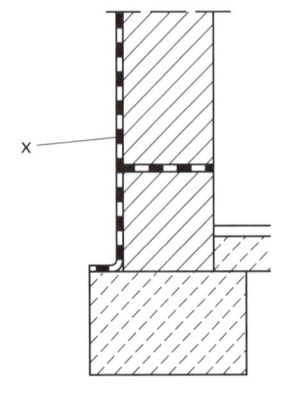

931
Mit welcher Schraffur wird eine Stahlbetondecke im Schnitt dargestellt?

932
Wie ist die Kellerwand außen (x) beschichtet?
① Mit Außenputz
② Mit Leichtbauplatten
③ Mit einem Fliesenbelag
④ Mit Dämmstoffen
⑤ Mit einer Feuchtigkeitssperrschicht

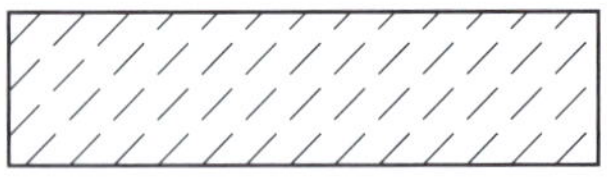

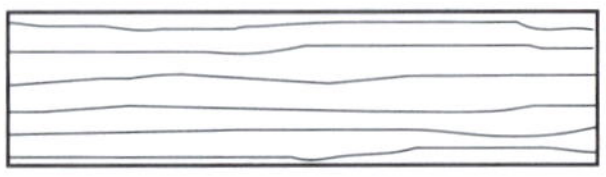

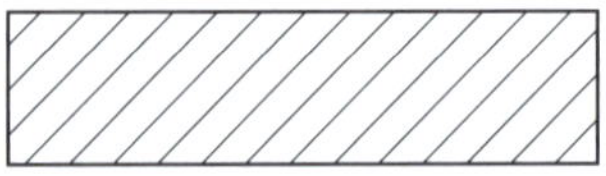

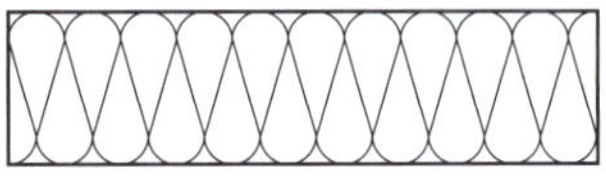

933
Welcher Baustoff kommt in dem untenstehenden Zeichnungsausschnitt nicht vor?
① Stahlbeton
② Unbewehrter Beton
③ Putz
④ Mauerwerk
⑤ Holz

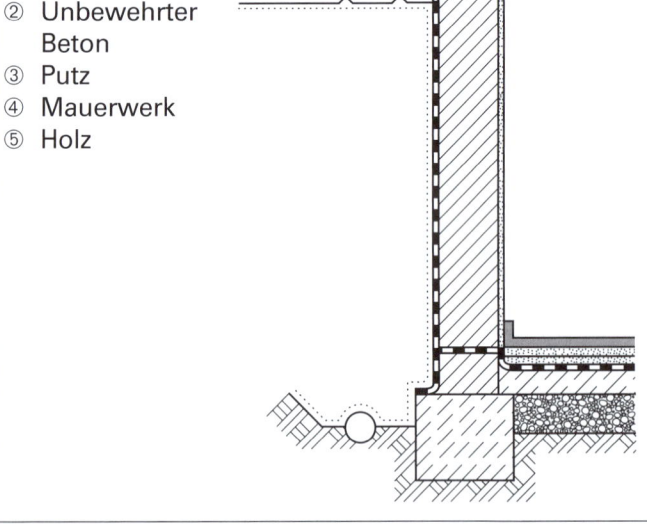

934
Was bedeutet die Abkürzung UG in der Schnittdarstellung eines Hauses?
① Unterkante
② Umgebungs-Höhe
③ Untergrund-Lage
④ Unterer Grundriss
⑤ Untergeschoss

Lernfeldübergreifende Grundlagen — Hochbaufacharbeiter

Technisches Zeichnen und Bauzeichnen — 935 ... 939

935
Was bedeutet der Pfeil mit dem Hinweis 1,5 %?

① Das Gefälle zum Ablauf beträgt 1,5 %
② Die Steigung zur Mitte beträgt 1,5 %
③ In den Ablauf darf 1,5 %iges Wasser entsorgt werden
④ Die Unebenheit darf nicht mehr als 1,5 % betragen
⑤ Gefälle von 1,5 m/m

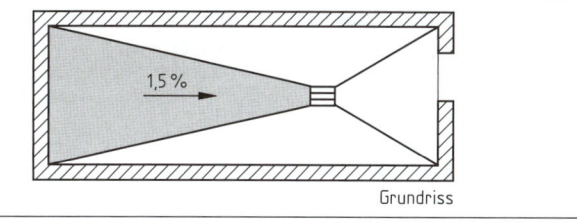

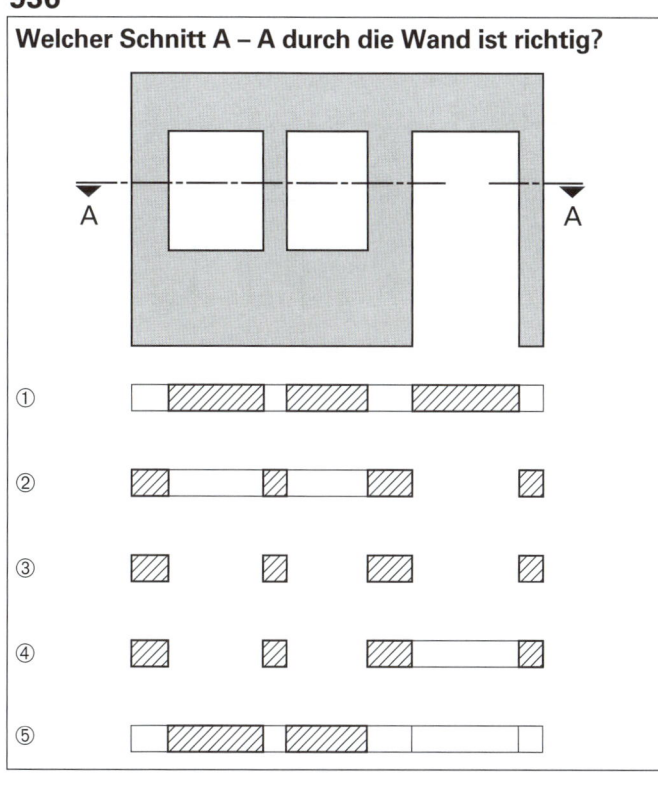

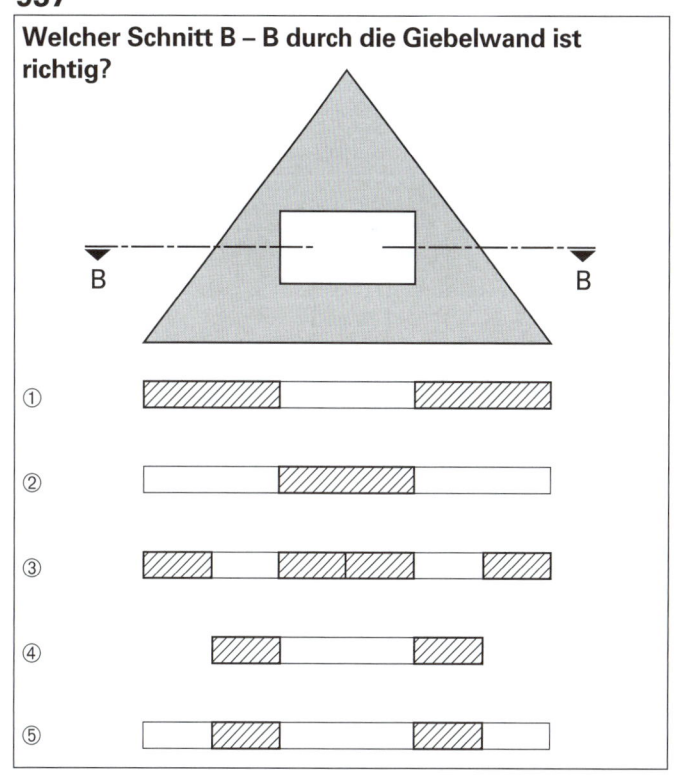

936
Welcher Schnitt A – A durch die Wand ist richtig?

937
Welcher Schnitt B – B durch die Giebelwand ist richtig?

938
In welcher Ansicht erscheint die Strecke A – B in wahrer Größe?

① In der Vorderansicht
② In der Seitenansicht von links
③ In der Seitenansicht von rechts
④ In der Draufsicht
⑤ In keiner der vier Ansichten

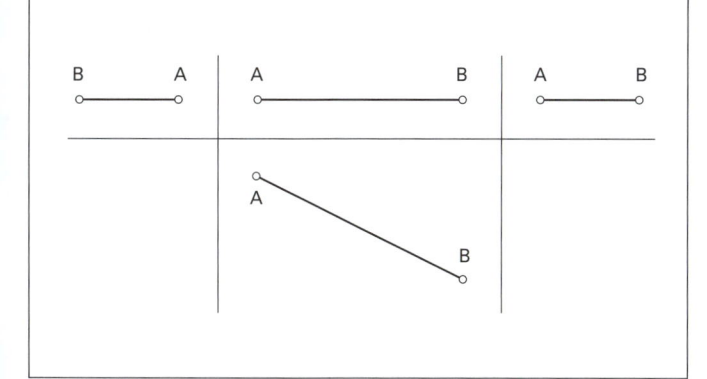

939
In welcher Ansicht erscheint die Fläche in ihrer wahren Größe?

① In der Seitenansicht von links
② In der Seitenansicht von rechts
③ In der Vorderansicht
④ In der Draufsicht
⑤ In keiner der vier Ansichten

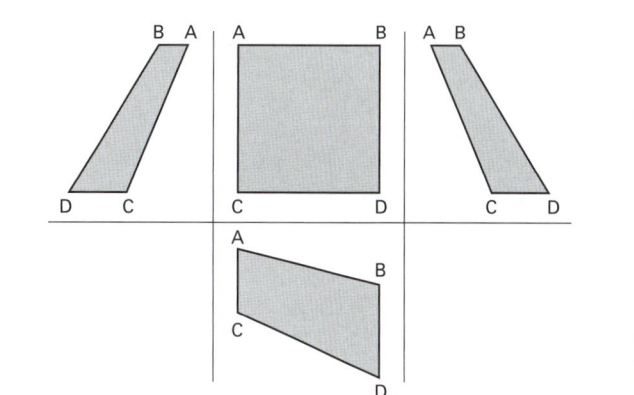

Lösungen ab Seite 294

Lernfeldübergreifende Grundlagen — Hochbaufacharbeiter

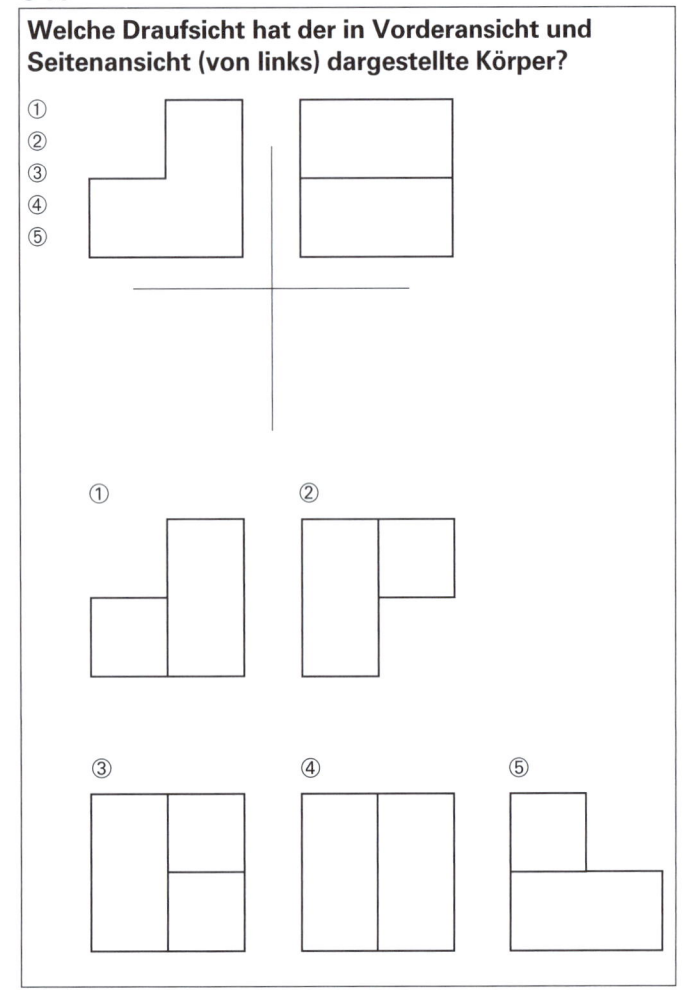

Technisches Zeichnen und Bauzeichnen — 940 … 942

940
Welche Draufsicht hat der in Vorderansicht und Seitenansicht (von links) dargestellte Körper?

① ② ③ ④ ⑤

941
Welche Seitenansicht (von links) hat der in Vorderansicht und Draufsicht dargestellte Körper?

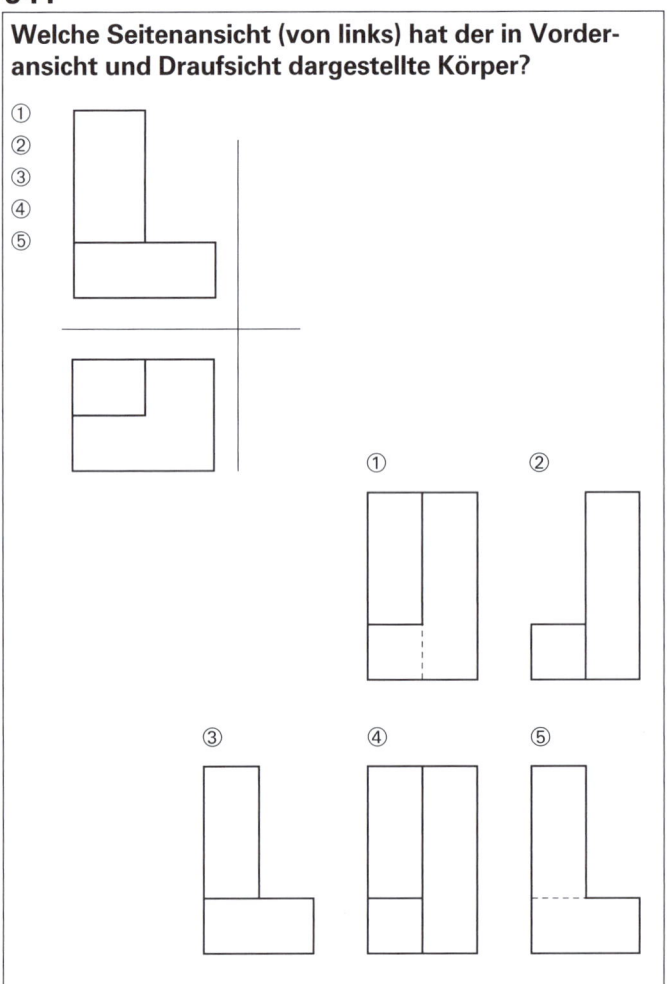

① ② ③ ④ ⑤

942
Welche Vorderansicht hat der in Draufsicht und Seitenansicht (von links) dargestellte Körper?

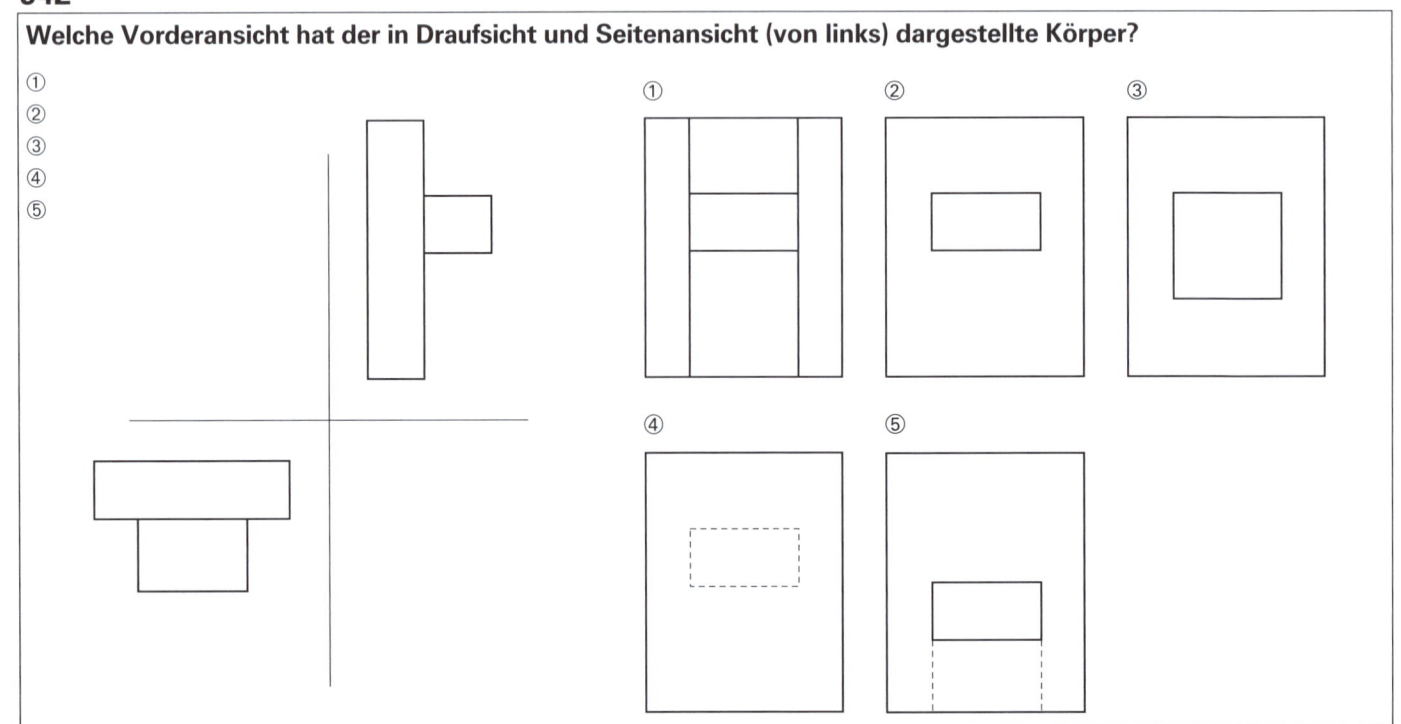

① ② ③ ④ ⑤

Lösungen ab Seite 294

Lernfeldübergreifende Grundlagen | Hochbaufacharbeiter

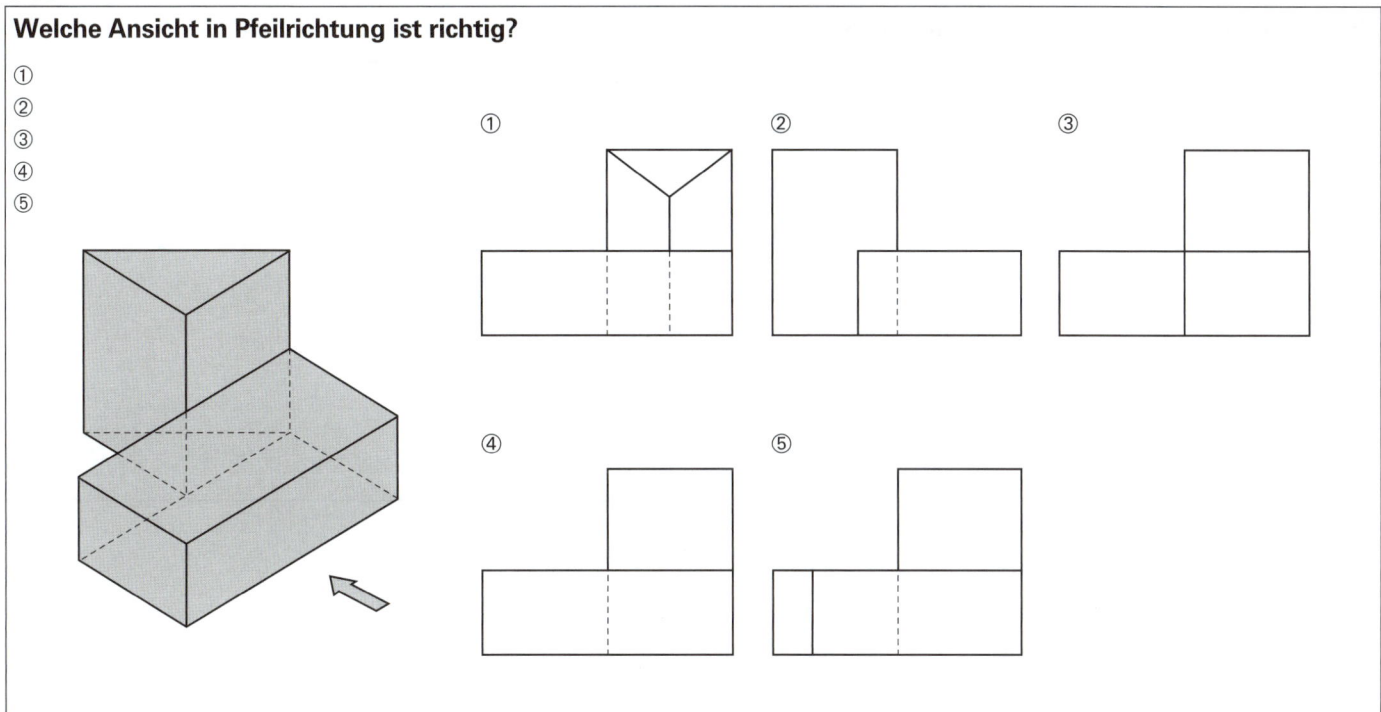

Technisches Zeichnen und Bauzeichnen — 943 ... 945

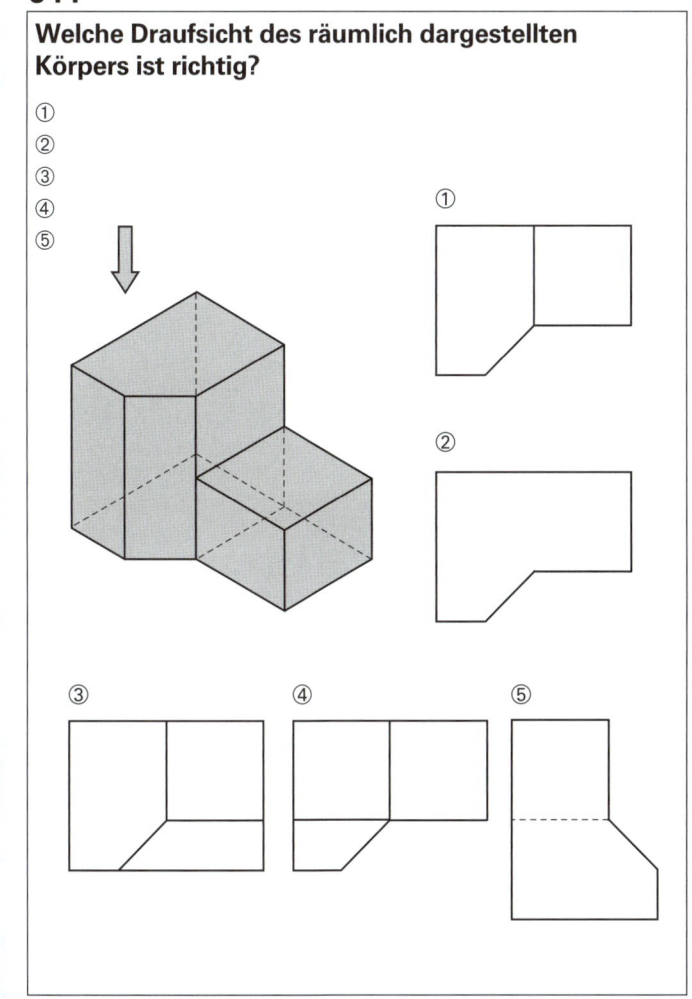

943
Welche Ansicht in Pfeilrichtung ist richtig?
① ② ③ ④ ⑤

944
Welche Draufsicht des räumlich dargestellten Körpers ist richtig?
① ② ③ ④ ⑤

945
Welche Ansicht in Pfeilrichtung ist richtig?
① ② ③ ④ ⑤

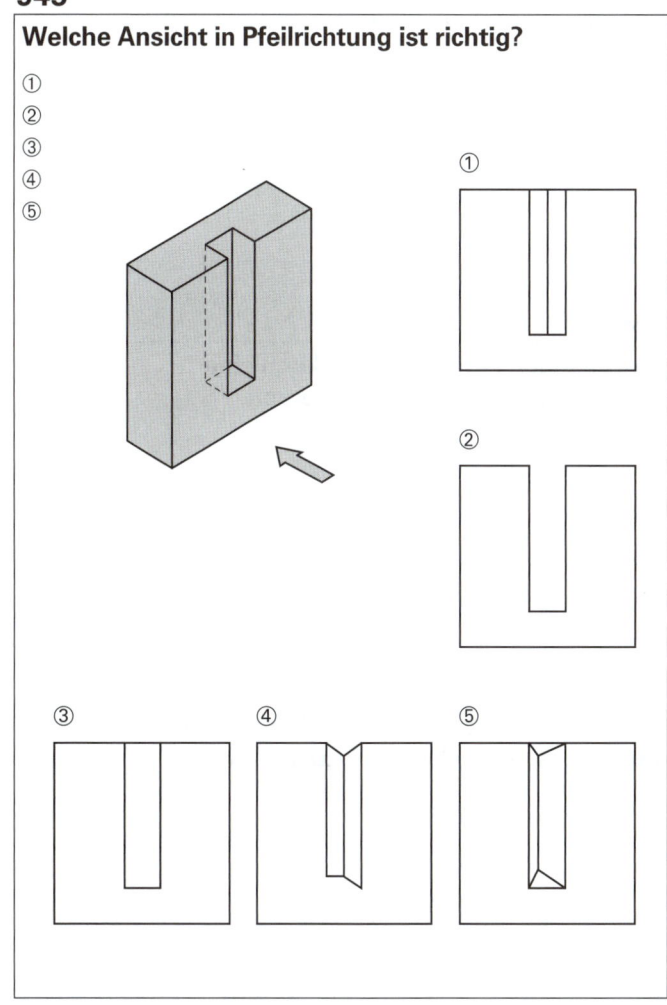

Lösungen ab Seite 294

Lernfeldübergreifende Grundlagen | Hochbaufacharbeiter

Technisches Zeichnen und Bauzeichnen — 946 … 950

946
Zur Geraden g ist eine Parallele durch P zu zeichnen.

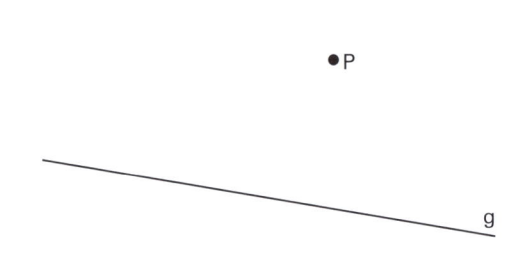

947
Die Strecke $\overline{AB}$ soll durch eine Zirkelkonstruktion halbiert werden.

948
Auf dem Punkt P einer Strecke ist durch eine Zirkelkonstruktion eine Senkrechte zu errichten.

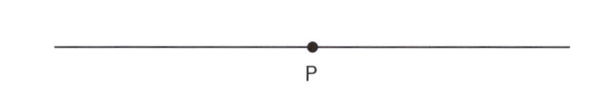

949
Der gegebene Winkel α soll durch eine Zirkelkonstruktion halbiert werden.

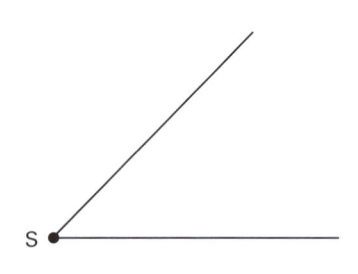

950
In den gegebenen Kreis (r = 1,5 cm) ist ein regelmäßiges Sechseck einzuzeichnen.

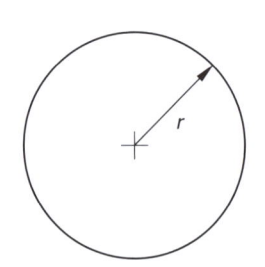

Lösungen ab Seite 294

Lernfeldübergreifende Grundlagen	Hochbaufacharbeiter
Technisches Zeichnen und Bauzeichnen	951 ... 957

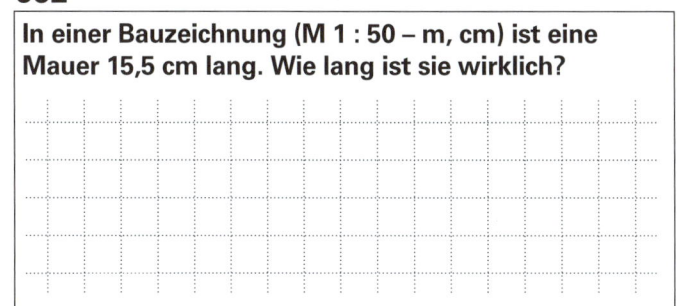

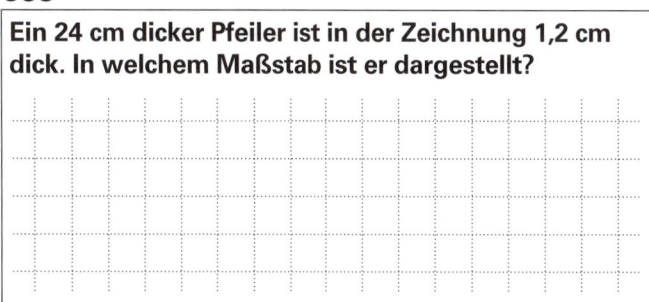

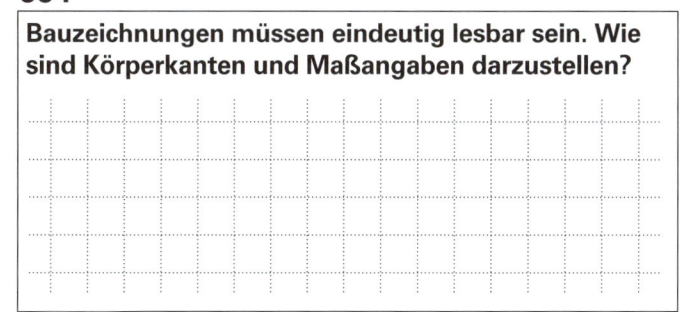

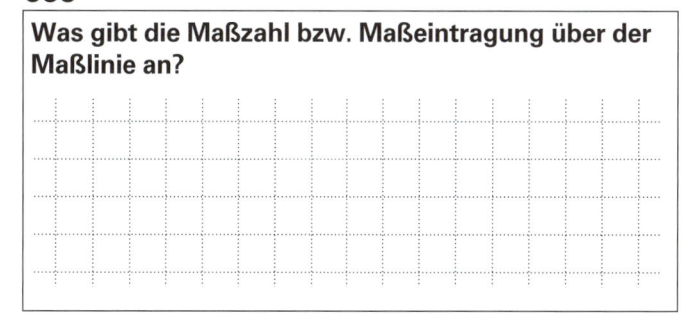

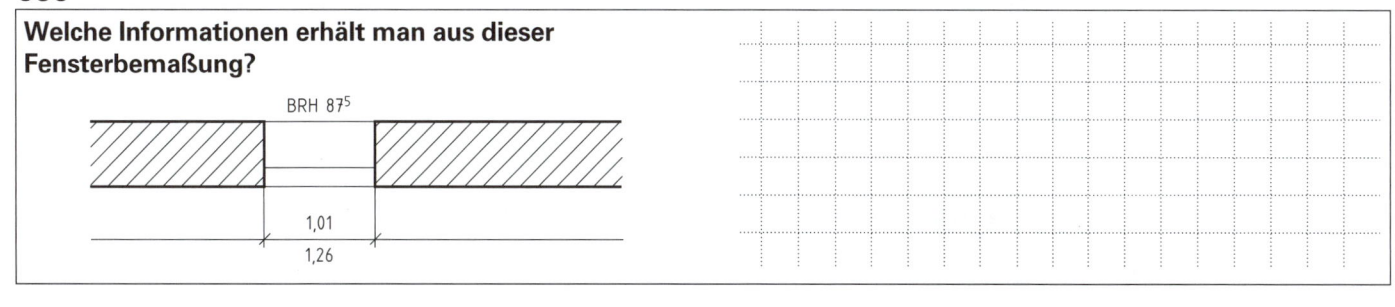

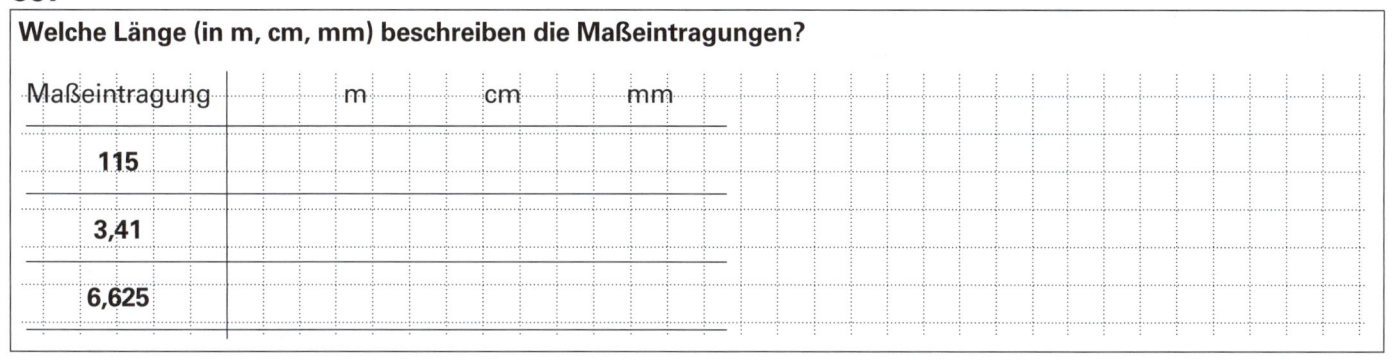

951
Welche Qualitätsanforderungen muss man an Bauzeichnungen stellen?

952
In einer Bauzeichnung (M 1 : 50 – m, cm) ist eine Mauer 15,5 cm lang. Wie lang ist sie wirklich?

953
Ein 24 cm dicker Pfeiler ist in der Zeichnung 1,2 cm dick. In welchem Maßstab ist er dargestellt?

954
Bauzeichnungen müssen eindeutig lesbar sein. Wie sind Körperkanten und Maßangaben darzustellen?

955
Was gibt die Maßzahl bzw. Maßeintragung über der Maßlinie an?

956
Welche Informationen erhält man aus dieser Fensterbemaßung?

BRH 87^5
1,01
1,26

957
Welche Länge (in m, cm, mm) beschreiben die Maßeintragungen?

Maßeintragung	m	cm	mm
115			
3,41			
6,625			

Lösungen ab Seite 295

Lernfeldübergreifende Grundlagen — Hochbaufacharbeiter

Technisches Zeichnen und Bauzeichnen — 958 ... 960

958
Wie wird ein Körper in dimetrischer Projektion dargestellt? Das Konstruktionsverfahren ist zu beschreiben.

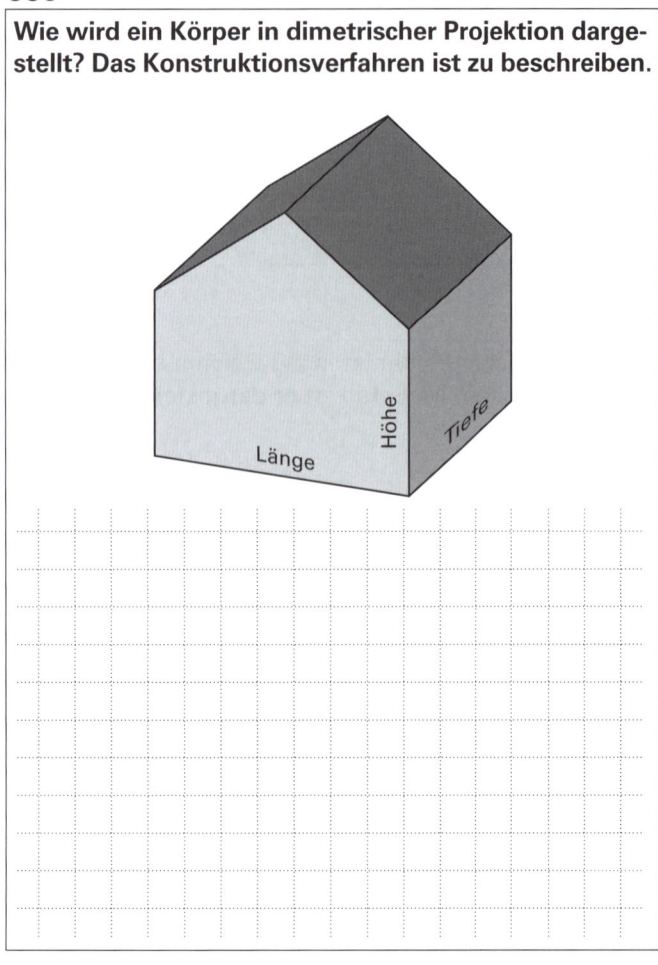

959
Was versteht man unter Kavalier-Projektion? Das Konstruktionsverfahren ist zu beschreiben.

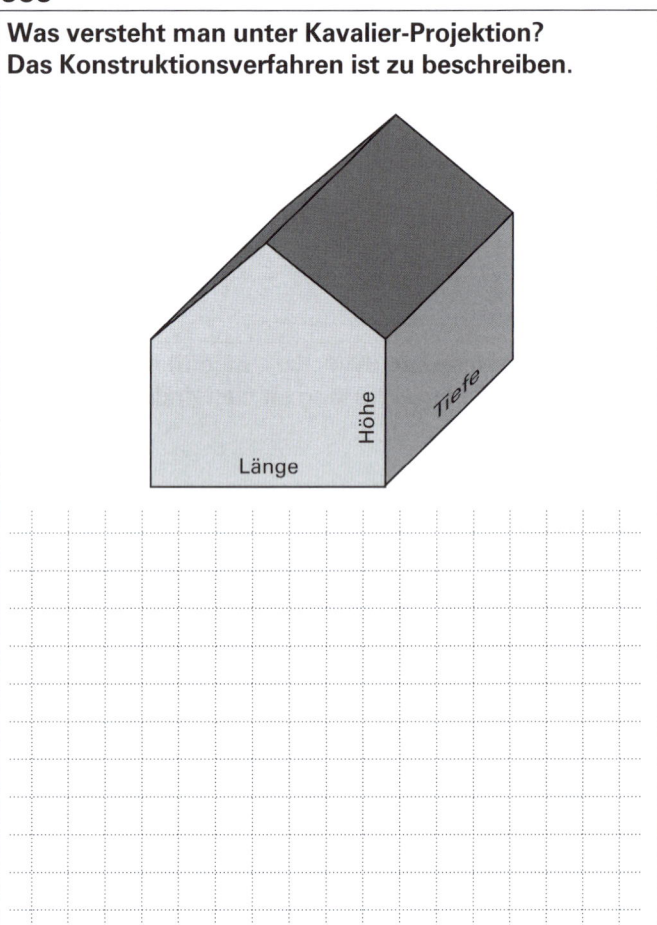

960
Wie wird ein Körper in isometrischer Projektion dargestellt? Das Konstruktionsverfahren ist zu beschreiben.

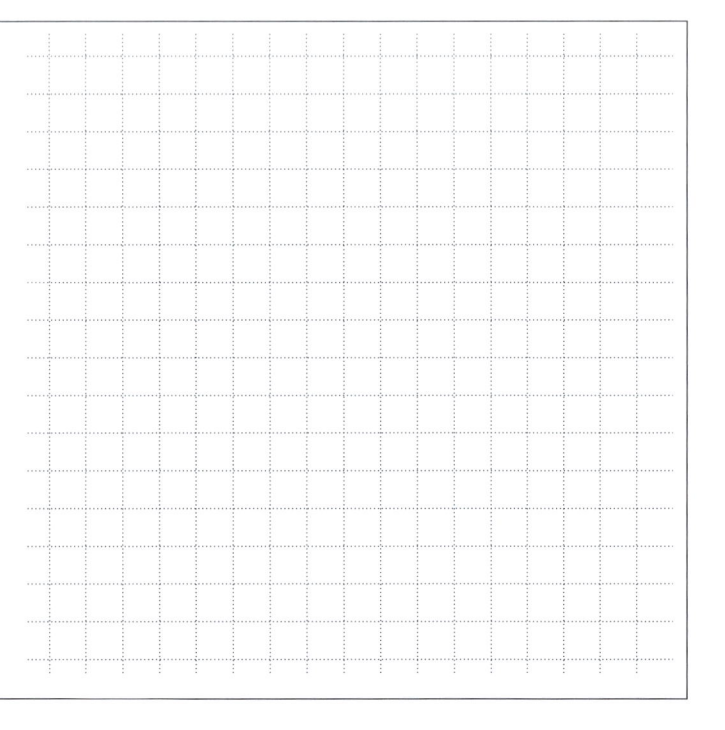

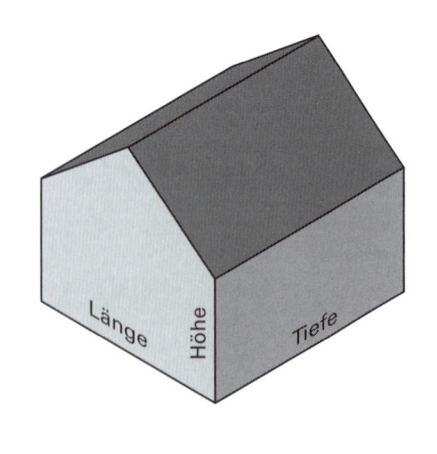

961 ... 1099 keine Aufgaben

Lösungen ab Seite 295

Prüfungsvorbereitung aktuell

HOCHBAU

PRÜFUNGSVORBEREITUNG AKTUELL
✓ gebundene Aufgaben
✓ ungebundene Aufgaben
✓ Lernfeldaufgaben
✓ Projektaufgaben
✓ Handlungsorientierte Aufgaben

Grundbildung

Arbeitsblätter

	Seite
Überblick über die Handlungsschritte zur Bearbeitung einer handlungsorientierten Prüfungsaufgabe	104
Umwandlung von einfachen Gleichungen	105
Umwandlungstabellen für Einheiten	105
Herstellen von 1 m³ Normalbeton (verdichteter Frischbeton) nach Eigenschaften	106
Baustoffbedarf für den Mauerwerksbau	108

Lernfeldaufgaben

		Seite
Mauern eines einschaligen Baukörpers	1101 … 1114	109
Herstellen eines Stahlbetonbauteils	1115 … 1125, 1130 … 1138	111
Herstellen einer Holzdachkonstruktion	1139 … 1173	113
Beschichten und Bekleiden eines Bauteils, Fliesen-, Platten- und Mosaikarbeiten	1174 … 1179	119
Beschichten und Bekleiden eines Bauteils, Maurer- und Dachdeckerarbeiten	1180 … 1197	120

Grundbildung — Lernfeldaufgaben — Hochbaufacharbeiter

Arbeitsblätter

Überblick über die Handlungsschritte zur Bearbeitung einer handlungsorientierten Prüfungsaufgabe[1]

1. Analyse und Problemerkennung Anforderung an eine Handlung	• Welche Informationen werden benötigt? • Welche Informationen sind vorhanden? • Wie und wo können fehlende Informationen beschafft werden? • Welche eigenen Fähigkeiten, Fertigkeiten und Erfahrungen sind vorhanden und können eingesetzt werden? • Welche Werkzeuge, Maschinen und andere Arbeitsmittel stehen zur Verfügung? • Welche Rahmenbedingungen müssen beachtet werden? • Was ist das Ziel der Aufgabe?
2. Planung der Arbeitsschritte Beschaffung notwendiger Informationen, Planung möglicher Vorgehensweisen	• Wie viele Arbeitsschritte werden notwendig sein? • Kann man das komplexe Ziel in verschiedene Teil- oder Zwischenziele untergliedern? • Wie ist die Reihenfolge der verschiedenen Arbeitsschritte? • Welche sind Haupt- und Nebenschritte? • Welche Werkzeuge, Maschinen und andere Arbeitsmittel werden gebraucht? • Gibt es alternative Wege, um ans Ziel zu kommen?
3. Entscheidung über eine bestimmte Vorgehensweise Vergleich der zur Verfügung stehenden Kenntnisse und Informationen mit bisherigen Erfahrungen	• Welcher Weg wird ausgewählt? • Inwieweit ist dieser Weg überhaupt durchführbar? • Inwieweit ist dieser Weg zeitlich realisierbar? • Sind Lücken, Widersprüche oder überflüssige Schritte in der geplanten Vorgehensweise erkennbar?
4. Ausführung der geplanten Vorgehensweise Handlung wird wie geplant durchgeführt. Fehler in der Planung oder Störungen im Verlauf führen zu einer Korrektur der Planung während der Ausführung	• Welche Arbeitsschritte müssen durchgeführt werden? • Welche Teil- oder Zwischenziele sollen erreicht werden? • Was ist das Gesamtziel? • Wie ist die Qualität der einzelnen Ziele?
5. Kontrolle und Bewertung der Handlung Reflexion der Arbeit. Für spätere vergleichbare Handlungssituationen werden Rückschlüsse und Erfahrungen gespeichert	• Wie ist die Selbsteinschätzung? • Werden bei der Kontrolle Fehler erkannt? • Werden diese Fehler korrigiert? • Ist die Planung eingehalten worden?

[1] Überblick in Anlehnung an: Die handlungsorientierte Gesellenprüfung – Leitfaden zur Erfassung von Handlungskompetenz in den Gesellenprüfungen des Handwerks; ZWH-Leitfaden, Düsseldorf, 1997, Seite 32.

Grundbildung — Lernfeldaufgaben — Hochbaufacharbeiter

Arbeitsblätter

Umwandlung von einfachen Gleichungen

$a = \dfrac{b}{c}$	$\Rightarrow$	$b = a \cdot c$	$\Rightarrow$	$c = \dfrac{b}{a}$
$a = b + c$	$\Rightarrow$	$b = a - c$	$\Rightarrow$	$c = a - b$
$\varrho = \dfrac{m}{V}$	Dichte ϱ in kg/dm³	$m = V \cdot \varrho$	Masse m in kg	$V = \dfrac{m}{\varrho}$	Volumen V in dm³
$\varrho = \dfrac{m}{A \cdot h}$ mit $V = A \cdot h$	Volumen V in dm³	$h = \dfrac{m}{A \cdot \varrho}$	Höhe h in dm	$A = \dfrac{m}{h \cdot \varrho}$	Fläche A in dm²
$\sigma = \dfrac{F}{A}$	Spannung σ in N/mm²	$F = \sigma \cdot A$	Kraft F in N	$A = \dfrac{F}{\sigma}$	Fläche A in mm²
$a \cdot b = \dfrac{F}{\sigma}$ mit $A = a \cdot b$	Fläche A in mm²	$a = \dfrac{F}{\sigma \cdot b}$	Länge a in mm	$b = \dfrac{F}{\sigma \cdot a}$	Breite b in mm
$\omega = \dfrac{w}{z}$	Wasserzementwert ω	$w = \omega \cdot z$	Wasser w in kg (l)	$z = \dfrac{w}{\omega}$	Zement z in kg
$2s + a = 63\ cm$	Schrittmaßregel	$a = 63\ cm - 2s$	Auftritt a in cm	$s = \dfrac{63\ cm - a}{2}$	Steigung s in cm
$a + s = 46\ cm$	Sicherheitsregel	$a = 46\ cm - s$	Auftritt a in cm	$s = 46\ cm - a$	Steigung s in cm
$a - s = 12\ cm$	Bequemlichkeitsregel	$a = 12\ cm + s$	Auftritt a in cm	$s = a - 12\ cm$	Steigung s in cm
$M = F \cdot l$	Moment M in Nm	$F = \dfrac{M}{l}$	Kraft F in N	$l = \dfrac{M}{F}$	Hebelarm l in m
$A = a^2$	Quadratfläche in cm²	$a = \sqrt{A}$	Seitenlänge a in cm	$d = a \cdot \sqrt{2}$	Diagonale d in cm
$A = a \cdot b$	Rechteckfläche in cm²	$a = \dfrac{A}{b}$	Seitenlänge a in cm	$b = \dfrac{A}{a}$	Seitenbreite b in cm
$A = \pi \cdot r^2$	Kreisfläche A in cm²	$r^2 = \dfrac{A}{\pi}$	$r^2 = r \cdot r$	$r = \sqrt{\dfrac{A}{\pi}}$	Radius r in cm
$A = \dfrac{\pi \cdot d^2}{4}$	Kreisfläche A in cm²	$d^2 = \dfrac{4 \cdot A}{\pi}$	$d^2 = d \cdot d$	$d = \sqrt{\dfrac{4 \cdot A}{\pi}}$	Durchmesser d in cm
$U = 2 \cdot \pi \cdot r$	Kreisumfang U in cm	$r = \dfrac{U}{2 \cdot \pi}$	Radius r in cm	$d = \dfrac{U}{\pi}$	Durchmesser d in cm
$A = \dfrac{c \cdot h}{2}$	Dreiecksfläche A in cm²	$c = \dfrac{2 \cdot A}{h}$	Grundlinie c in cm	$h = \dfrac{2 \cdot A}{c}$	Höhe h in cm
$c^2 = a^2 + b^2$	Hypotenusenquadrat in cm²	$a^2 = c^2 - b^2$	Kathetenquadrat in cm²	$b^2 = c^2 - a^2$	Kathetenquadrat in cm²
$c = \sqrt{a^2 + b^2}$	Hypotenuse c in cm	$a = \sqrt{c^2 - b^2}$	Kathete a in cm	$b = \sqrt{c^2 - a^2}$	Kathete b in cm
Sinus $= \dfrac{\text{Gegenkathete }(G)}{\text{Hypotenuse }(H)}$		$G = H \cdot \sin \alpha$		$H = \dfrac{G}{\sin \alpha}$	
Kosinus $= \dfrac{\text{Ankathete }(A)}{\text{Hypotenuse }(H)}$		$A = H \cdot \cos \alpha$		$H = \dfrac{A}{\cos \alpha}$	
Tangens $= \dfrac{\text{Gegenkathete }(G)}{\text{Ankathete }(A)}$		$G = A \cdot \tan \alpha$		$A = \dfrac{G}{\tan \alpha}$	

Umwandlungstabellen

Längeneinheiten 1 km = 1000 m

$\Rightarrow$	x 10	x 10	x 10
1 m	10 dm	100 cm	1 000 mm
0,1 m	1 dm	10 cm	100 mm
0,01 m	0,1 dm	1 cm	10 mm
0,001 m	0,01 dm	0,1 cm	1 mm
	: 10	: 10	: 10 $\Leftarrow$

Flächeneinheiten 1 km² = 1 000 000 m²

$\Rightarrow$	x 100	x 100	x 100
1 m²	100 dm²	10 000 cm²	1 000 000 mm²
0,01 m²	1 dm²	100 cm²	10 000 mm²
0,0001 m²	0,01 dm²	1 cm²	100 mm²
0,000 001 m²	0,0 001 dm²	0,01 cm²	1 mm²
	: 100	: 100	: 100 $\Leftarrow$

Volumeneinheiten 1 km³ = 1 000 000 000 m³

$\Rightarrow$	x 1000	x 1000	x 1000
1 m³	1 000 dm³	1 000 000 cm³	1 000 000 000 mm³
0,001 m³	1 dm³	1 000 cm³	1 000 000 mm³
0,000 001 m³	0,001 dm³	1 cm³	1 000 mm³
0,000 000 001 m³	0,000 001 dm³	0,001 cm³	1 mm³

Grundbildung — Lernfeldaufgaben — Hochbaufacharbeiter

Arbeitsblätter

Herstellung von 1 m³ Normalbeton nach Eigenschaften

① **Einteilung des Betons**

a) **Dauerhaftigkeit: Expositionsklassen**

Klasse	Umgebung	max w/z	min f	min z[1] kg/m³	Anwendungsbeispiele
XO	Kein Korrosions- oder Angriffsrisiko		C8/10		Unbewehrte Fundamente ohne Frost, unbewehrte Innenbauteile
XC	**Bewehrungskorrosion, ausgelöst durch Karbonatisierung**				
XC1	trocken oder ständig feucht	0,75	C16/20	240	Bauteile in Innenräumen mit üblicher Luftfeuchte (Küche, Bad, Waschküche in Wohnräumen), Beton, der ständig in Wasser getaucht ist
XC2	nass, selten trocken	0,75	C16/20	240	Teile von Wasserbehältern, Gründungsbauteile
XC3	mäßige Feuchte	0,65	C20/25	260 (240)	Bauteile, zu denen die Außenluft häufig oder ständig Zugang hat, z.B. offene Hallen, Innenräume mit hoher Luftfeuchtigkeit (gewerbliche Küchen, Bäder, in Feuchträumen von Hallenbädern und Viehställen)
XC4	wechselnd nass und trocken	0,60	C25/30	280 (270)	Außenbauteile mit direkter Beregnung
XD	**Bewehrungskorrosion, verursacht durch Chloride**				
XD1	mäßige Feuchte	0,55	C30/37	300 (270)	Bauteile im Sprühnebelbereich von Verkehrsflächen; Einzelgaragen
XD2	nass, selten trocken	0,50	C35/45	320[2] (270)	Solebäder und Bauteile, die chloridhaltigen Abwässern ausgesetzt sind
XD3	wechselnd nass und trocken	0,45	C35/45	320[2] (270)	Teile von Brücken mit häufiger Spritzwasserbeanspruchung, Fahrbahndecken, Parkdecks
XS	**Bewehrungskorrosion, verursacht durch Chloride aus Meerwasser**				
XS1	salzhaltige Luft, kein Meerwasserkontakt	0,55	C30/37	300 (270)	Außenbauteile in Küstennähe
XS2	unter Wasser	0,50	C35/45	320[2] (270)	Bauteile in Hafenbecken, die ständig unter Wasser liegen
XS3	Tide-, Spritzwasser-, Sprühnebelbereich	0,45	C35/45	320[2] (270)	Kaimauern in Hafenanlagen
XF	**Betonangriff durch Frost**				
XF1	mäßige Wassersättigung, ohne Taumittel	0,60	C25/30	280 (270)	Außenbauteile
XF2	mäßige Wassersättigung	0,55	C25/30	300	Bauteile im Sprühnebel- oder Spritzwasserbereich von taumittelbehandelten Verkehrsflächen, soweit nicht XF4
XF2	mit Taumitteln	0,50	C35/45	320	Betonbauteile im Sprühnebelbereich von Meerwasser
XF3	hohe Wassersättigung	0,55	C25/30	300 (270)	offene Wasserbehälter
XF3	ohne Taumittel	0,50	C35/45	320 (270)	Bauteile in der Wasserwechselzone von Süßwasser
XF4	hohe Wassersättigung mit Taumitteln	0,50	C30/37	320	mit Taumitteln behandelte Verkehrsflächen; überwiegend horizontale Bauteile im Spritzwasserbereich von taumittelbehandelten Verkehrsflächen; Räumerlaufbahnen von Kläranlagen, Meerwasserbauteile in der Wasserwechselzone
XA	**Betonangriff durch aggressive chemische Umgebung**				
XA1	chemisch schwach angreifende Umgebung	0,60	C25/30	280 (270)	Behälter von Kläranlagen; Güllebehälter
XA2	chemisch mäßig angreifende Umgebung und Meeresbauwerke	0,50	C35/45	320 (270)	Betonbauteile, die mit Meerwasser in Berührung kommen; Bauteile in betonangreifenden Böden
XA3	chemisch stark angreifende Umgebung	0,45	C35/45	320 (270)	Industrieabwasseranlagen mit chemisch angreifenden Abwässern; Gärfuttersilos und Futtertische der Landwirtschaft; Kühltürme mit Rauchgasableitung
XM	**Betonangriff durch Verschleißbeanspruchung**				
XM1	mäßige Verschleißbeanspruchung	0,55	C30/37	300[3] (270)	Tragende oder aussteifende Industrieböden mit Beanspruchung durch luftbereifte Fahrzeuge
XM2	starke Verschleißbeanspruchung	0,55	C30/37	300[3] (270)	Tragende oder aussteifende Industrieböden mit Beanspruchung durch luft- oder vollgummibereifte Gabelstapler
XM2	starke Verschleißbeanspruchung	0,45	C35/45	320[3] (270)	Flächen mit schwerem Gabelstaplerverkehr
XM3	sehr starke Verschleißbeanspruchung	0,45	C35/45	320[3] (270)	Tragende oder aussteifende Industrieböden mit Beanspruchung durch elastomer- oder stahlrollenbereifte Gabelstapler; Oberflächen, die häufig mit Kettenfahrzeugen befahren werden; Wasserbauwerke in geschiebebelasteten Gewässern

Die Klammerwerte geben den Mindestzementgehalt bei Anrechnung von Zusatzstoffen in kg/m³ an.
[1] Bei einem Größtkorn der Gesteinskörnung von 63 mm darf der Zementgehalt um 30 kg/m² reduziert werden. In diesem Fall darf [2] nicht angewandt werden.
[2] Für massige Bauteile Dicke ≥ 80 cm gilt: Mindestzementgehalt 300 kg/m³.
[3] Höchstzementgehalt 360 kg/m³, jedoch nicht bei hochfestem Beton.

Grundbildung — Lernfeldaufgaben — Hochbaufacharbeiter

Arbeitsblätter

b) Druckfestigkeit

Beton Druckfestigkeitsklassen	Mindestdruckfestigkeit von Zylindern $f_{ck,cyl}$ in N/mm²	Mindestdruckfestigkeit von Würfeln $f_{ck,cube}$ in N/mm²	Entwurfsdruckfestigkeit
C8/10	8	10	≥ 18
C12/15	12	15	≥ 23
C16/20	16	20	≥ 28
C20/25	20	25	≥ 33
C25/30	25	30	≥ 38
C30/37	30	37	≥ 45
C35/45	35	45	≥ 53
C40/50	40	50	≥ 58
C45/55	45	55	≥ 63
C50/60	50	60	≥ 68

② **Wasseranspruch der Gesteinskörnung in kg/m³ Frischbeton mit der Körnungsziffer k**

(Zwischenwerte durch Interpolieren ermitteln)

Sieblinie	Körnungsziffer k ($\varkappa$)	Konsistenzbereich Wasserzugabe in l		
		steif	plastisch	weich
A 16	4,61	140	160	180
B 16	3,66	160	180	200
C 16	2,75	190	210	230
A 32	5,48	130	150	170
B 32	4,20	150	170	190
C 32	3,30	170	190	210

Beispiel: Auswertung eines Siebversuches

Siebweite in mm	Durchgang in %	Rückstand in %
0,25	7	100 − 7 = 93
0,5	17	100 − 17 = 83
1,0	27	100 − 27 = 73
2,0	34	100 − 34 = 66
4,0	42	100 − 42 = 58
8,0	57	100 − 57 = 43
16,0	76	100 − 76 = 24
31,5	100	100 − 100 = 0
		440

Körnungsziffer k = 440/100 = 4,40

④ **Zementmenge** $Z = \dfrac{\text{Wassermenge } w}{\text{Wasserzementwert } \omega}$

Frisch- und Festbetoneigenschaften in Abhängigkeit vom Wasserzementwert

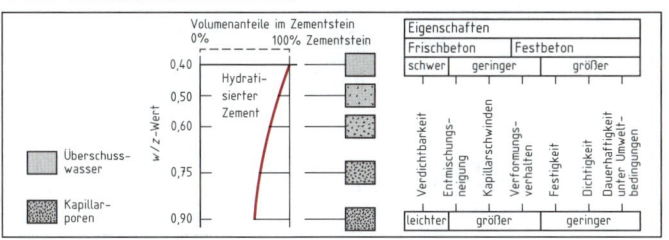

Festlegung für Beton nach Eigenschaften

Grundlegende Anforderungen für die Bestellung
- Übereinstimmung mit DIN EN 206-1/DIN 1045-2
- Druckfestigkeitsklasse
- Expositionsklasse
- Größtkorn der Gesteinskörnung
- Verwendung des Betons: unbewehrt, Stahl- oder Spannbeton
- Konsistenzklasse

Zusätzliche Anforderungen für die Bestellung (Auszug)
- Besondere Zementarten
- Besondere Gesteinskörnungen
- Festigkeitsentwicklung
- Wärmeentwicklung während der Hydratation
- Wassereindringwiderstand (Tiefe)
- Besondere Oberflächen oder Einbringverfahren

③ **Wasserzementwert w (w/z-Wert oder ω)**
Ermittlung des w/z-Wertes –
Vorhaltemaß 6 N/mm² – 12 N/mm² – aus dem Diagramm nach Walz:

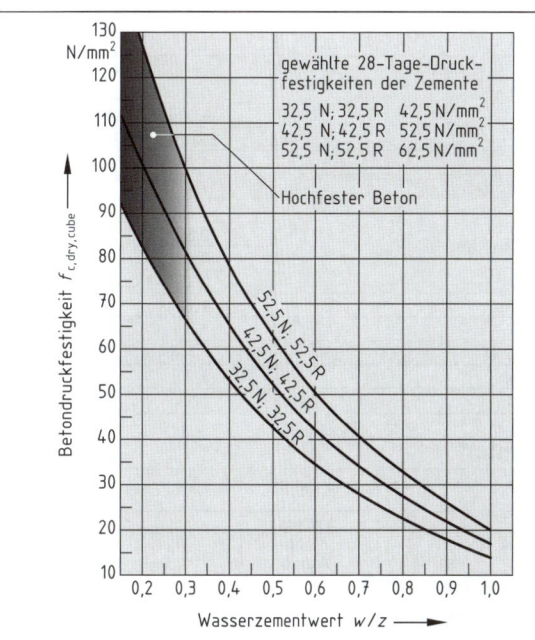

Erläuterungen zum Diagramm:

$f_{c,dry,cube}$: mittlere 28-Tage-Betondruckfestigkeit von 150-mm-Probewürfeln; Lagerung nach DIN EN 12390-2, Nationaler Anhang (1 Tag in Form, 6 Tage in Wasser, 21 Tage an der Luft)

⑤ **Stoffraumberechnung für 1 m³**

Stoffraumgleichung:

$$1000 \text{ dm}^3 = z/\rho_z + w/\rho_w + g/\rho_g + p$$

- z Masse des Zementes in kg
- w Masse des Wassers in kg
- g Masse der Gesteinskörnung in kg
- p Porengehalt in dm³

Grundbildung — Lernfeldaufgaben — Hochbaufacharbeiter

Arbeitsblätter

Baustoffbedarf für den Mauerwerksbau

Steinart	Formate	Wand-dicke cm	je m³ Mauerwerk Steine[1] Stück	Mörtel[2] l	Arbeits-[3] zeit h	je m² Mauerwerk Steine[1] Stück	Mörtel[2] l	Arbeits-[3] zeit h
Vollsteine	DF	11,5	573	241	8,3	66	28	1,0
		24	549	284	7,9	132	68	1,9
		36,5	542	300	7,4	198	105	2,7
Vollsteine	NF	11,5	428	224	7,2	49	26	0,8
		24	411	263	6,8	99	63	1,6
		36,5	407	274	6,5	148	100	2,4
Porenziegel Hochlochziegel Lochziegel	2 DF	11,5	287	162	6,1	33	19	0,7
		24	275	203	5,8	66	50	1,4
		36,5	271	218	5,5	98	80	1,95
	3 DF	17,5	188	160	5,6	33	28	1,0
		24	185	174	5,4	45	44	1,25
Porenziegel Leichtbeton-Hohlblocksteine	12 DF	24	46	110	4,1	12	26	1,0
	16 DF	24	33	85	3,9	8	22	0,9
	20 DF	30	26	87	3,9	8	26	1,1
Kalksand-Planelemente	(48 DF)	17,5	11,4	13	2,3	2	2,2	0,40
	(64 DF)	24	8,3	13	1,9	2	3,0	0,45
Verblendschale	NF	11,5	–	–	–	50	24	1,4

[1] Einschließlich eines Bruchanteils von 3 %
[2] Einschließlich eines Verlustanteiles von 20 %
[3] Werte für Erd- und Kellergeschosse bei Geschosshöhen von ~ 2,75 m

Bei unvermörtelten Stoßfugen bis 40 % geringerer, bei verfüllten Mörteltaschen bis 25 % höherer Mörtelbedarf.

Mauersteine	Kalkulationsvorschlag
240/115/115 (2 DF)	0,43 €/St
240/175/115 (3 DF)	0,60 €/St
240/300/115 (5 DF)	0,79 €/St
Verblender	
240/115/52 (DF)	0,40 €/St
240/115/71 (NF)	0,43 €/St
Mörtelsand	20,00 €/m³

Stoffanteil je 1 m³ (1000 l) Mörtel

Baustoff in kg/l	Schüttdichte in Raumteilen von	Mischungsanteile bei einem Mischungsverhältnis					
Kalkmörtel		1 : 3	1 : 3,5	1 : 4	1 : 3	1 : 3,5	1 : 4
Weißkalkhydrat oder Dolomitkalkhydrat	0,4	160 kg	138 kg	122 kg			
	0,5	200 kg	173 kg	153 kg	400 l	345 l	305 l
	0,6	240 kg	207 kg	183 kg			
0,7		280 kg	241 kg	214 kg			
Mörtelsand	1,3	1560 kg	1575 kg	1585 kg	1200 l	1210 l	1220 l
Hydraulischer Kalkmörtel		1 : 3	1 : 3,5	1 : 4	1 : 3	1 : 3,5	1 : 4
Hydraulische Kalke	0,8	312 kg	272 kg	240 kg			
0,9		351 kg	306 kg	270 kg	390 l	340 l	300 l
1,0		390 kg	340 kg	300 kg			
Mörtelsand	1,3	1520 kg	1545 kg	1560 kg	1170 l	1190 l	1200 l
Kalkzementmörtel		2 : 1 : 8	2 : 1 : 9	2 : 1 : 10	2 : 1 : 8	2 : 1 : 9	2 : 1 : 10
Weißkalk oder Dolomitkalkhydrat	0,4	112 kg	104 kg	96 kg			
	0,5	140 kg	130 kg	120 kg	280 l	260 l	240 l
	0,6	168 kg	156 kg	144 kg			
0,7		196 kg	182 kg	168 kg			
Normzement	1,2	168 kg	156 kg	144 kg	140 l	130 l	120 l
Mörtelsand	1,3	1460 kg	1520 kg	1560 kg	1120 l	1170 l	1200 l
Zementmörtel		1 : 3	1 : 4	1 : 5	1 : 3	1 : 4	1 : 5
Normzement	1,2	477 kg	360 kg	300 kg	390 l	300 l	250 l
Mörtelsand	1,3	1520 kg	1560 kg	1625 kg	1170 l	1200 l	1250 l

Putzarbeiten

Putzart	Bauteil	Dicke cm	je m² Putz Mörtel l	Arbeitszeit h[1]
Spritzbewurf	Wand	–	6	0,10
geriebener Putz	Wand	1,5	17	0,60
	Wand	2,0	22	0,78
Anbringen von Kantenschutzleisten				0,3 h/m
geglätteter Putz	Wand	1,5	17	0,85
	Decke	1,5	22	0,97
Rauputz	Wand	–	11	0,27
	Decke	–	11	0,30

[1] Werte einschließlich Mischen von angeliefertem Fertigmörtel

Baukalke und Zement (25-kg-Sack)	Kalkulationsvorschlag
Weißkalkhydrat (20-kg-Sack)	3,32 €
Hydraulischer Kalk (25-kg-Sack)	3,14 €
CEM I 32,5	2,78 €
CEM I 32,5 R	2,86 €
CEM I 42,5	2,94 €
CEM I 42,5 R	3,02 €
CEM III 32,5	3,28 €

Sand und Kies	Kalkulationsvorschlag
Flusssand 0/4, ungebrochen	10,10 €/t
Flusssand 0/4, gebrochen	10,80 €/t
Estrichsand 0/8	11,20 €/t
Flusskies 4/16, ungebrochen	11,30 €/t
Flusskies 4/16, gebrochen	11,30 €/t
Flusskies 4/32, ungebrochen	11,00 €/t
Flusskies 4/32, gebrochen	11,00 €/t
Flusskies 16/32, ungebrochen	10,80 €/t
Flusskies 16/32, gebrochen	10,80 €/t

Preis ohne Lieferung. Lieferung 38,00 €/t bei ρ = 1,8 t/m³.

Massen und Volumen der Mörtelbaustoffe

Baustoff	Schüttdichte in kg/l	Spezifisches Volumen in kg	Inhalt je Sack in kg	l
Weißkalkhydrat oder Dolomitkalkhydrat	0,4	2,5	20	25
	0,5	2,0	20	40
	0,6	1,7	20	34
	0,7	1,4	20	29
Hydraulische Kalke	0,8	1,3	25	32
	0,9	1,1	25	28
	1,0	1,0	25	25
Normzement	1,2	0,8	25	21
Stuck- und Putzgips	0,9	1,1	20	22
Mörtelsand (3 % Feuchtigkeit)	1,3	0,8	–	–

Stundenverrechnungssatz für einen Spezialbaufacharbeiter (Maurer) Berufsgruppe III	
Basislohn = 100 %	12,60 €
Stundenverrechnungssatz einschl. MwSt	40,65 €

| Grundbildung | Lernfeldaufgaben | Hochbaufacharbeiter |

Mauern eines einschaligen Baukörpers — 1101 … 1114

Ferienhaus am Mühlenweg

1100

Familie Willbouwen lässt sich in ruhiger Lage am Mühlenweg ein eingeschossiges, nicht unterkellertes Ferienhaus mit Satteldach bauen.

Fundamente und bewehrte Bodenplatte (Oberkante 12 cm über Gelände) sind fertiggestellt.

Nun sind die einschaligen Wände aus künstlichen Mauersteinen herzustellen. Anschließend werden sie beidseitig verputzt.

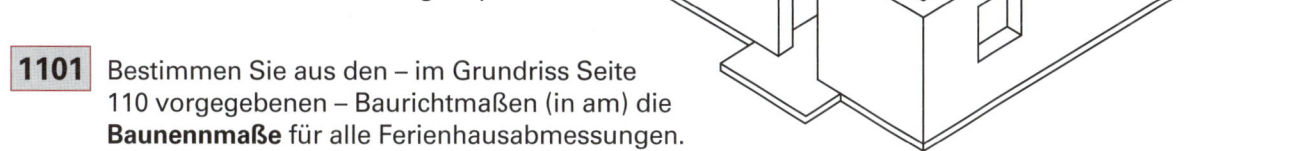

1101 Bestimmen Sie aus den – im Grundriss Seite 110 vorgegebenen – Baurichtmaßen (in am) die **Baunennmaße** für alle Ferienhausabmessungen.

1102 Ein **Grundriss** ist im Maßstab 1:50 zu zeichnen und mit den Nennmaßen (in m, cm) zu bemaßen.

1103 Der Statiker fordert für Außen- und Innenwände Mauersteine mit einer Druckfestigkeit von mindestens 8 N/mm². Lieferbar sind Vorzugsformate verschiedener Steinarten. Treffen Sie eine **Steinauswahl** für Außen- und Innenwände!

1104 Ermitteln Sie den **Steinbedarf** für Außen- und Innenwände. Fenster- und Türöffnungen werden mit Fertigteilflachstürzen (Höhe 11,3 cm, Auflagertiefe 11,5 cm), das große Wohnraumfenster mit einem Stahlbetonsturz (Höhe 36,5 cm, Auflagertiefe 25 cm) überbrückt.

1105 Ermitteln Sie den **Mörtelbedarf** für das gesamte Mauerwerk.

1106 Welche **Mörtelgruppe** wählen Sie? Der **Baustoffbedarf** für die **Mörtelherstellung** ist zu ermitteln.

1107 Welche **Messgeräte, Werkzeuge** und **Maschinen** sind zum Erstellen des Mauerwerks erforderlich und wozu werden sie verwendet?

1108 Das Mauerwerk wird ca. 2,50 m hoch. Wie soll das notwendige **Gerüst** aussehen?

1109 Wie werden die **Abdichtungen** der Wände **gegen** aufsteigende **Bodenfeuchtigkeit** ausgeführt?

1110 Wie werden die Steine der **Außenwände** fachgerecht im **Verband** vermauert? Zeichnen Sie zwei Schichten in der Draufsicht.

1111 Welche Verbandsregeln gelten für **Wandenden** und **Wandecken** des **36,5 cm dicken Mauerwerks**? Zwei Schichten in der Draufsicht sollen das veranschaulichen.

1112 In welchem **Verband** wird das **24 cm dicke Mauerwerk** erstellt?

1113 Zeichnen Sie in der Draufsicht (in Fensterhöhe geschnitten) zwei Schichten des **Mauerwerk-Details** zwischen Badfenster, Badtür und Hauseingangstür.

1114 In welchem **Verband** wird das **11,5 cm dicke Mauerwerk** erstellt?

Lösungen ab Seite 296

Grundbildung | Lernfeldaufgaben | Hochbaufacharbeiter

Mauern eines einschaligen Baukörpers — 1101 ... 1114

1100

Grundriss Ferienhaus – Grundriss M 1:50 – m, cm (verkleinerte Darstellung) – ○ Maße in **am**

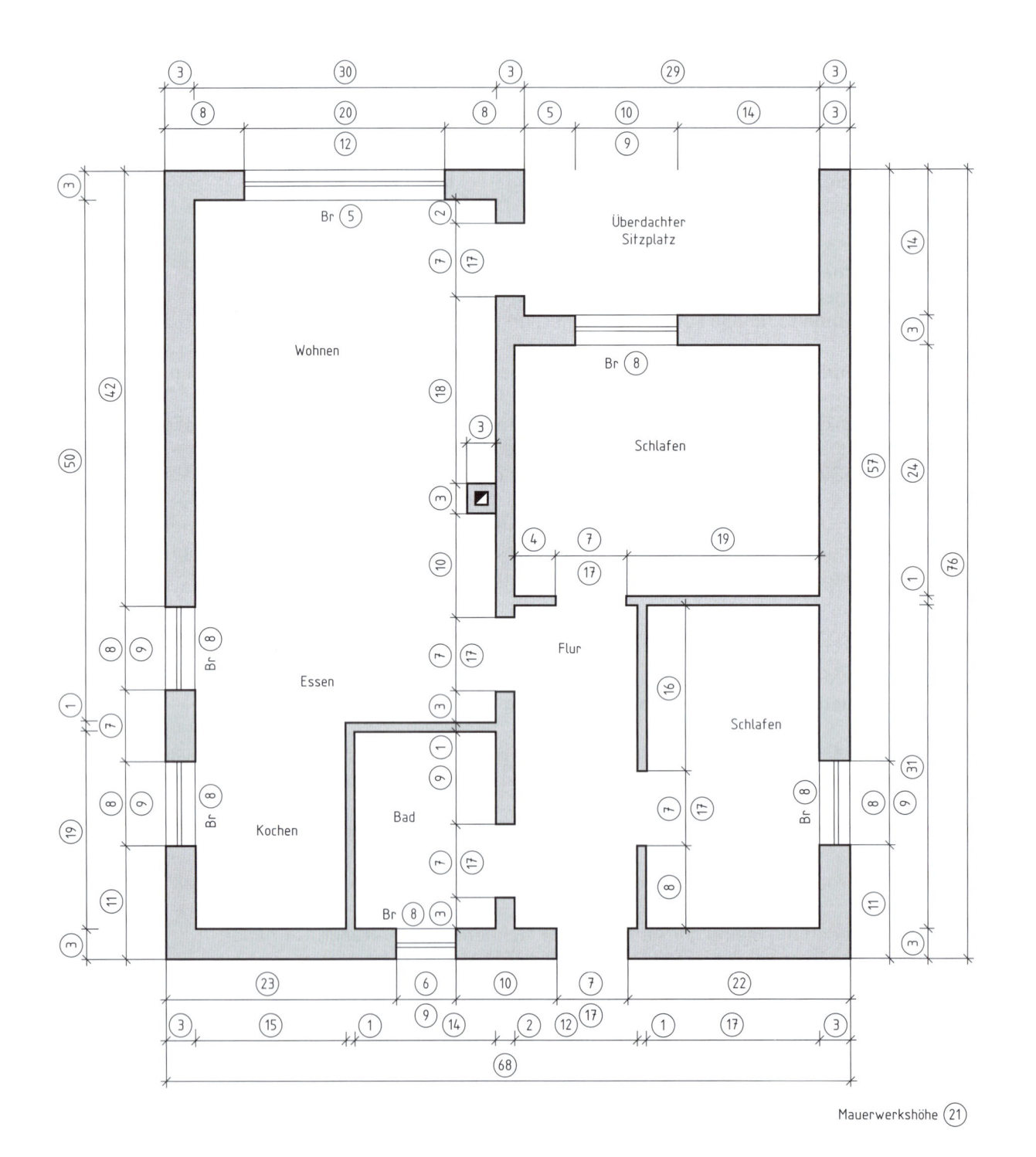

Mauerwerkshöhe (21)

Lösungen ab Seite 296

Grundbildung — Lernfeldaufgaben — Hochbaufacharbeiter

Herstellen eines Stahlbetonbauteils — 1115 ... 1125

Ferienhaus am Mühlenweg

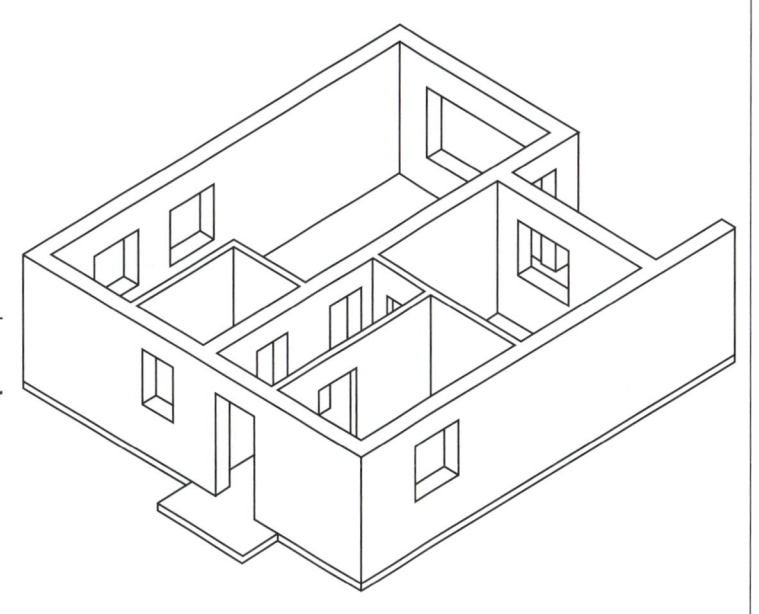

1100

Familie Willbouwen lässt sich in ruhiger Lage am Mühlenweg ein eingeschossiges, nicht unterkellertes Ferienhaus mit Satteldach bauen.

Fundamente und bewehrte Bodenplatte (Oberkante 12 cm über Gelände) sind fertiggestellt.

Der Sturz über dem großen Wohnraumfenster ist als Stahlbetonbalken auszuführen.

Die Vorgaben des Planers sind:

Balkenhöhe: 36,5 cm
Balken außen mit 5 cm dicker Dämmschicht
Auflagertiefe: 25 cm
Beton C20/25
Betonstahl BSt 500S (neu: B500A):
  4 gerade Stahleinlagen ⌀ 12 mm mit Winkelhaken als Zugbewehrung
  2 gerade Stahleinlagen ⌀ 10 mm als Montagebewehrung
  Bügel ⌀ 8 mm im Abstand von 20 cm als Schubbewehrung
Betondeckung c_{nom} = 2,5 cm

1115 Welche **Abmessungen** hat der Stahlbetonbalken?

1116 Die **Schnittlängen** der einzelnen Stahl-Positionen und die **Anzahl der Bügel** sind zu berechnen.

1117 Fertigen Sie die **Bewehrungszeichnung** – mit Längs- und Querschnitt, Stahlauszug und allen notwendigen Maßen und Informationen – an!

1118 Erstellen Sie die **Stahlliste** für den Bewehrungskorb und ermitteln Sie das Gesamtgewicht des Stahls.

1119 Erarbeiten Sie einen **Arbeitsablauf** für die **Herstellung** des **Bewehrungskorbes.**

1120 Stellen Sie eine **Balkenschalung** im Schnitt dar und benennen Sie die einzelnen Teile.

1121 In einer unmaßstäblichen **Schalungszeichnung** sollen alle für die Herstellung der Balkenschalung notwendigen Informationen dargestellt werden.

1122 Zur Ermittlung des Materialbedarfs ist die **Holzliste** zu erstellen.

1123 Berechnen Sie die nötige **Betonmenge** und die dafür erforderlichen **Baustoffmengen**. Auf der Baustelle verarbeitet wird C25/30 (Beton nach Zusammensetzung), für den pro m³ Festbeton 347 kg Zement CEM 32,5, 140 kg Wasser und 1763 kg Gesteinskörnung 0/16 (grob- bis mittelkörnig) benötigt werden.

1124 Ein 250-l-Mischer steht zur Betonherstellung zur Verfügung.
Wie viele **Mischungen** sind für den Balken-Beton notwendig,
wie viel **Zement, Gesteinskörnung** und **Wasser** müssen jeder **Mischerfüllung** zugegeben werden?

1125 Was ist beim **Herstellen, Einbringen** und **Nachbehandeln** des Betons zu beachten?

1126 ... 1129 keine Aufgaben

Lösungen ab Seite 300

Grundbildung — Lernfeldaufgaben — Hochbaufacharbeiter

Herstellen eines Stahlbetonbauteils — 1130 … 1138

Wohnhaus im Ostviertel

1130

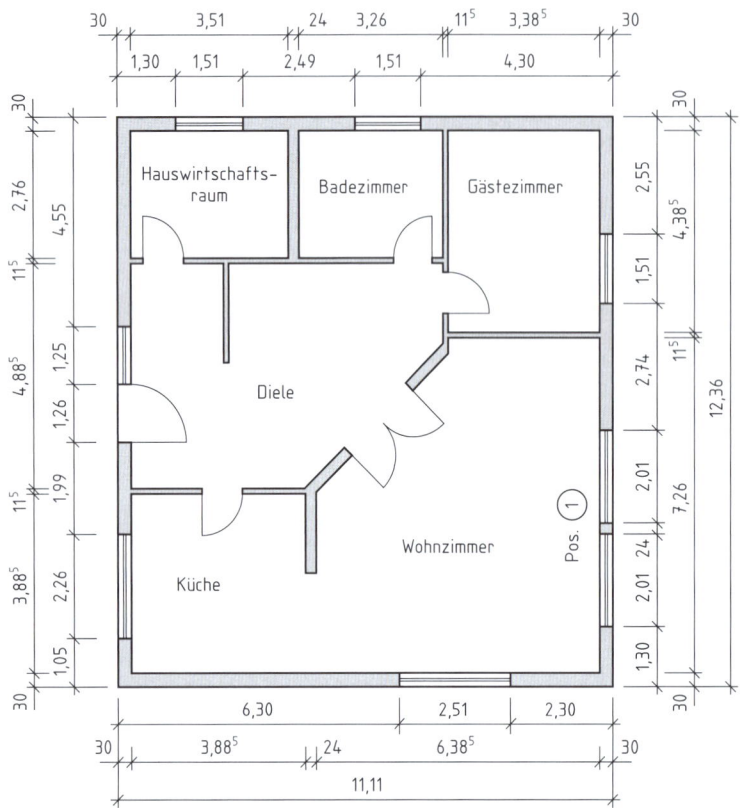

Das Bauunternehmen Rohe ist beauftragt mit dem Bau eines Einfamilienhauses und plant die Beton- und Stahlbetonbauarbeiten.

Der Sturz über den nebeneinanderliegenden Wohnzimmerfenstern (Pos. 1) ist als Stahlbeton-Durchlaufträger auszuführen.

Vorgaben des Tragwerksplaners:
  Abmessungen: Breite 30 cm, Höhe 36,5 cm
  Auflagertiefe: 25 cm
  Beton C20/25
  Betonstahl B500A:
    Montagebewehrung 2 Ø 10,
    gerade Stabenden
    Untere Zugbewehrung 4 Ø 25,
    Winkelhaken 17 cm
    Obere Zugbewehrung 4 Ø 28, l = 2,10 m,
    gerade Stabenden
    Schubbewehrung Bügel Ø 8,
    Winkelhaken 8 cm
    … Endauflagerbereich 60 cm:
      s = 10 cm
    … Mittelauflagerbereich 160 cm:
      s = 10 cm
    … sonstige Bereiche:
      s = 20 cm
  Betondeckung c_{nom} = 3,5 cm

1131 Ermitteln Sie die Abmessungen von Pos.1 Stahlbetonbalken!

1132 Ermitteln Sie Anzahl und Abmessungen der Bodenplatten bzw. Seitenplatten der Schalung sowie die benötigte Anzahl der Schalungsbretter 2,4 cm/10 cm!

1133 Berechnen Sie die erforderliche Betonmenge und die Baustoffmengen für Gesteinskörnung, Zement und Wasser für einen Beton C20/25 nach Zusammensetzung. Pro m³ Festbeton werden 340 kg Zement CEM 42,5 R, 194 kg Wasser und 1832 kg Gesteinskörnung 0/16 benötigt.

1134 Ermitteln Sie die Schnittlängen der Stahl-Positionen!

1135 Ermitteln Sie die Anzahl der Bügel für die Endauflagerbereiche, den Mittelauflagerbereich sowie die Feldbereiche des Stahlbetonbalkens!

1136 Fertigen Sie den Stahlauszug an!

1137 Fertigen Sie die Bewehrungszeichnung an!

1138 Erstellen Sie eine Stahlliste und ermitteln Sie das Gesamtgewicht des Stahls!

| Grundbildung | Lernfeldaufgaben | Hochbaufacharbeiter |

Herstellen einer Holzdachkonstruktion 1139 ... 1143

1139
Welche Holzdachkonstruktionen sind dargestellt?

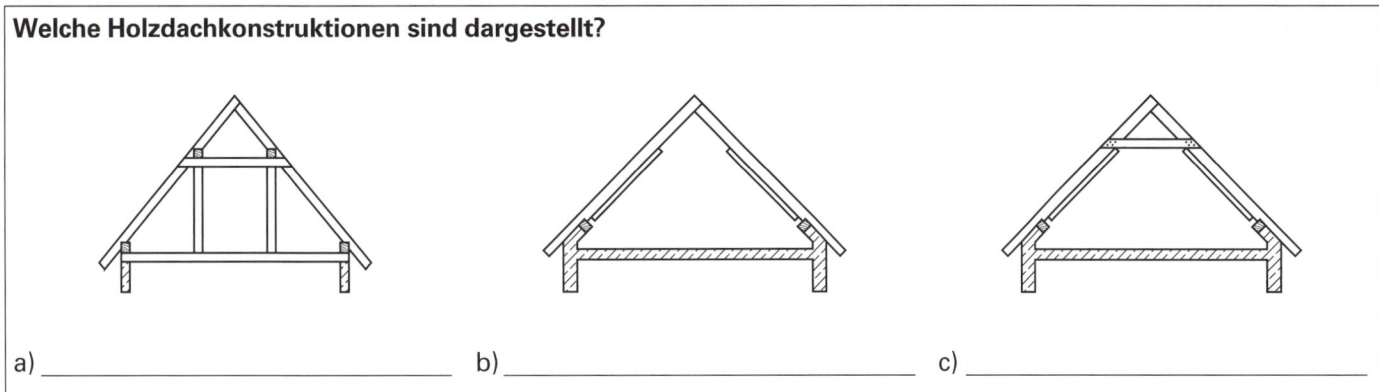

a) _____ b) _____ c) _____

1140
Benennen Sie die Teile der Pfettendachkonstruktion!

a) _____
b) _____
c) _____
d) _____
e) _____
f) _____

1141
Benennen Sie die Teile der Sparrendachkonstruktion!

a) _____
b) _____
c) _____
d) _____

1142
Welche Aussage trifft für Pfettendächer zu?

① Das Sparrenpaar wird durch Kehlbalken ausgesteift
② Der Dachraum wird in der Nutzung nicht eingeschränkt
③ Geringer Holzverbrauch gegenüber Sparrendächern
④ Beliebiger Gebäudegrundriss
⑤ Die Dachneigung muss mehr als 35° betragen

1143
Welche Aussage trifft für Sparrendächer zu?

① Beliebige Dachneigung
② Beliebiger Gebäudegrundriss
③ Freie Sparrenlänge maximal 4,50 m
④ Pfosten unterstützen die Sparrenpaare
⑤ Kehlbalken sind generell anzuordnen

Lösungen ab Seite 304

| Grundbildung | Lernfeldaufgaben | Hochbaufacharbeiter |

Herstellen einer Holzdachkonstruktion   1144 ... 1152

1144
Welchem Konstruktionsprinzip unterliegen alle Holzdachkonstruktionen?

① Träger auf zwei Stützen
② Dreigelenkbinder
③ Verschiebliches Viereck
④ Unverschiebliches Dreieck
⑤ Zweiachsig gespannte Deckenplatte

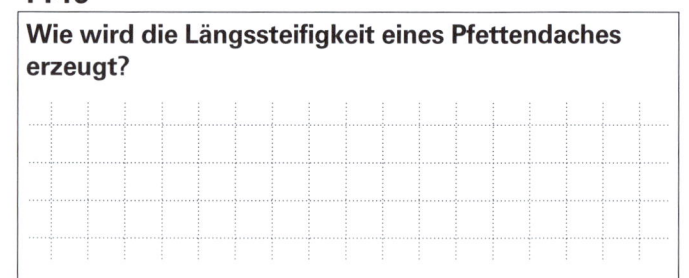

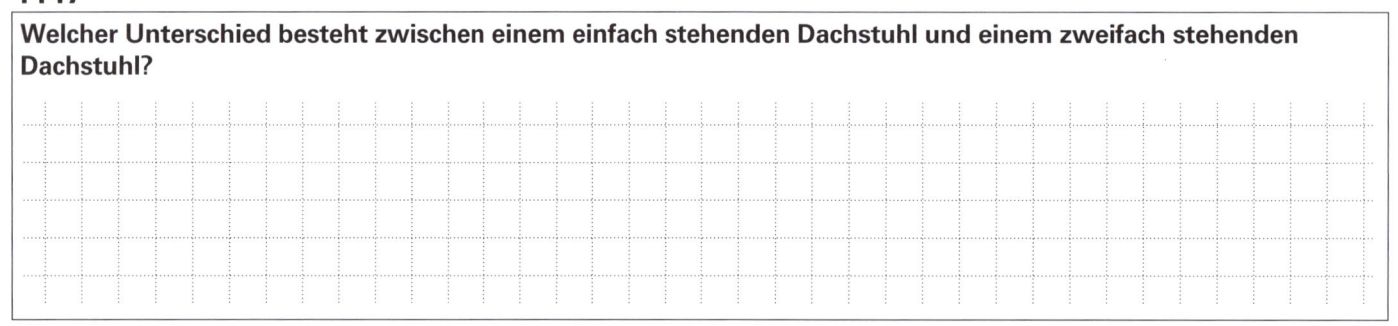

1145
Wie wird die Längssteifigkeit eines Sparrendaches erzeugt?

1146
Wie wird die Längssteifigkeit eines Pfettendaches erzeugt?

1147
Welcher Unterschied besteht zwischen einem einfach stehenden Dachstuhl und einem zweifach stehenden Dachstuhl?

1148
Worauf werden die Sparrenpaare im Sparrendach beansprucht?

① auf Druck   ② auf Zug   ③ auf Zug und Biegung   ④ auf Schub   ⑤ sie sind unbeansprucht

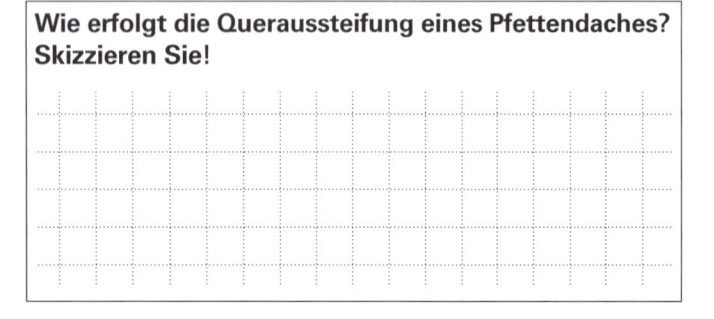

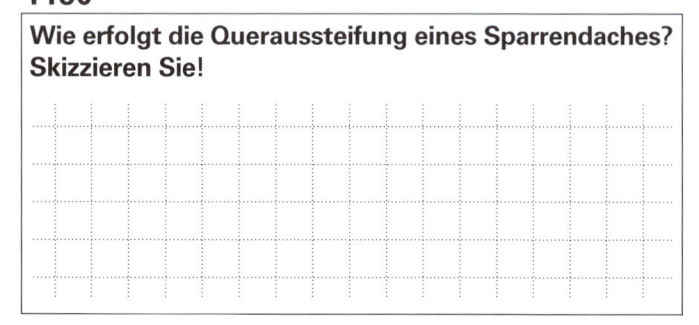

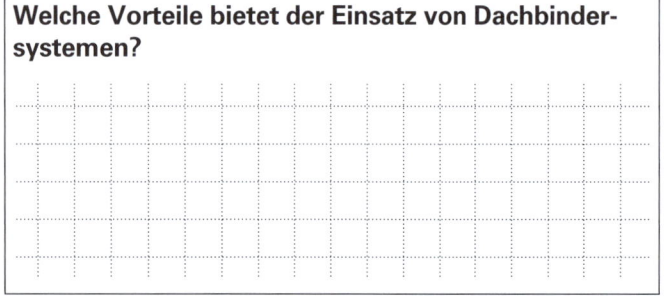

1149
Wie erfolgt die Queraussteifung eines Pfettendaches? Skizzieren Sie!

1150
Wie erfolgt die Queraussteifung eines Sparrendaches? Skizzieren Sie!

1151
Welche Vorteile bietet der Einsatz von Dachbindersystemen?

1152
Warum müssen alle Holzteile einer Holzdachkonstruktion mit Holzschutz imprägniert sein?

| Grundbildung | Lernfeldaufgaben | Hochbaufacharbeiter |

Herstellen einer Holzdachkonstruktion 1153 ... 1159

1153
Welche Eigenschaften sollte Holz, das für Dachkonstruktionen verwendet wird, möglichst haben?
① astfrei ② trocken ③ weich ④ sehr leicht ⑤ sehr hart

1154
Welche Holzarten eignen sich für die Verwendung von Holzdachkonstruktionen?

1155
Warum sollen Pfosten möglichst quadratische Abmessungen haben?

1156
Warum haben Sparren rechteckige Querschnitte?

1157
Was bedeutet die Kennzeichnung S10?

1158
Welcher Unterschied besteht zwischen einer ingenieurmäßigen Holzverbindung und einer zimmermannsmäßigen Holzverbindung?

1159
Welche Vorteile besitzen ingenieurmäßige Holzverbindungen?

Lösungen ab Seite 305

Grundbildung — Lernfeldaufgaben — Hochbaufacharbeiter

Herstellen einer Holzdachkonstruktion — 1160 ... 1165

1160
Welche Richtung haben die Kräfte im Pfettendach unter den Pfetten?

① senkrecht ④ senkrecht und waagerecht
② waagerecht ⑤ keine
③ diagonal

1161
Welche Richtung haben die Kräfte am Traufpunkt beim Sparrendach?

① senkrecht ④ senkrecht und waagerecht
② waagerecht ⑤ keine
③ diagonal

1162
Warum ist bei geringer Dachneigung ein Sparrendach statisch meist ungünstiger?

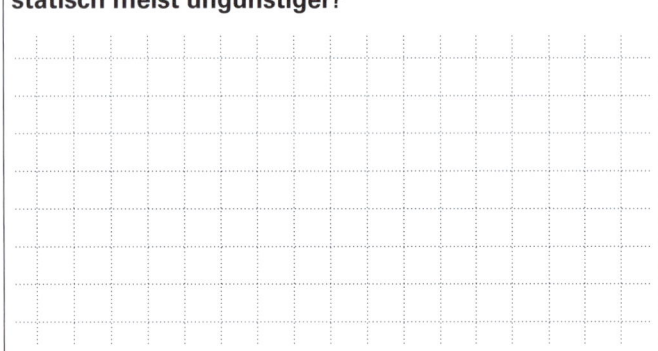

1163
In die Abbildung des Sparrendaches sind die Richtungen folgender Kräfte einzuzeichnen:

a) Schneelasten
b) Auflagerkräfte
c) Horizontalkräfte

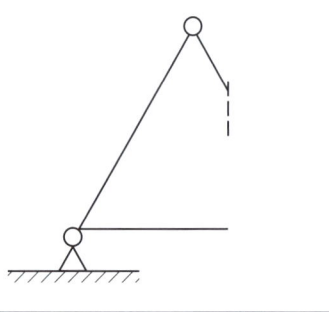

1164
Zeichnerisch ist die Horizontalkraft (in kN) und die Vertikalkraft (in kN) am Fußpunkt eines Sparrendaches zu ermitteln!
(Kräftemaßstab: 5 kN = 1 cm)

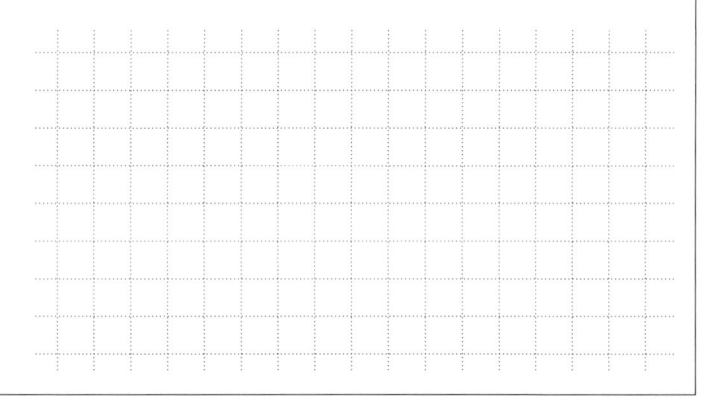

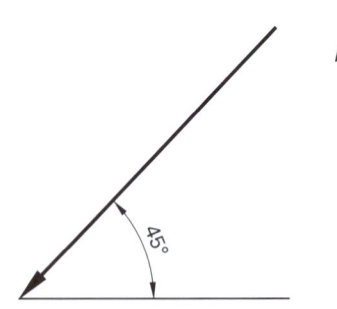

$F = 25$ kN, 45°

1165
Welchen Druck üben die Streben auf den Pfosten eines Pfettendachstuhls aus? Die Streben haben jeweils eine Neigung von 45° und $F_1 = F_2 = 27$ kN.
(Kräftemaßstab: 10 kN = 1 cm)

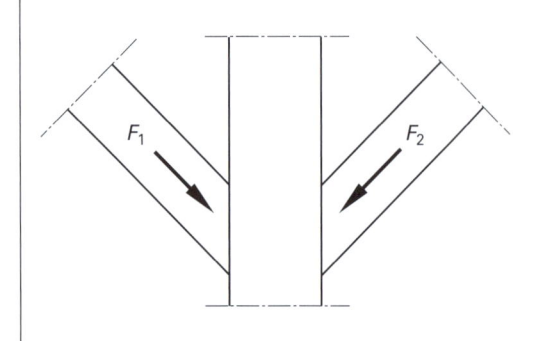

Grundbildung — Lernfeldaufgaben — Hochbaufacharbeiter

Herstellen einer Holzdachkonstruktion   1166 … 1170

1166
Was ist eine Flächenlast?

① Eine Last in kN/m², die z. B. für Decken ermittelt wird.
② Eine Last in kN/m, die z. B. für Balken ermittelt wird.
③ Eine Last in kN, die punktförmig ein Auflager belastet.
④ Eine Last in kN/m³, die sich z. B. für einen Stahlträger ergibt.
⑤ Es gibt keine Flächenlasten

1167
Dargestellt ist der Fußpunkt eines Pfettendaches.
Die Teile a bis f sind zu benennen!

a) _____
b) _____
c) _____
d) _____
e) _____
f) _____

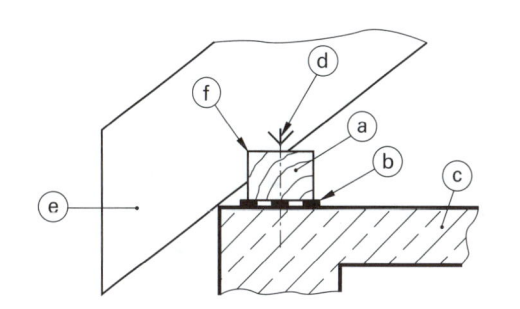

1168
Der Firstpunkt eines Pfettendaches ist im Maßstab 1 : 10 – cm zu zeichnen!

Firstpfette aus Vollholz 12/16
Sparren 8/16
Dachneigung 40°
Firstzange 2 × 3/10
Pfosten 12/12

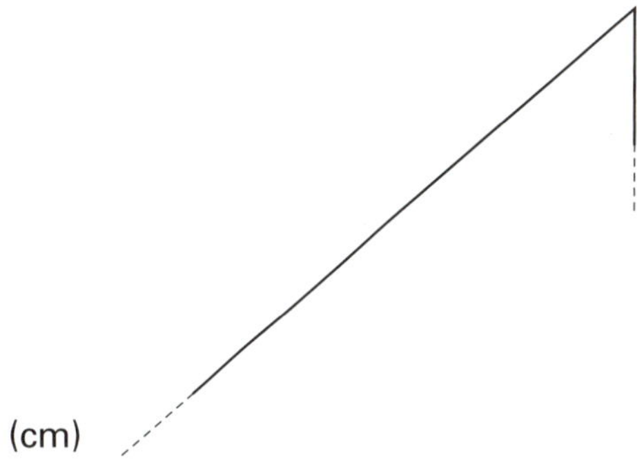

(cm)

1169
Zu skizzieren ist ein dreieckförmiger Fachwerkbinder mit Benennung der Teile!

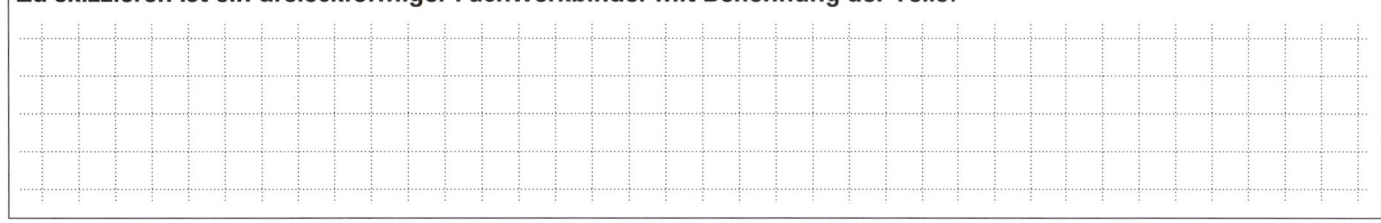

1170
Für ein Sparrendach werden 22 Sparren (10 cm/16 cm) mit einer Länge von je 7,45 m benötigt. Wie viel m³ Holz sind für das Dach zu bestellen?

Lösungen ab Seite 305

Grundbildung | Lernfeldaufgaben | Hochbaufacharbeiter

Herstellen einer Holzdachkonstruktion — 1171 ... 1173

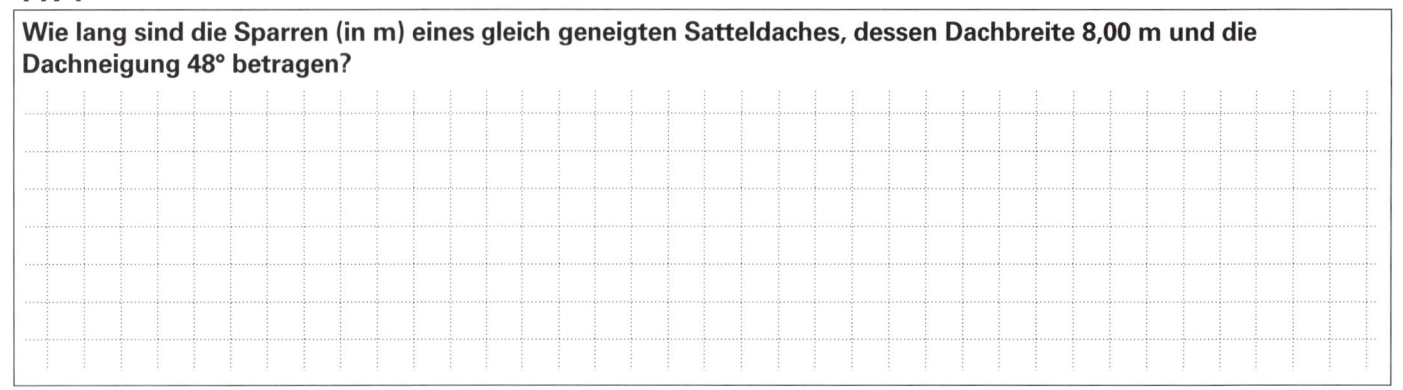

1171
Wie lang sind die Sparren (in m) eines gleich geneigten Satteldaches, dessen Dachbreite 8,00 m und die Dachneigung 48° betragen?

1172
Die Traufe eines Daches ist 12,50 m lang. Der Abstand der Sparren (äußere Kante) zum Dachrand beträgt beidseitig 35 cm. Welchen lichten Abstand haben die 12 Sparren (12 cm/16 cm) einer Dachseite?

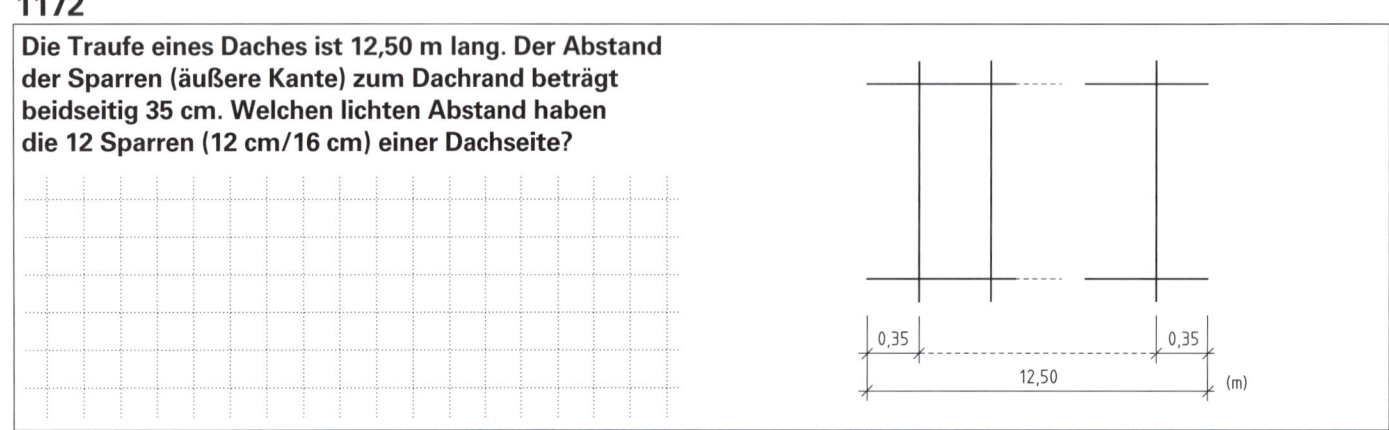

1173
Die nachstehende Holzliste ist zu vervollständigen:

Pos.-Nr.	Benennung [cm x cm]	An-zahl	Einzel-länge [m]	Gesamt-länge [m]	Gesamtlänge nach Querschnitt [m]					Volumen [m³]
					12/10	12/12	12/16	8/16	3/10	
1	Fußpfette (12/10)	2	12,50							
2	Firstpfette (12/16)	1	12,50							
3	Sparren (8/16)	24	7,45							
4	Firstzangen (2 x 3/10)		0,75							
5	Pfosten (12/12)	3	2,60							
									Gesamtvolumen:	

Lösungen ab Seite 306

| Grundbildung | Lernfeldaufgaben | Hochbaufacharbeiter |

Bekleidung und Beschichten eines Bauteiles — 1174 … 1179

1174

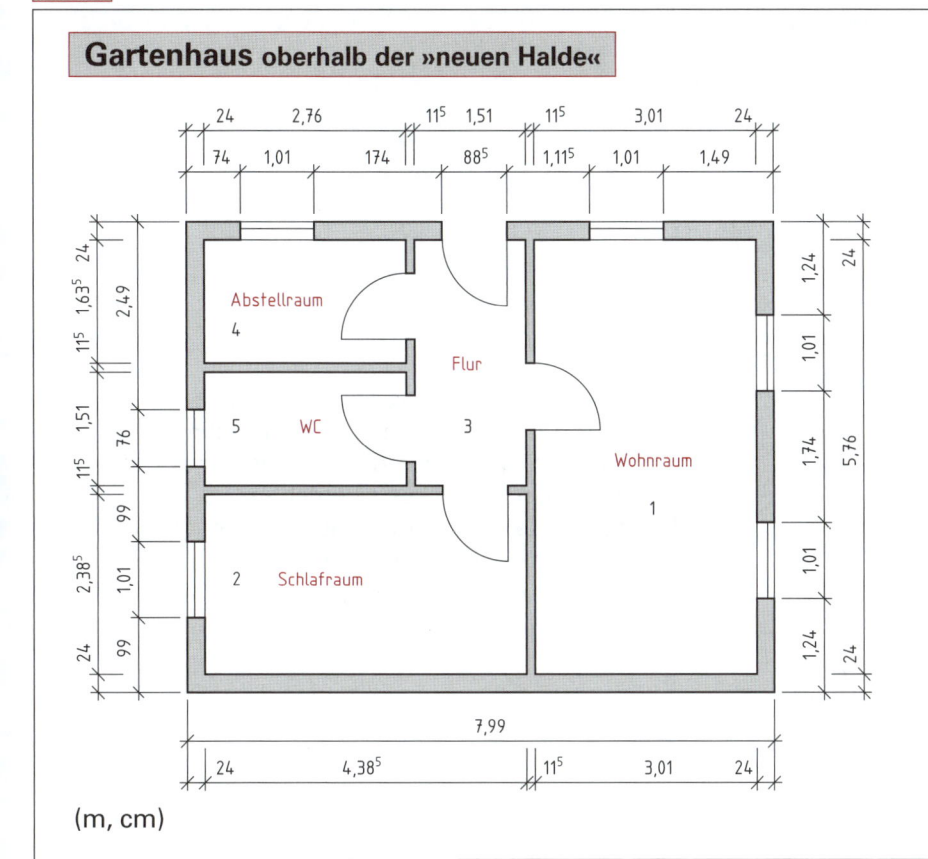

Gartenhaus oberhalb der »neuen Halde«

(m, cm)

Das WC (Raum 5) des Gartenhauses soll mit Fliesen plattiert werden. Schlagen Sie unter Berücksichtigung der Eigenschaften vor, ob der Raum mit Steinzeugfliesen, Steingutfliesen oder mit Spaltplatten plattiert werden soll.

Detail Raum 5

Tragen Sie alle benötigten Maße an.

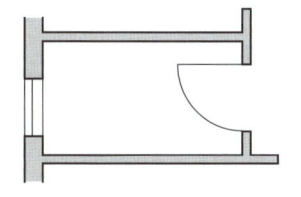

1175

Erklären Sie die Anforderungen, die an den Belagsuntergrund (Wände) gestellt werden (die Sie auf der Baustelle prüfen müssen!) und welche Maßnahmen Sie gegebenenfalls ergreifen.

1176

Warum haftet die Fliese mit dem Mörtel an der Wand? Erklären Sie die Ursachen unter Verwendung der Begriffe Adhäsion und Kohäsion.

1177

Berechnen Sie den Materialbedarf an Fliesen 15 cm × 15 cm und Verlegemörtel für das WC:

1. Die Wände werden 1,48 m hoch über den fertigen Fußboden (OKFF) plattiert und erhalten keinen Sockel. Die Mörteldicke beträgt 2 cm. Der Fliesenverschnitt beträgt 5 %. Das Fenster (76/63⁵) liegt über dem plattierten Bereich. Die Türmaße sind 88⁵/2,26.

2. Der Boden übernimmt das Fugennetz vom Wandbelag. Aussparungen z.B. für das WC werden übermessen. Die Mörteldicke soll 4 cm betragen. Der Fliesenverschnitt beträgt ebenfalls 5 %.

1178

Schreiben Sie die Einteilungsregeln für das Plattieren von Wänden und Stützen mit Fliesen ohne Dekor auf.

1179

Zeichnen Sie mit Hilfe der Harmonischen Teilung die Ansichten aller Wände im Maßstab 1:10 – m, cm. Das Fliesenformat beträgt 15 cm × 15 cm und die Fugenbreite 3 mm. Die Plattierung beginnt 5 cm über dem Rohfußboden.

Lösungen ab Seite 307

| Grundbildung | Lernfeldaufgaben | Hochbaufacharbeiter |

Bekleidung und Beschichten eines Bauteiles — 1180 ... 1185

1180

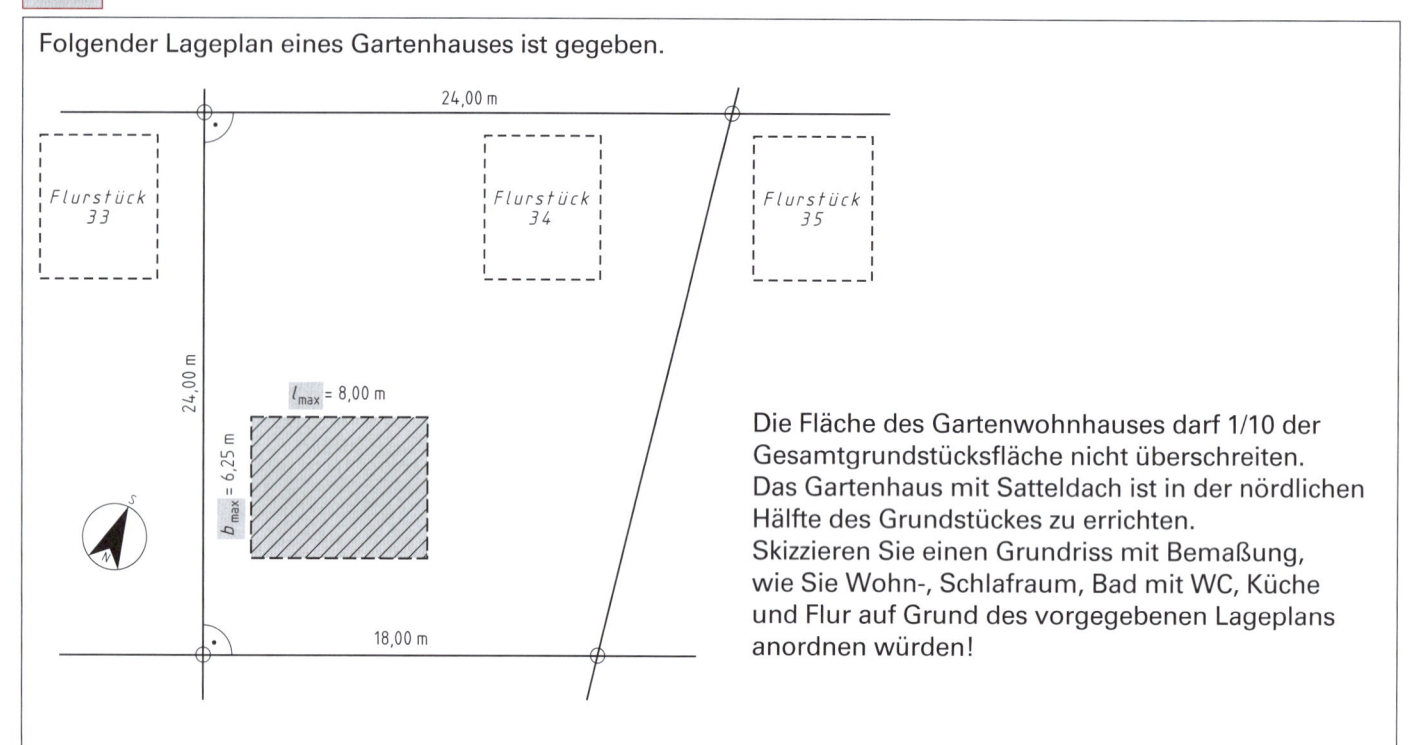

Folgender Lageplan eines Gartenhauses ist gegeben.

Die Fläche des Gartenwohnhauses darf 1/10 der Gesamtgrundstücksfläche nicht überschreiten.
Das Gartenhaus mit Satteldach ist in der nördlichen Hälfte des Grundstückes zu errichten.
Skizzieren Sie einen Grundriss mit Bemaßung, wie Sie Wohn-, Schlafraum, Bad mit WC, Küche und Flur auf Grund des vorgegebenen Lageplans anordnen würden!

1181

Schlagen Sie verschiedene Außenwandbekleidungen für das Gartenhaus vor!

1182

a) Treffen Sie eine Materialauswahl für die gesamten Außenwände!
b) Wovon ist die Materialauswahl für Außenwände abhängig? Begründen Sie Ihre Auswahl!
c) Zeichnen Sie den Schnitt durch die Außenwand im Maßstab 1:10 – cm. Beachten Sie dabei, dass das Gartenhaus auf einer Stahlbetonplatte von 18 cm Dicke errichtet wird.

1183

Begründen Sie, warum Sie sich für einen belüfteten oder unbelüfteten Außenwandaufbau entschieden haben! Welche Fehlerquellen können bei dem ausgewählten Aufbau auftreten und wie können diese vermieden werden? Gehen Sie auf die Vor- bzw. Nachteile belüfteter und unbelüfteter Wände ein!

1184

Da die Außenwände gedämmt werden sollen, müssen Sie sich für einen Wärmedämmstoff entscheiden.
a) Welchen Anforderungen muss der Wärmedämmstoff genügen?
b) Worauf haben Sie beim Einbau in eine Außenwand insbesondere zu achten?
c) Für welches Wärmedämmmaterial würden Sie sich entscheiden?

1185

Nennen Sie die Faktoren, von denen der Wärmedurchgang durch einen Baustoff abhängig ist!

| Grundbildung | Lernfeldaufgaben | Hochbaufacharbeiter |

Bekleidung und Beschichten eines Bauteiles — 1186 ... 1192

1186

In den nachfolgenden Schnitten sind verschieden gedämmte Außenwände dargestellt.
Kreuzen Sie die Schnittdarstellung an, die Ihrer Meinung nach am besten für das Gartenwohnhaus geeignet ist!

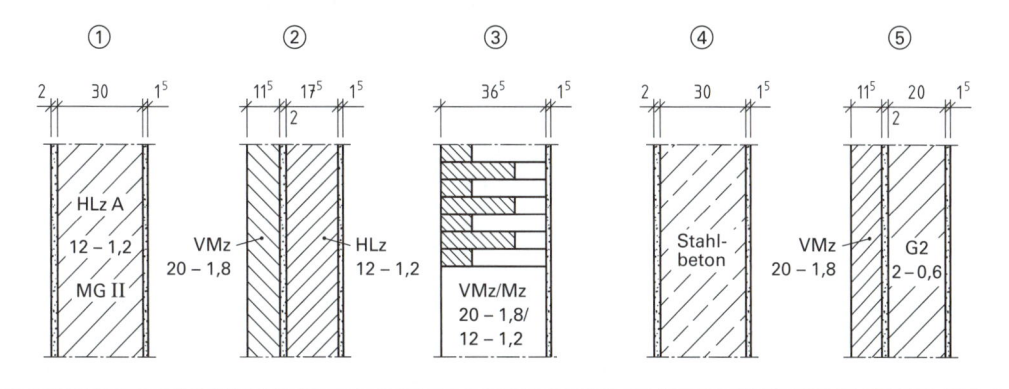

① 2 | 30 | 1,5 — HLz A 12 – 1,2 MG II
② 11,5 | 17,5 | 1,5 — VMz 20 – 1,8 / HLz 12 – 1,2
③ 36,5 | 1,5 — VMz/Mz 20 – 1,8 / 12 – 1,2
④ 2 | 30 | 1,5 — Stahlbeton
⑤ 11,5 | 20 | 1,5 — VMz 20 – 1,8 / G2 2 – 0,6

1187

Welchen Baustoff schlagen Sie für die Innenwände vor?
① Kalksand-Lochstein
② Buntsandstein
③ Vormauerziegel
④ Klinkermauerziegel
⑤ Gipskartonplatten

1188

Skizzieren Sie den Schnitt (Innenwand auf Stahlbetonplatte), nachdem Sie sich sich für einen Baustoff entschieden haben! Bemaßen Sie diese Schnittdarstellung!

1189

Welche Baustoffe eignen sich als Abdichtungen gegen aufsteigende Feuchtigkeit?

1190

Schlagen Sie Fußbodenaufbauten für den Wohnbereich und für das Bad/WC des Gartenhauses vor! Beachten Sie die unterschiedliche Nutzung der Räume! Zeichnen Sie die Schnitte der Fußbodenaufbauten!

1191

Beschreiben Sie, welche Anforderungen ein Wärmedämmstoff für Fußböden erfüllen muss!

1192

Zeichnen Sie alle Ansichten des von Ihnen geplanten Gartenhauses!
Eine Traufhöhe von 3,00 m darf nicht überschritten werden. Die Firsthöhe kann maximal 4,50 m betragen, eine Firstrichtung ist nicht vorgegeben. (Fenster für Bad und Küche: 0,885 m / 1,135 m, Fenster für Wohn- und Schlafraum: 1,01 m / 1,135 m und Eingangstür: 1,01 m / 2,01 m berücksichtigen!) Der freie seitliche Dachüberstand beträgt 0,20 m und der waagerechte Dachüberstand beträgt 0,30 m. Bemaßen Sie Ihre Ansichten!

Lösungen ab Seite 312

Grundbildung — Lernfeldaufgaben — Hochbaufacharbeiter

Bekleidung und Beschichten eines Bauteiles — 1193 … 1197

1193
Der Bauherr hat sich für ein Kalksandsteinmauerwerk mit Außendämmung und zwei Lagen Oberputz entschieden (24 cm Kalksandsteinmauerwerk 3DF), 8 cm Wärmedämmung, 3,5 cm Außenputz, bestehend aus 2 cm Unterputz PII und 1,5 cm Oberputz PI). Der Sockel des Gartenhauses soll mit 30 cm Mosaikputz versehen werden. Berechnen Sie anhand Ihrer Zeichnung die Außenwandflächen!

1194
Berechnen Sie auf Grund der Materialauswahl den Materialbedarf für die Außenwände (siehe Vorgaben in Aufgabe 1174)! Beachten Sie, dass nach VOB Öffnungen > 2,5 m² abgezogen werden müssen.

1195
Erklären Sie folgenden Begriff:

Wasserdampfdiffusion ist
① die Wanderung von Wasserteilchen durch poröse Bauteile
② die Wanderung von Wasserdampfteilchen durch poröse Bauteile
③ die Wanderung von Wasserdampfteilchen durch dichte Bauteile
④ eine dichte Schicht im Bauteil
⑤ eine mechanische Reaktion

1196
Erklären Sie folgenden Begriff:

Die Dampfsperre
① ist eine dichte Schicht im Bauteil, die das Eindringen von Wasserdampf in die Wärmedämmschicht verhindert.
② ist eine Schicht im Bauteil, die örtlich entstehenden Dampfdruck ausgleicht und gleichmäßig verteilt.
③ ist eine dichte Schicht im Bauteil, die vor aufsteigender Feuchtigkeit schützt.
④ ist eine Sperrschicht, die vor Außenwasser schützt.
⑤ wird nur für Wände im Bad benötigt.

1197
Welche arbeitsschutztechnischen Sachverhalte sind bei der Ausführung von Dämmarbeiten zu beachten?

1198 … 2000 keine Aufgaben

Lösungen ab Seite 314

Prüfungsvorbereitung aktuell

HOCHBAU

PRÜFUNGSVORBEREITUNG AKTUELL
- ✓ gebundene Aufgaben
- ✓ ungebundene Aufgaben
- ✓ Lernfeldaufgaben
- ✓ Projektaufgaben
- ✓ Handlungsorientierte Aufgaben

Zwischenprüfung – Fachstufe I

Berufliche Fachbildung Zwischenprüfung – Fachstufe I	Hochbaufacharbeiter/in Fachbildung im Schwerpunkt Maurerarbeiten	Hochbaufacharbeiter/in Fachbildung im Schwerpunkt Beton- und Stahlbetonarbeiten
	❑ Mauern einer einschaligen Wand ❑ Mauern einer zweischaligen Wand ❑ Herstellen einer Massivdecke ❑ Putzen einer Wand ❑ Herstellen einer Wand in Trockenbauweise ❑ Herstellen von Estrich	❑ Herstellen einer Stahlbetonstütze ❑ Herstellen einer Kelleraußenwand ❑ Mauern einer einschaligen Wand (wie Schwerpunkt Maurerarbeiten) ❑ Herstellen einer geraden Treppe ❑ Herstellen einer Massivdecke (wie Schwerpunkt Maurerarbeiten)

Information zur Prüfung

	Seite
Organisation und Ablauf der Zwischenprüfung	124
Beispiel zur praktischen Prüfung	127

Aufgaben

		Seite
Maurerarbeiten	2101 ... 2199	129
Beton- und Stahlbetonbauarbeiten	2201 ... 2280	145
Handlungsorientierte Aufgaben	2301 ... 2302	163
Putz- und Estricharbeiten	2401 ... 2416	166

Zwischenprüfung – Fachstufe I
Hochbaufacharbeiter
Organisation und Ablauf der Prüfung
Maurerarbeiten

1. **Organisation und Ablauf der Abschlussprüfung für Hochbaufacharbeiter (Maurerarbeiten)**

   1.1 **Zwischenprüfung**

   Voraussetzungen für die Zulassung zur Abschlussprüfung für Baufacharbeiter (im Schwerpunkt Maurerarbeiten) sind die absolvierte Zwischenprüfung und das regelmäßig geführte Ausbildungsnachweisheft. In der Zwischenprüfung soll der Prüfling eine **praktische Aufgabe** innerhalb von höchstens **6 Stunden** ausführen. Dabei soll der Prüfling zeigen, dass er die Arbeitsschritte planen, Baustoffe und Werkzeuge festlegen, den Gesundheits- und Arbeitsschutz beachten und die Ausführung der praktischen Aufgabe mündlich oder schriftlich begründen kann. Für die praktische Aufgabe können folgende Bereiche geprüft werden:
   - Herstellen von Wandputz (einlagig)
   - Herstellen eines im Querschnitt rechteckigen Bewehrungskorbes
   - Herstellen eines Mauerwerkskörpers bis 24 cm Wandstärke mit rechtwinklig einbindender Wand
   - Herstellen einer Brettschalung für ein rechteckiges Stahlbetonteil (Fundament oder Stütze) mit Abstützung.
   Zu Beginn einer Brettschalung muss der Prüfling eine **Planungsaufgabe** lösen **(30 Minuten)**.

   <u>Planungsaufgabe (Beispiel):</u>
   Zu der Planungsaufgabe erhält der Prüfling eine Arbeitsvorlage in der Vorderansicht und in der Draufsicht: Verwendetes Steinformat: NF, K: Kopfzahl, die Höhe des Mauerwerks beträgt 91,7 cm.

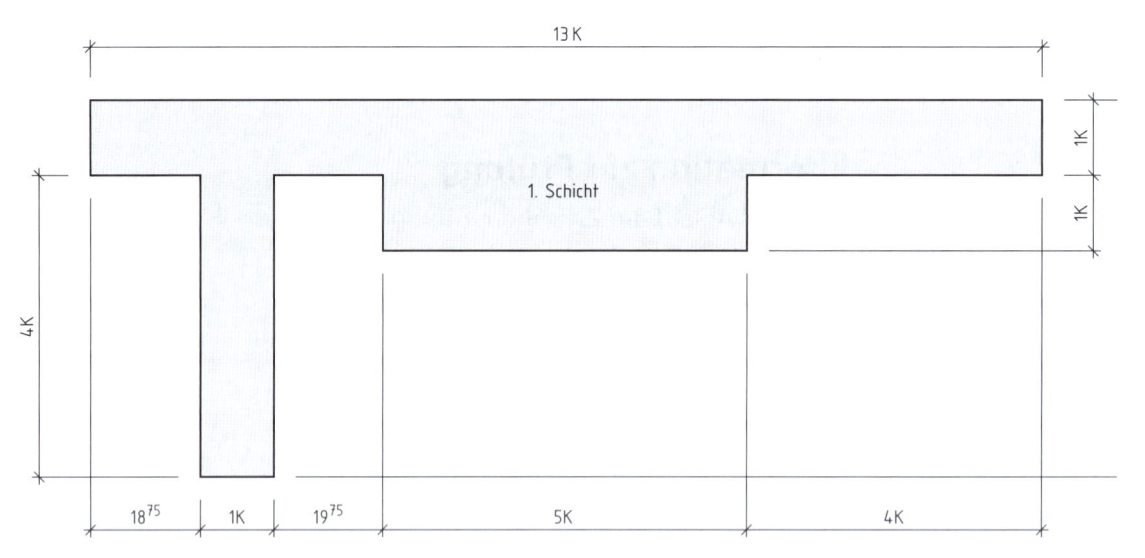

   <u>Aufgaben zur Planungsaufgabe:</u>
   1. Ermitteln Sie die Nennmaße und tragen Sie diese in die Skizze unter die Kopfzahlen ein.
   2. Skizzieren Sie in die Skizze die Verbandslösung ein.
   3. Kennzeichnen Sie durch einen Punkt die Lotstellen, bei denen Sie die Lotrechtigkeit des Mauerwerks prüfen.
   4. Erläutern Sie das Anlegen der 1. Mauerschicht.
      – Untergrund säubern, Flucht festlegen, Mauermaße eintragen usw.

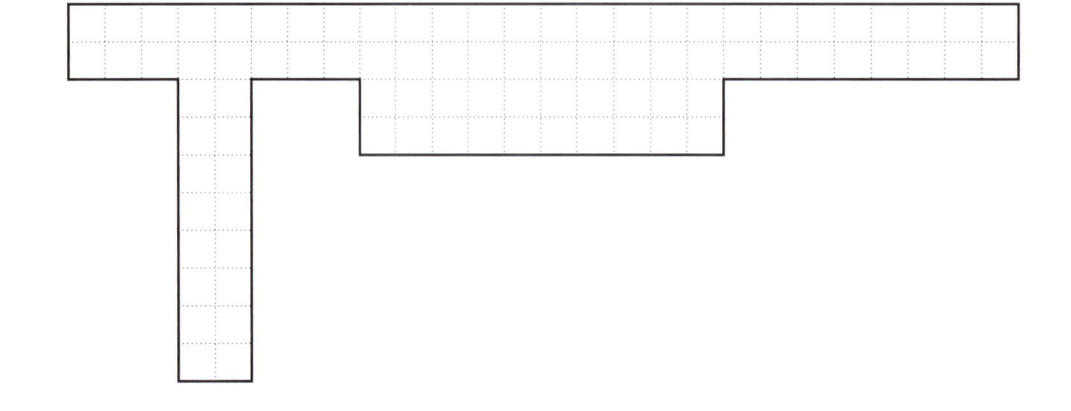

Zwischenprüfung – Fachstufe I | Hochbaufacharbeiter

Organisation und Ablauf der Prüfung | Maurerarbeiten

Praktische Aufgabe:
Mauern Sie das skizzierte Mauerwerksteil vollfugig im Blockverband mit NF-Mauersteinen 11 Schichten hoch.

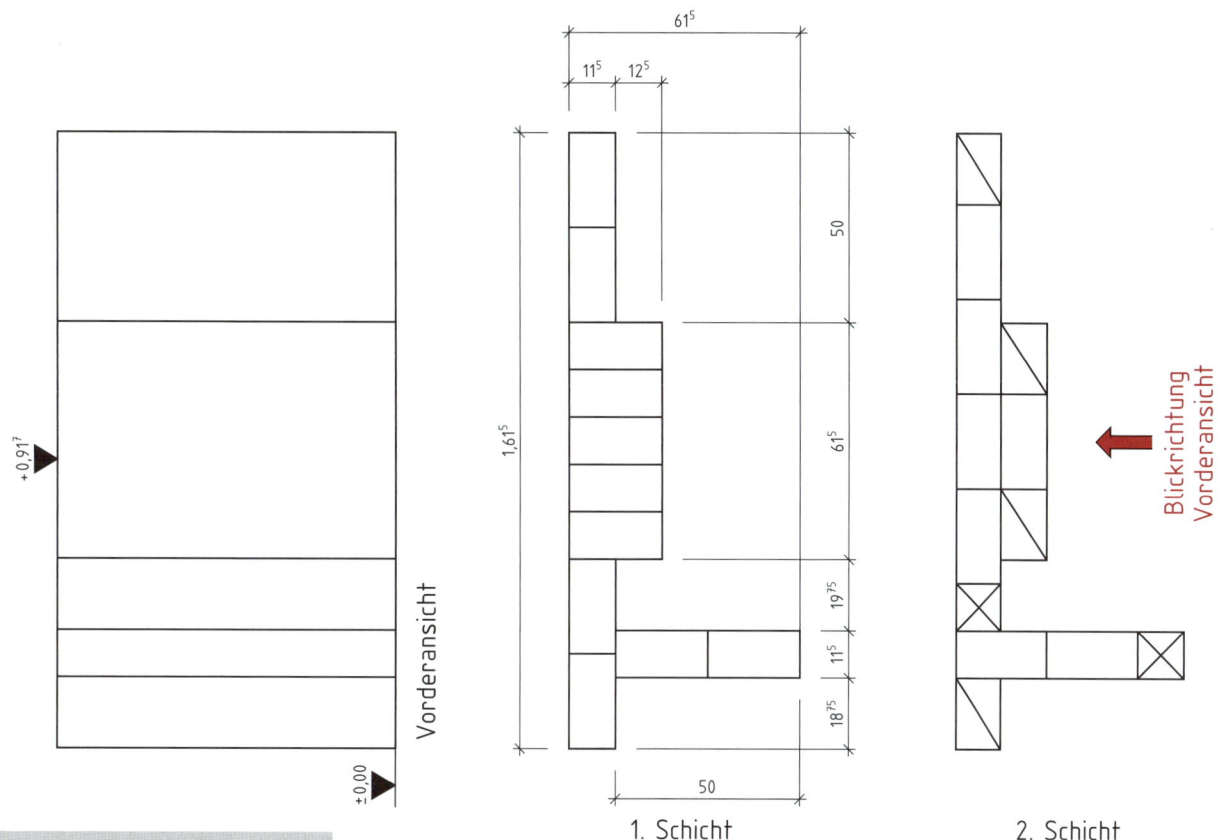

1.2 Abschlussprüfung

Die **Abschlussprüfung** besteht aus einem **schriftlichen** (höchstens 4 Stunden) und **praktischen Teil** (höchstens 8 Stunden).

<u>Schriftlicher Teil:</u>
In der schriftlichen Abschlussprüfung werden **3 Prüfungsbereiche** geprüft:

1. **Prüfungsbereich <u>Maurerarbeiten</u> (höchstens 100 Minuten, Gewichtung 40%)**
   <u>Inhalte der Prüfung:</u>
   – Mauermörtel, Verbandsarten für Mauerwerke, Mauerwerk für verschiedene Mauerkörper
   – Einfassungen, Verblendmauerwerk, Ausführungen und Schächte, Öffnungen und Überdeckungen

2. **Prüfungsbereich <u>Bauwerke im Hochbau</u> (höchstens 100 Minuten, Gewichtung 40%)**
   <u>Inhalte der Prüfung:</u>
   – Baustoffe, Bauhilfsstoffe, Fertigteile, Gerüste, Schalungen, Bewehrungen, Beton- und Stahlbetonbauteile
   – Baukörper aus Steinen, Abgasanlagen und Schornsteine, Bauphysik und Brandschutz, Holzbauteile
   – Baugruben und Gräben, Verbau und offene Wasserhaltung, Pflasterdecken und Plattenbeläge
   – Putz, Estrich, Ver- und Entsorgungsleitungen

3. **Prüfungsbereich <u>Wirtschafts- und Sozialkunde</u> (höchstens 40 Minuten, Gewichtung 20%)**
   <u>Inhalte der Prüfung:</u>
   – Lehrstoff aus dem Berufsschulunterricht (1. und 2. Ausbildungsjahr)

Die Prüfungsbereiche <u>Maurerarbeiten</u> und <u>Bauwerke im Hochbau</u> sind jeweils praxisbezogene Projekte mit ungebundenen und gebundenen Aufgaben. Diese Aufgaben haben technologische, mathematische und zeichnerische Inhalte. Weiterhin werden Fragen zum Arbeits- und Gesundheitsschutz, Umweltschutz und zur Qualitätssicherung gestellt. Im Prüfungsbereich <u>Wirtschafts- und Sozialkunde</u> werden überwiegend gebundene Fragen gestellt. Die Abschlussprüfung ist bestanden, wenn jeweils in der praktischen und schriftlichen Prüfung mindestens ausreichende Leistungen erbracht wurden. Im schriftlichen Teil der Prüfung müssen mindestens zwei Prüfungsbereiche mit ausreichenden Ergebnissen vorliegen. Dabei darf aber kein Prüfungsbereich mit ungenügenden Leistungen vorliegen.

Zwischenprüfung – Fachstufe I | Hochbaufacharbeiter

Organisation und Ablauf der Prüfung | Maurerarbeiten

Praktischer Teil:
Im praktischen Teil soll der Prüfling folgende Aufgaben erfüllen können:
- Herstellen von Mauerwerk aus klein- oder mittelformatigen Steinen in unterschiedlichen Verbandsarten
- Herstellen von Mauerwerk mit Nische oder Öffnung und Überdeckung oder Herstellen von Verblendmauerwerk

Beispiel für eine praktische Aufgabe:
Mauern Sie den abgebildeten Mauerwerkskörper im holländischen Verband mit NF-Mauersteinen. Das Mauerwerk soll einen Fugenglattstrich erhalten. Die Prüfungszeit beträgt höchstens 8 Stunden. Zu Beginn der Prüfung löst der Prüfling schriftliche Aufgaben zum praktischen Teil (Angaben zur **Arbeitsplanung**, Zeit: 30 Minuten). Die unten vermerkten Bewertungsstellen sind Kriterien für die Bewertung des Prüfungsstücks durch den Prüfungsausschuss.

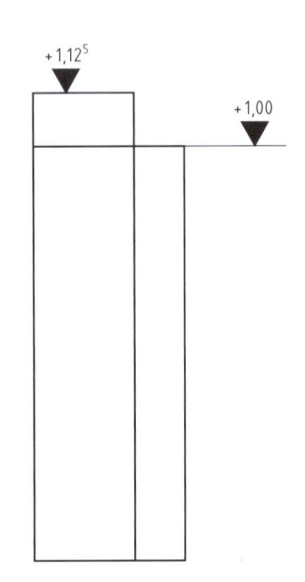

Ansicht von rechts

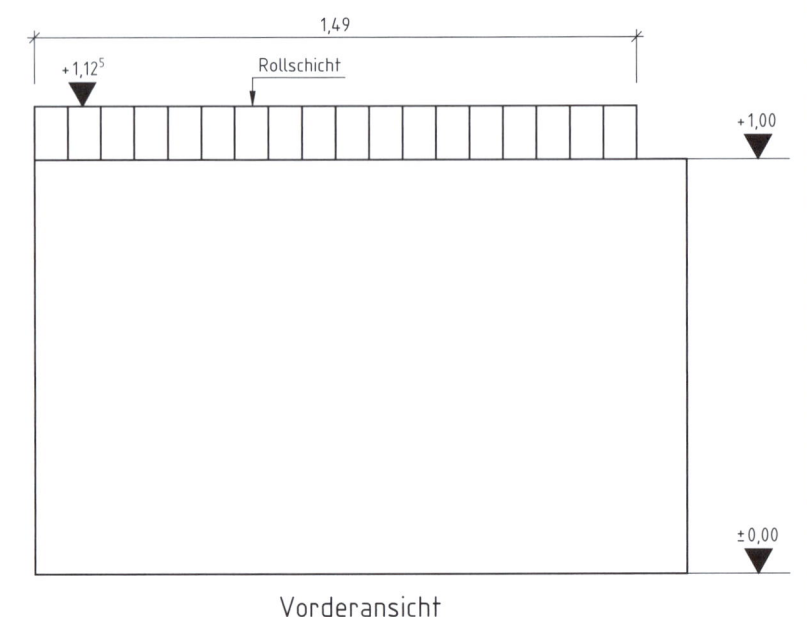

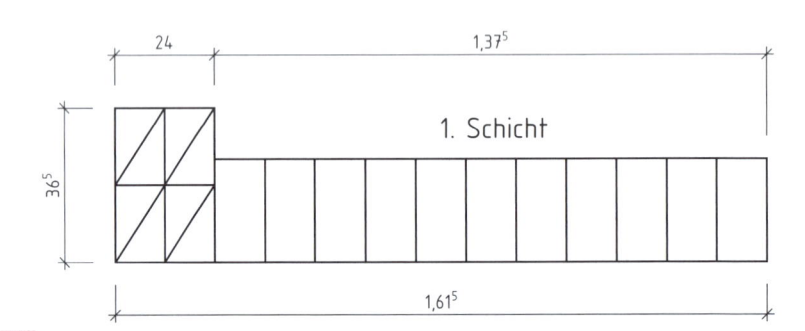

Vorderansicht

1. Schicht

2. Schicht

Bewertungsstellen für das Prüfungsstück
1. Arbeitsplanung
2. Arbeitstechnik
3. Arbeits- und Gesundheitsschutz
4. Maßhaltigkeit, Lotrechtigkeit
5. Waagerechtigkeit, Flucht, Winkel
6. Ausführung der Rollschicht
7. Fugenbild, Fugeneinteilung
8. Herstellung der Verfugung
9. Vollständigkeit des Mauerwerks
10. Gesamteindruck, Umweltschutz

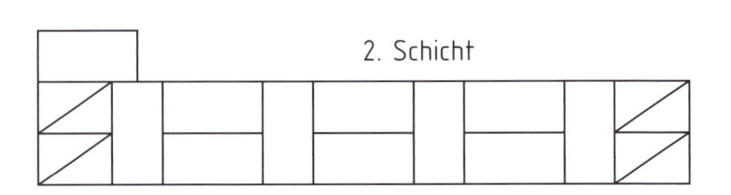

Zwischenprüfung – Fachstufe I — Hochbaufacharbeiter

Organisation und Ablauf der Prüfung — Beton- und Stahlbetonarbeiten

2. Organisation und Ablauf der Abschlussprüfung für Hochbaufacharbeiter (Beton- und Stahlbetonarbeiten)

2.1 Zwischenprüfung

Voraussetzungen für die Zulassung zur Abschlussprüfung für Baufacharbeiter (Schwerpunkt Beton- und Stahlbetonarbeiten) sind die absolvierte Zwischenprüfung und das regelmäßig geführte Ausbildungsnachweisheft. In der Zwischenprüfung soll der Prüfling eine **praktische Aufgabe** innerhalb von höchstens **6 Stunden** ausführen. Dabei soll der Prüfling zeigen, dass er die Arbeitsschritte planen, Baustoffe und Werkzeuge festlegen, den Gesundheits- und Arbeitsschutz beachten und die Ausführung der praktischen Aufgabe mündlich oder schriftlich begründen kann.
Für die praktische Aufgabe können folgende Bereiche geprüft werden:
– Herstellen von Wandputz (einlagig)
– Herstellen eines im Querschnitt rechteckigen Bewehrungskorbes
– Herstellen eines Mauerwerkskörpers bis 24 cm Wandstärke mit rechtwinklig einbindender Wand
– Herstellen einer Brettschalung für ein rechteckiges Stahlbetonteil (Fundament oder Stütze) mit Abstützung.
Zu Beginn der praktischen Prüfung muss der Prüfling eine **Planungsaufgabe** lösen **(30 Minuten)**.

2.2 Abschlussprüfung

Die **Abschlussprüfung** besteht aus einem **schriftlichen** (höchstens 4 Stunden) und **praktischen Teil** (höchstens 8 Stunden).
<u>Schriftlicher Teil:</u>
In der schriftlichen Abschlussprüfung werden **3 Prüfungsbereiche** geprüft:
1. Prüfungsbereich <u>Beton- und Stahlbetonarbeiten</u> (höchstens 100 Minuten, Gewichtung 40%)
   Inhalte der Prüfung:
   – Herstellen von Beton, Betonfestigkeitsklassen, Verarbeiten, Nachbehandeln und Prüfen von Beton, Geräte und Maschinen zur Betonverarbeitung, Schalungen für Stützen, Wände, Decken und gerade Treppen mit Anschlüssen, Bewehrungen und Einbauteile, Konstruktionsarten für gerade Treppen und Teilmontagedecken
2. Prüfungsbereich <u>Bauwerke im Hochbau</u> (höchstens 100 Minuten, Gewichtung 40%)
   Inhalte der Prüfung:
   – Baustoffe, Bauhilfsstoffe, Fertigteile, Gerüste, Schalungen, Bewehrungen, Beton- und Stahlbetonbauteile
   – Baukörper aus Steinen, Abgasanlagen und Schornsteine, Bauphysik und Brandschutz, Holzbauteile
   – Baugruben und Gräben, Verbau und offene Wasserhaltung, Pflasterdecken und Plattenbeläge
   – Putz, Estrich, Ver- und Entsorgungsleitungen
3. Prüfungsbereich <u>Wirtschafts- und Sozialkunde</u> (höchstens 40 Minuten, Gewichtung 20%)
   Inhalte der Prüfung:
   – Lehrstoff aus dem Berufsschulunterricht (1. und 2. Ausbildungsjahr)

Die Prüfungsbereiche <u>Beton- und Stahlbetonarbeiten</u> und <u>Bauwerke im Hochbau</u> sind jeweils praxisbezogene Projekte mit ungebundenen und gebundenen Aufgaben. Diese Aufgaben haben technologische, mathematische und zeichnerische Inhalte. Weiterhin werden Fragen zum Arbeits- und Gesundheitsschutz, Umweltschutz und zur Qualitätssicherung gestellt. Im Prüfungsbereich <u>Wirtschafts- und Sozialkunde</u> werden überwiegend gebundene Fragen gestellt. Die Abschlussprüfung ist bestanden, wenn jeweils in der praktischen und schriftlichen Prüfung mindestens ausreichende Leistungen erbracht wurden. Im schriftlichen Teil der Prüfung müssen mindestens zwei Prüfungsbereiche mit ausreichenden Ergebnissen vorliegen. Dabei darf aber kein Prüfungsbereich mit ungenügenden Leistungen vorliegen.

<u>Praktischer Teil:</u>
Im praktischen Teil soll der Prüfling folgende Aufgabe erfüllen können:
– Herstellen einer Schalung für eine rechteckige Ortbetonstütze mit Balkenanschluss und Bewehrung
– Einschalen eines geraden Treppenlaufs mit Podestanschluss oder Herstellen einer Schalung für ein Stahlbetonfertigteil mit Bewehrung
<u>Beispiel für eine praktische Aufgabe:</u>
Für das dargestellte Stahlbetonfertigteil ist die Schalung herzustellen. Danach ist der Bewehrungskorb anzufertigen (die Betonstähle sind abzulängen, zu biegen und zu einem Bewehrungskorb zu flechten) und in die Schalung einzubauen.

Zwischenprüfung – Fachstufe I | Hochbaufacharbeiter

Organisation und Ablauf der Prüfung | Beton- und Stahlbetonarbeiten

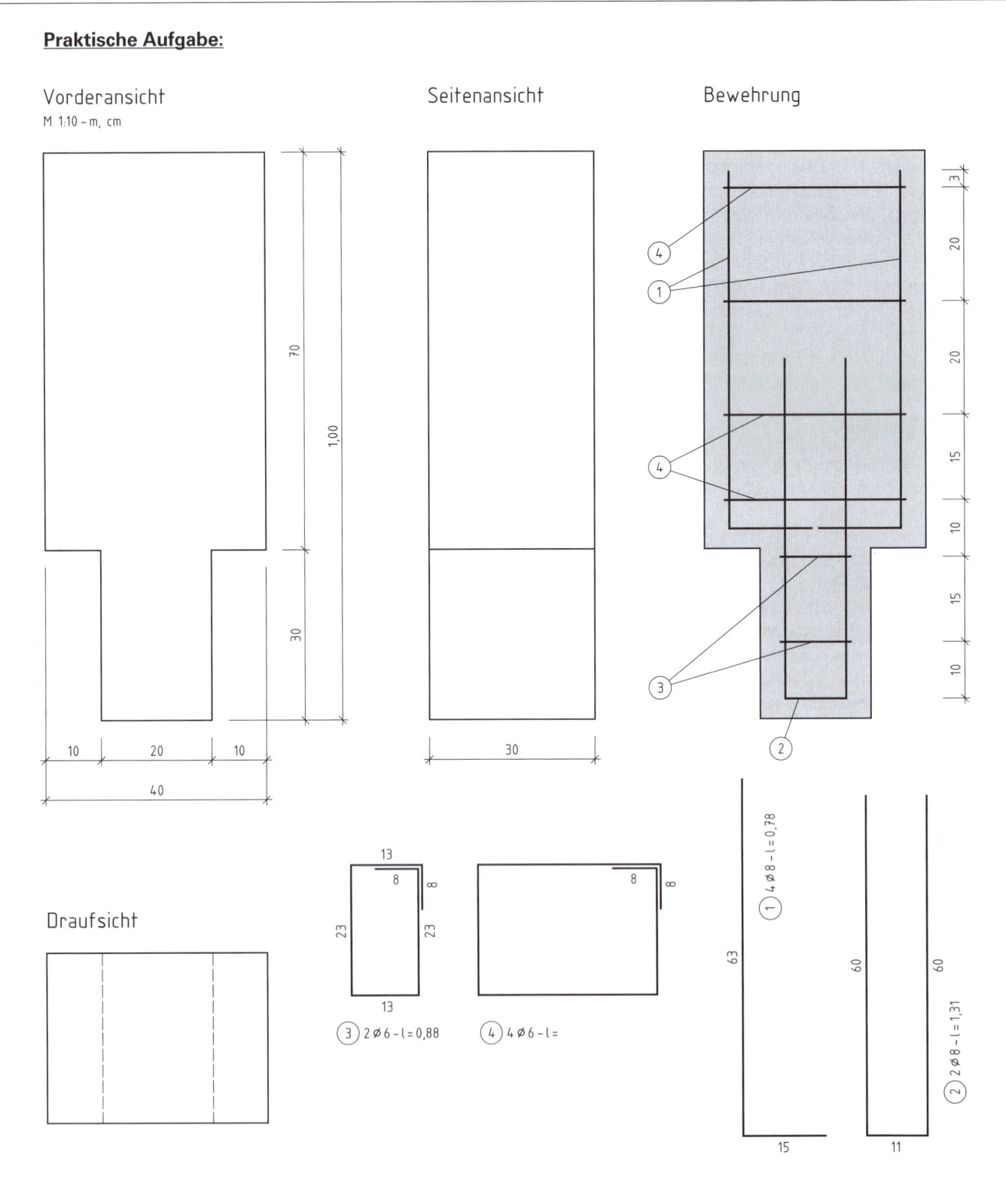

Praktische Aufgabe:

Vorderansicht
M 1:10 – m, cm

Seitenansicht

Bewehrung

① 4 Ø 8 – l = 0,78
② 2 Ø 8 – l = 1,31
③ 2 Ø 6 – l = 0,88
④ 4 Ø 6 – l =

Draufsicht

Betondeckung 3,5 cm

Hinweis:
Bauteilmaße in m, cm
Durchmesser der Bewehrung in mm
Längen der Bewehrung in m, cm

Zwischenprüfung – Fachstufe I | Hochbaufacharbeiter

Mauerwerksbau — 2101 ... 2110

2101
Welches Gewicht in kg ist für Zweihand-Mauersteine maximal zulässig?

① 10 kg
② 20 kg
③ 25 kg
④ 30 kg
⑤ 35 kg

2102
Welche Mauerregel ist falsch?

① Schichten waagerecht mauern
② Mischmauerwerk vermeiden
③ Lagerfugendicke 2,0 cm
④ Stoßfugendicke 1,0 cm
⑤ Vollfugig mauern

2103
Wie groß ist die Überlappung beim schleppenden Verband?

① Nur 1/4 Steinlänge
② Nur 1/3 Steinlänge
③ 1/3 oder 1/4 Steinlänge
④ Nur 1/2 Steinlänge
⑤ 1/2 oder 1/3 Steinlänge

2104
Mit welchen Teilsteinen enden Wandecken von Regelverbänden (außer Läuferverband)?

① Dreiviertelsteinen
② Einviertelsteinen
③ Halbe Steine
④ Ganze Steine
⑤ Halbe oder ganze Steine

2105
Welche Mauerwerkskonstruktion ist hier dargestellt?

① Mauerecke
② Mauerstoß
③ Mauerkreuzung
④ Vorlage
⑤ Anschlag

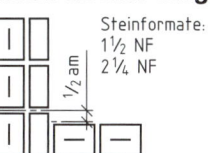

2106
Was für Mauerwerk ist hier abgebildet?

① Mauerecke
② Mauerstoß
③ Mauerkreuzung
④ Vorlage
⑤ Anschlag

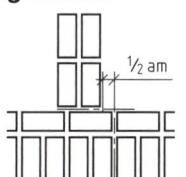

2107
Was für Mauerwerk ist nebenstehend skizziert?

① Mauerecke
② Mauerstoß
③ Mauerkreuzung
④ Vorlage
⑤ Anschlag

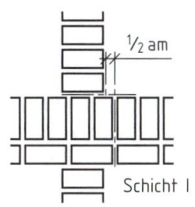

2108
Bei welcher Mauerwerkskonstruktion ist das Nennmaß als Außenmaß zu berechnen?

① Pfeiler
② Nische
③ Vorlage
④ Mauervorsprung
⑤ Türöffnung

2109
Wie groß muss mindestens der lichte Querschnitt eines gemauerten Schornsteins sein?

① 50 cm²
② 100 cm²
③ 150 cm²
④ 200 cm²
⑤ 250 cm²

2110
Was für ein Schornstein ist hier abgebildet?

① Abgasschornstein
② Mauerwerksöffnung
③ Belüftungsschacht
④ Entlüftungsschacht
⑤ Offener Kamin

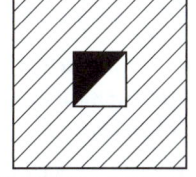

Lösungen ab Seite 316

Zwischenprüfung – Fachstufe I   Hochbaufacharbeiter

Mauerwerksbau   2111 ... 2120

2111
Ein trockener 2 DF-Stein wiegt 6,05 kg. Welcher Rohdichteklasse ist er zuzuordnen?

① 0,6 kg/dm³
② 0,8 kg/dm³
③ 1,2 kg/dm³
④ 1,8 kg/dm³
⑤ 2,0 kg/dm³

2112
Ein 3 DF-Stein geht bei einer Belastung von 612 kN zu Bruch. Welcher Druckfestigkeitsklasse ist er zuzuordnen?

① 8
② 12
③ 20
④ 28
⑤ 36

2113
Welchen Abstand hat bei Mauerecken die Regelfuge der durchbindenden Schicht von der Innendecke?

① 1 am oder ½ am
② ¾ am oder ¼ am
③ Nur 1 am
④ Nur ½ am
⑤ Nur ¾ am

2114
Welche Maßabweichung ist bei Mauerziegeln höchstens zulässig?

① ± 2%
② ± 1%
③ ± 5%
④ ± 3%
⑤ ± 4%

2115
Welcher Verband wird durch die im Grundriss skizzierten Mauerschichten dargestellt?

① Läuferverband
② Binderverband
③ Blockverband
④ Kreuzverband
⑤ Sparverband

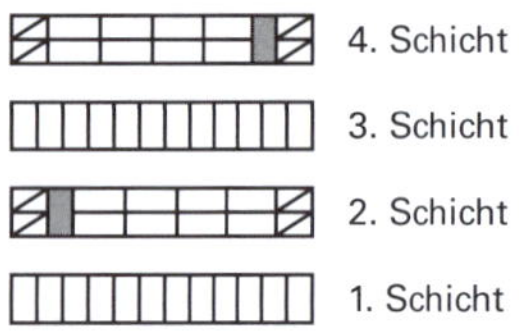

2116
Welche Mauerwerkskonstruktion ist hier im Grundriss abgebildet?

① Vorlage
② Nische
③ Türöffnung
④ Pfeiler
⑤ Wandecke

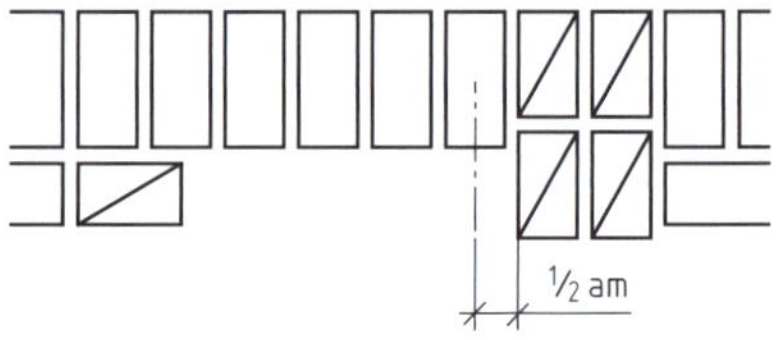

2117
Welcher Kalksandstein ist hier abgebildet?

① Lochstein
② Hohlblockstein
③ Blockstein
④ Ratio-Blockstein
⑤ Ratio-Planstein

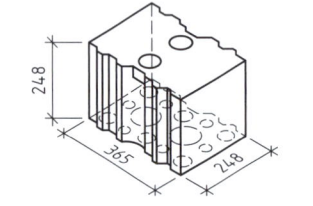

2118
Wie groß muss die Überbindung (ü) im Mauerwerk aus Großformaten mindestens sein?

① 4,5 cm
② 6,25 cm
③ 9,5 cm
④ 11,5 cm
⑤ 12,5 cm

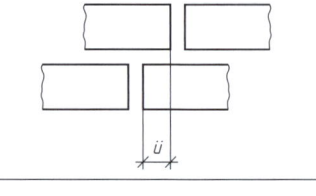

2119
Nach welchen Steinfestigkeitsklassen werden die Druckfestigkeitsklassen von Mauerwerk (DIN EN 1996-3/NA bestimmt?

① 4 bis 60 mit den Mörtelgruppen NM I, NM II/IIa, NM III/IIIa
② M I, M II, M III, M IV, M V
③ NM I, NM II/IIa, NM III/IIIa
④ M 32,5, M 42,5, M 52,5
⑤ M 5, M 10, M 15, M 25, M 35, M 45, M 55

2120
Mauerwerk aus großformatigen Steinen. Die Mauerlänge ist durch die Steinlänge teilbar, wie groß sind die Teilsteine?

① Teilsteine sind nicht erforderlich
② ¼ Steinlänge
③ ⅓ Steinlänge
④ ½ Steinlänge
⑤ ≤ 4,5 cm

Zwischenprüfung – Fachstufe I — Hochbaufacharbeiter

Mauerwerksbau — 2121 … 2124

2121
Welche Mauerdicken bilden die Mauereinbindung aus 10 DF- und 12 DF-Steinen?

① 24er Mauer/24er Mauer
② 36⁵er Mauer/24er Mauer
③ 30er Mauer/36⁵er Mauer
④ 36⁵er Mauer/36⁵er Mauer
⑤ 30er Mauer/24er Mauer

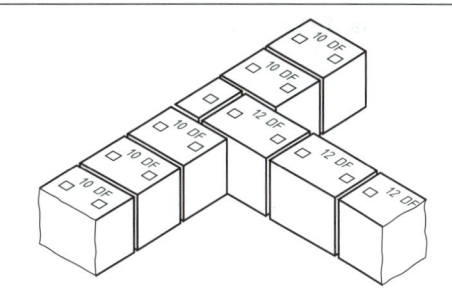

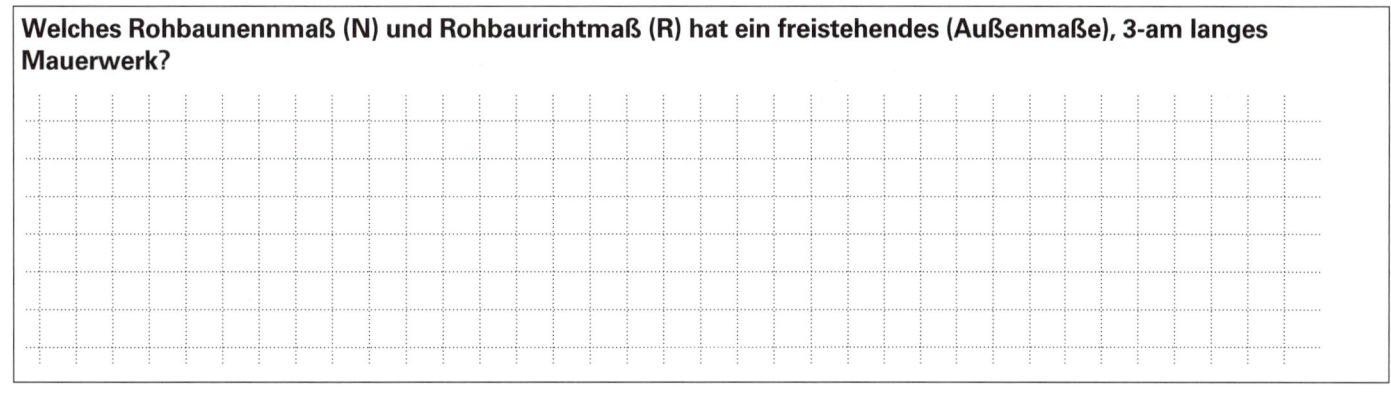

2122
Welches Rohbaunennmaß (N) und Rohbaurichtmaß (R) hat ein freistehendes (Außenmaße), 3-am langes Mauerwerk?

2123
In einer Tabelle ist der Läuferverband mit NF-Mauersteinen in Ansicht (5 Schichthöhen) und Draufsicht (1. und 2. Schicht) zu skizzieren und in Fugenversatz, Abtreppung und Anwendung zu unterscheiden.

Darstellung, Merkmale und Anwendungen des Läuferverbandes:

Regelverbände – Ansicht – Draufsicht	Merkmale			Anwendung (Auswahl)
	Ansicht	Fugenversatz	Abtreppung	

2124
Welche Nennmaße entsprechen den vorgegebenen Kopfmaßen bei NF-Ziegeln?

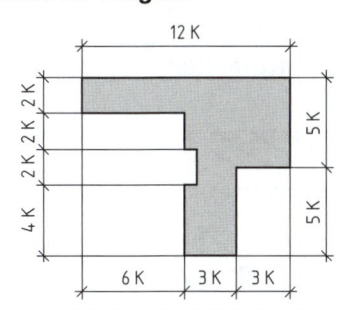

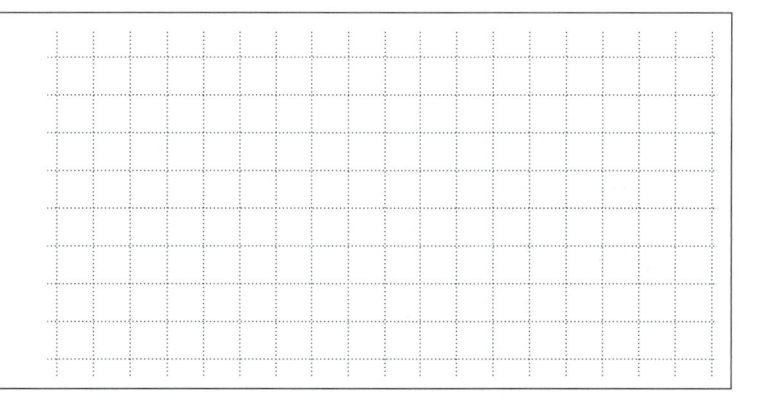

Lösungen ab Seite 317

Zwischenprüfung – Fachstufe I | Hochbaufacharbeiter

Mauerwerksbau — 2125 ... 2130

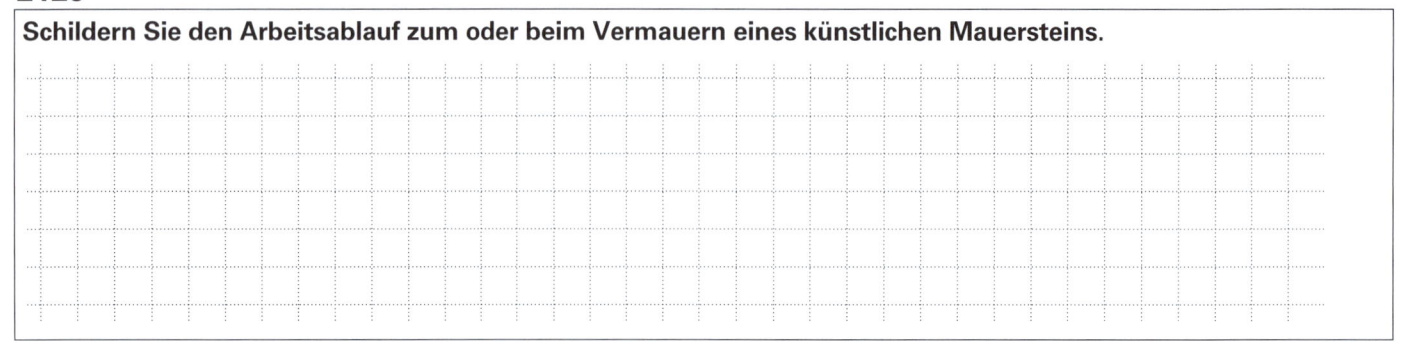

2125
Schildern Sie den Arbeitsablauf zum oder beim Vermauern eines künstlichen Mauersteins.

2126
Tragen Sie in eine Tabelle die Anzahl von Mauerschichten von DF, NF, 2 DF/3 DF und 10 DF/24 DF bei nachfolgenden Mauerhöhen ein: 1,00 m, 1,75 m und 2,25 m

Mauer-höhe	Anzahl der Mauerschichten bei			
	DF	NF	2DF/3DF	10DF/24DF
1,00 m				
1,75 m				
2,25 m				

2127
Die 1. und 2. Schicht einer 36,5 cm dicken, rechtwinkligen Wandecke aus NF-Steinen sind nebenstehend zu skizzieren.

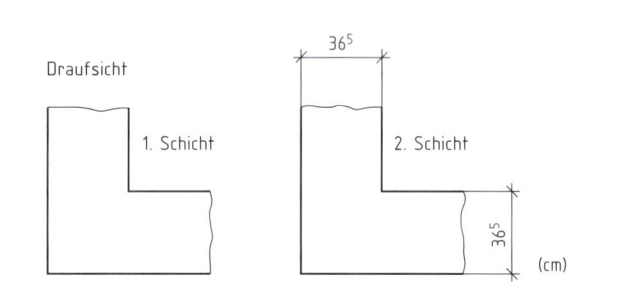

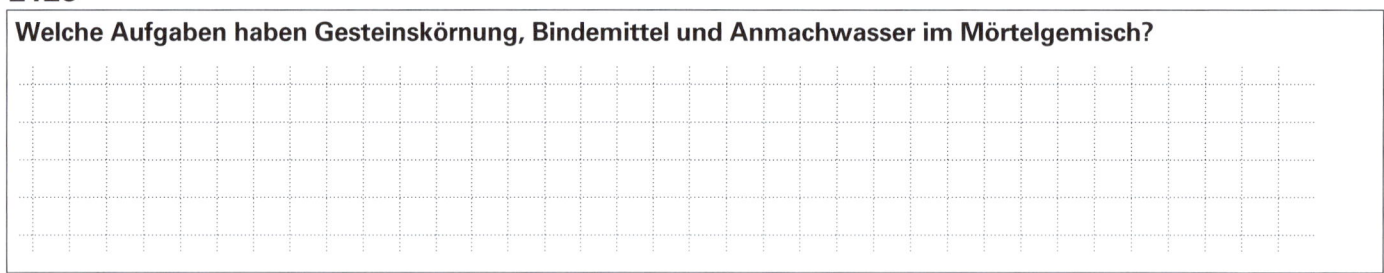

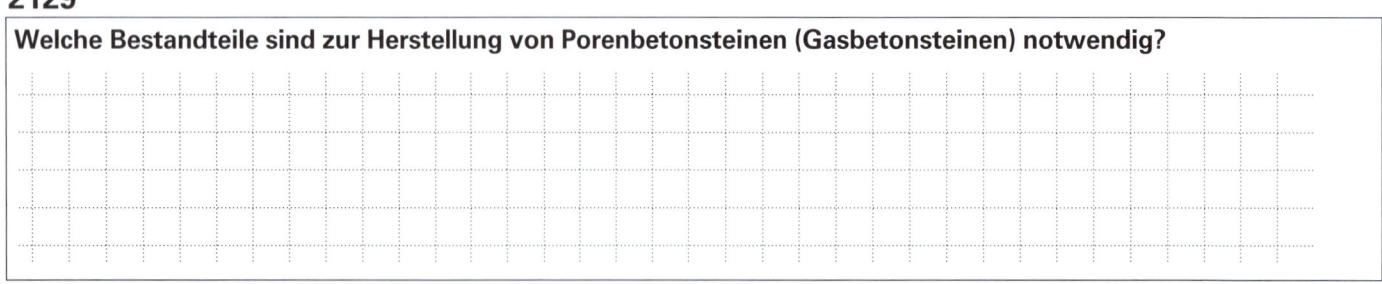

Draufsicht — 1. Schicht — 2. Schicht — 36^5 — 36^5 (cm)

2128
Welche Aufgaben haben Gesteinskörnung, Bindemittel und Anmachwasser im Mörtelgemisch?

2129
Welche Bestandteile sind zur Herstellung von Porenbetonsteinen (Gasbetonsteinen) notwendig?

2130
Welche 4 Verbandsregeln sind beim Mauern von Block- und Kreuzverbänden einzuhalten?

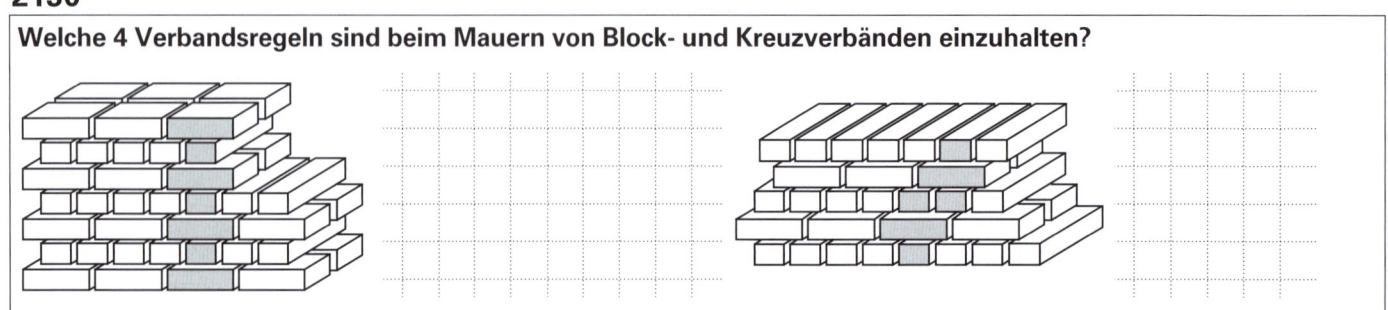

Lösungen ab Seite 318

Zwischenprüfung – Fachstufe I | Hochbaufacharbeiter

Mauerwerksbau — 2131 … 2136

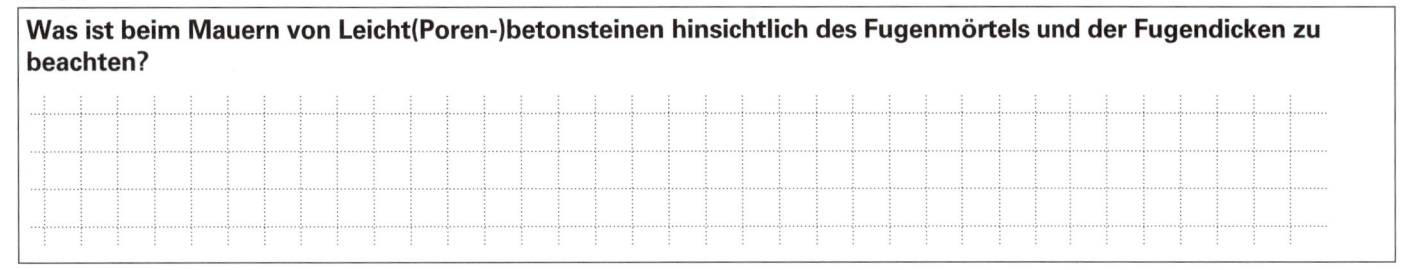

2131
Was ist beim Mauern von Leicht(Poren-)betonsteinen hinsichtlich des Fugenmörtels und der Fugendicken zu beachten?

2132
Es sind die 1. und 2. Schicht einer 93 cm langen und 24 cm breiten Wand aus NF-Steinen in der Draufsicht zu skizzieren (umgeworfener Verband).

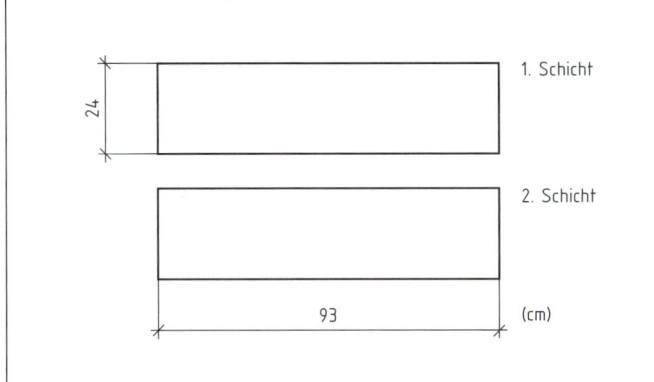

2133
Welche 3 allgemeinen Verbandsregeln sind gleichermaßen beim Mauern von Wandkreuzungen, Wandecken und Wandstößen zu berücksichtigen?

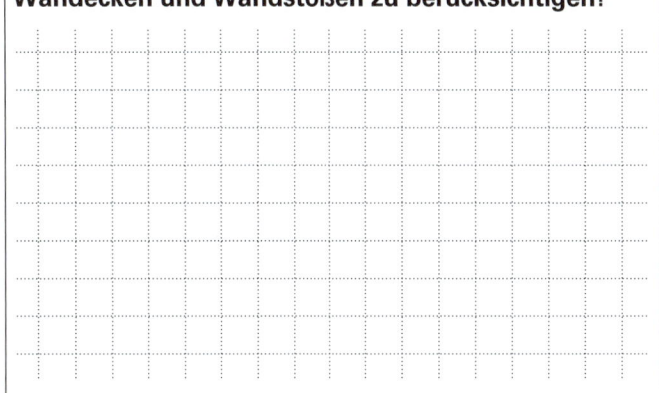

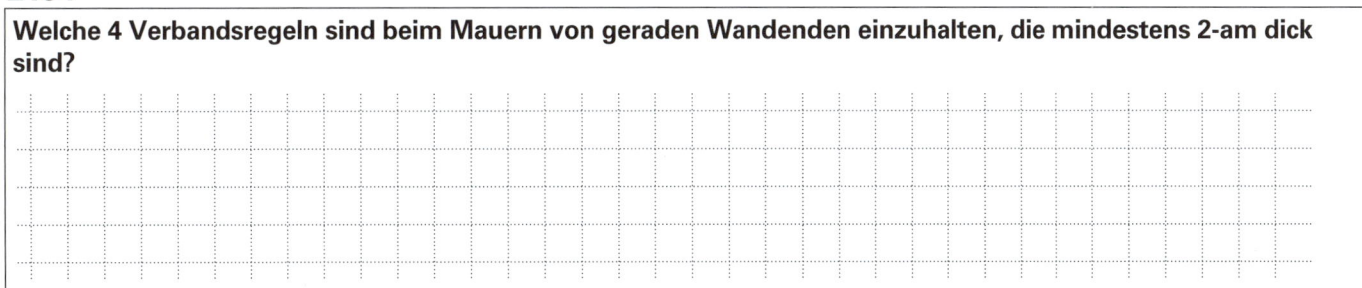

2134
Welche 4 Verbandsregeln sind beim Mauern von geraden Wandenden einzuhalten, die mindestens 2-am dick sind?

2135
Ein rechtwinkliger Mauerstoß einer 24 cm dicken an eine 36,5 cm dicke Mauer aus NF-Steinen in der 1. und 2. Schicht ist nebenstehend zu skizzieren.

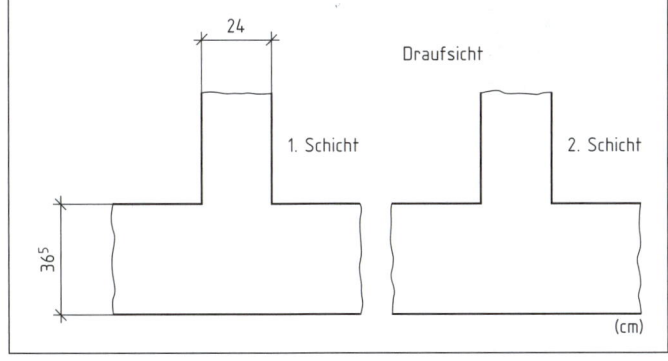

2136
Es sind zwei Schichten einer 36,5 cm langen und 12,5 cm breiten Vorlage an einer 24 cm dicken Mauer aus NF-Steinen einzuzeichnen.

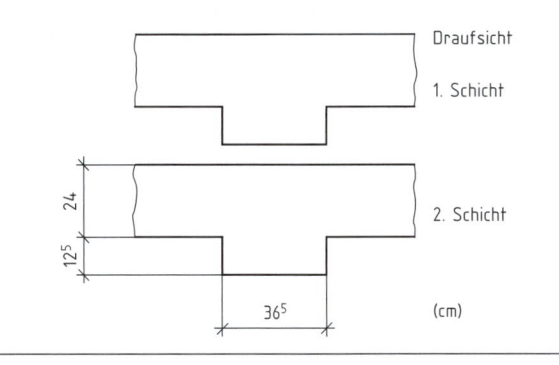

Lösungen ab Seite 318

Zwischenprüfung – Fachstufe I

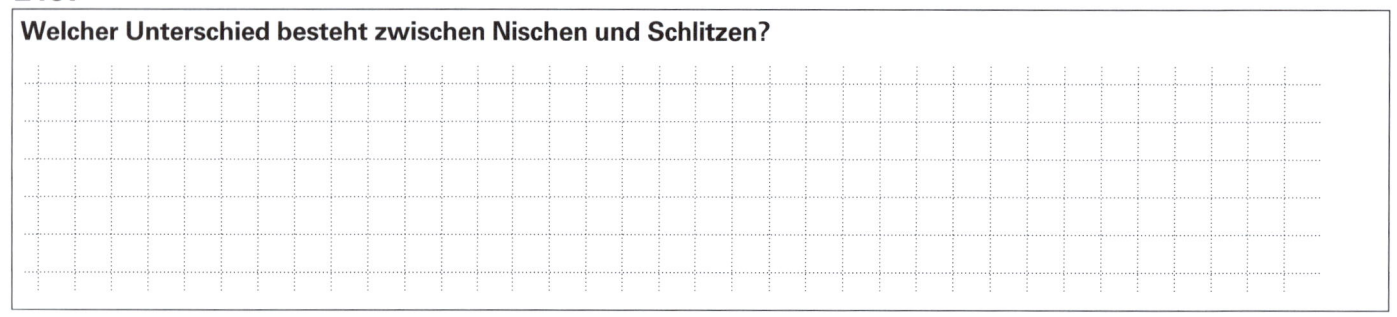

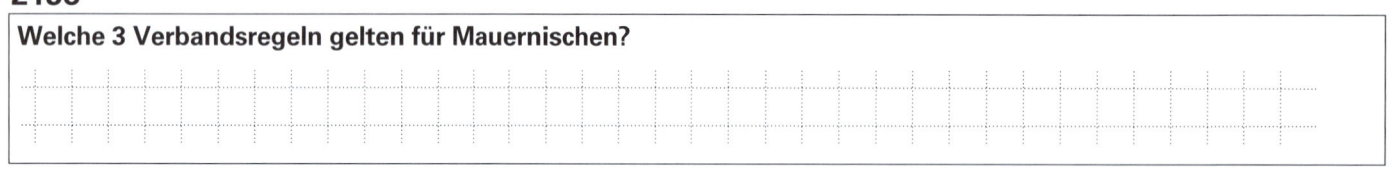

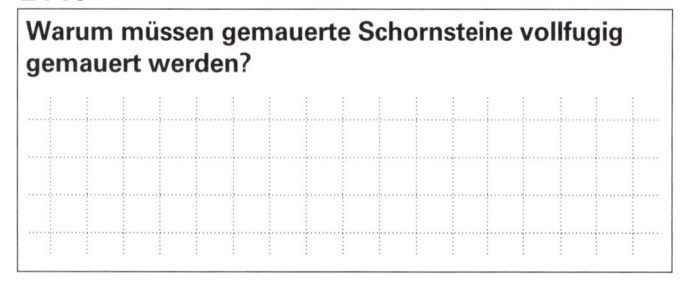

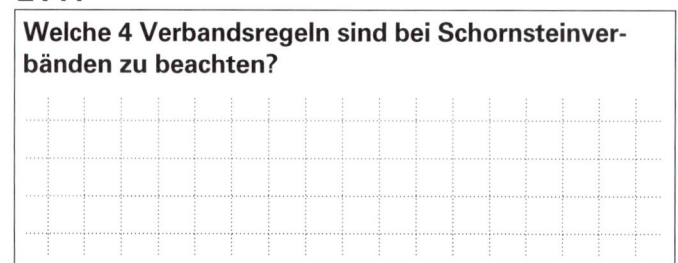

Hochbaufacharbeiter

Mauerwerksbau

2137 ... 2142

2137
Welcher Unterschied besteht zwischen Nischen und Schlitzen?

2138
Welche 3 Verbandsregeln gelten für Mauernischen?

2139
In der untenstehenden Skizze ist ein 12,5 cm breiter Türanschlag in der 1. und 2. Schicht an einer 36,5 cm breiten Wand einzuzeichnen. Es werden NF-Mauersteine verwendet.

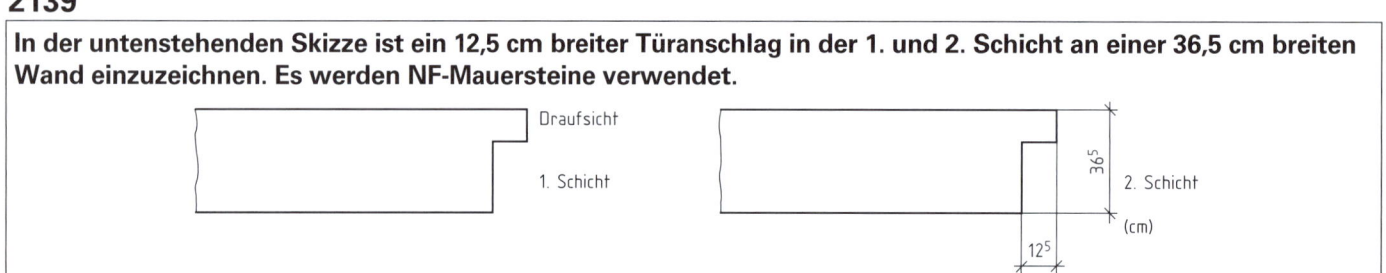

Draufsicht
1. Schicht

36^5
2. Schicht
12^5
(cm)

2140
Warum müssen gemauerte Schornsteine vollfugig gemauert werden?

2141
Welche 4 Verbandsregeln sind bei Schornsteinverbänden zu beachten?

2142
Großformatige Mauersteine werden in Einzel- bzw. Reihenverlegung vermauert. In welchen Arbeitsschritten werden beide Verlegearten durchgeführt?

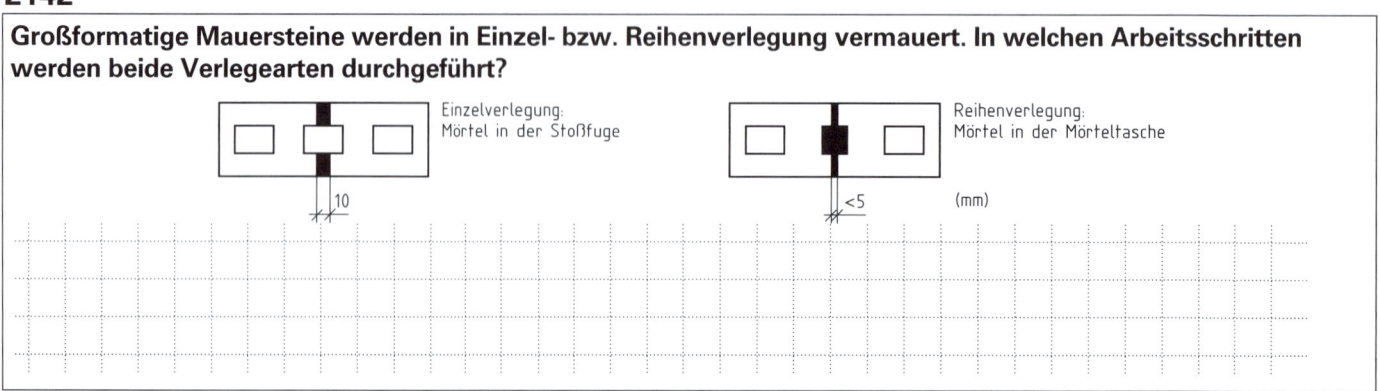

Einzelverlegung:
Mörtel in der Stoßfuge
10

Reihenverlegung:
Mörtel in der Mörteltasche
<5 (mm)

134

Lösungen ab Seite 319

Zwischenprüfung – Fachstufe I
Hochbaufacharbeiter
Mauerwerksbau — 2143 … 2148

2143
Es sind zwei Schichten eines rechtwinkligen Mauerstoßes (24 cm und 30 cm dicke Wände) mit großformatigen Mauersteinen zu skizzieren.

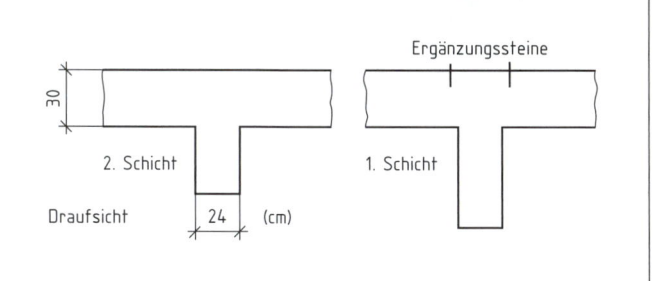

2144
In welchen Breiten und Höhen werden Stahlbetonrippendecken hergestellt?
Jeweils 2 Maße sind anzugeben.

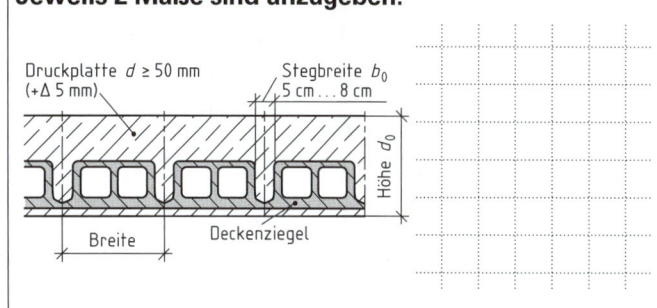

2145
Aus welchen 3 Einzelteilen besteht der skizzierte hinterlüftete dreischalige Schornstein aus Formsteinen?

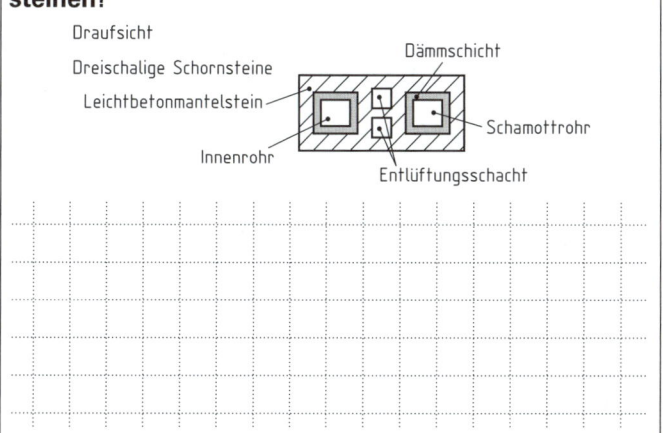

2146
Vom nebenstehenden Schornstein sind die ersten beiden NF-Mauerschichten einzuzeichnen.

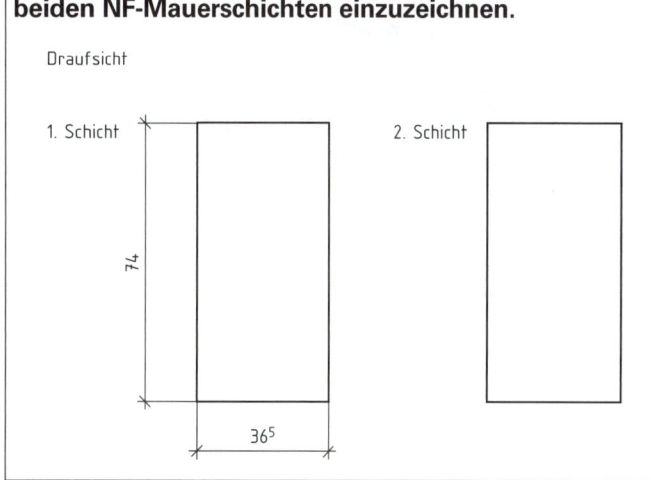

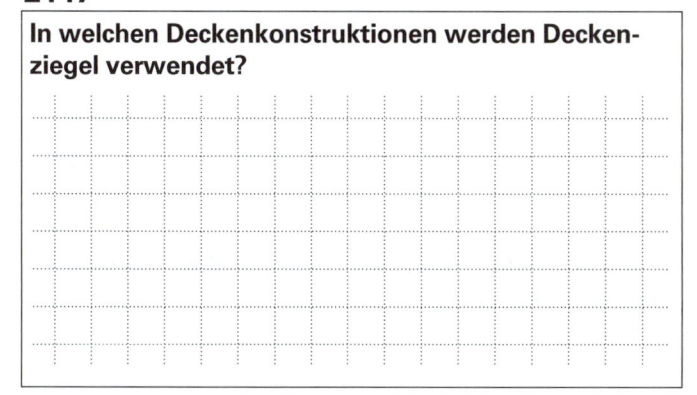

2147
In welchen Deckenkonstruktionen werden Deckenziegel verwendet?

2148
Welche 3 Vorteile haben Rippendecken aus Deckenziegeln?

Lösungen ab Seite 320

Zwischenprüfung – Fachstufe I   Hochbaufacharbeiter
Mauerwerksbau   2149 … 2152

2149
Wie können die waagerechten und senkrechten Abdichtungen von nebenstehender Skizze hergestellt werden?

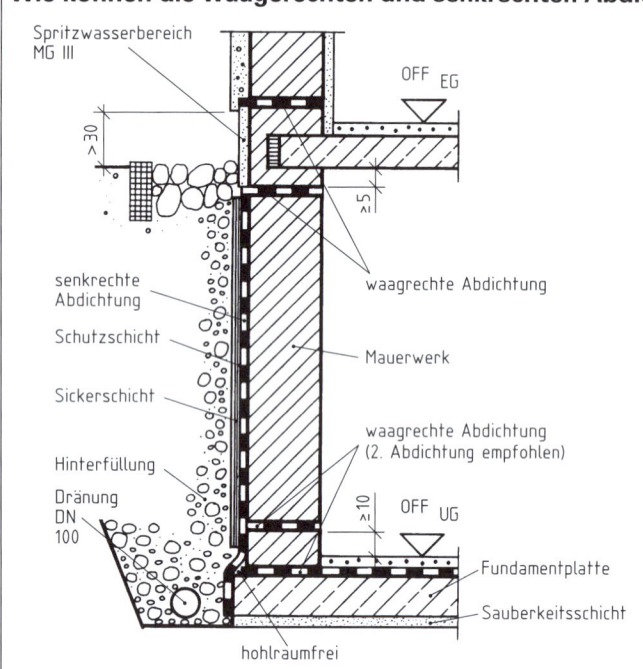

Bildbeschriftungen:
- Spritzwasserbereich MG III
- OFF EG
- >30
- ≥5
- senkrechte Abdichtung
- Schutzschicht
- Sickerschicht
- Hinterfüllung
- Dränung DN 100
- waagrechte Abdichtung
- Mauerwerk
- waagrechte Abdichtung (2. Abdichtung empfohlen)
- ≥10
- OFF UG
- Fundamentplatte
- Sauberkeitsschicht
- hohlraumfrei

Herstellen von waagerechten Abdichtungen in gemauerten Außenwänden:

Herstellen von senkrechten Abdichtungen an gemauerten Außenwänden:

2150
Wie können die beiden skizzierten Wärmebrücken vermieden werden?

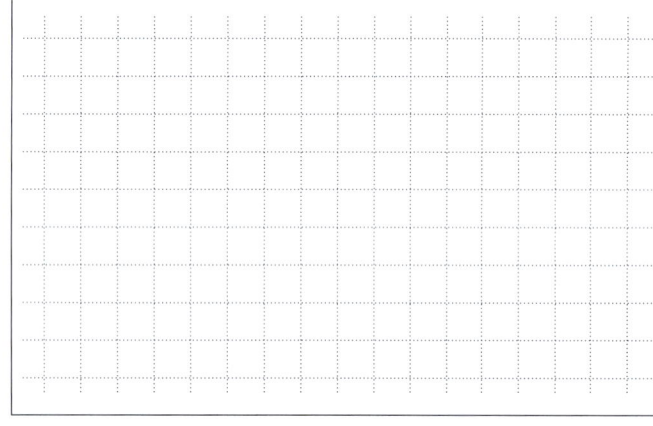

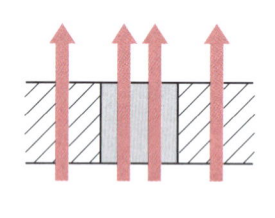

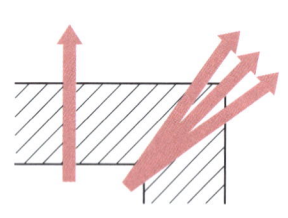

z.B. Stahlbetonstütze im Mauerwerk

z.B. jede ausspringende Wandecke

außen / innen

2151
Wonach werden <u>Baustoffe</u> hinsichtlich ihres Brandverhaltens eingeteilt?

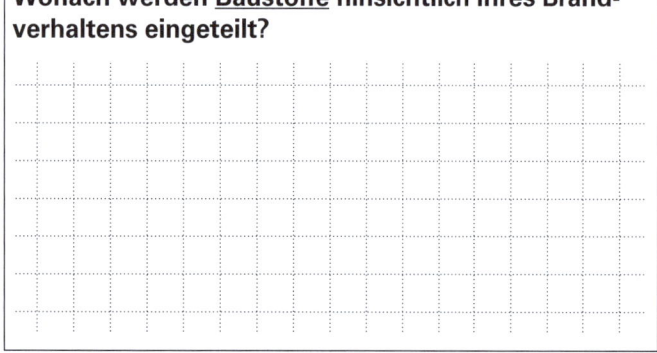

2152
Wonach werden Bauteile hinsichtlich ihres Brandverhaltens eingeteilt?

Zwischenprüfung – Fachstufe I | Hochbaufacharbeiter

Mauerwerksbau | 2153 … 2162

2153
Welche Höhe hat eine freistehende Mauer aus 27 NF-Mauerschichten?

① 2,27 m
② 2,25 m
③ 2,70 m
④ 1,35 m
⑤ 2,00 m

2154
Welche Höhe hat eine eingebaute Mauer aus 27 NF-Mauerschichten?

① 2,34 m
② 2,27 m
③ 2,25 m
④ 2,23 m
⑤ 2,26 m

2155
Wie viel NF-Mauerschichten sind in einer 1,75 m hohen freistehenden Mauer enthalten?

① 21 Schichten
② 22 Schichten
③ 23 Schichten
④ 24 Schichten
⑤ 25 Schichten

2156
Wie viele NF-Mauerschichten sind in einer 2,51 m hohen eingebauten Mauer enthalten?

① 29 Schichten
② 30 Schichten
③ 31 Schichten
④ 32 Schichten
⑤ 33 Schichten

2157
Wie viele NF-Steine werden für eine 24 cm dicke und 14,80 m² große gemauerte Wand benötigt?

① 1216 Steine
② 1502 Steine
③ 1218 Steine
④ 1504 Steine
⑤ 1465 Steine

Baustoff-Tabellen auf S. 108

2158
Wie viel NF-Steine werden für 3,42 m³ 24er-Mauerwerk verwendet?

① 1500 Steine
② 1512 Steine
③ 1406 Steine
④ 1510 Steine
⑤ 1412 Steine

2159
Für zwei Gebäudeteile sollen 67,40 m² Mauerwerk, 24 cm dick, und 42,80 m² Mauerwerk 11,5 cm dick, hergestellt werden. Wie viel NF-Steine werden insgesamt gebraucht?

① 8740 Steine
② 8770 Steine
③ 8776 Steine
④ 8780 Steine
⑤ 8841 Steine

2160
Für zwei Gebäudeteile sollen 4,82 m³ Mauerwerk, 36,5 cm dick, und 3,18 m³ Mauerwerk, 24 cm dick, hergestellt werden. Wie viel NF-Steine werden insgesamt benötigt?

① 3418 Steine
② 3240 Steine
③ 3118 Steine
④ 3120 Steine
⑤ 3269 Steine

2161
Wie viel Liter Mauermörtel werden für eine 24 cm dicke und 18,60 m² große gemauerte Wand aus NF-Steinen verwendet?

① 1040 Liter
② 1172 Liter
③ 1218 Liter
④ 1226 Liter
⑤ 1042 Liter

2162
Wie viel Liter Mauermörtel werden für 4,12 m³ 24er Mauerwerk aus NF-Steinen benötigt?

① 1218 Liter
② 1084 Liter
③ 1100 Liter
④ 1062 Liter
⑤ 1064 Liter

Lösungen ab Seite 321

Zwischenprüfung – Fachstufe I
Hochbaufacharbeiter
Mauerwerksbau
2163 ... 2165

2163

Wie viel NF-Steine und Liter Mauermörtel werden für den skizzierten 3,3 m hohen Pfeiler gebraucht?

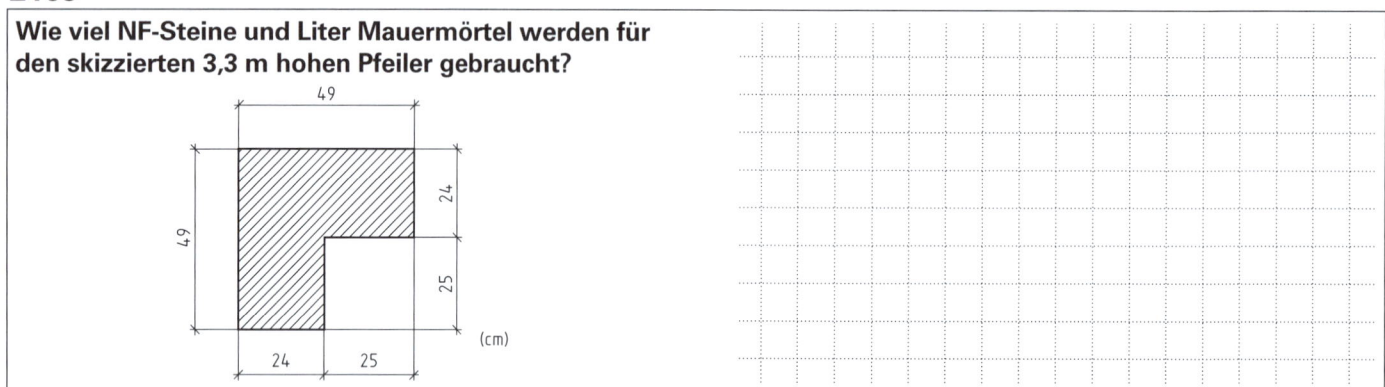

Maße: 49 / 49 / 24 / 25 / 24 / 25 (cm)

2164

Wie viel NF-Steine und Liter Mauermörtel werden für die dargestellte 36,5 cm dicke Giebelwand benötigt?

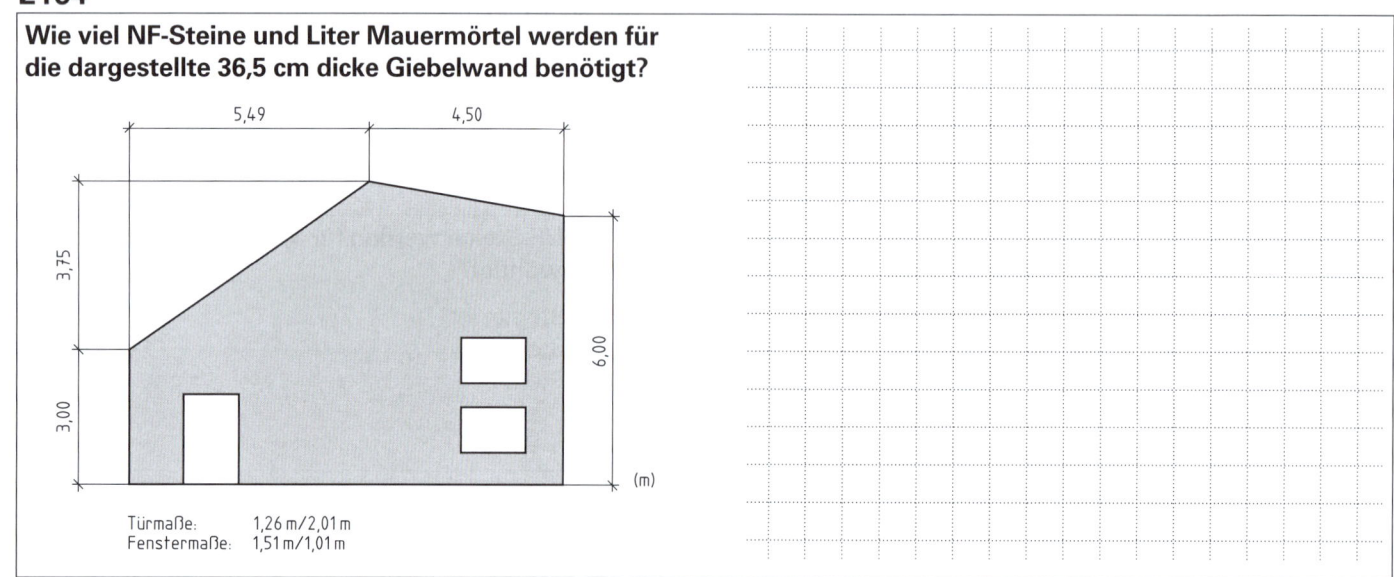

Maße: 5,49 / 4,50 / 3,75 / 3,00 / 6,00 (m)

Türmaße: 1,26 m / 2,01 m
Fenstermaße: 1,51 m / 1,01 m

2165

Von der abgebildeten abgeböschten Baugrube sind Aushubmassen in m³ bei 20 % Auflockerung nach der Näherungsformel zu berechnen. Die Gebäudeaußenmaße betragen 12,49 m und 8,24 m.
Bodenklasse 5

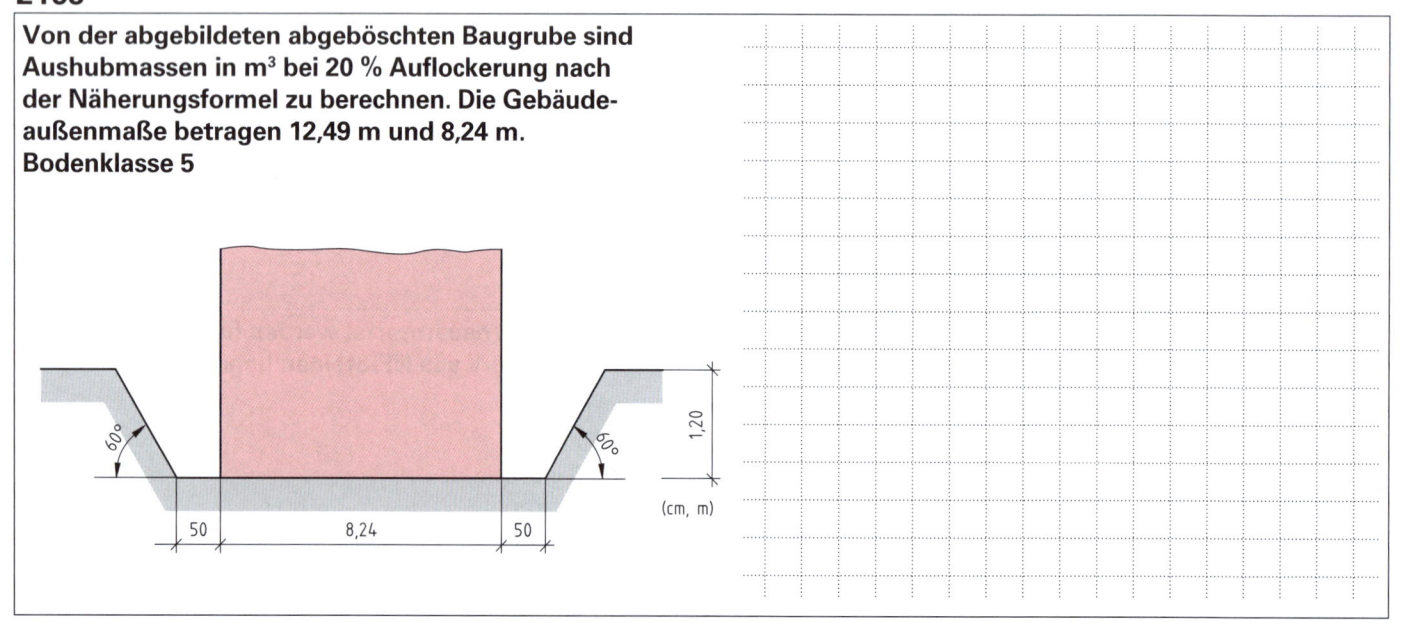

Maße: 50 / 8,24 / 50 / 1,20 / 60° / 60° (cm, m)

Lösungen ab Seite 322

Zwischenprüfung – Fachstufe I — Hochbaufacharbeiter

Mauerwerksbau — 2166 ... 2168

2166

Es ist der Bodenaushub von der skizzierten, nicht abgeböschten Baugrube mit Verbau und Schalung zu berechnen. Die Gebäudeaußenmaße betragen 11,24 m und 9,74 m. Die Auflockerung beträgt 15 %.

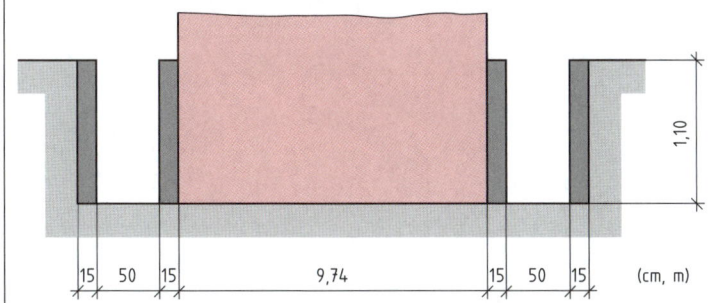

2167

Für eine Rohrleitung, Außendurchmesser 200 mm, soll auf einer Länge von 24,00 m der Rohrgraben ausgehoben werden.
a) Wie viel m³ Boden sind auszuheben?
b) Wie viel m³ loser Boden sind bei 15 % Auflockerung abzufahren?
c) Wie viel m³ Boden wird für die Wiederverfüllung benötigt?

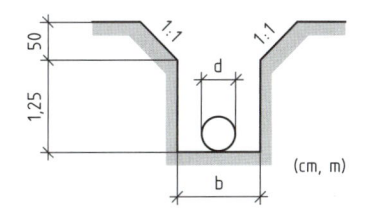

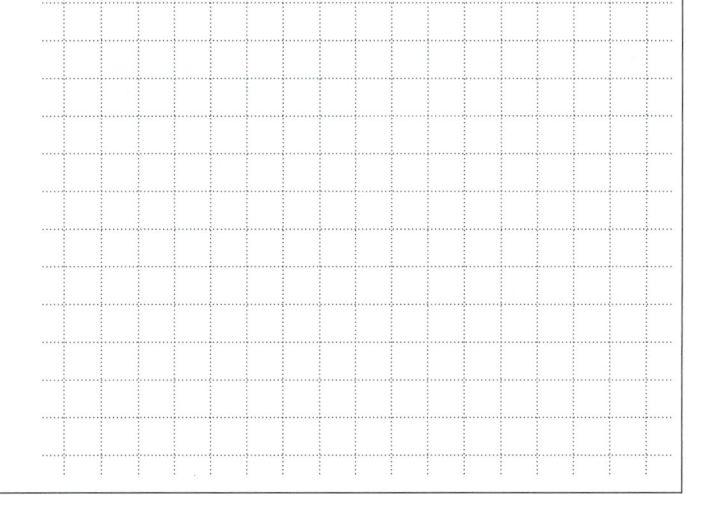

2168

Für ein Wohnhaus sind 146,2 m² Zementestrich im Mischungsverhältnis 1 : 4 herzustellen.
a) Wie viel Zementmörtel in Litern sind notwendig, wenn der Zementestrich 4 cm dick werden soll?
b) Wie viel Sack Zement und m³ Sand (baufeucht) werden dazu gebraucht?
Mörtelfaktor (MF):
MF = 1,4 (trockener Sand)
MF = 1,6 (baufeuchter Sand)

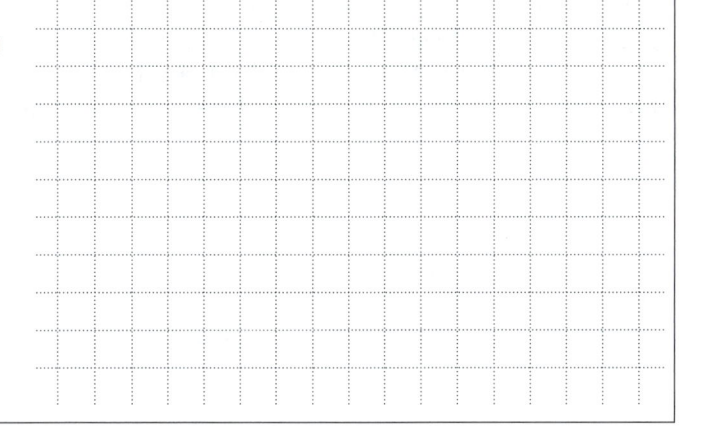

Baustoff-Tabelle auf S. 108

Lösungen ab Seite 322

Zwischenprüfung – Fachstufe I
Mauerwerksbau
Hochbaufacharbeiter 2169 … 2171

2169
Wie viel Liter Sand werden beim Mischungsverhältnis 1:4 für 8 Sack hydraulischen Kalk (50 kg je Sack, ρ = 0,85 kg/l) benötigt?

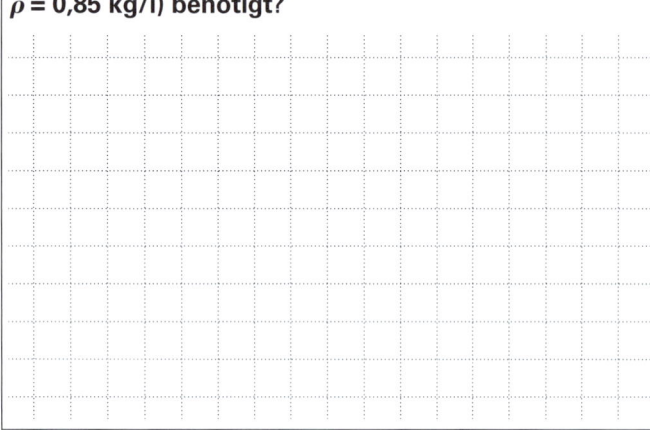

2170
Die dargestellte Fläche soll mit einem Zementestrich (MV 1 : 3) in einer Stärke von 3 cm hergestellt werden. Wie viel Liter Zement und m³ Sand werden dazu benötigt? Die Mörtelmischung ist nach der Tabelle zu berechnen.

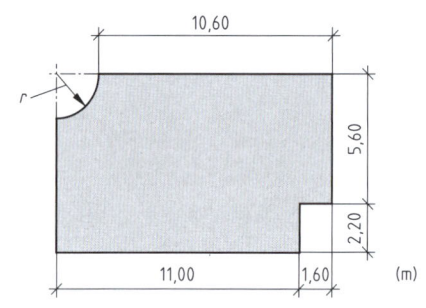

2171
Die dargestellte Giebelwand soll einen 2,0 cm dicken Außenputz aus Kalkzementmörtel MV 2 : 1 : 8 erhalten.
a) Wie viel Liter Putzmörtel werden benötigt?
b) Wie viel Liter Weißkalkhydrat, Zement und Mörtelsand sind für den Putzmörtel erforderlich?
Die Mörtelmischung ist nach der Tabelle zu berechnen.

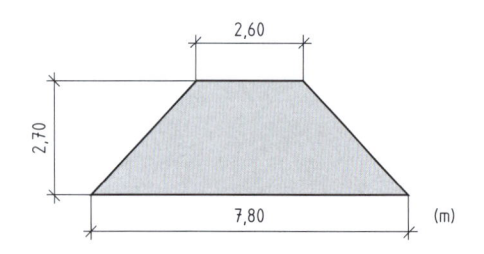

Lösungen ab Seite 323

Zwischenprüfung – Fachstufe I | Hochbaufacharbeiter

Mauerwerksbau — 2172 ... 2181

2172
Es gibt zwei grundsätzliche Projektionsarten für die Darstellung von Bauteilen und Bauwerken. Wie werden die beiden Projektionsarten genannt?

① Dreitafelprojekte und Isometrie
② Dimetrie und Isometrie
③ Zentralprojektion und Vogelperspektive
④ Parallelprojektion und Zentralprojektion
⑤ Dimetrie und Parallelprojektion

2173
In welcher Antwort gehören alle drei Projektionsarten zur Parallelprojektion?

① Dreitafelprojektion, Dimetrie, Isometrie
② Dimetrie, Isometrie, Vogelperspektive
③ Eckperspektive, Vogelperspektive, Isometrie
④ Eckperspektive, Froschperspektive, Dimetrie
⑤ Dimetrie, Eckperspektive, Dreitafelprojektion

2174
Welche grundsätzliche Projektionsart ist im Bild zu sehen?

① Vogelperspektive
② Parallelprojektion
③ Froschperspektive
④ Eckperspektive
⑤ Zentralprojektion

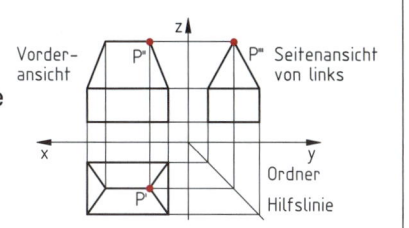

2175
Welche grundsätzliche Projektionsart ist im Bild dargestellt?

① Kavalierperspektive
② Dimetrie
③ Isometrie
④ Parallelprojektion
⑤ Zentralprojektion

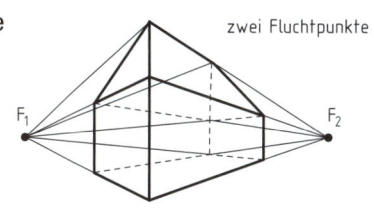

2176
Welche Bauzeichnung kann ein Maurer auf der Baustelle nicht gebrauchen?

① Erdgeschoss-Grundriss eines zu mauernden Einfamilienhauses
② Querschnitt durch ein Bürohaus aus Mauerwerk
③ Detailzeichnung eines gemauerten Schornsteinkopfes
④ Bewehrungsplan eines Köcherfundamentes
⑤ Schnitt durch eine zweischalige Wand aus Ziegelsteinen

2177
Welche der Bauzeichnungen kann ein Maurer auf der Baustelle verwenden?

① Schalplan einer Stahlbetonstütze
② Fundamentplan mit aufgehendem Kellermauerwerk
③ Sparrenplan zu einem Kehlbalkendach
④ Detailzeichnung zu einem Treppenaufbau
⑤ Verlegeplan für die Plattierung eines Schwimmbades

2178
Wie heißt die abgebildete Mauerschicht?

① Binderschicht
② Läuferschicht
③ Rollschicht
④ Grenadierschicht
⑤ Bodenschicht

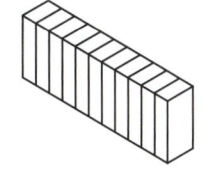

2179
Welchen Vorzugsverband zeigt das Bild?

① Kreuzverband
② Blockverband
③ Läuferverband
④ Binderverband
⑤ keinen Vorzugsverband

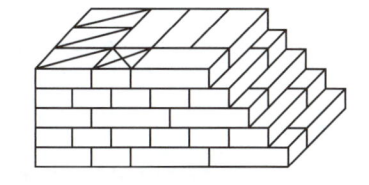

2180
Welcher Teilstein ist hier abgebildet?

① ganzer Stein
② dreiviertel Stein
③ halber Stein
④ viertel Stein
⑤ keiner

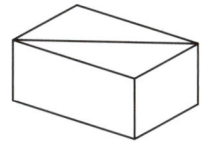

2181
Wie wird die mit a gekennzeichnete Fuge fachgerecht bezeichnet?

① Lagerfuge
② Stoßfuge
③ Längsfuge
④ Schnittfuge
⑤ Innenfuge

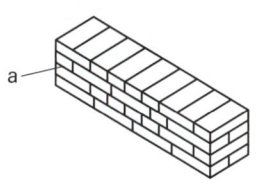

Lösungen ab Seite 324

Zwischenprüfung – Fachstufe I | Hochbaufacharbeiter

Mauerwerksbau — 2182 … 2185

2182
Zu welcher Seitenansicht von links gehören die Vorderansicht und die Draufsicht?

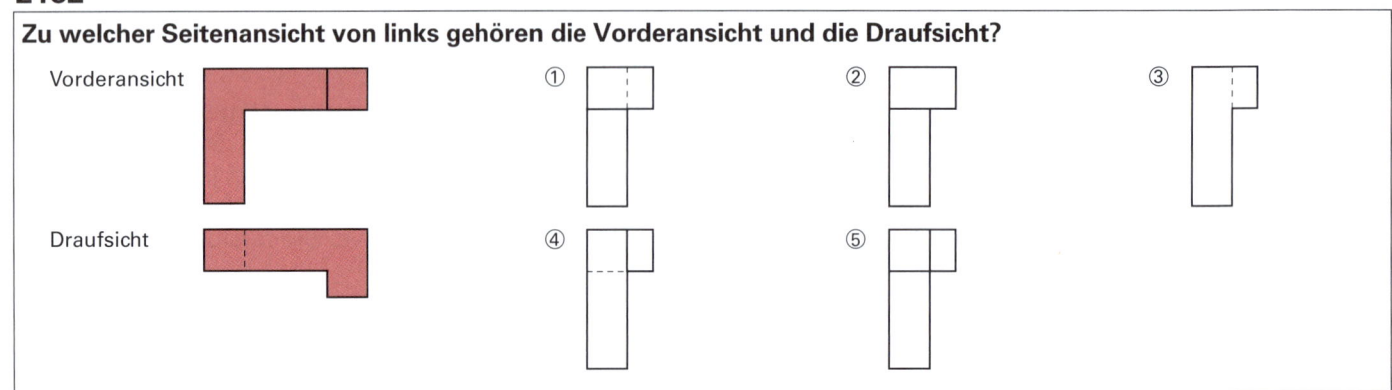

Vorderansicht

Draufsicht

2183
Welche Draufsicht gehört zu dem abgebildeten Körper?

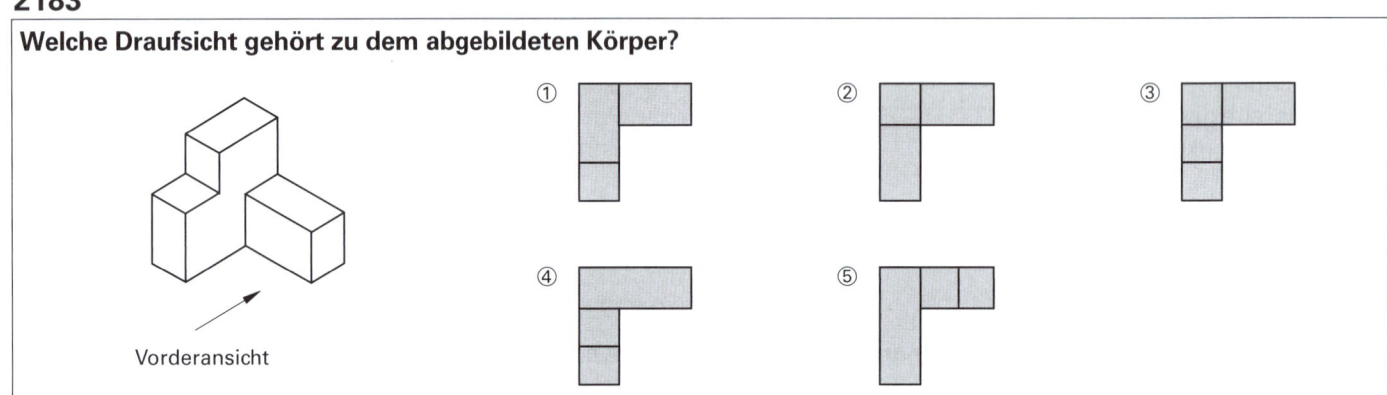

Vorderansicht

2184
Welche Vorderansicht gehört zu dem dargestellten Haus?

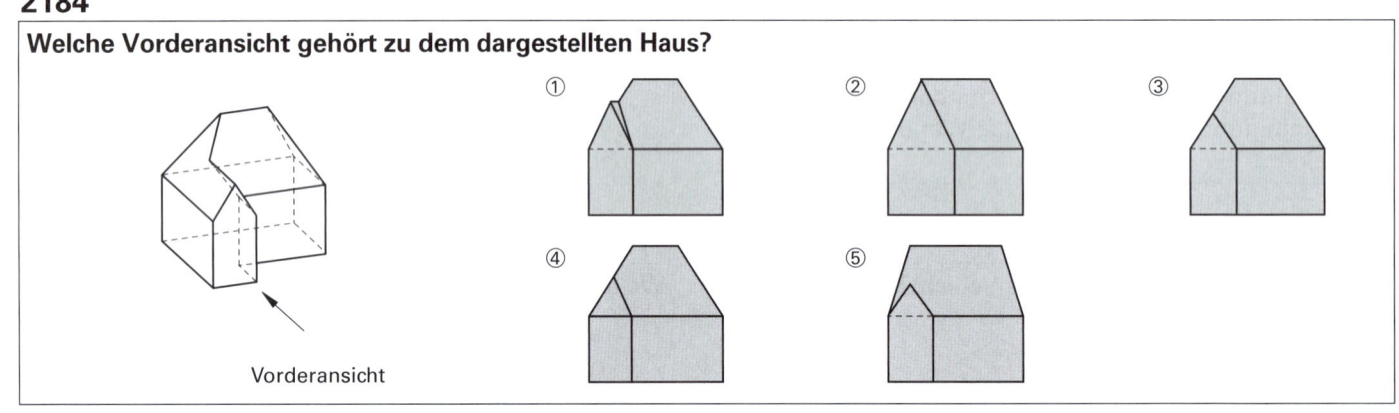

Vorderansicht

2185
Welche Draufsicht gehört zu dem Körper?

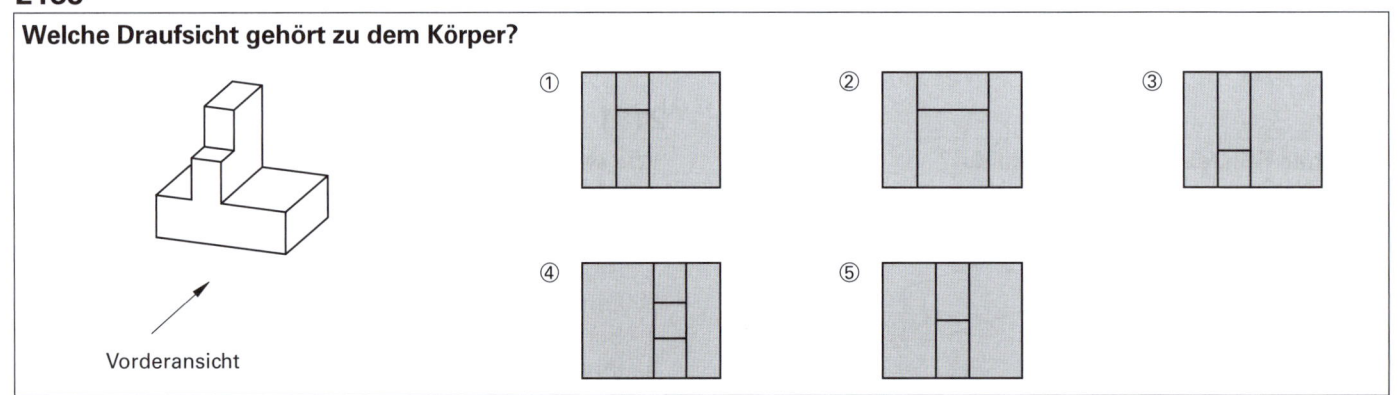

Vorderansicht

142 — Lösungen ab Seite 324

Zwischenprüfung – Fachstufe I Hochbaufacharbeiter

Mauerwerksbau 2186 … 2195

2186
Welche Schraffur wird in Bauzeichnungen nach DIN 1356 für Mauerwerk verwendet?

① ② ③ ④ ⑤

2187
Welche Schraffur wird in Bauzeichnungen nach DIN 1356 für Dämmung verwendet?

① ② ③ ④ ⑤

2188
Welche Position zeigt in der Skizze der Kelleraußenwand die senkrechte Sperrschicht?

① Pos. 1
② Pos. 2
③ Pos. 3
④ Pos. 4
⑤ Pos. 5

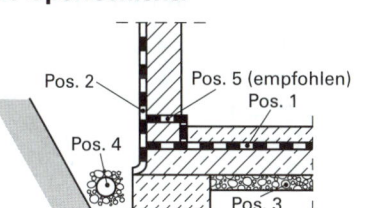

2189
Aus welchem Baustoff besteht das im Bild dargestellte Bauteil?

① Stahl
② Holz
③ Beton
④ Mauerwerk
⑤ Dämmstoff

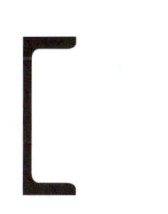

2190
Welche Konstruktion ist in der Skizze zu sehen?

① Verbundestrich
② Estrich auf Trennschicht
③ Schwimmender Estrich
④ Abgehängte Decke
⑤ Flachdach-Anschluss

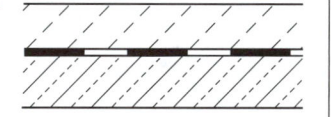

2191
In welchem Bild ist die Linienart nach DIN 1356 zur Kennzeichnung von Schnittebenen abgebildet?

① ② ③ ④ ⑤

2192
Welche Außenwandkonstruktion zeigt der Schnitt?

① Einschaliges Mauerwerk mit Thermohaut
② Einschaliges Mauerwerk mit Vorhangfassade
③ Zweischaliges Mauerwerk mit Kerndämmung
④ Zweischaliges Mauerwerk mit Luftschicht
⑤ Einschaliges Mauerwerk beidseitig verputzt

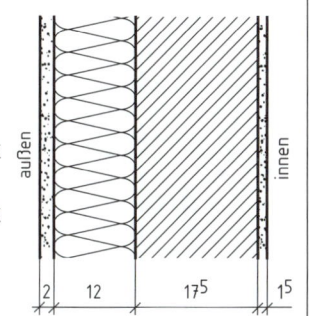

2193
Welche Handelsform von Nadelschnittholz ist im Bild zu sehen?

① Bohle
② Dachlatte
③ Brett
④ Das Bild zeigt keine Handelsform von Nadelschnittholz
⑤ Kantholz

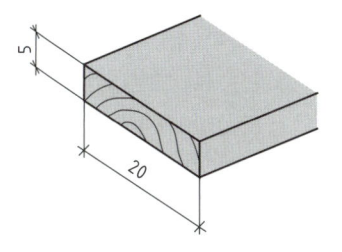

2194
Was bedeutet die Abkürzung DN in Bauzeichnungen?

① Deutsche Norm
② Dichtung Nennmaß
③ Halber Stein
④ Nenndurchmesser
⑤ Durchschnittliche Nennbreite

2195
Aus welchem Baustoff soll nach der Skizze die Kellersohle erstellt werden?

① Unbewehrter Beton
② Stahlbeton
③ Betonfertigteil
④ Mauerwerk
⑤ Holz

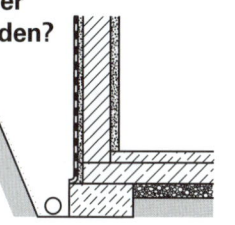

Lösungen ab Seite 325

Zwischenprüfung – Fachstufe I
Hochbaufacharbeiter
Mauerwerksbau — 2196 ... 2199

2196
Welche Bedeutung hat die Angabe 1 % über dem Pfeil in dem dargestellten Grundriss?

① Gefälle der Rohdecke
② Gefälle des fertigen Fußbodens
③ Gefälle für einzubauende Leitungen
④ Gefälle des zugehörigen Daches
⑤ Gefälle wür die einzubauende Bewehrung

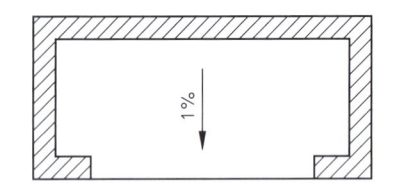

2197
Welche Höhe muss das Fenster nach dem Zeichnungsausschnitt erhalten?

① 1,00 m
② 2,385 m
③ 1,385 m
④ 1,76 m
⑤ 1,375 m

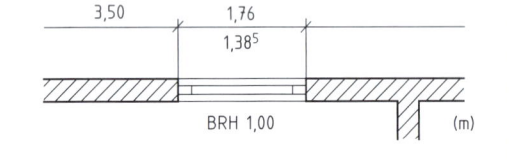

2198
Welche Abmessungen x hat die zu mauernde Öffnung für den Schornstein in der Skizze?

① 25 cm/25 cm
② 24 cm/24 cm
③ 26 cm/26 cm
④ 24 cm/26 cm
⑤ 26 cm/24 cm

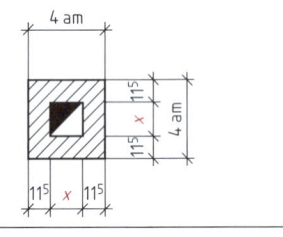

2199
Welche Aussage zu dem skizzierten Teilabschnitt ist richtig?

① Die Oberkante des Rohfußbodens beträgt 2,75 m
② Die Oberkante des Fertigfußbodens beträgt 2,75 m
③ Die Oberkante der Fensterbrüstung liegt 1,25 m über dem Rohfußboden
④ Die Oberkante der Fensterbrüstung liegt 1,25 m über dem Fertigfußboden
⑤ Die Unterkante des Fenstersturzes liegt 2,385 m über dem Fertigfußboden

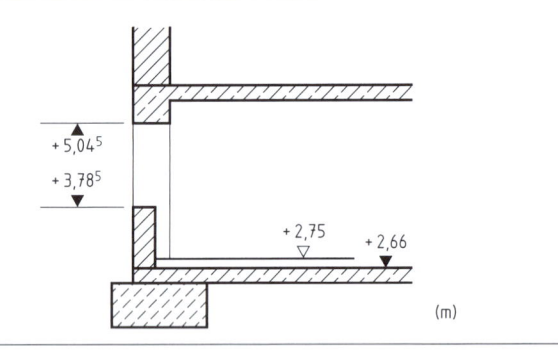

Zwischenprüfung – Fachstufe I — Hochbaufacharbeiter

Beton- und Stahlbetonbau — 2201 … 2210

2201
Je feiner ein Zement gemahlen ist,
① Desto schneller erhärtet er
② Desto langsamer erhärtet er
③ Desto leichter ist er
④ Desto kleiner ist seine Druckfestigkeit nach 28 Tagen
⑤ Desto geringer ist seine Wärmeentwicklung

2202
Welcher Zement wird in grünen Papiersäcken mit schwarzem Aufdruck geliefert?
① CEM I 32,5
② CEM I 32,5 R
③ CEM II/A-S 32,5
④ CEM II/B-S 42,5
⑤ CEM III/A 42,5 R

2203
Welche Aussage über das Erhärten von Zement ist falsch?
① Zement wird auch unter Wasser fest
② Bei weniger als 5 °C Frischbetontemperatur kommt die Hydratation zum Stillstand
③ Zement muss nach 28 Tagen seine Normfestigkeit erreicht haben
④ Die Hydratation verläuft am Anfang langsam, wird aber immer schneller
⑤ Bei der Hydratation entsteht Wärme

2204
An jedem Zementsilo muss ein witterungsfestes Blatt Auskunft über den eingelagerten Zement geben. Welche Angabe muss nicht enthalten sein?
① Preis pro m³
② Lieferwerk
③ Datumstempel des Liefertages
④ Zementart
⑤ Festigkeitsklasse

2205
Wie lange dürfen Normzemente in Säcken mit den Festigkeitsklassen 32,5 und 42,5 höchstens auf der Baustelle gelagert werden?
① 1 Woche
② 1 Monat
③ 2 Monate
④ ein halbes Jahr
⑤ unbegrenzt

2206
Bis zu welcher Korngröße wird Gesteinskörnung als »Mehlkorn« bezeichnet?
① 0,125 mm
② 0,25 mm
③ 0,5 mm
④ 1,0 mm
⑤ 2,0 mm

2207
Welchen Vorteil hat ein Gesteinskörnungsgemisch mit einer Sieblinie im grob- bis mittelkörnigen Bereich ③ gegenüber einem Gemisch im mittel- bis feinkörnigen Bereich ④?
① Das Gemisch ist feiner
② Es wird weniger Bindemittel benötigt
③ Der Kiesanteil ist geringer
④ Einige Korngrößen werden nicht benötigt
⑤ Der Sandanteil ist höher

2208
Welche Folgen hat die Verdopplung des Wasser/Zement-Wertes von 0,4 auf 0,8?
① Der Beton wird wasserdichter
② Der Rostschutz der Bewehrung wird verbessert
③ Der Beton »schwindet« weniger
④ Die Festigkeit des Betons vermindert sich stark
⑤ Die Festigkeit des Betons nimmt zu

2209
Ein steifer Beton soll zur Verarbeitung weicher gemacht werden. Wie kann dies ohne Qualitätsverluste nur geschehen?
① Durch Zugabe von Zement
② Durch Zugabe von Wasser
③ Durch Zugabe von Feinsand
④ Durch Zugabe von Zementleim
⑤ Durch Zugabe von Schalöl

2210
Wie kann die Konsistenz von plastischen bis weichen Betonen geprüft werden?
① Mit dem Siebversuch
② Mit dem Ausbreitversuch
③ Mit dem Verdichtungsversuch
④ Mit dem Luftgehalt-Prüfgerät
⑤ Mit dem Absetzversuch

Lösungen ab Seite 326

Zwischenprüfung – Fachstufe I — Hochbaufacharbeiter

Beton- und Stahlbetonbau — 2211 … 2220

2211
Für welche Betondruckfestigkeitsklassen sind Standardbetone zulässig?

① nur C8/10
② C8/10 und C12/15
③ C8/10, C12/15 und C16/20
④ C12/15, C16/20 und C20/25
⑤ C20/25, C25/30 und C30/37

2212
Welche Beschränkung für Standardbeton ist **nicht** richtig?

① Mindestzementgehalt nach DIN EN 206-1
② Expositionsklassen nur X0, XF1, XA2, XM3
③ natürliche Gesteinskörnungen
④ keine Zusatzmittel
⑤ keine Zusatzstoffe

2213
Welcher Mindestzementgehalt muss für Standardbeton C12/15 (Größtkorn 32 mm, Zementfestigkeitsklasse 32,5, plastische Konsistenz) eingehalten werden?

① 300 kg/m^3
② 230 kg/m^3
③ 320 kg/m^3
④ 360 kg/m^3
⑤ 210 kg/m^3

2214
Welches Bauteil eines kleinen Wohnhauses darf **nicht** mit C8/10 betoniert werden?

① Kellerunterboden
② Unbewehrte Kellerwand
③ Geschossdecke
④ Streifenfundament
⑤ Schornsteinfundament

2215
Was ist ein Baustellenbeton?

① Beton, der auf der Baustelle verarbeitet wird
② Ein auf der Baustelle zusammengestellter und gemischter Beton
③ Beton, der auf die Baustelle geliefert wird
④ Der für die Einrichtung einer Baustelle nötige Beton
⑤ Auf der Baustelle gibt es nur Baustellenbeton

2216
Was enthält das »Betonsortenverzeichnis« eines Transportbetonwerkes?

① Alle herstellbaren Betonsorten
② Alle transportierbaren Betonsorten
③ Einen Auszug möglicher herstellbarer Betonsorten
④ Empfehlungen für günstige Betone
⑤ Alle lieferbaren Betonsorten dieses Transportbetonwerkes

2217
Wann muss Transportbeton (ohne Verzögerer) spätestens entladen sein?

① 30 Minuten nach Beladen
② 60 Minuten nach Ankunft auf der Baustelle
③ 90 Minuten nach Wasserzugabe
④ 3 Stunden nach Bestellung
⑤ Bis zum Feierabend

2218
Lieferschein eines Transportbetons. Welche Angabe muss vor dem Entladen **nicht** überprüft werden?

① Empfänger der Lieferung, Baustelle
② Lieferschein-Nummer
③ Betonsorten-Nummer
④ Festigkeitsklasse
⑤ Besondere Eigenschaften

2219
Bis zu welchem Zeitpunkt sollte Transportbeton (bis 100 m^3) vorbestellt werden?

① Vorbestellung nicht nötig
② Vorbestellung erst über 100 m^3 nötig
③ Etwa 3 Stunden vorher
④ 24 Stunden vorher
⑤ Bei Baustelleneröffnung

2220
Welches Betonzusatzmittel darf dem Transportbeton auf der Baustelle zugegeben werden?

① Einpresshilfe (EH)
② Fließmittel (FM)
③ Stabilisierer (ST)
④ Beschleuniger (BE)
⑤ Dichtungsmittel (DM)

Zwischenprüfung – Fachstufe I | Hochbaufacharbeiter

Beton- und Stahlbetonbau — 2221 … 2229

2221
Welches Material eignet sich nicht für die Schalhaut?
① Brettschalung
② Platten aus Holz bzw. Holzwerkstoffen
③ Gipskartonplatten
④ Stahlschalung
⑤ Kunststoffschalung

2222
Welches Element gehört nicht zu einer herkömmlichen Deckenschalung?
① Schaltafel
② Drängbrett
③ Querträger
④ Joch (Rähm)
⑤ Stütze

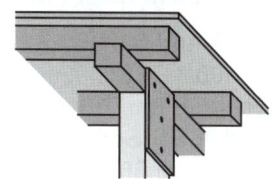

2223
Nach dem Ausschalen von Platten und Balken bis 8 m Stützweite gilt:
① Notstützen in Feldmitte stehen lassen
② Pro laufenden Meter eine Notstütze anordnen
③ Pro m² eine Notstütze anordnen
④ Jede zweite Stütze stehen lassen
⑤ Notstützen sind nicht erforderlich

2224
Welches Detail zeigt die Abbildung?
① Eckverspannung einer Rahmentafelschalung
② Eckverschraubung einer systemlosen Stützenschalung
③ Fußpunkt einer herkömmlichen Stützenschalung
④ Ecke einer Stützenzwinge
⑤ Eckverbindung zweier Trägerschalungen

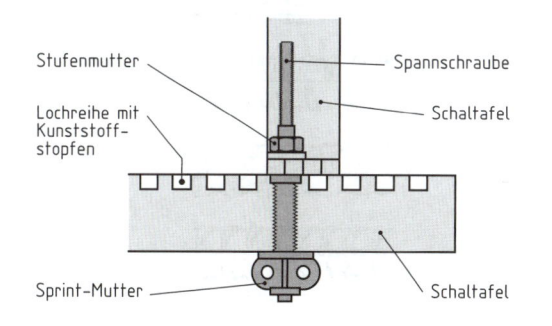

(Abbildung: Stufenmutter, Spannschraube, Lochreihe mit Kunststoffstopfen, Schaltafel, Sprint-Mutter, Schaltafel)

2225
Wo hat die systemlose Schalung im Vergleich zur Systemschalung einen Vorteil?
① Einsatzhäufigkeit
② Anpassungsfähigkeit an Bauteilformen
③ Lebensdauer
④ Montieren, Abbauen und Umsetzen
⑤ Lohn- und Materialkosten

2226
Wodurch wird die dargestellte Schalung zusammengehalten?
① Ringanker
② Säulenkranz aus Holz
③ Schalungsanker
④ Säulenzwinge aus Stahl
⑤ Verschwertungsklammer

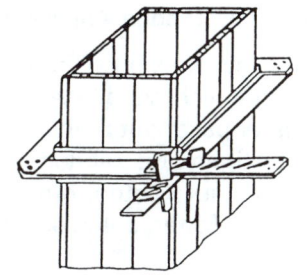

2227
Welches Verbindungsmittel eignet sich zur Verspannung bei großen Schalhöhen?
① Schalungsanker aus Ankerstab, Ankerverschluss und Abstandshalter
② Aufgenagelte Brettlaschen
③ Abspießungen
④ Verrödelungen
⑤ Bankettzwingen

2228
Wie wird das dargestellte Schalungselement bezeichnet?
① Fachwerkträger aus Holz
② Rahmentafel
③ Kantholz
④ Vollwandträger aus Holz
⑤ Holz-Profilträger

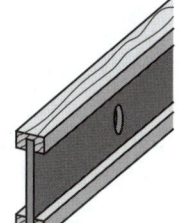

2229
Was ist bei der Trennmittelbehandlung nicht richtig?
① Flüssige Mittel möglichst mit Sprühgeräten auftragen
② Trennmittel dünn und gleichmäßig auf die Schalhaut auftragen
③ Unfallverhütungsvorschriften und Gefahrstoffverordnung beachten
④ Lösemittelfreie Trennmittel bevorzugen
⑤ Bewehrung allseitig intensiv mit Trennmitteln reinigen

Lösungen ab Seite 327

Zwischenprüfung – Fachstufe I
Hochbaufacharbeiter
Beton- und Stahlbetonbau
2230 ... 2237

2230
Welche Betonstabstahl-Sorten werden nach DIN 488/EC2 hergestellt?

① B420A und B420B
② BSt 500 M, BSt 500 P und BSt 500 G
③ BSt 240 S und BSt 420 S
④ BSt 420 S, BSt 460 S und BSt 500 S
⑤ B500A und B500B

2231
Welche Angabe muss der Lieferschein für Betonstahl nicht enthalten?

① Hersteller und -werk
② Tag der Herstellung
③ Überwachungszeichen
④ Liefermenge
⑤ Tag der Lieferung

2232
Welcher Betonstahl ist ein nicht verwundener BSt 500 S (B500A) ohne Längsrippen?

①
②
③
④
⑤

2233
Welche Betonstahlsorte hat das Kurzzeichen IV S?

① Betonstabstahl 500 S
② Betonstabstahl 500 S (B)
③ Geschweißte Matte aus gerippten Stählen 500 M
④ Bewehrungsdraht 500 P
⑤ Bewehrungsdraht 500 G

2234
Welches Bewehrungselement erkennt man an diesem eckigen Schild?

① Betonstabstahl
② Lagermatte
③ Stahlträger
④ Zeichnungsmatte
⑤ Listenmatte

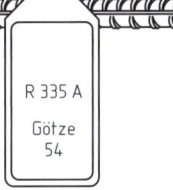

R 335 A
Götze
54

2235
Wie wird die im Ausschnitt dargestellte Lagermatte bezeichnet?

① N-Matte
② Zwillingsmatte
③ Doppelstabmatte
④ Doppelverankerungsmatte
⑤ Einfachstab-Quermatte

2236
Was ist falsch beim Anliefern von Betonstahlmatten?

① Lieferschein kontrollieren
② Matten nicht vom Lkw werfen
③ Mattenpaket mit Stahlschlaufen an vier Stellen befestigen und mit dem Kran abladen
④ Matten auf Kanthölzern lagern
⑤ Große Matten unten, kleine Matten oben im Stapel lagern

2237
Lagermattenbezeichnungen geben Auskunft über den Mattenaufbau. Was gilt für eine Q 335 A?

① Quadratische Stababstände 335 mm x 335 mm
② Mattenlänge 3,35 m, rechteckige Stababstände 150 mm x 250 mm
③ Quadratische Stababstände 150 mm x 150 mm, 335 mm² Querschnittsfläche der Längsstäbe je m Mattenbreite
④ Quadratische Stababstände 33,5 cm x 33,5 cm, Lagermatte für untergeordnete Beanspruchung
⑤ Querbelastung 335 N/mm², Mattenbreite 2,50 m

Zwischenprüfung – Fachstufe I | Hochbaufacharbeiter

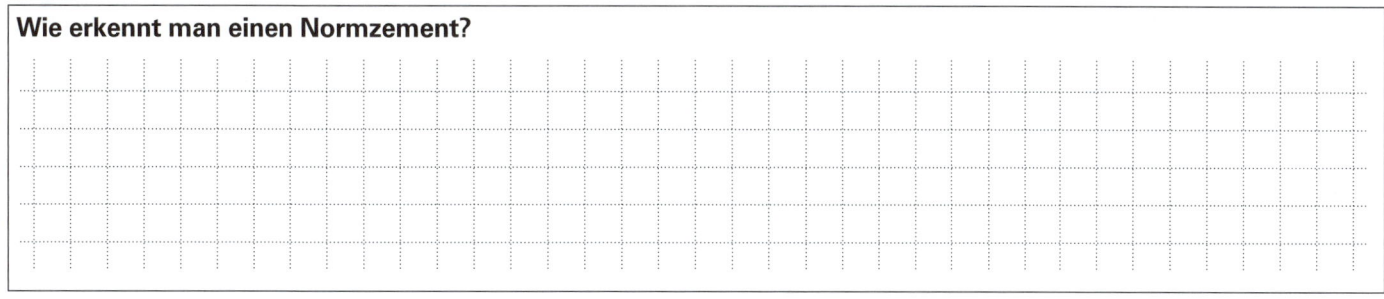

Beton- und Stahlbetonbau — 2238 … 2244

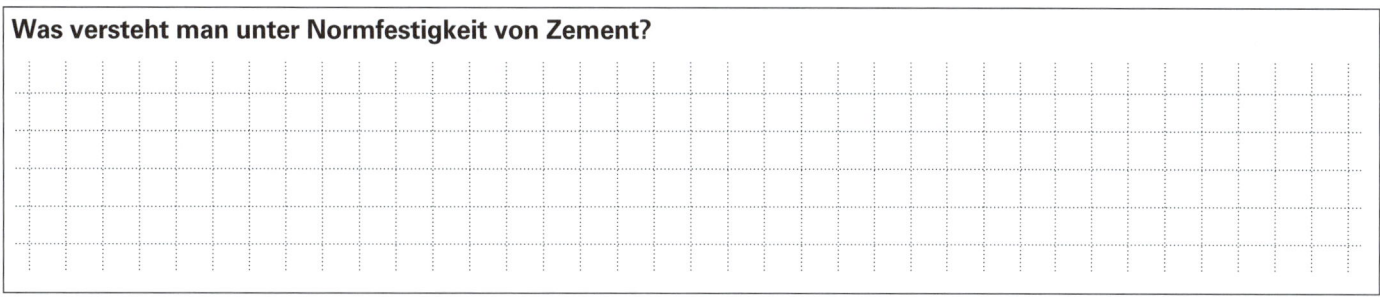

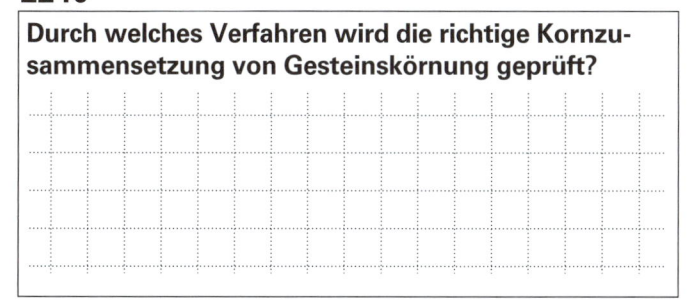

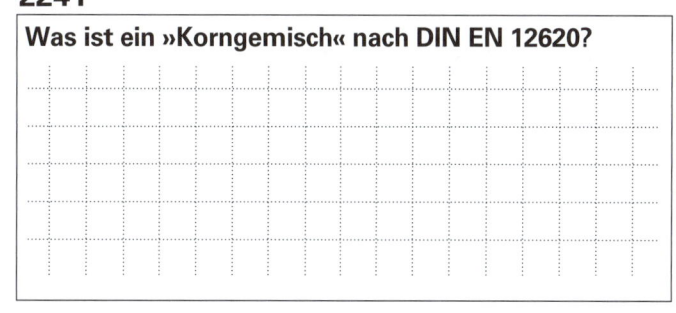

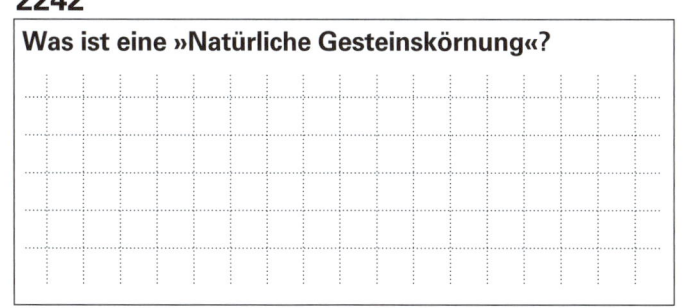

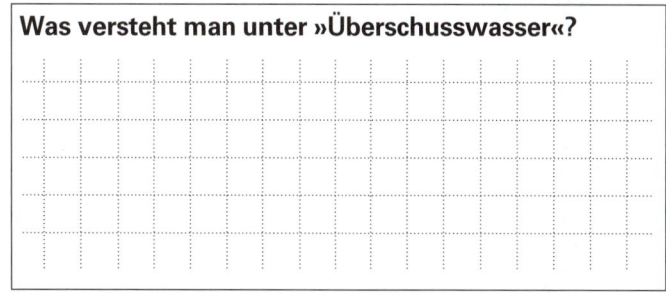

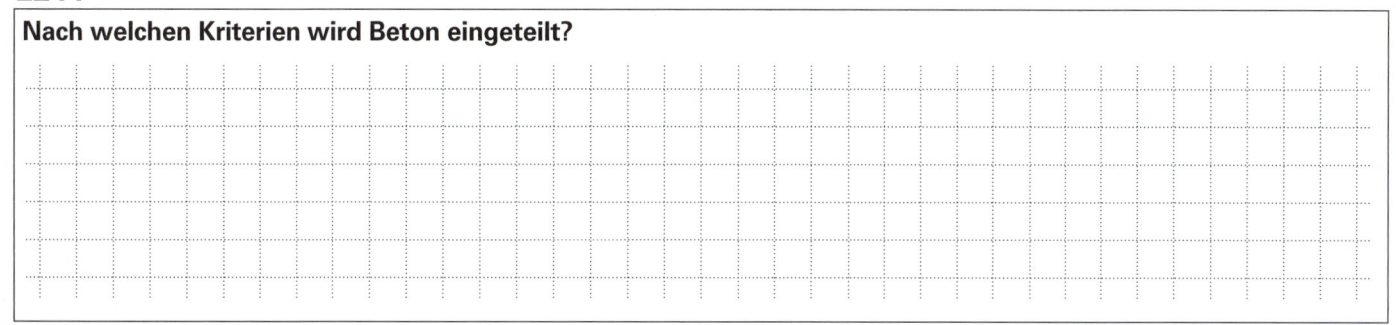

2238
Wie erkennt man einen Normzement?

2239
Was versteht man unter Normfestigkeit von Zement?

2240
Durch welches Verfahren wird die richtige Kornzusammensetzung von Gesteinskörnung geprüft?

2241
Was ist ein »Korngemisch« nach DIN EN 12620?

2242
Was ist eine »Natürliche Gesteinskörnung«?

2243
Was versteht man unter »Überschusswasser«?

2244
Nach welchen Kriterien wird Beton eingeteilt?

Lösungen ab Seite 328

Zwischenprüfung – Fachstufe I | Hochbaufacharbeiter

Beton- und Stahlbetonbau — 2245 ... 2250

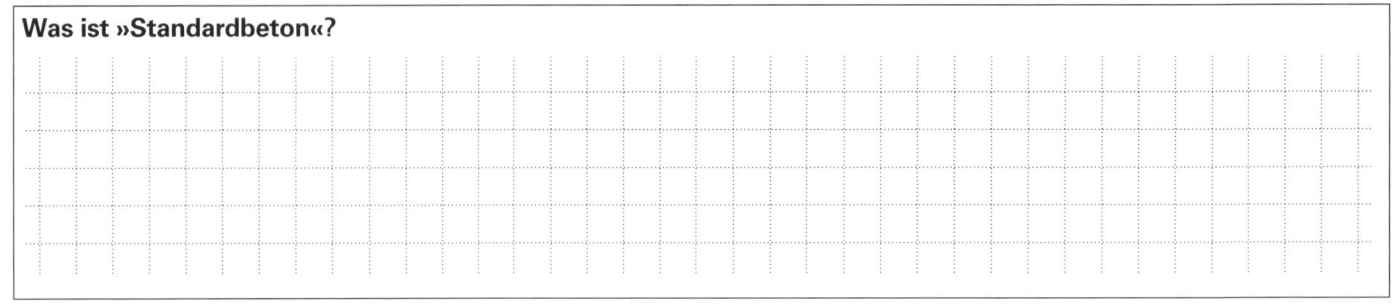

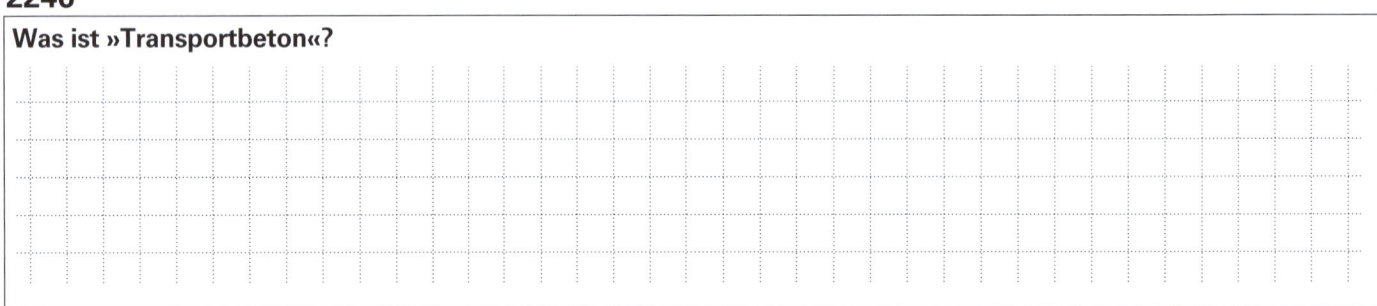

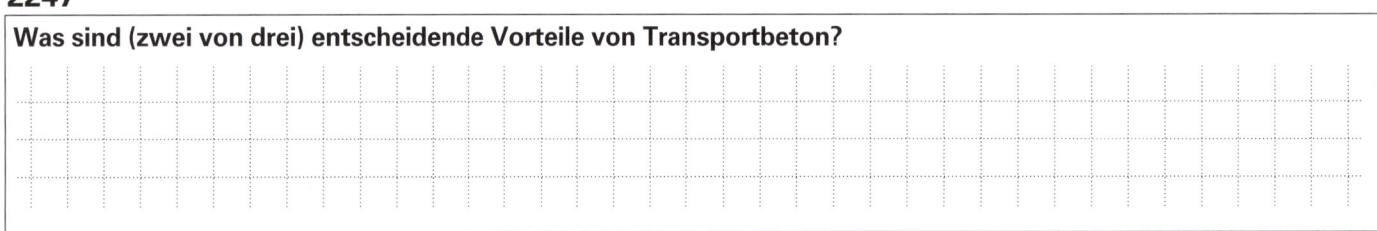

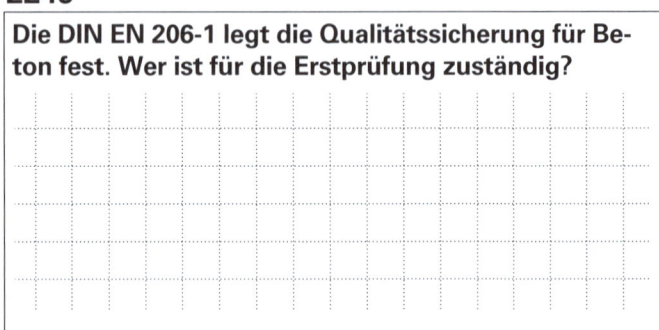

2245
Was ist »Standardbeton«?

2246
Was ist »Transportbeton«?

2247
Was sind (zwei von drei) entscheidende Vorteile von Transportbeton?

2248
Wie werden die Elemente einer Balkenschalung fachgerecht bezeichnet?

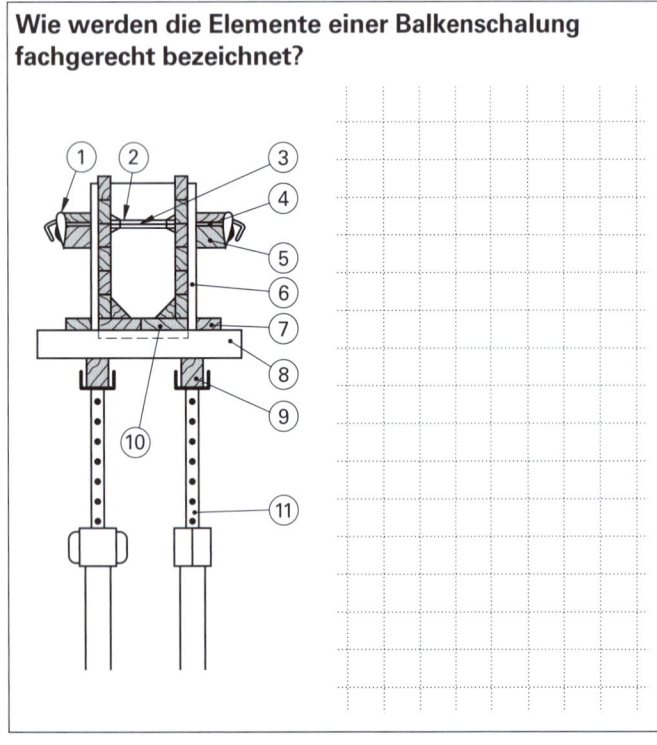

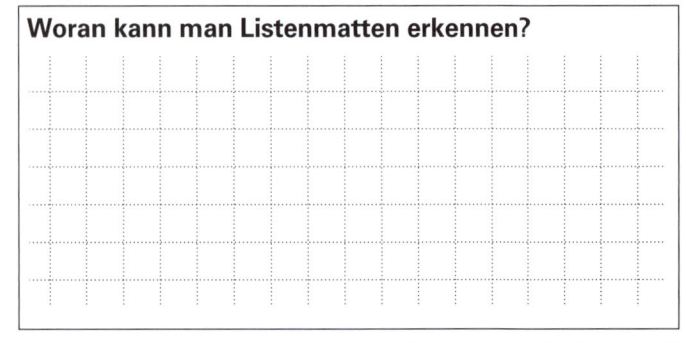

2249
Die DIN EN 206-1 legt die Qualitätssicherung für Beton fest. Wer ist für die Erstprüfung zuständig?

2250
Woran kann man Listenmatten erkennen?

Lösungen ab Seite 328

Zwischenprüfung – Fachstufe I

Hochbaufacharbeiter

Beton- und Stahlbetonbau

2251 ... 2252

2251

Ein Stahlbetonbalken ist 30 cm breit. Die Betondeckung beträgt 2,0 cm, die Bügel haben einen ⌀ 10 mm.
Wie groß wird der Abstand *s* zwischen den 5 einzubauenden Stählen (⌀ 16 mm)?

① 1,4 cm
② 2,0 cm
③ 2,4 cm
④ 3,7 cm
⑤ 4,0 cm

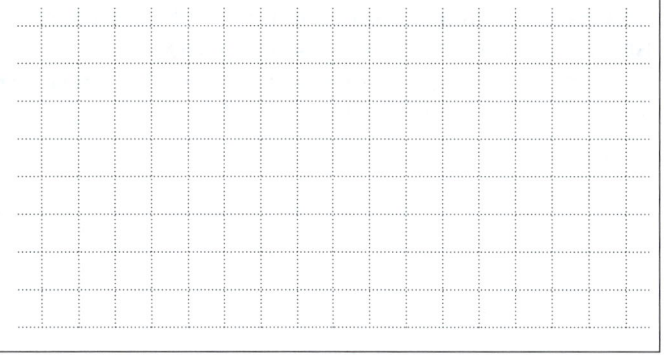

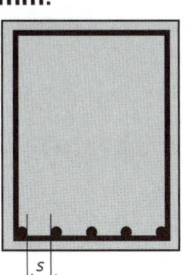

2252

16 Stützenfundamente müssen hergestellt werden.
Wie viel m³ Beton (Näherungsformel) werden benötigt?

① 1,59 m³
② 1,28 m³
③ 20,40 m³
④ 25,44 m³
⑤ 4,99 m³

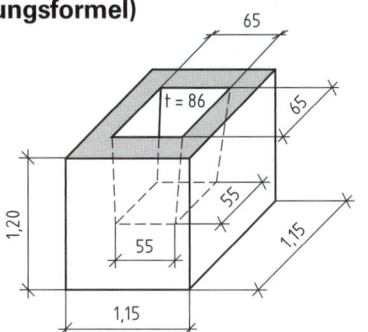

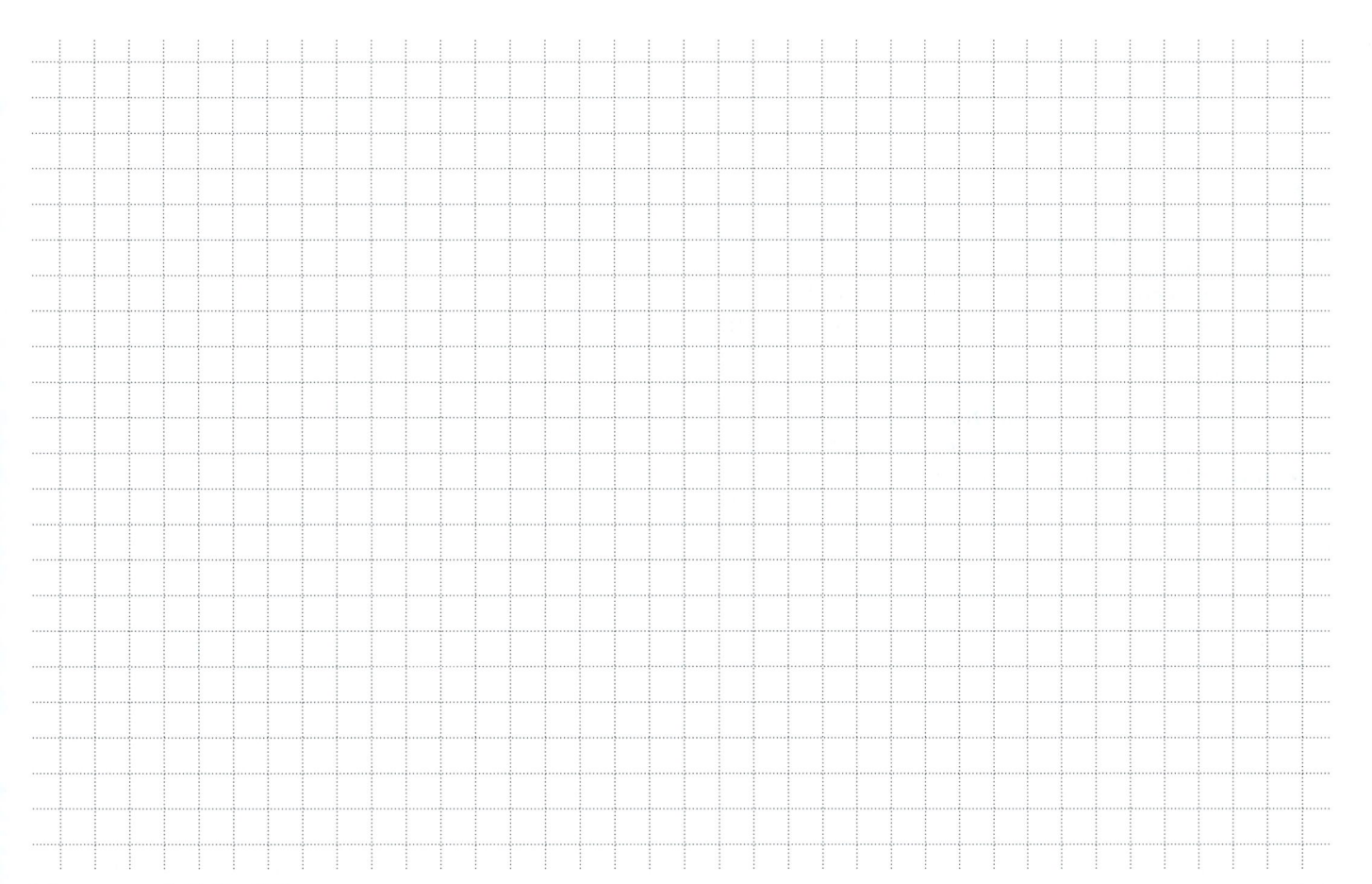

Lösungen ab Seite 329

Zwischenprüfung – Fachstufe I
Hochbaufacharbeiter
Beton- und Stahlbetonbau — 2253 ... 2254

2253

6 Stützen mit abgetrepptem Fundament sollen aus Standardbeton C16/20 hergestellt werden.
Wie viel kg Zement werden für den C16/20, Konsistenz weich C 3/ F 3, Sieblinienbereich ④ benötigt?

① 180,5 kg
② 3651,8 kg
③ 3267,4 kg
④ 608,6 kg
⑤ 544,6 kg

Beton-festig-keits-klasse	Sieb-linien-bereich kg/m³	Baustoffbedarf		
		Zement kg/m³	Gesteins-körnung kg/m³	Zugabe-wasser kg/m³
C 8/10	③	230	1950	175
	④	260	1860	200
C 12/15	③	300	1890	175
	④	330	1800	200
C 16/20	③	340	1855	175
	④	380	1755	200

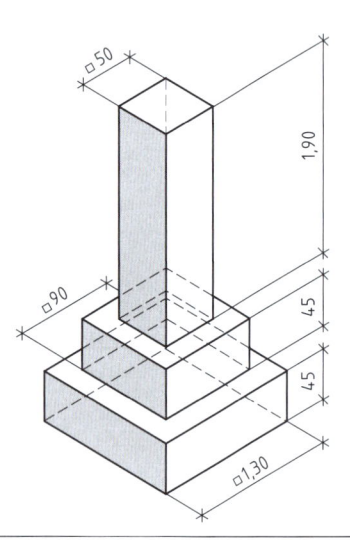

2254

Zur Bestimmung der Konsistenz von Frischbeton wird ein Verdichtungsversuch durchgeführt. An den vier Seiten des 40 cm hohen, mit Beton gefüllten Normbehälters werden nach dem vollständigen Verdichten die Abstichmaße s_1 = 90 mm, s_2 = 91 mm, s_3 = 94 mm und s_4 = 93 mm gemessen.
Wie groß ist das Verdichtungsmaß v?

① 92
② 0,76
③ 0,13
④ 1,30
⑤ 308

Zwischenprüfung – Fachstufe I
Hochbaufacharbeiter
Beton- und Stahlbetonbau
2255 … 2256

2255

Wie viel m³ Beton sind zur Herstellung von 160 Betonrohren (Abmessungen nach Abbildung) erforderlich?

① 0,174 m³
② 0,57 m³
③ 10,44 m³
④ 39,7 m³
⑤ 91,2 m³

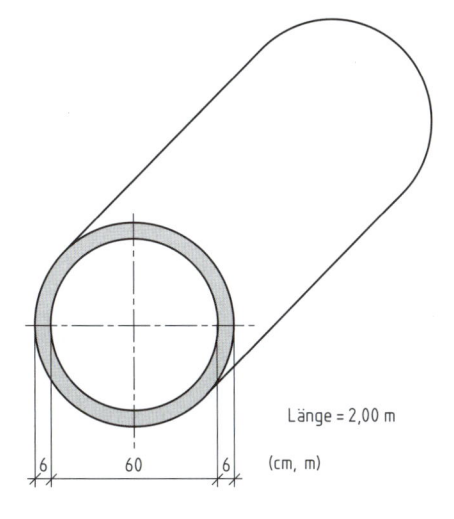

Länge = 2,00 m
6 | 60 | 6 (cm, m)

2256

Im Siebversuch wurde die Zusammensetzung von Gesteinskörnungen ermittelt.
Die zum Einzeichnen der Sieblinie notwendigen Werte sind zu berechnen.
Wie ist das Gesteinskörnungsgemisch zu bewerten?

① Grobkörnig
② Ausfallkörnung
③ Grob- bis mittelkörnig
④ Mittel- bis feinkörnig
⑤ Feinkörnig

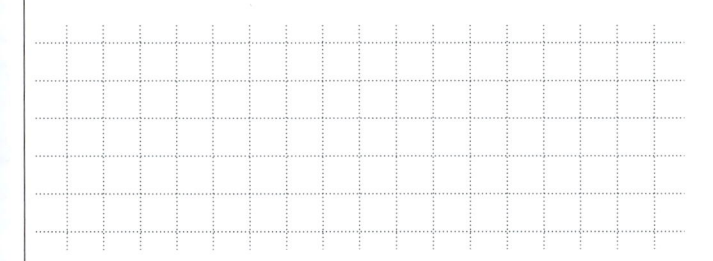

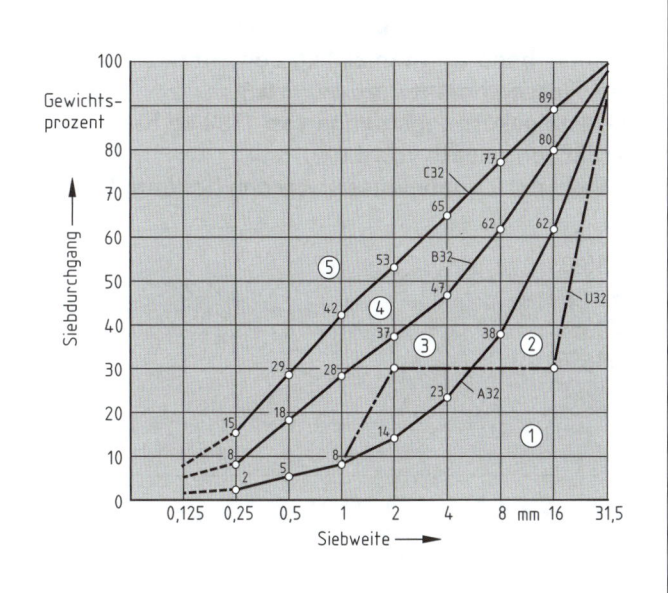

Sieb (mm)	0,125	0,25	0,5	1	2	4	8	16	31,5
Durchgang (g)									
Durchgang (%)									
Rückstand (g)	155	375	410	225	785	575	1135	1240	0
Summe aller Rückstände (g)	4900	4745	4370	3960	3735	2950	2375	1240	0

Lösungen ab Seite 330

Zwischenprüfung – Fachstufe I
Hochbaufacharbeiter
Beton- und Stahlbetonbau
2257 ... 2258

2257

Für 1 m³ verdichteten Frischbeton werden 345 kg Zement, 1910 kg oberflächentrockene Gesteinskörnung und 162 Liter Zugabewasser benötigt.
Wie ist das Mischungsverhältnis in Masseteilen?
(Zement : Gesteinskörnung : Wasser)?

① 1 : 5,54 : 0,47
② 1 : 19,10 : 1,62
③ 3,45 : 1,62 : 19,10
④ 5,74 : 11,80 : 3,45
⑤ 1 : 1,62 : 3,45

2258

Um die angestrebte Druckfestigkeit eines C16/25 zu erreichen, benötigt man 340 kg Zement CEM 32,5 und einen Wasserzementwert $w/z = 0{,}6$.
Die Gesteinskörnungsmenge von 1830 kg hat eine Oberflächenfeuchte von 4,0 %.
Wie viel Liter Zugabewasser werden benötigt?

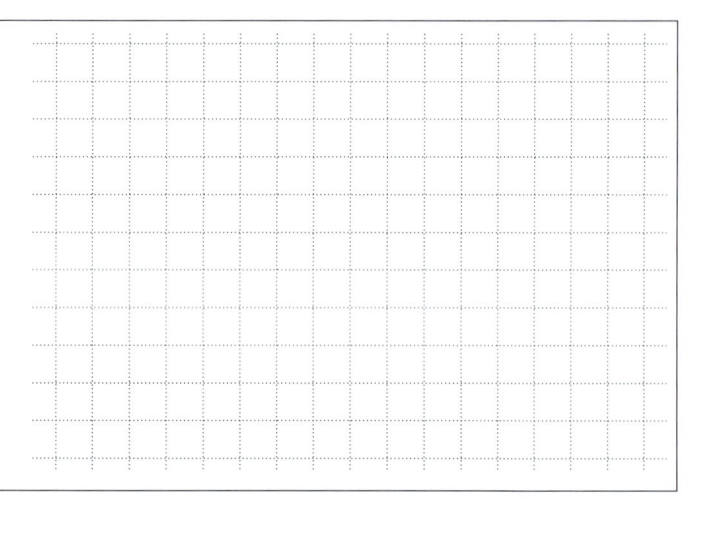

① 73,2 l
② 130,8 l
③ 204,0 l
④ 493,5 l
⑤ 566,7 l

Zwischenprüfung – Fachstufe I   Hochbaufacharbeiter

Beton- und Stahlbetonbau   2259 … 2261

2259
Wie groß ist die Schnittlänge l für den geraden Tragstahl mit Rechtwinkelhaken?

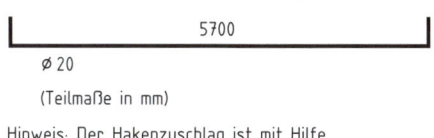

5700
Ø 20
(Teilmaße in mm)

Hinweis: Der Hakenzuschlag ist mit Hilfe eines Tabellenbuches zu ermitteln.

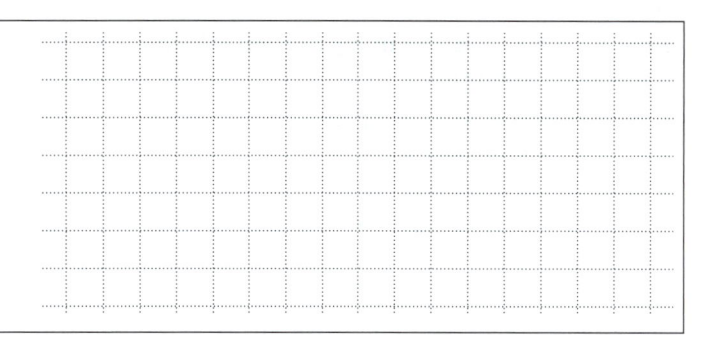

2260
Die Schnittlänge l für den beidseitig aufgebogenen Tragstab mit Rechtwinkelhaken ist zu bestimmen.

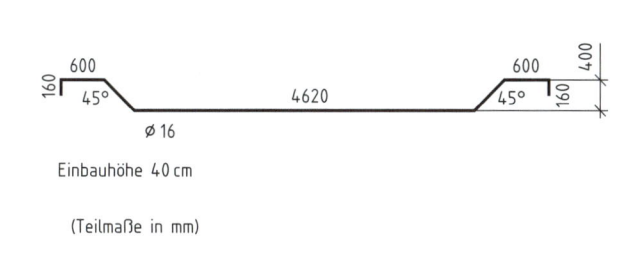

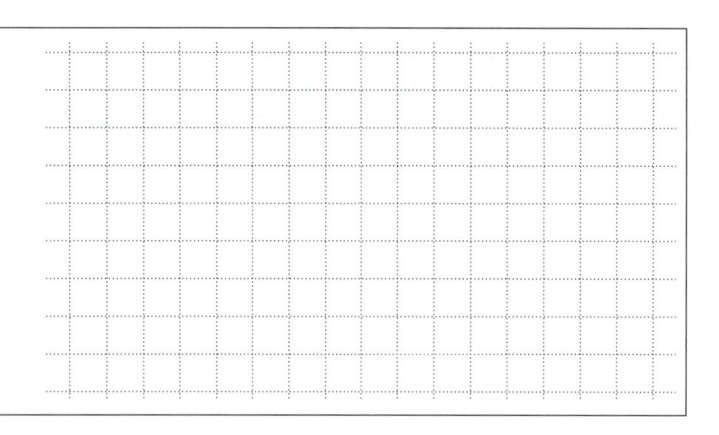

160, 600, 45°, 4620, 600, 45°, 160, 400
Ø 16
Einbauhöhe 40 cm
(Teilmaße in mm)

2261
Für den im Balkenschnitt dargestellten Bügel ist die Schnittlänge zu ermitteln.

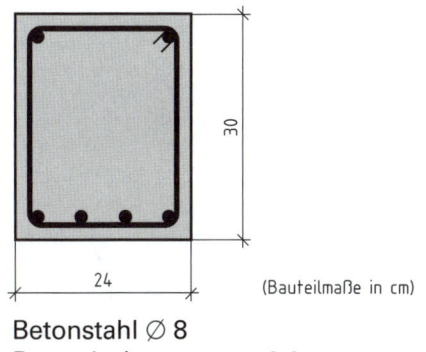

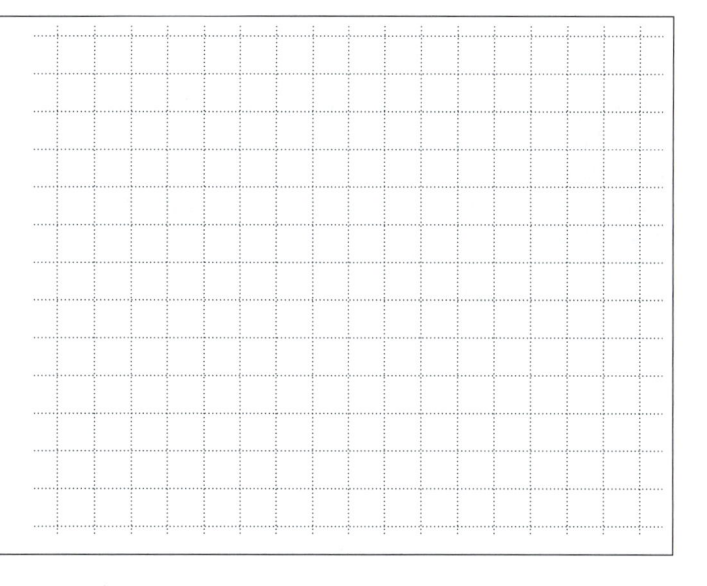

30
24
(Bauteilmaße in cm)

Betonstahl Ø 8
Betondeckung c_{nom} = 3,0 cm

Lösungen ab Seite 331

Zwischenprüfung – Fachstufe I | Hochbaufacharbeiter

Beton- und Stahlbetonbau — 2262 ... 2263

2262

Einer Bewehrungszeichnung werden folgende Angaben entnommen:

1. 14⌀16, Schnittlänge = 6,32 m
2. 6⌀ 8, Schnittlänge = 4,40 m
3. 24⌀ 8, Schnittlänge = 2,52 m
4. 17⌀16, Schnittlänge = 4,05 m
5. 3⌀16, Schnittlänge = 3,50 m
6. 32⌀10, Schnittlänge = 4,65 m

Aus einer Tabelle werden die Gewichte je Meter Stablänge entnommen:

⌀ 8 Metergewicht = 0,395 kg/m
⌀10 Metergewicht = 0,617 kg/m
⌀16 Metergewicht = 1,580 kg/m

Wie viel Kilogramm Bewehrungsstahl werden für die Bewehrung benötigt?

2263

Bei einer Festbetonprüfung wird die Höchstlast F von 1190 kN auf eine Druckfläche von 201 mm x 201 mm gemessen.
Die Höhe des Probewürfels beträgt 200 mm, die Masse m_B = 19,7 kg.
Wie groß sind seine Druckfestigkeit β_D und seine Festbetonrohdichte ρ_R?

Lösungen ab Seite 331

Zwischenprüfung – Fachstufe I
Hochbaufacharbeiter
Beton- und Stahlbetonbau — 2264 ... 2265

2264

Das Ergebnis eines Siebversuchs:

Sieb (mm)	0,25	0,5	1	2	4	8	16	32	63
Durchgang (%)	5	14	22	32	39	53	72	96	100
Rückstand (%)	95	86	78	68	61	47	28	4	0
Anteil der Korngruppen	5	9	8	10	7	14	19	24	4

1 m³ Beton soll mit 1950 kg Gesteinskörnung obiger Zusammensetzung in der Konsistenz C 3, F 3 hergestellt werden.
- Wie groß ist der Wasseranspruch in Litern?
- Wie viel Liter Zugabewasser werden benötigt, wenn die Oberflächenfeuchte der Gesteinskörnung 3,5 % beträgt?

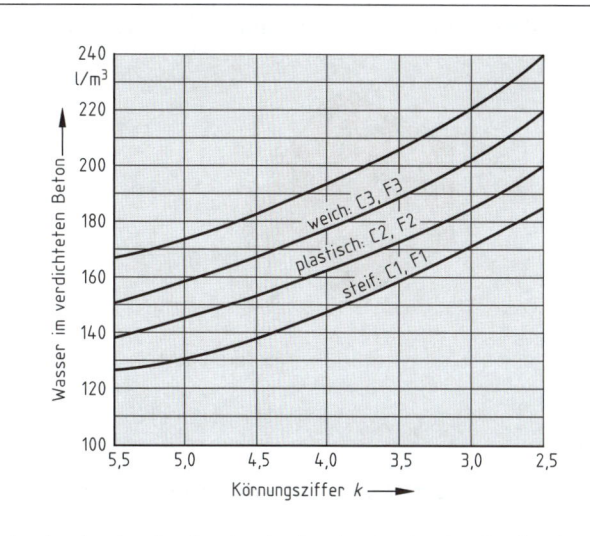

2265

Ein angelieferter Transportbeton C25/30, Konsistenz weich (C 3, F 3) mit einem Wasserzementwert von 0,51 enthält gemäß dem Betonsortenverzeichnis 350 kg/m³ CEM I 32,5 und 180 l/m³ Wasser. Um den Beton leichter verarbeiten zu können, werden den 4,5 m³ Frischbeton zusätzlich 120 l Wasser beigemischt.

- Welche Betondruckfestigkeit wird nach der Wasserzugabe noch erreicht?
- Wie viel Zement muss zugegeben werden, damit der Wasserzementwert von 0,51 beibehalten wird?

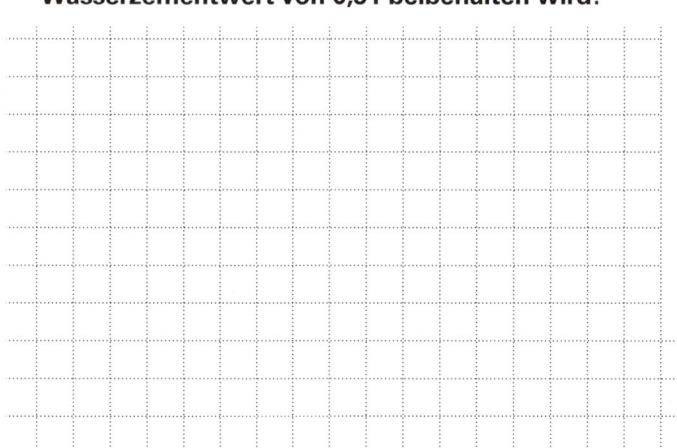

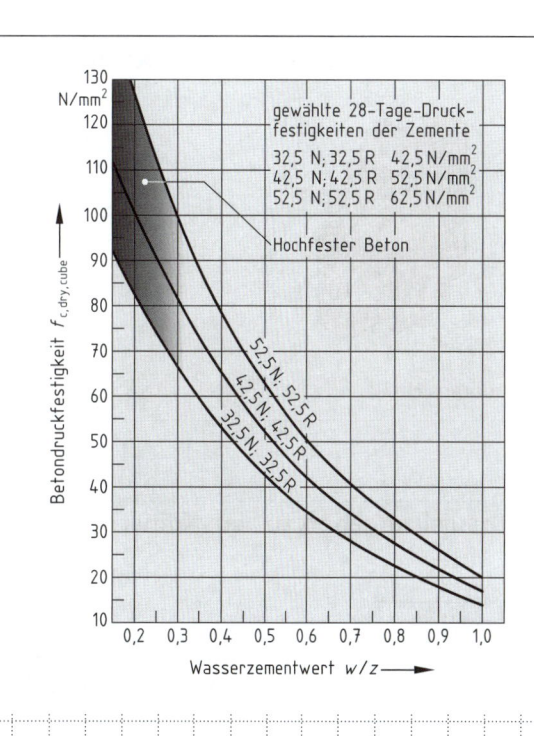

Lösungen ab Seite 332

Zwischenprüfung – Fachstufe I   Hochbaufacharbeiter

Beton- und Stahlbetonbau   2266 … 2269

2266
Zu welcher Vorderansicht gehört die perspektivische Ansicht des Körpers?

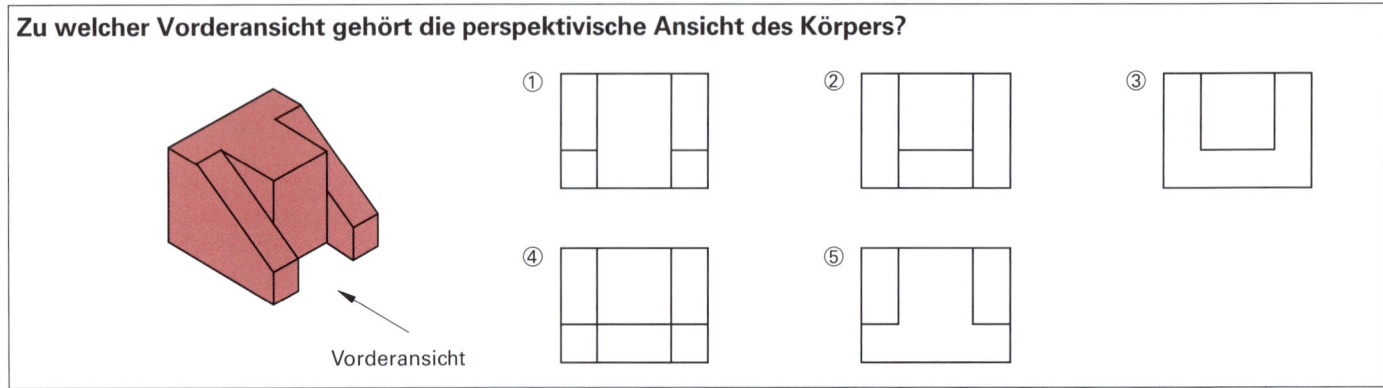

2267
Welche Draufsicht gehört zu der perspektivischen Ansicht des abgebildeten Körpers?

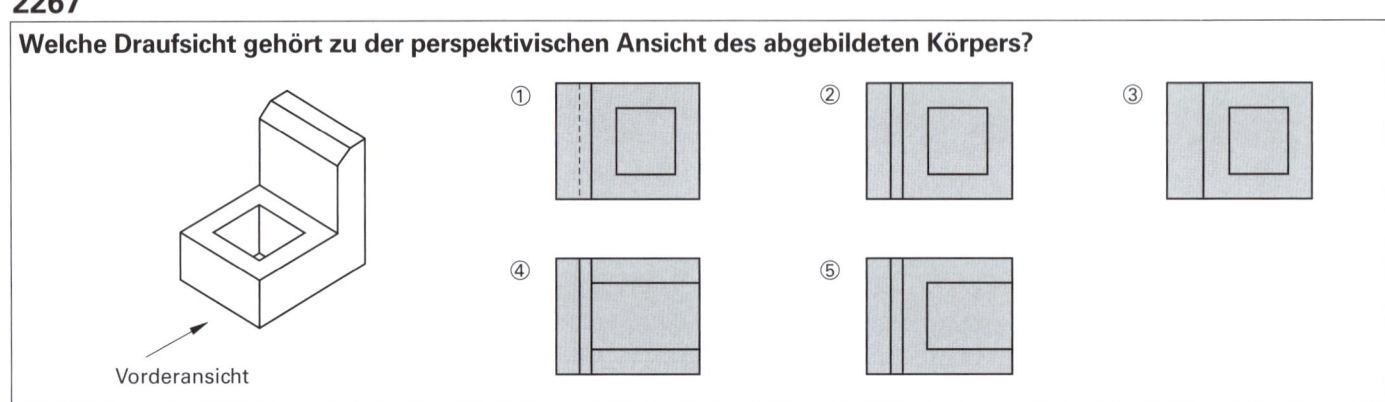

2268
Welche Draufsicht passt zu der perspektivischen Ansicht des dargestellten Körpers?

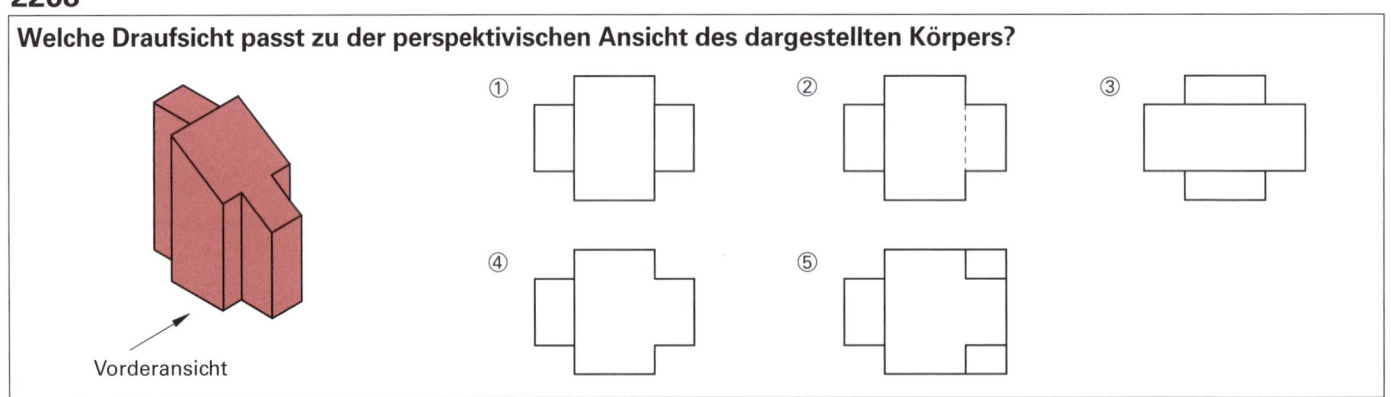

2269
Welche Draufsicht gehört zu dem Körper mit der abgebildeten Vorderansicht und Seitenansicht?

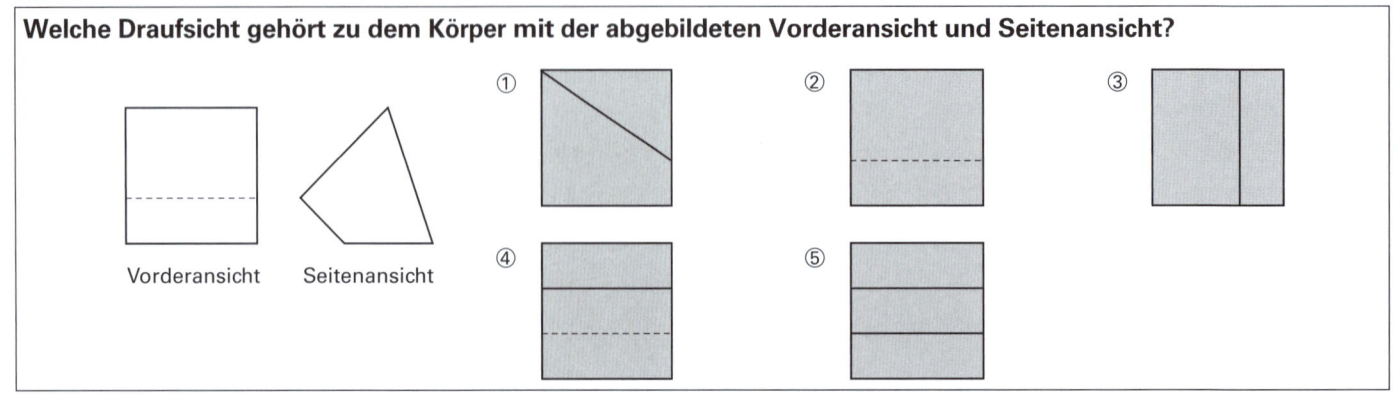

Lösungen ab Seite 332

Zwischenprüfung – Fachstufe I | **Hochbaufacharbeiter**

Beton- und Stahlbetonbau 2270 ... 2273

2270
Zu welcher perspektivischen Ansicht gehört die Draufsicht der Kirche?

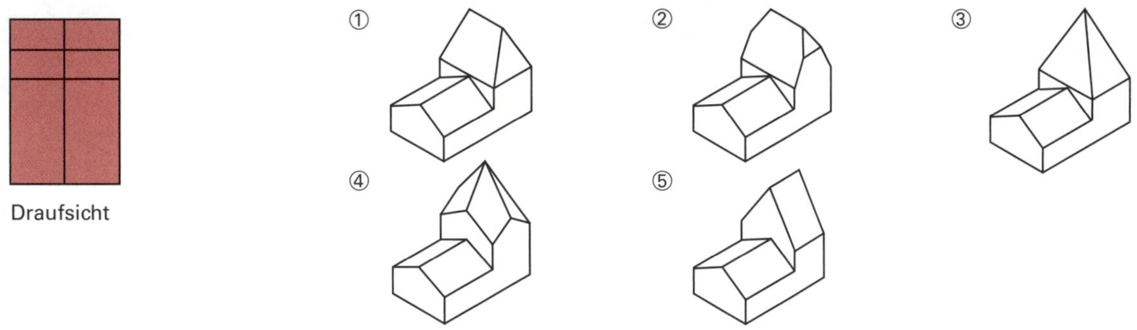

Draufsicht

2271
Welche Draufsicht gehört zu der Vorderansicht und der Seitenansicht des abgebildeten Körpers?

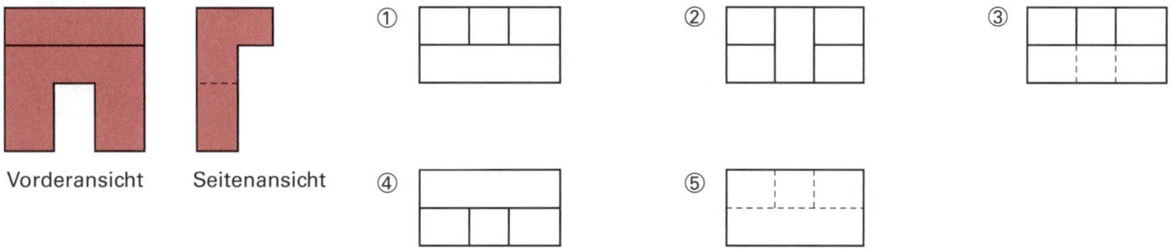

Vorderansicht   Seitenansicht

2272
Welche Vorderansicht passt zu dem dargestellten Körper?

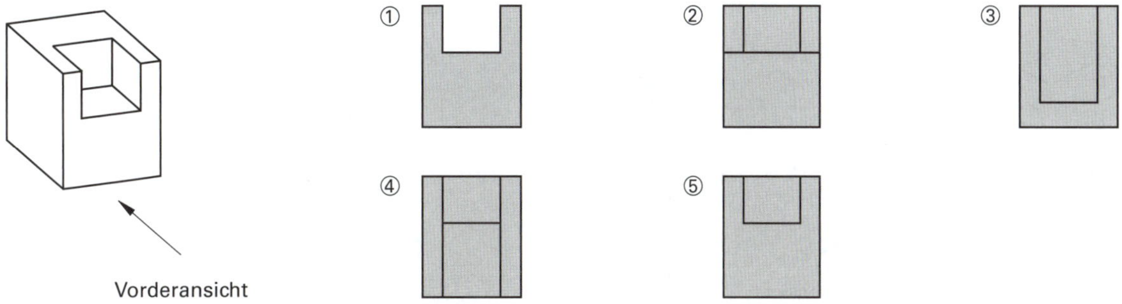

Vorderansicht

2273
Welche Draufsicht gehört zu dem Körper mit der Vorderansicht in Pfeilrichtung?

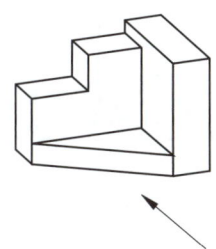

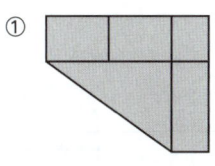

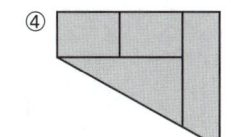

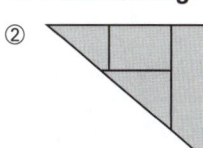

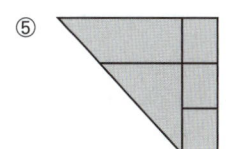

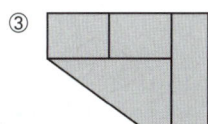

Vorderansicht

Lösungen ab Seite 332

Zwischenprüfung – Fachstufe I
Hochbaufacharbeiter
Beton- und Stahlbetonbau
2274 … 2277

2274
In welchem Bild ist die richtige Draufsicht des Körpers zu sehen?

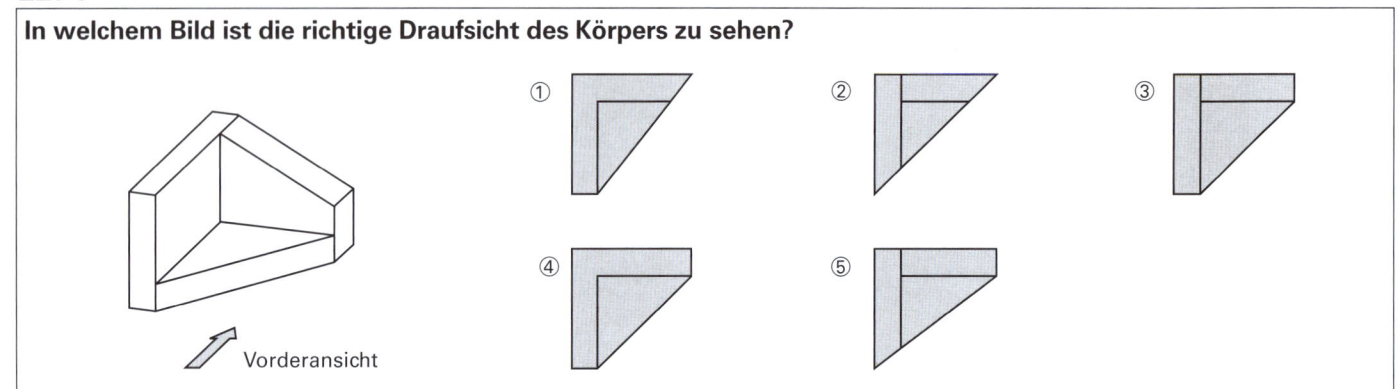

2275
Welche Draufsicht gehört zu dem abgebildeten Körper?

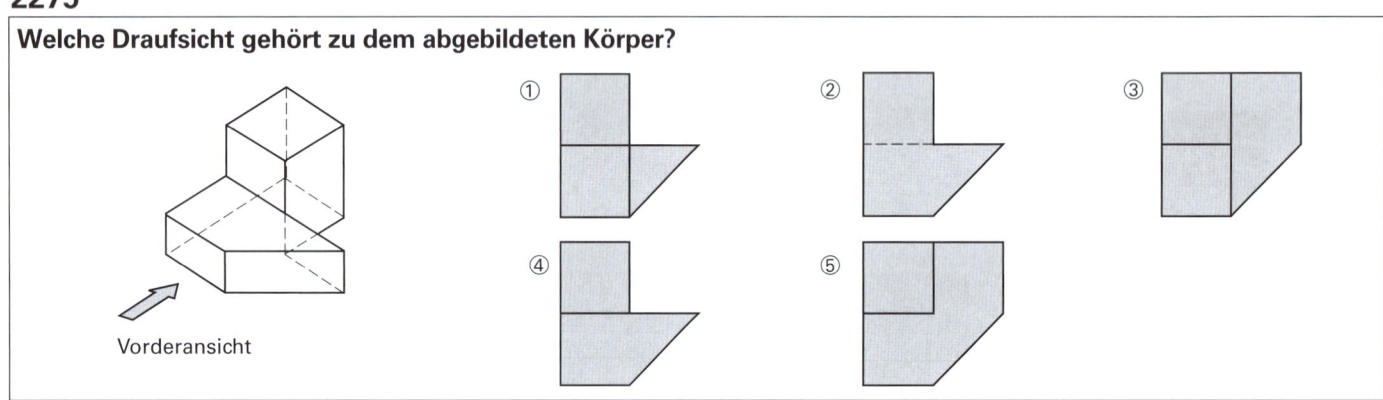

2276
In welchem Bild ist die richtige Draufsicht des Körpers zu sehen?

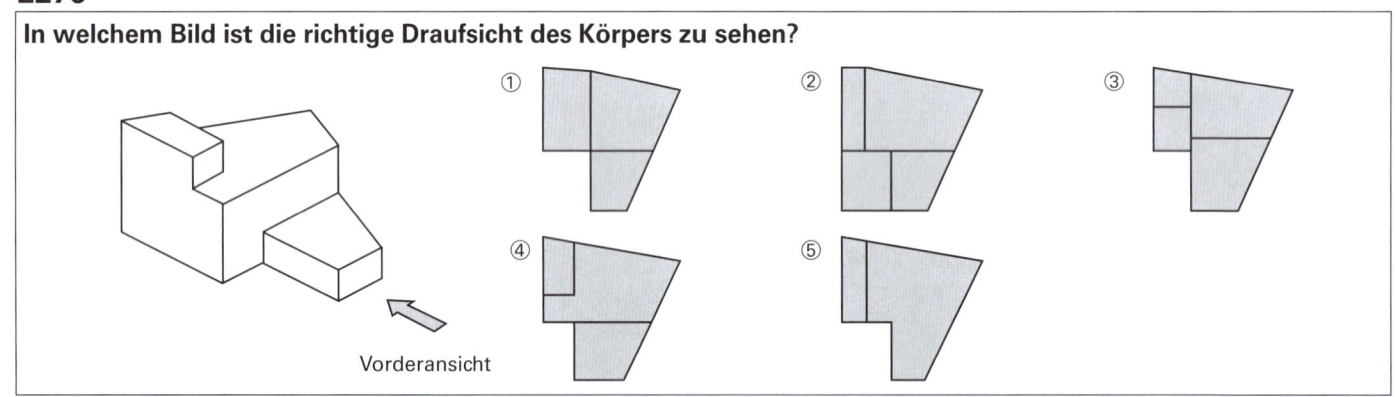

2277
Welche Ansicht in Pfeilrichtung gehört zu dem Körper?

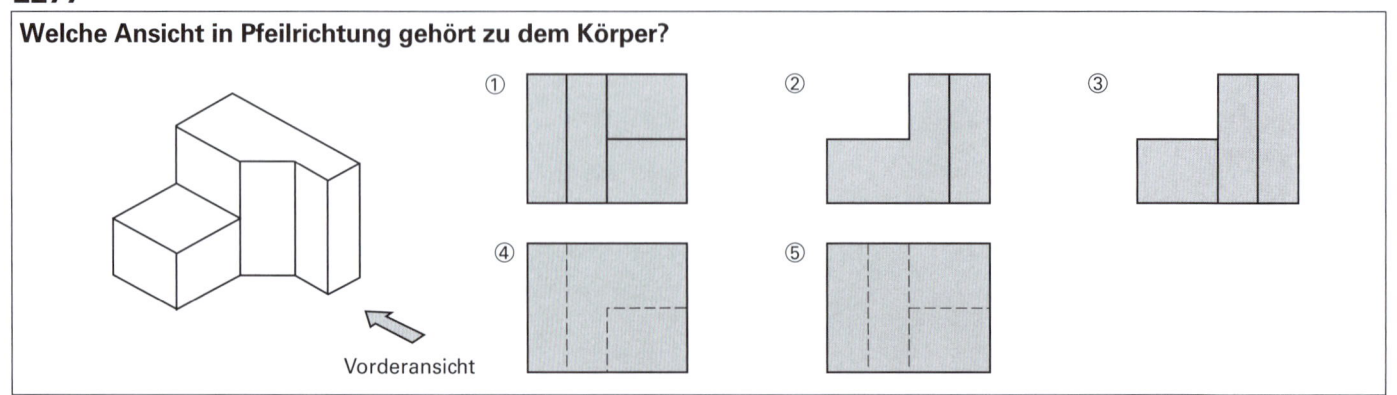

160 Lösungen ab Seite 332

Zwischenprüfung – Fachstufe I | Hochbaufacharbeiter

Beton- und Stahlbetonbau — 2278 ... 2279

2278

Zeichnen Sie die Vorderansicht, Seitenansicht von links und Draufsicht des räumlich skizzierten Mauerwerkskörpers auf DIN A4 in Bleistift im Maßstab 1 : 50.
– In den zu zeichnenden Ansichten sind alle für die Ausführung notwendigen Maße einzutragen.
– Verdeckte Kanten sind als gestrichelte Linien darzustellen.

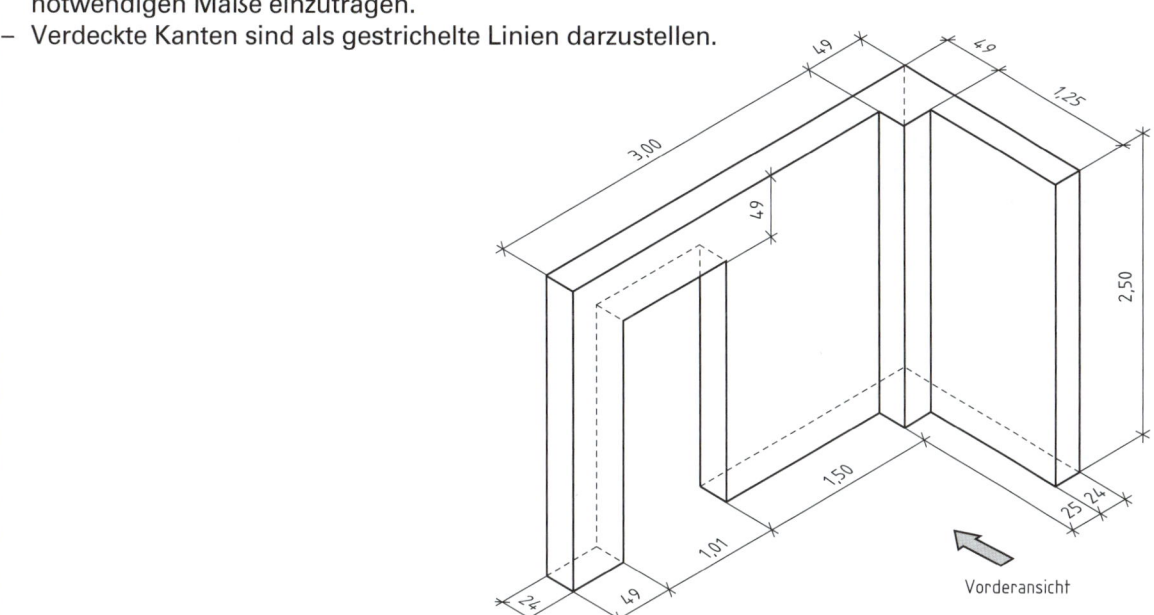

Verwenden Sie ein Extra-DIN-A4-Blatt; kariertes Papier ist vorteilhaft, weißer Karton ohne Rasterung erhöht den Schwierigkeitsgrad.

2279

Zeichnen Sie die Vorderansicht, Seitenansicht von links und Draufsicht des räumlich skizzierten Hauses auf DIN A4 in Bleistift im Maßstab 1 : 200.
– In den zu zeichnenden Ansichten sind alle für die Ausführung notwendigen Maße einzutragen.
– Verdeckte Kanten sind als gestrichelte Linien darzustellen.

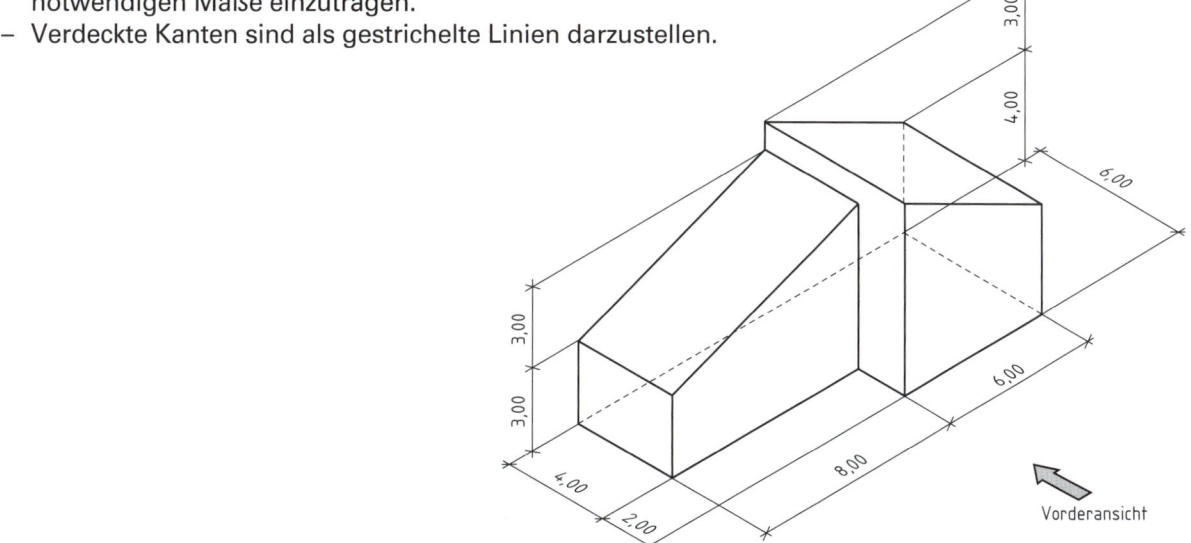

Verwenden Sie ein Extra-DIN-A4-Blatt; kariertes Papier ist vorteilhaft, weißer Karton ohne Rasterung erhöht den Schwierigkeitsgrad.

Lösungen ab Seite 333

Zwischenprüfung – Fachstufe I — Hochbaufacharbeiter

Beton- und Stahlbetonarbeiten — 2280

2280

Ein Stahlbetonunterzug ist auszuführen. Die fehlenden Maße sind zu ermitteln, die Betonstahl-Gewichtsliste auszufüllen und die Masse an Betonstahl zu berechnen.

Stahlbetonunterzug $b/d = 24\,cm/50\,cm$

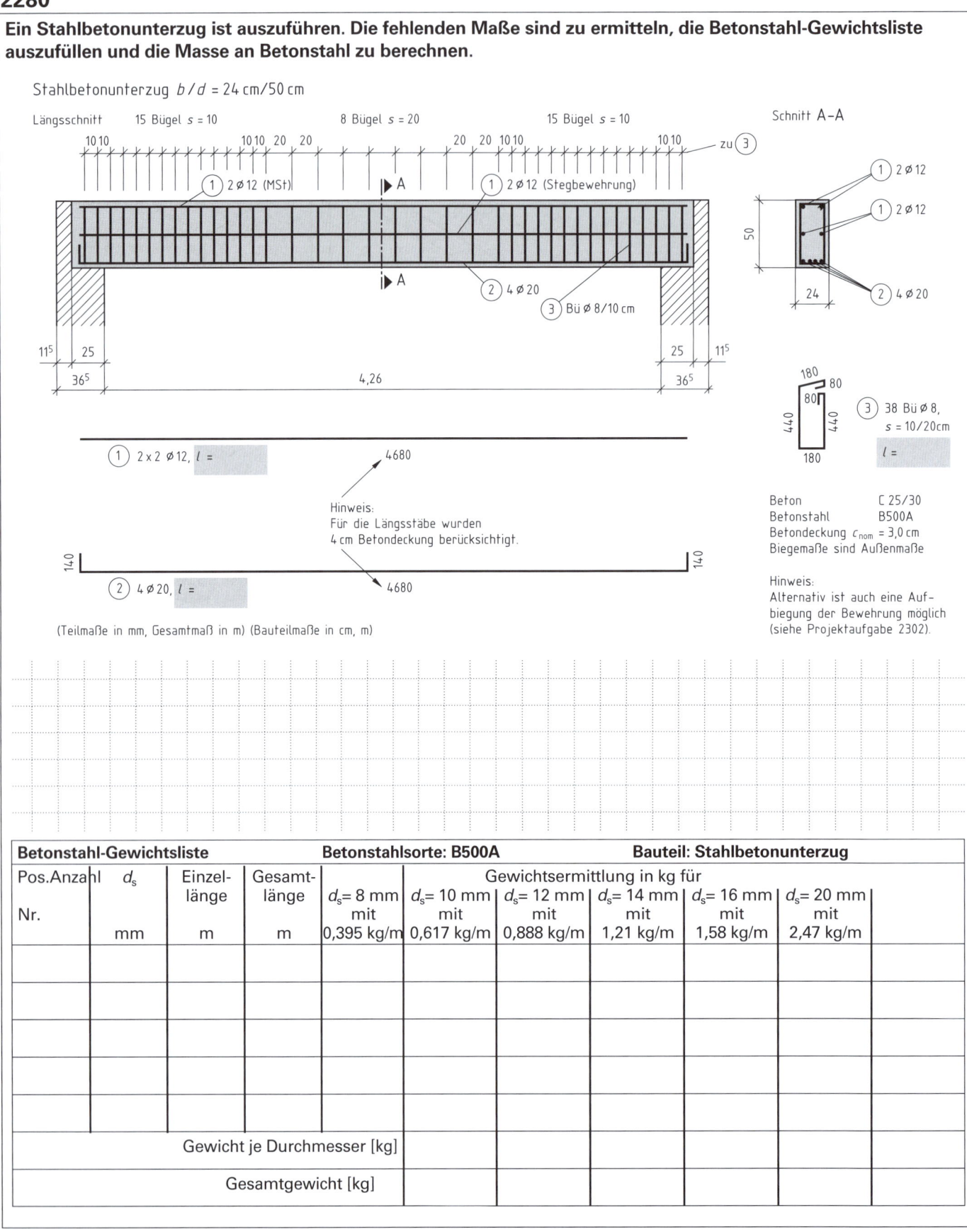

Längsschnitt — 15 Bügel $s = 10$ — 8 Bügel $s = 20$ — 15 Bügel $s = 10$ — Schnitt A–A

① 2 Ø 12 (MSt)
① 2 Ø 12 (Stegbewehrung)
② 4 Ø 20
③ Bü Ø 8/10 cm

① 2 × 2 Ø 12, $l =$ ⟶ 4680

Hinweis:
Für die Längsstäbe wurden 4 cm Betondeckung berücksichtigt.

② 4 Ø 20, $l =$ ⟶ 4680

(Teilmaße in mm, Gesamtmaß in m) (Bauteilmaße in cm, m)

③ 38 Bü Ø 8, $s = 10/20\,cm$
$l =$

Beton: C 25/30
Betonstahl: B500A
Betondeckung $c_{nom} = 3{,}0\,cm$
Biegemaße sind Außenmaße

Hinweis:
Alternativ ist auch eine Aufbiegung der Bewehrung möglich (siehe Projektaufgabe 2302).

Betonstahl-Gewichtsliste				Betonstahlsorte: B500A				Bauteil: Stahlbetonunterzug	
Pos. Nr.	Anzahl	d_s mm	Einzel- länge m	Gesamt- länge m	Gewichtsermittlung in kg für				
					$d_s = 8$ mm mit 0,395 kg/m	$d_s = 10$ mm mit 0,617 kg/m	$d_s = 12$ mm mit 0,888 kg/m	$d_s = 14$ mm mit 1,21 kg/m	$d_s = 16$ mm mit 1,58 kg/m	$d_s = 20$ mm mit 2,47 kg/m
Gewicht je Durchmesser [kg]									
Gesamtgewicht [kg]									

2281 … 2300 keine Aufgaben

Lösungen ab Seite 332

Zwischenprüfung — Hochbaufacharbeiter

Handlungsorientierte Aufgaben: Mauerwerksbau — 2301

2301

Für die einschaligen Kellerwände mit Streifenfundament, Kellerfußboden und Kellerdecke sind nachfolgende Teilaufgaben zu lösen:

① Ergänzen der Bauplanungsunterlagen
② Auswählen der Baustoffe für die Kellerwände
③ Berechnen des Baustoffbedarfs für die Baustoffe der Kellerwände
④ Aussagen zum Mauern der Kellerwände
⑤ Ermitteln der Baustoffpreise und Lohnkosten für die Herstellung der Kellerwände in Euro

① Bauplanung

Kellergeschossgrundriss
Die Bemaßung des Kellergeschossgrundrisses ist zu ergänzen.

Senkrechter Schnitt durch die Kelleraußenwand
Es ist ein senkrechter Schnitt durch die Kelleraußenwand Schnitt A–A (M 1 : 20 – m, cm) von Unterkante Fundament bis Oberkante Kellerdecke (Fertigdecke) zu zeichnen. Die Baustoffe sind normgerecht mit den entsprechenden Schraffuren zu kennzeichnen. Alle notwendigen Maße sind einzutragen. Oberkante Gelände soll die gleiche Höhe haben wie Unterkante Kellerdecke (Rohdecke).

② Baustoffauswahl

Für die Herstellung der gemauerten einschaligen Kellerwände sind geeignete Baustoffe auszuwählen. Das Kellermauerwerk soll aus Mauersteinen mit mittlerer Druckfestigkeit bestehen. Der Wandinnenputz soll stoßfest sein. Die Kellerräume werden nur kurzzeitig genutzt.

③ Baustoffbedarf

Zu berechnen ist der Baustoffbedarf an Mauersteinen, Liter Mauermörtel inkl. Säcke Bindemittel und m³ Mörtelsand, Liter Putzmörtel (Wandinnenputz) inkl. Säcke Bindemittel und m³ Mörtelsand sowie m² waagerechte Abdichtungen. Der Mörtelsand soll lagerfeucht, baufeucht sein. Wegen Stoßüberdeckung und Verschnitt sind bei den Abdichtungen 5 % vom Endergebnis hinzuzurechnen. Die Fenster- u. Türstürze sollen jeweils eine Auflagerlänge von 10 cm und eine Höhe von 20 cm haben. Die Tür- u. Fensterleibungen werden bei der Ermittlung des Putzmörtels nicht berücksichtigt.

④ Mauern der Kellerwände

Es sollen Aussagen gemacht werden zu
- benötigten Werkzeugen und Hilfsmitteln, die gebraucht werden, um z.B. Kellerwände herzustellen
- allgemeinen Mauerregeln.

Außerdem ist eine 36,5 cm dicke Wandecke mit den gewählten Mauersteinen mit mindestens 2 Schichten im Grundriss zu zeichnen.

⑤ Baustoffpreise und Lohnkosten

Die Baustoffpreise und Lohnkosten können aus den Tabellen entnommen oder aktuelle Baustoffpreise und Lohnkosten verwendet werden.

⑥ Tabellen

Baustoffbedarf und Arbeitszeitbedarf
Die in den folgenden Tabellen genannten Werte sind Mittelwerte unter Beachtung der aufgeführten Randbedingungen. Sie dienen als Grundlage der Kalkulation und zur Baustoffbestellung.

Preise für Baustoffe (vgl. auch Seite 108)

Abdichtungsmaterialien und Dämmmaterialien	Kalkulationsvorschlag	mein Preis
Abdichtungspappe R 500 N in den Breiten 125, 240, 300, 365 mm	2,30 €/m²	
Bitumenschweißbahn	2,50 €/m²	
PE-Folie, 0,2 mm dick	1,10 €/m²	
Mineralfaserdämmplatten, 4 cm dick	2,60 €/m²	
Trittschalldämmplatten aus Polystyrol-Hartschaum 35 mm/30 mm aus Mineralfaser	2,80 €/m² 2,90 €/m²	
Dämmstoff-Randstreifen, 10 mm dick	0,60 €/m	
Dämmplatten aus Polystyrol-Hartschaum 20 mm dick	1,80 €/m²	
Kunststoffhartschaumplatten aus extrudiertem Polystyrol, 4 cm dick	12,00 €/m²	

Lösungen ab Seite 334

Zwischenprüfung — Hochbaufacharbeiter

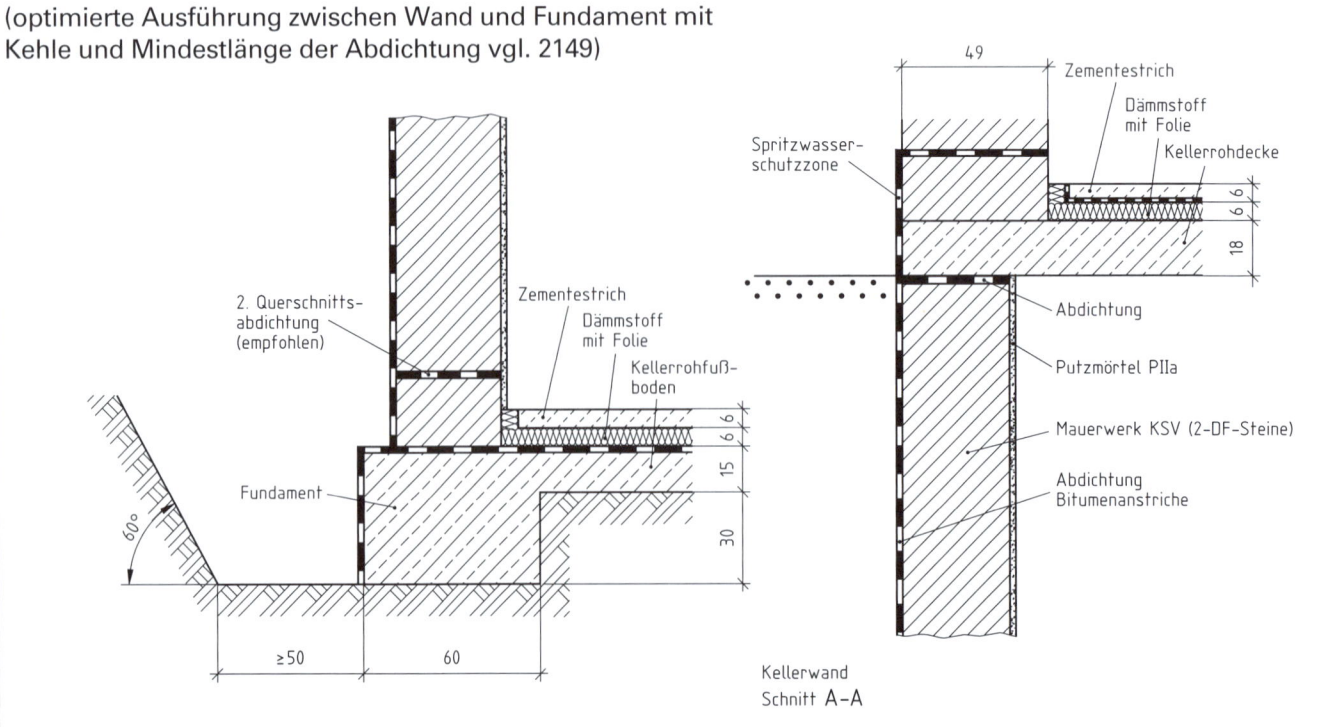

Handlungsorientierte Aufgaben: Mauerwerksbau — 2301

2301

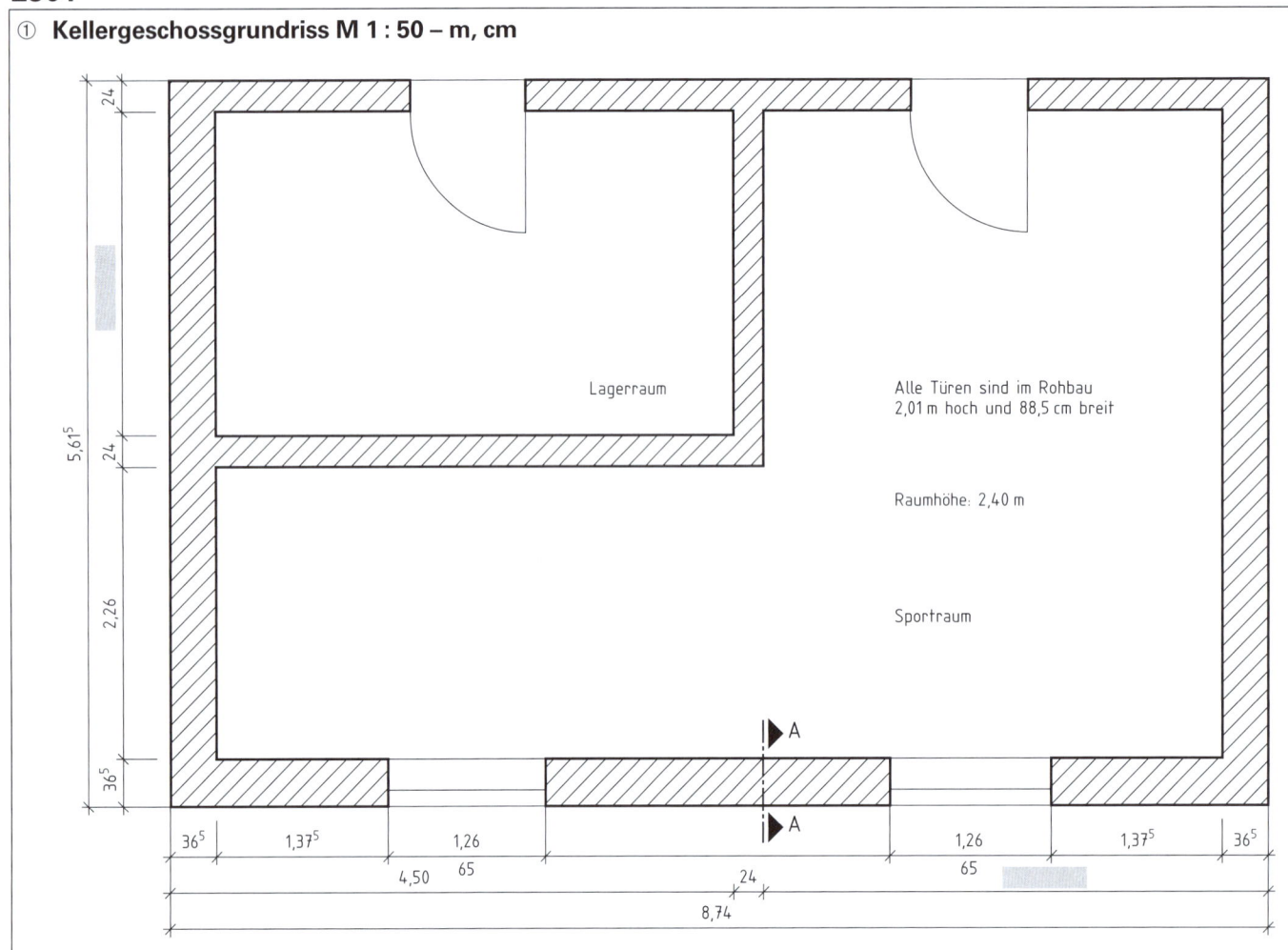

① Kellergeschossgrundriss M 1 : 50 – m, cm

Lagerraum

Alle Türen sind im Rohbau
2,01 m hoch und 88,5 cm breit

Raumhöhe: 2,40 m

Sportraum

Senkrechter Schnitt durch die Kelleraußenwand M 1 : 20 – m, cm
(optimierte Ausführung zwischen Wand und Fundament mit
Kehle und Mindestlänge der Abdichtung vgl. 2149)

Labels:
- 2. Querschnittsabdichtung (empfohlen)
- Zementestrich
- Dämmstoff mit Folie
- Kellerrohfußboden
- Fundament
- Spritzwasserschutzzone
- Zementestrich
- Dämmstoff mit Folie
- Kellerrohdecke
- Abdichtung
- Putzmörtel PIIa
- Mauerwerk KSV (2-DF-Steine)
- Abdichtung Bitumenanstriche

Kellerwand Schnitt A–A

164 — Lösungen ab Seite 334

Zwischenprüfung — Hochbaufacharbeiter

Handlungsorientierte Aufgaben: Beton- und Stahlbetonbau — 2302

2302

Über einer Garagentoröffnung ist ein **STAHLBETONBALKEN** nötig. Der Bewehrungsplan (siehe Zeichnung) liegt vor.

Stahlbetonbalken $b/d = 24\,cm/36^5\,cm$

Längsschnitt

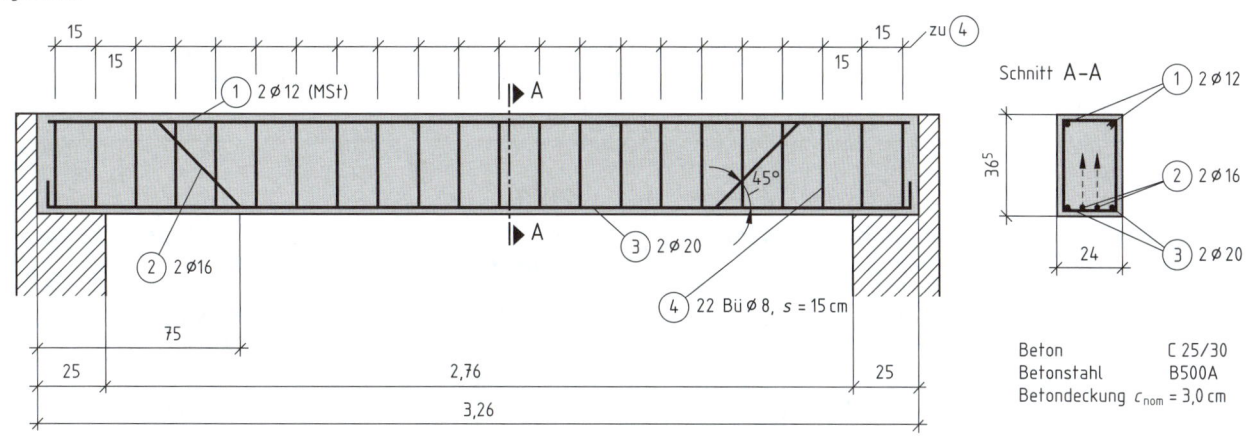

- ① 2 ⌀ 12 (MSt)
- ② 2 ⌀ 16
- ③ 2 ⌀ 20
- ④ 22 Bü ⌀ 8, $s = 15\,cm$

Schnitt A-A

Beton C 25/30
Betonstahl B500A
Betondeckung $c_{nom} = 3{,}0\,cm$

Zur Herstellung des Stahlbetonbalkens sind einige Vorüberlegungen und Berechnungen erforderlich:

① Erstellen Sie einen Biegeplan (Stahlauszug). Die einzelnen Bewehrungselemente sind mit Positionsnummern zu versehen und vollständig zu bemaßen.
② Bestimmen Sie das Gewicht der Bewehrung in kg.
③ Welche Arbeitsschritte sind zur Herstellung des Bewehrungskorbes durchzuführen?
④ Stellen Sie eine herkömmliche (systemlose) Balkenschalung im Schnitt dar. Benennen Sie die einzelnen Teile.
⑤ Welche Arbeitsschritte sind zur Herstellung der Balkenschalung durchzuführen?
⑥ Ermitteln Sie den Bedarf an Schalmaterial.
⑦ Berechnen Sie die nötige Betonmenge (m³) und die dafür erforderlichen Baustoffmengen.
Für die Herstellung des Betons ist seine Zusammensetzung (für 1 m³ verdichteten Beton) vorgegeben: 340 kg Zement, 128 kg Zugabewasser und 1822 kg Gesteinskörnung.
⑧ Was ist beim Einbringen und Nachbehandeln des Betons zu beachten?

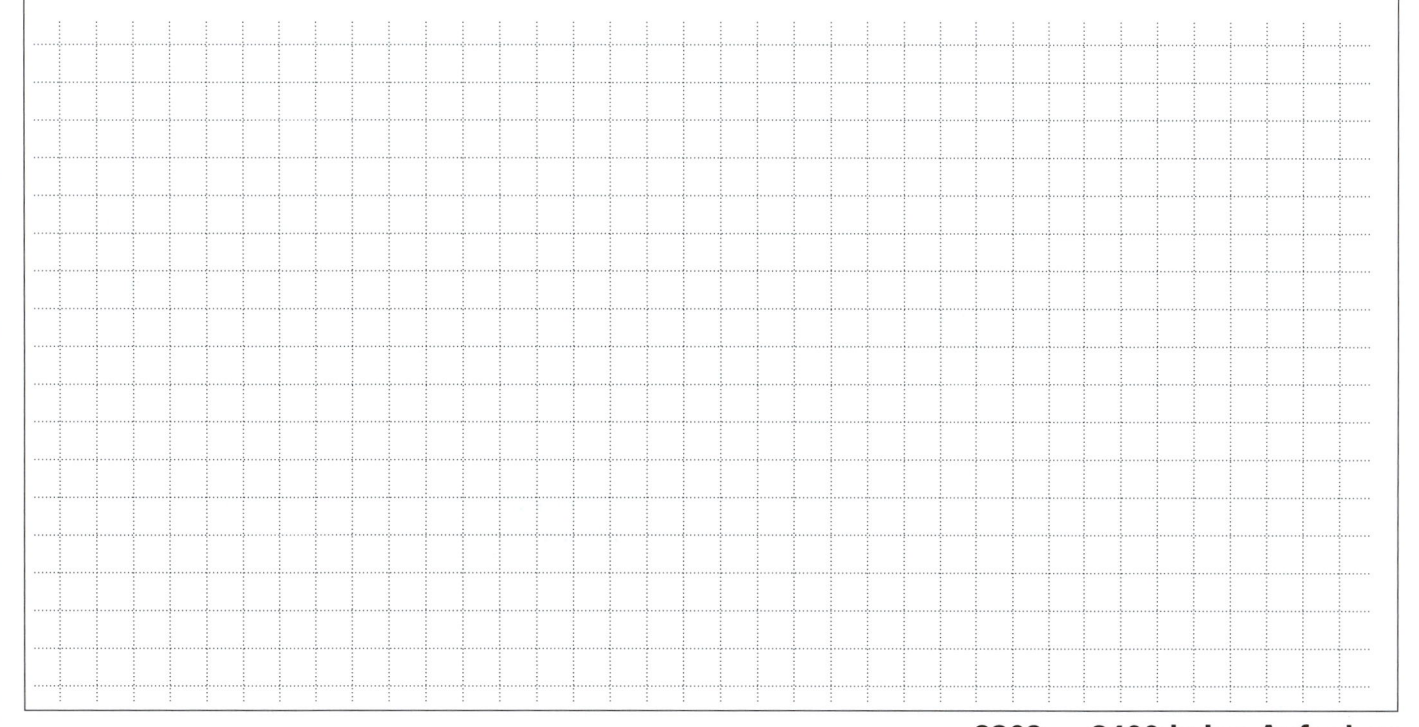

2303 ... 2400 keine Aufgaben

Lösungen ab Seite 337

Zwischenprüfung – Fachstufe I — Hochbaufacharbeiter

Putz- und Estricharbeiten — 2401 ... 2410

2401
Was versteht man unter Putz nach DIN 18550 in der Bautechnik?

① Sandkörnung 0/4 für Mörtel
② Ein Mörtelbelag für Wände und Decken aus mineralischen Bindemitteln mit und ohne Sandkörnung
③ Bitumenhaltiger Fußbodenbelag
④ Mörtel für natürliche Mauersteine
⑤ Abkürzung für Portlandpuzzolanzement

2402
In welcher Auswahlantwort werden nur Bindemittel für Putze aufgeführt?

① Baugipse, Baukalke, Bitumen
② Baugipse, Baukalke, Zement
③ Baugipse, Weißleim, Zement
④ Sandkörnung, Baukalke, Zement
⑤ Sandkörnung, Trass, Bitumen

2403
Welche Aussage über die Beschaffenheit des Putzgrundes ist **falsch**?

① Der Putzgrund soll sauber sein
② Der Putzgrund soll eben sein
③ Der Putzgrund soll glatt sein
④ Der Putzgrund soll frei von Öl und Fett sein
⑤ Der Putzgrund soll rau sein

2404
In welcher Auswahlantwort sind nur Putzweisen aufgeführt?

① Unterputz, Spritzputz, geriebener Putz
② Kratzputz, Spritzputz, Außenputz
③ Kratzputz, Gipsputz, geriebener Putz
④ Kratzputz, Spritzputz, geriebener Putz
⑤ Kratzputz, einlagiger Putz, geriebener Putz

2405
Welche Behauptung trifft auf den Unterputz eines zweilagigen Putzes **nicht** zu?

① Der Unterputz ist in der Regel 10 mm bis 25 mm dick
② Der Unterputz soll rau sein
③ Der Unterputz soll Unebenheiten des Putzgrundes ausgleichen
④ Der Unterputz soll in der Regel eine höhere Festigkeit als der Oberputz aufweisen
⑤ Der Unterputz soll in der Regel eine geringere Festigkeit als der Oberputz aufweisen

2406
In welcher Auswahlantwort werden ausschließlich Putzträger für ungeeignete Putzgründe genannt?

① Holzwolle-Leichtbauplatten, Ziegeldrahtgewebe, Rippenstreckmetall
② Holzwolle-Leichtbauplatten, Spanplatten,
③ kunststoffbeschichtete Bau-Furnierplatten, Ziegeldrahtgewebe, Rippenstreckmetall
④ Holzwolle-Leichtbauplatten, Mineralfaser-Dämmplatten, Rippenstreckmetall
⑤ Holzwolle-Leichtbauplatten, Ziegeldrahtgewebe, Dämmplatten aus Polystyrol (Styropor)

2407
Für welche Verwendung ist Gipsputz geeignet?

① für Feuchträume in Schwimmbädern
② als Außenputz für Industriegebäude
③ als Wärmedämmputz für Außenwände von Wohngebäuden
④ als Sperrputz für Kelleraußenwände
⑤ als Innenputz für trockene Wohnräume

2408
Welche Aussage über Putzgips ist **falsch**?

① Putzgips erwärmt sich beim Anmachen mit Wasser
② Putzgips kann etwa sechs Stunden lang verarbeitet werden
③ Putzgips kann ohne Sandkörnung verarbeitet werden
④ Putzgips dehnt sich beim Erhärten aus
⑤ Putzgips fördert das Rosten von Baustählen

2409
Was versteht man unter Estrich in der Bautechnik?

① Dämmschicht für Rohböden oder Rohdecken
② Feinüberzug für Rohböden oder Rohdecken, der in Industriehallen als Gehbelag dienen kann
③ Feuchtigkeitssperre für Rohböden oder Rohdecken
④ Abgehängte Unterdecke für Rohdecken
⑤ Teurer Ersatz für Teppiche in Wohnräumen

2410
In welcher Auswahlantwort werden nur Bindemittel für Estriche genannt?

① Zement, Anhydrit (wasserfreier Gips), Bitumen
② Zement, Anhydrit (wasserfreier Gips), Kalk
③ Weißleim, Anhydrit (wasserfreier Gips), Kalk
④ Zement, Sandkörnung, Kalk
⑤ Weißleim, Anhydrit (wasserfreier Gips), Bitumen

Zwischenprüfung – Fachstufe I Hochbaufacharbeiter
Putz- und Estricharbeiten 2411 … 2416

2411
Welche Aussage über den Einbau von Estrichen ist richtig?

① Zementestriche werden trocken eingebaut
② Calciumsulfatestriche werden heiß eingebaut
③ Gussasphaltestriche werden nass eingebaut
④ Zementestriche werden nass eingebaut
⑤ Zementestriche werden heiß eingebaut

2412
In welcher Auswahlantwort werden nur Estriche nach der Art des Einbaus aufgeführt?

① Verbundestrich, Estrich auf Trennschicht, Gussasphaltestrich
② Verbundestrich, Zementestrich, schwimmender Estrich
③ Calciumsulfatestrich, Estrich auf Trennschicht, schwimmender Estrich
④ Calciumsulfatestrich, Estrich auf Trennschicht, Gussasphaltestrich
⑤ Verbundestrich, Estrich auf Trennschicht, schwimmender Estrich

2413
Welche Aussage über die Eigenschaften von Zementestrichen ist richtig?

① Zementestriche sind etwa zwei Stunden nach dem Einbau begehbar
② Zementestriche bringen keine Feuchtigkeit in den Rohbau
③ Zementestriche schwinden nicht
④ Zementestriche haben eine gute Druckfestigkeit
⑤ Zementestriche sind teuer im Vergleich zu Gussasphaltestrichen

2414
Welcher Estrich ist für den Wohnungsbau gut geeignet?

① Verbundestrich, weil er direkt mit der Rohdecke verbunden ist
② Verbundestrich, weil er preiswert und einfach herzustellen ist
③ Schwimmender Estrich, weil er die beste Schall- und Wärmedämmung aufweist
④ Estrich auf Trennschicht, weil er das Aufsteigen von Feuchte durch die Rohdecke verhindert
⑤ Kein Estrich ist für den Wohnungsbau gut geeignet

2415
Welche Aufgabe hat der Randstreifen bei schwimmenden Estrichen?

① Gewährleistung eines guten Brandschutzes
② Gewährleistung eines guten Feuchteschutzes
③ Gewährleistung einer guten Wärmedämmung
④ Gewährleistung einer guten Schalldämmung
⑤ Gewährleistung eines guten Stoßschutzes für die verputzte Wand

2416
Welche Aussage trifft auf den Einbau von Zementestrich nicht zu?

① etwa alle 6 m sind Dehnungsfugen anzuordnen
② ungefähr 7 Tage feucht halten
③ erst nach etwa drei Wochen voll belasten
④ Dämmschichten mit PVC-Folie abdecken
⑤ hitzeempfindliche Bauteile entfernen

2417
Was ist in der Bezeichnung für Verbundestrich „DIN 18560 – CT-C30 – F5 – A15" mit C30 gemeint?

① Das Bindemittel
② Die Biegezugfestigkeitsklasse
③ Die Druckfestigkeitsklasse
④ Der Verschleißwiderstand nach Böhme
⑤ Die Nenndicke

2418
Was ist in der Bezeichnung für Schwimmenden Estrich „DIN 18560 – CA-F4 – S40" mit S40 gemeint?

① Die Druckfestigkeitsklasse
② Das Bindemittel
③ Die Biegezugfestigkeitsklasse
④ Die Nenndicke
⑤ Der Verschleißwiderstand nach Böhme

2419 … 3000 keine Aufgaben

Notizen

Prüfungsvorbereitung aktuell

HOCHBAU

PRÜFUNGSVORBEREITUNG AKTUELL
- ✓ gebundene Aufgaben
- ✓ ungebundene Aufgaben
- ✓ Lernfeldaufgaben
- ✓ Projektaufgaben
- ✓ Handlungsorientierte Aufgaben

Abschlussprüfung – Fachstufe II

Berufliche Fachbildung Abschlussprüfung Fachstufe II	Ausbildungsberuf Maurer/Maurerin	Ausbildungsberuf Beton- und Stahlbetonbauer/-in
	❑ Herstellen einer geraden Treppe (wie Schwerpunkt Beton- und Stahlbetonbauarbeiten, Fachstufe I) ❑ Überdecken einer Öffnung mit einem Bogen ❑ Herstellen einer Natursteinmauer ❑ Mauern besonderer Bauteile ❑ Instandsetzen und Sanieren eines Bauteils	❑ Herstellen einer Fertigteildecke ❑ Herstellen einer gewendelten Treppe ❑ Instandsetzen eines Stahlbetonbauteils (wie Ausbildungsberuf Maurer) ❑ Herstellen einer Stützwand ❑ Herstellen eines Binders aus Spannbeton

Information zur Prüfung

	Seite
Organisation und Ablauf der Abschlussprüfung	170
Beispiel zur praktischen Prüfung	173

Aufgaben

		Seite
Maurerarbeiten	3101 … 3199	174
Beton- und Stahlbetonbauarbeiten	3201 … 3298	194

Handlungsorientierte Aufgaben

		Seite
Ein- und zweischalige Erdgeschosswände	3301	213
Projekt Ferienhaus	3302	214
Fundamentplan	3303	216
Betonbauteil	3304	217
Stahlbetonstütze auf bewehrtem Einzelfundament	3305	218
Stahlbetonkragträger	3306	219
Stahlbetonkonsole	3307	220
Stahlbetoneinzelfundament	3308	221
Stahlbetonvollplatte	3309	222

Lernfeldaufgaben

		Seite
Herstellen einer geraden Treppe	3401 … 3420	223

Abschlussprüfung – Fachstufe II | Maurer

Organisation und Ablauf der Prüfung | Maurerarbeiten

1. Organisation und Ablauf der Abschlussprüfung für Maurer

1.1 Zwischenprüfung

Voraussetzungen für die Zulassung zur Zwischenprüfung für Maurer ist das regelmäßig geführte Ausbildungsnachweisheft. Die Zwischenprüfung besteht aus einem **schriftlichen** (höchstens 4 Stunden) und einem **praktischen Teil** (höchstens 8 Stunden). Die Prüfungsschwerpunkte zum schriftlichen und praktischen Teil der Zwischenprüfung sind bereits auf den Seiten 127 und 128 vermerkt.

1.2 Abschlussprüfung

Die Zwischenprüfung besteht aus einem **schriftlichen** (höchstens 6 Stunden) und einem **praktischen Teil** (höchstens 8 Stunden):

Schriftlicher Teil:
In der Schriftlichen Abschlussprüfung werden **3 Prüfungsbereiche** geprüft:
1. Prüfungsbereich <u>Baukörper aus Steinen</u> (höchstens 150 Minuten, Gewichtung 40 %)
   Inhalte der Prüfung:
   – Mauermörtel, Verbandsarten für Mauerwerk, ein- und zweischaliges Mauerwerk, Pfeiler und Vorlagen,
   – Natursteinmauerwerk, Treppen, Einfassungen und Ausfachungen, Schächte, Öffnungen und Überdeckungen
2. Prüfungsbereich <u>Bauwerke im Hochbau</u> (höchstens 150 Minuten, Gewichtung 40 %)
   Inhalte der Prüfung:
   – Wärme-, Kälte-, Schall- und Brandschutz, Herstellen von Beton, Bewehrungen, Betonfestigkeitsklassen,
   – Wärmedämmverbundsysteme, Brettschalungen und Schaltafeln, Verbundplatten und Systemschalungen,
   – Schalungen für Sichtbeton, Baukörper aus Beton und Stahlbeton, Abdichten gegen nichtdrückendes und drückendes Wasser, Sanieren, Instandsetzen, Sichern von Baukörpern, angrenzende Arbeiten im Ausbau,
   – Wärmedämm- und Sonderputze, Bauteile aus Holz, Estrich, angrenzende Arbeiten im Tiefbau: Baugruben und Gräben, Verbau, offene Wasserhaltung, Pflasterdecken, Plattenbeläge, Ver- und Entsorgungsleitungen
3. Prüfungsbereich Wirtschafts- und Sozialkunde (höchstens 60 Minuten, Gewichtung 20 %)
   Inhalte der Prüfung:
   – Lehrstoff aus dem Berufsschulunterricht (1. bis 3. Ausbildungsjahr)

Die Prüfungsbereiche <u>Baukörper aus Steinen</u> und <u>Bauwerke im Hochbau</u> sind jeweils praxisbezogene Projekte mit ungebundenen und gebundenen Aufgaben. Diese Aufgaben haben technologische, mathematische und zeichnerische Inhalte. Weiterhin werden Fragen zum Arbeits- und Gesundheitsschutz, Umweltschutz und zur Qualitätssicherung gestellt. Im Prüfungsbereich <u>Wirtschafts- und Sozialkunde</u> werden überwiegend gebundene Fragen gestellt. Der schriftliche Teil der Prüfung ist auf Antrag des Prüflings oder nach Entscheidung des Prüfungausschusses in einzelnen Prüfungsbereichen durch eine mündliche Prüfung zu ergänzen, wenn dieses für das Bestehen der Prüfung notwendig sein kann. Der schriftliche Teil der Prüfung hat gegenüber der mündlichen Prüfung das doppelte Gewicht.

Praktischer Teil:
Der Prüfling soll im praktischen Teil zeigen, dass er den Arbeitsablauf selbstständig planen und Arbeitszusammenhänge erkennen kann. Er soll das Arbeitsergebnis kontrollieren und Maßnahmen zur Sicherheit und zum Arbeitsschutz bei der Arbeit und zum Umweltschutz ergreifen können.

Im praktischen Teil soll der Prüfling folgende Aufgaben erfüllen:
– Herstellen eines Mauerwerkskörpers mit Anschlägen und mit Öffnungen oder Nischen einschließlich einer Überdeckung als Bogen sowie mit einem Pfeiler oder einer Vorlage mit Ausfachungen im Zierverband
– Herstellen einer Schalung einschließlich der Bewehrung für einen Balken oder eine Stütze mit Mauerwerk
– Herstellen eines zweischaligen Mauerwerkskörpers mit Luftschicht und Wärmedämmung

Die Abschlussprüfung ist bestanden, wenn jeweils in der praktischen und schriftlichen Prüfung mindestens ausreichende Leistungen erbracht wurden. Im schriftlichen Teil der Prüfung müssen mindestens zwei Prüfungsbereiche mit ausreichenden Ergebnissen vorliegen. Dabei darf aber kein Prüfungsbereich mit ungenügenden Leistungen vorliegen. Hat der Prüfling die Abschlussprüfung nicht bestanden, so hat er die Möglichkeit, zweimal in einem zeitlichen Abstand von jeweils 6 Monaten die Prüfung zu wiederholen. Besteht der Prüfling auch die beiden Wiederholungsprüfungen nicht, so hat er den Abschluss als Hochbaufacharbeiter erreicht (nur bei IHK), wenn er in der Zwischenprüfung im praktischen Teil mindestens eine ausreichende Leistung sowie im schriftlichen Teil in einem der beiden fachbezogenen Prüfungsbereiche mindestens eine ausreichende Leistung erbracht hat. Dabei darf keine ungenügende Leistung in einem der beiden fachbezogenen Prüfungsbereiche vorliegen.

Abschlussprüfung – Fachstufe II | Maurer

Organisation und Ablauf der Prüfung | Maurerarbeiten

Beispiel für eine praktische Aufgabe:

Sie erhalten die Aufgabe, die abgebildete Schalung herzustellen. Dann sind die Betonstähle abzulängen, zu biegen und zu einem Bewehrungskorb zu flechten. Anschließend ist der Bewehrungskorb fachgerecht in die Schalung einzubauen. Die Betondeckung beträgt 3,0 cm. Die dargestellte Bewehrung wird nicht ausgeführt:

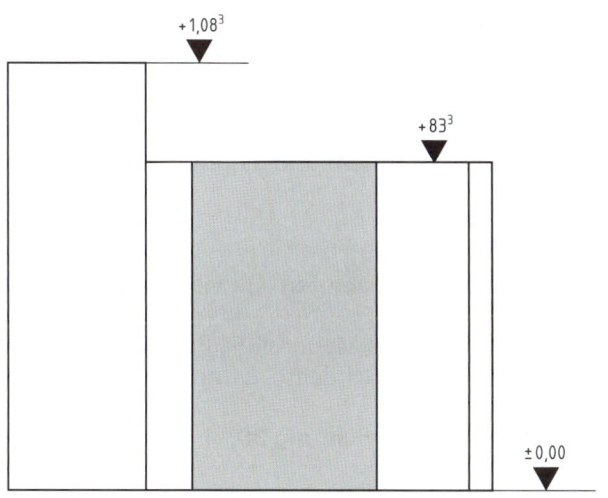

Vorderansicht

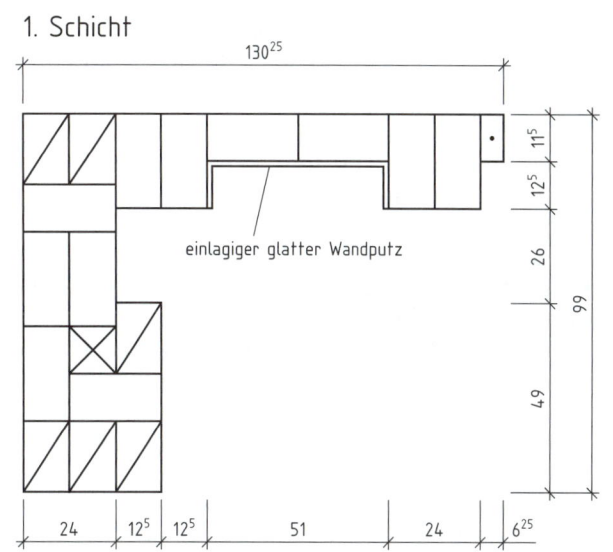

1. Schicht

11. Schicht

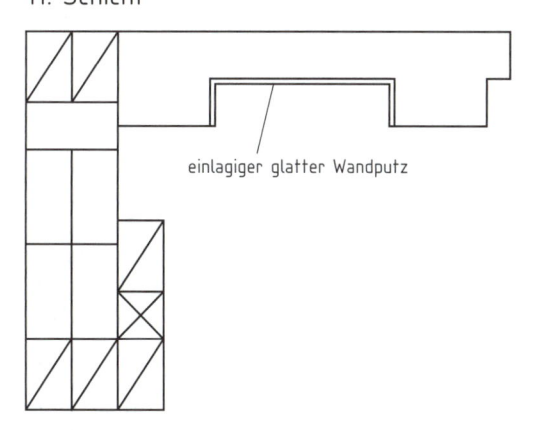

2. Schicht

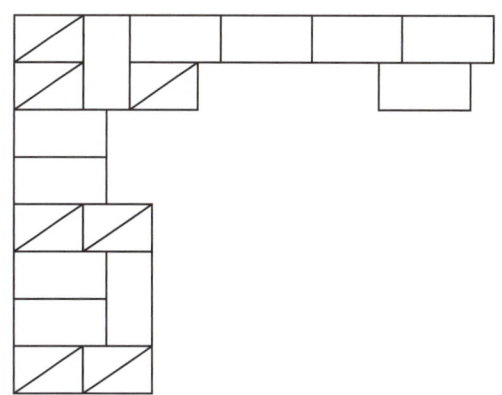

einlagiger glatter Wandputz

(ohne Maßstab)

Bewertungsstellen für das Prüfungsstück
1. Arbeitsplanung
2. Arbeitstechnik, Einhaltung UVV
3. Gestaltung des Arbeitsplatzes
4. Maßhaltigkeit (Länge, Breite, Höhe)
5. Lotrechtigkeit des Mauerwerks
6. Waagerechtigkeit des Mauerwerks
7. Flucht- und Winkeligkeit des Mauerwerks
8. Ausführung des Wandputzes
9. Gesamteindruck und Umweltschutz
10. Vollständigkeit des Mauerwerks nach Zeichnung

Arbeitsplanung
Eine Arbeitsplanung (schriftliche Aufgaben zum praktischen Teil: 30 Minuten) kann folgende Inhalte haben:
1. Zu vorgebenden Kopfzahlen der 1. Mauerschicht sind die Nennmaße anzugeben.
2. Skizzieren Sie die Verbandslösung für die 2. Mauerschicht.
3. Ermitteln Sie den Bedarf an NF-Mauersteinen und an Liter Mauermörtel.

Abschlussprüfung – Fachstufe II | Beton- und Stahlbetonbauer

Organisation und Ablauf der Prüfung | Beton- und Stahlbetonarbeiten

2. Organisation und Ablauf der Abschlussprüfung für Beton- und Stahlbetonbauer

2.1 Zwischenprüfung

Voraussetzungen für die Zulassung zur Zwischenprüfung für Beton- und Stahlbetonbauer ist das regelmäßig geführte Ausbildungsnachweisheft. Die Zwischenprüfung besteht aus einem **schriftlichen** (höchstens 4 Stunden) und einem **praktischen Teil** (höchstens 8 Stunden). Die Prüfungsschwerpunkte zum schriftlichen und praktischen Teil der Zwischenprüfung sind bereits auf den Seiten 124 und 125 vermerkt.

2.2 Abschlussprüfung

Die Zwischenprüfung besteht aus einem **schriftlichen** (höchstens 6 Stunden) und einem **praktischen Teil** (höchstens 8 Stunden):

Schriftlicher Teil:
In der Schriftlichen Abschlussprüfung werden **3 Prüfungsbereiche** geprüft:
1. Prüfungsbereich Bauteile aus Beton- und Stahlbeton (höchstens 180 Minuten, Gewichtung 50 %)
   Inhalte der Prüfung:
   – Mauermörtel, Verbandsarten für Mauerwerk, ein- und zweischaliges Mauerwerk, Pfeiler und Vorlagen,
   – Natursteinmauerwerk, Treppen, Einfassungen und Ausfachungen, Schächte, Öffnungen und Überdeckungen
2. Prüfungsbereich Baukörper aus Steinen (höchstens 120 Minuten, Gewichtung 30 %)
   Inhalte der Prüfung:
   – Wärme-, Kälte-, Schall- und Brandschutz, Herstellen von Beton, Bewehrungen, Betonfestigkeitsklassen,
   – Wärmedämmverbundsysteme, Brettschalungen und Schaltafeln, Verbundplatten und Systemschalungen,
   – Schalungen für Sichtbeton, Baukörper aus Beton und Stahlbeton, Abdichten gegen nichtdrückendes und drückendes Wasser, Sanieren, Instandsetzen, Sichern von Baukörpern, angrenzende Arbeiten im Ausbau,
   – Wärmedämm- und Sonderputze, Bauteile aus Holz, Estrich, angrenzende Arbeiten im Tiefbau: Baugruben und Gräben, Verbau, offene Wasserhaltung, Pflasterdecken, Plattenbeläge, Ver- und Entsorgungsleitungen
3. Prüfungsbereich Wirtschafts- und Sozialkunde (höchstens 60 Minuten, Gewichtung 20 %)
   Inhalte der Prüfung:
   – Lehrstoff aus dem Berufsschulunterricht (1. bis 3. Ausbildungsjahr)

Die Prüfungsbereiche Bauteile aus Beton- und Stahlbeton und Baukörper aus Steinen sind jeweils praxisbezogene Projekte mit ungebundenen und gebundenen Aufgaben. Diese Aufgaben haben technologische, mathematische und zeichnerische Inhalte. Weiterhin werden Fragen zum Arbeits- und Gesundheitsschutz, Umweltschutz und zur Qualitätssicherung gestellt. Im Prüfungsbereich Wirtschafts- und Sozialkunde werden überwiegend gebundene Fragen gestellt. Der schriftliche Teil der Prüfung ist auf Antrag des Prüflings oder nach Entscheidung des Prüfungsausschusses in einzelnen Prüfungsbereichen durch eine mündliche Prüfung zu ergänzen, wenn dieses für das Bestehen der Prüfung notwendig sein kann. Der schriftliche Teil der Prüfung hat gegenüber der mündlichen Prüfung das doppelte Gewicht.

Praktischer Teil:
Der Prüfling soll im praktischen Teil zeigen, dass er den Arbeitsablauf selbstständig planen und Arbeitszusammenhänge erkennen kann. Er soll das Arbeitsergebnis kontrollieren und Maßnahmen zur Sicherheit und zum Arbeitsschutz bei der Arbeit und zum Umweltschutz ergreifen können.

Im praktischen Teil soll der Prüfling folgende Aufgaben erfüllen:
– Herstellen eines Mauerwerkskörpers mit Anschlägen und mit Öffnungen oder Nischen einschließlich einer Überdeckung als Bogen sowie mit einem Pfeiler oder einer Vorlage mit Ausfachungen im Zierverband
– Herstellen einer Schalung einschließlich der Bewehrung für einen Balken oder eine Stütze mit Mauerwerk
– Herstellen eines zweischaligen Mauerwerkskörpers mit Luftschicht und Wärmedämmung

Die Abschlussprüfung ist bestanden, wenn jeweils in der praktischen und schriftlichen Prüfung mindestens ausreichende Leistungen erbracht wurden. Im schriftlichen Teil der Prüfung müssen mindestens zwei Prüfungsbereiche mit ausreichenden Ergebnissen vorliegen. Dabei darf aber kein Prüfungsbereich mit ungenügenden Leistungen vorliegen. Hat der Prüfling die Abschlussprüfung nicht bestanden, so hat er die Möglichkeit, zweimal in einem zeitlichen Abstand von jeweils 6 Monaten die Prüfung zu wiederholen. Besteht der Prüfling auch die beiden Wiederholungsprüfungen nicht, so hat er den Abschluss als Hochbaufacharbeiter erreicht (nur bei IHK), wenn er in der Zwischenprüfung im praktischen Teil mindestens eine ausreichende Leistung sowie im schriftlichen Teil in einem der beiden fachbezogenen Prüfungsbereiche mindestens eine ausreichende Leistung erbracht hat. Dabei darf keine ungenügende Leistung in einem der beiden fachbezogenen Prüfungsbereiche vorliegen.

Abschlussprüfung – Fachstufe II
Organisation und Ablauf der Prüfung

Beton- und Stahlbetonbauer
Beton- und Stahlbetonarbeiten

Beispiel für eine praktische Aufgabe:
Sie erhalten die Aufgabe, die abgebildete Schalung herzustellen. Dann sind die Betonstähle abzulängen, zu biegen und zu einem Bewehrungskorb zu flechten. Anschließend ist der Bewehrungskorb fachgerecht in die Schalung einzubauen. Die Betondeckung beträgt 3,0 cm. Die dargestellte Bewehrung wird nicht ausgeführt:

Bewehrung (ohne Maßstab)

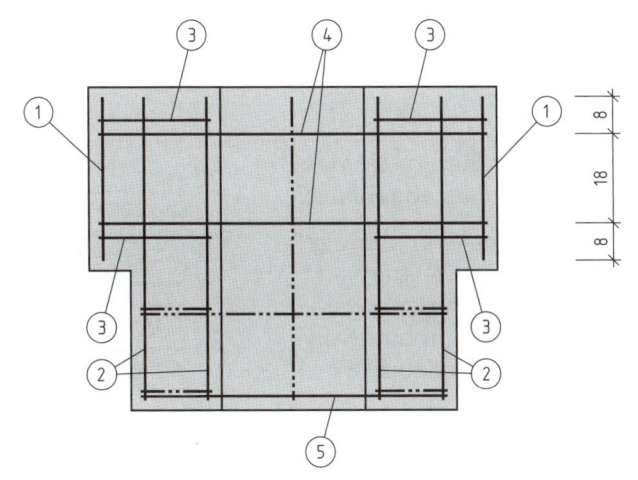

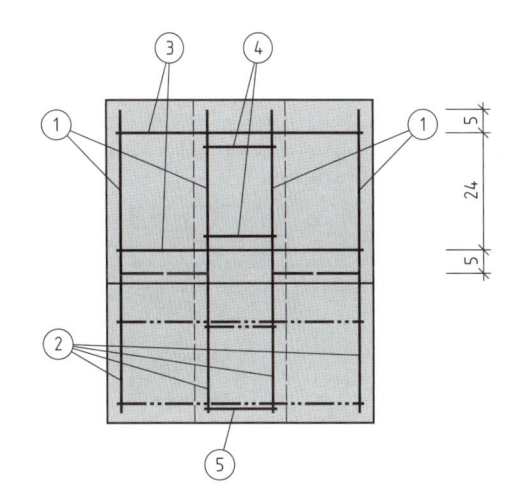

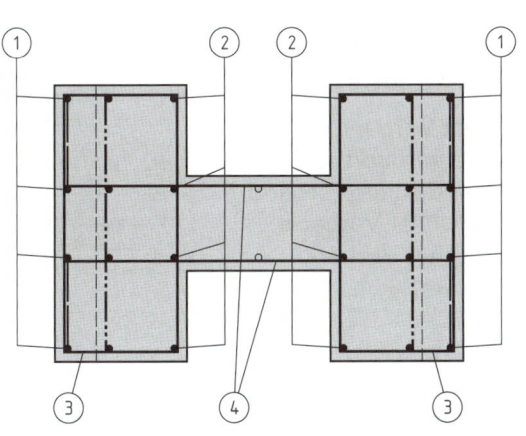

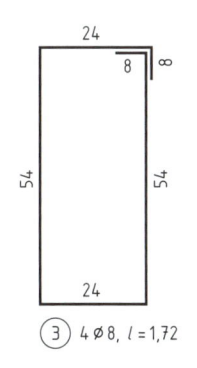

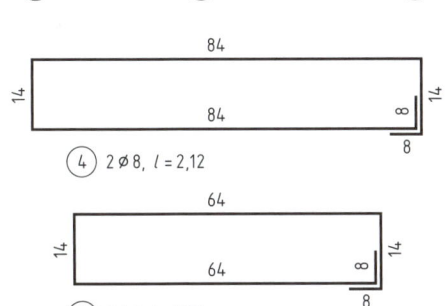

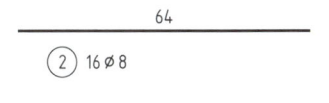

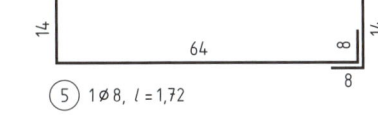

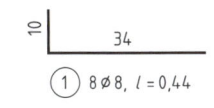

③ 4 Ø 8, $l = 1,72$

④ 2 Ø 8, $l = 2,12$

⑤ 1 Ø 8, $l = 1,72$

② 16 Ø 8

① 8 Ø 8, $l = 0,44$

Hinweis:
Maße der Bewehrung in cm bzw. m.

173

Abschlussprüfung – Fachstufe II — Maurer

Mauerwerksbau — 3101 ... 3110

3101
Welches Mauerwerk ist **kein** Natursteinmauerwerk?
① Feldsteinmauerwerk
② Porenbetonmauerwerk
③ Trockenmauerwerk
④ Zyklopenmauerwerk
⑤ Schichtenmauerwerk

3102
Wie dick muss mindestens ein Binder im Natursteinmauerwerk sein?
① 10 cm
② 20 cm
③ 30 cm
④ 40 cm
⑤ 50 cm

3103
Wie tief müssen Bindersteine mindestens in die Hintermauerung einbinden?
① 5 cm
② 10 cm
③ 15 cm
④ 20 cm
⑤ 25 cm

Mischmauerwerk

3104
Welches Natursteinmauerwerk ist hier abgebildet?
① Bruchsteinmauerwerk
② Feldsteinmauerwerk
③ Zyklopenmauerwerk
④ Schichtenmauerwerk
⑤ Quadermauerwerk

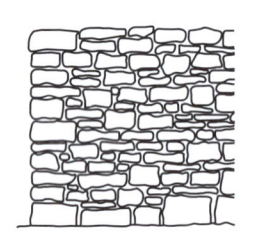

3105
Welchen Durchmesser dürfen Zuschläge von Fugenmörtel **nicht** überschreiten?
① 1 mm
② 2 mm
③ 3 mm
④ 4 mm
⑤ 5 mm

3106
Welcher Zierverband ist nebenstehend dargestellt?
① Wilder Verband
② Läuferverband
③ Holländischer Verband
④ Märkischer Verband
⑤ Gotischer Verband

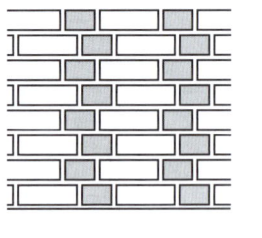

3107
Welche Mindestdicke müssen tragende Innenwände haben?
① 17,5 cm
② 11,5 cm
③ 24,0 cm
④ 49,0 cm
⑤ 36,5 cm

3108
Welche Geschosshöhe darf bei Innenwänden **nicht** überschritten werden, wenn die Wanddicke geringer als 24 cm ist?
① 1,75 m
② 2,00 m
③ 2,25 m
④ 2,50 m
⑤ 2,75 m

3109
Wie wird das skizzierte zweischalige Mauerwerk bezeichnet?
① Mit Luftschicht
② Mit Putzschicht ohne Luftschicht
③ Mit Luftschicht und Wärmedämmung
④ Mit Wärmedämmung ohne Luftschicht
⑤ Mit Luftschicht und mit Putzschicht

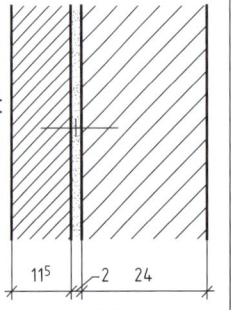

3110
Welcher gemauerte Bogen ist nebenstehend dargestellt?
① Rundbogen
② Segmentbogen
③ Flachbogen
④ Korbbogen
⑤ Scheitrechter Bogen

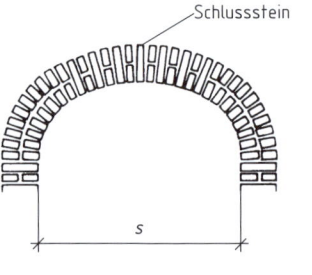

Schlussstein

Lösungen ab Seite 342

Abschlussprüfung – Fachstufe II — Maurer

Mauerwerksbau — 3111 … 3120

3111
Welche Stoßfugendicke darf bei gemauerten Bögen am Bogenrücken nicht überschritten werden?

① 0,5 cm
② 1,0 cm
③ 1,5 cm
④ 2,0 cm
⑤ 2,5 cm

3112
Welche Druckfestigkeit sollten künstliche Mauersteine von Mauerwerksbögen mindestens aufweisen?

① 5 N/mm^2
② 10 N/mm^2
③ 15 N/mm^2
④ 20 N/mm^2
⑤ 25 N/mm^2

3113
Welcher Stabdurchmesser darf bei bewehrtem Mauerwerk höchstens verwendet werden?

① 4 mm
② 6 mm
③ 8 mm
④ 10 mm
⑤ 12 mm

3114
Welche Mörtelgruppe nach DIN EN 1996/EC 6 (oder Mörtelklasse nach DIN EN 988-2) ist zur Herstellung von bewehrtem Mauerwerk vorgeschrieben?

① NM I   (Kalkmörtel)   M 1
② NM II   (Kalkzementmörtel)   M 2,5
③ NM IIa   (Kalkzementmörtel)   M 5
④ NM III, IIIa (Zementmörtel)   M 10/20
⑤ LM 21   (Leichtmauermörtel)   M 5

3115
Wie hoch muss mindestens die Sockelhöhe von Fachwerkwänden sein?

① 10 cm
② 20 cm
③ 30 cm
④ 40 cm
⑤ 50 cm

3116
Wie heißt die abgebildete Zierschicht?

① Stellschicht
② Schränkschicht
③ Läuferschicht
④ Binderschicht
⑤ Rollschicht

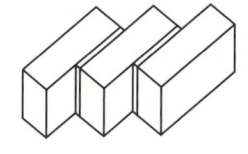

3117
Welchen Abstand hat die Regelfuge der Läuferschicht bis zur Innenecke bei stumpfwinkligen Mauerecken?

① ½ am
② 1 am
③ 1½ am
④ 2 am
⑤ 2½ am

3118
Wie heißt das skizzierte Mauerwerk?

① Türanschlag
② Stumpfwinklige Mauerecke
③ Pfeiler
④ Spitzwinklige Mauerecke
⑤ Nische

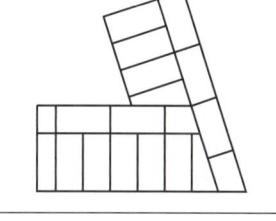

3119
Welches ist der kleinste belastbare Pfeilerquerschnitt?

① 11,5 cm/11,5 cm
② 11,5 cm/24 cm
③ 24 cm/24 cm
④ 24 cm/36,5 cm
⑤ 36,5 cm/36,5 cm

3120
Was für ein Pfeiler ist hier dargestellt?

① Pfeilervorlage
② Kreuzpfeiler
③ Runder Pfeiler
④ Achteckiger Pfeiler
⑤ Pfeiler im Spar- oder Schornsteinverband

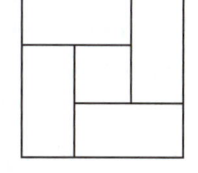

Lösungen ab Seite 342

Abschlussprüfung – Fachstufe II — Maurer

Mauerwerksbau — 3121 … 3129

3121
Wie weit darf der Überstand ü einer 11,5 cm dicken Außenschale eines zweischaligen Mauerwerks (wenn sie nicht höher als zwei Geschosse ist) über das Auflager vorstehen?

① Kein Überstand
② 1/5 Steinbreite
③ 1/4 Steinbreite
④ 1/3 Steinbreite
⑤ 1/2 Steinbreite

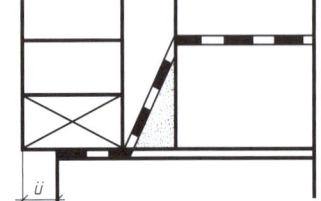

3122
Welche Aussage über zweischaliges Mauerwerk ist richtig?

① Beide Schalen übernehmen die Tragfunktion
② Beide Schalen müssen schlagregensicher sein
③ Die Innenschale muss schlagregensicher sein, die Außenschale übernimmt die Tragfunktion
④ Die Innenschale übernimmt die Tragfunktion, die Außenschale ist zuständig für den Wetterschutz
⑤ Die Außenschale übernimmt die Tragfunktion, die Innenschale ist zuständig für den Wärmeschutz

3123
Welchen lichten Abstand a dürfen Innen- und Außenschalen bei zweischaligem Mauerwerk – mit 5 Drahtankern (⌀ 5 mm) pro m² Wandfläche – höchstens haben?

① 4 cm
② 11,5 cm
③ 15 cm
④ 17,5 cm
⑤ 24 cm

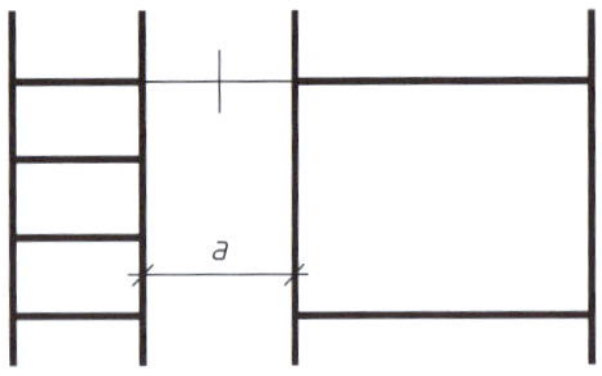

3124
Welche Maßnahme zum Schutz des zweischaligen Mauerwerks vor Feuchtigkeit ist nicht geeignet?

① Entwässerungsöffnungen am Fußpunkt
② Tropfscheiben an den Drahtankern
③ Sperrschichten am Fußpunkt mit Gefälle nach außen
④ Ausfüllen des Wandschalenzwischenraums mit Mörtel
⑤ Lüftungsöffnungen am oberen Rand der Außenschale und unter Fenstern

3125
Welcher Mauerwerksbogen hat den größten Horizontalschub am Widerlager?

① Rundbogen
② Segmentbogen
③ Scheitrechter Bogen
④ Spitzbogen
⑤ Korbbogen

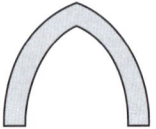

3126
Ab welcher Höhe h über Erdgleiche darf die Luftschicht beim zweischaligen Mauerwerk beginnen?

① Hierfür sind keine Regeln einzuhalten
② Hängt von der Bodenart ab
③ h ≥ 0 cm
④ h ≥ 10 cm
⑤ h ≥ 30 cm

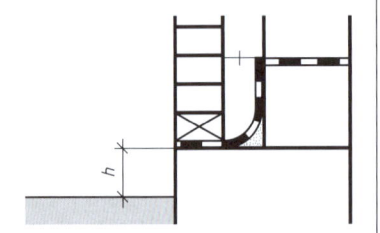

3127
Zweischalige Außenwand mit Kerndämmung. Welche Aussage ist falsch?

① Drahtanker sind nicht nötig
② Entwässerungs- und Lüftungsöffnungen sind vorzusehen
③ Kerndämmung muss dauerhaft wasserabweisend sein
④ Steine der Außenschale müssen wasserdampfdurchlässig sein
⑤ Tropfscheiben an den Drahtankern sind nicht nötig

3128
Wo sind Dehnungsfugen in der Außenschale einer zweischaligen Außenwand nicht nötig?

① In senkrechter Richtung an den Gebäudeecken
② In waagerechter Richtung unter Fensterbänken
③ In senkrechter Richtung in Verlängerung der Leibungen großer Türöffnungen
④ In senkrechter Richtung nach etwa 8 m langen Mauerscheiben
⑤ In waagerechter Richtung über Fensterstürzen

3129
Was sind »Ausblühungen«?

① Ablagerung von Sulfaten und Karbonaten an der Mauerwerksoberfläche
② Absandende Fugen
③ Pflanzenwuchs auf dem Mauerwerk
④ Farbig gestaltete Fugen
⑤ Mehrfarbige Sparverblender

Abschlussprüfung – Fachstufe II Maurer
Mauerwerksbau 3130 ... 3136

3130
Welche 4 Verbandsregeln sind allgemein beim Mauern von Natursteinmauerwerk einzuhalten?

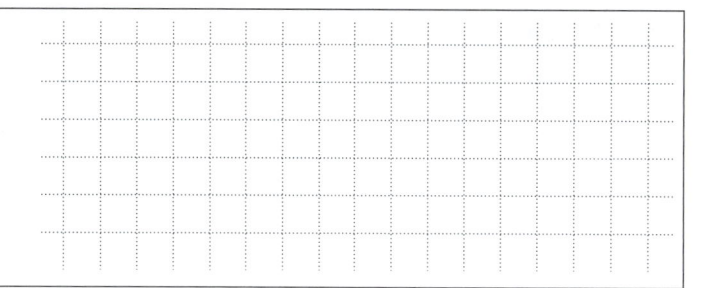

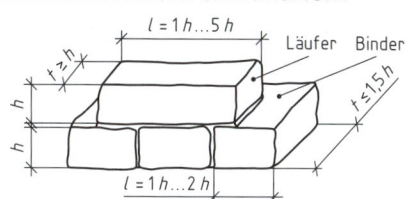

3131
Wie werden untenstehende Zierschichten bezeichnet?

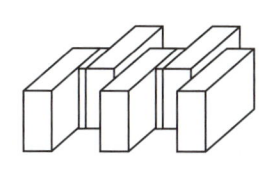

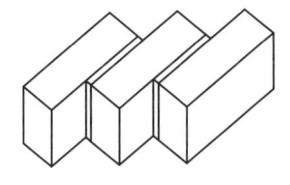

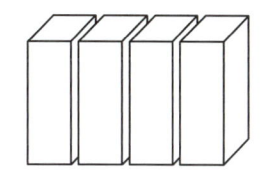

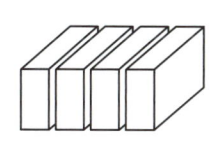

3132
Welche 4 Zierverbände werden unterschieden?

3133
Welche 4 Verbandsregeln sind beim wilden Verband zu beachten?

3134
Vom wilden Verband ist die 2. Schicht einzuzeichnen. Es werden kleinformatige Steine vermauert.

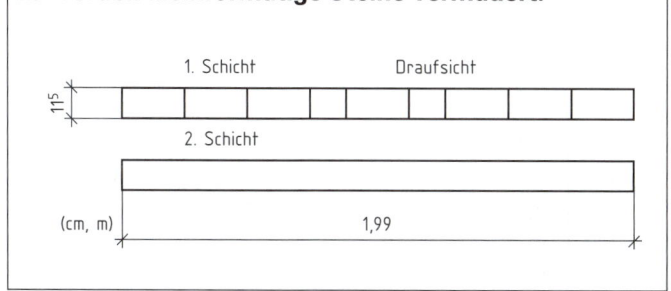

3135
Nach welchen 6 Gesichtspunkten können Wände eingeteilt werden?

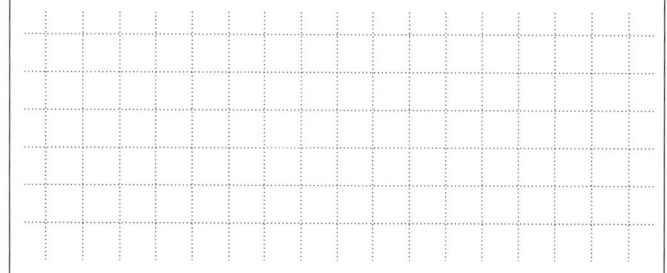

3136
Was ist beim Einmauern von Bauteilen aus Holz zu beachten?
Es sind 3 Konstruktionsregeln anzugeben.

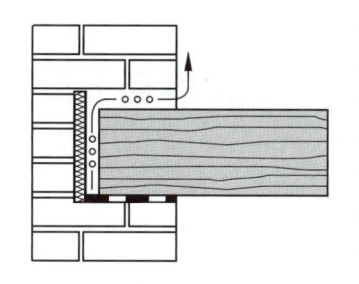

Lösungen ab Seite 344

Abschlussprüfung – Fachstufe II — Maurer

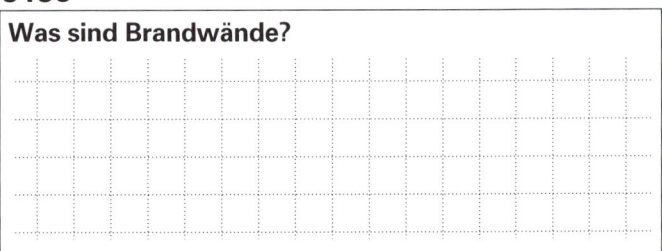

Mauerwerksbau — 3137 ... 3142

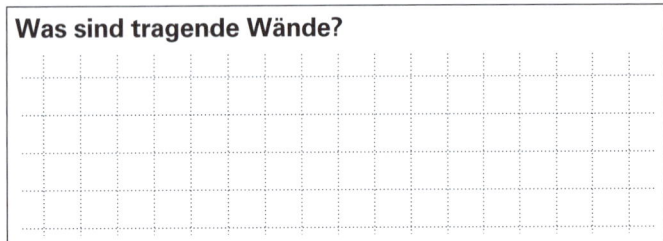

3137 Was sind tragende Wände?

3138 Was sind Brandwände?

3139 Welche 3 Anforderungen müssen bei bewehrtem Mauerwerk eingehalten werden?

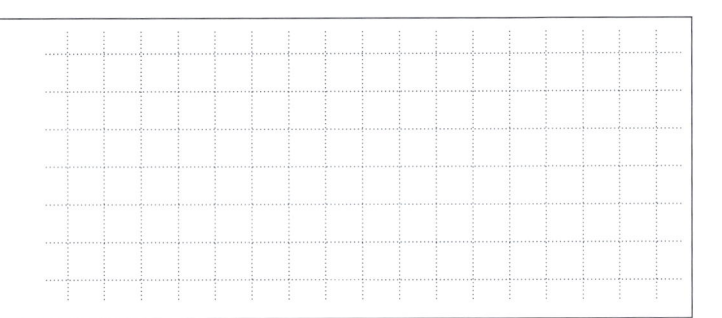

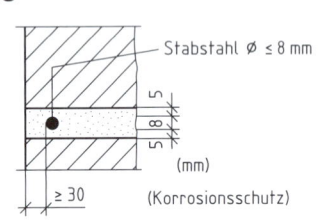

3140 Welche 3 Konstruktionsregeln sind beim Mauern von zweischaligen Außenwänden einzuhalten?

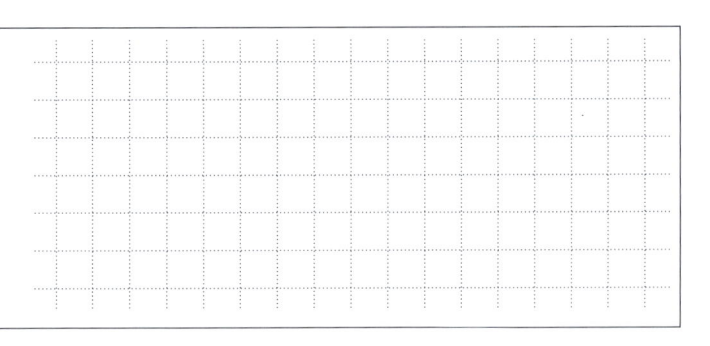

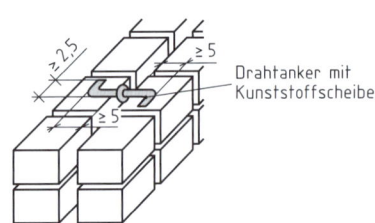

3141 Wie werden die 4 verschiedenen zweischaligen Außenwände bezeichnet?
Zweischalige Außenwände mit

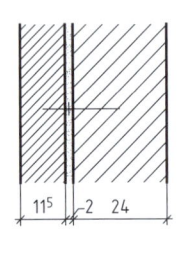

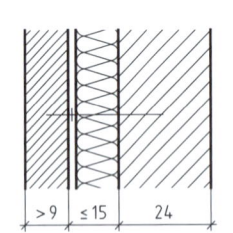

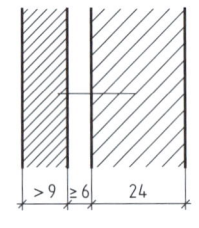

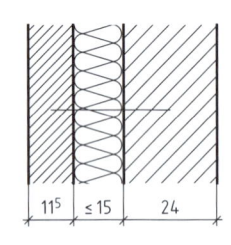

3142 Welche Regeln sind beim Ausmauern von Gefachen bei Fachwerkwänden zu berücksichtigen?

Lösungen ab Seite 344

Abschlussprüfung – Fachstufe II | Maurer

Mauerwerksbau　　3143 … 3145

3143
Von der skizzierten spitzwinkligen Mauerecke ist die 2. Schicht einzuzeichnen. Beide Wände sind 36,5 cm breit und werden aus NF-Mauersteinen hergestellt.

Draufsicht　　1. Schicht　　　　　　　　　　2. Schicht

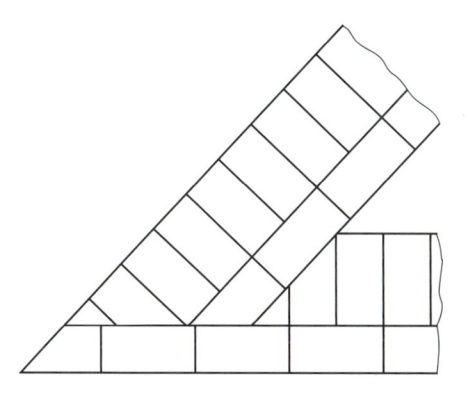

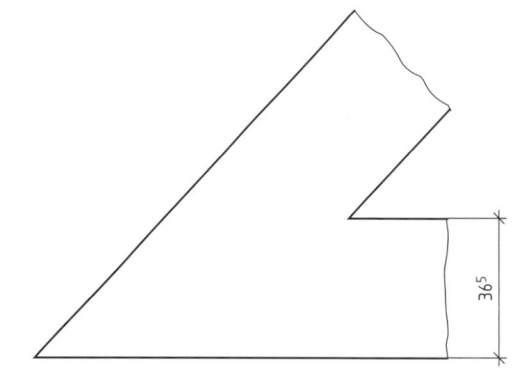

3144
Es ist die 2. Schicht des quadratischen Pfeilers einzuzeichnen. Es werden NF-Mauersteine verwendet.

Draufsicht　　1. Schicht　　2. Schicht

(cm)

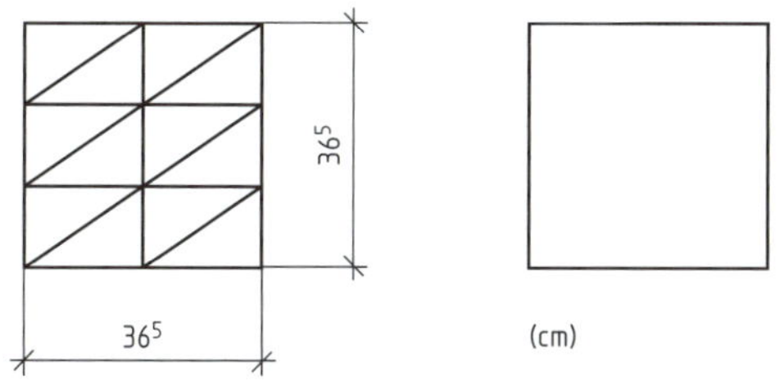

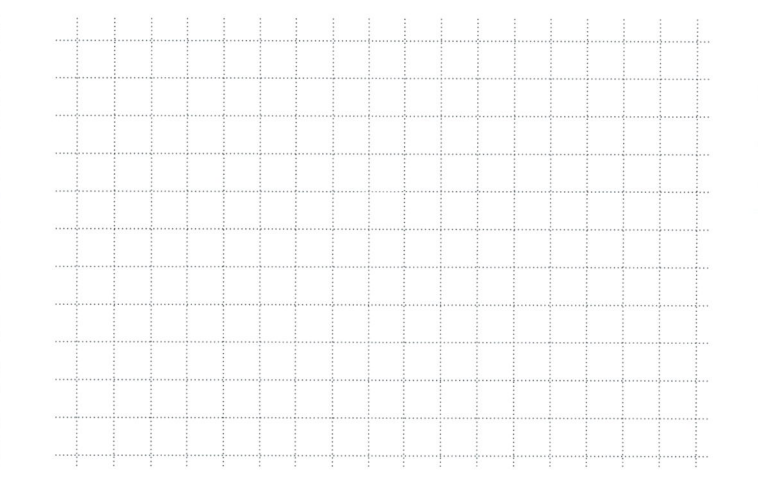

3145
Welche Bezeichnungen haben untenstehende gemauerte Bögen?

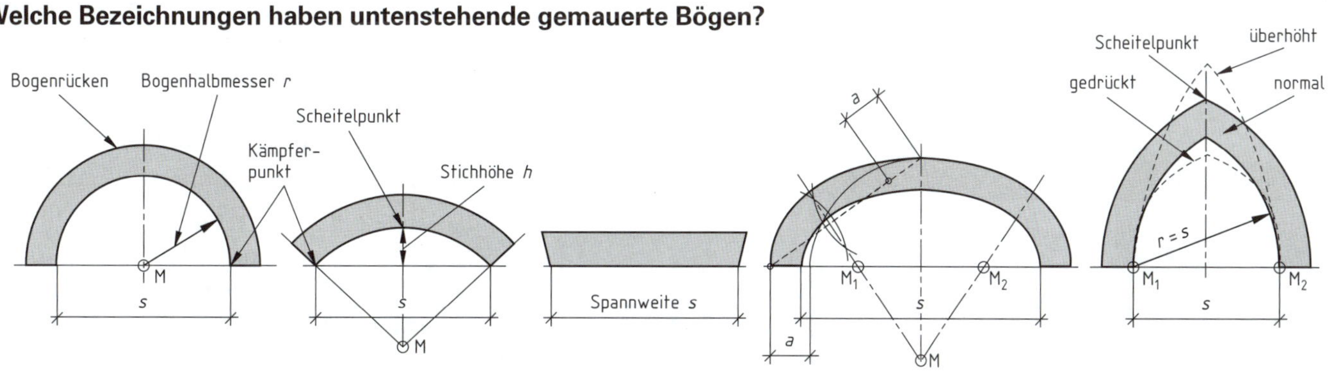

Lösungen ab Seite 345

Abschlussprüfung – Fachstufe II	Maurer

Mauerwerksbau 3146 ... 3149

3146
Wie viel kg wiegen 30 Liter Zement?
① 15 kg
② 24 kg
③ 30 kg
④ 36 kg
⑤ 40 kg

3147
Wie viel Liter sind 54 kg hydraulischer Kalk mit der Schüttdichte 0,9 kg/l?
① 32 l
② 60 l
③ 38 l
④ 54 l
⑤ 56 l

3148
Wie viel Liter Zement werden für 650 Liter Zementmörtel im MV 1 : 4 benötigt?
① 178 l
② 300 l
③ 320 l
④ 195 l
⑤ 162 l

3149
Wie viel Säcke Zement erfordern 750 Liter Zementmörtel im MV 1 : 5?
① 16 Säcke
② 12 Säcke
③ 10 Säcke
④ 9 Säcke
⑤ 7 Säcke

Hinweis: Die Tabellenwerte auf Seite 108 sind zum Lösen der Aufgaben zum Materialverbrauch erforderlich.

Abschlussprüfung – Fachstufe II Maurer

Mauerwerksbau 3150 … 3157

3150
Wie viel m³ Mörtelsand sind notwendig, um 1460 Liter Kalkzementmörtel im MV 2 : 1 : 8 herzustellen?

① 1,635 m³
② 1,680 m³
③ 1,675 m³
④ 1,710 m³
⑤ 1,715 m³

3151
Wie viel Liter Zement werden für 1260 Liter Zementmörtel MV 1 : 4 benötigt, wenn feuchter Sand verwendet wird?

① 502 l
② 504 l
③ 403 l
④ 430 l
⑤ 480 l

3152
Wie viel Säcke Zement entsprechen 403 Liter Zement aus Aufgabe 3151?

① 20 Säcke
② 14 Säcke
③ 24 Säcke
④ 18 Säcke
⑤ 22 Säcke

3153
Welcher Sandbedarf in m³ ergibt sich aus der Aufgabe 3151?

① 2,230 m³
② 1,584 m³
③ 1,700 m³
④ 1,612 m³
⑤ 1,668 m³

3154
Wie viel Kalkzementmörtel MV 2 : 1 : 8 können mit 8 Säcken Weißkalkhydrat (Schüttdichte 0,5 kg/l) hergestellt werden? Der Mörtelsand ist baufeucht.

① 1180 l
② 1050 l
③ 1200 l
④ 1334 l
⑤ 1100 l

3155
Wieviel m³ Sand sind für 1840 Liter Zementmörtel MV 1 : 5 notwendig? Der Mörtelsand ist trocken.

① 2,000 m³
② 2,063 m³
③ 2,147 m³
④ 1,860 m³
⑤ 1,800 m³

3156
Von dem skizzierten Pfeiler aus NF-Steinen ist das Volumen von Fugenmörtel (5,5 l/m²) in Litern zu berechnen. Der Pfeiler hat eine Höhe von 2,30 m.

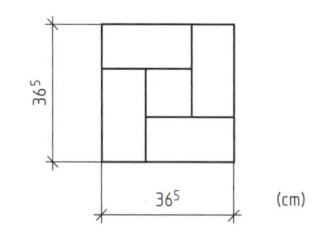

① 12 l
② 16 l
③ 19 l
④ 20 l
⑤ 21 l

3157
Wie viel m³ lose Bruchsteine werden für das 30 cm dicke Natursteinmauerwerk benötigt?

① 2,416 m³
② 4,167 m³
③ 4,536 m³
④ 4,300 m³
⑤ 5,672 m³

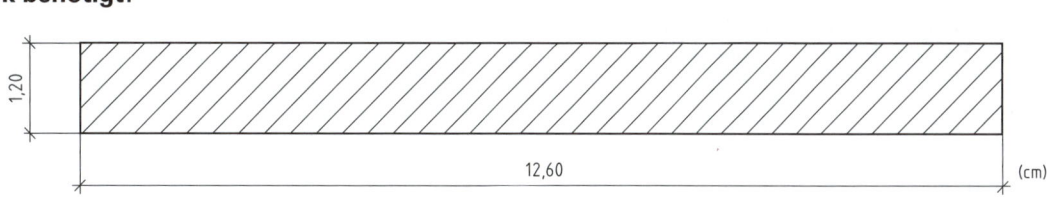

Lösungen ab Seite 346

Abschlussprüfung – Fachstufe II Maurer

Mauerwerksbau   3158 … 3161

3158

Ein Rundbogen hat eine Spannweite s von 1,26 m.
Wie groß ist die Bogenleibungslänge?

① 198 cm
② 142 cm
③ 126 cm
④ 182 cm
⑤ 252 cm

3159

Von der Aufgabe 3813 ist die Schichtenzahl des Rundbogens zu berechnen, wenn DF-Steine verwendet werden.

① 31 Schichten
② 32 Schichten
③ 33 Schichten
④ 34 Schichten
⑤ 35 Schichten

3160

Wie groß ist die Bogenleibungslänge eines Segmentbogens, wenn die Spannweite 1,01 m und der Stich 1/10 sind?

① 101,0 cm
② 131,2 cm
③ 103,1 cm
④ 112,4 cm
⑤ 109,8 cm

3161

Welche Abmessung d muss das Mauerwerk (b) mindestens haben, wenn ein Wärmedurchlasswiderstand von 2,85 m²K/W erreicht werden soll?

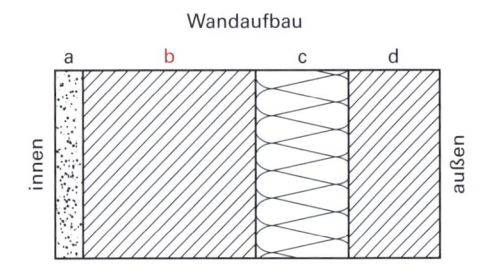

Wandaufbau

a Innenputz ($s = 0,015$ m; $\lambda_R = 0,70$)
b Mauerwerk ($\lambda_R = 0,99$)
c Wärmedämmschicht ($\lambda_R = 0,04$; $s = 0,10$ m)
d KS Vb 1,8–2,0 ($s = 0,115$ m; $\lambda_R = 1,1$)

① $d = 17,5$ cm
② $d = 0,0175$ m
③ $d = 0,365$ m
④ $d = 0,24$ m
⑤ $d = 0,30$ m

Abschlussprüfung – Fachstufe II — Maurer

Mauerwerksbau — 3162 ... 3165

3162

Wie viel Säcke Weißkalkhydrat (Schüttdichte 0,50 kg/l) und Zement sowie m³ Mörtelsand sind erforderlich, um die dargestellte Mauerwerkswand mit NF-Steinen herzustellen? Das MV ist 2 : 1 : 8. Die Wand ist 24 cm dick. Die Mörtelstoffe sind mit Tabellenwerten zu berechnen.

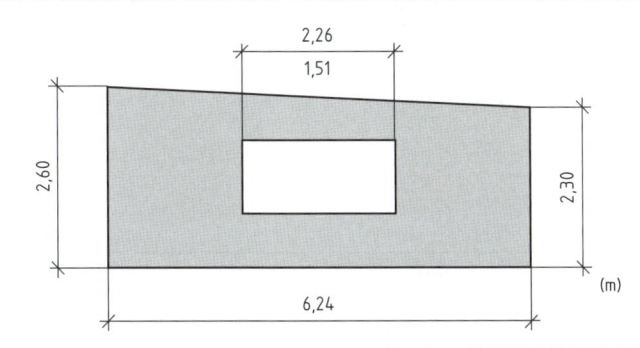

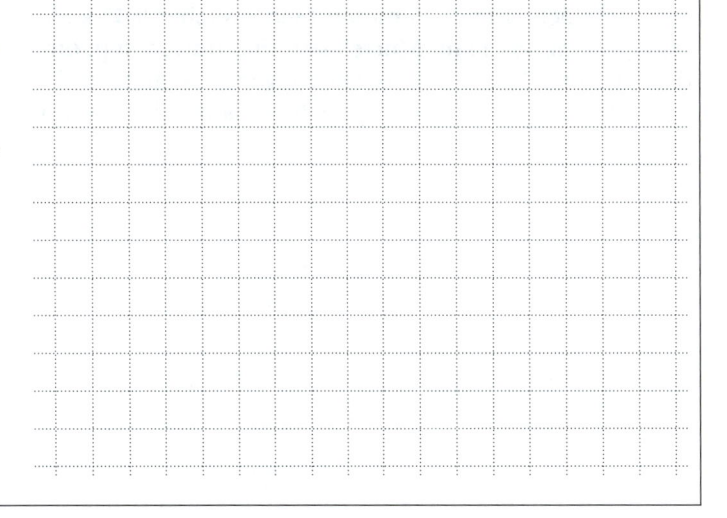

Maße (m): 2,26 / 1,51 / 2,60 / 2,30 / 6,24

3163

Wie viel Säcke Zement und m³ Mörtelsand sind erforderlich, um 8 Pfeiler herzustellen? Die Pfeilerhöhe beträgt 3,30 m. Der Grundriss eines Pfeilers ist in der Skizze dargestellt. Das MV ist 1 : 4. Es wird baufeuchter Mörtelsand verwendet. Die Mörtelstoffe sind mit dem Mörtelfaktor zu ermitteln.

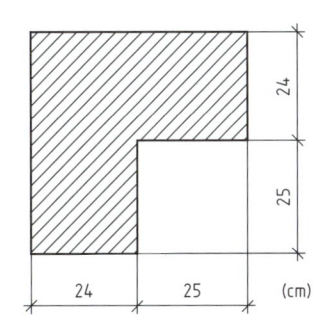

Maße (cm): 24 / 25 / 24 / 25

Hinweis: Es werden NF-Steine verwendet. Der Einmischfaktor beträgt 1,6.

3164

Welches Mörtelvolumen MV 2 : 1 : 8 kann aus dem skizzierten kegelförmigen baufeuchten Sandhaufen hergestellt werden? Der Einmischfaktor beträgt 1,6.

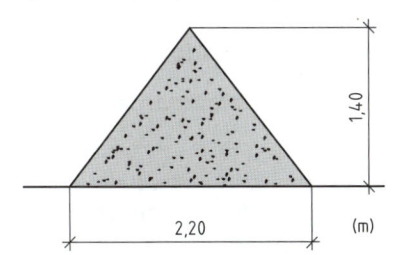

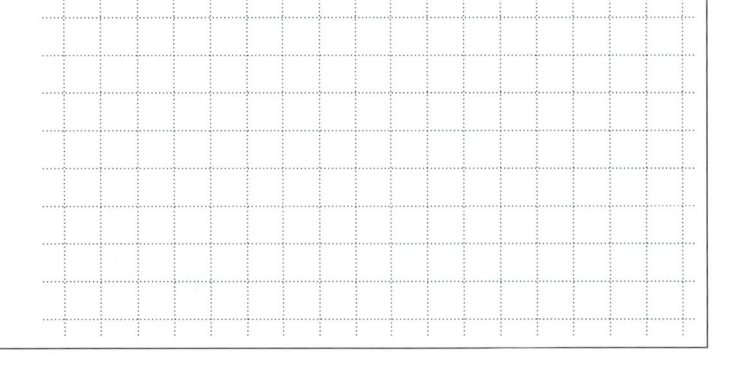

Maße (m): 1,40 / 2,20

3165

Wie viel Liter Kalkzementmörtel MV 2 : 1 : 9 können mit 8 Säcken Weißkalkhydrat (Schüttdichte 0,5 kg/l) angemacht werden? Der Mörtelsand ist baufeucht. Der Einmischfaktor beträgt 1,6.

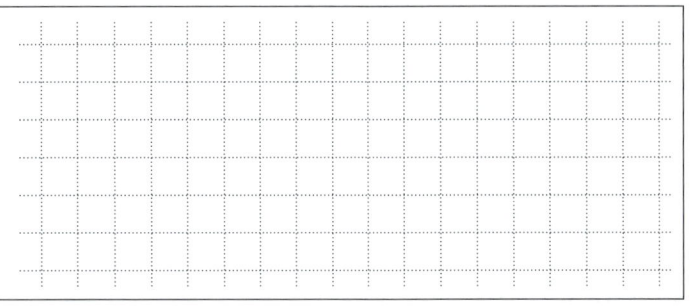

Lösungen ab Seite 346

Abschlussprüfung – Fachstufe II — Maurer

Mauerwerksbau   3166 … 3168

3166

Wie viel Säcke Weißkalkhydrat (Schüttdichte 0,60 kg/l) und Zement sowie m³ Mörtelsand sind notwendig, um die skizzierte 36,5 cm dicke Giebelwand herzustellen? Das MV ist 2 : 1 : 10. Die Mörtelstoffe sind mit Tabellenwerten zu berechnen.

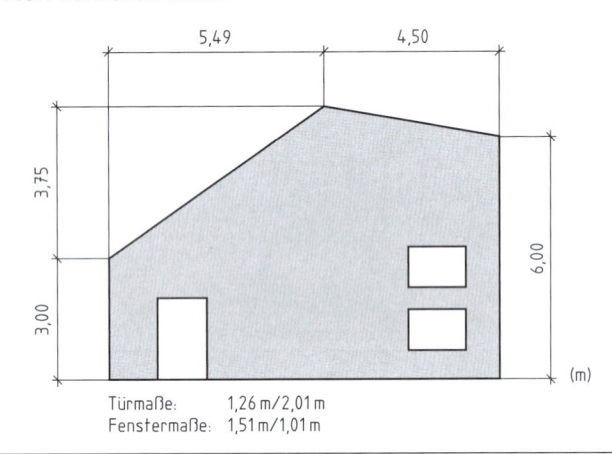

Maße: 5,49; 4,50; 3,75; 3,00; 6,00 (m)
Türmaße: 1,26 m / 2,01 m
Fenstermaße: 1,51 m / 1,01 m

3167

Wie viel Liter Weißkalkhydrat (Schüttdichte 0,7 kg/l) und Zement sowie m³ Mörtelsand müssen bestellt werden, damit die dargestellte 36,5 cm dicke Hauswand aus 2DF-Steinen gemauert werden kann? Das MV ist 2 : 1 : 9. Der Mörtelsand soll baufeucht sein. Die Mörtelstoffe sind mit dem Mörtelfaktor zu ermitteln. Der Einmischfaktor beträgt 1,6.

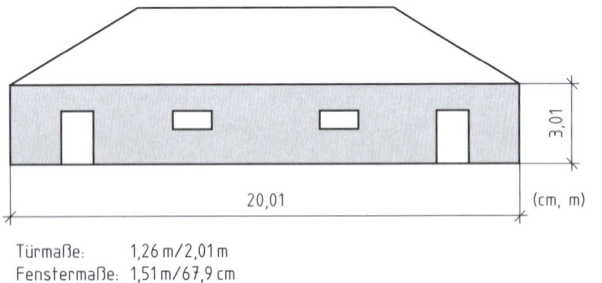

Maße: 20,01; 3,01 (cm, m)
Türmaße: 1,26 m / 2,01 m
Fenstermaße: 1,51 m / 67,9 cm

3168

Von dem skizzierten Rundbogen aus DF-Steinen sind zu berechnen:

a) die Bogenleibungslänge
b) die Bogenrückenlänge
c) die Anzahl der Bogenschichten

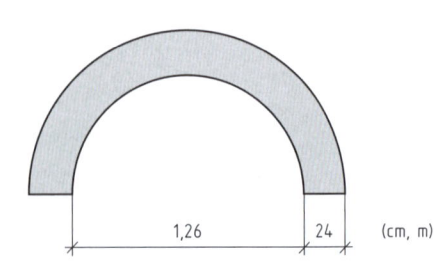

Maße: 1,26; 24 (cm, m)

Lösungen ab Seite 347

Abschlussprüfung – Fachstufe II — Maurer

Mauerwerksbau — 3169 ... 3171

3169

Ein Segmentbogen soll aus NF-Steinen mit $1/10$ Stich gemauert werden. Der Mittelpunktswinkel beträgt $\alpha = 45°$. Zu berechnen sind:

a) die Bogenleibungslänge
b) die Bogenrückenlänge
c) die Anzahl der Bogenschichten
d) die Fugendicke an der Bogenleibung
e) die Fugendicke am Bogenrücken

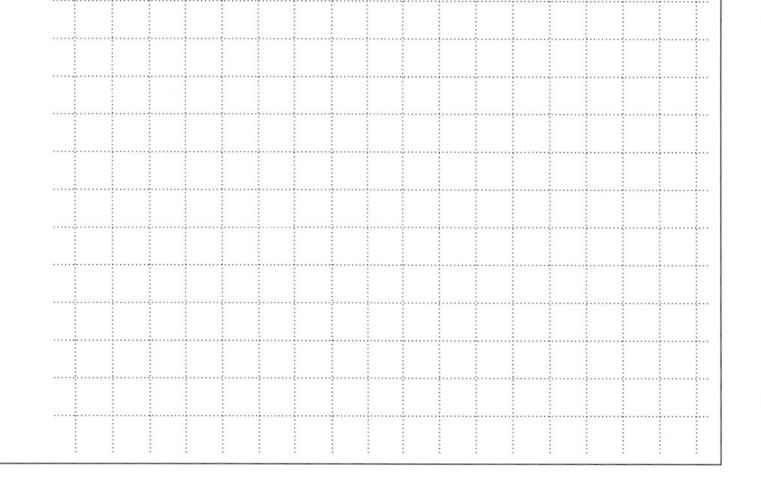

(Skizze: 1,51; 24; cm, m)

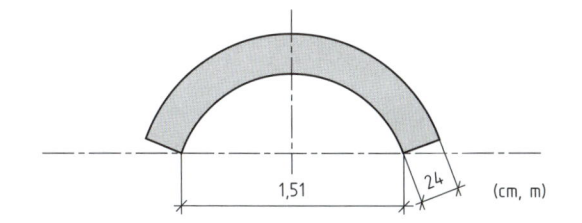

3170

Der skizzierte Segmentbogen soll mit $1/8$ Stich gemauert werden. Es werden DF-Steine verwendet. Die Fugendicke an der Bogenleibung wird mit 0,7 cm angenommen. Der Mittelpunktswinkel beträgt $\alpha = 56°$. Zu ermitteln sind:

a) die Bogenleibungslänge
b) die Bogenrückenlänge
c) die Anzahl der Bogenschichten
d) die Fugendicke an der Bogenleibung
e) die Fugendicke am Bogenrücken

(Skizze: 1,76; 24; cm, m)

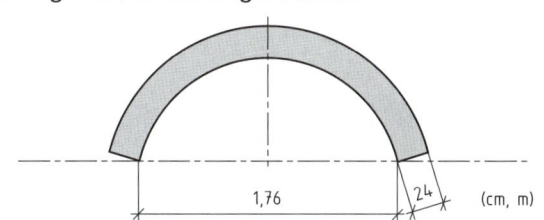

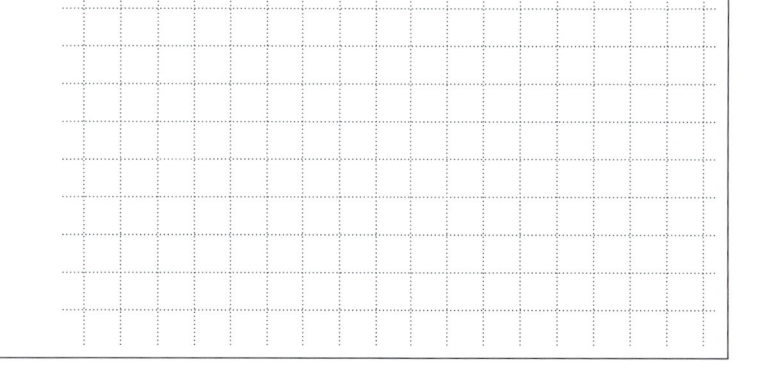

3171

Über einer Türöffnung ist ein scheitrechter Bogen aus DF-Steinen zu mauern. Das Verhältnis der Widerlagerneigung soll 1 : 8 sein. Zu berechnen sind:

a) die Bogenleibungslänge
b) die Bogenrückenlänge
c) die Anzahl der Bogenschichten
d) die Fugendicke an der Bogenleibung
e) die Fugendicke am Bogenrücken

(Skizze: 88^5; 24; cm)

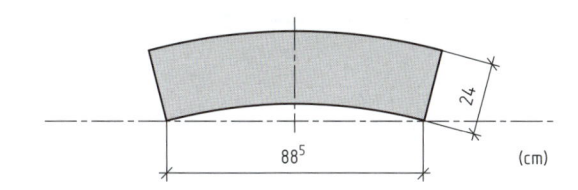

Lösungen ab Seite 347

Abschlussprüfung – Fachstufe II — Maurer

Mauerwerksbau — 3172 ... 3175

3172

Der dargestellte scheitrechte Bogen soll mit einer Widerlagerneigung von 1 : 7 gemauert werden. Es werden NF-Steine verwendet. Zu ermitteln sind:

a) die Bogenleibungslänge
b) die Bogenrückenlänge
c) die Anzahl der Bogenschichten
d) die Fugendicke an der Bogenleibung
e) die Fugendicke am Bogenrücken

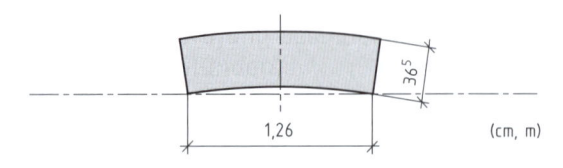

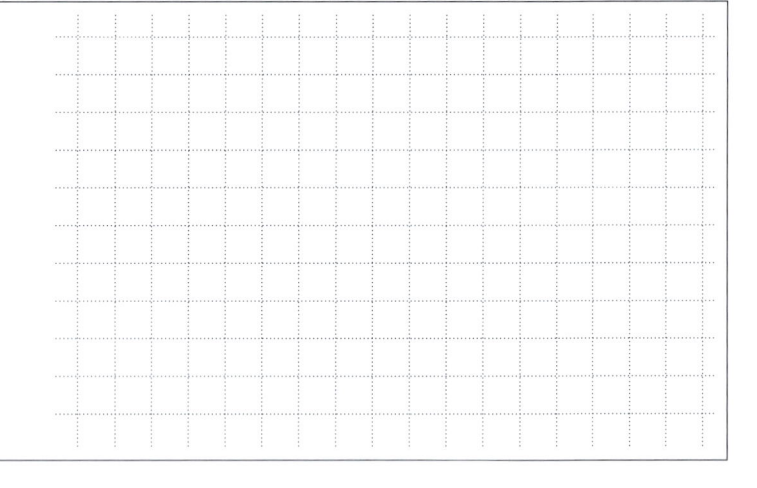

Maße: 1,26 m; 36,5 cm (cm, m)

3173

Mit welcher Gewichtskraft in kN drückt der skizzierte 3,30 m hohe Pfeiler aus NF-Steinen (Vollklinker) auf den Untergrund? Die Rohdichte der Vollklinker beträgt 2,0 kg/dm³.

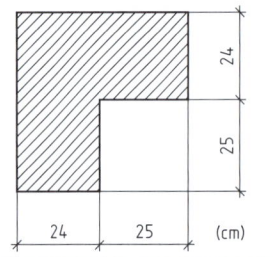

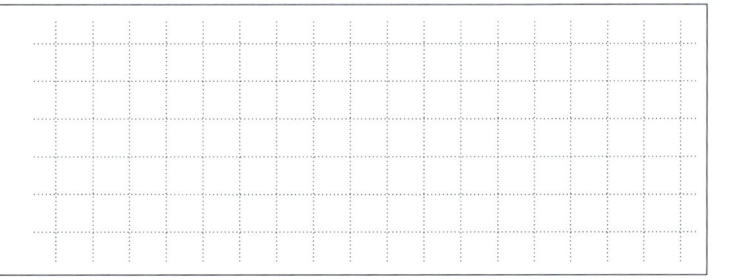

Maße: 24, 25, 24, 25 (cm)

3174

Ein Stahlbetonsturz mit einer Auflagerkraft von 34 kN liegt auf einer gemauerten Wand. Diese Wand besteht aus Mauerziegeln der Steinfestigkeitsklasse 6 und aus Mauermörtel MG II. Wie groß muss mindestens die Auflagerlänge l des Stahlbetonsturzes sein?

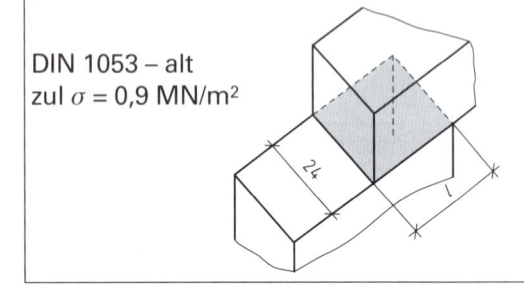

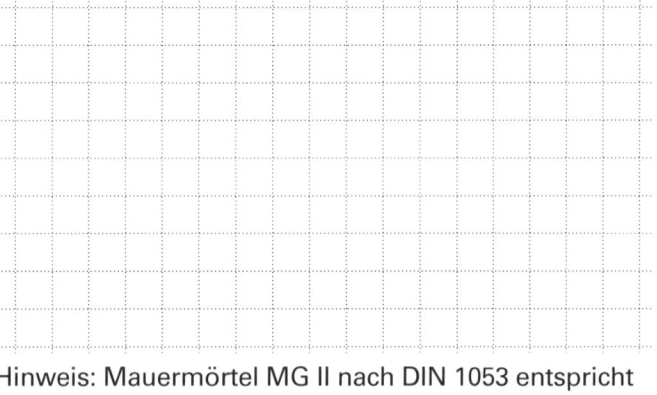

DIN 1053 – alt
zul σ = 0,9 MN/m²

Hinweis: Mauermörtel MG II nach DIN 1053 entspricht Normalmauermörtel NM 2,5 nach DIN EN 988-2.

3175

Der dargestellte Pfeiler trägt eine Belastung N_{Rd} = 264 kN. Welche Steinfestigkeitsklasse müsste nach DIN EN 1996 mindestens gewählt werden, wenn Mauermörtel (Normalmörtel) der Mörtelgruppe MG II a verwendet wird? Benennen Sie die Grundzüge der Berechnung.

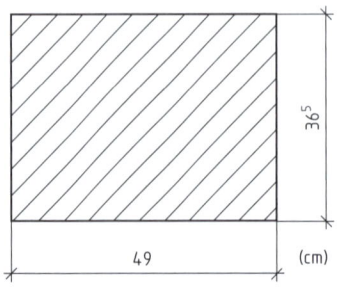

Maße: 49 cm; 36,5 cm

Hinweis: Keine ausführliche Berechnung erforderlich.

Abschlussprüfung – Fachstufe II | Maurer

Mauerwerksbau — 3176 ... 3182

3176
Welches Natursteinmauerwerk in der Vorderansicht zeigt das Bild?

① Zyklopenmauerwerk
② Bruchsteinmauerwerk
③ Quadermauerwerk
④ Verblendmauerwerk
⑤ Unregelmäßiges Schichtenmauerwerk

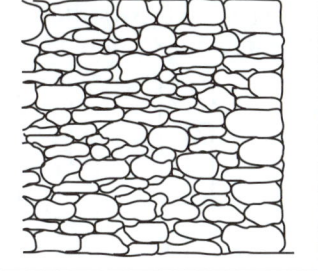

3177
Welches Natursteinmauerwerk in der Vorderansicht ist in dem Bild zu sehen?

① Quadermauerwerk
② Trockenmauerwerk
③ Zyklopenmauerwerk
④ Verblendmauerwerk
⑤ Regelmäßiges Schichtenmauerwerk

3178
Welchen Verband in der Vorderansicht zeigt das Bild?

① Kreuzverband
② Blockverband
③ Läuferverband
④ Binderverband
⑤ Märkischen Verband (Zierverband)

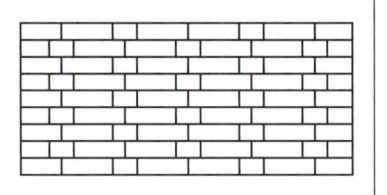

3179
Welcher gemauerte Bogen ist im Bild dargestellt?

① Flach- oder Segmentbogen
② Scheitrechter Bogen (Sturz)
③ Elliptischer Bogen
④ Korbbogen
⑤ Spitzbogen

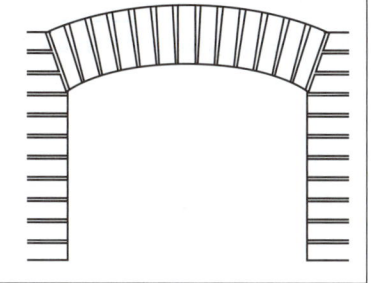

3180
Wie wird der gemauerte Bogen im Bild fachgerecht bezeichnet?

① Flach- oder Segmentbogen
② Scheitrechter Bogen (Sturz)
③ Rundbogen
④ Korbbogen
⑤ Spitzbogen

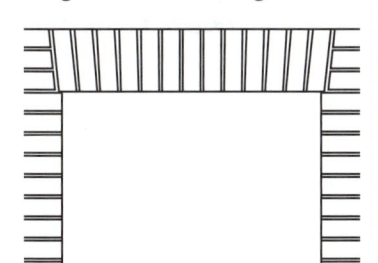

3181
Wie wird das Bauteil im Bild fachgerecht benannt?

① Ringbalken
② Flachsturz
③ U-Schale
④ gemauerter Flachbogen
⑤ Stahlbetonbalken

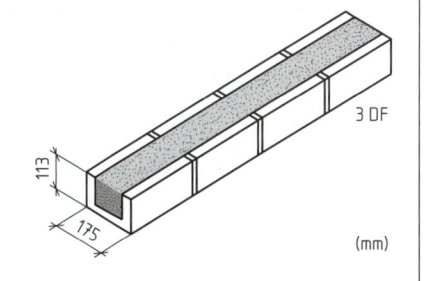

3182
Wie wird das im Bild mit Ⓐ gekennzeichnete Bauteil fachgerecht benannt?

① Ringbalken
② U-Schale
③ Ringanker
④ gemauerter Flachbogen
⑤ Holzbalken

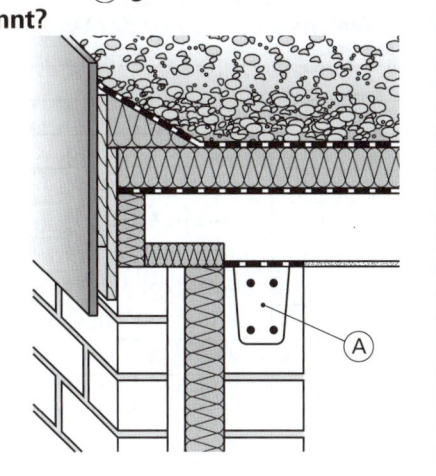

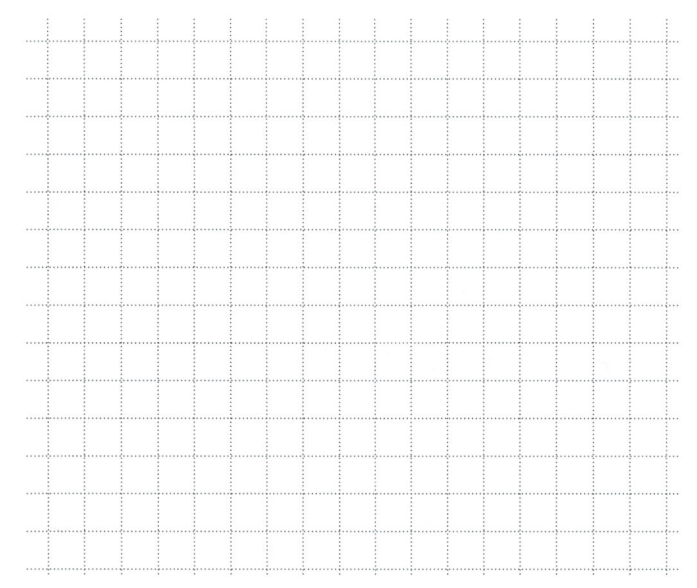

Lösungen ab Seite 349

Abschlussprüfung – Fachstufe II | Maurer

Mauerwerksbau | 3183 … 3186

3183

Welche Skizze zeigt die fachliche richtige Ausführung der ersten Schicht des Mauerwerkskörpers mit NF-Steinen?

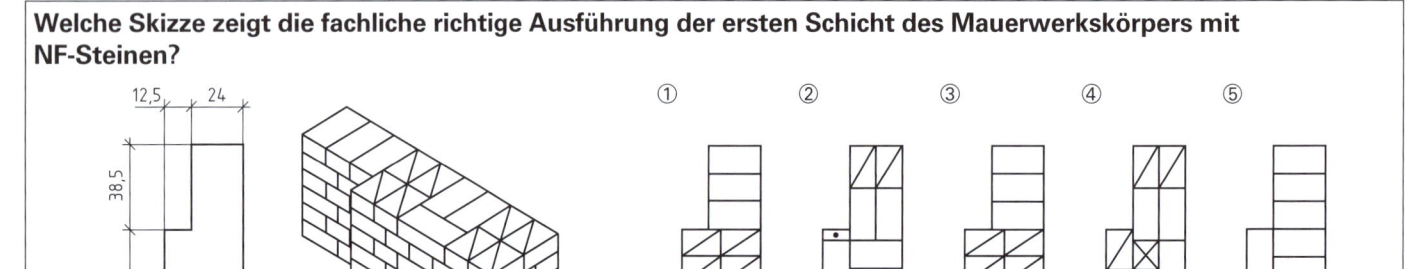

3184

Welche 2. Schicht passt zu der skizzierten 1. Schicht des Mauerwerkspfeilers 36,5/36,5 aus 2 DF-Steinen?

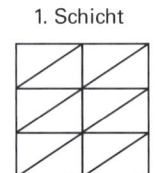

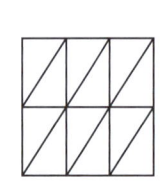

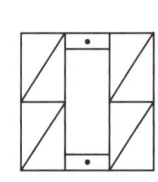

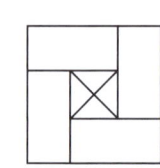

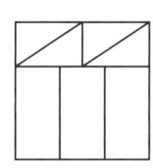

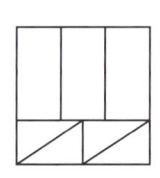

3185

In welcher der Skizzen ist eine regelgerechte Ausführung für den Mauerwerkskörper aus NF-Steinen abgebildet?

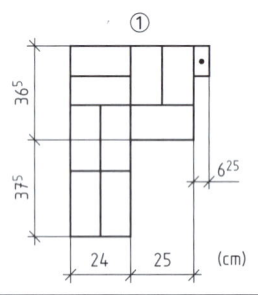

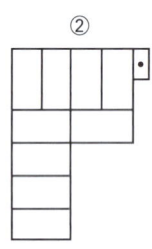

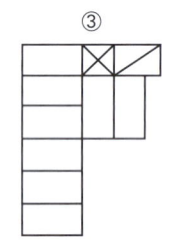

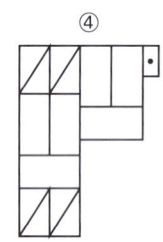

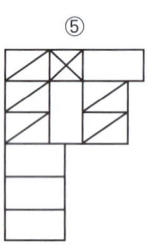

3186

Die Skizze zeigt die Vorderansicht einer Wand aus 2 DF-Steinen. Welche Aussage zu der Wand ist **falsch**?

① Die Wand ist im Blockverband gemauert.

② Die Mauerhöhe beträgt 1,50 m.

③ Die Wand ist 2,24 m lang.

④ Die Öffnung ist 0,76/0,76 m groß.

⑤ Das Maß a beträgt 0,74 m.

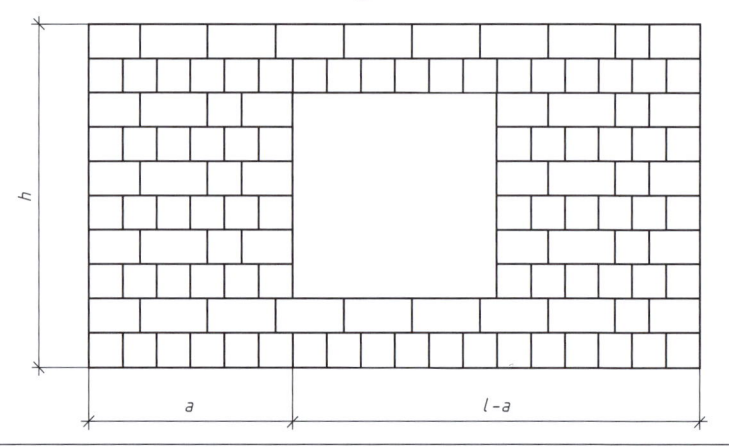

Lösungen ab Seite 349

Abschlussprüfung – Fachstufe II — Maurer

Mauerwerksbau 3187 … 3190

3187
Die Skizze zeigt einen Mauerwerkskörper, der mit 2 DF-Steinen hergestellt worden ist. Welche Abmessung des Mauerwerkskörpers ist **falsch** bemaßt?

① Länge a
② Länge b
③ Länge c
④ Länge d
⑤ Länge e

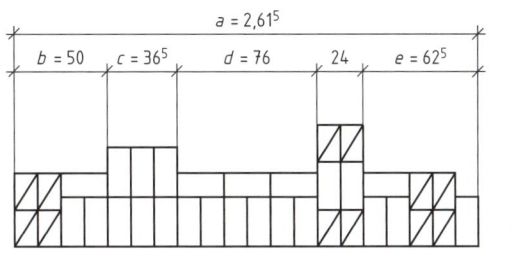

$a = 2,61^5$
$b = 50$ $c = 36^5$ $d = 76$ 24 $e = 62^5$

(cm, m)

3188
Um welches Bauteil handelt es sich bei dem Ausschnitt aus der Bauzeichnung eines Erdgeschoss-Grundrisses von einem Wohnhaus?

① Deckenaussparung 1,76/1,51
② Fenster 1,76/1,51 mit Heizkörpernische
③ Fenster 1,76/1,51 mit Außenanschlag
④ Fenster 1,76/1,51 mit Innenanschlag
⑤ Wanddurchbruch 1,76/1,51

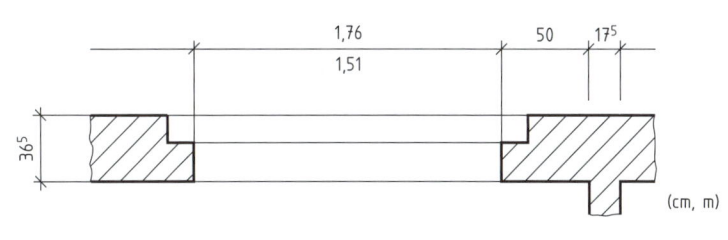

(cm, m)

3189
Welche Bedeutung hat das diagonal geteilte, schwarzweiße Viereck mit den Angaben $13^5/26$ in dem Ausschnitt aus der Bauzeichnung eines Erdgeschoss-Grundrisses von einem Wohnhaus?

① Aufzug
② Lüftungsschacht $13^5/26$
③ Heizraumentlüftung $13^5/26$
④ Deckendurchbruch $13^5/26$
⑤ Gemauerter Rauchgas-Schornstein $13^5/26$

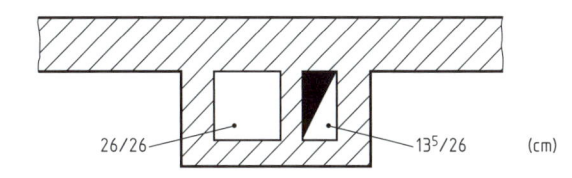

(cm)

3190
Welche Bedeutung hat die Abkürzung »BRH 90« in dem Ausschnitt aus der Bauzeichnung eines Erdgeschoss-Grundrisses von einem Wohnhaus?

① Bruttorauminhalt = 90 m³
② Bruttoraumhöhe = 90 dm
③ Brüstungshöhe = 90 cm
④ Bruttoraumumfang = 90 m
⑤ Baurichthöhe = 90 mm

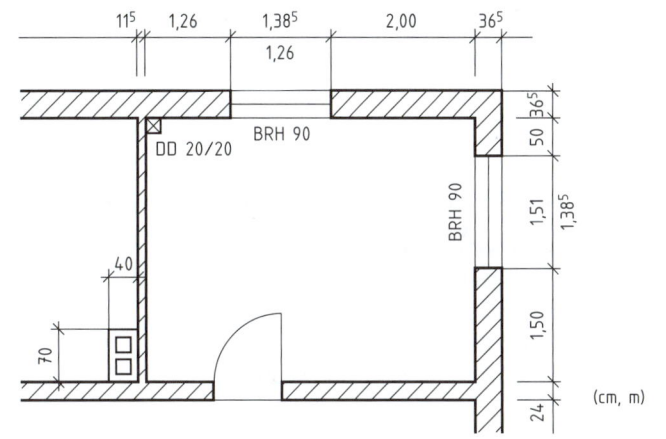

(cm, m)

Lösungen ab Seite 349

Abschlussprüfung – Fachstufe II — Maurer

Mauerwerksbau 3191 … 3196

3191
Welche Aussage zu den Höhenangaben aus dem Schnitt eines Wohnhauses ist richtig?

① Die Oberkante des Rohfußbodens liegt auf ± 0,00 m
② Die lichte Fensterhöhe beträgt 1,375 m
③ Die lichte Raumhöhe beträgt 2,545 m
④ Die Brüstungshöhe liegt 92 cm über Oberkante Rohfußboden
⑤ Der Fenstersturz liegt 2,385 m über Oberkante Rohfußboden

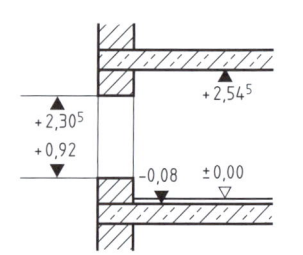

3192
Welche Bedeutung hat die gestrichelte Linie in der Skizze eines Ausschnittes aus einem Fundamentplan?

① Eingebaute Feuchtesperre
② Verdeckte Bewehrung
③ Lage der Fundamenterder
④ Fundamenthöhe
⑤ Breite des aufgehenden Kellermauerwerks

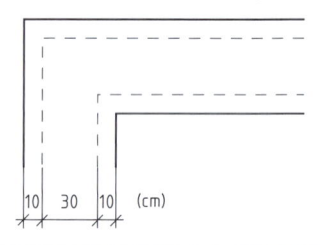

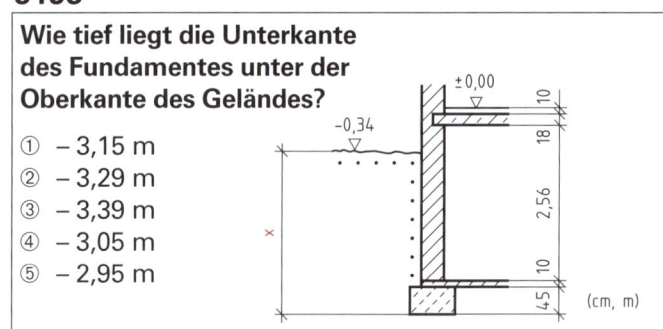

3193
Wie tief liegt die Unterkante des Fundamentes unter der Oberkante des Geländes?

① – 3,15 m
② – 3,29 m
③ – 3,39 m
④ – 3,05 m
⑤ – 2,95 m

3194
Welche Auftrittsbreite besitzt die Treppe in der Skizze?

① 28 cm
② 25 cm
③ 22 cm
④ 33 cm
⑤ 17 cm

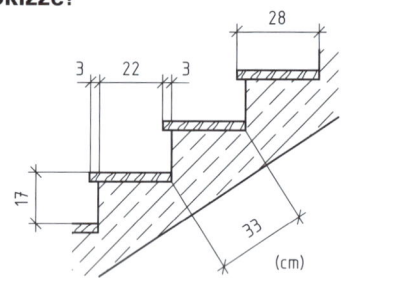

3195
Welche Bedeutung hat die Darstellung aus dem Erdgeschossgrundriss eines Wohnhauses in der Skizze?

① Deutsche Auslegware 80 cm/1,20 m
② Deckendurchbruch in der Erdgeschossdecke
③ Deckenaussparung in der Decke des 1. Obergeschosses
④ Deckendurchbruch in der Decke des 1. Obergeschosses
⑤ Deckenaussparung in der Erdgeschossdecke

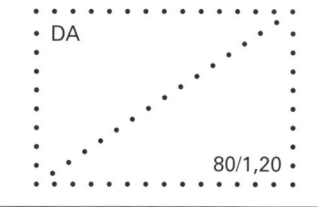

3196
Welchen Fehler enthält die zweischalige Wandkonstruktion in der Skizze?

① Die Dämmung muss ≤ 4 cm sein
② Die Mauerwerks-Innenschale muss ≥ 24 cm sein
③ Die Außenschale ist stets zu verputzen
④ Die Luftschicht muss ≥ 4 cm sein
⑤ Die Innenschale darf nicht verputzt werden

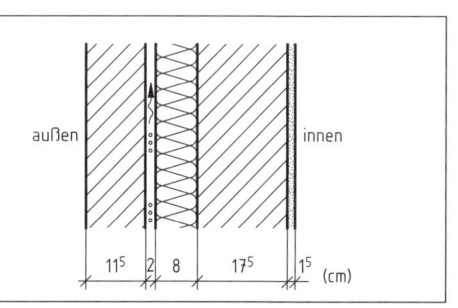

Abschlussprüfung – Fachstufe II Maurer

Mauerwerksbau 3197

3197

Für den dargestellten Mauerwerkskörper sollen zwei Schichten aus 2 DF-Steinen im Trockenverband angelegt werden.
Zeichnen Sie in das Aufgabenblatt eine mögliche 1. Schicht sowie eine mögliche 2. Schicht ein.
Bemaßen Sie den Mauerwerkskörper in der 1. Schicht mit Nennmaßen.

1. Schicht

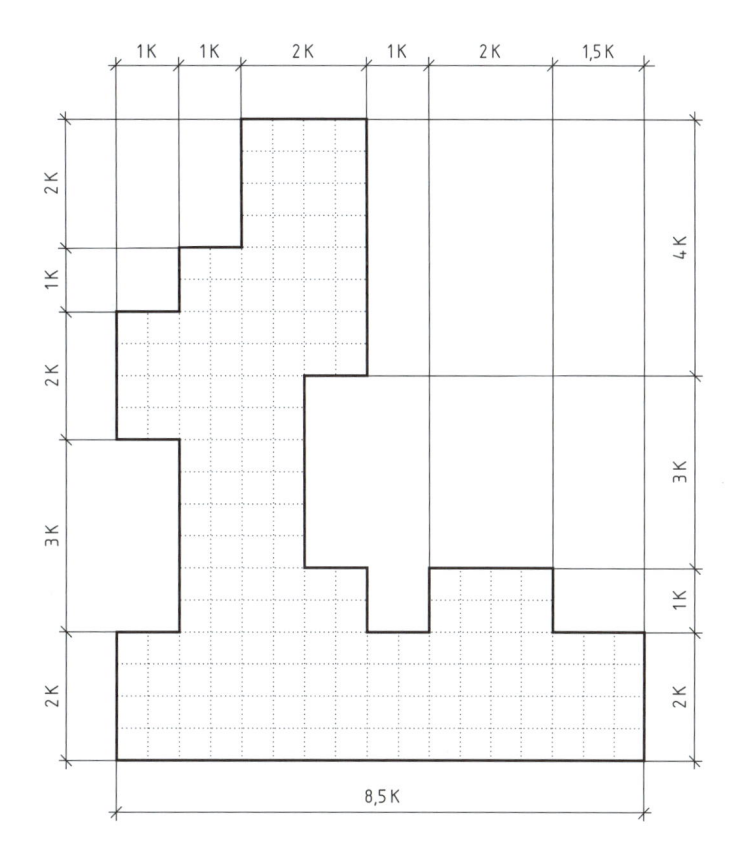

2. Schicht

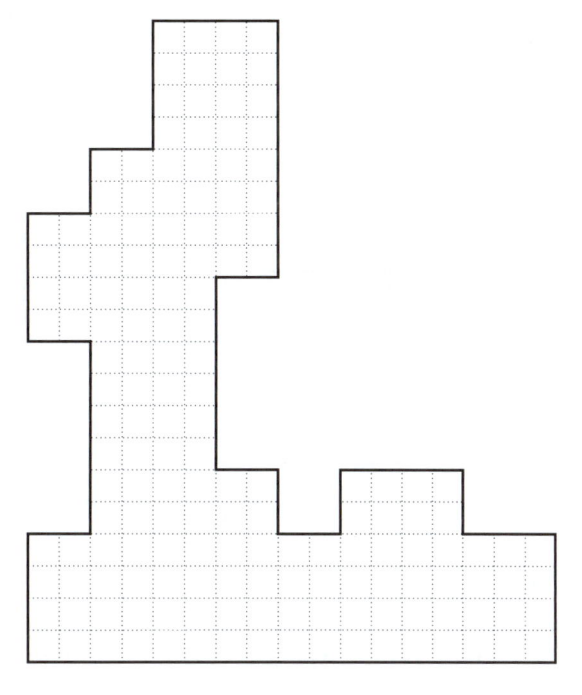

Lösungen ab Seite 350

Abschlussprüfung – Fachstufe II | Maurer

Mauerwerksbau | 3198

3198

Für den dargestellten Mauerwerkskörper sollen zwei Schichten aus 2 DF-Steinen im Trockenverband angelegt werden.
Zeichnen Sie in das Aufgabenblatt eine mögliche 1. Schicht sowie eine mögliche 2. Schicht ein.
Bemaßen Sie den Mauerwerkskörper in der 1. Schicht mit Nennmaßen.

1. Schicht

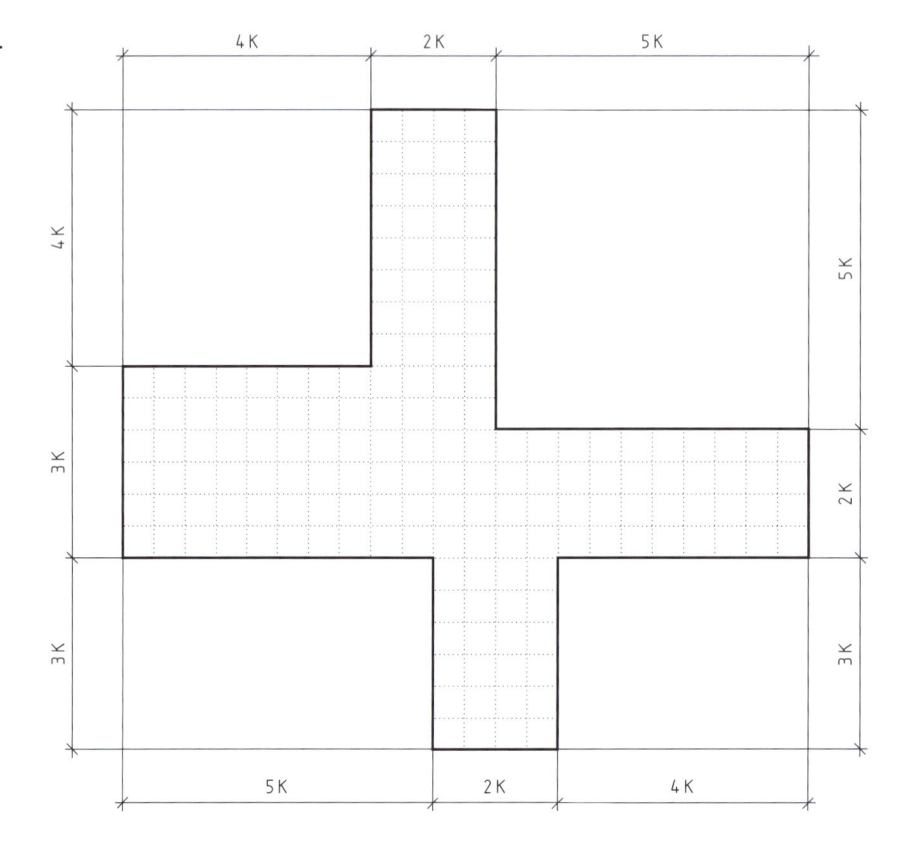

4 K 2 K 5 K
4 K
5 K
3 K
2 K
3 K 3 K
5 K 2 K 4 K

2. Schicht

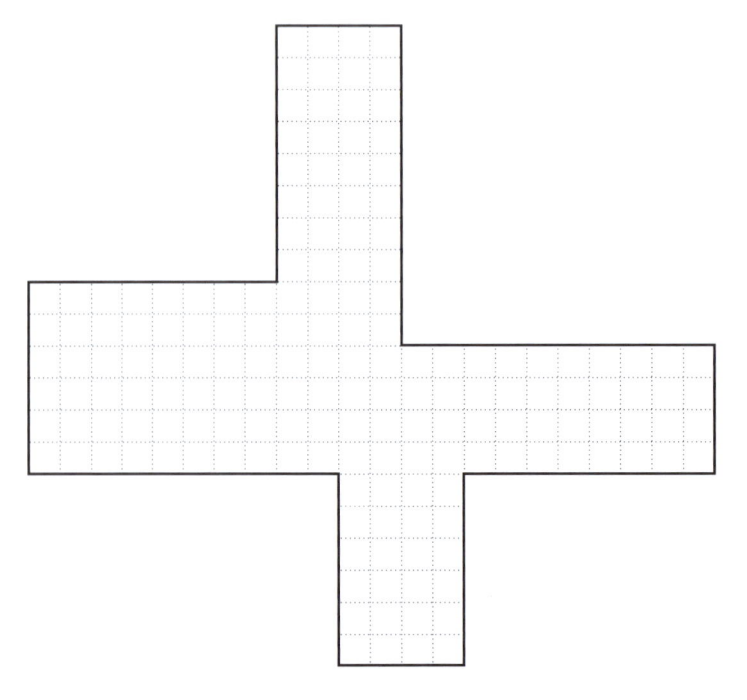

Lösungen ab Seite 350

Abschlussprüfung – Fachstufe II | Maurer

Mauerwerksbau | 3199

3199

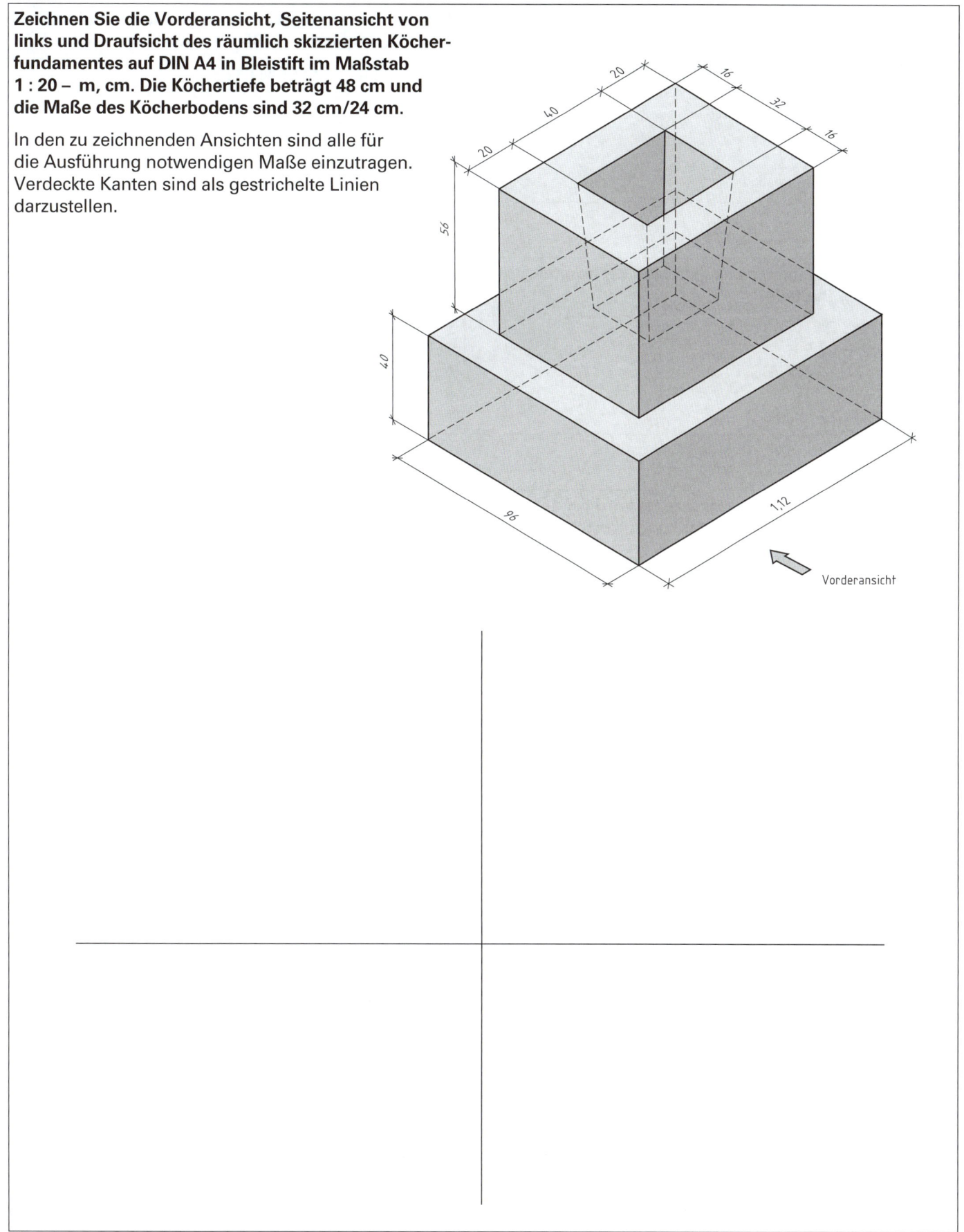

Zeichnen Sie die Vorderansicht, Seitenansicht von links und Draufsicht des räumlich skizzierten Köcherfundamentes auf DIN A4 in Bleistift im Maßstab 1 : 20 – m, cm. Die Köchertiefe beträgt 48 cm und die Maße des Köcherbodens sind 32 cm/24 cm.

In den zu zeichnenden Ansichten sind alle für die Ausführung notwendigen Maße einzutragen. Verdeckte Kanten sind als gestrichelte Linien darzustellen.

Lösungen ab Seite 351

Abschlussprüfung – Fachstufe II

Beton- und Stahlbetonbau

Beton- und Stahlbetonbauer

3201 ... 3210

3201
Welche Normkennzeichnung erhält ein Portlandzement mit schneller Anfangserhärtung und einer 28-Tage Mindestdruckfestigkeit von 32,5 N/mm²?

① CEM I 32,5 R
② CEM I 32,5
③ CEM II/A-S 32,5
④ CEM II/B-S 32,5
⑤ CEM III/B 32,5-NW/HS

3202
Welcher Zement eignet sich wegen seines hohen Sulfatwiderstandes für Beton-Abwasserrohre?

① Portlandzement CEM I 42,5 R
② Portlandkalksteinzement CEM II/A-L
③ Portlandhüttenzement CEM II/A-S
④ Portlandpuzzolanzement CEM II/B-P
⑤ Hochofenzement CEM III/B 32,5-NW/HS

3203
Welcher Zement eignet sich am besten zur Herstellung massiver Bauteile?

① CEM I 32,5 R
② CEM II/B-S 42,5 R
③ CEM III/B 32,5-NW/HS
④ CEM III/A 32,5 R
⑤ CEM III/A 42,5

3204
Welches Material ist neben Portlandzement Hauptbestandteil des Hochofenzementes CEM III?

① Puzzolan
② Flugasche
③ Ölschiefer
④ Hüttensand
⑤ Kalkstein

3205
Welche Eigenschaft der Normzemente wird bei der regelmäßigen Güteprüfung nicht kontrolliert?

① Erstarrungsbeginn und -ende
② Farbe
③ Mahlfeinheit
④ Druckfestigkeit
⑤ Hydratationswärme

3206
Wie werden nicht gebrochene, natürliche Gesteinskörnungen mit D nicht größer als 4 mm und $d = 0$ traditionell bezeichnet?

① Sand
② Kies
③ Grobkies
④ Splitt
⑤ Schotter

3207
Eine Stahlbetondecke ist 16 cm dick. Welches Größtkorn sollte die Gesteinskörnung haben?

① 2 mm
② 4 mm
③ 8 mm
④ 16 mm
⑤ 32 mm

3208
Welche Angabe ist nicht nötig in der Bezeichnung einer normalen Gesteinskörnung der Korngruppe 8/16, die die Regelanforderungen erfüllt?

① Herkunft, ggf. Lager
② Art der Gesteinskörnung
③ Gehalt an Feinteilen
④ Petrografischer Typ
⑤ Korngruppe

3209
Welcher Wasserzementwert ist für einen ausreichenden Korrosionsschutz der Stahlbetonbewehrung höchstens zulässig?

① 0,6
② 0,8
③ 1,0
④ 1,2
⑤ 1,66

3210
Bei einer Frischbeton-Konsistenzprüfung ergibt sich das Verdichtungsmaß von 1,20. Welche Konsistenz hat der Beton?

① Sehr steif
② Steif
③ Plastisch
④ Weich
⑤ Sehr weich

Abschlussprüfung – Fachstufe II
Beton- und Stahlbetonbauer
Beton- und Stahlbetonbau
3211 ... 3219

3211

In welcher Auswahlantwort sind die Betonfestigkeitsklassen für Standardbeton vollständig aufgelistet?

① C8/10, C12/15, C16/20, C20/25, C25/30
② C8/10, C12/15, C16/20, C20/25
③ C8/10, C12/15, C16/20
④ C8/10, C12/15
⑤ C8/10

3212

Vor der Veränderung einer zugelassenen Betonzusammensetzung ist eine Erstprüfung durchzuführen. Wann kann darauf verzichtet werden?

① Die Wassermenge wird bis max. 30 % erhöht
② Der Mehlkorngehalt wird bis max. 650 kg/m³ erhöht
③ Die Masse der Gesteinskörnung wird um nicht mehr als ± 250 kg/m³ verändert
④ Der Zementgehalt wird um nicht mehr als ± 15 kg/m³ verändert
⑤ Der Zement wird durch max. 20 % Baukalk gleicher Druckfestigkeit ersetzt

3213

Die Frischbetontemperatur beim Einbau sollte liegen zwischen

① – 5 °C bis + 10 °C
② 0 °C bis + 20 °C
③ + 5 °C bis + 30 °C
④ + 10 °C bis + 40 °C

3214

Bei Einsatz von Betonzusatzstoffen gilt der Grundsatz:

① Gesteinskörnung 4 mm bis 8 mm verwenden
② Bei Außenbauteilen kann der Mindestzementgehalt auf 220 kg/m³ verringert werden
③ Sie brauchen bei der Stoffraumrechnung nicht berücksichtigt werden
④ Sie mindern die Festigkeit des Betons bis zu 10%
⑤ Eine Güteüberwachung (Eigen- und Fremdüberwachung) muss die anforderungsgemäße Qualität der Zusatzstoffe sicherstellen

3215

Welches Betonzusatzmittel vermindert die Wasseraufnahme von Beton?

① DM
② LP
③ FM
④ BV
⑤ ST

3216

Ein Beton mit verbessertem Widerstand gegen Frost und Tausalz soll hergestellt werden. Welches Betonzusatzmittel ist zu wählen?

① Dichtungsmittel (DM)
② Stabilisierer (ST)
③ Einpresshilfe (EH)
④ Verzögerer (VZ)
⑤ Luftporenbildner (LP)

3217

Welches Betonzusatzmittel verbessert die Verarbeitbarkeit und vermindert die Gefahr der Entmischung bei Frischbeton?

① ST
② BE
③ VZ
④ LP
⑤ DM

3218

Was versteht man unter »Karbonatisierung« des Betons?

① Verringerung des pH-Wertes von Beton durch Kohlenstoffdioxid aus der Luft
② Erhöhung des pH-Wertes von Beton
③ Betonschäden durch Frost und Tausalz
④ Seit der Erdfrühzeit zunehmend geschädigte Gesteinskörnung
⑤ Bildung von Gipsstein, der den Beton zerstört

3219

Wie kann man die Karbonatisierungstiefe bei Beton feststellen?

① Wasser wird schnell aufgesaugt = Karbonatisierter Bereich
② Wasser wird abgestoßen = Karbonatisierter Bereich
③ Wasser färbt sich rot = Nicht karbonatisierter Bereich
④ Rotfärbung durch Phenolphthalein = Karbonatisierter Bereich
⑤ Rotfärbung durch Phenolphthalein = Nicht karbonatisierter Bereich

Lösungen ab Seite 352

Abschlussprüfung – Fachstufe II

Beton- und Stahlbetonbauer

Beton- und Stahlbetonbau

3220 ... 3227

3220
Was ist keine Ursache für Betonstahlkorrosion?

① Frost und Tausalz
② Stark alkalischer Beton
③ Karbonatisierung
④ Säuren
⑤ Sulfathaltige Wässer

3221
Aufgrund der Dehnung eines Bauteils kommt es zu feinen Rissen im Beton. Was ist richtig?

① Risse haben keine Bedeutung
② Nur Haarrisse bis 0,2 mm bringen keine Gefahr für die Bewehrung
③ Auch bei Haarrissen bis 0,2 mm muss das Bauteil abgerissen werden
④ Risse sorgen für ein schnelleres Austrocknen des Betons
⑤ Risse sind nur ein optisches Problem

3222
Was bewirkt das Auftragen von Versiegelung auf die Betonoberfläche?

① Die Glanzwirkung des Betons wird verbessert
② Der Beton wird gereinigt
③ Die Wasseraufnahmefähigkeit wird reduziert
④ Der Beton wird völlig wasserdicht
⑤ Lockere und geschädigte Betonschichten werden wieder fest

3223
Welche Eigenschaft von hydrophobierenden Betonimprägnierungen ist nicht richtig beschrieben?

① Sie machen den Beton dauerhaft wasserfest
② Der kapillare Wassertransport im Beton wird behindert
③ Der Schadstofftransport im Beton wird behindert
④ Sie sind nicht dauerhaft und müssen wiederholt werden
⑤ Sie sind farblos

3224
Welche Aussage zu der Schalung einer Ortbetontreppe ist nicht richtig?

① Treppenpodeste werden an der Unterseite wie Decken geschalt
② Die Tragkonstruktion für die Schalhaut besteht aus Kanthölzern und Stahlstützen
③ Die Stützen unter dem schrägen Treppenlauf sind senkrecht gestellt
④ Als Schalung für die Treppenstufen sind Stirnbretter angebracht
⑤ Um das Ausbiegen der Stirnbretter zu verhindern, ist ein Brett in Laufmitte angenagelt

3225
Welches Schalungsplattenmaß der im Schnitt dargestellten herkömmlichen Stützenschalung ist falsch?

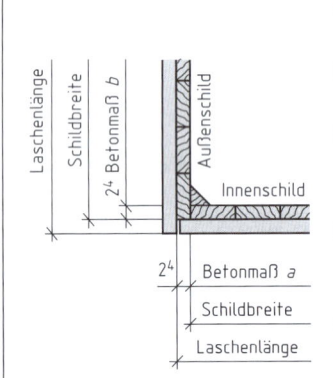

① Schildbreite = Betonmaß $b + 2 \times 2^4$
② Schildbreite = Betonmaß a
③ Laschenlänge = Betonmaß $b + 2 \times 2^4 + 2 \times$ Laschendicke
④ Laschenlänge = Betonmaß $a + 2 \times 2^4 + 2 \times$ Laschendicke
⑤ Laschenlänge = Betonmaß $a + 2 \times$ Laschenlänge

3226
Was zeigt das nebenenstehende Bild?

① Fluchtstab-Stativ
② Unverschiebliches Dreieck
③ Laserwasserwaage auf Stativ
④ Gerüstbock
⑤ Faltstütze als selbststehende Deckenstütze

3227
Wie verhindert man ein Ausknicken oder eine Verschiebung von Schalungsstützen?

① Durch mehrere waagerechte Streben
② Festnageln der Stützen am Boden
③ Durch Doppelkeile unter der Stütze
④ Durch eine Verschwertung zu unverschieblichen Dreiecken
⑤ Nicht nötig, wenn die Stützen exakt senkrecht stehen

Abschlussprüfung – Fachstufe II
Beton- und Stahlbetonbauer

Beton- und Stahlbetonbau
3228 … 3236

3228
Welche Bauteile lassen sich mit Gleitschalungen **nicht** herstellen?

① Treppen- und Aufzugsschächte
② Brückenpfeiler mit gleichbleibendem Querschnitt
③ Hohe Stahlbetonwände
④ Behälterbauten mit veränderlichem Querschnitt
⑤ Schornsteine mit gleichbleibendem Querschnitt

3229
Nach welchem Zeitraum dürfen Deckenplatten (Zementfestigkeitsklasse 42,5 R) in der Regel ausgeschalt werden (Empfehlung)?

① 1 Tag
② 3 Tage
③ 10 Tage
④ 18 Tage
⑤ 28 Tage

3230
Welche zwei Informationen kann man aus der genormten Anordnung der Rippen des Betonstahls erhalten?

① Festigkeit und Einsatzmöglichkeit
② Herstellerwerk und Herstellungsdatum
③ Überwachungszeichen und Herstellungsnummer
④ Festigkeit und Herkunft
⑤ Herstellungsdatum und Korrosionsschutzgruppe

3231
Eine Betonstahl-Bestellung lautet: 30 t Betonstahl DIN 488 – B500A – 25 x 12. Welche Lieferung B500A ist richtig?

① 30 Stähle, 25 m lang, ⌀ 12 mm
② 30 t Stähle, ⌀ 25 mm, Länge 12 m
③ 30 Stähle, ⌀ 25 mm, Länge 12 m
④ 30 t Stähle, ⌀ 12 mm, 25 m lang
⑤ 1 Stahl, Querschnittsfläche 25 x 12 mm, 30 m lang

3232
R-Lagermatte.
Welcher Einsatz ist richtig?

① Für einachsig gespannte Bauteile: Nur die Längsstäbe (Abstand 150 mm) tragen
② Für einachsig gespannte Bauteile: Nur die Querträger (Abstand 250 mm) tragen
③ Für zweiachsig gespannte Bauteile: Nur die Längsstäbe (Abstand 150 mm) tragen
④ Für zweiachsig gespannte Bauteile: Nur die Querträger (Abstand 150 mm) tragen
⑤ Für Rissbewehrung: Nichtstatische Matte

3233
Was ist **falsch** beim Verlegen von Betonstahlmatten?

① Längsstäbe liegen immer oben
② Betondeckung nach DIN 1045 einhalten
③ In einer Gebäude- oder Feldecke beginnen
④ Stehbügel oder Unterstützungskörbe für eine obere Bewehrung einbauen
⑤ Kontrolle der Matten auf Verunreinigungen

3234
Eine Deckenplatte soll zweiachsig gespannt werden. Welche Betonstahlmatte ist für die Bewehrung geeignet?

① R 377 A
② C 513
③ R 513 A
④ E 524
⑤ Q 257 A

3235
Was bedeutet der Buchstabe d in der Aufbaubeschreibung einer Betonstahlmatte?
150 x 6,0 d/6,0 - 4/4

① Durchmesser der Querstäbe
② Durchmesser der Längsstäbe
③ Matte mit Doppelstäben
④ Abstand der Querstäbe
⑤ Abstand der Längsstäbe

3236
Wo ist bei schmalen Balken (höher als 30 cm) der beste Verbund zwischen Beton und Stahleinlage zu erwarten?

① Unten im Balken (Verbundbereich I)
② Oben im Balken (Verbundbereich II)
③ In der Mitte des Balkens
④ Genau zwischen Verbundbereich I und Verbundbereich II
⑤ Der Verbund ist im ganzen Balken gleich

Lösungen ab Seite 353

Abschlussprüfung – Fachstufe II
Beton- und Stahlbetonbauer
Beton- und Stahlbetonbau 3237 ... 3244

3237

Was ist nicht richtig an der Stahlbetonwand-Bewehrung?

① Höchstabstand der senkrechten Längsstähle < 50 cm
② Durchmesser der Längsstäbe bei Matten ≥ 5 mm
③ Durchmesser der Längsstäbe aus Betonstabstahl ≥ 8 mm
④ S-Haken zur Verbindung der beidseitigen Bewehrung
⑤ Wandenden mit Steckbügeln gesichert

3238

An welcher Stelle der Stützwand ist die Biegebeanspruchung besonders hoch?

① Am oberen Ende der Wandplatte
② Im mittleren Bereich der Wandplatte
③ Im Bereich der Verbindung von Grund- und Wandplatte
④ An der Unterseite der Grundplatte
⑤ An der Oberkante der Grundplatte

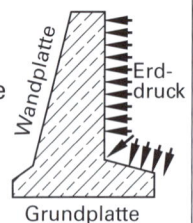

3239

Verschiedene Arbeitsschritte sind zum Herstellen von Stahlbeton-Wänden nötig:

A 1. Schalungswand aufstellen
B 2. Schalungswand aufstellen
C Bewehrung einbauen
D Aussparungen einbauen
E Beton einbringen und verdichten

Welcher Arbeitsablauf ist richtig?

① A B C D E
② A B D C E
③ A C B D E
④ A D B C E
⑤ A D C B E

3240

Ein Balken, frei aufliegend auf 2 Stützen, wird in Balkenmitte belastet. Wo liegt die Zugbewehrung richtig?

① Oben im ganzen Balken
② Oben im Bereich der Auflager, unten in Balkenmitte
③ Oben im ganzen Balken, unten im Bereich der Auflager
④ Oben und unten im Bereich der Auflager
⑤ Unten im ganzen Balken

3241

Balken auf zwei Stützen mit Kragarm: In welcher Skizze ist die Zugbewehrung richtig eingezeichnet?

3242

Welche Aussage über bewehrte Plattenfundamente ist nicht richtig?

① Sie erhalten eine untere und eine obere Bewehrung
② Die auftretenden Lasten werden auf eine große Fläche verteilt
③ Sie liegen voll auf dem Baugrund auf und werden wie eine Decke ausgebildet
④ Eine untere Bewehrungslage ist ausreichend
⑤ Auch ungünstiger Baugrund kann als Baufläche genutzt werden

3243

Welche Spannungen treten in einem nicht belasteten, vorgespannten Stahlbetonbalken auf?

① Oben und unten Druckspannungen
② Oben und unten Zugspannungen
③ Oben Druck-, unten Zugspannungen
④ Oben Zug-, unten Druckspannungen
⑤ Oben und unten Scherspannungen

3244

Welcher Arbeitsablauf bei der Herstellung eines Spannbetonbauteils mit sofortigem Verbund ist richtig?

① A B C D E
② B C D A E
③ B A C D E
④ B A E C D
⑤ A B E C D

A = Vorspannen
B = Spanndrähte einbauen
C = Betonieren
D = Betonerhärtung
E = Überstehende Spanndrähte abtrennen

Abschlussprüfung – Fachstufe II
Beton- und Stahlbetonbauer
Beton- und Stahlbetonbau — 3245 … 3250

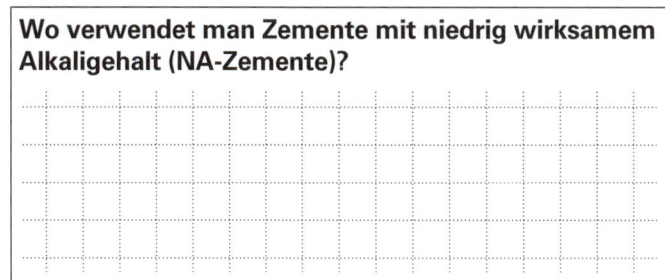

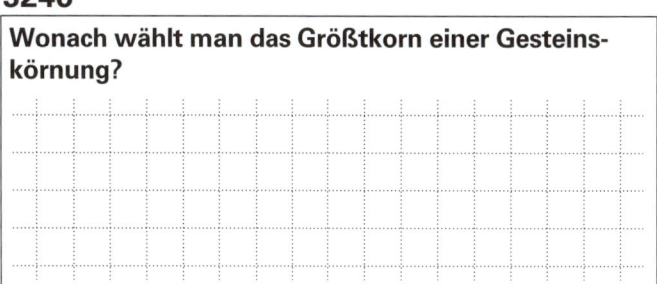

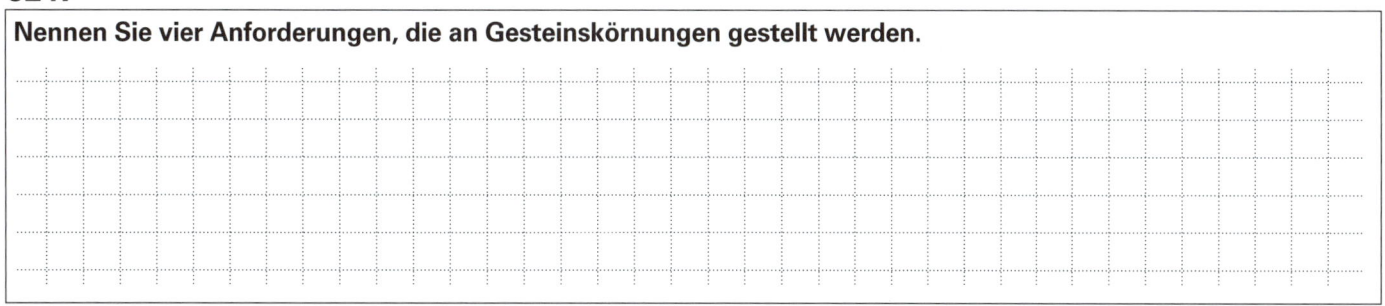

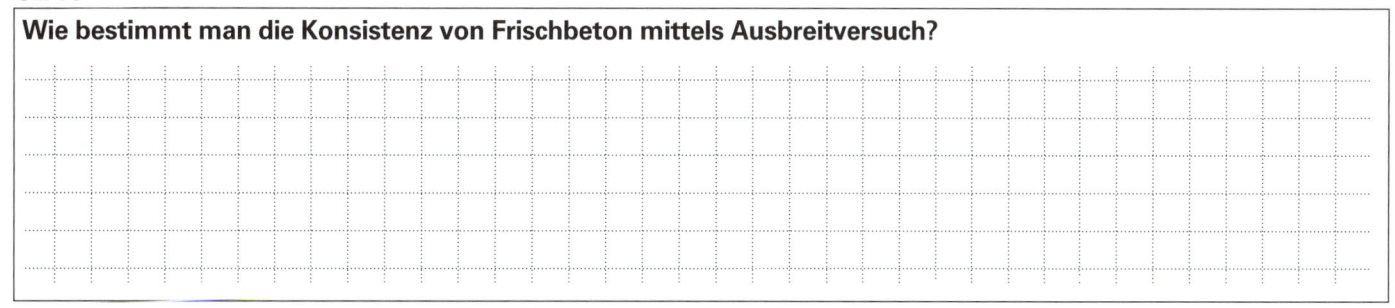

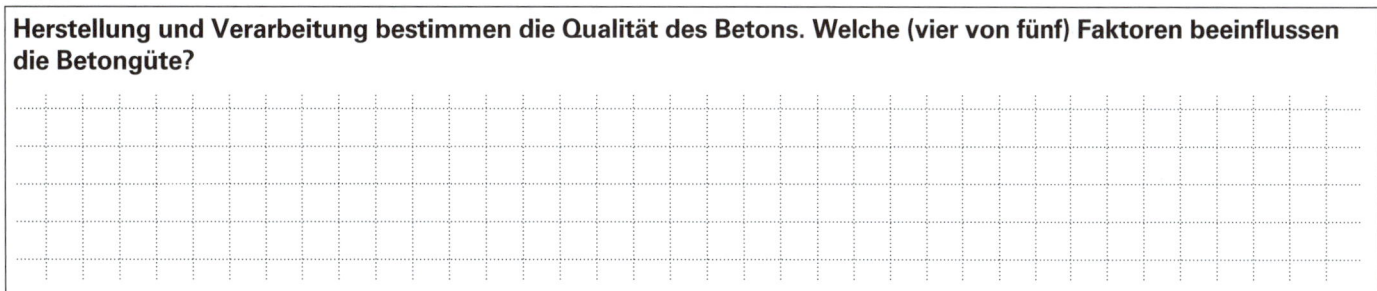

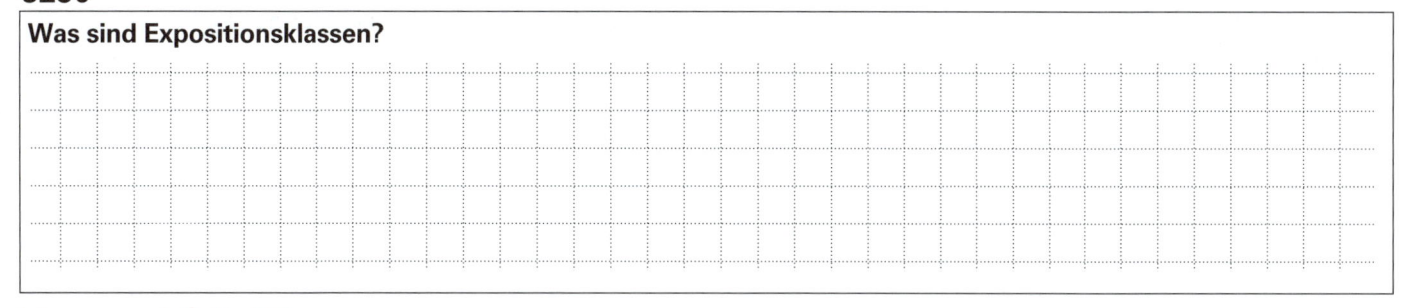

3245 Wo verwendet man Zemente mit niedrig wirksamem Alkaligehalt (NA-Zemente)?

3246 Wonach wählt man das Größtkorn einer Gesteinskörnung?

3247 Nennen Sie vier Anforderungen, die an Gesteinskörnungen gestellt werden.

3248 Wie bestimmt man die Konsistenz von Frischbeton mittels Ausbreitversuch?

3249 Herstellung und Verarbeitung bestimmen die Qualität des Betons. Welche (vier von fünf) Faktoren beeinflussen die Betongüte?

3250 Was sind Expositionsklassen?

Lösungen ab Seite 355

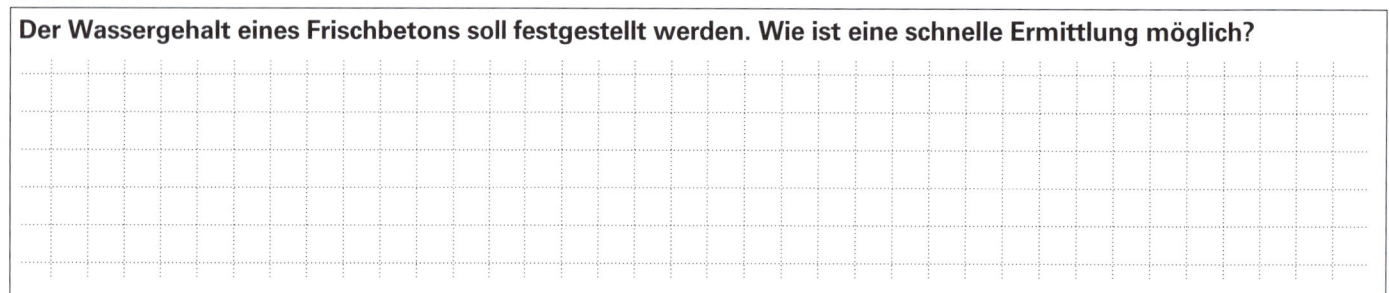

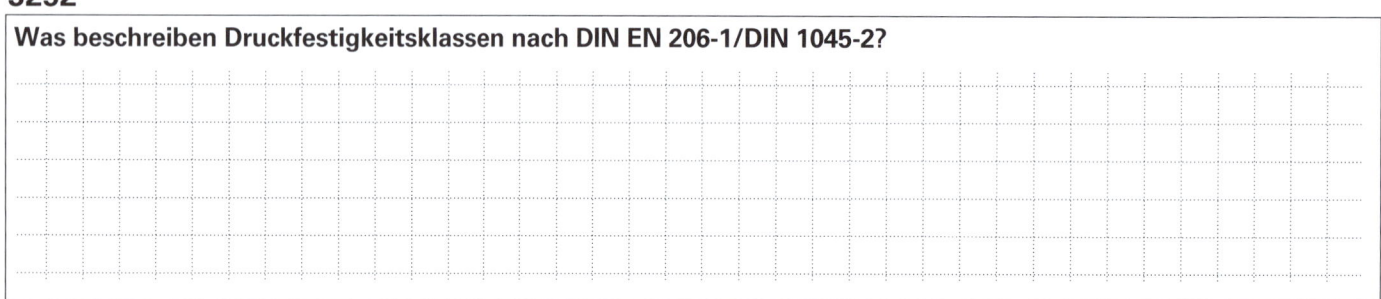

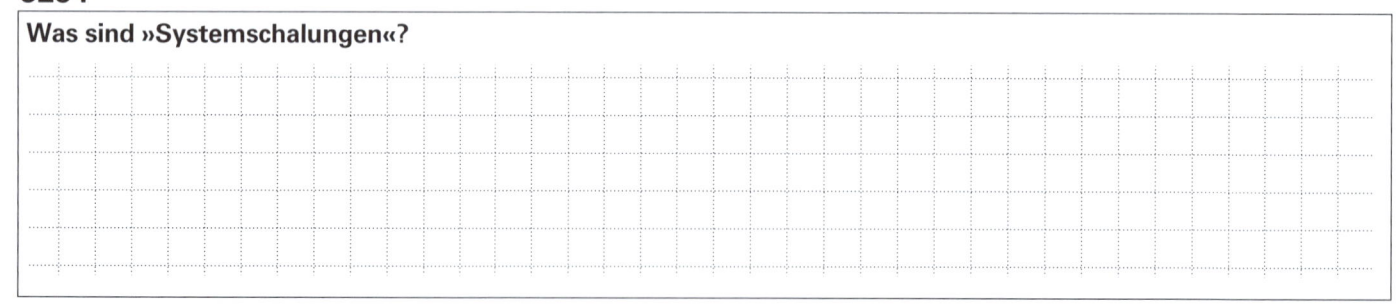

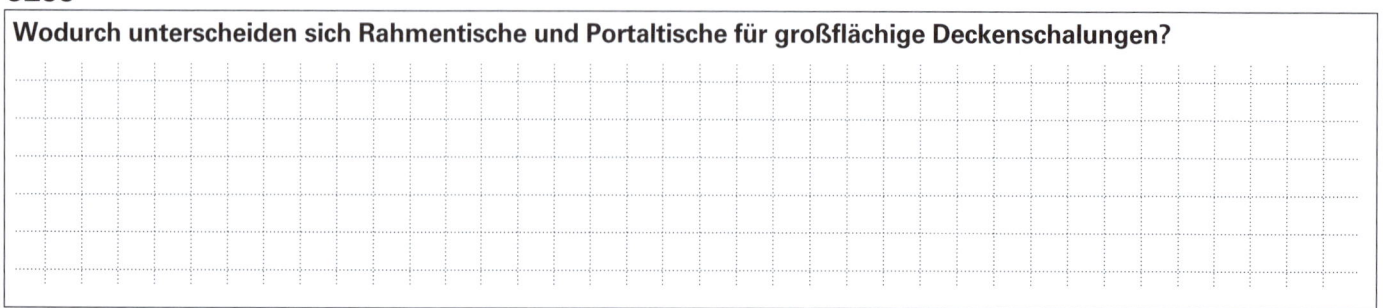

Abschlussprüfung – Fachstufe II — Beton- und Stahlbetonbauer

Beton- und Stahlbetonbau — 3251 ... 3255

3251
Der Wassergehalt eines Frischbetons soll festgestellt werden. Wie ist eine schnelle Ermittlung möglich?

3252
Was beschreiben Druckfestigkeitsklassen nach DIN EN 206-1/DIN 1045-2?

3253
Welche Vorbereitungen sind vor einer Transportbetonlieferung auf der Baustelle zu treffen?

3254
Was sind »Systemschalungen«?

3255
Wodurch unterscheiden sich Rahmentische und Portaltische für großflächige Deckenschalungen?

Abschlussprüfung – Fachstufe II

Beton- und Stahlbetonbauer

Beton- und Stahlbetonbau

3256 ... 3260

3256
Welche Konstruktionssysteme für Großflächen-Wandschalungen unterscheidet man und wie sind sie aufgebaut?

3257
Woraus bestehen bei der dargestellten Wand-Systemschalung die
– Schalhaut
– Tragkonstruktion
– Verspannung
– Verstrebung?

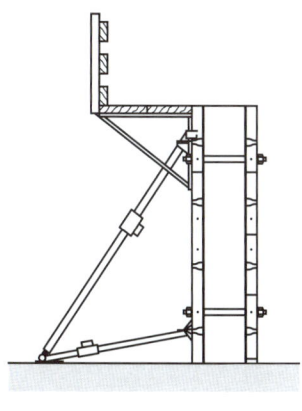

3258
Aus welchen Elementen bestehen Systemschalungen für Balken und Unterzüge?

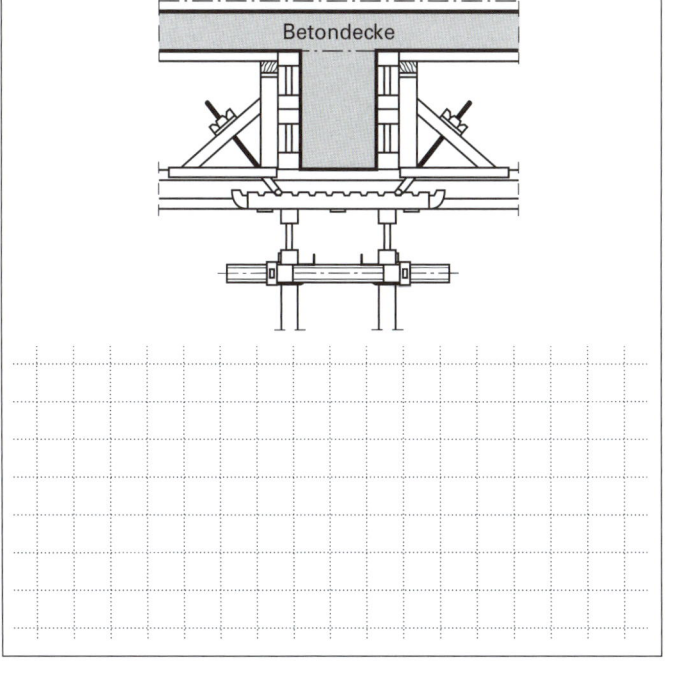

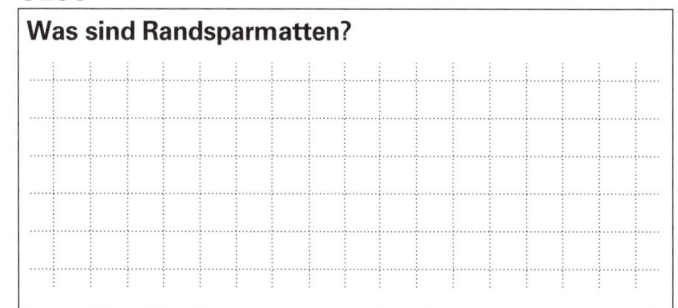

3259
Was sind Randsparmatten?

3260
Welche Lieferformen von Betonstahlmatten unterscheidet man?

Lösungen ab Seite 356

Abschlussprüfung – Fachstufe II

Beton- und Stahlbetonbauer

Beton- und Stahlbetonbau

3261 ... 3262

3261

Eine dreiseitig aufliegende Deckenplatte ist eingeschalt worden. Wie viel Quadratmeter Schalung sind in Rechnung zu stellen?

① 21,54 m²
② 22,29 m²
③ 28,00 m²
④ 30,01 m²
⑤ 30,76 m²

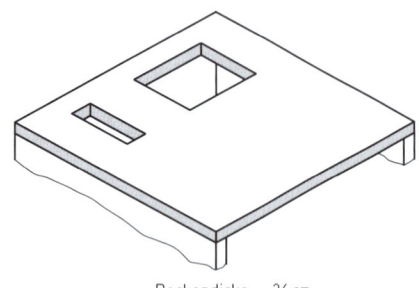

Deckendicke = 26 cm

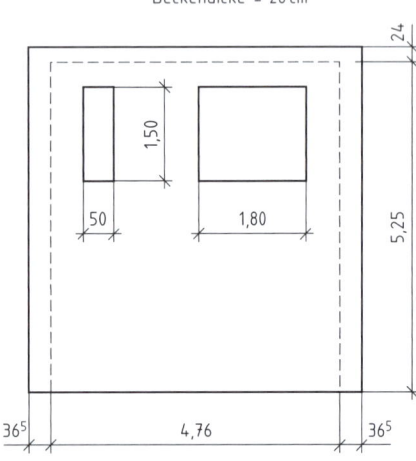

(m, cm)

3262

Ein Rundstahl mit zul σ = 160 N/mm² (oder $f_{y,k}$ = 240 N/mm² und γ_M = 1,1 und γ_G = 1,35) hat eine Zugkraft F = 72 kN (oder F_k) aufzunehmen.

Welcher Stahldurchmesser ist notwendig?

① 1,7 cm
② 2,4 cm
③ 3,4 cm
④ 4,5 cm
⑤ 5,7 cm

Abschlussprüfung – Fachstufe II
Beton- und Stahlbetonbauer
Beton- und Stahlbetonbau
3263 ... 3264

3263

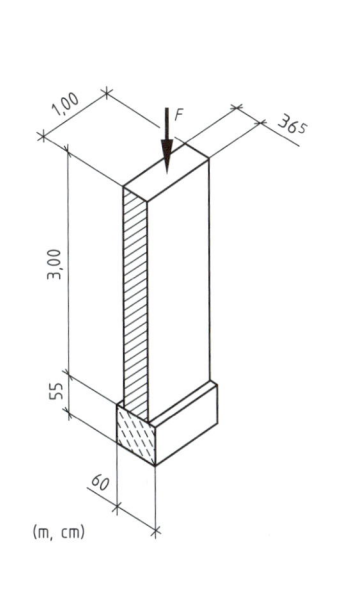

Welche (charakteristische) Last überträgt das Streifenfundament aus C8/10 in der Bodenfuge pro Längenmeter?

Lastannahme für Baustoffe:
Mauerwerk 18 kN/m³
Beton C8/10 23 kN/m³

Lasten der oberen Geschosse
F_k = 70 kN/m

① 97,30 kN/m
② 70,00 kN/m
③ 23,10 kN/m
④ 19,71 kN/m
⑤ 7,59 kN/m

3264

Ein Stahlbetonsturz ist im Zugbereich mit 6 Betonstabstählen ⌀ 16 mm bewehrt. Die Zugkraft im Stahlbetonsturz beträgt 120 kN. Wie groß ist die vorhandene Zugspannung in den Betonstabstählen?

① 0,01 N/mm²
② 24,9 N/mm²
③ 99,5 N/mm²
④ 398,1 N/mm²
⑤ 597,0 N/mm²

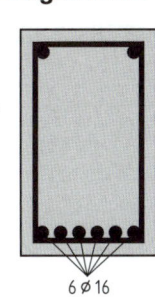

6 ⌀ 16

Lösungen ab Seite 357

Abschlussprüfung – Fachstufe II
Beton- und Stahlbetonbauer

Beton- und Stahlbetonbau
3265 ... 3266

3265

Auf einen Stahlbetonträger wirken verschiedene Lasten. Die Auflagerkraft bei A beträgt 19,4 kN. Wie groß ist die Auflagerkraft bei B?

① 29,8 kN
② 24,6 kN
③ 20,6 kN
④ 19,4 kN
⑤ 14,2 kN

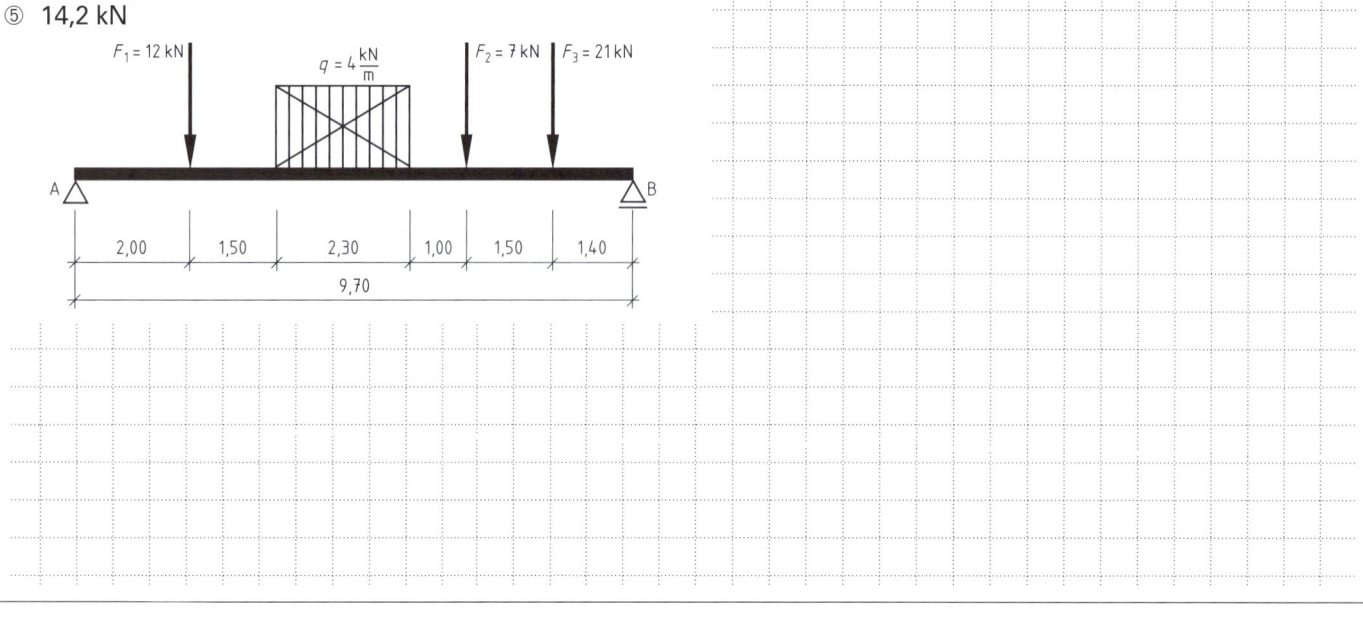

$F_1 = 12$ kN, $q = 4 \frac{kN}{m}$, $F_2 = 7$ kN, $F_3 = 21$ kN

Abstände: 2,00 | 1,50 | 2,30 | 1,00 | 1,50 | 1,40 (gesamt 9,70)

3266

Für 1 m³ Beton werden 330 kg Zement ($\rho = 3{,}1$ kg/dm³) und 165 kg Wasser benötigt. Der Luftporengehalt wird mit 4,5 Vol.-% angenommen.
Wie groß ist der Bedarf an oberflächentrockener Gesteinskörnung ($\rho = 2{,}65$ kg/dm³)?

① 683,55 kg
② 2650,00 kg
③ 511,50 kg
④ 1640,64 kg
⑤ 1811,41 kg

Abschlussprüfung – Fachstufe II
Beton- und Stahlbetonbauer
Beton- und Stahlbetonbau

3267 ... 3268

3267

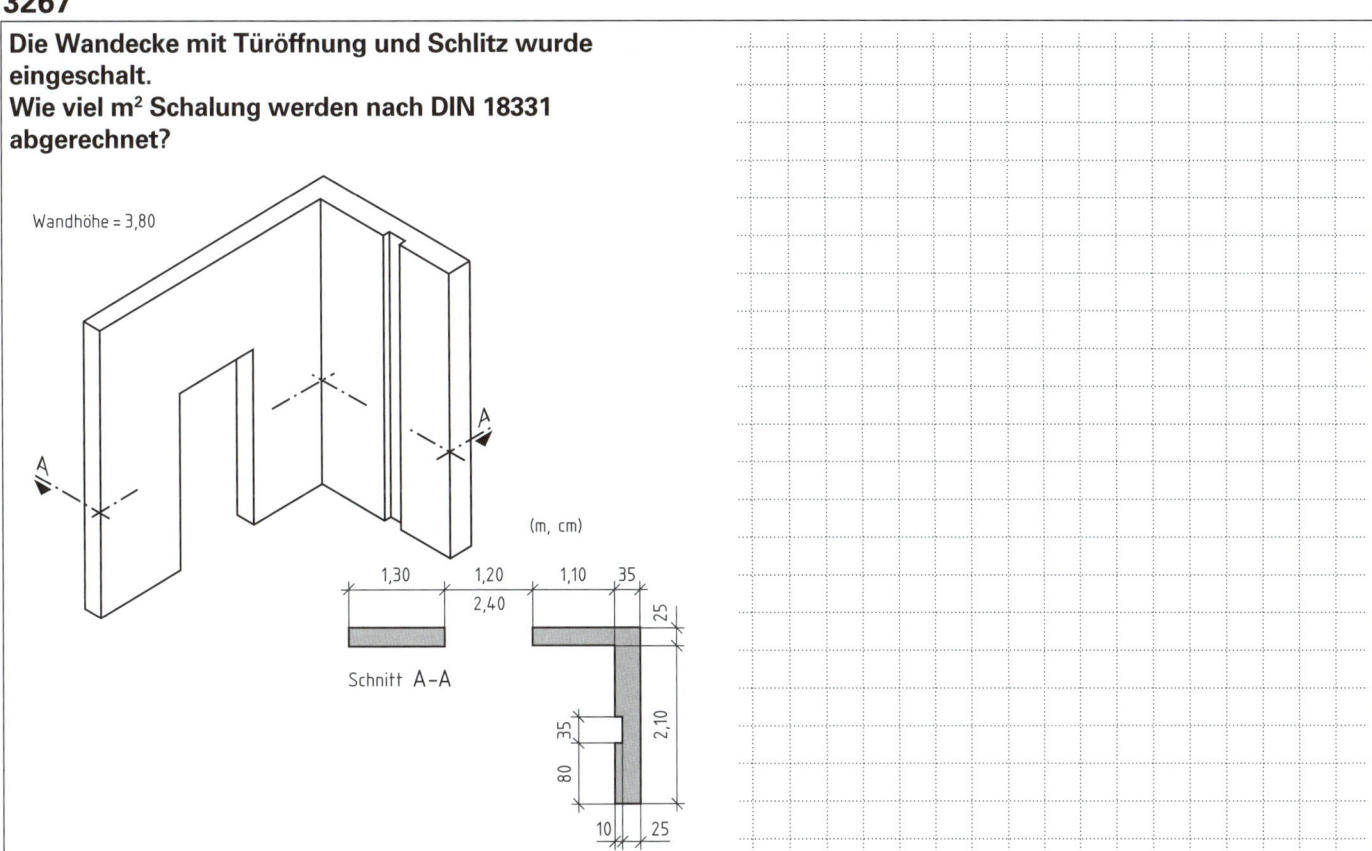

Die Wandecke mit Türöffnung und Schlitz wurde eingeschalt.
Wie viel m² Schalung werden nach DIN 18331 abgerechnet?

3268

Für das dargestellte Abwasserbecken aus Stahlbeton muss die Betonmenge (m³) abgerechnet werden.
Wanddicke: 30 cm
Höhe der Sohlplatte: 55 cm
Die Abrechnung erfolgt nach DIN 18331.

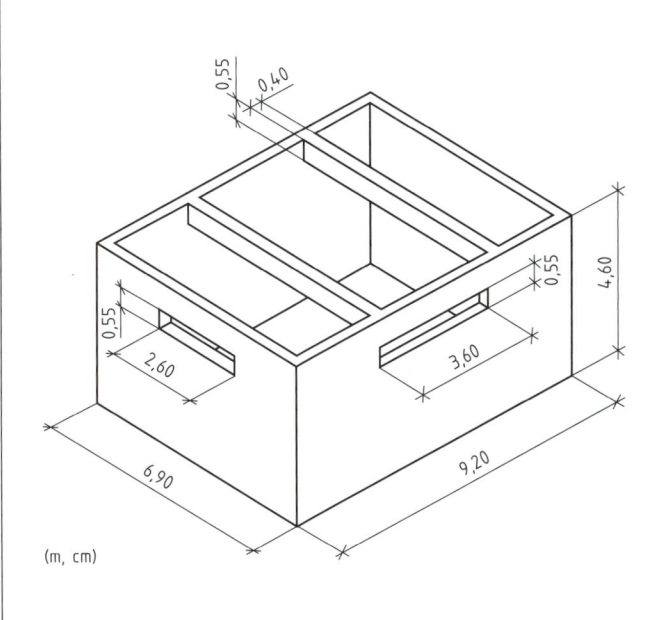

Lösungen ab Seite 358

Abschlussprüfung – Fachstufe II
Beton- und Stahlbetonbauer

Beton- und Stahlbetonbau
3269 ... 3270

3269
Für einen Garagentorsturz sind die Längen der einzelnen Positionen zu bestimmen und die Gesamtmasse an Betonstahl zu ermitteln.

- ⌀ 8   Metergewicht = 0,395 kg/m
- ⌀ 12 Metergewicht = 0,888 kg/m
- ⌀ 14 Metergewicht = 1,210 kg/m
- ⌀ 16 Metergewicht = 1,580 kg/m

Stahlbetonbalken b/d = 24 cm/30 cm

Beton   C 25/30
Betonstahl   B500A
Betondeckung c_{nom} = 3,0 cm
Hakenzuschlag:
Längsbewehrung 2 × 16 cm
Bügel   2 × 10 d_s

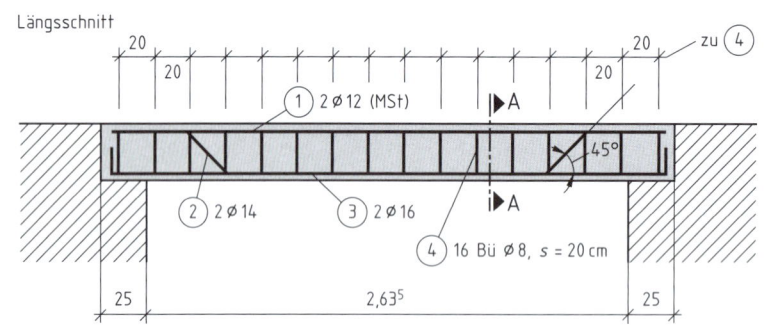

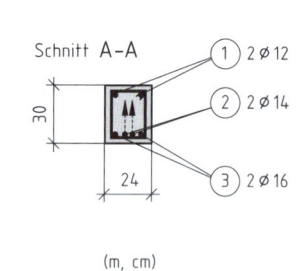

Längsschnitt

① 2 ⌀ 12 (MSt)
② 2 ⌀ 14
③ 2 ⌀ 16
④ 16 Bü ⌀ 8, s = 20 cm

Schnitt A-A
① 2 ⌀ 12
② 2 ⌀ 14
③ 2 ⌀ 16

(m, cm)

3270
In ein Wohnhaus mit der Geschosshöhe von 2,80 m soll eine einläufige gerade Stahlbetontreppe eingebaut werden. Zu berechnen sind
- Anzahl der Steigungen,
- Steigungshöhe,
- Auftrittsbreite,
- Treppenlauflänge.

Lösungen ab Seite 359

Abschlussprüfung – Fachstufe II
Beton- und Stahlbetonbauer

Beton- und Stahlbetonbau
3271 ... 3272

3271

Für eine Außenwand ist zu berechnen:
- Wärmedurchlasswiderstand R
- Wärmedurchgangskoeffizient U

Entspricht die dargestellte Außenwand den Anforderungen nach DIN 4108?
Schlagen Sie ggf. eine Alternative vor!

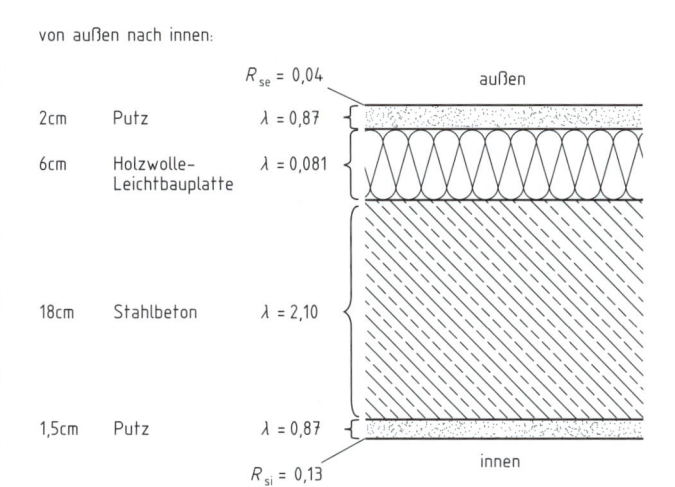

von außen nach innen:

		$R_{se} = 0{,}04$
2 cm	Putz	$\lambda = 0{,}87$
6 cm	Holzwolle-Leichtbauplatte	$\lambda = 0{,}081$
18 cm	Stahlbeton	$\lambda = 2{,}10$
1,5 cm	Putz	$\lambda = 0{,}87$
		$R_{si} = 0{,}13$

3272

Bei der dargestellten viertelgewendelten Treppe sollen die Stufen 4 bis 10 rechnerisch verzogen werden. Wie breit sind diese auf der Hilfslauflinie?

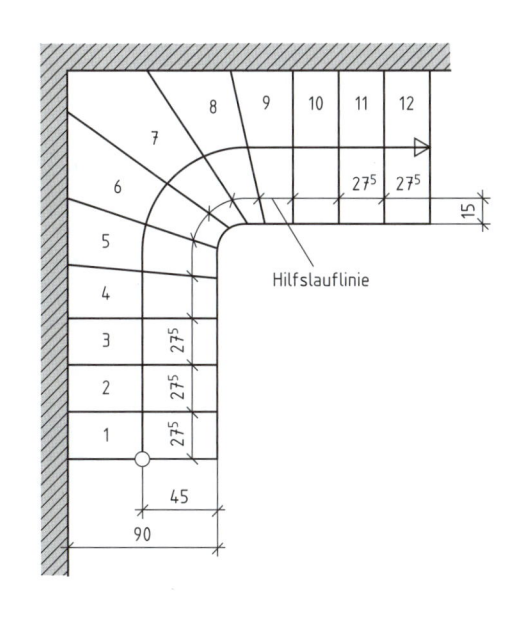

Lösungen ab Seite 359

Abschlussprüfung – Fachstufe II

Beton- und Stahlbetonbauer

Beton- und Stahlbetonbau 3273

3273

Für mehrere Hallenbauten sind 312 gleiche Stützen zu schalen. Die komplette Rahmenschalung (angenommene Nutzungsdauer mehr als 200 Einsätze) für eine Säule kostet 8 500,00 €.

Das Ein- und Ausschalen erfordert einen Aufwand von 2,2 Stunden pro Stütze.

Eine glasfaserverstärkte Polyesterschalung (Nutzungsdauer mindestens 170 Einsätze) kostet fertig 6 300,00 €. Pro Stütze benötigt man 3,7 Stunden zum Ein- und Ausschalen.

Die Kosten für eine fertige herkömmliche Holzschalung (Nutzungsdauer 20 Einsätze) betragen 980,00 €. Ein- und Ausschalen pro Stütze dauert 6,1 Stunden.

Der Mittellohn einschließlich Gemeinkosten beträgt 43,80 €/h.

Welches Verfahren ist hinsichtlich der Kosten am günstigsten, wenn jeweils 6 Stützen gleichzeitig betoniert werden sollen?

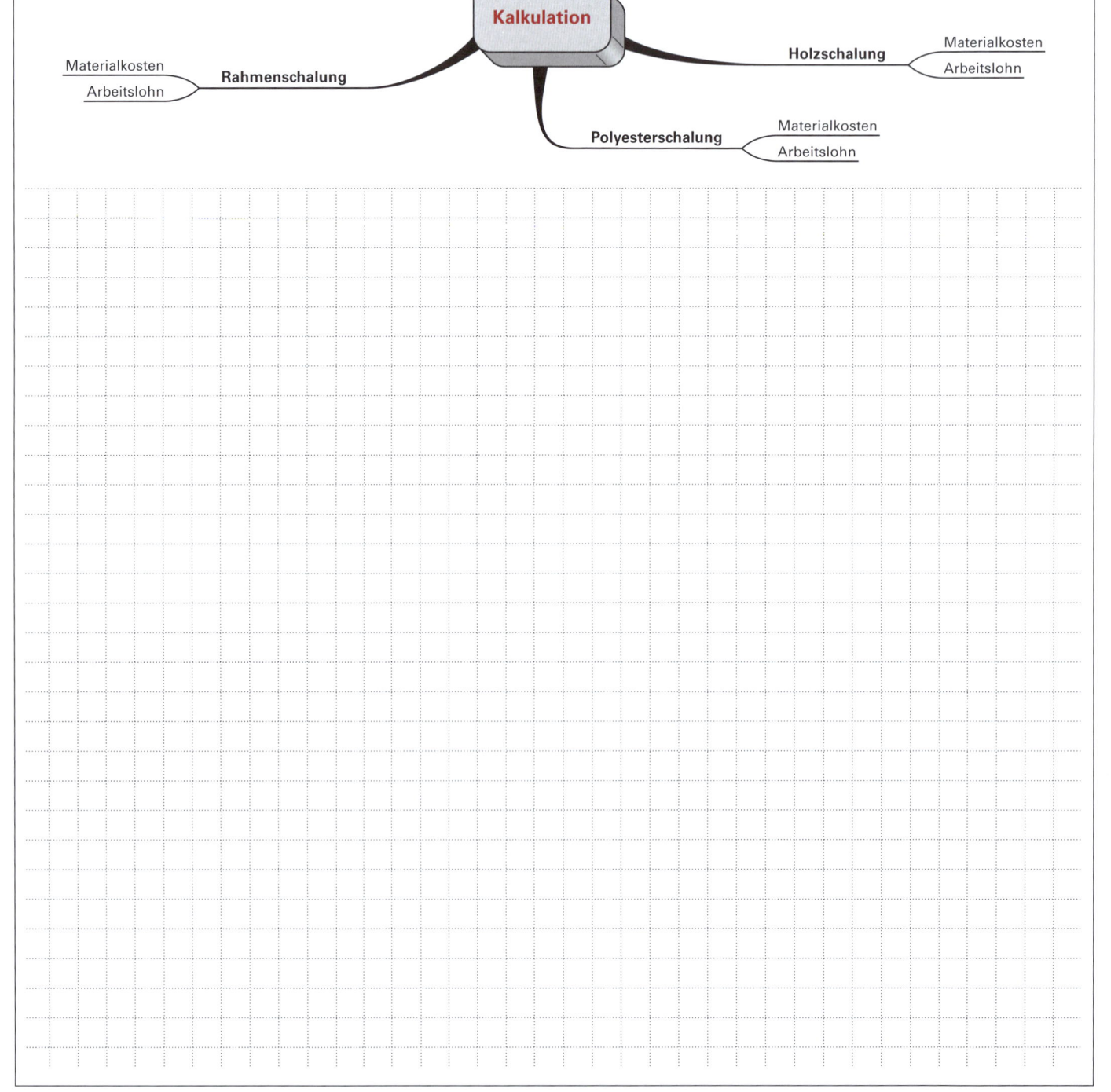

Abschlussprüfung – Fachstufe II
Beton- und Stahlbetonbauer
Beton- und Stahlbetonbau 3274 … 3283

3274
In welchem Maßstab werden Bewehrungspläne in der Regel erstellt?
① Maßstab 1 : 1
② Maßstab 1 : 5
③ Maßstab 1 : 50
④ Maßstab 1 : 500
⑤ Maßstab 1 : 5000

3275
In welcher Antwort werden nur Zeichnungen für Betonbauwerke oder Betonbauteile genannt?
① Installationsplan, Bewehrungsplan, Schalplan
② Fundamentplan, Entwässerungsplan, Schalplan
③ Lageplan, Entwässerungsplan, Schalplan
④ Fundamentplan, Bewehrungsplan, Schalplan
⑤ Fundamentplan, Bewehrungsplan, Höhenplan

3276
In welcher Antwort werden nur Angaben genannt, die der Legende eines Bewehrungsplanes zu entnehmen sind?
① C30/37, B500A, c_{nom} = 3cm
② BRH 90, B500A, c_{nom} = 3 cm
③ C25/30, B500A, NH Gk II
④ C25/30, Wände F 30, c_{nom} = 3 cm
⑤ Wände F 30, NH Gk II, c_{nom} = 3 cm

3277
In welcher Antwort werden nur die Bestandteile eines Bewehrungsplanes aufgeführt?
① Nordpfeil, Stahlauszug, Stahlliste
② Bewehrungszeichnung, Stahlauszug, Stahlliste
③ Bewehrungszeichnung, Holzliste, Stahlliste
④ Bewehrungszeichnung, Stahlauszug, Statik
⑤ Nordpfeil, Stahlauszug, Statik

3278
Welche Bauzeichnung kann ein Betonbauer auf der Baustelle **nicht** gebrauchen?
① Detailzeichnung einer Stahlbetontreppe
② Fundamentplan für ein Hochhaus
③ Schalplan für eine Stahlbetonstütze
④ Bewehrungsplan eines Köcherfundamentes
⑤ Detailzeichnung eines gemauerten Schornsteinkopfes

3279
Welche der Bauzeichnungen kann ein Betonbauer auf der Baustelle verwenden?
① Ausbauquerschnitt einer Straße
② Sparrenplan für einen Dachstuhl
③ Detailzeichnung zu einer Holztreppe
④ Bewehrungsplan eines Köcherfundamentes
⑤ Verlegeplan für die Plattierung eines Schwimmbades

3280
Was ist mit der Angabe c_{nom} = 3,5 cm in der Legende eines Bewehrungsplanes gemeint?
① Das Mindestmaß der Betondeckung ist 3,5 cm
② Der Mindestabstand paralleler Betonstähle beträgt 3,5 cm
③ Das Nennmaß für die Betondeckung ist 3,5 cm
④ Der Biegeradius für Betonstähle ist 3,5 cm
⑤ Die Angabe hat keine Bedeutung

3281
Mit welcher Linienart wird die Anschlussbewehrung, die bereits auf einem anderen Plan dargestellt ist, in einem Bewehrungsplan eingezeichnet?
① Mit einer Volllinie
② Mit einer punktierten Linie
③ Mit einer Strichpunktlinie
④ Mit keiner Linie, die Anschlussbewehrung wird nicht dargestellt
⑤ Mit einer gestrichelten Linie

3282
Welche Bedeutung hat das abgebildete Symbol in einem Bewehrungsplan?
① Übergreifungsstoß von Bewehrungsstäben
② Anschlussbewehrung im Schnitt
③ Muffenverbindung
④ Bewehrungsstab im Schnitt
⑤ Achtung Verletzungsgefahr!

3283
Welche Bedeutung hat das abgebildete Symbol in einem Bewehrungsplan?
① Stab mit Winkelhaken
② Keine Bedeutung
③ Stab mit Ankerkörper
④ Stab mit Haken
⑤ Stoß von Bewehrungsstäben

Lösungen ab Seite 360

Abschlussprüfung – Fachstufe II — Beton- und Stahlbetonbauer

Beton- und Stahlbetonbau — 3284 … 3292

3284
Welche Schraffur wird in Bauzeichnungen nach DIN 1356 für Stahlbeton verwendet?

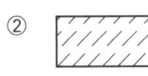

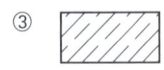

3285
Welche Schraffur wird in Bauzeichnungen nach DIN 1356 für Betonfertigteile verwendet?

3286
Aus welchem Baustoff besteht die Sauberkeitsschicht in der Skizze?
① Mauerwerk
② Unbewehrter Beton
③ Stahlbeton
④ Frostschutzkies
⑤ Putz

3287
Aus welchem Baustoff besteht das im Bild dargestellte Bauteil?
① Stahlbeton
② Holz
③ Betonfertigteil
④ Mauerwerk
⑤ Dämmstoff

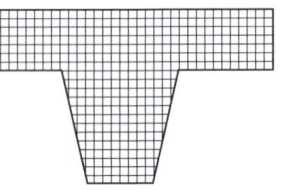

3288
Wie werden freihändig angefertigte Zeichnungen genannt?
① Isometrien
② Entwurfszeichnungen
③ Skizzen
④ Dreitafelprojektionen
⑤ Ausführungszeichnungen

3289
In welchem Bild ist die Linienart nach DIN 1356 zur Kennzeichnung von Achsen abgebildet?

3290
Welchen **Bemaßungsfehler** enthält die Zeichnung?
① Als Maßbegrenzungen sind nur Punkte erlaubt
② Die Maßzahlen gehören unter die Maßlinie
③ Die Schrägstriche sind verkehrt eingezeichnet
④ Die Maßzahl 62 muss von rechts zu lesen sein
⑤ Die Maßhilfslinien müssen am Bauteil enden

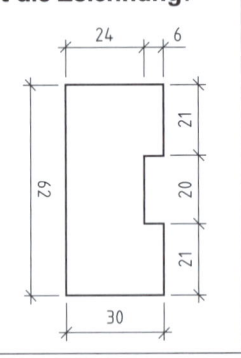

3291
Welchen **Fehler** enthält die Skizze?
① Das Mauerwerk ist falsch schraffiert
② Die Stahlbetonplatte ist falsch schraffiert
③ Die Sauberkeitsschicht fehlt
④ Die senkrechte Feuchtigkeitssperre fehlt
⑤ Die Schraffur für den geschütteten Boden ist falsch

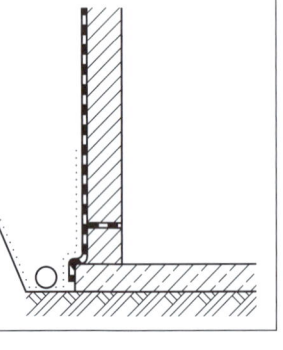

3292
Welche Bedeutung hat das abgebildete Symbol in Bauzeichnungen?
① Rohbauhöhe des Bauteiles
② Fertigbauhöhe des Bauteiles
③ Geschosshöhe
④ Lichte Raumhöhe
⑤ Brüstungshöhe

Lösungen ab Seite 361

Abschlussprüfung – Fachstufe II

Beton- und Stahlbetonbauer

Beton- und Stahlbetonbau

3293 ... 3295

3293

Welche Positionen bzw. welche Stäbe liegen an der mit P gekennzeichneten Stelle im Bild?

① Position ① und Position ②
② Position ① und Position ③
③ Nur Position ①
④ Position ① und Position ④
⑤ Position ② und Position ③

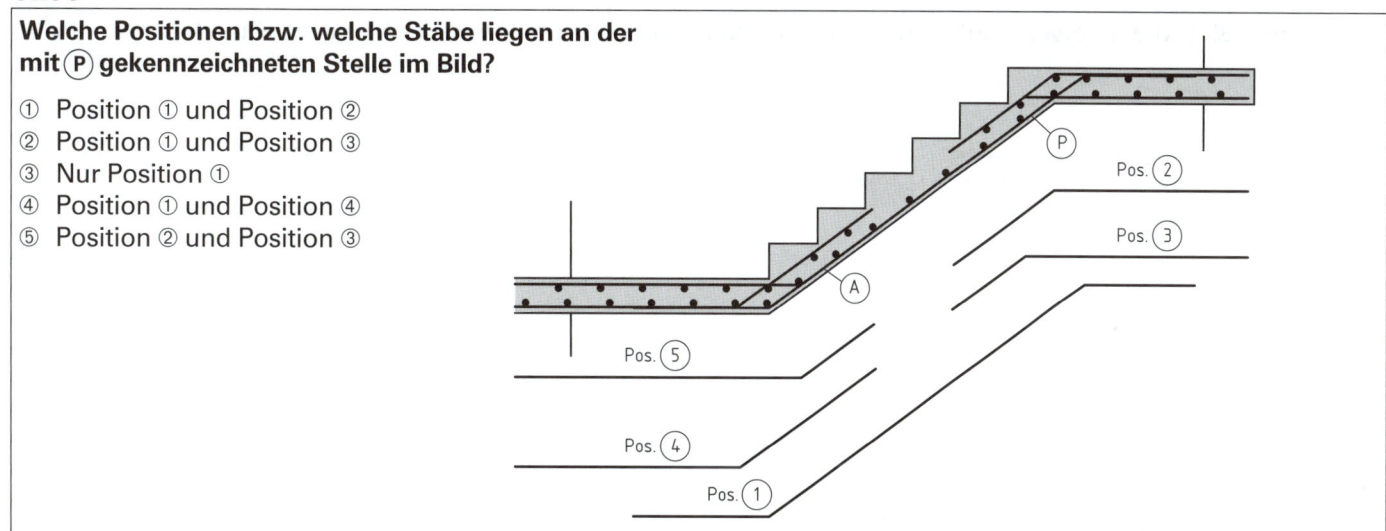

3294

In welchem Bild ist der Schnitt durch untere und obere Bewehrung der Decke richtig gekennzeichnet?

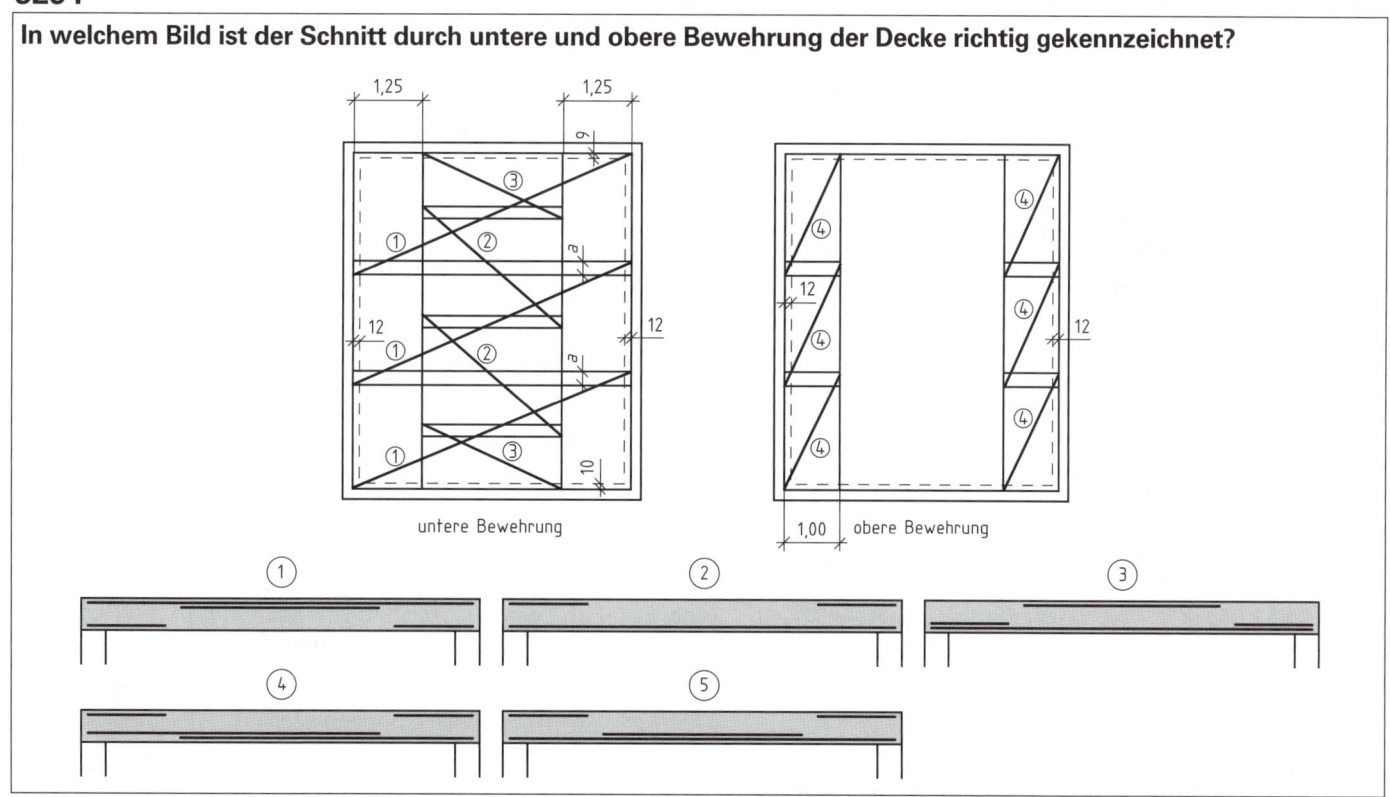

3295

Was bedeutet das Symbol mit der Abkürzung DA 20/40 in dem Bild mit dem Teilschnitt?

① Deckendicke 40 cm, Deckenaussparung ⌀ 20 cm
② Deckenschlitz, oben und unten 20 cm × 40 cm
③ Deckenaussparung 20 cm × 40 cm, im Endzustand geschlossen
④ Deckenaussparung 20 cm × 40 cm, im Endzustand offen
⑤ Deckenaussparung ⌀ 20 cm, Abstand zur Wand 40 cm

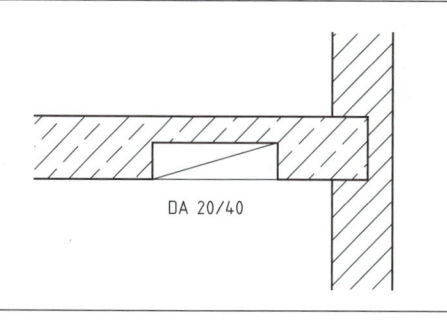

Lösungen ab Seite 361

Abschlussprüfung – Fachstufe II
Beton- und Stahlbetonbauer
Beton- und Stahlbetonbau — 3296 ... 3298

3296
In welchem Bild ist die Bewehrungsführung im Schnitt durch die Zweifelddecke richtig gezeichnet?

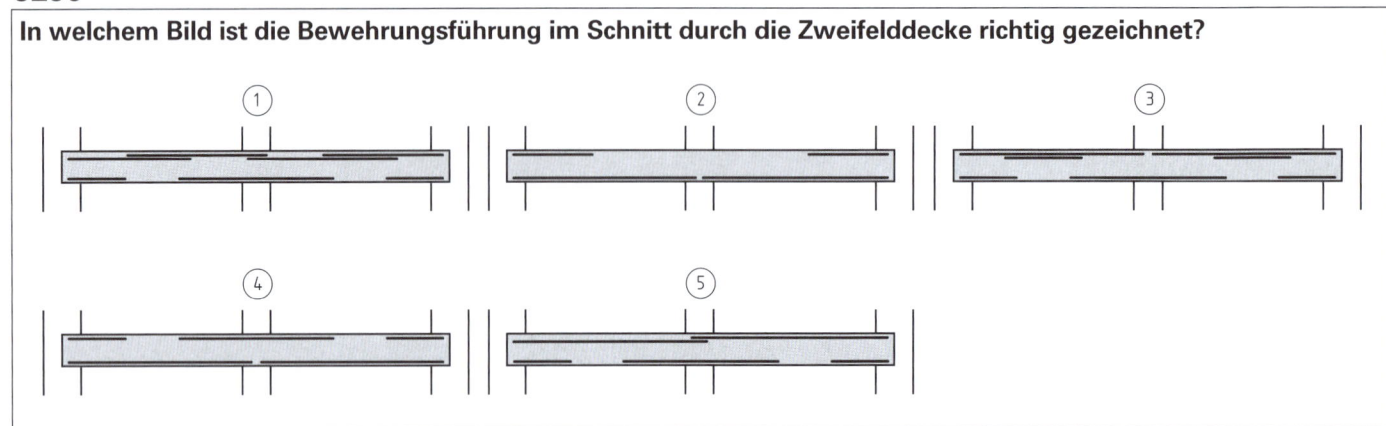

3297
Welche Betonstahl-Lagermatte zeigt der abgebildete Ausschnitt aufgrund der Stababstände und Stabdurchmesser nach der abgebildeten Tabelle (Auszug)?

① Q188A
② Q335A
③ R188A
④ R257A
⑤ R524A

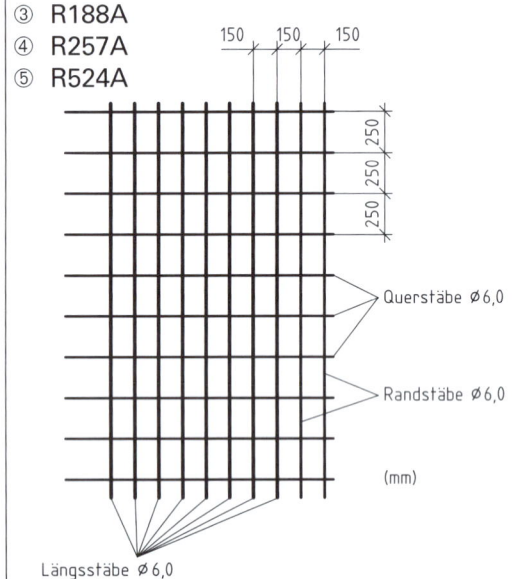

Lagermatten

Matten-typ	Querschnitte längs/quer cm²/m	Länge Breite m	Gewicht je Matte je m² kg	Stab-abstände mm	Stabdurchmesser Innen-/Randbereich mm	Anzahl der Längsrandstäbe links	rechts
Q188A	1,88 / 1,88		41,7 / 3,02	150 / 150	6,0 / 6,0		
Q257A	2,57 / 2,57		56,8 / 4,12	150 / 150	7,0 / 7,0		
Q335A	3,35 / 3,35	6,00 / 2,30	74,3 / 5,38	150 / 150	8,0 / 8,0		
Q424A	4,24 / 4,24		84,4 / 6,12	150 / 150	9,0/7,0 / 9,0	4	4
Q524A	5,24 / 5,24		100,9 / 7,31	150 / 150	10,0/7,0 / 10,0	4	4
Q636A	6,36 / 6,28	6,00 / 2,35	132,0 / 9,36	100 / 125	9,0/7,0 / 10,0	4	4
R188A	1,88 / 1,13		33,6 / 2,43	150 / 250	6,0 / 6,0		
R257A	2,57 / 1,13		41,2 / 2,99	150 / 250	7,0 / 6,0		
R335A	3,35 / 1,13	6,00 / 2,30	50,2 / 3,64	150 / 250	8,0 / 6,0		
R424A	4,24 / 2,01		67,2 / 4,87	150 / 250	9,0/8,0 / 8,0	2	2
R524A	5,24 / 2,01		75,7 / 5,49	150 / 250	10,0/8,0 / 8,0	2	2

3298
Welche Höhenlage hat das Maschinenfundament an der Stelle Ⓟ im Schnitt?

① +1,69
② +1,79
③ +1,59
④ +1,48
⑤ +1,49

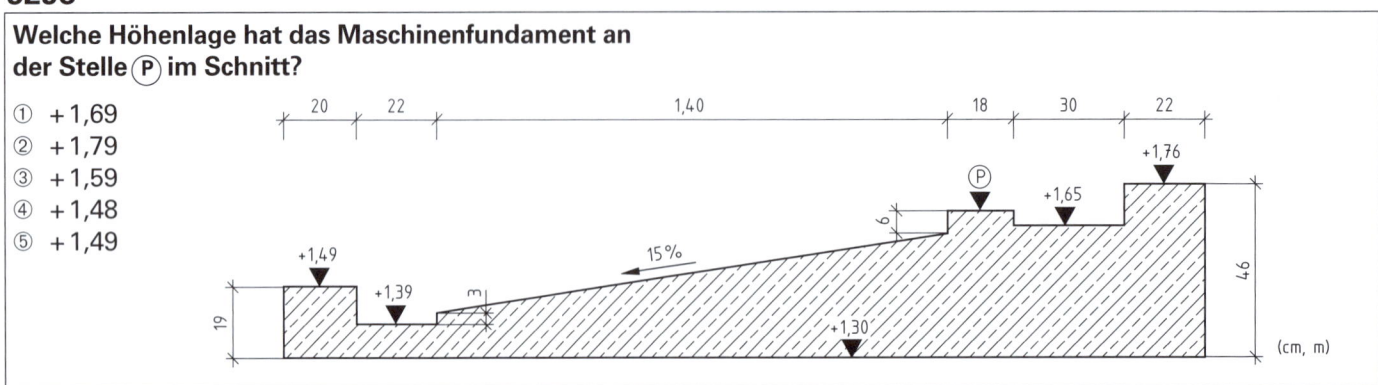

3299 ... 3300 keine Aufgaben

Abschlussprüfung — Maurer

Handlungsorientierte Aufgaben: Mauerwerksbau — 3301

3301

Für die ein- und zweischaligen Erdgeschosswände mit Kellerdecke sind nachfolgende Teilaufgaben zu lösen:

① Bauplanung

Erdgeschossgrundriss: Die Bemaßung des Erdgeschossgrundrisses ist zu ergänzen.
Senkrechter Schnitt durch die Erdgeschosswand: Es ist ein senkrechter Schnitt durch die zweischalige Erdgeschosswand Schnitt A–A (M 1 : 10 – m, cm) von Unterkante Kellerdecke bis 1,00 m über Kellerdecke (Fertigdecke) zu zeichnen. Die Baustoffe sind normgerecht mit den entsprechenden Schraffuren zu kennzeichnen. Alle notwendigen Maße sind einzutragen. Oberkante Gelände soll die gleiche Höhe haben wie Unterkante Kellerdecke (Rohdecke).

② Baustoffauswahl

Für die Herstellung der gemauerten ein- und zweischaligen Erdgeschosswände sind geeignete Baustoffe auszuwählen. Diese Wände sollen aus Mauerwerk mit mittlerer Druckfestigkeit bestehen. Der Wandinnenputz soll sehr wasserdampfdurchlässig sein. Das Wohnzimmer wird ganzjährig genutzt.

③ Baustoffbedarf

Zu berechnen ist der Baustoffbedarf an Mauersteinen, Liter Mauermörtel inkl. Säcke Bindemittel und m³ Mörtelsand, evtl. m² Wärmedämmstoff inkl. Anzahl der Drahtanker, Liter Putzmörtel (Wandinnenputz mit Tür- und Fensterleibungen) inkl. Säcke Bindemittel und m³ Mörtelsand. Der Mörtelsand soll lagerfeucht, baufeucht sein. Die Tür- und Fensterstürze sollen jeweils eine Auflagerlänge von 10 cm und eine Höhe von 20 cm haben. Die Baustoffbedarfsnormen können aus den Tabellen entnommen werden.

④ Mauern der Erdgeschosswände

Es sollen Aussagen gemacht werden zu
- allgemeinen Bestimmungen für die Herstellung einer zweischaligen Außenwand mit Luftschicht und Wärmedämmung
- allgemeinen Putzregeln

⑤ Baustoffpreise und Lohnkosten

Die Baustoffpreise und Lohnkosten können aus den Tabellen entnommen werden. Ansonsten können auch andere aktuelle Baustoffpreise und Lohnkosten genutzt werden.

Erdgeschossgrundriss M 1 : 50 – m, cm (verkleinert)

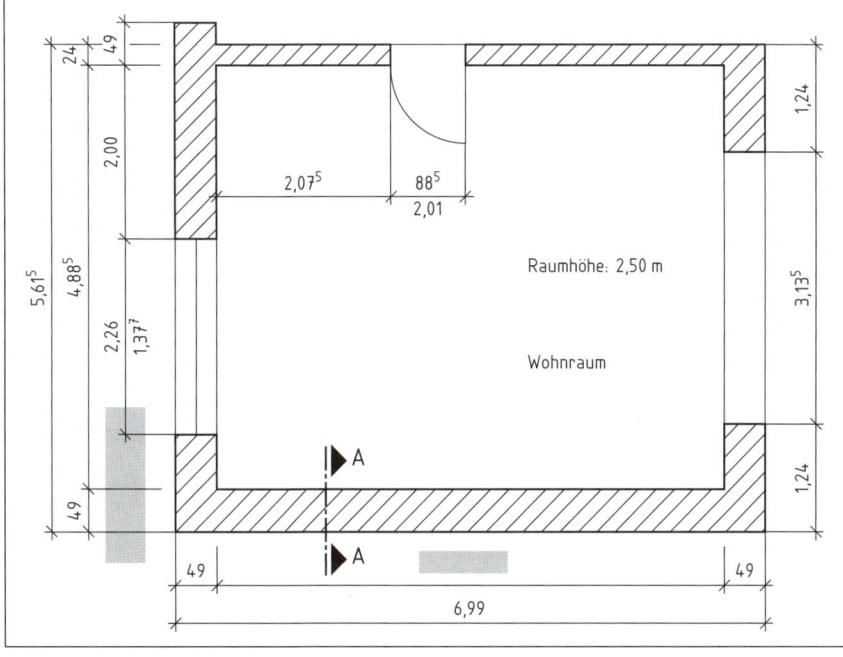

Schnitt A – A M 1:10 – m, cm (verkleinert)

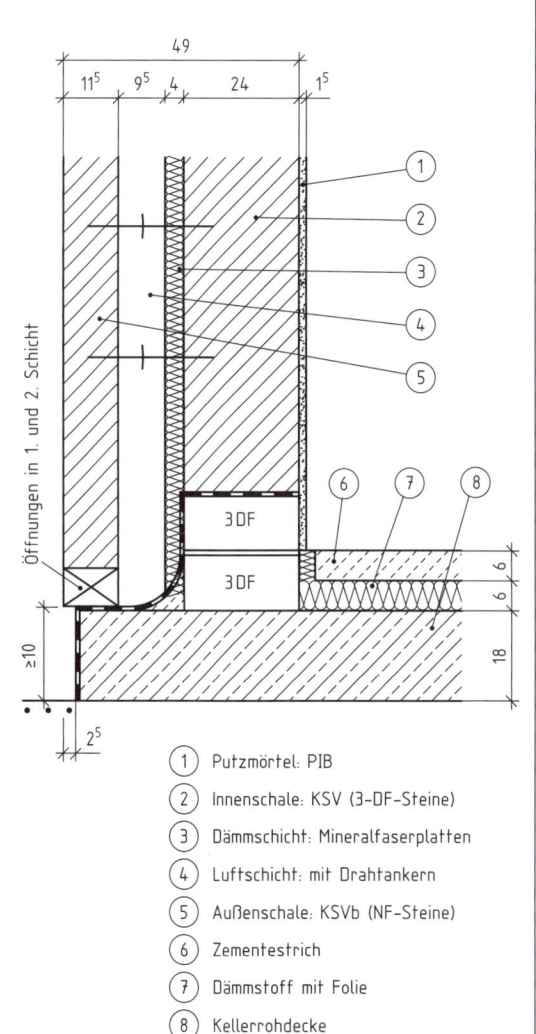

① Putzmörtel: PIB
② Innenschale: KSV (3-DF-Steine)
③ Dämmschicht: Mineralfaserplatten
④ Luftschicht: mit Drahtankern
⑤ Außenschale: KSVb (NF-Steine)
⑥ Zementestrich
⑦ Dämmstoff mit Folie
⑧ Kellerrohdecke

Lösungen ab Seite 363

Abschlussprüfung — Maurer

Handlungsorientierte Aufgaben: Baukörper aus Stein — 3302

3302

Projekt Ferienhaus

① Die Außenwände sollen mit den Mauerziegeln und die Innenwände mit den Mauerziegeln Ziegel gemauert werden. Der Bauherr möchte die Kurzzeichen dieser beiden Arten von Mauerziegeln von Ihnen erläutert bekommen.

② Welche Arbeitsregeln müssen Sie beim Herstellen des Mauerwerks einhalten (mindestens 4 Angaben)?

③ Welche Mauersteine würden Sie jeweils für das Mauern der Außen- und Innenwände vorschlagen, außer den Mauersteinen, die Sie in dem Arbeitsauftrag verwenden sollen? Begründen Sie Ihre Antwort.

④ Erläutern Sie die Anwendung von folgenden Mauermörtelarten: NM, DM und LM.

⑤ Für das Mauern der Innenwände soll die Mörtelgruppe NM II im Mischungsverhältnis MV 2:1:8 verwendet werden. Ermitteln Sie die Anzahl der Mauersteine und Liter Mauermörtel von der 24 cm dicken Innenwand. Der Baustoffbedarf ist aus den Tabellen z.B. aus Tabellenbüchern oder von der Seite 108 zu entnehmen.

⑥ Ermitteln Sie die Mörtelbestandteile des Mauermörtels (Mörtelfaktor 1,6) von der 24 cm dicken Innenwand:
- Zement in Liter (l) und Säcken (1 Sack Zement = 21 Liter)
- Kalkhydrat in Liter und Säcken (1 Sack Kalkhydrat = 40 Liter)
- Mörtelsand in Kilogramm (kg) und Tonnen (t), die Schüttdichte von Mörtelsand soll 1,5 kg/dm³ betragen.

⑦ Geben Sie aus dem Grundriss der Zeichnung jeweils 2 Außenmaße (freistehendes Mauerwerk), Anbaumaße (anstoßendes Mauerwerk) und Innenmaße (eingebautes Mauerwerk) an.

⑧ Zeichnen Sie aus dem Grundriss der Zeichnung den Maueranschluss (Maueranbindung) von der Außenwand und der 24 cm dicken Innenwand in der 1. und 2. Schicht.

⑨ Welche Arbeitschutzmaßnahmen müssen Sie bei der Verarbeitung von Mauermörtel beachten (mind. 2 Angaben)?

⑩ Wie können Sie, die von Ihnen gemauerten Wände überprüfen und beurteilen? Erläutern Sie mindestens 4 Beurteilungskriterien

⑪ Welche Bedeutung haben folgende Abkürzungen auf der Bauzeichnung: BRH, OK RFB, OK FFB und WLG 035?

Abschlussprüfung — Maurer

Handlungsorientierte Aufgaben: Baukörper aus Stein — 3302

3302

Schnitt A-A

Dachaufbau:
- Biberschwanz-Doppeldeckung
- Traglattung 4/6
- Konterlattung 2,4/4,8
- Unterspannbahn
- Sparren 8/14

Deckenaufbau:
- 18 cm Mineralfaser WLG 040 (Deckenbalken 8/18)
- Dampfsperre (PE-Folie)
- Sparschalung 18×2,4
- 2 cm Gipskarton

Bodenaufbau:
- 4,5 cm Zementestrich
- Trennlage
- 8 cm PS-Schaum WLG 035
- 1 Lage V60 S4
- 20 cm Beton C12/15
- Sauberkeitsschicht C8/10
- PE-Folie
- 15 cm Kies 16/32

Höhen: +6,71; +5,20; +2,70; OK FFB ±0,00; OK RFB −0,12⁵

Fundament: C8/10

Grundriss
M 1:100 — m, cm

Räume:
- Schlafen 8,3 m²
- Bad 4,6 m²
- Diele 7,6 m²
- Wohnen 13,2 m²
- Küche 9,1 m²

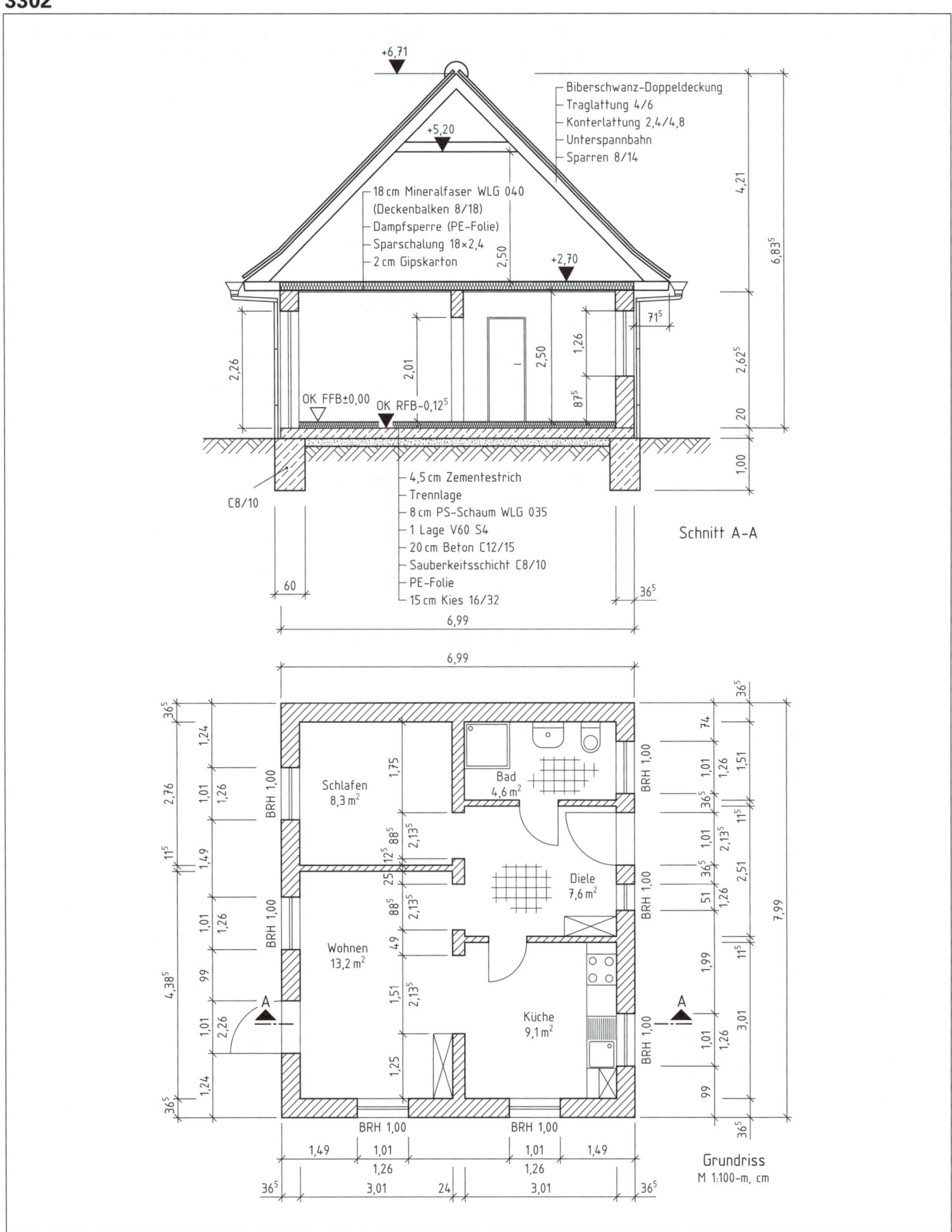

Lösungen ab Seite 366

Abschlussprüfung — Maurer

Handlungsorientierte Aufgaben: Bauwerke im Hochbau — 3303

3303

Sie erhalten den Auftrag ein Streifenfundament und die Fundamentplatte für ein Ferienhaus herzustellen. Dazu soll die gleiche Zeichnung Projekt Ferienhaus benutzt werden, die Sie bei der Projektaufgabe Baukörper aus Steinen verwendet haben. Alle Arbeiten sind fachgerecht, kostengünstig und unter Einhaltung des Arbeits- und Umweltschutzes durchzuführen. Bevor Sie die Arbeiten beginnen, lösen Sie nachfolgende Aufgaben:

① Bei der Bestellung des Frischbetons für das Streifenfundament und für die Fundamentplatte sollen Sie folgende Angaben vorgeben:
   a) In welcher Druckfestigkeit soll das Streifenfundament und die Fundamentplatte hergestellt werden?
   b) In welcher Ausbreitmaßklasse (Konsistenz) soll der Beton für das Streifenfundament und für die Fundamentplatte gefertigt werden?
   c) Ordnen Sie das Streifenfundament und die Fundamentplatte in Expositionsklassen ein.

② Wie viel Frischbeton müssen Sie jeweils für das Streifenfundament und für die Fundamentplatte bestellen?

③ Wie viel Zement in t, Gesteinskörnung in t und Wasser in m³ sind notwendig, um das Streifenfundament und die Fundamentplatte herzustellen? Der Sieblinienbereich 3 soll verwendet werden.

④ Erläutern Sie die Herstellung des Streifenfundaments.

⑤ Warum muss unterhalb der Fundamentplatte eine mindestens 15 cm dicke Schicht aus Kies eingebracht werden?

⑥ Für die Fundamentplatte wird ein Beton mit der Druckfestigkeitsklasse C12/15 verwendet. Erläutern Sie die einzelnen Abkürzungen in der Betonbezeichnug: C, 12 und 15.

⑦ Zeichnen Sie den Schnitt B-B aus dem beiliegenden Fundamentplan. Die Zeichnung ist im Maßstab M 1:10 mit allen notwendigen Schraffuren und Maßen anzufertigen.

⑧ Alle Betonbauteile werden in Expositionsklassen eingeteilt. Erklären Sie den Begriff Expositionsklassen.

⑨ Für das Streifenfundament und für die Fundamentplatte wird Frischbeton als Transportbeton angeliefert. Welche Angaben müssen bei der Lieferung des Transportbetons (Standardbeton) auf dem Lieferschein enthalten sein?

⑩ Für das Streifenfundament und für die Fundamentplatte soll Standardbeton verwendet werden. Welche Eigenschaften hat Standardbeton (mindestens 4 Angaben)?

⑪ Die Bewehrungsmatte in der Fundamentplatte muss eine festgelegte Betondeckung haben. Welche Aufgaben hat dabei die Betondeckung zu erfüllen (mindestens 2 Angaben)?

⑫ Für den Feuchtigkeitsschutz des Ferienhauses müssen noch folgende Berechnungen durchgeführt werden:
   a) Wie viel m³ Kies muss für die kapillarbrechende Schicht zwischen den Streifenfundamenten bestellt werden?
   b) Wie viel m² PE-Folie oberhalb der kapillarbrechenden Schicht müssen bei 8 % Verschnitt verlegt werden?

Fundamentplan
M 1:100 – m, cm

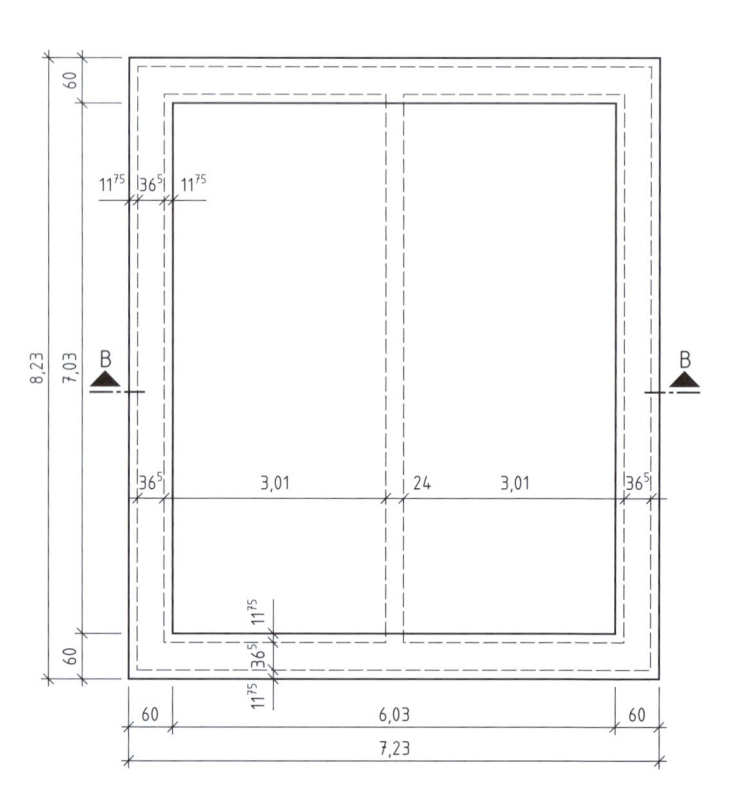

Lösungen ab Seite 367

Abschlussprüfung — Maurer

Handlungsorientierte Aufgaben: Mauerwerksbau — 3304

3304

Zeichnen Sie Vorderansicht und Seitenansicht von links des räumlich skizzierten Bauteils in Bleistift im Maßstab 1 : 20 – m, cm in die unten dargestellten Grundebenen der Dreitafelprojektion.

In den Ansichten sind alle für die Ausführung notwendigen Maße einzutragen. Verdeckte Kanten sind als gestrichelte Linien darzustellen.

Anleitung:
- Vervollständigen Sie die Draufsicht durch maßstäbliches Einzeichnen der sichtbaren und unsichtbaren Kanten.
- Projizieren Sie die Bauteilkanten aus der Draufsicht senkrecht in die Ebene der Vorderansicht.
- Zeichnen Sie alle sichtbaren und unsichtbaren Kanten maßstäblich in die Vorderansicht.
- Konstruieren Sie aus Draufsicht und Vorderansicht die Seitenansicht von links des Bauteils.

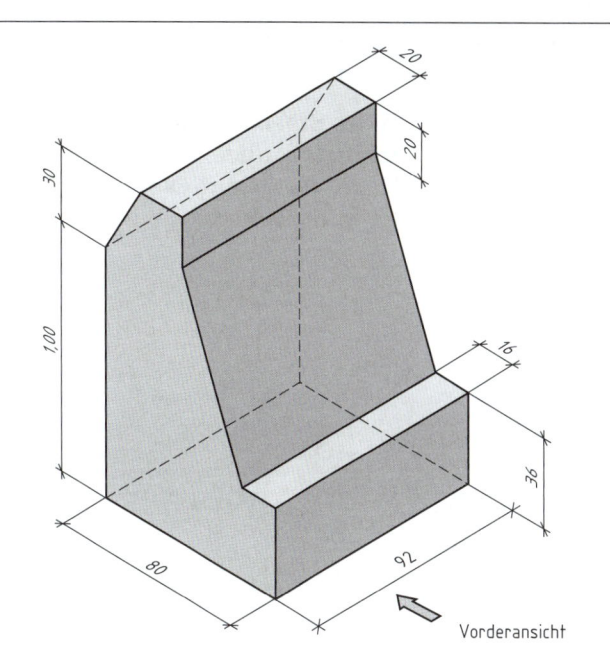

Vorderansicht

Seitenansicht von links

Draufsicht

Lösungen ab Seite 369

Abschlussprüfung — Beton- und Stahlbetonbauer

Handlungsorientierte Aufgaben: Beton- u. Stahlbetonbau — 3305

3305

Im Tiefgaragenbereich eines Mehrfamilienhauses muss eine Stahlbetonstütze auf einem bewehrten Einzelfundament hergestellt werden.

Der Bewehrungsplan des Stahlbetoneinzelfundaments (siehe Zeichnung) liegt vor. Der Tragwerksplaner hat die Belastung der Stahlbetonstütze (Höhe = 3,10 m) berechnet und eine erforderliche Querschnittsfläche der Längsstähle A_s = 5,92 cm² festgelegt. Diese Längsstähle sollen als Anschlussbewehrung 1,18 m überstehen (Kröpflänge: 50 cm, Kröpfmaß: 5 cm):

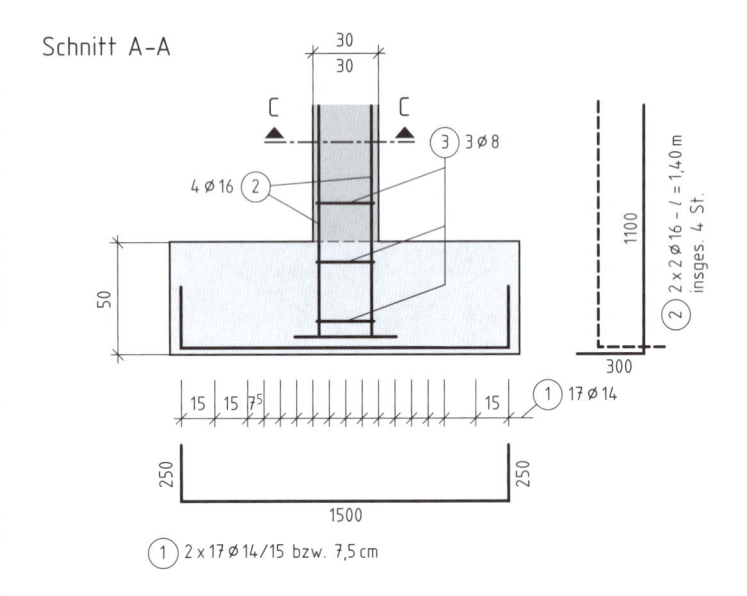

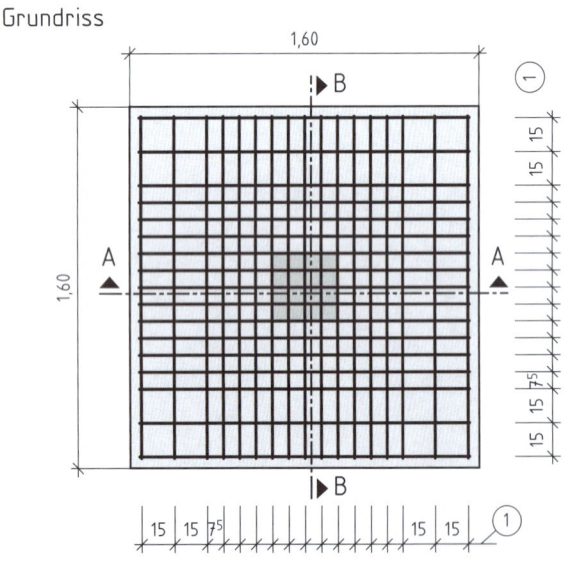

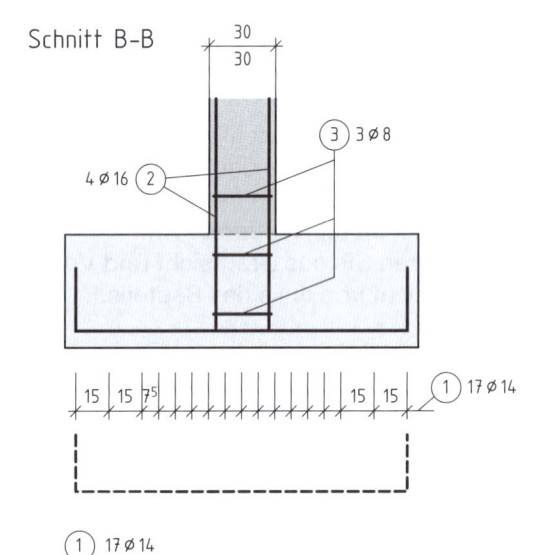

Schnitt A-A, Schnitt B-B, Grundriss, Schnitt C-C (Zeichnungen)

- Anschlussbewehrung
- Stützenbewehrung

Baustoffe: C25/30, B500A
Betondeckung
Fundament: c_{nom} = 5,0 cm
Stütze: c_{nom} = 3,0 cm

Bauwerksmaße in cm, m
Teilmaße der Bewehrung in mm
Gesamtbreite der Bewehrung in m

Zur Herstellung von Fundament und Stütze sind einige Vorüberlegungen und Berechnungen erforderlich:

① Fundamentschalung: Untergrund, Material, Abrechnung der Schalfläche
② Fundamentbewehrung: Schnittlängen, Betonstahlliste, Bewehrungseinbau
③ Fundamentbeton: Mengenermittlung, Transportbeton: Bestellung, Baustellenvorbereitung, Lieferung/Einbringung
④ Stahlbetonstütze: Beanspruchung, Aufgaben von Beton und Bewehrung
⑤ Stützenbewehrung: Längsstäbe und Bügel, Schnittlängen, Gewicht, Bewehrungszeichnung, Herstellung/Einbau des Bewehrungskorbes
⑥ Stützenschalung: Vorschlag, Abrechnung der Schalfläche
⑦ Stützenbeton: Mengenermittlung, Transportbetonbestellung

Lösungen ab Seite 370

Abschlussprüfung

Beton- und Stahlbetonbauer

Handlungsorientierte Aufgaben: Beton- u. Stahlbetonbau

3306

3306

Zeichnen Sie die Bewehrung des Stahlauszuges mit den Positionen ① bis ③ in die Draufsicht und Seitenansicht des Betonbauteiles in Bleistift im Maßstab 1 : 20 – m, cm ein.

① Der eingezeichneten Bewehrung sind in der Draufsicht und Seitenansicht die entsprechenden Positionsnummern zuzuordnen.

② Berechnen Sie die nötige Betonmenge (m³) für Standardbeton C16/20 und die dafür erforderlichen Baustoffmengen.

③ Bestimmen Sie das Gewicht der Bewehrung in kg.

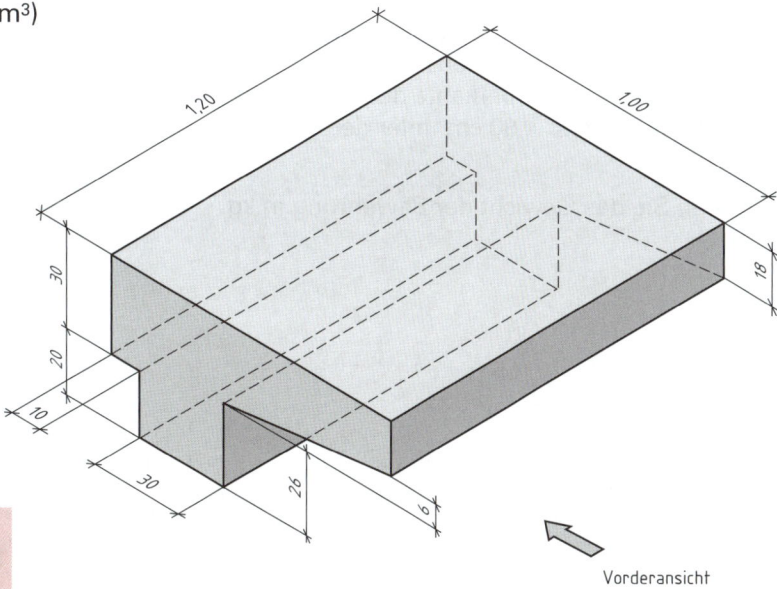

Vorderansicht

> Maße der Betonstäbe i. d. R. in mm, auf der Baustelle oft in cm; Gesamtmaße und Bauteilmaße i. d. R. in cm und m.

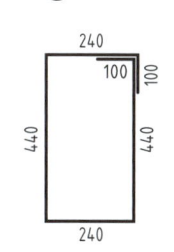

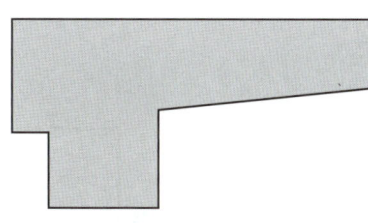

Seitenansicht

Draufsicht

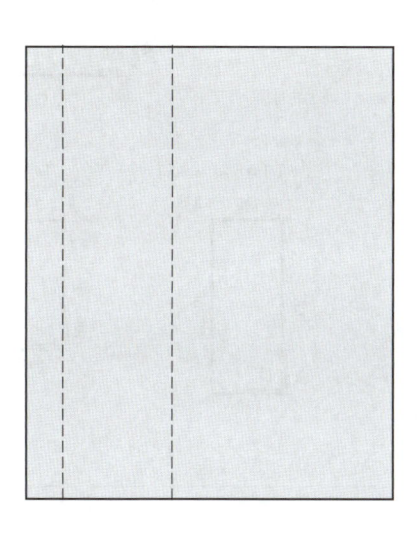

② 4 Ø 10 – 38 – l = 2,08

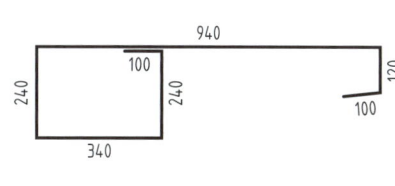

940 / 100 / 240 / 340 / 120 / 100

③ 8 Ø 8 – 16 – l = 1,56

240 / 100 / 100 / 440 / 440 / 240

① 11 Ø 10 – l = 1,14

114,0

Lösungen ab Seite 374

Abschlussprüfung — Beton- und Stahlbetonbauer

Handlungsorientierte Aufgaben: Beton- u. Stahlbetonbau — 3307

3307

Zeichnen Sie die Bewehrung des Stahlauszuges mit den Positionen ① bis ⑤ in den Schnitt A-A und die Bewehrung mit den Positionen ① bis ⑥ in die Draufsicht des Betonbauteiles in Bleistift im Maßstab 1 : 20 – m, cm ein.

① Der eingezeichneten Bewehrung sind in der Draufsicht und im Schnitt die entsprechenden Positionsnummern zuzuordnen.
Im Schnitt A-A liegt der Bügel mit der Pos. ③ 10 cm unter der Oberkante des Betonbauteiles, der Bügel mit der Pos. ④ 58 cm unter der Oberkante des Betonbauteiles und der Bügel mit der Pos. ⑤ 90 cm unter der Oberkante des Betonbauteiles.

② Bestimmen Sie das Gewicht der Bewehrung in kg.

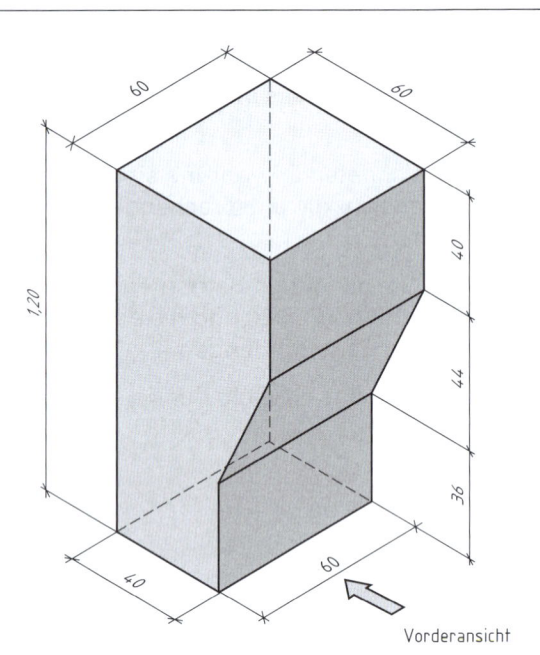

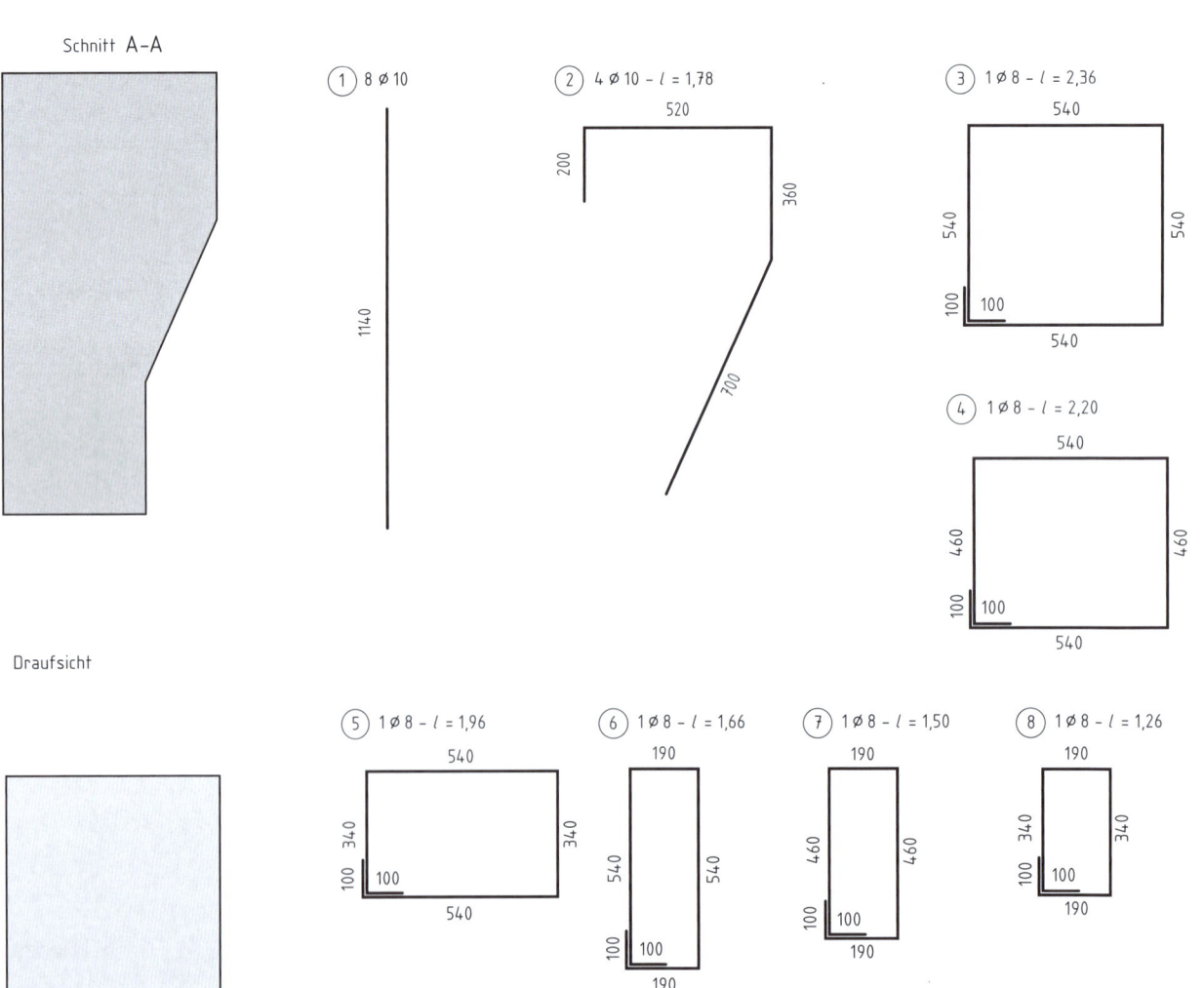

Vorderansicht: 60, 60, 40, 1,20, 44, 36, 40, 60

Schnitt A–A

① 8 Ø 10 — 1140

② 4 Ø 10 – l = 1,78 — 520, 200, 360, 700

③ 1 Ø 8 – l = 2,36 — 540, 540, 540, 100, 100, 540

④ 1 Ø 8 – l = 2,20 — 540, 460, 460, 100, 100, 540

Draufsicht

⑤ 1 Ø 8 – l = 1,96 — 540, 340, 340, 100, 100, 540

⑥ 1 Ø 8 – l = 1,66 — 190, 540, 540, 100, 100, 190

⑦ 1 Ø 8 – l = 1,50 — 190, 460, 460, 100, 100, 190

⑧ 1 Ø 8 – l = 1,26 — 190, 340, 340, 100, 100, 190

Lösungen ab Seite 374

Abschlussprüfung — Beton- und Stahlbetonbauer

Handlungsorientierte Aufgaben: Beton- u. Stahlbetonbau — 3308

3308

Zeichnen Sie die Bewehrung des Stahlauszuges mit den Positionen ① bis ⑥ in die Vorderansicht und in den Schnitt A-A des Einzelfundamentes in Bleistift im Maßstab 1 : 20 – m, cm ein.

Die Betondeckung beträgt 3 cm.
Der eingezeichneten Bewehrung sind in der Draufsicht und im Schnitt die entsprechenden Positionsnummern zuzuordnen. In der Vorderansicht liegt der Bügel mit der Pos. ⑥ 10 cm unter der Oberkante des Betonbauteiles.

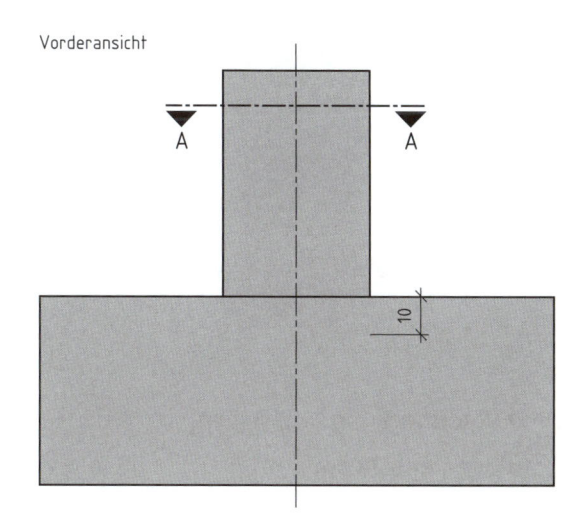

Vorderansicht

Schnitt A-A

① 8 Ø 20 – 1,25
② 4 Ø 16 – 10 – 1,60
③ 2 x 5 Ø 12 – 10 – 1,60
④ 4 Ø 16 – 10 – 1,60
⑤ 2 x 4 Ø 12 – 10 – 1,60
⑥ 3 Ø 8 – 15 – 1,60

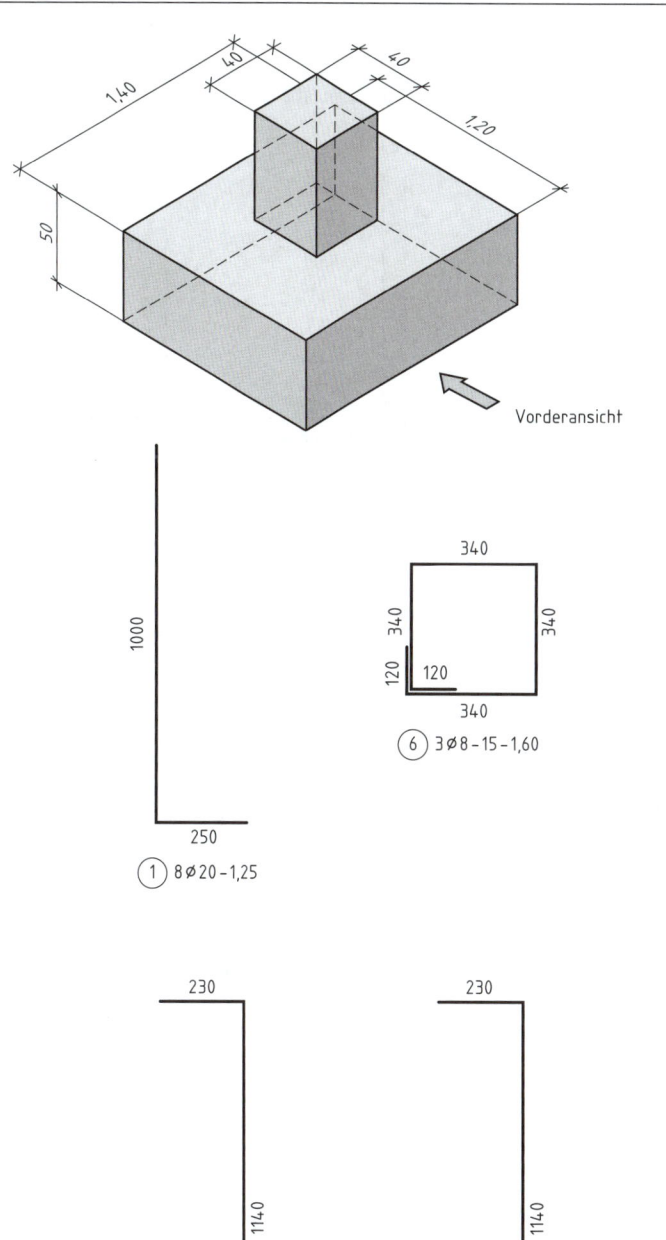

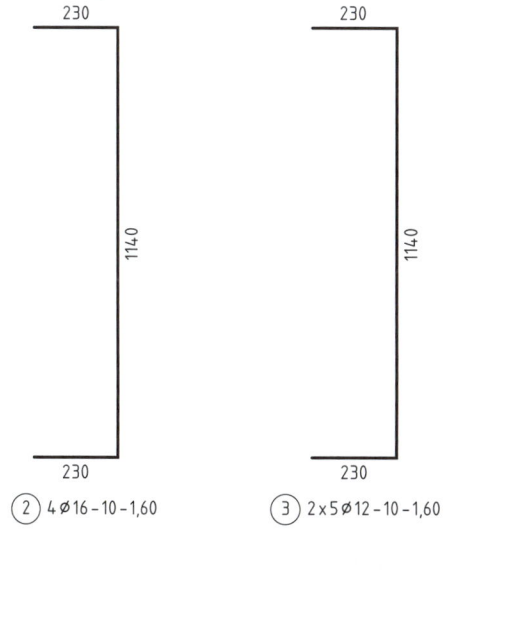

Lösungen ab Seite 375

Abschlussprüfung — Beton- und Stahlbetonbauer

Handlungsorientierte Aufgaben: Beton- u. Stahlbetonbau — 3309

3309

Die im Grundriss dargestellte Garage mit Abstellraum erhält ein Flachdach als Stahlbetonvollplatte ($d = 20$ cm).

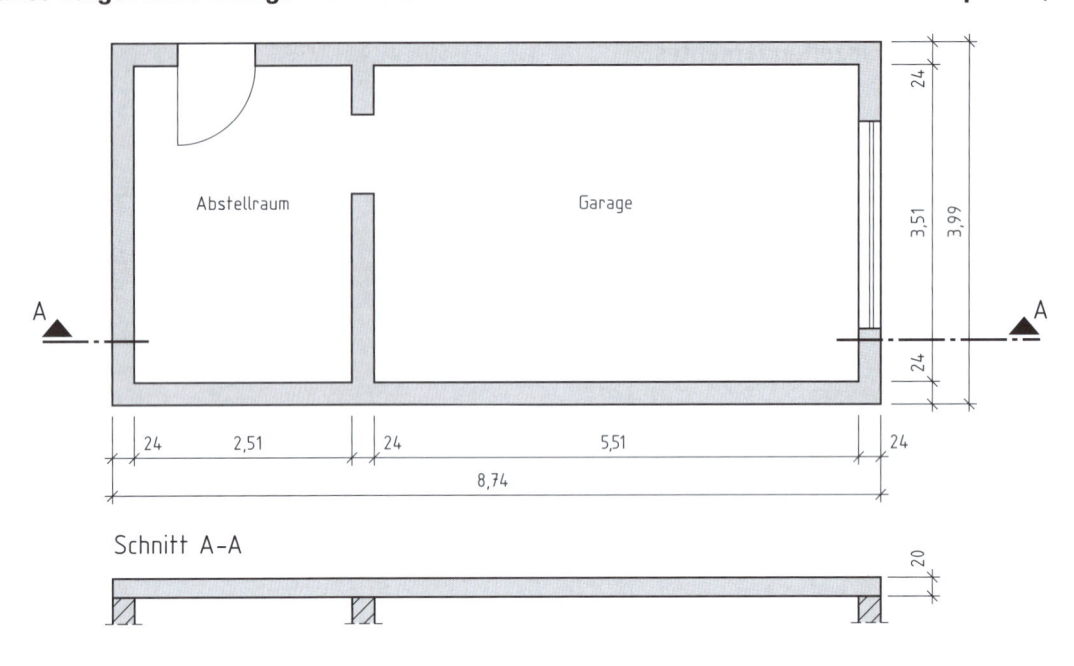

Der Tragwerksplaner sieht eine Bewehrung mit Lagermatten vor.

Baustoffe: ♦ Betonfestigkeitsklasse C25/30 ♦ Betonstahl B500A ♦ Betondeckung $c_{nom} = 4$ cm

Untere Bewehrungslage: Lagermatte Q 335 A, Übergreifungslänge: mindestens 32 cm

Obere Bewehrungslage:
Stützbereich (Maße siehe Darstellung): Lagermatte Q 335 A, Übergreifungslänge: mindestens 46 cm
Eckbereiche (Maße siehe Darstellung): Lagermatte Q 335 A, Übergreifungslänge: mindestens 46 cm
Randbereiche (Maße siehe Darstellung): Lagermatte R 335 A, Übergreifungslänge: mindestens 46 cm

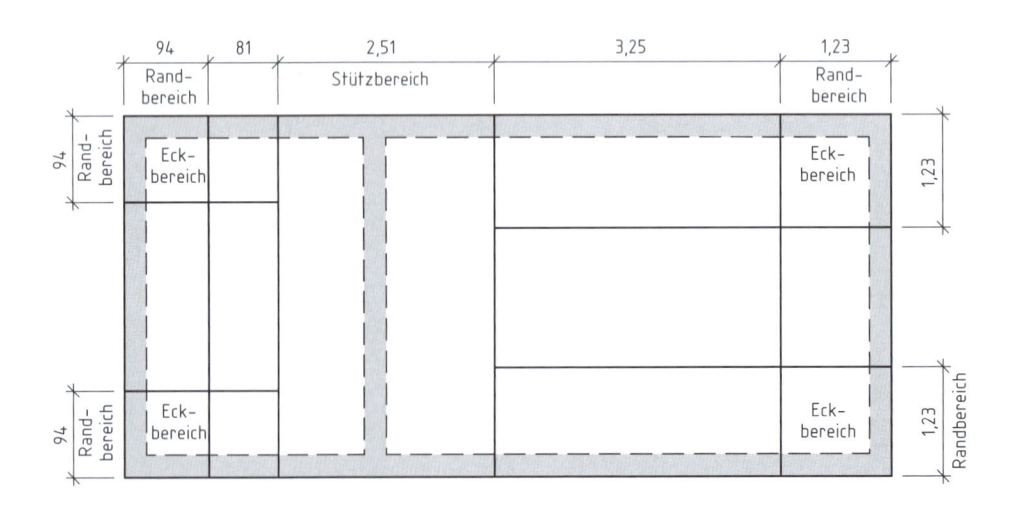

Zur Herstellung der Stahlbetonplatte sind einige Vorüberlegungen und Berechnungen erforderlich:

① Zeichnen Sie einen Matten-Verlegeplan für die untere und obere Bewehrungslage im Maßstab M 1 : 50 – m, cm.
② Erstellen Sie eine Schneideskizze für die Matten! Geben Sie an, wie viele Matten benötigt werden!
③ Es werden Unterstützungskörbe (Länge 2,00 m) verwendet, die einen maximalen Abstand von 70 cm aufweisen dürfen. Ermitteln Sie die Anzahl der Unterstützungen!
④ Es wird eine flexible Deckenschalung verwendet. Nennen Sie die Arbeitsschritte zum Aufstellen der Schalung!

3310 … 3400 keine Aufgaben

Lösungen ab Seite 376

Abschlussprüfung	Maurer
Lernfeldaufgaben: Mauerwerksbau	3401 ... 3405

Herstellen einer geraden Treppe

Die bereitgestellten Aufgaben sollen das Lernfeld »Herstellen einer geraden Treppe« für Maurer sowie Beton- und Stahlbetonbauer vertiefend abdecken.

ZIELFORMULIERUNG

Die Auszubildenden planen die Herstellung einer geraden Treppe. Unter Beachtung der baurechtlichen und Normvorschriften berücksichtigen sie Laufrichtung, Baustoffe, Lage und Konstruktion. Sie wählen unter den Aspekten Sicherheit, Bequemlichkeit und Gestaltung Stufenform und Belag aus. Sie berechnen die Treppen und stellen sie zeichnerisch als Gesamtdarstellung und im Detail dar.

INHALTE

♦ Treppenformen ♦ Treppenbezeichnungen ♦ Hauptmaße ♦ Massivtreppe, Fertigteiltreppe, gemauerte Treppe ♦ Außen- oder Innentreppe ♦ Spannrichtung ♦ Stufenform und Treppenbelag ♦ Schrittmaßregel ♦ Lauflänge und Treppenöffnungsmaße ♦ Durchgangshöhe ♦ Draufsicht ♦ Treppenschnitt

3401
Was ist ein Treppenlauf?

① Bauteil einer Treppe, bestehend aus Steigung und Auftritt
② Für die Treppe vorgesehener Raum
③ Treppengeländer als Schutzeinrichtung gegen Absturz
④ Ununterbrochene Folge von mindestens drei Treppenstufen zwischen zwei Ebenen
⑤ Bauteil, das Stufen trägt oder unterstützt

3402
Wie wird das mit x gekennzeichnete Maß genannt?

① Treppenhöhe
② Treppensteigung
③ Lichter Stufenabstand
④ Stufenhöhe
⑤ Lichte Treppendurchgangshöhe

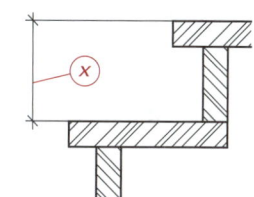

3403
Was ist das Treppenloch?

① Aussparung in der Geschossdecke für die Treppe
② Tragendes Bauteil in der Mitte einer Spindeltreppe
③ Für die Treppe vorgesehener Raum
④ Von Treppenläufen umschlossener freier Raum
⑤ Treppenabsatz zwischen zwei Treppenläufen

3404
Als nutzbare Treppenbreite bezeichnet man ...

① das Maß von Wandwangenaußenkante bis Lichtwangenaußenkante
② das Maß von Wand bis Lichtwangenaußenkante
③ das lichte Fertigmaß zwischen Wand und Handlaufinnenkante
④ das lichte Fertigmaß zwischen Wandwangeninnenkante und Lichtwangeninnenkante
⑤ das lichte Fertigmaß zwischen Wand und Lichtwangeninnenkante

3405
Welches Maß muss zur Berechnung der Konstruktionsmaße bei jeder Geschosstreppe gegeben sein?

① Treppenlauflänge
② Treppenauftritt
③ Geschosshöhe
④ Treppensteigung
⑤ Zahl der Steigungen

Lösungen ab Seite 378

Abschlussprüfung — Maurer

Lernfeldaufgaben: Mauerwerksbau — 3406 … 3412

3406
Wie viele Steigungen hat die dargestellte Treppe?

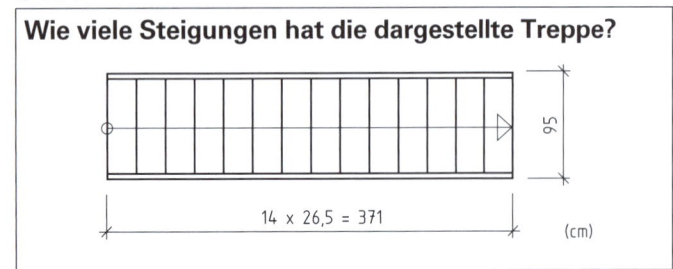

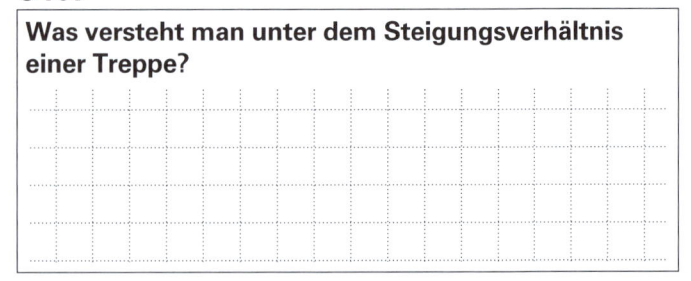

(Skizze: 14 × 26,5 = 371; Höhe 95 cm)

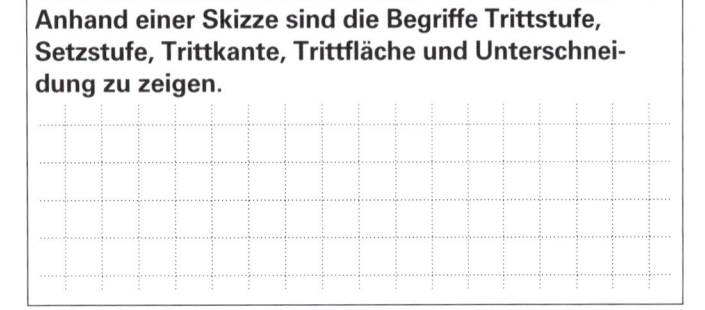

3407
Was versteht man unter dem Steigungsverhältnis einer Treppe?

3408
Anhand einer Skizze sind die Begriffe Trittstufe, Setzstufe, Trittkante, Trittfläche und Unterschneidung zu zeigen.

3409
In ein Einfamilienhaus (Geschosshöhe 2,875 m) ist eine einläufige Treppe (Steigungen ca. 18 cm) einzubauen. Die Rohdecke ist 16 cm dick, der Fußbodenaufbau im unteren Geschoss 14 cm, auf den Treppenstufen 3 cm und auf der oberen Geschossdecke 9 cm.

Gesucht werden
– Anzahl der Steigungen
– Steigungshöhe
– Auftrittsbreite
– Treppenlänge
– Rohbauhöhen von Antritt-, Treppen- und Austrittstufe

3410
Wie groß ist die lichte Durchgangshöhe?

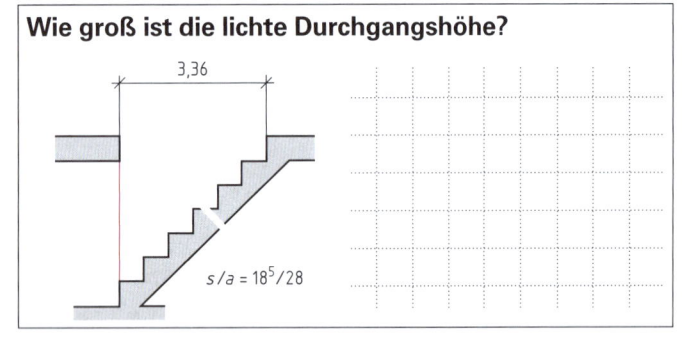

(Skizze: 3,36; $s/a = 18^5/28$)

3411
Welches Steigungsverhältnis erfüllt sowohl die Schrittmaß-, die Bequemlichkeits- als auch die Sicherheitsregel?

① 19 cm/28 cm
② 17 cm/29 cm
③ 18 cm/28 cm
④ 19 cm/29 cm
⑤ 17 cm/27 cm

3412
Wie nennt man die erste (unterste) Stufe eines Treppenlaufes?

① Antrittstufe
② Unterstufe
③ Setzstufe
④ Austrittstufe
⑤ Anfangsstufe

Abschlussprüfung — Maurer

Lernfeldaufgaben: Mauerwerksbau — 3413 ... 3419

3413
Wie wird die lichte Treppendurchgangshöhe gemessen und wie hoch muss sie mindestens sein?

3414
Welche Treppe benötigt ein Zwischenpodest?

① 7 Steigungen, 18/29
② 12 Steigungen, 19²/26
③ 14 Steigungen, 18³/27
④ 17 Steigungen, 21/23
⑤ 20 Steigungen, 17²/29

3415
Das Steigungsverhältnis (Steigung s, Auftritt a) kann mithilfe der Schrittmaßregel geplant werden:

① $2s + a$ = 59 cm bis 65 cm
② $2a + s$ = 59 cm bis 65 cm
③ $2a + 2s$ = 59 cm bis 65 cm
④ $a + s$ = 59 cm bis 65 cm
⑤ $2s + a/2$ = 59 cm bis 65 cm

3416
Welche Treppenart zeigt die Draufsicht?

① Zweiläufige gerade Treppe mit Zwischenpodest
② Zweiläufige gewinkelte Treppe mit Zwischenpodest
③ Zweiläufige gegenläufige Treppe mit Zwischenpodest
④ Dreiläufige gegenläufige Treppe mit Zwischenpodest
⑤ Dreiläufige zweimal abgewinkelte Treppe mit Podest

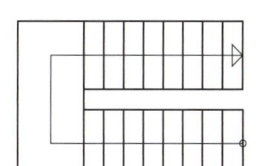

3417
Wie viele Auftritte hat eine zweiläufige, gegenläufige Treppe mit Zwischenpodest bei 18 Steigungen?

① 16 Auftritte
② 17 Auftritte
③ 18 Auftritte
④ 19 Auftritte
⑤ 20 Auftritte

3418
Skizzieren Sie die Draufsicht auf eine zweiläufige gegenläufige Treppe mit Zwischenpodest.

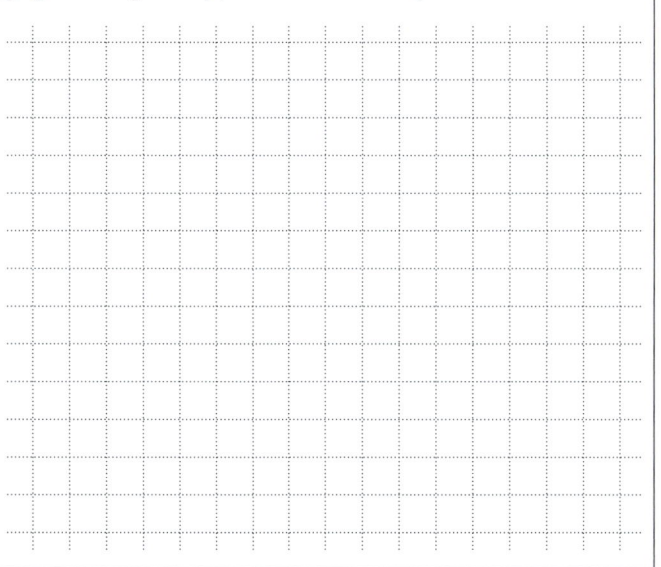

3419
Nennen Sie die Formel für die Schrittmaßregel, die Bequemlichkeitsregel und die Sicherheitsregel. Geben Sie ein Rechenbeispiel, wenn $a = 28{,}2$ cm ist.

Lösungen ab Seite 378

Abschlussprüfung — Maurer

Lernfeldaufgaben: Mauerwerksbau — 3420

3420

Freihandzeichnung

Von dem in drei Ansichten gezeigten Treppenteil ist die **isometrische Darstellung** mit Bleistift, ohne sonstige Hilfsmittel, auf der Arbeitsvorlage zu zeichnen.

Orientierungen bietet das vorgegebene Raster, verdeckte Körperkanten sind nicht einzuzeichnen.

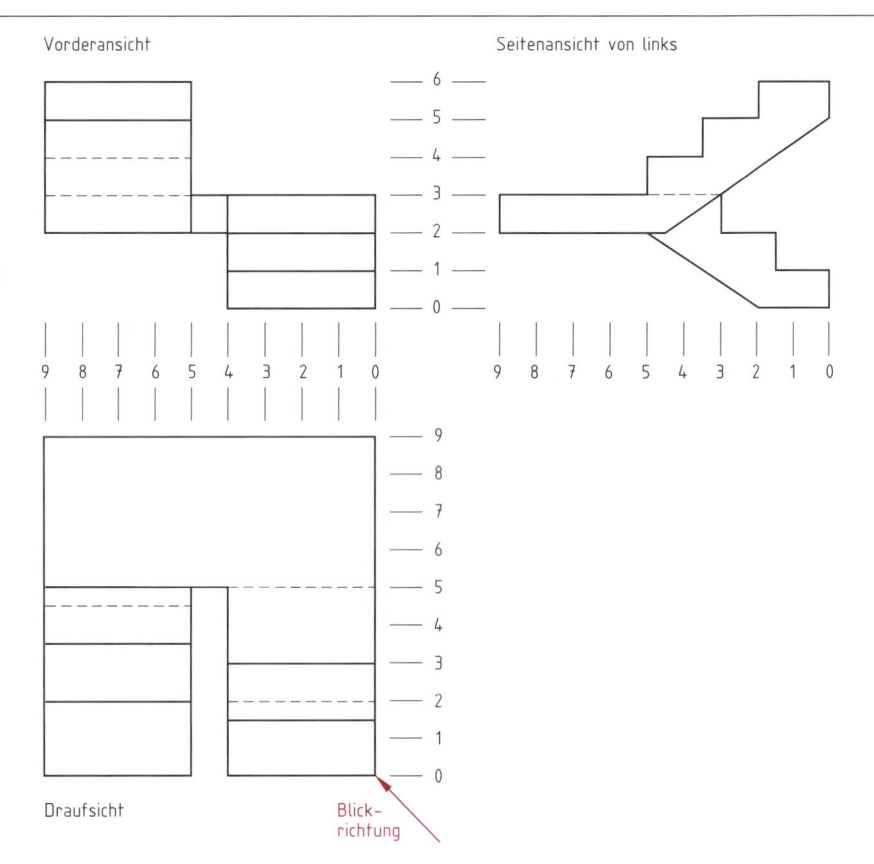

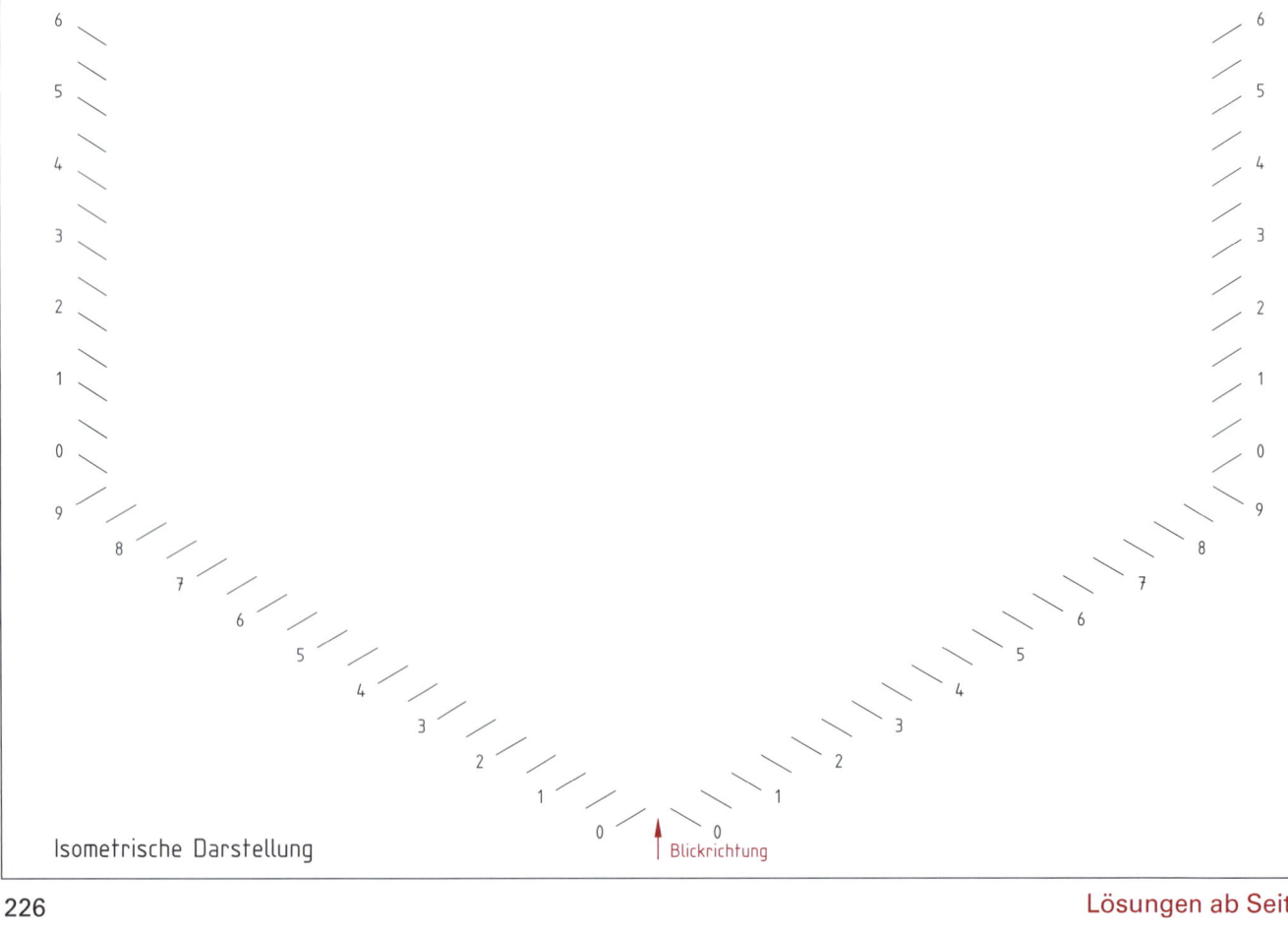

Vorderansicht

Seitenansicht von links

Draufsicht

Blickrichtung

Isometrische Darstellung

Blickrichtung

Lösungen ab Seite 379

Prüfungsvorbereitung aktuell

HOCHBAU

PRÜFUNGSVORBEREITUNG AKTUELL

| Wirtschafts- und Sozialkunde |

Wirtschafts- und Sozialkunde (WISO)		Seite
Berufsbildung, Arbeitsschutz	4001 ... 4024	228
Vertragsrecht	4030 ... 4050	230
Betrieb – Unternehmen	4051 ... 4068	233
Geld – Währung	4071 ... 4090	235
Markt – Preisbildung	4091 ... 4100	237
Wirtschaftspolitik	4101 ... 4110	238
Arbeitsrecht	4141 ... 4170	239
Sozial- und Individualversicherung	4171 ... 4200	243
Steuern	4201 ... 4210	247
Entlohnung der Arbeit	4211 ... 4220	248
Sparen	4221 ... 4230	249
Presse – Rundfunk – Fernsehen	4251 ... 4259	250
Parteien – Parlament – Regierung	4271 ... 4299	251
Gesellschaft – Staat – Europa	4301 ... 4320	254
Eine Welt	4330 ... 4337	256
Leistungskontrolle WISO	4351 ... 4374	257

Abschlussprüfung — Wirtschafts- und Sozialkunde

Gebundene Aufgaben | **Berufsbildung** | 4001 ... 4010

4001
Welche Angaben enthält das Berufsbild?
① Fertigkeiten und Kenntnisse, die der Ausbildende zu vermitteln hat
② Voraussichtliche Entwicklung des jeweiligen Berufs
③ Prüfungsanforderungen für die Fertigkeits- und Kenntnisprüfung
④ Geschichte des Berufs
⑤ Bilder vom zukünftigen Arbeitsplatz

4002
In welchen der genannten Fälle gilt das Berufsbildungsgesetz?
① Ausbildung zum Berufsschullehrer
② Ausbildung zum Beamten
③ Ausbildung zum Holztechniker
④ Ausbildung zum Ingenieur
⑤ Ausbildung zum Maurer

4003
Wer stellt nach dem Berufsbildungsgesetz fest, welcher Betrieb ausbilden darf?
① Der Arbeitgeberverband
② Der Deutsche Gewerkschaftsbund
③ Die Berufsgenossenschaft
④ Die Industrie- und Handelskammer bzw. die Handwerkskammer
⑤ Das Arbeitsamt

4004
Was versteht man unter dem »Dualen Ausbildungssystem«?
① Berufliche Weiterbildung von Facharbeitern zu Meistern
② Berufsschule und Betrieb übernehmen gemeinsam die berufliche Bildung
③ Überbetrieblichen Bildungsveranstaltungen
④ Ausbildung im Betrieb ohne Berufsschulunterricht
⑤ Erlernen eines zweiten Berufs

4005
Was heißt: Der Berufsschüler hat Blockunterricht?
① Er nimmt an betrieblichen Ausbildungsmaßnahmen teil.
② Er geht zweimal in der Woche zur Berufsschule
③ Er hat täglich Vollzeitunterricht
④ Er hat im Wechsel mit der betrieblichen Ausbildung längere Zeitabschnitte Berufsschulunterricht in Vollzeitform
⑤ Er hat Unterricht nur in einem Teil der Klasse

4006
Welche Institution ist gesetzlich verpflichtet, Personen zu beraten, die sich für einen anderen Beruf umschulen lassen wollen?
① Arbeitsamt
② Handwerkskammer
③ Arbeitgeberverband
④ Berufsschule
⑤ Landesversicherungsanstalt

4007
Welche Verpflichtung übernimmt der Ausbildende bei Abschluss des Ausbildungsvertrags nicht?
① Die Ausbildung planmäßig, zeitlich und sachlich gegliedert durchzuführen
② Den Auszubildenden nach der Abschlussprüfung als Facharbeiter zu beschäftigen
③ Dem Auszubildenden den Urlaub zu gewähren
④ Die Ausbildungsvergütung pünktlich zu zahlen
⑤ Das Berichtsheft des Auszubildenden durchzusehen

4008
Wer stellt das Ergebnis der Abschlussprüfung fest?
① Der Vorsitzende des Prüfungsausschusses
② Der Ausbildungsberater der Handwerkskammer
③ Der Prüfungsausschuss
④ Der Prüfungsausschuss im Einvernehmen mit dem Ausbildungsbetrieb
⑤ Der Vorsitzende des Prüfungsausschusses in Absprache mit dem Klassenlehrer der Berufsschule

4009
Warum wird die berufliche Flexibilität für alle Arbeitnehmer immer wichtiger?
① Weil sich die Lebensarbeitszeit dadurch verkürzen lässt
② Weil die Arbeitszeit immer kürzer wird und die Zeit für Urlaub zunimmt
③ Weil durch Einsparungen der Verkehrsbetriebe und der Gemeinden die Arbeitsplätze mit öffentlichen Verkehrsmitteln schlechter erreichbar sind
④ Weil sich die technischen und wirtschaftlichen Verhältnisse in der Arbeitswelt immer schneller verändern
⑤ Weil die Betriebe häufig ihren Standort verlegen

4010
Ein Jugendlicher möchte ab 1. August den Beruf des Maurers erlernen und bewirbt sich bei einem Baubetrieb. Was muss der Firmeninhaber danach tun?
① Er muss das Kultusministerium um Genehmigung zur Einstellung bitten
② Er muss das Arbeitsamt um Genehmigung zur Einstellung bitten
③ Er muss ab 1. Juli die Ausbildungsvergütung zahlen
④ Er muss den Jugendlichen sofort bei der Berufsschule anmelden
⑤ Er muss sofort einen Ausbildungsvertrag schriftlich abschließen

Abschlussprüfung — Wirtschafts- und Sozialkunde

Gebundene Aufgaben — Arbeitsschutz — 4011 ... 4018

4011
Mit welchen betrieblichen Maßnahmen kann die Humanisierung der Arbeit unter anderem erreicht werden?

① Senkung der Produktionskosten
② Abbau von Arbeitsplätzen
③ Einführung von Fließbandarbeit
④ Verringerung des Arbeitstempos bei Akkordarbeit
⑤ Erhöhung der regelmäßigen wöchentlichen Arbeitszeit

4012
Welche Behauptung über den Handwerksbetrieb ist richtig?

① Im Handwerksbetrieb ist der Unternehmer nur noch leitend und nicht mehr praktisch mitarbeitend tätig
② Der Handwerksbetrieb muss erheblichen Aufwand für die Werbung treiben
③ Die Fertigung im Handwerksbetrieb ist meist lohnintensiv
④ Zwischen dem Handwerksbetrieb und dem Endverbraucher ist immer der Handel eingeschaltet
⑤ Der Kapitalbedarf eines Handwerksbetriebs ist größer als der eines Industriebetriebs

4013
Wonach richtet sich die Rangfolge der Mitarbeiter in einem Betrieb?

① Nach der Verantwortung
② Nach dem Lebensalter
③ Nach dem Titel
④ Nach der Art der Arbeit
⑤ Nach der Dauer der Betriebszugehörigkeit

4014
Welcher der folgenden Umstände ist für ein gutes Betriebsklima förderlich?

① Rivalität
② Geltungsstreben
③ Partnerschaftliches Verhältnis
④ Ehrgeiz
⑤ Lohngefälle

4015
Durch Rationalisierungsmaßnahmen kann in einem Betrieb eine Arbeitskraft in einer Arbeitsstunde mehr produzieren als vorher. Welche Aussage ist richtig?

① Die körperliche Arbeitsbelastung nimmt zu
② Die Kapitalkosten nehmen ab
③ Die Qualität der hergestellten Güter nimmt ab
④ Der Personalbedarf wird größer
⑤ Die Arbeitsproduktivität steigt

4016
Welche Institution ist gesetzlich beauftragt, Unfallverhütungsvorschriften zu erstellen?

① Gewerbeaufsichtsamt
② Berufsgenossenschaft
③ Technischer Überwachungsverein
④ Landesarbeitsamt
⑤ Stadt- bzw. Landkreise

4017
Für welche Personen gilt die Arbeitszeitordnung?

① Für Arbeitnehmer über 18 Jahre in Betrieben und Verwaltungen aller Art
② Für alle Arbeitnehmer unabhängig von ihrem Alter und dem Beschäftigungsbereich
③ Für alle leitenden Angestellten in Großbetrieben
④ Für Arbeitnehmer in der Land- und Forstwirtschaft
⑤ Für alle freiberuflich Tätigen, wie Architekten und Ärzte

4018
Wer ist für die Überwachung von Gesetzen zum Schutz der menschlichen Arbeitskraft verantwortlich?

① Gesundheitsämter
② Sozialämter
③ Arbeitsämter
④ Gewerbeaufsichtsämter
⑤ Landkreise

Abschlussprüfung — Wirtschafts- und Sozialkunde

Gebundene Aufgaben — Arbeitsschutz — 4019 ... 4024

4019
Das Jugendschutzgesetz gilt für Personen bis
① 25 Jahre
② 21 Jahre
③ 18 Jahre
④ 16 Jahre
⑤ 14 Jahre

4020
Bis zu welchem Alter gilt das Jugendarbeitsschutzgesetz? Bis zur Vollendung des
① 21. Lebensjahrs
② 18. Lebensjahrs
③ 16. Lebensjahrs
④ 15. Lebensjahrs
⑤ 14. Lebensjahrs

4021
Wer überwacht die Einhaltung des Jugendarbeitsschutzgesetzes?
① Jugendamt
② Arbeitsamt
③ Sozialamt
④ Schulamt
⑤ Gewerbeaufsichtsamt

4022
Mit welchen der genannten Arbeiten dürfen Jugendliche grundsätzlich nicht beschäftigt werden?
① Mit Arbeiten, die auch den Einsatz körperlicher Kräfte erfordern
② Mit Arbeiten, die überwiegend im Freien zu verrichten sind
③ Mit Akkord- und Fließbandarbeiten
④ Mit Arbeiten, die vorwiegend im Stehen zu verrichten sind
⑤ Mit Arbeiten in Räumen, die ausschließlich künstlich beleuchtet sind

4023
In welchem Zeitraum dürfen werdende Mütter nicht beschäftigt werden?
① 4 Wochen vor und 6 Wochen nach der Entbindung
② 4 Wochen vor und 8 Wochen nach der Entbindung
③ 6 Wochen vor und 6 Wochen nach der Entbindung
④ 6 Wochen vor und 8 Wochen nach der Entbindung
⑤ 6 Wochen vor und 10 Wochen nach der Entbindung

4024
Welche Aussage über die betriebliche Beschäftigung von werdenden Müttern ist richtig?
① Werdende Mütter dürfen nicht mit Akkordarbeiten beschäftigt werden
② Werdende Mütter dürfen mit Akkordarbeiten beschäftigt werden, wenn sie dazu ihr Einverständnis geben
③ Werdende Mütter dürfen in den letzten 8 Wochen vor der Entbindung nicht mehr beschäftigt werden
④ Mütter dürfen in den 10 Wochen nach der Entbindung nicht beschäftigt werden
⑤ Werdende Mütter dürfen in der Zeit zwischen 18 Uhr und 7 Uhr nicht beschäftigt werden

Gebundene Aufgaben — Vertragsrecht — 4030

4030
Bei einem fehlerhaften neuen Gerät lässt sich der Mangel trotz Reparatur nicht beseitigen. Was bedeutet dies für den Kunden?
① Er erhält ein neues Gerät, muss aber eine Entschädigung für die bisherige Nutzung bezahlen
② Er erhält kostenlos ein neues Gerät
③ Er erhält dafür ein fehlerfreies, aber gebrauchtes Gerät
④ Bevor er ein neues Gerät erhält, muss er die angefallenen Reparaturkosten bezahlen
⑤ Er muss das fehlerhafte Gerät behalten

4025 ... 4029 keine Aufgaben

Abschlussprüfung	Wirtschafts- und Sozialkunde
Gebundene Aufgaben	Vertragsrecht — 4031 … 4040

4031
Nach dem Bürgerlichen Gesetzbuch ist jeder Mensch rechtsfähig. Was heißt das?

① Jeder Mensch kann rechtswirksam Verträge abschließen
② Jeder Mensch ist Träger von Rechten und Pflichten
③ Jeder Mensch ist für seine Handlungen voll verantwortlich
④ Jeder Mensch kann strafrechtlich zur Verantwortung gezogen werden
⑤ Jeder Mensch kann mit Freiheitsentzug bestraft werden

4032
Wann erlangt der Mensch seine Rechtsfähigkeit?

① Mit Vollendung der Geburt
② Mit seinem 7. Lebensjahr
③ Mit seinem 14. Lebensjahr
④ Mit seinem 16. Lebensjahr
⑤ Mit seinem 21. Lebensjahr

4033
Wodurch endet die Rechtsfähigkeit einer natürlichen Person?

① Durch Tod
② Durch vorübergehende Entmündigung
③ Durch Verurteilung wegen einer Straftat
④ Durch Eintritt in den Altersruhestand
⑤ Durch Aberkennung der bürgerlichen Ehrenrechte

4034
Was bedeutet der Begriff »Geschäftsfähigkeit«?

① Das Recht, ein Geschäft zu eröffnen
② Die Fähigkeit, Rechtsgeschäfte selbstständig und gültig abzuschließen
③ Das Recht, vor Gericht selbst auftreten zu dürfen
④ Tüchtigkeit im Geschäftsleben
⑤ Ein Geschäftsführer kann für ein Unternehmen Rechtsgeschäfte abschließen

4035
Wann beginnt die beschränkte Geschäftsfähigkeit beim Menschen?

① Mit Vollendung der Geburt
② Mit dem vollendeten 7. Lebensjahr
③ Mit dem vollendeten 14. Lebensjahr
④ Mit dem vollendeten 18. Lebensjahr
⑤ Mit der Beendigung der Berufsausbildung

4036
Die Eidesfähigkeit des Menschen beginnt mit

① 7 Jahren
② 14 Jahren
③ 16 Jahren
④ 18 Jahren
⑤ 21 Jahren

4037
Welches Rechtsgeschäft ist ein einseitiges Rechtsgeschäft?

① Arbeitsvertrag
② Mietvertrag
③ Darlehensvertrag
④ Kündigung
⑤ Kaufvertrag

4038
Was ist ein zweiseitiges Rechtsgeschäft?

① Testament
② Kündigung
③ Anfechtung eines Vertrags
④ Rücktritt vom Kaufvertrag
⑤ Kaufvertrag

4039
Was ist die Grundvoraussetzung für den Abschluss eines Vertrages?

① Schuldenfreiheit
② Gute Vermögenslage
③ Kreditfähigkeit
④ Geschäftsfähigkeit
⑤ Der gute Ruf

4040
Mit wie viel Jahren darf man selbstständig Verträge abschließen und muss für alle Rechtsfolgen allein einstehen?

① Mit 7 Jahren
② Mit 16 Jahren
③ Mit 18 Jahren
④ Mit 21 Jahren
⑤ Mit 25 Jahren

Lösungen ab Seite 380

Abschlussprüfung — Wirtschafts- und Sozialkunde

Gebundene Aufgaben | **Vertragsrecht** | 4041 ... 4050

4041
Welcher der folgenden Kaufverträge ist ungültig, wenn er nur mündlich abgeschlossen wurde?

① Kauf eines Pferdes direkt vom Züchter
② Kauf eines Autos vom Nachbarn
③ Kauf einer Breitbandschleifmaschine auf Probe
④ Kauf einer Zeitschrift am Kiosk
⑤ Kauf einer Maschine auf Raten beim Händler

4042
Wann ist ein Kaufvertrag nichtig?

① Bei Irrtum
② Bei Vertragsbruch
③ Bei Scherzgeschäften
④ Bei Lieferungsverzug
⑤ Bei kleinen Mängeln, die beseitigt werden können

4043
Für eine Zimmererarbeit liefert der Sägewerkbesitzer als Kunde das Holz. Welche Art von Vertrag liegt vor?

① Dienstleistungsvertrag
② Werkvertrag
③ Kaufvertrag
④ Werklieferungsvertrag
⑤ Arbeitsvertrag

4044
In welchem Fall liegt ein Werkvertrag vor?

① Der Zimmerer liefert dem Kunden unbearbeitetes Holz
② Der Zimmerer liefert eine von ihm hergestellte Tür einschließlich aller Materialien
③ Eine Tür wird vom Zimmerer an der Unterkante abgesägt
④ Der Zimmerer bezieht einen Tisch ab Fabrik
⑤ Ein Möbelwerk liefert Möbel an einen Händler

4045
Ein Wohnungseigentümer holt ein Angebot zum Tapezieren der Wände seiner Wohnung ein. Wozu verpflichtet ihn das Angebot?

① Zur Vergabe des Auftrags an den Anbieter
② Zur Einholung eines zweiten Angebots zum Vergleich
③ Zu nichts
④ Falls es zu keinem Vertragsabschluss kommt, sind 5% der Angebotssumme zu zahlen
⑤ Zur Rücksendung des Angebots, wenn kein Interesse mehr besteht

4046
Ein Möbelstück, das auf Raten gekauft wurde,

① darf verkauft werden, wenn es im Besitz des Käufers ist
② darf verkauft werden, wenn es sein Eigentum geworden ist
③ darf gar nicht mehr verkauft werden
④ darf zu jeder Zeit verkauft werden
⑤ darf schon vor Bezahlung der letzten Rate verkauft werden

4047
Welche der genannten Tätigkeiten zählt zur Urproduktion?

① Forstwirtschaft
② Transport von Holz
③ Sägewerksbetrieb
④ Handwerkliche Möbelfertigung
⑤ Industrielle Möbelfertigung

4048
Ein Pizzavertrieb liefert eine Bestellung verspätet an. Welches Recht hat nun der Besteller?

① Er muss die Ware trotzdem abnehmen
② Er erhält einen hohen Rabatt
③ Er kann vom Vertrag zurücktreten (Wandelung)
④ Er muss erst wesentlich später bezahlen
⑤ Er wird neu beliefert

4049
Wer erlässt auf Antrag einen Mahnbescheid, um die Forderung eines Gläubigers einziehen zu können?

① Staatsanwalt
② Stadtverwaltung
③ Finanzamt
④ Amtsgericht
⑤ Polizei

4050
Die »regelmäßige Verjährungsfrist« nach BGB § 195 für eine Forderung aus einem Vertrag beträgt

① 1 Jahr
② 3 Jahre
③ 4 Jahre
④ 10 Jahre
⑤ 30 Jahre

Abschlussprüfung – Wirtschafts- und Sozialkunde

Gebundene Aufgaben | Betrieb – Unternehmen | 4051 … 4060

4051
In der Wirtschaft unterscheidet man zwischen Unternehmung und Betrieb. Welche Aussage über die Unternehmung bzw. den Betrieb ist richtig?

① Ein Betrieb kann mehrere Unternehmungen umfassen
② Die Unternehmensleitung ist der Betriebsleitung unterstellt
③ Eine Unternehmung kann mehrere Betriebe besitzen
④ Der Betrieb besitzt eine eigene Rechtspersönlichkeit, d.h., er kann klagen. Die Unternehmung ist rechtlich unselbstständig
⑤ Der Betrieb plant in eigener Verantwortung. Die Unternehmung ist planerisch unselbstständig

4052
Die Meyer GmbH erwirtschaftet einen Gewinn. Was versteht man unter dem Begriff »Gewinn«?

① Gewinn = Überschuss, der nach Abzug aller Kosten übrig bleibt.
② Gewinn = Umsatz
③ Gewinn = Umsatz minus Steuer
④ Gewinn = Zinsen aus Anlagekapital
⑤ Gewinn = Zuschlag für »Wagnis und Gewinn«

4053
Was versteht man unter dem Begriff »Produktion«?

① Konstruktion von Gütern
② Erzeugung von Gütern
③ Verteilung von Gütern
④ Verkauf von Gütern
⑤ Kauf von Gütern

4054
In welcher Gruppe sind die drei Produktionsfaktoren genannt?

① Industrie, Handel, Verkehr
② Kalkulation, Zeichnung, Herstellung
③ Arbeit, Güter, Handel
④ Kredite, Darlehen, Zinsen
⑤ Arbeit, Kapital, Boden

4055
Welcher Produktionszweig liegt vor, wenn dieser selbstständig gesteuert wird?

① Manufaktur
② Mechanisierung
③ Fließbandarbeit
④ Automation
⑤ Rationalisierung

4056
Welche der folgenden Tätigkeiten ist **keine** Dienstleistung?

① Der Arbeiter beim Säubern seines Arbeitsplatzes
② Der Installateur beim Einsetzen einer Dichtung
③ Der Zimmerer bei der Herstellung einer Haustür
④ Der Spediteur beim Transport einer Kiste
⑤ Der Rentner beim Austragen von Zeitungen

4057
Was bedeutet der Begriff »Investition«?

① Gewinnverteilung an Mitarbeiter
② Anlage von Kapital in Produktionsmitteln
③ Kauf von Konsumgütern
④ Neue Facharbeiter einstellen
⑤ Anlage von Wertpapieren

4058
Ein Betrieb arbeitet wirtschaftlich, wenn

① Aufträge mit hohen Kosten erledigt werden
② Der Umsatz hoch ist
③ ein Auftrag mit geringen Kosten erledigt wird
④ der Betrieb einen hohen Gemeinkostensatz hat
⑤ der Betrieb die 35-Stunden-Woche einführt

4059
In einem Unternehmen müssen aus Konkurrenzgründen die Preise gesenkt werden. Welche Aussage ist richtig?

① Der Gewinn steigt
② Die Wirtschaftlichkeit wird größer
③ Die Rentabilität wird größer
④ Die Produktivität steigt
⑤ Die Wirtschaftlichkeit der Unternehmung wird kleiner

4060
Durch welche Maßnahme kann die Arbeitsproduktivität eines Betriebes erhöht werden?

① Durch Erhöhung der Anzahl der Überstunden
② Durch Vergrößerung der Anzahl der Mitarbeiter
③ Durch Rationalisierung der Fertigung
④ Durch Senkung der Materialkosten
⑤ Durch Abschaffung von Schichtarbeit

Lösungen ab Seite 380

Abschlussprüfung — Wirtschafts- und Sozialkunde

Gebundene Aufgaben | Betrieb – Unternehmen | 4061 … 4068

4061
Für welche Unternehmungen ist die Rechtsform der Einzelunternehmung geeignet?

① Unternehmungen im Bank- und Versicherungsbereich
② Unternehmungen mit großem Kapitalaufwand
③ Kleinunternehmungen
④ Unternehmungen mit Betrieben im Ausland
⑤ Unternehmungen der öffentlichen Hand

4062
Welche Aussage über die Einzelunternehmung ist richtig?

① Einzelunternehmungen sind besonders kapitalstark
② Einzelunternehmungen hängen stark von den Fähigkeiten des Unternehmers ab
③ Einzelunternehmungen sind besonders kreditwürdig
④ Bei Einzelunternehmungen wird das Risiko stets von mehreren Kapitalgebern getragen
⑤ Einzelunternehmungen können sich nur sehr langsam den Marktveränderungen anpassen

4063
Womit haftet ein Einzelunternehmer im Falle eines Konkurses?

① Mit seinen Maschinen und Warenvorräten
② Mit dem gesamten Privat- und Geschäftsvermögen
③ Mit seinem Geschäftsvermögen
④ Mit seinem Privatvermögen
⑤ Mit seinem Geschäftsvermögen und seinem Bankguthaben

4064
Welche Aussage über die Haftung in einer Offenen Handelsgesellschaft ist richtig?

① Die Gesellschafter haften nur mit ihrem Geschäftsvermögen
② Der Gesellschafter haftet, den ein Verschulden trifft
③ Alle Gesellschafter haften mit ihrem Geschäfts- und Privatvermögen
④ Die Gesellschafter haften mit 50 % ihres Privatvermögens
⑤ Die einzelnen Gesellschafter haften mit ihrem Aktienkapital

4065
Wie nennt man in einer Kommanditgesellschaft den Gesellschafter, der mit seinem Geschäfts- und Privatvermögen haftet?

① Kommanditgesellschafter
② Komplementär
③ Stiller Gesellschafter
④ Kommanditist
⑤ Aktionär

4066
Welche Unternehmungsform gehört zu den Kapitalgesellschaften?

① Offene Handelsgesellschaft
② Stille Gesellschaft
③ Genossenschaft
④ Kommanditgesellschaft
⑤ Gesellschaft mit beschränkter Haftung

4067
An welcher Angabe erkennt man eine Gesellschaft mit beschränkter Haftung?

① Mindestens zwei Gründer
② Jeder Gesellschafter haftet mit seinem gesamten Vermögen
③ Das Mindeststammkapital beträgt 25 000,- €
④ Es handelt sich um eine Personengesellschaft
⑤ Es ist eine Person des öffentlichen Rechts

4068
Welche Aussage über den Vorstand einer Aktiengesellschaft ist richtig?

① Der Vorstand führt die Geschäfte der Aktiengesellschaft
② Dem Vorstand müssen 2 Arbeitgeber- und 2 Arbeitnehmervertreter angehören
③ Der Vorstand wird von der Hauptversammlung gewählt
④ Der Vorstand hat in der Hauptversammlung Stimmrecht
⑤ Dem Vorstand muss ein Aktionär angehören, der mindestens 5 % der Aktien besitzt

4069 … 4070 keine Aufgaben

Abschlussprüfung Wirtschafts- und Sozialkunde

Gebundene Aufgaben | Geld – Währung | 4071 … 4080

4071
Was versteht man unter einer Währung?
① Die Goldmenge eines Staates
② Gesetzliche Ordnung des Geldwesens
③ Papierwährung eines Staates
④ Gesetzliches Geldsystem eines Staates
⑤ Die sich im Verkehr befindliche Geldmenge einer Volkswirtschaft

4072
Was versteht man unter Devisen?
① Goldreserven der Bundesbank
② Ausländische Zahlungsmittel
③ Ausländische Goldreserven
④ Ausländische Aktien
⑤ Ausländische Wertpapiere

4073
Welche Aussage über den Geldwert ist richtig?
① Der Wert des Geldes nimmt ab, wenn das Güterangebot abnimmt
② Der Geldwert ist abhängig vom Goldpreis
③ Der Geldwert ist die Kaufkraft gegenüber Gütern und Dienstleistungen
④ Wenn die Preise steigen, steigt auch der Wert des Geldes
⑤ Der Geldwert hängt von der Höhe der Bankzinsen ab

4074
Unter dem »Wert des Geldes« versteht man
① das Geld als Wertstück zum Sammeln
② die Herstellungskosten einschließlich Papier
③ den aufgedruckten Wert
④ die Kaufkraft des Geldes
⑤ den Metallwert der Münzen

4075
Wovon hängt die Kaufkraft des Geldes ab?
① Von der Höhe des aufgedruckten Nennwerts
② Vom Gegenwert an Gütern, die man dafür bekommt
③ Von der Gewährung von Krediten
④ Von der gesetzlichen Regelung
⑤ vom Außenhandelsgleichgewicht

4076
Was ist unter einer Inflation zu verstehen?
① Eine fortschreitende Geldentwertung
② Die Gütermenge ist größer als die Geldmenge
③ Eine Geldwertsteigerung
④ Sinkende Preise
⑤ Das Prägen neuer Münzen

4077
Was kann die Bundesbank zur Bekämpfung der Inflation tun?
① Die Währung abwerten
② Den Diskontsatz anheben
③ Die Zinsen senken
④ An der Börse Wertpapiere kaufen
⑤ Die Geldmenge vergrößern

4078
Man spricht von einer Rezession,
① wenn sich das wirtschaftliche Wachstum abschwächt
② wenn das wirtschaftliche Wachstum einen Höhepunkt erreicht hat
③ wenn die Nachfrage steigt
④ wenn Überbeschäftigung herrscht
⑤ wenn die Preise stark ansteigen

4079
Was versteht man unter einem Wechselkurs?
① Das Geld, mit dem auf dem Markt gewechselt werden kann
② Die Bandbreite, innerhalb derer der Wert des Euro schwankt
③ Die Richtung, die ein Flugzeug einschlägt, wenn es den Kurs wechselt
④ Das Austauschverhältnis einer ausländischen Währung zum Euro
⑤ Das Geld, das z.B. Fußballspieler beim Wechseln des Vereins zahlen müssen

4080
Wozu werden Girokonten verwendet?
① Sie werden von Geschäftsleuten zur Kapitalansammlung verwendet
② Sie dienen dem bargeldlosen Zahlungsverkehr
③ Sie werden zum langfristigen Sparen verwendet
④ Sie werden nur zur Zahlung großer Beträge verwendet
⑤ Sie werden eingerichtet, weil man hier den höchsten Zins erhält

Lösungen ab Seite 380

Abschlussprüfung — Wirtschafts- und Sozialkunde

Gebundene Aufgaben | **Geld – Währung** | 4081 ... 4090

4081
Wie kann eine Zahlung erfolgen, wenn weder Schuldner noch Gläubiger ein Girokonto besitzen?

① Durch Überweisung
② Durch Postanweisung
③ Durch Dauerauftrag
④ Durch Einziehungsauftrag
⑤ Durch Scheck

4082
Was ist eine Lastschrift mit Einzugsermächtigung im Zahlungsverkehr?

① Der Empfänger einer Zahlung hat das Recht, fällige Beträge vom Girokonto des Schuldners einzuziehen
② Ein Kreditinstitut zahlt regelmäßig die am Monatsanfang fällige Miete für den Mieter
③ Ausstehende Zahlungen werden in regelmäßigen Abständen gemahnt
④ Ein Postbote holt im Auftrag des Gläubigers einen Geldbetrag beim Schuldner ab
⑤ Der Gerichtsvollzieher kommt regelmäßig, um geschuldete Beiträge einzuziehen

4083
Welche Personen dürfen Postbankschecks ausstellen?

① Wer Inhaber eines Postgirokontos ist
② Wer genügend Bargeld zur Deckung besitzt
③ Jeder, der einen Kredit bei der Postbank bekommt
④ Jeder Volljährige
⑤ Jeder, der ein Spargutguthaben besitzt

4084
In welchem Fall kann mittels Barscheck bezahlt werden?

① Wenn der Zahlende und der Empfänger ein Sparkonto haben
② Wenn der Zahlende ein Girokonto hat
③ Wenn nur der Empfänger ein Girokonto hat
④ Wenn keiner ein Girokonto hat
⑤ Wenn der Empfänger eine Scheckkarte besitzt

4085
Welchen Vorteil hat ein Verrechnungsscheck?

① Der Scheckbetrag darf 400,– € nicht übersteigen
② Der Scheckbetrag kann bar ausbezahlt werden
③ Die Einlösungsgebühr darf 2,– € nicht übersteigen
④ Der Aussteller kann den Scheck nicht widerrufen
⑤ Der Scheckbetrag wird dem Überbringer auf dem Girokonto gutgeschrieben

4086
Was ist ein Blankoscheck?

① Die Unterschrift des Ausstellers fehlt
② Der Scheck ist gefälscht
③ Der Scheck ist leer und noch nicht ausgefüllt
④ Der Scheck ist unterschrieben, der Geldbetrag jedoch nicht eingetragen
⑤ Der Scheck ist nicht gedeckt

4087
Wie heißt der Preisnachlass bei Zahlung innerhalb einer bestimmten Frist?

① Bonus
② Provision
③ Skonto
④ Prämie
⑤ Gutschrift

4088
Was ist ein Wechsel?

① Ein Scheck für Beträge über 400,– €
② Eine Vereinbarung mit wechselndem Zahlungsziel
③ Eine besondere Form des Schuldscheins
④ Eine Gebührenquittung
⑤ Eine Zahlung auf Raten

4089
Worauf bezieht sich der Diskontsatz als Mittel der Geldpolitik?

① Auf den Eurocheque
② Auf den Verrechnungsscheck
③ Auf den Wechsel
④ Auf die Auslandswährungen
⑤ Auf den Zahlungsverkehr bei der Post

4090
Welche Zahlungsmittel werden im Zahlungsverkehr mit dem Ausland verwendet?

① Münzen
② Devisen
③ Wechsel
④ Eurocheques
⑤ Buchgeld

Abschlussprüfung | Wirtschafts- und Sozialkunde

Gebundene Aufgaben | **Markt – Preisbildung** | 4091 … 4100

4091
Wer bestimmt den Preis in der freien Marktwirtschaft?

① Der Erzeuger einer Ware
② Das Wirtschaftsministerium
③ Die Planungsbehörde
④ Angebot und Nachfrage
⑤ Der Kunde

4092
Welche Wirtschaftsordnung lässt dem persönlichen Leistungswillen den größten Spielraum?

① Die Planwirtschaft
② Der Sozialismus kommunistischer Prägung
③ Die freie Marktwirtschaft
④ Die marktorientierte Planwirtschaft
⑤ Die zentrale Verwaltungswirtschaft

4093
Mehrere Unternehmungen vereinbaren, ihre gleichartigen Erzeugnisse nicht unter einem bestimmten Preis abzugeben. Welche Aussage ist richtig?

① Solche Absprachen fördern die Idee der sozialen Marktwirtschaft
② Solche Absprachen sind verboten
③ Solche Absprachen sind zulässig, wenn dadurch Arbeitsplätze gesichert werden
④ Solche Absprachen führen zur Verbilligung der Güter
⑤ Ohne solche Absprachen kann eine Marktwirtschaft nicht funktionieren

4094
Was versteht man unter einem Monopol?

① Mehrere Unternehmen schließen sich zusammen
② Besonders gewinnbringende Geschäfte
③ Zwei Arbeitsgemeinschaften (Arge) bauen einen Autotunnel
④ Der Anbieter hat keinen Konkurrenten und fordert den möglichen Preis für seine Ware
⑤ Ein Gesellschaftsspiel

4095
Was versteht man unter Autarkie?

① Ein Unternehmer kann selbstständig handeln
② Ein Staat ist von wirtschaftlichen Zusammenschlüssen unabhängig
③ Eine Volkswirtschaft ist unabhängig von Importen
④ Ein Staat ist von politischen Bündnissen unabhängig
⑤ Ein Unternehmen stellt von der Urproduktion bis zum fertigen Produkt alles im eigenen Unternehmen her

4096
Wann sinkt der Preis in einer Marktwirtschaft bei wirksamer Konkurrenz?

① Wenn das Angebot bei lebhafter Nachfrage steigt
② Wenn bei sinkendem Angebot die Nachfrage steigt
③ Wenn Angebot und Nachfrage im Gleichgewicht sind
④ Wenn bei steigendem Angebot die Nachfrage sinkt
⑤ Wenn Angebot und Nachfrage in gleichem Maße sinken

4097
Wie bilden sich die Preise in der freien Marktwirtschaft?

① Durch Preisabsprachen der Unternehmer
② Durch Preisfestsetzung einer staatlichen Stelle
③ Durch Absprachen zwischen Gewerkschaften und Arbeitgeberverbänden
④ Durch Angebot und Nachfrage
⑤ Durch Festpreise der Monopole

4098
Wie heißt das Wirtschaftssystem der Bundesrepublik Deutschland?

① Freie Marktwirtschaft
② Soziale Marktwirtschaft
③ Zentrale Verwaltungswirtschaft
④ Marktorientierte Planwirtschaft
⑤ Soziale Planwirtschaft

4099
Was bedeutet »Soziale Marktwirtschaft«?

① Der Staat hat keinen Einfluss auf die Preise
② Angebot und Nachfrage bestimmen allein den Preis
③ Hart lenkende Maßnahmen des Staates in der Wirtschaft
④ Zentrale Planung der Wirtschaft
⑤ Freier Wettbewerb bei staatlicher Unterstützung der wirtschaftlich Schwachen

4100
Welches Merkmal kennzeichnet die zentrale Planwirtschaft?

① Die Preise werden von einer zentralen Planungsbehörde festgesetzt
② Die Produktionsmittel sind Privateigentum
③ Die Wahl des Arbeitsplatzes liegt im Ermessen des Arbeitnehmers
④ Zwischen den Sozialpartnern besteht Tarifautonomie
⑤ Die Produktionsmenge ist freigestellt

Lösungen ab Seite 380

Abschlussprüfung — Wirtschafts- und Sozialkunde

Gebundene Aufgaben — Wirtschaftspolitik — 4101 ... 4110

4101
Was versteht man unter dem Volkseinkommen?
① Gesamteinnahmen aus allen Exporten einer Volkswirtschaft
② Verdienst aller Bürger in einem Monat
③ Überschuss in der Handelsbilanz einer Volkswirtschaft
④ Summe aller Einkommen einer Volkswirtschaft in einem Jahr
⑤ Gesamteinnahmen aus Exporten abzüglich aller Importe

4102
Was bedeutet der Begriff »Bruttosozialprodukt«?
① Summe aller Sozialleistungen
② Gesamtwert der Produktion und Dienstleistungen einer Volkswirtschaft in einem Jahr
③ Wert der Güter, die in Unternehmen hergestellt wurden
④ Bruttoverdienst aus unselbstständiger Arbeit
⑤ Ergebnis der Wirtschaftspolitik

4103
Wie errechnet man das Nettosozialprodukt? Es ist das Bruttosozialprodukt
① plus Abschreibungen
② minus Abschreibungen
③ plus Subventionen
④ minus Subventionen
⑤ minus Steuern

4104
Was versteht man unter »Wirtschaftswachstum«?
① Zunahme des Bruttosozialprodukts
② Vergrößerung des Staatshaushaltes
③ Die Wirtschaft investiert Geld in die Betriebe
④ Neubau von Industrieanlagen
⑤ Investitionen ausländischer Firmen in Deutschland

4105
Was bedeutet »Außenwirtschaftliches Gleichgewicht«?
① Importwaren werden besteuert wie einheimische Produkte
② Die Zahlungsbilanz innerhalb eines Jahres zwischen der Bundesrepublik und dem Ausland ist ausgeglichen
③ Die Militärblöcke der Welt sind gleich stark
④ Die Volkswirtschaften zweier Staaten haben die gleiche Größe
⑤ Die Leistungsbilanz muss so groß sein wie die Zahlungsbilanz

4106
Wodurch ist eine Hochkonjunktur gekennzeichnet?
① Vollbeschäftigung, große Güternachfrage, Preissteigerungen
② Preisrückgang, Vollbeschäftigung, Einkommenssteigerung
③ Investitionsrückgang, Vollbeschäftigung, starkes Wirtschaftswachstum
④ Kreditnachfrage, Einkommensverminderung, Arbeitslosigkeit
⑤ Lohnsteigerungen, Preissteigerungen, Arbeitslosigkeit

4107
Wie nennt man die Konjunkturphase, die nach einer Hochphase eintritt?
① Depression
② Rezession
③ Konjunkturtief
④ Deflation
⑤ Expansion

4108
Was versteht man unter Konjunktur?
① Einen wirtschaftlichen Tiefstand
② Eine antizyklische Finanzpolitik
③ Ein Auf und Ab der wirtschaftlichen Entwicklung
④ Vorausschauende Wirtschaftspolitik
⑤ Einen wirtschaftlichen Aufschwung mit Preissteigerungen

4109
Kennzeichen für ein Konjunkturtief ist
① Die hohe Kreditnachfrage
② Das Ansteigen der Preise
③ Das Ansteigen der Löhne
④ Das Stocken des Absatzes von Gütern
⑤ Die hohe Güternachfrage

4110
Wie sollte der Staat auf einen konjunkturellen Abschwung reagieren?
① Vorzeitige Tilgung von Schulden
② Öffentliche Aufträge zurückstellen
③ Zurückgestellte Baumaßnahmen beschleunigen
④ Bildung einer Konjunkturausgleichsrücklage
⑤ Verschiedene Steuern erhöhen

Abschlussprüfung — Wirtschafts- und Sozialkunde

Gebundene Aufgaben | Arbeitsrecht | 4141 ... 4148

4141
Welche Unterlagen müssen Sie in jedem Fall bei Antritt einer neuen Stelle als Facharbeiter dem Arbeitgeber vorlegen?

① Personalausweis, Versicherungsnachweis
② Schulzeugnis, Lohnsteuerkarte
③ Geburtsurkunde, Facharbeiterbrief
④ Reisepass, Führungszeugnis
⑤ Lohnsteuerkarte, Versicherungsnachweis

4142
Welche Pflicht hat der Arbeitgeber im Rahmen des Arbeitsverhältnisses nicht?

① Auf Wunsch des Arbeitnehmers unbezahlten Urlaub zu gewähren
② Sanitäre Einrichtungen einzurichten und zu unterhalten
③ Die Vergütung pünktlich zu zahlen
④ Bei Beendigung des Arbeitsverhältnisses ein Zeugnis auszustellen
⑤ Die Unfallverhütungsvorschriften zu beachten

4143
Was gehört nicht zur Fürsorgepflicht des Arbeitgebers gegenüber dem Arbeitnehmer?

① Den Arbeitsablauf gefahrlos zu gestalten
② Die Sozialversicherungsbeiträge abzuführen
③ Für eine ausreichende Verpflegung zu sorgen
④ Gesundheit, Sitte und Anstand zu schützen
⑤ Für die Sicherheit der Sachen zu sorgen, die der Arbeitnehmer berechtigterweise in den Betrieb mitbringt

4144
Welche Verpflichtung hat ein Arbeiter nicht, wenn er unverschuldet arbeitsunfähig erkrankt?

① Dem Arbeitgeber unverzüglich die Arbeitsunfähigkeit zu melden
② Spätestens nach Ablauf des dritten Tages dem Arbeitgeber eine ärztliche Bescheinigung einzureichen
③ Die ärztlichen Weisungen zu beachten
④ Dem Arbeitgeber den Namen der Krankheit zu nennen
⑤ Den Arbeitgeber über die voraussichtliche Dauer der Arbeitsunfähigkeit zu informieren

4145
Wie wird ein Arbeitsverhältnis im Normalfall beendet?

① Durch Einstellung eines anderen Mitarbeiters
② Durch fristlose Entlassung
③ Nach unentschuldigtem Fernbleiben von der Arbeit
④ Durch ordentliche Kündigung von Arbeitnehmer oder Arbeitgeber
⑤ Nach Aufnahme des Wehrdienstes

4146
Welche Wirkung hat die Einberufung zum Wehr- oder Ersatzdienst auf das Arbeitsverhältnis?

① Das Arbeitsverhältnis ruht bei Einigkeit zwischen Arbeitgeber und Arbeitnehmer
② Das Arbeitsverhältnis wird aufgelöst
③ Das Arbeitsverhältnis geht auf den Staat über
④ Das Arbeitsverhältnis wird um mindestens drei Jahre verlängert
⑤ Das Arbeitsverhältnis ruht automatisch

4147
Wann ist eine Kündigung nach dem Kündigungsschutzgesetz unwirksam?

① Wenn der Arbeitnehmer schon drei Monate im Betrieb arbeitet
② Wenn die Kündigung gegen das Allgemeinwohl verstößt
③ Wenn die Kündigung einseitig durch den Arbeitgeber erfolgt
④ Wenn die Kündigung sozial ungerechtfertigt ist
⑤ Wenn die Kündigung ohne Zustimmung des Betriebsrats erfolgt

4148
Für welche Betriebe gilt das Kündigungsschutzgesetz nicht?

① Für Betriebe mit höchstens 5 Arbeitnehmern
② Für Betriebe mit höchstens 10 Arbeitnehmern
③ Für Betriebe mit höchstens 50 Arbeitnehmern
④ Für Betriebe mit höchstens 500 Arbeitnehmern
⑤ Für Betriebe mit höchstens 1000 Arbeitnehmern

Lösungen ab Seite 380

Abschlussprüfung — Wirtschafts- und Sozialkunde

Gebundene Aufgaben | **Arbeitsrecht** | 4149 ... 4156

4149
In welchem Fall darf dem Arbeitnehmer **nicht** fristlos gekündigt werden?

① Bei Konkurs des Betriebs
② Bei Diebstahl
③ Bei vorsätzlicher Sachbeschädigung
④ Bei Tätlichkeiten des Arbeitnehmers
⑤ Bei Trunkenheit am Arbeitsplatz

4150
Was versteht man unter dem Betriebsklima?

① Die durch die im Betrieb verarbeiteten Stoffe geschaffene Umweltbelastung
② Das Verhältnis der Mitarbeiter untereinander und zur Betriebsleitung
③ Die Auswirkungen der jeweiligen Wetterlage auf das Befinden der Arbeiter
④ Die jahreszeitlich bedingte Beheizung der Arbeitsräume
⑤ Das Verhältnis zwischen Männern und Frauen im Betrieb

4151
Wer ist gegenseitiger Sozialpartner?

① Staat und Krankenkassen
② Die Träger der Sozialversicherungen
③ Sozialämter und Sozialhilfeempfänger
④ Arbeitgeber und Arbeitnehmer
⑤ Prozessparteien vor dem Sozialgericht

4152
Was ist im Betriebsverfassungsgesetz **nicht** geregelt?

① Recht zur Durchführung von Betriebsversammlungen
② Mitbestimmungsrechte des Betriebsrats
③ Erlass von Unfallverhütungsvorschriften
④ Zusammensetzung des Betriebsrats
⑤ Aufgaben der Jugend- und Auszubildendenvertreter

4153
Wer gehört **nicht** zu den Arbeitnehmern im Sinne des Betriebsverfassungsgesetzes?

① Angestellte, die nur halbtags tätig sind
② Geschäftsführer einer GmbH
③ Mitglied des Betriebsrats, das von der Arbeit freigestellt ist
④ Arbeiter, der ständig auf Montage ist
⑤ Auszubildende

4154
Was bedeutet »Mitbestimmung« im Arbeitsleben?

① Gleichberechtigung von Mann und Frau
② Wahlrecht für Frauen
③ Mitbestimmung der Betriebsversammlung
④ Mitbestimmung der Arbeitnehmervertreter in der Unternehmensführung
⑤ Mitbestimmung der Einigungsstelle

4155
Welche Aussage über die Tarifautonomie ist richtig?

① Recht der Gewerkschaften, einen Streik auszurufen
② Den Arbeitgebern ist es verboten, höhere Löhne als die tariflich festgelegten zu zahlen
③ Gewerkschaften müssen generell auf Kampfmaßnahmen verzichten
④ Tarifverträge können nur mit Hilfe eines Schlichters abgeschlossen werden
⑤ Die Tarifvertragsparteien können ohne staatlichen Zwang einen Tarifvertrag aushandeln

4156
Für welche Betriebe sieht das Betriebsverfassungsgesetz die Wahl eines Betriebsrats vor?
Für Betriebe

① mit einem Jahresumsatz von mehr als 100 000,– €
② mit mehr als zwei Arbeitnehmern
③ mit mindestens vier Arbeitnehmern, von denen zwei wählbar sind
④ mit mindestens fünf wahlberechtigten Arbeitnehmern, von denen drei wählbar sind
⑤ mit mindestens vier Arbeitnehmern und einem Jahresumsatz von mehr als 300 000,– €

Abschlussprüfung — Wirtschafts- und Sozialkunde

Gebundene Aufgaben | **Arbeitsrecht** | 4157 ... 4164

4157
Wer kann in den Betriebsrat gewählt werden?

① Wahlberechtigte, die das 24. Lebensjahr vollendet haben
② Wahlberechtigte, die einer Gewerkschaft angehören
③ Wahlberechtigte, die die deutsche Staatsangehörigkeit besitzen
④ Wahlberechtigte, die dem Betrieb sechs Monate angehören
⑤ Wahlberechtigte, die das 21. Lebensjahr vollendet haben

4158
Welche Aussage über den Vorsitzenden des Betriebsrats ist richtig?

① Sind Arbeiter und Angestellte im Betrieb tätig, wird für jede Gruppe ein Betriebsratsvorsitzender gewählt
② Den Vorsitzenden des Betriebsrats wählt der Betriebsrat aus seiner Mitte
③ Vorsitzender des Betriebsrats ist, wer bei der Betriebsratswahl die meisten Stimmen erhalten hat
④ Zum Vorsitzenden des Betriebsrats kann auch ein Arbeitnehmer gewählt werden, der nicht dem Betriebsrat angehört
⑤ Der Betriebsratsvorsitzende muss der größeren der beiden Gruppen angehören, wenn Arbeiter und Angestellte im Betrieb tätig sind

4159
Was gehört nicht zu den gesetzlichen Aufgaben des Betriebsrats?

① Die Beschäftigung älterer Arbeitnehmer im Betrieb zu fördern
② Darüber zu wachen, dass die Produktionskosten niedrig gehalten werden
③ Mit der Jugend- und Auszubildendenvertretung eng zusammenzuarbeiten
④ Die Eingliederung Schwerbehinderter zu fördern
⑤ Darüber zu wachen, dass die Tarifverträge eingehalten werden

4160
Der Arbeitgeber will Beginn und Ende der täglichen Arbeitszeit neu regeln. Welche Aussage ist richtig?

① Der Betriebsrat muss vom Arbeitgeber lediglich informiert werden
② Der Arbeitgeber muss mit dem Betriebsrat beraten, bevor er allein entscheidet
③ Der Betriebsrat hat in dieser Angelegenheit ein Mitbestimmungsrecht
④ Der Betriebsrat muss vom Arbeitgeber gehört werden
⑤ Der Betriebsrat hat kein Mitwirkungs- oder Mitbestimmungsrecht

4161
Wer trägt die Kosten, die durch die Tätigkeit des Betriebsrats entstehen?

① Der Arbeitgeber
② Die im Betrieb tätigen Mitarbeiter der Gewerkschaft
③ Im Allgemeinen die Betriebsratsmitglieder selbst
④ Die im Betrieb vertretenen Gewerkschaften
⑤ Alle im Betrieb beschäftigten Arbeitnehmer (Umlageverfahren)

4162
Wer kann für die Wahl in die Jugend- und Auszubildendenvertretung kandidieren?
Nur die Arbeitnehmer,

① die das 18. Lebensjahr noch nicht vollendet haben
② die das 21. Lebensjahr noch nicht vollendet haben
③ die das 25. Lebensjahr noch nicht vollendet haben
④ die das 30. Lebensjahr noch nicht vollendet haben
⑤ die im Betrieb gewerkschaftlich organisiert sind

4163
Hat die Jugend- und Auszubildendenvertretung das Recht, selbst mit dem Arbeitgeber zu verhandeln?

① Nein, sie muss den Betriebsrat einschalten
② Ja, aber nur, wenn es um Fragen der Berufsausbildung geht
③ ja, wenn es um Fragen der Arbeitszeit und der Ausbildungsvergütung geht
④ Nein, denn mit dem Arbeitgeber verhandelt nur der Vorsitzende des Betriebsrats
⑤ Ja, aber nur, wenn es um Fragen des Berufsschulunterrichts geht

4164
Welche Tarifverträge können für »allgemein verbindlich« erklärt werden?

① Solche, die sowohl für Arbeiter als auch für Angestellte gelten
② Solche, die auch für Arbeitnehmer gelten, die nicht der Gewerkschaft angehören
③ Solche, die eine Laufzeit von unbestimmter Dauer haben
④ Solche, die nur für Arbeiter und Auszubildende gelten
⑤ Solche, die nur für Gewerkschaftsmitglieder gelten

Lösungen ab Seite 380

Abschlussprüfung — Wirtschafts- und Sozialkunde

Gebundene Aufgaben | **Arbeitsrecht** | 4165 ... 4170

4165
Was kann in einem Tarifvertrag **nicht** geregelt werden?

① Dauer des Urlaubs
② Lohn- und Gehaltsgruppen
③ Regelungen zur Kurzarbeit
④ Akkordarbeit von Auszubildenden
⑤ Lohnhöhe

4166
Wer schließt Tarifverträge ab?

① Der einzelne Arbeitgeber mit jedem seiner Arbeitnehmer
② Gewerkschaften und Arbeitgeberverbände
③ Das Wirtschaftsministerium eines Landes mit den Unternehmen
④ Die Handwerkskammern mit den Gewerkschaften
⑤ Das Landesarbeitsamt mit den Gewerkschaften

4167
Welche der genannten Fragen wird **nicht** in einer Betriebsvereinbarung geregelt?

① Verwaltung der Betriebskantine
② Betriebliche Ordnungs- und Sicherheitsvorschriften (Betriebsordnung)
③ Fahrgeldzuschuss für die Arbeitnehmer
④ Festsetzung von Akkordsätzen
⑤ Finanzierung neuer Betriebseinrichtungen

4168
Was wird unter anderem in einem Lohntarifvertrag geregelt?

① Urlaubsdauer
② Arbeitszeiten
③ Zeitpunkt der Lohnzahlung
④ Mindesthöhe der Löhne
⑤ Beiträge zur Krankenversicherung

4169
Was ist in einem Manteltarifvertrag **nicht** geregelt?

① Rationalisierungsschutzbestimmungen
② Arbeitszeit
③ Höhe der Stundenlöhne
④ Mehrarbeit
⑤ Urlaubsdauer

4170
Welche der genannten Aufgaben ist **keine** Aufgabe der Gewerkschaften?

① Beratung der Arbeitnehmer in arbeitsrechtlichen Fragen
② Aussperrung im Arbeitskampf
③ Finanzielle Unterstützung streikender Mitglieder
④ Führung von Tarifverhandlungen
⑤ Politischer Einsatz für arbeitnehmergünstige Gesetze

Abschlussprüfung — Wirtschafts- und Sozialkunde

Gebundene Aufgaben — Sozial- u. Individualversicherung — 4171 … 4178

4171
Welchen Zweck soll das Netz der sozialen Sicherung unter anderem erfüllen?

① Bildung von Vermögen in Arbeitnehmerhand
② Vermeidung von Notsituationen für möglichst alle Bevölkerungsgruppen
③ Verbesserung des Lebensstandards für alle Bürger
④ Verkürzung der Wochen- und Lebensarbeitszeit
⑤ Finanzielle Absicherung aller Lebensrisiken

4172
Welche der genannten Versicherungen gehört nicht zum Bereich der Sozialversicherungen?

① Krankenversicherung
② Arbeitslosenversicherung
③ Haftpflichtversicherung
④ Pflegeversicherung
⑤ Rentenversicherung

4173
Welche Aussage über die Verwaltung der Sozialversicherung ist richtig?

① Sozialversicherungen werden durch das Bundesministerium für Arbeit verwaltet
② Sozialversicherungen werden von Beamten verwaltet
③ Sozialversicherungen werden von Arbeitgebern und den Gewerkschaften gemeinsam verwaltet
④ Sozialversicherungen verwalten sich durch gewählte Organe selbst
⑤ Ein kleiner Teil der Sozialversicherungen verwaltet sich selbst, die Mehrzahl wird vom Staat verwaltet

4174
Wonach richtet sich die Höhe des Beitrags, den ein Arbeitnehmer zur Arbeitslosenversicherung zu zahlen hat?

① Nach dem Nettoeinkommen
② Nach dem Bruttoeinkommen
③ Nach dem Bruttoeinkommen sowie nach dem Familienstand
④ Nach dem Nettoeinkommen sowie nach dem Familienstand
⑤ Nach dem Nettoeinkommen sowie nach der Anzahl der Berufsjahre

4175
In welcher Zeile der Tabelle ist der Beitrag zur Versicherung zwischen Arbeitgeber und Arbeitnehmer richtig aufgeteilt?

	Versicherung	Arbeitgeber	Arbeitnehmer
①	Krankenvers.	30 %	70 %
②	Pflegevers.	100 %	–
③	Rentenvers.	70 %	30 %
④	Arbeitslosenvers.	–	100 %
⑤	Unfallvers.	100 %	–

4176
Was wird dem Arbeitnehmer vom Bruttolohn bzw. Bruttogehalt nicht abgezogen?

① Beiträge zur Rentenversicherung
② Beiträge zur Unfallversicherung
③ Beiträge zur Arbeitslosenversicherung
④ Beiträge zur Pflegeversicherung
⑤ Beiträge zur Krankenversicherung

4177
Wer zahlt die Beiträge zur gesetzlichen Unfallversicherung?

① Je zur Hälfte Arbeitgeber und Arbeitnehmer
② Der Arbeitgeber allein
③ Der Staat allein
④ Die Bundesanstalt für Arbeit und der Arbeitgeber auf freiwilliger Basis
⑤ Die gesetzlichen Krankenkassen

4178
Wonach richtet sich die Höhe des Arbeitslosengeldes?

① Nach dem zuletzt bezogenen Nettoarbeitsentgelt
② Nach dem Lebensalter und der Zahl der Familienangehörigen
③ Nach der Höhe der insgesamt entrichteten Beiträge
④ Nach den entrichteten Beiträgen und dem Lebensalter
⑤ Nach der Anzahl der Beitragsjahre

Lösungen ab Seite 380

Abschlussprüfung — Wirtschafts- und Sozialkunde

Gebundene Aufgaben — Sozial- u. Individualversicherung — 4179 ... 4186

4179
Wonach richtet sich die Höhe des Beitrags zur gesetzlichen Krankenversicherung für pflichtversicherte Arbeitnehmer?

① Nach der Höhe der gewünschten Leistungen
② Nach der Höhe des Lohns und der Anzahl der Familienangehörigen
③ Nach dem Familienstand und der Anzahl der Familienangehörigen
④ Nach der Verdiensthöhe und der Krankheitshäufigkeit
⑤ Nach der Höhe des Bruttolohns bzw. -gehalts

4180
Welche Aussage über die gesetzliche Krankenversicherung ist richtig?

① Die Höhe der Leistungen ist abhängig von der Höhe der Beitragsleistung des Versicherten
② Den Beitrag zur Krankenversicherung trägt der Arbeitgeber allein
③ Die Höhe des Beitrags richtet sich nach der Höhe des Nettolohns
④ Der nicht berufstätige Ehepartner eines Versicherten ist mitversichert
⑤ Die Kosten für Hilfsmittel, wie z.B. Zahnersatz, trägt die Krankenversicherung in jedem Fall in voller Höhe

4181
Wie lange zahlt die Krankenkasse für eine Behandlung im Krankenhaus?

① 6 Wochen
② 3 Monate
③ 6 Monate
④ 2 Jahre
⑤ unbefristet

4182
Wie lange erhält der Arbeitnehmer im Krankheitsfall seinen vollen Lohn fortgezahlt?

① 2 Wochen
② 4 Wochen
③ 5 Wochen
④ 6 Wochen
⑤ 8 Wochen

4183
Welche Aussage über das Arbeitslosengeld ist richtig?

① Arbeitslosengeld erhält nur derjenige, der eine Notlage nachweisen kann
② Arbeitslosengeld wird nicht gezahlt, wenn der Arbeitslose verwertbares Vermögen besitzt
③ Arbeitslosengeld erhält derjenige, der in den letzten drei Jahren mindestens 360 Kalendertage beitragspflichtig beschäftigt war
④ Arbeitslosengeld wird erst vom vierten Tag der Arbeitslosigkeit gezahlt
⑤ Arbeitslosengeld wird für die Höchstdauer von 10 Jahren gezahlt

4184
Wodurch wird das Arbeitslosengeld II finanziert?

① Durch Sozialbeiträge der Erwerbstätigen
② Durch Beiträge der Arbeitgeber
③ Durch eine private Versicherung, die für den Arbeitslosen zahlt
④ Durch Steuermittel des Bundes, die alle Bürger zahlen
⑤ Durch Beiträge der Arbeitnehmer

4185
Welche Aussage über die Landesversicherungsanstalt ist richtig?

① Sie erlassen Verwaltungsanweisungen für alle Sozialversicherungen
② Sie erarbeiten Unfallverhütungsvorschriften
③ Sie sind zuständig für die Rentenversicherung der Arbeiter
④ Sie sind zuständig für die gesetzliche Krankenversicherung der Arbeitnehmer
⑤ Sie sind zuständig für die Rentenversicherung der Angestellten

4186
Was bedeutet der Begriff »Dynamisierung« der Rente?

① Das Altersruhegeld kann zwischen dem 63. und 67. Lebensjahr beantragt werden
② Die Höhe der Rente richtet sich allein nach der Höhe der gezahlten Beiträge
③ Die Renten werden jeweils der Entwicklung der Löhne und Gehälter angepasst
④ Die Renten sind einkommensteuerfrei
⑤ Die Renten werden mit den Beiträgen der zurzeit beitragspflichtigen Arbeitnehmer finanziert

Abschlussprüfung | Wirtschafts- und Sozialkunde

Gebundene Aufgaben | Sozial- u. Individualversicherung | 4187 ... 4196

4187
Von welcher Versicherung erhält der Arbeitnehmer das Altersruhegeld?

① Krankenversicherung
② Lebensversicherung
③ Arbeitslosenversicherung
④ Rentenversicherung
⑤ Unfallversicherung

4188
Welche Leistungen übernimmt die Rentenversicherung nicht?

① Wiederherstellung der Erwerbsfähigkeit
② Hinterbliebenenrente
③ Altersruhegeld
④ Gewährung von Kuren
⑤ Förderung der beruflichen Fortbildung

4189
Wofür sind die Berufsgenossenschaften zuständig?

① Umweltschutz im Betrieb
② Tarifvertragswesen
③ Lehrlingsausbildung
④ Früherkennung von Krankheiten
⑤ Unfallverhütung und Unfallversicherung

4190
Wer zahlt die Beiträge für die Berufsgenossenschaft?

	Arbeitgeber	Arbeitnehmer
①	0%	100%
②	30%	80%
③	50%	50%
④	70%	30%
⑤	100%	0%

4191
Für Unfälle auf dem Weg zur und von der Arbeit ist zuständig die

① Gesetzliche Krankenversicherung
② Berufsgenossenschaft
③ Haftpflichtversicherung des Arbeitgebers
④ Haftpflichtversicherung des Arbeitnehmers
⑤ Landesversicherungsanstalt

4192
Was versteht man unter einem Wegeunfall?

① Jeder Unfall außer Haus ist ein Wegeunfall
② Einen Unfall, der sich auf dem Weg von der Wohnung zum Arbeitsplatz oder umgekehrt ereignet
③ Unfälle, die einem auf einer Urlaubsfahrt zustoßen
④ Einen Unfall, den man auf dem Weg zum Arzt erleidet
⑤ Jeder Unfall, der auf öffentlichen Wegen und Straßen geschehen ist

4193
Welche der genannten Leistungen wird von der gesetzlichen Unfallversicherung nicht erbracht?

① Zahlung einer Rente an Hinterbliebene von Unfallopfern
② Übernahme der Kosten der Umschulung bei Berufsunfähigkeit wegen einer Berufskrankheit
③ Zahlung von Krankengeld bei allgemeinen Erkrankungen
④ Übernahme der Kosten für Heilbehandlung nach Arbeitsunfällen
⑤ Zahlung einer Verletztenrente nach Arbeitsunfällen

4194
Welche Institution ist gesetzlich beauftragt, Unfallverhütungsvorschriften zu erstellen?

① Gewerbeaufsichtsamt
② Technischer Überwachungsverein (TÜV)
③ Landesarbeitsamt
④ Landesregierung
⑤ Berufsgenossenschaft

4195
Wo kann die Höhe einer Unfallrente angefochten werden?

① Beim Sozialgericht
② Beim Finanzamt
③ Beim Arbeitsgericht
④ Beim Verwaltungsgericht
⑤ Beim Amtsgericht

4196
Welche Individualversicherung deckt Schäden ab, die Ihre Kinder möglicherweise einmal verursachen?

① Unfallversicherung
② Haftpflichtversicherung
③ Invalidenversicherung
④ Lebensversicherung
⑤ Kaskoversicherung

Lösungen ab Seite 380

Abschlussprüfung — Wirtschafts- und Sozialkunde

Gebundene Aufgaben — Sozial- u. Individualversicherung — 4197 ... 4200

4197
Was wurde beim Arbeitslosengeld II zusammengelegt?

① Arbeitslosengeld und Arbeitslosenhilfe
② Rente und Arbeitslosenhilfe
③ Arbeitslosenhilfe und Sozialhilfe
④ Sozialhilfe und Wohngeld
⑤ Sozialhilfe und Rente

4198
Wonach richtet sich die Höhe des Arbeitslosengeld II?

① Nach dem bisherigen Einkommen
② Nach den Ersparnissen des Arbeitslosen
③ Nach der Höhe des bisherigen Sozialhilfesatzes
④ Nach der Dauer der Arbeitslosigkeit
⑤ Nach dem bisherigen Einkommen

4199
Ab wann erhält man Arbeitslosengeld II?

① Sofort nach Eintritt in die Arbeitslosigkeit
② Nach Ablauf des Anspruchs auf Arbeitslosengeld I
③ Wenn man als älterer Arbeitsloser keine Aussicht auf einen neuen Arbeitsplatz hat
④ Wenn Arbeitslosigkeit droht
⑤ Nach mehr als zwei Jahren Arbeitslosigkeit

4200
Wer hat Anspruch auf Arbeitslosengeld II?

① Jeder Mensch
② Alle erwerbsfähigen Hilfebedürftigen, die das 15. Lebensjahr vollendet und das 65. noch nicht vollendet haben
③ Alle, die bisher Rente bezogen haben
④ Alle ab dem 18. Lebensjahr
⑤ Jugendliche ohne Ausbildungsplatz

Abschlussprüfung — Wirtschafts- und Sozialkunde

Gebundene Aufgaben — Steuern — 4201 … 4210

4201
Welches sind die Haupteinnahmequellen unseres Staates?

① Gebühren für staatliche Leistungen
② Gewinne der staatlichen Unternehmen
③ Direkte und indirekte Steuern
④ Gerichtsgebühren und Geldstrafen
⑤ Zölle für eingeführte Waren

4202
Was bezeichnet man als direkte Steuer?

① Kraftfahrzeugsteuer
② Mineralölsteuer
③ Getränkesteuer
④ Kaffeesteuer
⑤ Mehrwertsteuer

4203
Welche Steuer ist eine indirekte Steuer?

① Gewerbesteuer
② Hundesteuer
③ Grundsteuer
④ Tabaksteuer
⑤ Lohnsteuer

4204
Wer bestimmt die Höhe des Einkommensteuersatzes?

① Der Finanzminister
② Das Bundesfinanzgericht
③ Der Gesetzgeber
④ Das Finanzamt
⑤ Die Landesregierung

4205
Was versteht man unter der Steuerprogression?

① Der Steuersatz nimmt mit steigendem Alter ab
② Der Steuersatz steigt mit steigendem Einkommen
③ Der Steuersatz sinkt mit steigender Kinderzahl
④ Der Steuersatz von Unverheirateten ist höher als bei Verheirateten
⑤ Der Steuersatz ist vom Familienstand abhängig

4206
Warum zahlen manche Auszubildende keine Lohnsteuer?

① Weil sie beschränkt geschäftsfähig sind
② Weil sie Steuerhinterziehung begehen
③ Weil sie stattdessen Sozialabgaben bezahlen
④ Weil die Freibeträge höher sind als die Vergütung
⑤ Weil sie beim Finanzamt einen Antrag auf Erlass der Steuer gestellt haben

4207
Wer stellt die Lohnsteuerkarte aus?

① Finanzamt
② Innung
③ Gewerbeaufsichtsamt
④ Gemeindebehörde
⑤ Landratsamt

4208
Welche Eintragungen werden auf der Lohnsteuerkarte nicht gemacht?

① Geburtsdatum
② Steuerklasse
③ Familienstand
④ Konfessionszugehörigkeit
⑤ Anzuwendende Lohnsteuertabelle

4209
Welche Bezüge sind grundsätzlich lohnsteuerfrei?

① Zusätzliches Urlaubsgeld
② Schmutzzulage
③ Vergütung von Überstunden
④ Weihnachtsgeld
⑤ Krankengeld

4210
Wie nennt man Aufwendungen, die zur Erwerbung, Sicherung und Erhaltung des Arbeitslohnes gemacht werden?

① Lohnsteuer
② Sonderausgaben
③ Außergewöhnliche Belastungen
④ Werbungskosten
⑤ Pauschbeträge

Lösungen ab Seite 380

Abschlussprüfung	Wirtschafts- und Sozialkunde
Gebundene Aufgaben	Entlohnung der Arbeit	4211 ... 4220

4211

Was versteht man unter dem Begriff »Bruttolohn«?

① Die Summe aller Lohnabzüge
② Den Lohn nach Abzug der Sozialabgaben
③ Die Kaufkraft des Arbeitsentgelts
④ Den Gesamtarbeitslohn vor Abzug der Steuern und Sozialabgaben
⑤ Den Arbeitslohn ohne Überstundenvergütung

4212

Unter Nettoarbeitslohn versteht man

① den Arbeitslohn nach Abzug der Lohnsteuer
② den Arbeitslohn einschließlich Überstundenvergütung
③ den Arbeitslohn nach Abzug der Sozialabgaben
④ die Kaufkraft des Arbeitsentgelts
⑤ den Arbeitslohn nach Abzug der Sozialversicherungsbeiträge und Kirchen- und Lohnsteuern

4213

Was versteht man unter »Tariflohn«?

① Tariflicher Höchstlohn
② Tariflicher Mindestlohn
③ Prämienlohn
④ Zeitakkordlohn
⑤ Zeitlohn

4214

Was bedeutet der Begriff »Reallohn«?

① Kaufkraft des Lohnes
② Unterschied zwischen Brutto- und Nettolohn
③ Der wahre Wert der Leistung
④ Lohn nach Stückzeitakkord
⑤ Lohn nach Abzug der Sozialleistungen

4215

Was ist ein »Ecklohn«?

① Tariflohn eines Facharbeiters nach zwei bis drei Gesellenjahren
② Lohn für ungelernte Arbeitskräfte
③ Tariflicher Höchstlohn
④ Vorarbeiterlohn
⑤ Übertariflicher Lohnzuschlag

4216

Was versteht man unter »verfügbarem Einkommen«?

① Den Reallohn
② Den Bruttolohn
③ Den Nettolohn
④ Das Einkommen nach Abzug von Steuern und Sozialabgaben zuzüglich der Sozialleistungen des Staates
⑤ Das Einkommen nach Abzug der Zinsen

4217

Bei welcher Lohnart handelt es sich um Zeitlohn?

① Stundenlohn
② Prämienlohn
③ Akkordlohn
④ Lohnnebenkosten
⑤ Zeitakkordlohn

4218

Welche der folgenden Behauptungen über den Zeitlohn ist richtig?

① Beim Zeitlohn muss im Betrieb eine umfangreiche Arbeitsvorbereitung vorhanden sein
② Beim Zeitlohn sind leistungsschwächere Arbeitnehmer leistungsstärkeren gegenüber benachteiligt
③ Beim Zeitlohn erhält der Arbeitnehmer einen Lohnabzug, wenn der Ausschuss einen gewissen Prozentsatz überschreitet
④ Beim Zeitlohn ist der Anreiz zur Leistungssteigerung geringer als beim Akkordlohn

4219

Welche Behauptung über den Akkordlohn ist richtig? Akkordlohn ist ein Lohn,

① der in der Hauptsache von der Betriebszugehörigkeit des Arbeitnehmers abhängig ist
② der nur von der Zeit der Anwesenheit im Betrieb abhängig ist
③ der nur von der Leistung abhängig ist
④ der nur in der Bauindustrie üblich ist
⑤ der für Arbeiten, die besonders hohe fachliche Anforderungen stellen, bezahlt wird

4220

Was ist »Leistungslohn«?

① Der Arbeitnehmer wird am Erfolg des Unternehmens beteiligt
② Es wird nur eine auf die Leistung bezogene Prämie bezahlt
③ Es wird nach der tatsächlich im Betrieb erbrachten Leistung bezahlt
④ Es wird die geleistete Arbeit bezahlt
⑤ Die Überstunden werden ausgezahlt

Abschlussprüfung — Wirtschafts- und Sozialkunde

Gebundene Aufgaben | **Sparen** | 4221 ... 4230

4221
Was bedeutet »Sparen«?

① Volle Sparkonten
② Verminderung des Einkommens
③ Anzeichen von Geiz
④ Konsumgüterverzicht
⑤ Konsumausweitung

4222
Welcher Begriff gehört nicht zur Vermögensbildung?

① Versicherungssparvertrag
② Vertrag über Termineinlagen
③ Ratensparvertrag
④ Abzahlungsvertrag
⑤ Bausparvertrag

4223
Welche der folgenden Maßnahmen dient nicht der Förderung der Eigentumsbildung in Arbeitnehmerhand?

① Ausgabe von Volksaktien
② Steuerprogression
③ Gewährung von Bausparprämien
④ Steuerbegünstigtes Sparen
⑤ Gewährung von Sparzulagen

4224
Was kann nicht zur Sicherung eines Kredits beitragen?

① Regelmäßiges Einkommen
② Lohn- und Gehaltsabtretung
③ Sicherungsübereignung
④ Bürgschaft
⑤ Höhe der Rückzahlungsraten

4225
Was versteht man unter dem »effektiven Jahreszins«?

① Prozentualer Jahreszins für Dispositionskredite
② Zinssatz für Kredite ohne Berechnung von Bearbeitungsgebühren
③ Monatszins für Überziehungskredite
④ Vergleichsgröße für Kredite, die die tatsächliche Zinsbelastung angibt
⑤ Nominalzinssatz pro Monat

4226
Was bedeutet der Nominalwert bei Wertpapieren?

① Der Wert, den ein Käufer für das Wertpapier zu zahlen bereit ist
② Der aufgedruckte Wert
③ Der Preis, zu dem die Bank das Wertpapier verkauft
④ Der Vermögenszuwachs einer Aktiengesellschaft
⑤ Der Kurswert an der Börse

4227
Was ist eine Aktie?

① Festverzinsliches Wertpapier
② Anteil an Kapitalvermögen
③ Anleihe
④ Schuldverschreibung
⑤ Pfandbrief

4228
Wie heißt der Ertrag einer Aktie?

① Zins
② Dividende
③ Bonus
④ Prämie
⑤ Emission

4229
Wo werden Aktien gehandelt?

① Bei der Bundesbank
② Bei allen Banken und Girozentralen
③ Bei den Landeszentralbanken
④ An der Börse
⑤ Bei der Postbank

4230
Wie bildet sich der tägliche Aktienkurs an der Börse?

① Den Preis bestimmen die Börsenmakler
② Der Preis ergibt sich aus Angebot und Nachfrage
③ Den Preis bestimmt die Aktionärsversammlung
④ Den Preis bestimmen die Aktienverkäufer
⑤ Den Preis bestimmen die Aktienkäufer

Lösungen ab Seite 380

Abschlussprüfung — Wirtschafts- und Sozialkunde

Gebundene Aufgaben | **Presse – Rundfunk – Fernsehen** | **4251 ... 4259**

4251
Welche Aussage ist richtig? Nachrichten sind ...

① Deutungen eines Zeitgeschehens
② Kommentare von Redakteuren
③ Meinungen von Nachrichtensprechern
④ aktuelle Informationen des Zeitgeschehens
⑤ persönliche Meinungen der Reporter

4252
Was versteht man unter Kommunikation?

① Austausch von Waren
② Zusammenkunft mehrerer Gruppen
③ Austausch von Meinungen in Gesprächen
④ Bildung von Meinungen in Gruppen
⑤ Forschung von Meinungen in Instituten

4253
Womit befasst sich eine Demoskopie?

① Volkszählung
② Warentest
③ Wissensvermittlung
④ Meinungsumfrage
⑤ Meinungsbildung

4254
Welche Aufgaben haben Nachrichtenagenturen?

① Sie sammeln Nachrichten und verkaufen diese
② Sie beliefern ausschließlich Tageszeitungen mit ihren Informationen
③ Sie betreiben Marktforschung
④ Sie werben für Verbrauchsgüter
⑤ Sie sammeln ausschließlich Informationen für politische Parteien

4255
Wann ist Gefahr der Manipulation in der Berichterstattung einer Zeitung gegeben?

① Der Leser äußert in Leserbriefen seine Meinung
② Der Verleger äußert in der Spalte »Kommentare« seine Meinung
③ Der größte Anzeigenkunde will Berichte nach seiner Meinung geändert haben
④ In einer Reportage werden Meinungen betroffener Bürger veröffentlicht
⑤ Die Zeitung vermeidet es, Staatsgeheimnisse zu veröffentlichen

4256
In der Bundesrepublik Deutschland ist die Pressefreiheit im Grundgesetz garantiert. Gegen welches Grundrecht würde eine Pressezensur verstoßen?

① Unverletzlichkeit des Brief-, Post- und Fernmeldegeheimnisses (Art. 10)
② Freizügigkeit (Art. 11)
③ Freiheit der Meinungsäußerung (Art. 5)
④ Versammlungsfreiheit (Art. 9)
⑤ Gleichberechtigung zwischen Mann und Frau (Art. 3)

4257
Personen können sich durch Veröffentlichungen angegriffen fühlen. Können sie eine Veröffentlichung einer Gegendarstellung beim Verursacher verlangen?

① Ja, er muss auf jeden Fall eine Gegendarstellung veröffentlichen
② Nein, er kann die Veröffentlichung ablehnen
③ Ja, aber er darf sie zur Veröffentlichung stark kürzen
④ Es liegt in der Hand des Verursachers, ob er die Gegendarstellung veröffentlicht oder nicht
⑤ Ja, aber er muss vorher den Wahrheitsgehalt der Gegendarstellung überprüfen

4258
Welche Auswirkungen hat eine Pressekonzentration auf die Zeitungsleser?

① Die Informationen werden ausführlicher
② Die Informationen werden objektiver
③ Die Informationen werden einseitiger
④ Die Zeitungen werden billiger
⑤ Die Informationen werden interessanter

4259
In der Bundesrepublik Deutschland gibt es mehrere Rundfunk- und Fernsehanstalten. Welche Rechtsstellung haben diese? Sie sind ...

① Gesellschaften mit beschränkter Haftung
② staatliche Anstalten
③ Anstalten des öffentlichen Rechts
④ private Anstalten
⑤ Gesellschaften der einzelnen Länder

Abschlussprüfung — Wirtschafts- und Sozialkunde

Gebundene Aufgaben — Parteien – Parlament – Regierung — 4271 … 4278

4271
Welche Aufgaben haben die politischen Parteien in der Bundesrepublik Deutschland?

① Das politische Geschehen zu beeinflussen
② Mit den Gewerkschaften die Tarifverträge auszuhandeln
③ Die Bevölkerung im Auftrag der Regierung zu beeinflussen
④ Dafür zu sorgen, dass die Ziele der Staatsführung durchgesetzt werden
⑤ Radikal ihre politischen Ziele durchzusetzen

4272
Welche Grundsätze gelten für Parteien in der Bundesrepublik Deutschland?

① Sie dürfen keiner anderen Partei Stimmen wegnehmen
② Sie müssen über genügend Geldmittel verfügen
③ Sie dürfen nicht weniger als 5% der Wählerstimmen haben
④ Sie müssen in ihren Zielen der freiheitlichen demokratischen Grundordnung entsprechen
⑤ Sie müssen christlich, sozial und liberal in ihrer Grundhaltung sein

4273
Wie beginnt der Artikel 1 des Grundgesetzes?

① Das Recht auf körperliche Unversehrtheit muss garantiert sein …
② Die Ehe und Familie steht unter dem Schutz des Staates …
③ Die Würde des Menschen ist unantastbar …
④ Jeder Bürger kann seine Meinung frei äußern …
⑤ Das Grundgesetz garantiert die freie Entfaltung der Persönlichkeit eines jeden Bürgers

4274
Was verstehen Sie unter dem Petitionsrecht, das jedem Bürger nach dem Grundgesetz zusteht?

① Sich um Strafmilderung an den Bundespräsidenten wenden
② Die Entscheidungen der öffentlichen Verwaltung beim Verwaltungsgericht überprüfen lassen
③ Das Recht, sich durch einen Anwalt vertreten zu lassen
④ Sich mit Bitten oder Beschwerden an die Volksvertretung zu wenden
⑤ Die Entscheidung eines Gerichts durch ein anderes übergeordnetes Gericht überprüfen zu lassen

4275
Welche Inhalte könnten die Programme politischer Parteien haben?

① Programmatische Aussagen, die für längere Zeit Gültigkeit haben sollen
② Spontane Äußerungen der Wähler
③ Vordringliche Aufgaben, die die Regierung zu erfüllen hat
④ Zielvorstellungen einflussreicher Persönlichkeiten aus Industrie und Handel

4276
Unter welchen Voraussetzungen kann eine Partei in Deutschland verboten werden?

① Wenn die Mehrheit der Mitglieder radikal ist
② Wenn ihre Ziele gegen die freiheitliche demokratische Grundordnung verstoßen
③ Wenn sich die Partei politisch passiv verhält
④ Wenn sie gegen das Parteispendengesetz verstößt
⑤ Wenn sie keine Volksvertretung stellen können, weil die Bürger nicht hinter ihnen stehen

4277
Der Artikel 21 im GG regelt Organisation, Aufgabe und Finanzierung der Parteien, welche Aussage kann **nicht** stimmen?

① Die Parteien wirken bei der politischen Willensbildung des Volkes mit
② Die Gründung der Parteien ist frei
③ Die Ordnung der Parteien muss der freiheitlichen demokratischen Grundordnung entsprechen
④ Das Bundesverfassungsgericht entscheidet über die Verfassungswidrigkeit einer Partei
⑤ Parteien brauchen über die Herkunft ihrer Gelder öffentlich keine Rechenschaft abzulegen

4278
Warum besteht in demokratischen Staaten Gewaltenteilung?

① Um die Staatsbürger kontrollieren zu können
② Um die Parlamente zu schützen
③ Um die Staatsorgane kontrollieren zu können
④ Um die Staatsbetriebe kontrollieren zu können
⑤ Um die Regierung schützen zu können

4279 … 4280 keine Aufgaben

Abschlussprüfung	Wirtschafts- und Sozialkunde
Gebundene Aufgaben	Parteien – Parlament – Regierung 4281 ... 4290

4281
Welche Bedingungen müssen Wahlen gemäß dem geltenden Wahlrecht in der Bundesrepublik erfüllen?

① Der Wahlberechtigte hat Wahlpflicht
② Die Wahl hat nach den Grundsätzen der Gleichheit, Freiheit und Brüderlichkeit zu erfolgen
③ Die Wahl muss allgemein, gleich, unmittelbar, geheim und frei erfolgen
④ Wähler müssen an Wahlversammlungen teilnehmen
⑤ Wähler müssen an Wahlkämpfen teilnehmen

4282
Wer muss die endgültige Unterschrift unter die Ausfertigung eines Bundesgesetzes setzen?

① Der Bundestagspräsident
② Der oder die Fachminister
③ Der Bundeskanzler
④ Der Bundespräsident
⑤ Der Präsident des Verwaltungsgerichtes

4283
Welche der genannten Bedingungen muss ein Wähler bei der Ausübung seines Wahlrechts nicht erfüllen?

① Er muss schuldenfrei sein
② Er muss das Wahlalter erreicht haben
③ Er muss im Vollbesitz seiner geistigen Kräfte sein
④ Er muss die Deutsche Staatsangehörigkeit besitzen
⑤ Er muss im Besitz der bürgerlichen Ehrenrechte sein

4284
Wer entscheidet über die Aufstellung der Kandidaten in einem Wahlkreis?

① Der Parteivorsitzende einer Partei
② Eine Versammlung der wahlberechtigten Bürger
③ Eine paritätisch aus Frauen und Männern zusammengesetzte Versammlung von wahlberechtigten Bürgern des Wahlkreises
④ Eine Versammlung von wahlberechtigten Parteimitgliedern
⑤ Das Ergebnis einer demoskopischen Umfrage

4285
Wie kann ein Bundesgesetz in Kraft treten?

① Wenn der Bundespräsident es unterzeichnet hat
② Wenn der Bundesrat das Gesetz verabschiedet hat
③ Nachdem die dritte Lesung im Bundestag erfolgt ist
④ Nachdem es im Bundesgesetzblatt veröffentlicht ist
⑤ Wenn die Bundeskanzlerin es unterzeichnet hat

4286
Was versteht man unter passivem Wahlrecht?

① Der Staatsbürger darf zur Wahl gehen
② Der Staatsbürger kann sich wählen lassen
③ Der Staatsbürger verhält sich passiv und geht nicht zur Wahl
④ Hier haben nur Parteimitglieder das Recht zu wählen
⑤ Nur die Abgeordneten dürfen wählen

4287
Welche Aufgabe gehört nicht zu den Aufgaben des Bundestages?

① Verabschiedung von Gesetzen
② Wahl des Bundeskanzlers
③ Kontrolle der Gerichte
④ Wahl des Wehrbeauftragten
⑤ Die Regierungsbildung

4288
Wer hat die gesetzgebende Gewalt (Legislative) in der Bundesrepublik Deutschland?

① Der Bundestag
② Die Bundesregierung
③ Der Bundesgerichtshof
④ Das Bundesverfassungsgericht
⑤ Der Bundesrat

4289
Auf welchem Gebiet haben nur die Länder Gesetzgebungsrecht?

① Landesverteidigung
② Schulwesen
③ Bundesbahn und Luftverkehr
④ Währung
⑤ Fernmeldewesen

4290
Wer ist berechtigt, Gesetzesvorlagen im deutschen Bundestag einzureichen?

① Jeder wahlberechtigte Staatsbürger
② Gesellschaften öffentlichen Rechts
③ Berufsverbände wie Gewerkschaften
④ Der Bundespräsident
⑤ Die Bundesregierung

Abschlussprüfung — Wirtschafts- und Sozialkunde

Gebundene Aufgaben — Parteien – Parlament – Regierung — 4291 ... 4299

4291
Wie nennt man die Vereinigung von Mitgliedern des Deutschen Bundestages, die einer gleichen Partei angehören?

① Plenum
② Fachausschuss
③ Koalition
④ Fraktion
⑤ Parlament

4292
Wem gegenüber ist ein Abgeordneter des Bundestages nach dem Grundgesetz nur verantwortlich oder verpflichtet?

① Seinem Gewissen
② Seinen heimlichen Geldgebern
③ Dem Parteivorsitzenden
④ Seiner Fraktion
⑤ Dem Bundespräsidenten

4293
Was versteht man unter »Immunität« bei Abgeordneten?

① Abgeordnete genießen einen besonderen Schutz gegen Krankheiten
② Sie sind befreit von der Steuerschuld
③ Sie müssen bei Überprüfungen unbekannt bleiben
④ Sie haben als Abgeordneter kein Wahlrecht
⑤ Sie sind nur in Ausnahmefällen der Gewalt der Polizei und der Gerichte unterworfen

4294
Was versteht man unter dem »imperativen Mandat«?

① Der Abgeordnete ist der Gruppe verantwortlich, die ihn gewählt hat
② Der Abgeordnete ist nur seinem Gewissen gegenüber verantwortlich
③ Der Abgeordnete ist einem Interessenverband gegenüber verantwortlich
④ Der Abgeordnete hat auf die Weisungen des Parteivorsitzenden zu achten

4295
Welche Aufgaben hat der Bundesrechnungshof?

① Er errechnet den Verteilerschlüssel zum Finanzausgleich der Länder
② Er berät den Finanzminister bei der Aufstellung seines Haushaltsplanes
③ Er ist für die Zahlung aller Rechnungen zuständig, die bei Bundesbehörden eingehen
④ Er überprüft die Haushaltspläne nach Ablauf eines Kalenderjahres auf die ordnungsgemäße Erfüllung hin
⑤ Er bezahlt die Dienstfahrten der Abgeordneten

4296
Wer bestimmt die Mitglieder des Bundesverfassungsgerichts?

① Der Bundeskanzler
② Der Bundesrat
③ Der Bundespräsident
④ Der Bundestag
⑤ Der Bundesrat und Bundestag je zur Hälfte

4297
Wer ist bei der Wahl des Bundeskanzlers stimmberechtigt?

① Nur die Mitglieder des Deutschen Bundestages
② Nur die wahlberechtigten Bürger im ganzen Bundesgebiet
③ Nur die Fraktionen der Parteien, die in der letzten Bundestagswahl gewonnen haben
④ Die Mitglieder des Bundestages und des Bundesrates je zur Hälfte
⑤ Nur die Mitglieder des Bundesrates

4298
Wer bestimmt nach Art. 65 GG die Richtlinien der Politik und trägt die Verantwortung dafür?

① Der Bundespräsident
② Die Bundesversammlung
③ Der Bundeskanzler
④ Die größte Fraktion im Bundestag
⑤ Die Bürgerinitiativen

4299
Welche Hauptaufgabe hat das Bundespresseamt?

① Nachrichten aus aller Welt zu beschaffen
② Die objektive Berichterstattung in Zeitungen zu überwachen
③ Die Interessen der Zeitungsverleger zu vertreten
④ Die Öffentlichkeit über die politischen Aktivitäten der Bundesregierung zu unterrichten
⑤ Die Berichterstattung der Opposition zu überwachen

4300 keine Aufgaben

Lösungen ab Seite 380

Abschlussprüfung — Wirtschafts- und Sozialkunde

Gebundene Aufgaben | Gesellschaft – Staat – Europa | 4301 ... 4310

4301
Seit wann sind in Deutschland Frauen wahlberechtigt?

① 1848
② 1919
③ 1933
④ 1945
⑤ 1949

4302
Was versteht man unter »Industrieller Revolution«?

① Die Vorbereitung der Lehren von Lenin und Marx
② Den Aufstand der Weber im 19. Jahrhundert
③ Die Einführung der Kernenergie
④ Den sprunghaften Anstieg industrieller Massenproduktion im 19. Jahrhundert
⑤ Die Revolution in Frankreich um 1848

4303
In welchem Land begann die industrielle Revolution?

① England
② Frankreich
③ Deutschland
④ Amerika
⑤ Russland

4304
Wer hat in Deutschland das System der sozialen Marktwirtschaft eingeführt?

① Ebert
② Stresemann
③ Bismarck
④ Brandt
⑤ Erhard

4305
Wie bezeichnet man den tiefsten Punkt in einer Konjunkturbewegung?

① Inflation
② Depression
③ Rezession
④ Expansion
⑤ Gibt keinen Tiefpunkt

4306
Welches ist kein Ziel der sozialen Marktwirtschaft?

① Sicherung der Löhne
② Freier Wettbewerb
③ Vertragsfreiheit
④ Genossenschaftliche Betriebe
⑤ Offenheit der Märkte

4307
Welche der genannten Merkmale treffen für einen demokratischen Rechtsstaat zu?

① Gerichte sind an Weisungen der Regierung gebunden
② Die Staatsgewalt geht vom Volke aus (Einparteiensystem)
③ Entscheidungen über Verfassungsstreitigkeiten hat die Regierung
④ Wahrung der Menschenrechte, Mehrparteiensystem
⑤ Gleichheit aller Bürger vor dem Gesetz, Parlamentswahlen durch Einheitslisten

4308
Welche Aussage trifft für totalitäre Staaten zu?

① Gewaltenteilung durch Exekutive, Legislative und Judikative
② Der Staat sind wir, darum braucht er alle Macht
③ Einhaltung der Menschenrechte ist ein Grundrecht
④ Die Regierung wird nach demokratischen Grundsätzen frei und geheim vom Volk gewählt
⑤ Totalitäre Staaten sind sozial eingestellt

4309
Was ist die Europäische Union?

① ein Staatenbund
② ein Bundesstaat
③ eine Monarchie
④ ein Bundesland
⑤ eine Diktatur

4310
Wie viele Mitgliedstaaten hat die EU seit Juli 2013?

① 28
② 24
③ 20
④ 16
⑤ 12

Abschlussprüfung — Wirtschafts- und Sozialkunde

Gebundene Aufgaben | Gesellschaft – Staat – Europa | 4311 … 4320

4311
Was ist die Europäische Kommission?

① Kommission zum Klimaschutz
② Europäisches Gericht
③ Europäische Regierung
④ Europäischer Rechnungshof
⑤ Ministerrat der EU

4312
Welches europäische Gremium wird direkt von den EU-Bürgern gewählt?

① Europäischer Rat
② Rat der EU
③ Europäische Kommission
④ Europäisches Parlament
⑤ Europäischer Rechnungshof

4313
Wer wird auch »Wächter des Euro« genannt?

① Europäisches Bankenmonopol
② Europäische Zentralbank
③ Bankenzentrum Europa
④ Wirtschafts- und Währungsunion
⑤ Europäisches Geldhaus

4314
Was gewährleistet der europäische Binnenmarkt nicht?

① freien Personenverkehr
② freien Dienstleistungsverkehr
③ freien Warenverkehr
④ freien Fischereiverkehr
⑤ freien Kapitalverkehr

4315
Was ist kein Beitrittskriterium für die EU-Mitgliedschaft?

① Rechtsstaatlichkeit
② Freiheitsgrundsatz
③ Wahrung der Menschen- und Bürgerrechte
④ der Euro
⑤ Demokratie

4316
Welches Land besitzt als Währung nicht den Euro?

① Deutschland
② Frankreich
③ England
④ Italien
⑤ Polen

4317
Was dokumentiert der Europass?

① berufliche Kenntnisse, Kompetenzen und Fertigkeiten
② handwerkliches Geschick
③ die Mitgliedschaft in einer Handwerksgilde
④ den Reiseweg auf der Walz
⑤ die erlernten Ausbildungsinhalte

4318
Welches Ereignis steht für den 17. Juni 1953 in den deutschen Geschichtsbüchern?

① Einführung der Deutschen Mark (Währungsreform)
② Attentat während der Olympischen Spiele in München
③ Aufhebung der Berliner Blockade
④ Beitritt der Bundesrepublik Deutschland zur Nato
⑤ Aufstand der Arbeiter in der ehemaligen DDR

4319
Zuordnungsaufgabe:
Ordnen Sie die Landeshauptstädte (a bis e) den genannten Bundesländern (1 bis 5) zu.

① Schleswig-Holstein   a) Wiesbaden   ①_____
② Nordrhein-Westfalen   b) Dresden   ②_____
③ Thüringen   c) Kiel   ③_____
④ Sachsen   d) Düsseldorf   ④_____
⑤ Hessen   e) Erfurt   ⑤_____

4320
Welche Bedeutung hat der 3.10.1990 für Deutschland?

① Deutschland wird Fußballweltmeister
② Offizielle Wiedervereinigung Deutschlands
③ Abriss der Berliner Mauer
④ Freier Reiseverkehr zwischen DDR und Bundesrepublik
⑤ Abzug der Siegermächte aus Deutschland

Abschlussprüfung — Wirtschafts- und Sozialkunde

Gebundene Aufgaben — Die Eine Welt 4330 … 4337

4330
Was versteht man unter Globalisierung?
① Die Erwärmung des Globus aufgrund von CO_2-Emissionen
② Den Kampf um Lebensraum
③ Eine langfristige Entwicklung, bei der sich die weltweiten Wirtschaftsbeziehungen vermehren
④ Die Zunahme von Flüchtlingsströmen
⑤ Die Reisefreiheit von Menschen

4331
Welche Befürchtung haben unter anderem die Globalisierungskritiker?
① Die Globalisierung führt in den Entwicklungsländern zu vermehrter Armut, Kinderarbeit und Niedriglöhnen
② Die Entwicklungsländer setzen die Industrieländer wirtschaftlich unter Druck
③ Die Wirtschaftskraft großer Unternehmen nimmt ab
④ Die Regierungen nehmen immer mehr Einfluss auf die Entscheidungen von Wirtschaftsunternehmen
⑤ Es gibt gar keine Globalisierungskritiker

4332
Welchen Vorteil der Globalisierung sehen unter anderem ihre Befürworter?
① Die Globalisierung vermehrt den Einfluss der staatlichen Wirtschaftspolitik
② Die Globalisierung führt in den Industrieländern zu einem Anstieg von Arbeitsplätzen
③ Die freie Marktwirtschaft wird von allen Ländern eingeführt
④ Die Globalisierung führt zu erschwinglichen Preisen für die unterschiedlichsten Produkte
⑤ Die Globalisierung führt überall zum Wohlstand

4333
Was ist die Ursache des Treibhauseffektes (globale Erderwärmung)?
① Die Freisetzung von FCKW
② Die großen Umweltkatastrophen
③ Die CO_2-Emissionen
④ Der saure Regen
⑤ Der vermehrte Einsatz regenerativer Energiequellen

4334
Was versteht man unter dem Prinzip der Nachhaltigkeit?
① Den Bedürfnissen der heutigen Generation gerecht werden, ohne die Ressourcen zukünftiger Generationen zu gefährden
② Maßnahmen gegen das Waldsterben zu ergreifen
③ Besonders verschwenderisches Wirtschaften
④ Die Unterstützung von Entwicklungsländern
⑤ Konsequentes Festhalten an einer getroffenen Entscheidung

4335
Was ist das vordringlichste Ziel der UNO?
① Der Schutz von Kindern vor Kinderarbeit
② Den Weltfrieden und die internationale Sicherheit zu wahren
③ Der Schutz der Umwelt
④ Einführung von demokratischen Staatssystemen in allen Ländern der Welt
⑤ Gleiche Lebensbedingungen für alle Menschen zu schaffen

4336
Die UNO hat Vorschläge erarbeitet, wie der Frieden gesichert werden kann. Was gehört nicht dazu?
① Wenn der Frieden hergestellt ist, schnell abziehen
② Diplomatische Gespräche
③ Verhandlungen führen
④ Wirtschafts- oder Verkehrsblockade
⑤ Entsenden von Beobachtern

4337
Welches sind keine NATO-Staaten?
① Norwegen und Frankreich
② Dänemark und Griechenland
③ Spanien und Polen
④ Lettland und Ungarn
⑤ Finnland und Irland

4338 … 4350 keine Aufgaben

Abschlussprüfung — Wirtschafts- und Sozialkunde

Gebundene Aufgaben | **Leistungskontrolle** | 4351 ... 4360

4351
Welche Aussage zur beruflichen Fortbildung ist richtig?
① Sie wird vor allem in den Berufsschulen durchgeführt
② Sie erfordert mindestens den Realschulabschluss
③ Sie ist nur ab dem 25. Lebensjahr möglich
④ Sie endet stets mit einer Prüfung bei der Handwerkskammer
⑤ Sie hat zum Ziel, die beruflichen Kenntnisse und Fertigkeiten zu erhalten, zu verbessern und zu erweitern

4352
Welche Aussage über die Kündigung eines Auszubildenden ist richtig?
Eine Kündigung
① kann überhaupt nicht erfolgen
② kann während der Probezeit ohne Angabe von Gründen erfolgen
③ kann jederzeit ohne Angabe von Gründen erfolgen
④ kann nur bei gegenseitigem Einverständnis erfolgen
⑤ kannn nur nach erfolgreichem Abschluss der Abschlussprüfung erfolgen

4353
Welche Probezeit ist in einem Berufsbildungsverhältnis zulässig?
① 2 Wochen zum Monatsende
② 3 Monate zum Quartalsende
③ Mindestens 1 Monat, höchstens 3 Monate
④ Mindestens 1 Monat, höchstens 6 Monate
⑤ Unbegrenzte Zeit nach der Einstellung

4354
Nach welcher Ausbildungszeit besteht Kündigungsschutz für den Auszubildenden?
① Nach 1 Monat
② Nach 2 Monaten
③ Nach 3 Monaten
④ Nach 6 Monaten
⑤ Nach 12 Monaten

4355
Was sind fixe Kosten?
① Lohnkosten für Akkordarbeiter
② Kosten für Pacht und Zinsen
③ Errechnete Materialkosten
④ Lohnkosten für den Betriebsinhaber, wenn er am Auftrag mitarbeitet
⑤ Benzinkosten für ein Fahrzeug

4356
Welcher der folgenden Verträge muss notariell beurkundet werden?
① Leihvertrag
② Grundstückskaufvertrag
③ Bürgschaftsvertrag
④ Darlehensvertrag
⑤ Dienstvertrag

4357
Was versteht man in der Kalkulation unter Einzelkosten?
① Kosten, die einzeln aufgegliedert werden
② Löhne, die an den einzelnen Mitarbeiter gezahlt werden
③ Abschreibung für jede einzelne Maschine
④ Kosten, die auf alle Fälle gleichmäßig verteilt werden
⑤ Fertigungsmaterial und Fertigungslöhne

4358
Was ist eine Hypothek?
① Ein aufgenommenes Darlehen
② Ein Tanzcafé
③ Das dingliche Recht an einem Grundstück
④ Das Vorkaufsrecht beim Kauf eines Grundstücks
⑤ Eine große psychologische Belastung

4359
Was versteht man unter einer Innung?
① Zwangsorganisation für selbstständige Handwerker
② Körperschaft ohne eigene Rechtsfähigkeit
③ Zusammenschluss der Arbeitgeber und Arbeitnehmer
④ Eine andere Bezeichnung für Handwerkskammer
⑤ Interessenvertretung der selbstständigen Handwerker

4360
Was ist eine Bürgschaft?
① Ein Darlehensvertrag unter Freunden
② Eine persönliche Fürsprache vor Abschluss eines Vertrags
③ Durch ein Grundstück abgesicherter Kredit
④ Die Haftung für die Schuld eines anderen
⑤ Eine auf ein Grundstück im Grundbuch eingetragene Sicherheit

Abschlussprüfung — Wirtschafts- und Sozialkunde

Gebundene Aufgaben — **Leistungskontrolle** — 4361 … 4369

4361
Wie ist die Mitgliedschaft in einem Arbeitgeberverband geregelt?

① Mitglied können nur die Inhaber von Einzelunternehmungen werden
② Mitglied kann eine Unternehmung nur werden, wenn sie mehr als 20 Arbeitnehmer beschäftigt
③ Die Mitgliedschaft endet mit dem Tod des Eigentümers der Unternehmung
④ Die Mitgliedschaft beruht auf freiwilliger Basis
⑤ Jede Unternehmung ist gesetzlich verpflichtet, einem Arbeitgeberverband beizutreten

4362
Welche Aufgabe hat unter anderem die Industrie- und Handelskammer bzw. die Handwerkskammer?

① Überwachung der Einhaltung von Unfallverhütungsvorschriften
② Abschluss von Tarifverträgen mit den Gewerkschaften
③ Durchführung von Abschluss- und Meisterprüfungen
④ Entscheidung von Streitigkeiten, die sich aus Arbeitsverträgen ergeben
⑤ Vermittlung von Ausbildungsstellen

4363
Was versteht man unter einem Kartell?

① Eine Datensammlung beim städtischen Ordnungsamt
② Zusammenschluss gleichartiger Unternehmen zwecks Marktbeeinflussung
③ Es handelt sich um ein marktbeherrschendes Unternehmen
④ Ein Zusammenschluss, um gemeinsam Werbung zu betreiben
⑤ Verschmelzung von zwei Unternehmungen

4364
Welche rechtliche Verpflichtung übernimmt der Ausbildende bei Abschluss des Berufsausbildungsvertrages nicht?

① Die Ausbildung planmäßig, zeitlich und sachlich gegliedert durchzuführen
② Den Auszubildenden nach der Abschlussprüfung als Facharbeiter zu beschäftigen
③ Dem Auszubildenden den Urlaub zu gewähren
④ Die Ausbildungsvergütung pünktlich zu zahlen
⑤ Das Berichtsheft des Auszubildenden durchzusehen

4365
Welches der genannten Gesetze soll den Wettbewerb aufrechterhalten?

① Betriebsverfassungsgesetz
② Arbeitsplatzförderungsgesetz
③ Kartellgesetz
④ Verbraucherschutzgesetz
⑤ Wohnungsbauförderungsgesetz

4366
Was ist im steuerlichen Sinne keine Sonderausgabe bei der Einkommensteuererklärung?

① Lebensversicherungsbeiträge
② Gewerkschaftsbeiträge
③ Beiträge zur privaten Krankenversicherung
④ Spende für mildtätige Zwecke
⑤ Bausparbeiträge

4367
Was gehört nicht zu den Lohnnebenkosten?

① Sonderzahlungen wie z. B. Weihnachtsgeld
② Arbeitgeberanteile zur Sozialversicherung
③ Arbeitnehmeranteile zur Sozialversicherung
④ Vermögenswirksame Leistungen
⑤ Lohnfortzahlung im Krankheitsfall

4368
Was wird beim Lohnsteuerjahresausgleich beantragt?

① Erstattung der Mehrwertsteuer
② Erstattung der Sozialabgaben
③ Erstattung aller gezahlten Steuern
④ Erstattung der zuviel gezahlten Steuern
⑤ Erstattung der Beiträge der Arbeitslosenversicherung

4369
Wer hat Einkünfte aus unselbstständiger Arbeit zu versteuern?

① Vermieter
② Lohn- und Gehaltsempfänger
③ Freiberuflich Tätige
④ Kapitalanleger
⑤ Einzel- und Großhändler

Lösungen ab Seite 380

Abschlussprüfung — Wirtschafts- und Sozialkunde

Gebundene Aufgaben | **Leistungskontrolle** — 4370 ... 4374

4370
Parteien haben verschiedene Aufgaben zu erfüllen. Welche der genannten Aufgaben entsprechen dem Grundgesetz?

① Ausnutzung der Staatsgewalt
② Führen von Tarifverhandlungen
③ Übernahme politischer Verantwortung
④ Unterdrückung von Minderheiten
⑤ Spenden für die Parteifinanzierung eintreiben

4371
Welche Aufgabe hat der UN-Sicherheitsrat in New York?

① Die Spitzenpolitiker in aller Welt zu beraten
② Den Weltfrieden zu sichern
③ In den Entwicklungsländern der Welt den Lebensstandard zu heben
④ Für die Sicherheit in und um New York zu sorgen
⑤ Für die Sicherheit in ganz Amerika zu sorgen

4372
Warum haben sich europäische Staaten in der Europäischen Union zusammengeschlossen?

① Zur Erhöhung der Industrieproduktion
② Zur Verteidigung Europas
③ Zur Schaffung eines allgemeinen Zoll- und Handelsabkommens
④ Zur politischen Einigung Europas
⑤ Zur Verbesserung der europäischen Wirtschaftsmacht

4373
Wie sollte Entwicklungshilfe in Entwicklungsländern geleistet werden?

① Lieferung von Hochtechnologie wie Fernseher, Automaten und Computer, um den Wohlstand der Länder zu heben
② Anlieferung von Nahrungsmitteln, um die Bevölkerung vor dem Verhungern zu bewahren
③ Zahlen von Geldmitteln an das Staatsoberhaupt des Entwicklungslandes, damit dieses wieder zahlungsfähig ist
④ Lieferung von geeigneten Technologien, mit denen die Entwicklungsländer sich wieder selber Güter und Nahrungsmittel erwirtschaften können
⑤ Lieferung von Grundgütern an jeden einzelnen in einem Entwicklungsland

4374
Was versteht man unter dem »Nord-Süd-Gefälle«?

① Das Ungleichgewicht zwischen den reicheren Nordstaaten und den ärmeren Südstaaten
② Die Spannungen zwischen den Nordstaaten und den Südstaaten Amerikas
③ Die Transportwege von Norddeutschland nach Süddeutschland
④ Die politischen Spannungen zwischen Russland und Amerika
⑤ Der Wunsch der Menschen aus dem Norden, lieber im sonnigen Süden Urlaub zu machen

Lösungen ab Seite 380

Notizen

Prüfungsvorbereitung aktuell

HOCHBAU

PRÜFUNGSVORBEREITUNG AKTUELL
✓ gebundene Aufgaben
✓ ungebundene Aufgaben
✓ Lernfeldaufgaben
✓ Projektaufgaben
✓ Handlungsorientierte Aufgaben

Lösungen

Hinweise:

1. Die Lösungen sind je nach Komplexität in drei Arten aufbereitet:
   - Aufgabentext – Lösungsnummer – Lösung
   - Aufgabentext – Lösungsnummer – Lösungshinweis – Lösung
   - Aufgabentext – Lösungsnummer – vollständige Lösungsansätze – Lösung

2. Die Reihenfolge der Lösungen auf einer Seite ist nicht immer fortlaufend.

3. Eine Kopiervorlage für Leistungskontrollen mit Antwort-Auswahl-Aufgaben ist auf der Seite 381. bereitgestellt.

Anschriften

DIN-Normen: Deutsches Institut für Normung e.V.
Burggrafenstr. 6, 10787 Berlin

Deutsche Gesellschaft für Mauerwerksbau e.V.
Kortumstr. 50, 45130 Essen

Bundesverb. der Deutschen Ziegelindustrie e.V.
Schaumburg-Lippe-Str. 4, 53113 Bonn

Kalksandstein-Information GmbH & Co. KG
Entenfangweg 15, 30419 Hannover

Arbeitsgemeinschaft Holz e. V.
Füllenbachstr. 6, 40474 Düsseldorf

Zentralverband des Deutschen Dachdeckerhandwerks
Fritz-Reuter-Str. 8, 50968 Köln

Beratungsstelle für Stahlverwendung
Kasernenstr.36, 40213 Düsseldorf

Fa. Braas & Co. GmbH
Postfach 16 30, 61440 Oberursel

BASF-Informationen
Carl-Bosch-Str. 38, 67063 Ludwigshafen

Arbeitsgemeinschaft Deutsche Kunststoffindustrie
(Aki), Karlstr. 21, 60329 Frankfurt

Fliesen-Beratungsstelle e.V.
Postfach 12 54, 30938 Burgwedel

Verlag Beton und Technik über Bauberatung Zement
Pferdmengestr. 7, 50968 Köln

Bau-Berufsgenossenschaft Hannover
Hildesheimer Str. 309, 30519 Hannover

Internetadressen

info@wzi.de – www.wienerberger.de
(Verordnung über energiesparenden Wärmeschutz und energiesparende Anlagentechnik in Gebäuden)

http://www.poroton.de
(Mauerwerksbau, Baustoffe)

http://www.delta-draht.de
(Betonstahlmatten)

http://www.betonstahlmatten.de
(Bemessungshilfen)

http://www.isb-ev.de
(Institut für Stahlbetonbewehrung e.V.)

http://www.isbcad.de
(Software für Bemessung und Bewehrungspläne)

http://www.betonverein.de
(Planung und Ausführung von Betonbauwerken)

http://www.beton.org
(CD-ROM Betonguide, Transportbeton)

http://www.vdz-online.de
(Broschüren Beton)

http://www.bdzement.de
(Merkblätter der Zementberatung)

http://www.dafstb.de
(Deutscher Ausschuss für Stahlbeton)

Tabellenbuch
Tabellenbuch Bautechnik
Peschel, u. a.; Verlag Europa-Lehrmittel 14. Auflage, 2017

Punkte – Noten – Umrechnungstabelle

Punkte	100 … 92	91 … 81	80 … 67	66 … 50	49 … 30	29 … 0
Note	sehr gut	gut	befriedigend	ausreichend	mangelhaft	ungenügend

Der Umrechnungsschlüssel ist den Richtlinien der vom Bundesausschuss für Berufsbildung festgelegten »Musterprüfungsordnung für die Durchführung von Abschlussprüfungen« entnommen. Grundsätzlich sind die Kammern und Schulen jedoch in der Gestaltung des Bewertungsschlüssels frei. Für die Bewertung der Leistungen sind die Noten »sehr gut« bis »ungenügend« zu verwenden.

Lernfeldübergreifende Grundlagen — Hochbaufacharbeiter

Arbeitssicherheit und Ergonomie — Lösungen

001	5	002	4	003	2	004	2	005	5	006	1
007	2	008	4	009	1	010	4	011	3	012	3
013	5	014	4	015	2	016	1	017	3	018	2
019	4	020	2	021	3	022	2	023	4	024	3
025	5	026	2	027	4	028	1	029	4		

030 Benennen Sie die Teile der abgebildeten Baukreissäge!

A: Spaltkeil
B: Schutzhaube
C: Parallelanschlag
D: Winkelanschlag
E: Schiebestock

031 Benennen Sie das abgebildete Teil, das die Schalung zusammenhält!

Säulenzwinge aus Stahl

032 Welche allgemeinen Grundregeln sind hinsichtlich der Vermeidung von Arbeitsunfällen zu beachten?

1. Ordnung am Arbeitsplatz halten
2. Körperschutz anlegen, persönliche Schutzausrüstung
3. Nicht unter schwebenden Lasten aufhalten
4. Nur einwandfreies Werkzeug benutzen
5. Sicherheitsmängel sofort melden
6. Sicherheitsanweisungen beachten
7. Kein Alkohol am Arbeitsplatz

033 Nennen Sie Bestandteile der persönlichen Schutzausrüstung auf Baustellen!

1. Schutzhelm, wenn mit herabfallenden Gegenständen zu rechnen ist
2. Sicherheitsschuhe, falls erforderlich mit durchtrittsicherer Sohle
3. Schutzkleidung, Schutzbrille und Schutzhandschuhe bei mechanischer, chemischer oder thermischer Gefährdung von Augen und Haut
4. Gehörschutz ab einem Schallpegel von 90 dB(A) in Form von Gehörstöpseln oder Gehörkapseln

034 Welche Einrichtungen zur Ersten Hilfe müssen auf Baustellen vorhanden sein?

1. Meldeeinrichtung (Telefon, Funk)
2. Aushang von Erste-Hilfe-Maßnahmen
3. Verbandskasten
4. Ausgebildeter Ersthelfer
5. Verbandbuch, Meldeblock
6. Krankentage (ab 21 Beschäftigte)
7. Sanitätsraum (ab 51 Beschäftigte)
8. Sanitäter (ab 101 Beschäftigte)

035 Welche Wirkung hat Strom auf den menschlichen Körper?

1. Muskelverkrampfung
2. Verbrennungen
3. Störung des Gleichgewichts
4. Schockwirkung
5. Bewusstlosigkeit
6. Herz- und Atemstillstand

036 Welche Sofortmaßnahmen sind bei einem Stromunfall zu ergreifen?

1. Strom abschalten, noch bevor der Verletzte berührt wird
2. Bei Atemstillstand sofort künstlich beatmen
3. Notruf verständigen, damit ein Rettungsfahrzeug kommen kann
4. Arbeitsumfeld auf den Unfall hinweisen

Lernfeldübergreifende Grundlagen — Hochbaufacharbeiter

Arbeitssicherheit und Ergonomie — Lösungen

037 Ab welcher Höhe sind an exponierten Arbeitsplätzen Absturzsicherungen durch Seitenschutz bzw. Absperrungen vorzusehen?

1. Auf Dächern und Verkehrswegen ab 3,00 m Absturzhöhe, außer beim »Mauern über der Hand« (Gesicht zur Absturzkante) erst ab 5,00 m Absturzhöhe
2. Alle übrigen Arbeitsplätze bei mehr als 2,00 m Absturzhöhe
3. Über flüssigem oder festem Untergrund, in dem man versinken kann, unabhängig von der Höhe

038 Wie muss eine Treppenöffnung im Rohbau gesichert werden?

1. Standfestes Geländer rings um die Öffnung
2. Bordbrett am Boden

039 Welche Vorschriften sind beim Einsatz von Anlegeleitern zu beachten?

1. Sie müssen mind. 1 m über den Austritt hinausragen
2. Anstellwinkel etwa 70° (Ellbogenregel)
3. Austrittssprosse auf Höhe des Gerüstbelages
4. Sicherheit gegen Ausgleiten, Einsinken u. Umkippen
5. Auf Gerüsten dürfen Leitern zum Transport von Lasten höchstens durch zwei Gerüstlagen reichen

040 Welche Sicherheitshinweise gelten für die Arbeit auf fahrbaren Hebebühnen?

1. Maximale Belagshöhe in Gebäuden 12 m, außerhalb von Gebäuden maximal 8 m
2. Während des Verschiebens ist der Aufenthalt von Personen auf der Bühne nicht zulässig
3. Überbrückungen zu Gebäuden/Gerüsten sowie Hebevorrichtungen an der Bühne sind unzulässig

041 Welche Arten von Gerüsten werden unterschieden?

1. Arbeitsgerüste
2. Schutzgerüste
3. Traggerüste

042 Welche Vorschriften müssen bei Arbeiten auf Gerüsten beachtet werden?

1. Keine Benutzung vor Fertigstellung
2. Gerüste dürfen nicht überlastet werden
3. Lasten müssen mögl. gleichmäßig verteilt werden.
4. Die Betriebssicherheit muss überwacht werden
5. Von Gerüstlagen darf nicht abgesprungen werden

043 Benennen Sie die Teile des dargestellten Gerüstes!

1. Geländerholm
2. Zwischenholm
3. Bordbrett
4. Zwischenquerriegel
5. Querverstrebung
6. Längsverstrebung
7. Fußplatte
8. Ständer
9. Querriegel
10. Längsriegel
11. Gerüstbelag
12. Gerüstfeld

044 ... 100 keine Aufgaben

Mauerwerk

101 3	**102** 5	**103** 4	**104** 3	**105** 4	**106** 3
107 3	**108** 1	**109** 5	**110** 3	**111** 1	**112** 2
113 4	**114** 3	**115** 3	**116** 2	**117** 2	**118** 3
119 2	**120** 4	**121** 3	**122** 3	**123** 4	**124** 1
125 3	**126** 4	**127** 3	**128** 4	**129** 2	**130** 1

Lernfeldübergreifende Grundlagen — Hochbaufacharbeiter

Mauerwerk — Lösungen

131	1	**132**	5	**133**	1	**134**	3	**135**	2	**136**	4
137	3	**138**	3	**139**	1	**140**	4	**141**	5	**142**	2
143	1	**144**	2	**145**	4	**146**	2	**147**	2	**148**	5
149	2	**150**	5	**151**	1	**152**	3	**153**	5	**154**	5
155	2	**156**	5	**157**	2						

158 Nennen Sie drei unterschiedliche Bindemittel mit je einer Verwendungsmöglichkeit.

Gips als Bindemittel für Innenputze
Baukalke als Bindemittel für Mauermörtel
Zement als Bindemittel für Beton

159 Verwendung von Baukalken

Baukalke	Anwendung
Luftkalk	– Nicht tragendes Mauerwerk – Innenputz
Hydraulischer Kalk	– Stärker tragendes Mauerwerk – Innen- und Außenputz

160 Mindestens 3 Zementarten und Kurzzeichen

Zementart	Benennung	Kurzzeichen
CEM I	Portlandzement	CEM I
CEM II	Portlandhüttenzement	CEM II / A-S CEM II / B-S
	Portlandpuzzolanzement	CEM II / A-P CEM II / B-P
	Portlandflugaschezement	CEM II / A-V
	Portlandölschieferzement	CEM II / A-T CEM II / B-T
	Portlandkalksteinzement	CEM II / A-L
	Portlandflugaschehüttenzement	CEM II / B-SV
CEM III	Hochofenzement	CEM III / A CEM III / B

161 Unterschied Luftkalke und hydraulische Kalke

Luftkalke erhärten nach dem Anmachen nur an der Luft durch Aufnahme von Kohlendioxid. Hydraulische Kalke erstarren und erhärten auch unter Wasser.

162 Kennfarben für Zementsäcke

Festigkeitsklasse	Kennfarbe	Farbe des Aufdrucks
32,5	hellbraun	schwarz
32,5 R		rot
42,5	grün	schwarz
42,5 R		rot
52,5	rot	schwarz
52,5 R		weiß

163 Verwendung Baukalke

Baukalke sind Bindemittel für Mauer- und Putzmörtel.

164 Hydraulefaktoren

Hydraulefaktoren sind
- Aluminiumoxid (Al_2O_3),
- Eisenoxid (Fe_2O_3) und Siliciumdioxid (SiO_2).

Hydraulefaktoren sind besonders im Ton enthalten (über 10 %). Sie bewirken bei den Wasserkalken Erhärtung auch unter Wasser.

165 »Kreislauf des Kalkes«

»Kreislauf des Kalkes« bedeutet der Herstellungsweg des Kalkes vom natürlichen Kalkstein ($CaCO_3$) bis zum künstlichen Kalkstein ($CaCO_3$).

166 Was sind Baugipse?

Baugipse sind nichthydraulische Bindemittel. Sie werden aus Gipsstein hergestellt.

167 Was ist beim Anmachen von Gips zu beachten?

Beim Anmachen von Baugips ist immer der Gips in das Anmachwasser einzustreuen und nicht umgekehrt. Dadurch werden die Gipsteilchen mit Wasser vollständig benetzt und ein optimaler Erhärtungsprozess ist möglich.

Lernfeldübergreifende Grundlagen — Hochbaufacharbeiter

Mauerwerk — Lösungen

168 Welche Eigenschaften und Verwendungsmöglichkeiten haben die verschiedenen Baugipsarten?

	Baugipsarten	Eigenschaften	Verwendung
Baugipse ohne Zusätze	Stuckgips	schnelle Versteifung, kurze Verarbeitungsdauer	Stuck- und Rabitzarbeiten, Zusatz zu Kalkmörtel, Herstellung von Gipsbeton-Bauplatten
	Putzgips	schnelle Versteifung, längere Verarbeitungsdauer	Innenputz, Rabitzarbeiten
Baugipse mit Zusätzen	Fertigputzgips, Haftputzgips	langsame Versteifung, auf Putzgrund gut haftend	Innenputz
	Maschinenputzgips	speziell für maschinelle Verarbeitung	
	Ansetzgips, Fugengips, Spachtelgips	langsames Versteifen, sehr hohes bis erhöhtes Wasserrückhaltevermögen	Ansetzen, Verbinden, Verfugen und Verspachteln von Gipskarton-Bauplatten

169 Warum dürfen Zemente und Baugipse nicht miteinander gemischt werden?

Baugipse dürfen nicht mit Zement gemischt werden, da sie eine Volumenvergrößerung (»Sulfattreiben«) im Zement verursachen, die zur Rissbildung im erhärteten Zement führt.

170 Welche Einschränkungen gelten für den Einsatz der Mörtelgruppe I bzw. Mörtelklasse NM 1?

Da an die Mörtelgruppe I bez. Mörtelklasse NM 1 keinerlei Anforderungen an die Druckfestigkeit gestellt werden, findet sie im Mauerwerksbau nach DIN EN 1996 und EC 6 keinerlei Verwendung.

171 Was versteht man unter Normalmauermörtel?

Mörtel sind Gemenge aus Bindemitteln (z.B. Kalk, Zement), Gesteinskörnung (Sand bis 4 mm Korndurchmesser) und Anmachwasser.
Bindemittel + Sand + Wasser → Mörtel

172 Welche Mörtelarten unterscheidet man nach ihrem Anwendungsbereich?

- Putzmörtel
- Mauermörtel
- Estrichmörtel
- Fugenmörtel
- Einpressmörtel

173 Was versteht man unter Werkmauermörtel?

In einem Werk zusammengemischter Mörtel, der als Trockenmörtel oder Nassmörtel geliefert wird.

174 Für welche Baumaßnahmen wird Kalkzementmörtel verwendet?

Mörtelgruppen (MG)	Anwendung (Auswahl)
MG II, MG IIa	Belastetes Mauerwerk – als Innen- und Außenwände – Schornsteine, Verblendmauerwerk, Außenschalen → nicht für Gewölbe und bewehrtes Mauerwerk

175 Was versteht man unter »Mörtelausbeute«?

Mörtelausbeute (MA)
Wird dem Trockenmörtel (Sand und Bindemittel) das Anmachwasser zugemischt, so verringert sich das Volumen insgesamt.
Es entsteht Frischmörtel.
Die nach dem Mischen verbleibende Mörtelmenge wird als Mörtelausbeute (MA) bezeichnet.

$$MA = \frac{Volumen\ (Fertigmörtel)}{Volumen\ (Trockenmörtel)} \cdot 100\%$$

176 Wie wird das Baunennmaß einer 2,50 m hohen eingebauten Mauer bestimmt?

Baunennmaß für eingebautes Mauerwerk
$N = R + F$ F = Dicke der Lagerfuge bei NF-Mauerziegeln
$N = n \cdot H + F$ F = 1,23 cm
N = 30 · (8,33) cm + 1,23 cm
N = 251,23 cm
N = 2,51 m

177 Aufgaben der Mörtelfugen

- den vorgeschriebenen Mauerwerksverband zu gewährleisten
- eine ausreichende Druckfestigkeit zu sichern
- einen Höhen- und Längenausgleich zu garantieren

178 Höhen der Formate

Format	DF	NF	2DF	3DF
Höhe (cm)	5,2	7,1	11,3	11,3

179 Vorzugsformate

Vorzugsformate sind: DF, NF, 2DF, 3DF

Lernfeldübergreifende Grundlagen — Hochbaufacharbeiter

Mauerwerk — Lösungen

180 Welche Maße hat ein NF-Läufer?

Maße (in cm) von Teilstücken eines NF-Läufers:
1-Stein: 24 cm   3/4-Stein: 17,5 cm
1/2-Stein: 11,5 cm   1/4-Stein: 5,25 cm

181 Vier Verbandsregeln
- Mauerflächen sind lot- und fluchtgerecht zu mauern
- Mauerschichten müssen waagerecht liegen
- Es ist vollfugig zu mauern und es sind möglichst viele ganze Steine zu vermauern
- Das Mindestmaß der Überbindung ist ü = 0,4 x h (h = Steinhöhe), jedoch mindestens 4,5 cm

182 Unterschied Vollziegel und Hochlochziegel

<u>Vollziegel (Mz)</u> haben einen Gesamtlochanteil von höchstens 15% in der Lagerfläche.
<u>Hochlochziegel (Hlz)</u> haben einen Gesamtlochanteil von mindestens 15% in der Lagerfläche.

183 Herstellung Mauerziegel
- aus einem Gemisch von Ton und Lehm geformt
- bei ca. 100 °C getrocknet und
- bei 900 °C bis 1200 °C gebrannt,
- Klinker werden bis zur Sinterung bis 1500 °C gebrannt

184 Herstellung Kalksandsteine

Kalksandsteine werden aus einem Gemisch von Branntkalk (CaO), Sand und Wasser geformt, gepresst und bei 160 °C bis 220 °C unter Dampfdruck erhärtet.

185 Aus welchen Bestandteilen bestehen Leichtbetonsteine?

Leichtbetonsteine bestehen aus
- leichter Gesteinskörnung mit porigem Gefüge (z.B. Bims, Ziegelsplitt, Lavaschlacke) und
- hydraulischen Bindemitteln (oft Zement)

186 Welche Steinarten werden bei Porenbetonsteinen angeboten?

Planstein PP   Planelemente PPE
auch Porenbeton-Bauplatte Ppl
Porenbeton-Planbauplatte PPpl   Blockstein PB

| 187 | 4 | 188 | 2 | 189 | 1 | 190 | 1 | 191 ... 200 keine Aufgaben |

Beton und Stahlbeton

201	2	202	4	203	3	204	4	205	3	206	1
207	4	208	1	209	5	210	4	211	2	212	4
213	3	214	4	215	5	216	1	217	2	218	2
219	3	220	4	221	5	222	3	223	4	224	2
225	1	226	3	227	3	228	1	229	3	230	5
231	3	232	2	233	4	234	2	235	3	236	1

Lernfeldübergreifende Grundlagen | Hochbaufacharbeiter

Beton und Stahlbeton | Lösungen

237	5	**238**	2	**239**	4	**240**	2	**241**	1	**242**	1
243	2	**244**	5	**245**	4	**246**	2	**247**	4	**248**	4
249	5	**250**	3	**251**	3	**252**	1	**253**	1	**254**	4
255	4	**256**	1	**257**	4	**258**	2	**259**	4	**260**	1

261 ... 270 keine Aufgaben

271 Was ist Zement?

Zement ist ein Bindemittel für Mörtel und Beton. Bei Zugabe von Wasser erhärtet Zement (sowohl an der Luft als auch unter Wasser) zu wasser- und raumbeständigem Zementstein.

272 In welche fünf Hauptarten wird Zement unterteilt?

CEM I: Portlandzement
CEM II: Portlandkompositzement
CEM III: Hochofenzement
CEM IV: Puzzolanzement
CEM V: Kompositzement

273 Wie wird Zement hergestellt?

Kalkstein und Ton werden gemahlen, 3:1 gemischt und im Drehrohrofen bis zur beginnenden Schmelze (ca. 1500 °C) zu Zementklinkern gebrannt. Diese werden, je nach Zementart, allein oder mit anderen Bestandteilen und einem Gemisch aus Gipsstein und Anhydrit (als Erstarrungsregler) gemahlen.

274 In welche Festigkeitsklassen werden Zemente eingeteilt?

Die Zemente werden in den Festigkeitsklassen 32,5; 42,5 und 52,5 hergestellt. Das sind die Mindestdruckfestigkeiten (in N/mm^2), die nach 28 Tagen erreicht werden müssen.

276 Eignet sich Gesteinskörnung Ⓐ besser?

Gesteinskörnung A:
- braucht weniger Zementleim zur vollständigen Umhüllung aller Körner,
- lässt sich leichter als plattiges, längliches Korn verdichten.

275 Normgerechte Bezeichnung

Portlandzement DIN 1164 –
CEM I 42,5 R

277 Zementbezeichnung CEM III 42,5 R?

CEM III – Hochofenzement
42,5 – Festigkeitsklasse 42,5 N/mm^2
R – schnellhärtend (rapid)

278 Welche Aufgabe haben Gesteinskörnungen im Normalbeton?

Sie bilden in dem erhärteten Zement-Gesteinskörnung-Gemisch das tragende und stabilisierende Gerüst.

279 Was ist Beton?

Beton ist ein künstlicher Stein, der nach Erhärten eines Zement- Gesteinskörnung-Wasser-Gemisches entsteht.

280 Was ist Stahlbeton?

Stahlbeton ist ein Verbundbaustoff, bei dem der Beton die Druckkräfte und der Stahl die Zug- und Schubkräfte aufnimmt.

281 Welche Vorteile hat Beton?

Frischbeton ist beliebig formbar, Festbeton druckfest und beständig gegen Verschleiß, Witterung und Wasser.

282 Welche Nachteile hat Beton?

Festbeton ist nachträglich nur schwer zu bearbeiten, hat schlechte Körperschall- und Wärmedämmeigenschaften und ist nicht beständig gegen chemische Einflüsse.

283 Wovon ist die Konsistenz des Frischbetons abhängig?

Sie hängt ab vom Wasser- und Zementgehalt, von der Kornzusammenstellung der Gesteinskörnung und der eventuellen Zugabe von Betonzusatzmitteln.

Lernfeldübergreifende Grundlagen — Hochbaufacharbeiter

Beton und Stahlbeton — Lösungen

284 Folgen bei w/z > 0,4

Kann nicht alles Wasser chemisch gebunden werden, so verdunstet es und hinterlässt Poren. Diese verringern die Betondruckfestigkeit und erhöhen die Korrosionsgefahr.

285 DIN-Anforderungen an die Betonzusammensetzung

Für die verschiedenen Stufen der Expositionsklassen müssen drei Anforderungen erfüllt werden.
Sie betreffen
- den maximalen Wasserzementwert,
- den Mindestzementgehalt und
- die Mindestdruckfestigkeit des Betons.

286 Was beschreiben die Expositionsklassen?

Sie beschreiben die zu erwartenden Umwelteinflüsse auf das Betonbauwerk. Es werden sieben Expositionsklassen definiert, die jeweils in bis zu vier Intensitätsstufen eingeteilt sind. Diese geben dem Planer eine Grundlage, neben der Bemessung der Tragfähigkeit auch die Dauerhaftigkeit der Bauwerke zutreffend planen zu können.

287 Mindestdruckfestigkeit für Expositionsklasse XC4

f_{ck} = C 25/30

288 DIN-Forderungen an Expositionsklasse XF1

Mindestdruckfestigkeit min f_{ck} = C 25/30
Mindestzementgehalt min z = 280 kg/m³
Maximaler Wasserzementwert max w/z = 0,60

289 Wie wird Baustellenbeton fachgerecht hergestellt?

Gesteinskörnung, Zement und Wasser (Masseteile nach Vorgabe und Mischervolumen) werden in dieser Reihenfolge einem Mischer zugegeben. Mischzeit im Zwangsmischer 1/2 Minute, im Freifallmischer mindestens 1 Minute.

290 Welche (vier von fünf) Regeln müssen beim Betoneinbringen beachtet werden?

- Verarbeitungszeit bei trockener, warmer Witterung 1/2 Stunde, bei nasser, kühler Witterung 1 Stunde.
- Kontrollieren, ob die Schalung standfest, dicht, sauber und mit Trennmitteln behandelt ist.
- Frischbeton nicht mehr als 1,00 m frei fallen lassen.
- Große Erschütterungen der Schalung vermeiden
- In ca. 30 cm bis 50 cm dicken Lagen »frisch in frisch« einbringen und verdichten.

291 Welche Aufgaben hat die Betonschalung?

Die Schalung gibt dem Frischbeton die beabsichtigte Form und Oberfläche. Sie muss standfest den eingebrachten Frischbeton, seine Bewehrung und alle Lasten aus dem Herstellungsprozess tragen.

292 Vor welchen Einwirkungen muss frischer Beton geschützt werden?

- Trockenheit
- Erschütterungen
- Starker Regen
- Wind
- Frost

293 Was sind die Hauptbestandteile jeder Schalung?

- Schalhaut
- Schalungsträger
- Schalungsstützen (mit Verschwertung)

294 Wozu dienen Drängbretter?

Drängbretter nehmen den horizontalen Betondruck am unteren Ende der Seitenschilder einer Balkenschalung auf.

295 Welche Aufgaben haben Betonstähle?

Bei Stahlbetonbauteilen nehmen die Betonstähle (in festem Verbund mit dem druckfesten Beton) die Zug-, Biegezug- und Schubkräfte auf.

296 Weshalb ist die Oberfläche von Betonstählen gerippt?

Um einen guten Scherverbund der Stähle mit dem Beton zu erzielen.

297 Was ist eine Lagermatte?

Eine standardisierte, normalduktile Matte (Kennzeichnung 500 MA) mit festgelegtem Aufbau. Sie hat immer eine Breite von 2,30 m und ist 6,00 m lang.

298 R-Matten haben Tragstäbe und Verteilerstäbe. Was sind ihre Aufgaben?

Die Tragstäbe nehmen die Zugkräfte im Beton auf, die Verteiler halten die Tragstäbe in ihrer Position und nehmen die Zugkräfte in der Querrichtung auf.

299 ... 300 keine Aufgaben

Projektaufgabe — Hochbaufacharbeiter
Darstellen und Bemessen einfacher Bauobjekte — Lösungen

302 Bauabsteckungsplan

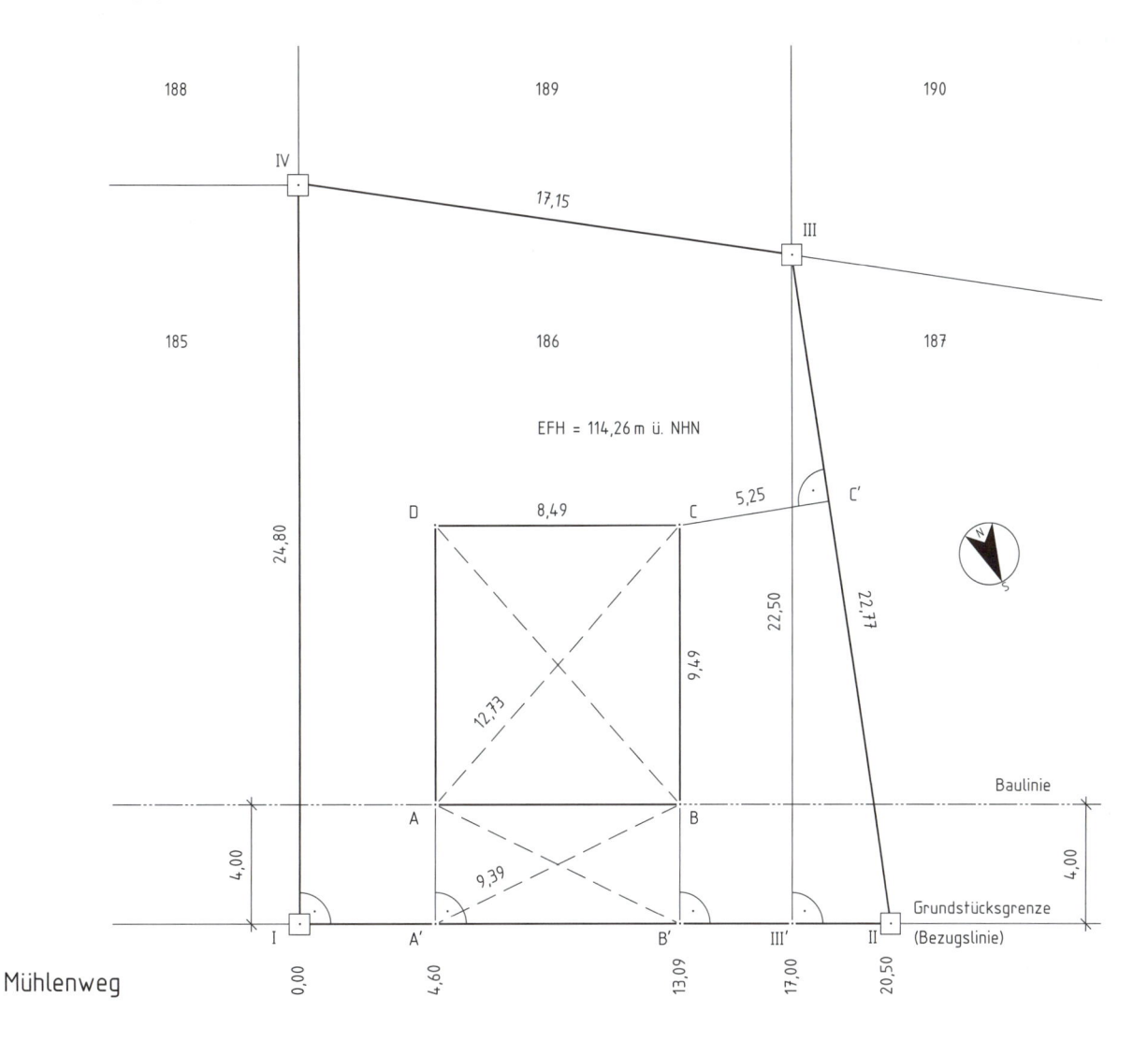

Der Lageplan (Maßstab 1:500 oder 1:1000) zeigt das Baugrundstück und die Lage des geplanten Ferienhauses. Der **Bauabsteckungsplan** wird nach den Angaben des Lageplans angefertigt. Er enthält die Außenmaße und Höhenangaben des Ferienhauses, die Abstände des Hauses von den Grundstücksgrenzen und von der Bezugslinie sowie die Kontrollmaße.

Als **Bezugslinie** wird die **Grundstücksgrenze I–II** gewählt.
Jeder **Gebäudepunkt** – und auch der Grundstückseckpunkt III – wird durch seinen **rechtwinkligen Abstand auf die Bezugslinie** und den **Abstand zum Nullpunkt** auf der Bezugslinie **festgelegt**.

Beispiele: Gebäudepunkt A ist 4,00 m von A′ und A′ ist 4,60 m vom Grundstückseckpunkt I entfernt.

Grundstückseckpunkt III: (II bis III′)² = (22,77 m)² − (22,50)²
II bis III′ = 3,50 m
I bis III′ = 20,50 m − 3,50 m = 17,00 m

Grundstückseckpunkt III ist 22,50 m von III′ und III′ ist 17,00 m vom Grundstückseckpunkt I entfernt.

Die **Längen der** gestrichelt eingezeichneten **Diagonalen** werden mit dem Lehrsatz des Pythagoras berechnet und dienen als Kontrollmaße der Absteckung.

Beispiel: Gebäudediagonale
$d^2 = (8{,}49\,m)^2 + (9{,}49\,m)^2$
$d = \sqrt{72{,}08\,m^2 + 90{,}06\,m^2}$
$d = \sqrt{162{,}14\,m^2}$
$d = \mathbf{12{,}73\,m}$

Projektaufgabe — Hochbaufacharbeiter

Darstellen und Bemessen einfacher Bauobjekte — Lösungen

303 und 304 Bauabsteckungsplan

Der senkrechte **Abstand des Gebäudeeckpunktes C zur Grundstücksgrenze** wird mit dem Lehrsatz des Pythagoras und mithilfe der Winkelfunktionen berechnet:

Grundstückswinkel α an Punkt II:
$$\sin \alpha = \frac{22{,}50 \text{ m}}{22{,}77 \text{ m}} = 0{,}9881$$
$$\alpha = 81{,}17°$$

Entfernung Gebäudepunkt C – Grundstücksecke II:
$$(C \text{ bis II})^2 = (9{,}49 \text{ m} + 4{,}00 \text{ m})^2 + (20{,}50 \text{ m} - 13{,}09 \text{ m})^2$$
$$C \text{ bis II} = \sqrt{(13{,}49 \text{ m})^2 + (7{,}41 \text{ m})^2}$$
$$C \text{ bis II} = \sqrt{236{,}89 \text{ m}^2}$$
$$C \text{ bis II} = 15{,}39 \text{ m}$$

Winkel β am Punkt II des Dreiecks C–B'–II:
$$\sin \beta = \frac{13{,}49 \text{ m}}{15{,}39 \text{ m}} = 0{,}8765$$
$$\beta = 61{,}23°$$

Verbleibender Winkel γ am Punkt II:
$$\gamma = \alpha - \beta$$
$$\gamma = 81{,}17° - 61{,}23°$$
$$\gamma = 19{,}94°$$

Senkrechter Abstand C – Grundstücksgrenze:
$$\sin \gamma = \frac{C \text{ bis C}'}{15{,}39 \text{ m}}$$
$$C \text{ bis C}' = \sin 19{,}94° \times 15{,}39 \text{ m}$$
$$C \text{ bis C}' = 0{,}341 \times 15{,}39 \text{ m}$$
$$\mathbf{C \text{ bis C}' = 5{,}25 \text{ m}}$$

Der geforderte **Mindestabstand** von 5,00 m zum Nachbargrundstück **wird eingehalten.**

Grundstücksfläche
$$A = 17{,}00 \text{ m} \times 22{,}50 \text{ m} + \frac{(20{,}50 \text{ m} - 17{,}00 \text{ m}) \times 22{,}50 \text{ m}}{2} + \frac{17{,}00 \text{ m} \times (24{,}80 \text{ m} - 22{,}50 \text{ m})}{2}$$
$$A = 382{,}50 \text{ m}^2 + 39{,}38 \text{ m}^2 + 19{,}55 \text{ m}^2$$
$$\mathbf{A = 441{,}43 \text{ m}^2}$$

311, 312 und 313 Fundamente

Die Fundamente werden unter den tragenden 24 cm und 36,5 cm dicken Wänden vorgesehen und – da keine ungleichmäßigen Setzungen zu erwarten sind – aus unbewehrtem Beton C 8/10 hergestellt.

Baugrund: Bindiger Boden, Ton, halbfest – Bindige Bodenarten sind stets frostgefährdet, deshalb muss das Ferienhaus frostfrei (> 0,80 m unter Gelände) gegründet werden.

Gewählte Fundamenthöhe: 0,80 m

Die **zulässige Bodenpressung** unter Streifenfundamenten beträgt nach DIN 1054 für bindigen Boden, Ton, halbfest, Einbindetiefe 0,80 m : $_{zul.}\sigma$ = **164 kN/m²** (Interpolation aus 140 kN/m² und 180 kN/m²).
Die **Belastung** auf 1 m Fundamentlänge hat der Tragwerksplaner mit $_{max.}F$ = **60 kN** unter Mittel- und Außenwänden festgestellt.

Die erforderliche Fundamentfläche wird berechnet:
$$_{erf.}A = \frac{F}{_{zul.}\sigma} \qquad _{erf.}A = \frac{60 \text{ kN}}{164 \text{ kN/m}^2} = 0{,}37 \text{ m}^2$$

Ein 1 m langes Streifenfundament muss also mindestens 0,37 m breit sein.

Gewählte Fundamentbreite: 0,50 m

Projektaufgabe

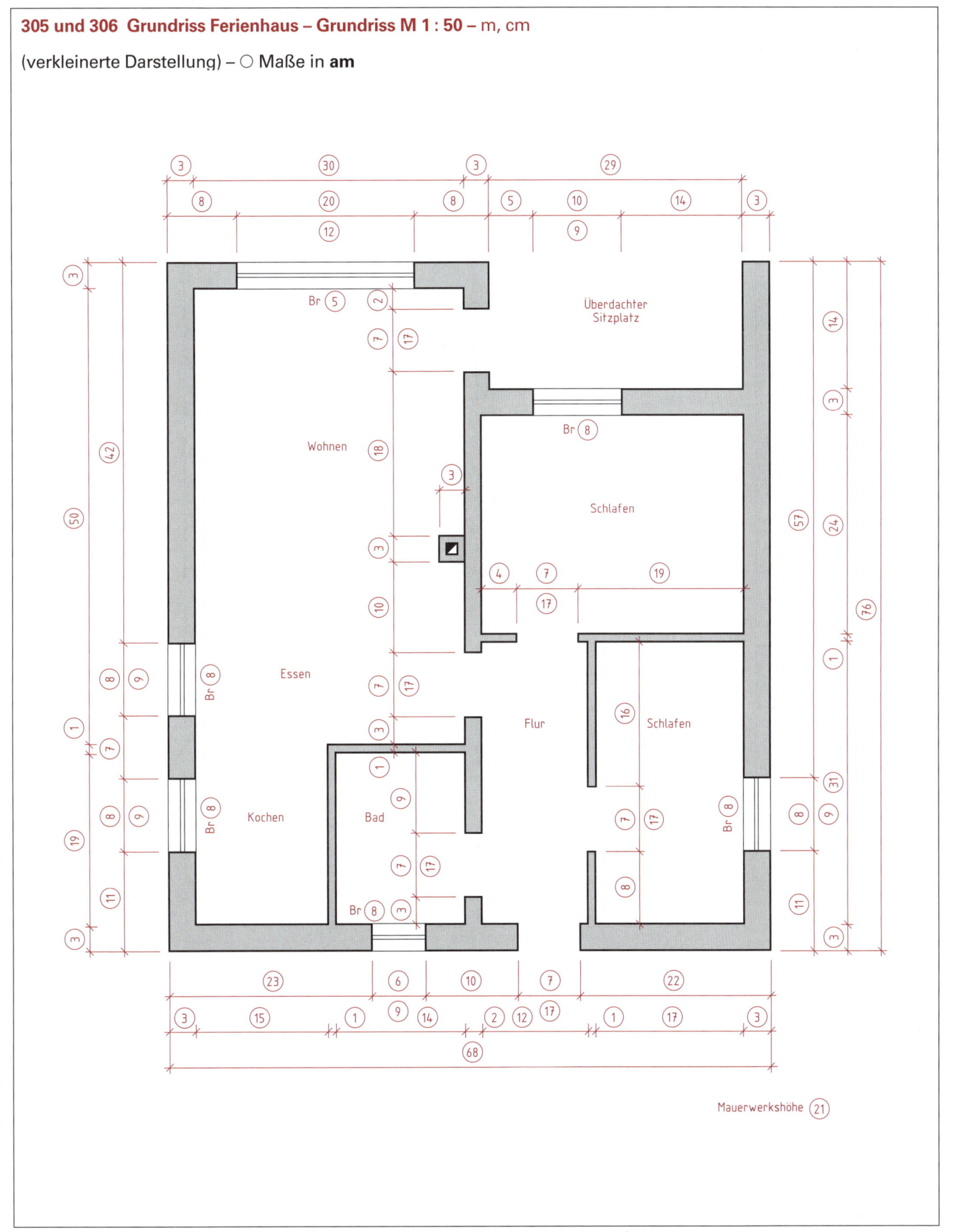

Darstellen und Bemessen einfacher Bauobjekte

Hochbaufacharbeiter — **Lösungen**

305 und 306 Grundriss Ferienhaus – Grundriss M 1 : 50 – m, cm

(verkleinerte Darstellung) – ○ Maße in **am**

Mauerwerkshöhe (21)

Projektaufgabe
Darstellen und Bemessen einfacher Bauobjekte

Hochbaufacharbeiter

Lösungen

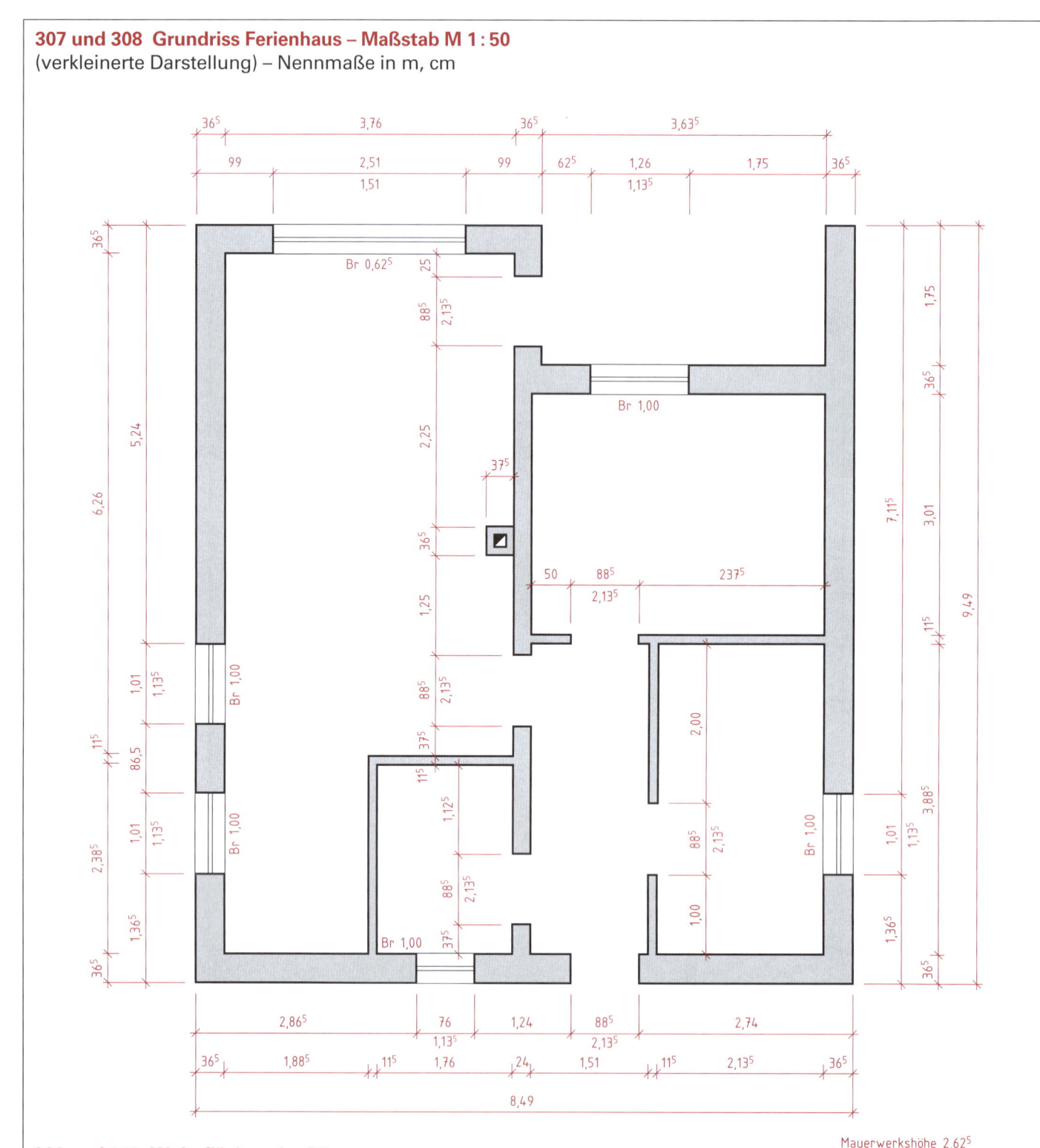

307 und 308 Grundriss Ferienhaus – Maßstab M 1 : 50
(verkleinerte Darstellung) – Nennmaße in m, cm

Mauerwerkshöhe 2,62⁵

309 und 310 Wohnflächen der Räume

Wohnen:	3,76 m x 6,26 m =	23,5 m²
Kochen:	1,855 m x 2,50 m =	4,7 m²
Bad:	1,76 m x 2,385 m =	4,2 m²
Flur:	1,51 m x 3,885 m =	5,9 m²
Schlafen I:	2,135 m x 3,885 m =	8,3 m²
Schlafen II:	3,635 m x 3,01 m =	10,9 m²
	=	**57,5 m²**

Projektaufgabe

Hochbaufacharbeiter

Darstellen und Bemessen einfacher Bauobjekte

Lösungen

Grundriss Ferienhaus – Geplante Ausstattung und Einrichtung –

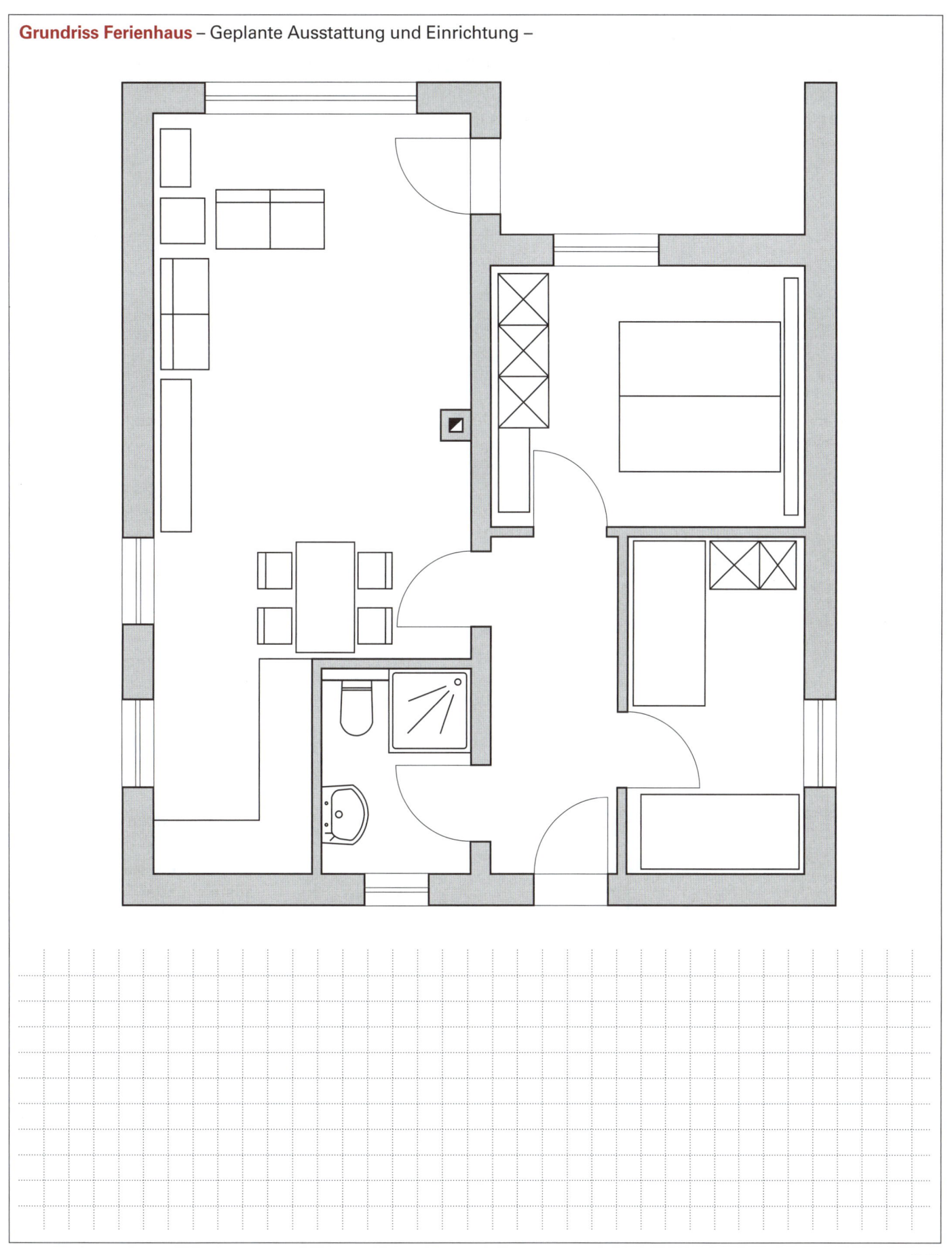

273

Projektaufgabe
Hochbaufacharbeiter

Darstellen und Bemessen einfacher Bauobjekte
Lösungen

312 und Ergänzung zu 313 und 314 Fundamentplan

Der Fundamentplan ergänzt die Werkzeichnungen für die Bauausführung. Er wird im Maßstab 1:50 dargestellt und gibt Auskunft über Fundamentarten mit Abmessungen und Besonderheiten wie Aussparungen oder Schächte.

Zunächst wird maßstäblich der Grundriss des Rohbaus mit gestrichelten Linien gezeichnet. Da die Wände mittig auf den Fundamenten stehen, ergeben sich folgende Fundamentüberstände:

Detail für die 36,5 cm dicke Wand:

a = **6,75 cm**

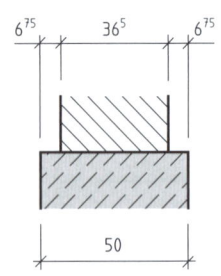

Detail für die 24 cm dicke Wand:

b = **13 cm**

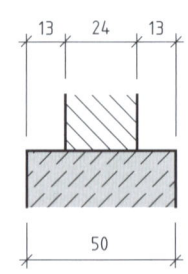

Die Fundamentüberstände werden den Rohbaumaßen zu- bzw. abgerechnet, so dass die **Bemaßung** nur noch **Abmessungen und Abstände der Fundamente** aufzeigt:

Beton C 8/10   Fundamenthöhe 80 cm   OK Gelände = OK Fundament

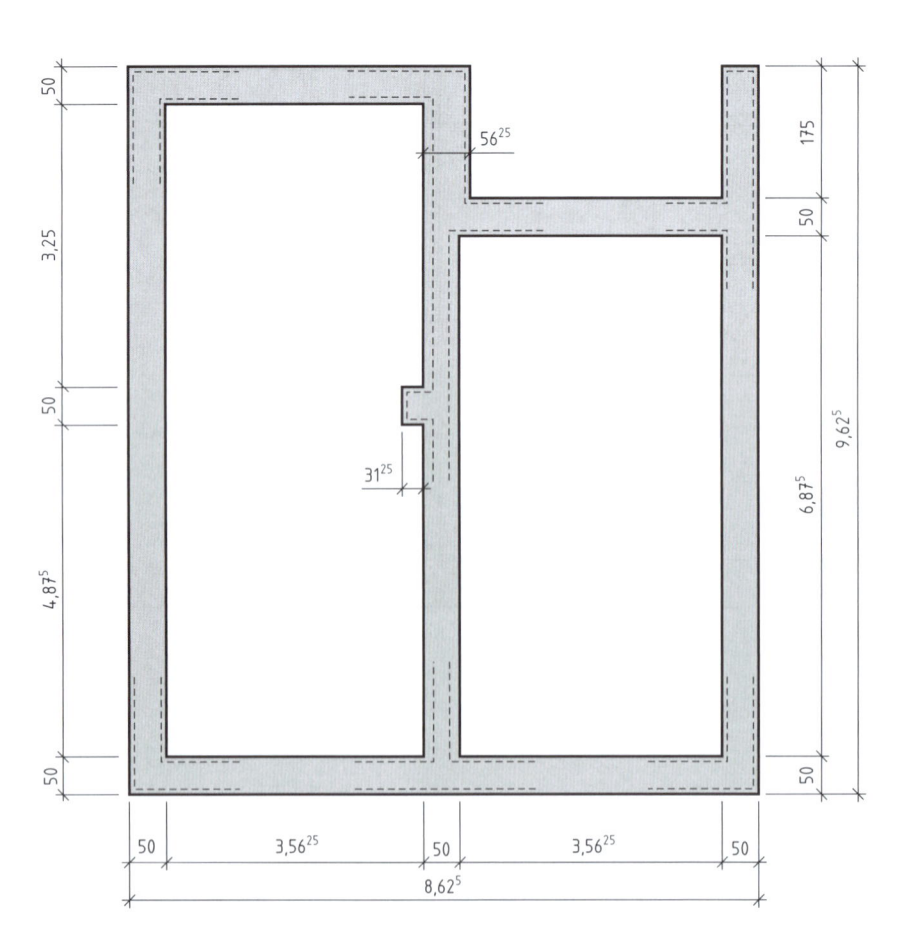

Die Abmessungen des Fundaments liegen fest, nun kann die **Fundamenteigenlast** (C 8/10) für 1 m Fundamentlänge ermittelt werden:

F = 0,50 m x 0,80 m x 23 kN/m³
F = **9,20 kN/m³**

Die **Gesamtlast** pro Meter Fundamentlänge beträgt

60 kN/m + 9,20 kN/m = **69,20 kN/m**

Die **vorhandene Bodenpressung**

$$\text{vorh.}\sigma = \frac{\text{vorh.}F}{\text{vorh.}A} = \frac{69{,}20 \text{ kN/m}}{0{,}50 \text{ m}}$$

vorh.σ = 138,4 kN/m²
       < zul.σ = 164 kN/m²

⇒ **Damit ist der Nachweis ausreichender Tragsicherheit erbracht.**

Beton C 8/10
Fundamenthöhe = 0,80 m
OK Gelände = OK Fundament

Projektaufgabe
Hochbaufacharbeiter

Darstellen und Bemessen einfacher Bauobjekte
Lösungen

315 Mengenermittlung Beton

DIN 18331 »Beton- und Stahlbetonarbeiten« (VOB) enthält die Regeln zum Aufmaß und zur Berechnung von Beton- und Stahlbetonarbeiten:

Die **Mengenermittlung** geht vom Konstruktionsmaß (Baunennmaß) aus. Es wird immer das **Volumen des Festbetons** berechnet, die Bewehrung von Stahlbetonteilen wird bei der Berechnung des Betonvolumens nicht berücksichtigt.

Fundamentbeton C8/10 (Maße aus Fundamentplan):

$V = ((2 \times 9{,}625\ m + 7{,}875\ m + 4 \times 3{,}5625\ m + 0{,}3125\ m) \times 0{,}50\ m + 1{,}75\ m \times 0{,}5625\ m) \times 0{,}80\ m$
$V = ((19{,}25\ m + 7{,}88\ m + 14{,}25\ m + 0{,}31\ m) \times 0{,}50\ m + 1{,}75\ m \times 0{,}56\ m) \times 0{,}80\ m$
$V = (41{,}69\ m \times 0{,}50\ m + 1{,}75\ m \times 0{,}56\ m) \times 0{,}80\ m$
$V = \mathbf{17{,}46\ m^3}$

320 Bodenplattenbeton C20/25 (Maße aus Grundriss und Sockel-/Fußbodendetail):

$V = 8{,}49\ m \times 9{,}49\ m \times 0{,}12\ m$
$V = \mathbf{9{,}67\ m^3}$

316, 317 und 319 Entwässerung

Alle bebauten Grundstücke müssen ordnungsgemäß entwässert werden. Schmutz- und Regenwasser werden in Grundleitungen gesammelt und getrennt (Trennsystem) oder gemischt (Mischsystem) über Kontrollschacht und Anschlusskanal in die Ortsentwässerung abgeleitet.

Die **Entwässerungsplanung** wird nach **DIN** unter Beachtung der örtlichen Regeln des Tiefbauamtes durchgeführt. Außerhalb des Gebäudes sind die **Grundleitungen** in **frostfreier Tiefe** (≥ 80 cm) einzubauen!

Der **Entwässerungsplan** muss enthalten:

- **Entwässerungssystem** (hier: Mischsystem, d.h. Ableiten von Schmutz- und Regenwasser in einer Sammelleitung)
- **Lage der Grundleitungen**
- **Fließrichtung mit Gefälleangaben** (Mindestgefälle beim Mischsystem: min. $p = 2$ %)
- **Formstücke** (Für Übergänge innerhalb der Leitung, Abzweige und Winkel von 15°, 30° und 45°)
- **Rohrleitungsart** (Steinzeug, Beton, Faserzement, Kunststoff, hier: Kunststoff (PVC))
- **Nennweite der Rohre** (Innendurchmesser der Rohre, Grundleitungen müssen mit einer Mindestnennweite DN 100 (mm) eingebaut werden.)
- **Reinigungsöffnungen und Schächte** (sind zur Kontrolle der Grundleitungen bei jeder Richtungs-, Gefälle- oder Querschnittsänderung erforderlich, ein Kontrollschacht ist auf dem Grundstück im Anschlusskanal zum Straßenkanal vorzusehen.)

Die Grundleitung hat vom Kontrollschacht bis zum entferntesten Fallrohr eine Länge von $l = 16{,}00$ m. Sie beginnt in frostfreier Tiefe (0,80 m unter Gelände) und fällt (bei 2% Gefälle) bis zum Kontrollschacht um den Höhenunterschied

$$h = \frac{p\ \% \times l}{100\ \%} = \frac{2\ \% \times 16{,}00\ m}{100\ \%} = \mathbf{0{,}32\ m}$$

Die **Kontrollschachtsohle** muss also (0,80 m + 0,32 m) = **1,12 m unter Geländeoberkante** liegen.

Projektaufgabe — Hochbaufacharbeiter

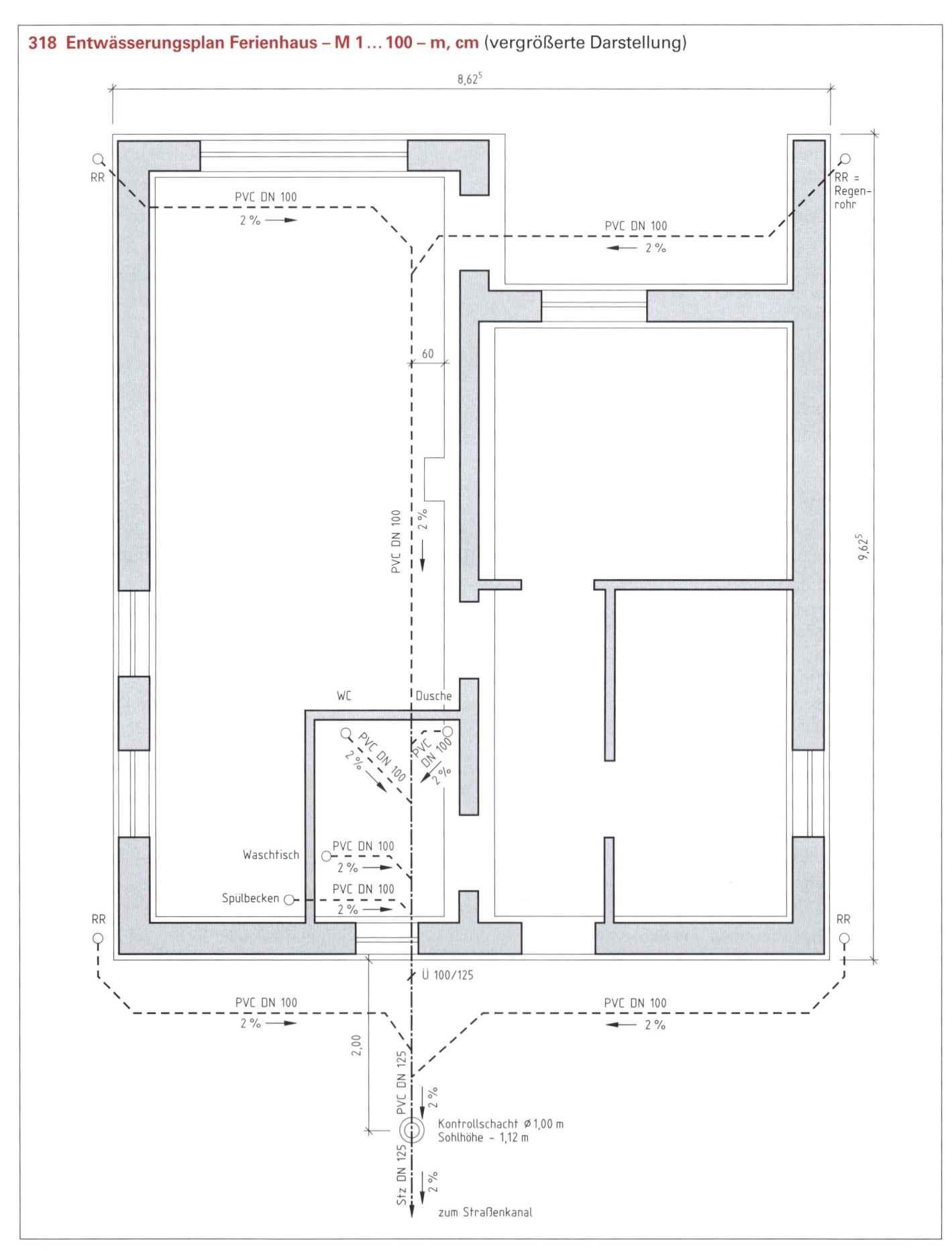

Darstellen und Bemessen einfacher Bauobjekte — Lösungen

318 Entwässerungsplan Ferienhaus – M 1…100 – m, cm (vergrößerte Darstellung)

Projektaufgabe
Darstellen und Bemessen einfacher Bauobjekte

Hochbaufacharbeiter — **Lösungen**

321 bis 326 Sockel- und Fußbodendetail

Abdichtungen müssen das Ferienhaus **gegen angreifende Bodenfeuchtigkeit** schützen. Diese entsteht durch aufsteigende kapillare Feuchtigkeit, auch muss bei den hier vorhandenen bindigen Böden zumindest vorübergehend mit stauendem Sickerwasser gerechnet werden.

- Unter der Bodenplatte wird eine 15 cm dicke kapillarbrechende grobkörnige Kiesschüttung angeordnet und mit Folie abgedeckt. Diese sorgt dafür, dass beim Aufbetonieren der Bodenplatte die kapillarbrechende Wirkung der Schüttung erhalten bleibt.
- Auf die Bodenplatte wird eine einlagige Abdichtung aus Bitumen- oder Kunststoff-Dichtungsbahnen aufgebracht. Diese müssen nahtlos an die untere waagerechte Abdichtung von Innen- und Außenmauerwerk und an den Außenputz angeschlossen werden. Anschlüsse an Rohrdurchführungen sind mit Fest- und Losflanschen wasserdicht auszubilden.
- Bis ca. 30 cm (Spritzwasserhöhe) über Gelände wird im Sockelbereich außen ein mindestens 20 mm dicker zweilagiger Sperrputz (MG III) angebracht, der eine Oberflächenbehandlung aus Kunstharzputz erhält. Eine über dem Spritzwasserbereich eingelegte waagerechte Abdichtung aus Bitumendachbahnen verhindert das Aufsteigen von Feuchtigkeit im Mauerwerk.

An das Erdreich grenzende Fußböden müssen **gut gedämmt** sein, um **Wärmeverluste** nach unten **zu verhindern** und **Tauwasserbildung** auf oder innerhalb des Fußbodenaufbaus zu **vermeiden**. Auch ein **ausreichender Trittschallschutz** (Flankenübertragung) ist notwendig.

Am wirkungsvollsten wird dies mit einem **schwimmenden Estrich** erreicht:

- Die lastverteilende Estrichplatte »schwimmt« auf einer Dämmschicht und ist auch von der Wand durch Dämmstreifen getrennt. Vorteilhaft ist eine zweischichtige Dämmplatten-Ausführung: Unten liegt auf einer Gleitschicht die verrottungsfeste Trittschalldämmung, darauf die Wärmedämmung (z. B. PS-Hartschaumplatten, je 4 cm dick).
- Über die Dämmmaterialien wird eine Trennfolie aufgelegt, die auch an den Randstreifen hochgeführt wird.
- Als Bodenbelag sind Fliesen vorgesehen, deshalb muss die Estrichdicke 4,5 cm betragen und eine Bewehrung in Form von Betonstahlmatten mittig in die Estrichschicht eingebaut werden.

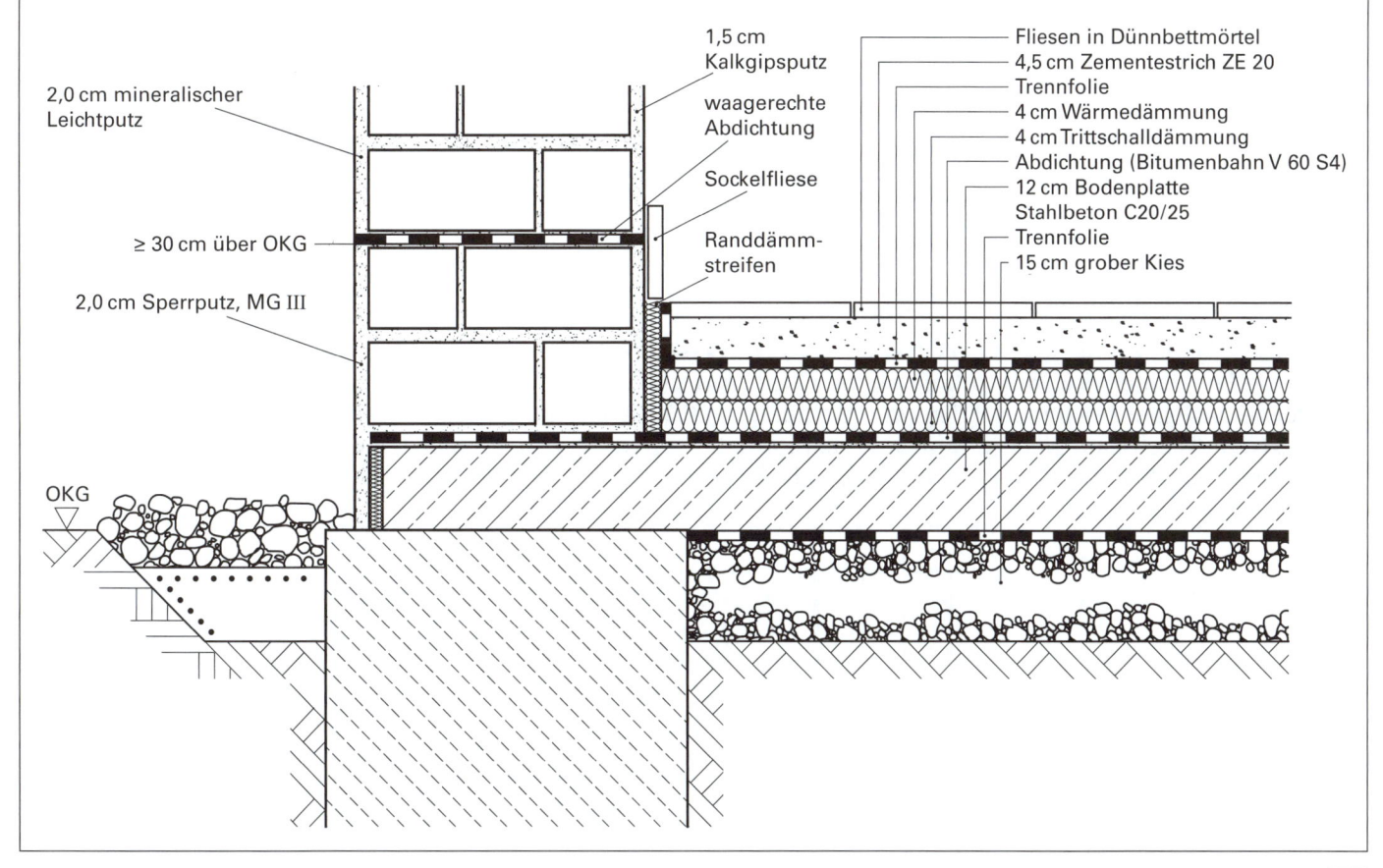

Projektaufgabe

Hochbaufacharbeiter

Darstellen und Bemessen einfacher Bauobjekte — Lösungen

327 Kalkulation Außenmauerwerk

Mengenermittlung V_{Wand} = (9,49 m + 9,49 m + 1,75 m + 7,76 m + 7,76 m) x 2,625 m x 0,365 m
V_{Wand} = 34,73 m³

Abzüge: insgesamt V_{Abzug} = 8,46 m³

Fenster
1 x 0,76 m x 1,135 m x 0,365 m = 0,31 m³
3 x 1,01 m x 1,135 m x 0,365 m = 3 x 0,42 m³ = 1,26 m³
1 x 1,26 m x 1,135 m x 0,365 m = 0,52 m³
1 x 2,51 m x 1,51 m x 0,365 m = 1,38 m³
Türen, Türstürze
2 x 0,885 m x 2,135 m x 0,365 m = 2 x 0,69 m³ = 1,38 m³
2 x 1,115 m x 0,113 m x 0,365 m = 2 x 0,05 m³ = 0,10 m³

Fensterstürze
1 x 0,99 m x 0,113 m x 0,365 m = 0,04 m³
3 x 1,24 m x 0,113 m x 0,365 m = 3 x 0,05 m³ = 0,15 m³
1 x 1,49 m x 0,113 m x 0,365 m = 0,06 m³
1 x 2,74 m x 0,113 m x 0,365 m = 0,11 m³
Ringbalken
(9,49 m + 9,49 m + 1,75 m + 7,76 m
+ 7,76 m) x 0,238 m x 0,365 m = 3,15 m³

V_{Wand} = 34,73 m³ − 8,46 m³ = **26,27 m³**

328 Steinauswahl

6 DF-Steine

Steine: 26,27 m³ x 91 Steine/m³ = 2391 Steine
= 2391 Steine x 1,08 €/Stein = 2582,28 €

Mörtel: 26,27 m³ x 168 l/m³ = 4414 l Mörtel
4414 l Mörtel x 1,4 (Mörtelfaktor) = 6180 l Trockenmörtel
6180 l : 40 l/Sack = 155 Sack Trockenmörtel
155 Sack x 5,45 €/Sack = 844,75 €

Arbeitslohn: 26,27 m³ x 4,6 h/m³ (Arbeitszeit/m³) x 31,00 €/h (Mittellohn) = 3746,10 €

7173,13 €

2 DF-Steine

Steine: 26,27 m³ x 271 Steine/m³ = 7120 Steine sind nötig
35 Paletten x 208 Steine/Palette = 7280 Steine sind vorhanden
35 Paletten x 40,50 €/Palette = 1417,50 €

Mörtel: 26,27 m³ x 218 l/m³ = 5727 l Mörtel
5727 l Mörtel x 1,4 (Mörtelfaktor) = 8018 l Trockenmörtel
8018 l : 40 l/Sack = 201 Sack Trockenmörtel
201 Sack x 5,45 €/Sack = 1095,45 €

Arbeitslohn: 26,27 m³ x 5,2 h/m³ (Arbeitszeit/m³) x 31,00 €/h (Mittellohn) = 4234,72 €

6747,67 €

Die 2 DF-Steine und ihre Verarbeitung sind ca. 425 € günstiger als das Außenmauerwerk aus 6 DF.

⇒ Somit fällt die **Steinwahl** auf die **2 DF-Steine**.

(Die ca. 160 übrig gebliebenen Steine können noch bei den Innenwänden vermauert werden.)

329 bis 334 Außenwände: 36,5 cm dickes Mauerwerk

Die Außenwände werden – wie entschieden – aus **HLzW 6-0,8-2 DF** (Leichthochlochziegel W, Druckfestigkeit 6 N/mm², Rohdichte 0,8 kg/dm³, Abmessungen 24,0 cm x 11,5 cm x 11,3 cm) mit Leichtmörtel **LM 36** (als Werkmörtel hergestellter Leichtmörtel der Wärmeleitfähigkeit 0,36 W/mK) hergestellt.

Das 36,5 cm dicke Mauerwerk wird mit den kleinformatigen 2 DF-Steinen im **Blockverband** gemauert. Jede Schicht besteht aus Bindern und Läufern, die in der nächsten Schicht wechseln.

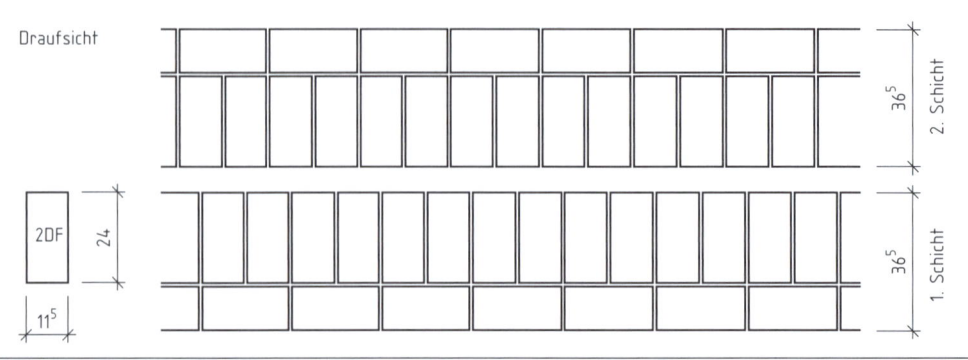

Projektaufgabe

Hochbaufacharbeiter

Darstellen und Bemessen einfacher Bauobjekte

Lösungen

331 bis 334

An den Wandenden und -ecken beginnt die Schicht, in der die Läufer auf der Außenseite sichtbar sind, mit drei 3/4-Steinen. Diese Schicht bindet durch.

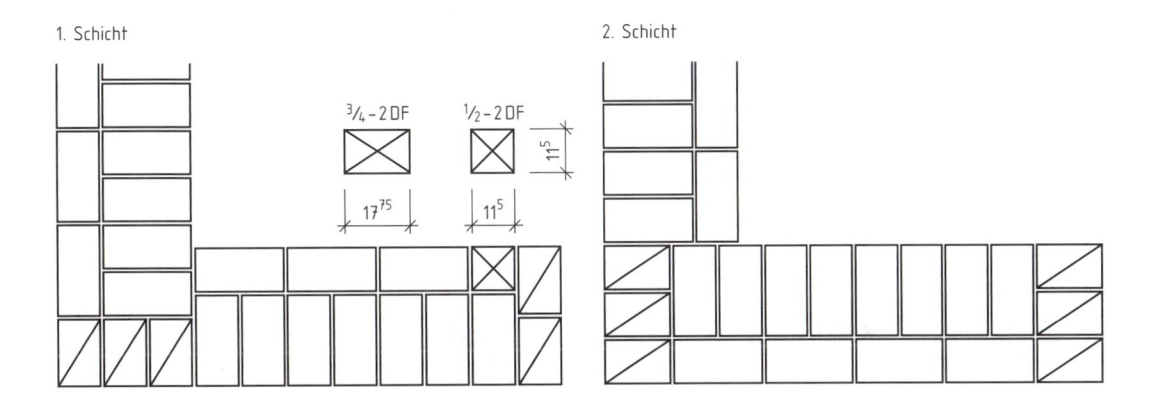

Im Sockelbereich werden die Außenwände, wie im Abschnitt »**Sockeldetail**« dargestellt, ausgeführt.

Öffnungen für Türen beginnen auf der Bodenplatte, für Fenster in Rohbau – Brüstungshöhe (1,00 m ≙ 8 Schichten bzw. 0,625 m ≙ 5 Schichten über der Bodenplatte).
Für die Öffnungsleibungen gelten die gleichen Mauerverbandsregeln wie für Wandenden.

Fensterstürze überbrücken die Öffnungen und leiten die darüber liegenden Lasten in die Wand ab. Für das Ferienhaus werden **Wärmedämmstürze** (Fertigteilflachstürze aus Ziegelschale, Stahleinlage zwei Stähle B500A ⌀ 10 mm in Beton C20/25 und zusätzlicher Wärmedämmung – wegen der schlechten Wärmedämmung des Betons –) eingebaut.

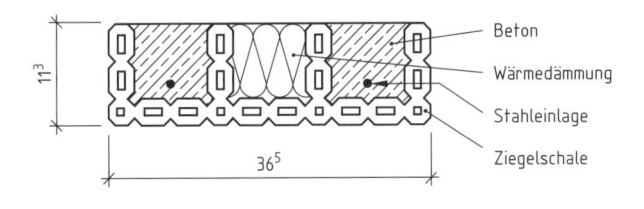

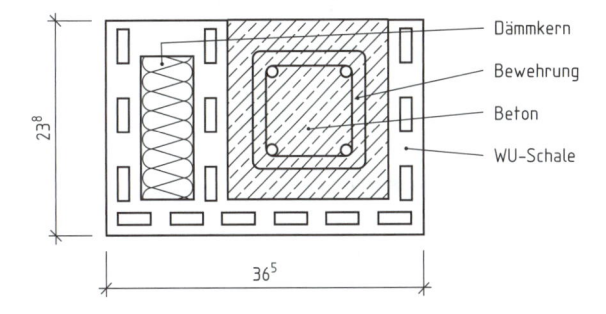

Fenstersturz   Ringbalken

Die Fertigteilstürze (für Öffnungen bis zu einer lichten Weite von 2,75 m erhältlich) werden wie die Steine in einem Mörtelbett verlegt. Die **Auflagertiefe** muss mindestens **11,5 cm** betragen.

Für das Ferienhaus sind folgende **Wärmedämmstürze 36,5 cm x 11,3 cm** (55,0 kg/m) zu bestellen:

		Anzahl	Länge
Türen	0,885 m + 2 x 0,115 m	2	1,115 m
Fenster	0,76 m + 2 x 0,115 m	1	0,99 m
	1,01 m + 2 x 0,115 m	3	1,24 m
	1,26 m + 2 x 0,115 m	1	1,49 m
	2,51 m + 2 x 0,115 m	1	2,74 m

Den oberen Abschluss der Außenwände (und auch der 24 cm dicken Innenwand) bildet ein rundum laufender **Ringbalken** mit durchlaufender Bewehrung, der die tragenden Wände wie ein Gürtel zusammenhält und aussteift und die auftretenden Lasten gleichmäßig verteilt.

Ziegel-U-Schalen (WU-Schalen, wärmegedämmt) werden als letzte Schicht (mit Fuge 25 cm hoch!) gemauert, mit einem rundum laufenden Korb (4 Stähle + Bügel) **bewehrt** und mit C20/25 **betoniert**.

Projektaufgabe
Hochbaufacharbeiter
Darstellen und Bemessen einfacher Bauobjekte — Lösungen

335 Außenputz

Leichtputz aus Werktrockenmörtel nach DIN 18557 ist wasserabweisend auszuführen und muss gut wasserdampfdurchlässig sein. Leichtputz ist kein Wärmedämmputz. Er ist bezüglich der Druckfestigkeit, des E-Moduls und der hohen thermischen Belastbarkeit besonders geeignet, um auf den hochdämmenden Leichthochlochziegeln verarbeitet zu werden.

Putzdicke: **2 cm**   Wärmeleitfähigkeit λ: **0,30 W/mK**

336 Innenputz

Kalkgipsputz

Der Putz soll mit einer **glatten Oberfläche** als Träger für Anstriche oder Tapeten dienen. Der Kalkgipsputz kann das **Raumklima regulieren;** Feuchtigkeit aus der Raumluft aufnehmen, speichern und nach dem Lüften schnell wieder an die trockene Luft abgeben.

Mischungsverhältnis **MV:**   Kalkhydrat : Baugips : Sand
                                 1 : 0,1 bis 0,5 : 3 bis 4

Putzdicke: **1,5 cm**   Wärmeleitfähigkeit λ: **0,70 W/mK**

337 Beurteilung der Wärmedämmfähigkeit der Außenwände

DIN 4108-2 »Wärmeschutz und Energie-Einsparung in Gebäuden« legt die Mindestanforderungen an die Wärmedämmung von Bauteilen fest. Danach darf für die Außenwand der Wärmedurchlasswiderstand $R = 1,2$ m²K/W nicht unterschritten werden.

Wandaufbau:
- d_1 = 2,0 cm Mineralischer Leichtputz P II λ = 0,30 W/mK
- d_2 = 36,5 cm Leichthochlochziegel W/LM 36 λ = 0,21 W/mK
- d_3 = 1,5 cm Kalkgipsputz P IV λ = 0,70 W/mK

Wärmedurchlasswiderstand R und Vergleich mit DIN 4108-2

$$R = \frac{d_1}{\lambda_1} + \frac{d_2}{\lambda_2} + \frac{d_3}{\lambda_3} \Rightarrow R = \frac{0,02}{0,30} + \frac{0,365}{0,21} + \frac{0,015}{0,70}$$

vorh. R = **1,83 m²K/W** > erf. R = **1,20 m²K/W**

Wärmedurchgangskoeffizient U und Vergleich mit DIN 4108-2

$$U = \frac{1}{R_{Si} + R + R_{Se}} = \frac{1}{0,13 + 1,83 + 0,04}$$

vorh. U = **0,50 W/m²K**

Gemäß Referenzgebäude nach EnEV wird ein U-Wert von $U \leq 0,24$ W/(m²K) gefordert. Dieser Wert wird hier nicht erreicht.

338 Mengenermittlung

der 36,5 cm dicken Außenwände für **Kalkulation und Abrechnung** (nach Raummaß in m³)

V_{Wand} = (9,49 m + 9,49 m + 1,75 m + 7,76 m + 7,76 m) × 2,625 m × 0,365 m

         = 36,25 m × 2,625 m × 0,365 m

V_{Wand} = **34,73 m³**

Abzüge: Öffnungen und eingebaute Bauteile mit einer Einzelgröße **> 0,50 m³**

V = 34,73 m³ − 0,52 m³ − 1,38 m³ − 0,69 m³ − 0,69 m³ − 3,15 m³

V = **28,30 m³**   ⇒ **Es werden 28,30 m³ Außenmauerwerk abgerechnet.**

Projektaufgabe
Darstellen und Bemessen einfacher Bauobjekte
Hochbaufacharbeiter — **Lösungen**

339, 340 und 341 Innenwände: 24 cm dickes Mauerwerk

Das 24 cm dicke Mauerwerk wird aus 2 DF-Steinen im **Blockverband** gemauert. Binder- und Läuferschichten wechseln ab, die Läuferschichten binden in die Außenwand ein und enden an den Türöffnungen mit zwei 3/4-Steinen. Detail: Mauerwerk zwischen Badfenster, Badtür und Hauseingangstür

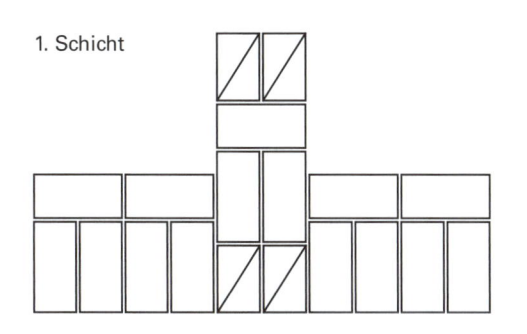

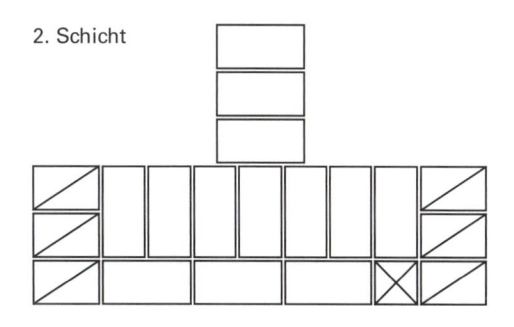

1. Schicht   2. Schicht

Die Türen werden mit zwei nebeneinander liegenden Ziegelstürzen (Länge 1,115 m, Höhe 0,113 m, Breite 0,115 m, 23,0 kg/m) mit Auflagertiefen von je 11,5 cm überbrückt, den oberen Abschluss der Wand bilden Ziegel-U-Schalen (für den Ringbalken) mit einer Höhe von 23,8 cm.

342 Mengenermittlung

der 24 cm dicken Außenwände für **Kalkulation und Abrechnung** (nach Flächenmaß in m²)

A_{Wand} = 7,01 m x 2,625 m ⇒ A_{Wand} = **18,40 m²**

Abzüge: Öffnungen mit einer Einzelgröße **> 2,50 m²**
eingebaute Bauteile mit einer Einzelgröße **> 0,50 m²**

Türen	0,885 m x 2,135 m = 1,89 m²	< 2,50 m² (kein Abzug)
Stürze	1,115 m x 0,113 m = 0,13 m²	< 0,50 m³ (kein Abzug)
Ringbalken	7,01 m x 0,238 m = **1,67 m²**	(Abzug)

V = 18,40 m² − 1,67 m² ⇒ V = **16,73 m²**

Es werden 16,73 m² 24 cm dickes Innenmauerwerk abgerechnet.

343 Innenwände: 11,5 cm dickes Mauerwerk

Das 11,5 cm dicke Mauerwerk wird aus 2 DF-Steinen im Läuferverband gemauert.

1. Schicht

2. Schicht

344 Mengenermittlung

der 11,5 cm dicken Innenwand für **Kalkulation und Abrechnung** (nach dem Flächenmaß in m²)

A_{Wand} = (2,385 m + 1,875 m + 3,885 m + 3,76 m) x 2,625 m = 11,91 m x 2,625 m

A_{Wand} = **31,26 m²**   Türen und Stürze sind so groß wie beim 24 cm dicken Mauerwerk, einen Ringbalken erhält das 11,5 cm dicke Mauerwerk nicht ⇒ **keine** Abzüge.

Es werden 31,26 m² 11,5 cm dickes Innenmauerwerk abgerechnet.

Lernfeldübergreifende Grundlagen — Hochbaufacharbeiter
Holz und Holzwerkstoffe — Lösungen

Nr.	L	Nr.	L	Nr.	L	Nr.	L	Nr.	L	Nr.	L
401	1	402	2	403	4	404	1	405	1	406	3
407	3	408	1	409	4	410	5	411	1	412	5
413	2	414	4	415	3	416	1	417	5	418	3
419	1	420	3	421	5	422	1	423	1	424	1
425	4	426	4	427	4	428	4	429	2	430	5
431	3	432	3	433	5	434	4	435	2	436	5
437	4	438	3	439	2	440	4	441	2	442	4
443	3	444	3	445	4	446	2	447	1	448	3
449	5	450	4	451	4	452	2	453	2	454	2
455	4	456	5	457	3	458	1	459	4	460	2
461	4	462	3	463	4	464	4	465	3	466	5
467	2	468	5	469	5	470	3	471	5	472	5
473	4	474	5	475	3	476	1	477	5	478	2
479	5	480	4	481	1	482	3	483	4	484	1
485	3	486	2	487	4	488	3	489	2	490	4
491	5	492	5	493	1	494	2	495	3	496	1

497 Erklären Sie die Entstehung von Holz unter Verwendung der Begriffe Fotosynthese und Assimilation.

Bäume nehmen über ihre Blätter (Nadeln) CO_2 aus der Luft auf und über ihre Wurzeln Wasser und Mineralstoffe. Mithilfe des Sonnenlichtes und des Blattgrüns (Chlorophyll) werden das aufgenommene Kohlenstoffdioxid und das aufgenommene Wasser in Traubenzucker und Stärke umgewandelt, wobei Sauerstoff über die Blätter an die Luft abgegeben wird.
Diese Umwandlung der vom Baum aufgenommenen Stoffe in die körpereigenen Stoffe des Baumes bezeichnet man als Assimilation (Angleichung). Da bei der Assimilation auch Sonnenlicht benötigt wird, nennt man diese Assimilation auch Fotosynthese.
Der vom Baum gebildete Traubenzucker wird mithilfe der aufgenommenen Mineralstoffe und Sauerstoff sowie Energie in die wesentlichen Holzbestandteile Zellulose, Hemizellulose und Lignin umgewandelt.

Lernfeldübergreifende Grundlagen — Hochbaufacharbeiter

Holz und Holzwerkstoffe — Lösungen

498 Beschriften Sie den Stammquerschnitt eines Baumes.

① Markröhre	④ Spätholzzone	⑦ Bast
② Jahresring	⑤ Markstrahlen	⑧ Rinde
③ Frühholzzone	⑥ Kambium	⑨ Borke

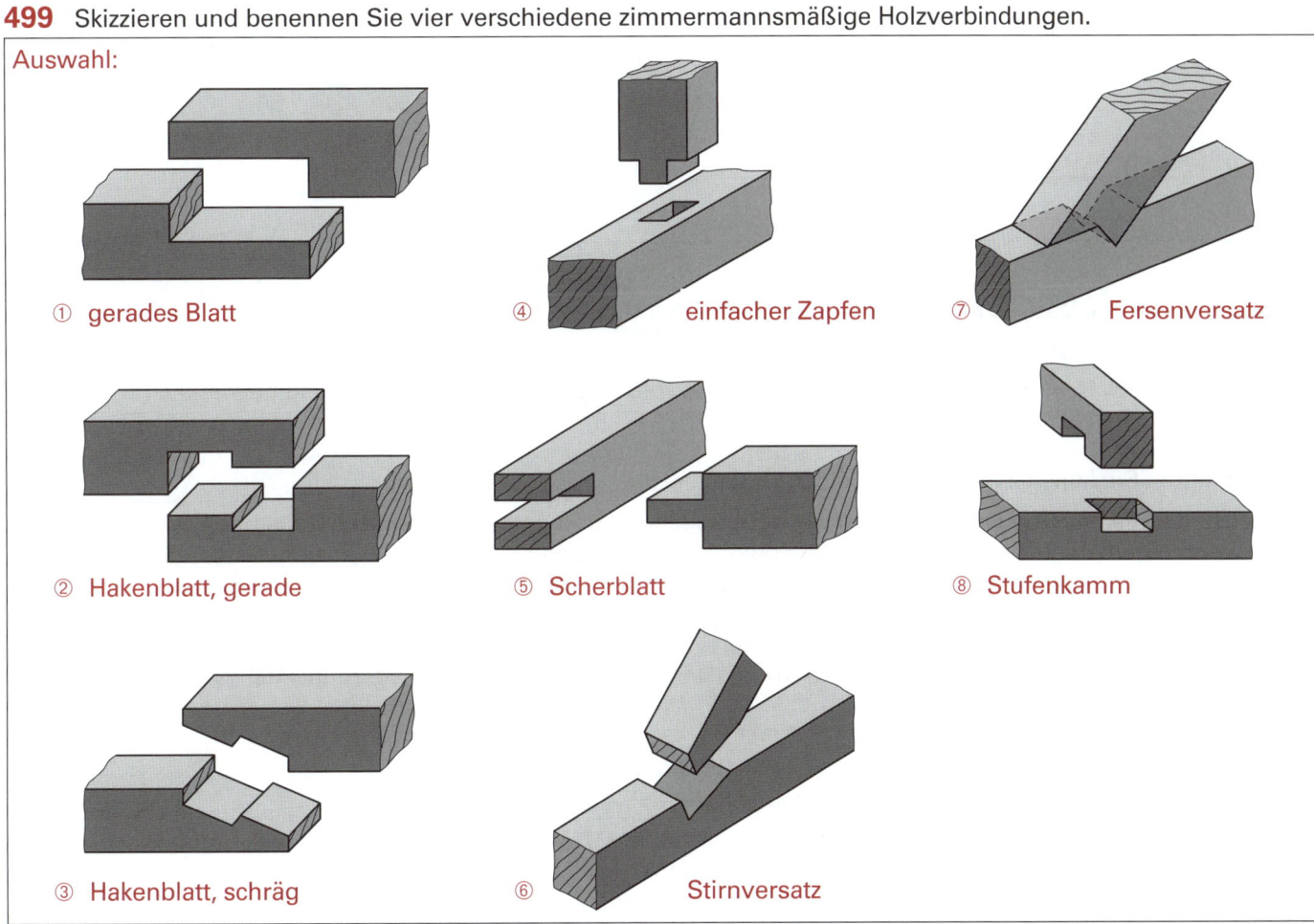

499 Skizzieren und benennen Sie vier verschiedene zimmermannsmäßige Holzverbindungen.

Auswahl:

① gerades Blatt ④ einfacher Zapfen ⑦ Fersenversatz

② Hakenblatt, gerade ⑤ Scherblatt ⑧ Stufenkamm

③ Hakenblatt, schräg ⑥ Stirnversatz

500 keine Aufgabe

Fliesen, Platten, Estrich

501	3	502	5	503	5	504	4	505	4	506	2
507	3	508	4	509	1	510	2	511	2	512	3
513	4	514	4	515	3	516	2	517	5	518	5
519	5	520	5	521	3	522	4	523	4		

524 Zählen Sie drei verschiedene Konstruktionsarten für Estriche auf.

Verbundestrich, Estrich auf Trennlage, schwimmender Estrich

Lernfeldübergreifende Grundlagen | Hochbaufacharbeiter

Fliesen, Platten, Estrich — Lösungen

525 Skizzieren Sie den möglichen Aufbau eines schwimmenden Estrichs mit Wandanschluss.

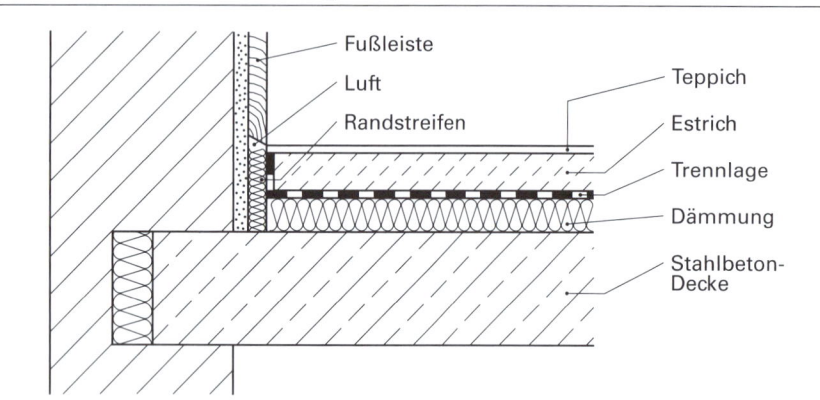

Beschriftungen der Skizze: Fußleiste, Luft, Randstreifen, Teppich, Estrich, Trennlage, Dämmung, Stahlbeton-Decke

Schwimmender Estrich (Dicke d in mm)		
≤ 50	CA	≥ 30
≤ 50	MA	≥ 30
≤ 50	CT	≥ 35
≤ 50	SR	≥ 15
≤ 50	AS	≥ 25

526 Geben Sie drei Vorteile bzw. Nachteile von Zementestrich an.

Vorteile: preisgünstig, Druckfestigkeit, Verschleißfestigkeit

Nachteile: Quellen und Schwinden, Dehnfugen, nicht sofort begehbar, Nachbehandlung notwendig

527 Schildern Sie kurz die Herstellung von Steingutfliesen.

Die weichen Rohstoffe Ton und Kaolin werden aufgeschlämmt und gequirlt. Die harten Rohstoffe Feldspat und Quarz werden gemahlen. Danach werden alle Rohstoffe zum so genannten Schlicker zusammengeführt. Der Schlicker wird zu einem feuchten Pulver getrocknet. Aus dem feuchten Pulver werden die Rohlinge der Fliesen gepresst.
Die Rohlinge werden endgültig getrocknet, bevor sie im Rollenofen bei rund 1100 °C rund eine Stunde zu Biskuitfliesen gebrannt werden. Die Biskuitfliesen werden glasiert und ein zweites Mal bei rund 1100 °C zu Steingutfliesen gebrannt.

528 Zählen Sie fünf verschiedene keramische Baustoffe auf.

Steingutfliesen, Irdengutfliesen, Steinzeugfliesen, Sanitärkeramik, Spaltplatten, Spaltriemchen, Bodenklinkerplatten, Cottoplatten, Mauerziegel, Klinker, Schamottesteine

529 Welche Eigenschaft muss die Fugenmasse bei Anschlussfugen und Dehnfugen besitzen?

Sie muss dauerelastisch sein.

530 … 600 keine Aufgaben

Baugrund und Gründungen

601	1	**602**	4	**603**	5	**604**	4	**605**	3	**606**	3
607	2	**608**	5	**609**	4	**610**	1	**611**	4	**612**	4
613	5	**614**	2	**615**	1	**616**	3	**617**	4	**618**	3
619	4	**620**	2	**621**	2	**622**	4	**623**	2	**624**	4

Lernfeldübergreifende Grundlagen — Hochbaufacharbeiter

Baugrund und Gründungen — Lösungen

625 [2]	626 [1]	627 [2]	628 [3]	629 [1]	630 [4]
631 [1]	632 [4]	633 [2]	634 [4]	635 [2]	636 [1]
637 [4]	638 [2]	639 [3]	640 [2]	641 [1]	642 [4]
643 [2]	644 [4]	645 [3]	646 [4]	647 [5]	648 [2]
649 [4]	650 [1]	651 [3]	652 [2]	653 [4]	654 [5]
655 [4]	656 [2]	657 [3]			

658 Nennen Sie mindestens vier Mischbodenarten.
Auswahl: Lehm, Mergel, Torf, Mutterboden, Oberboden, Faulschlamm, Humus

659 Gesteinsarten nach Entstehung
a) Erstarrungsgesteine (Eruptivgesteine)
b) Ablagerungsgesteine (Sedimentgesteine)
c) Umwandlungsgesteine (Metamorphe Gesteine)

660 Wie kommt es zur Bildung von Eislinsen?
In Kapillaren aufsteigendes Wasser trifft auf ein Hindernis, sammelt sich dort und gefriert zu Eislinsen, wenn das Hindernis im frostgefährdeten Bereich liegt.

661 Welche Bodenarten bezeichnet man als bindige Böden?
Ton, Schluff, Lehm, Mergel; Boden mit vorwiegend Korndurchmessern < 0,06 mm

662 Korngröße nichtbindiger Böden
Sande und Kiese mit Korndurchmessern vorwiegend größer als 0,06 mm

663 Was bedeutet Kapillarität im Boden?
Eine Kapillare ist ein sehr dünnes Röhrchen, in dem Wasser aufgrund der Anhangskraft (Adhäsion) von allein hochsteigt. In bindigen Böden bilden sich solche Kapillaren, in denen dann das Wasser ständig aufsteigt. Diese Steighöhe kann in sehr feinen Böden bis zu 100 m betragen. Trifft das Wasser auf Hindernisse wie z. B. Straße, so sammelt es sich unter dem Hindernis. Das kann im Winter zur Bildung von Eislinsen unter gefrorenen Straßen führen.

664 Warum sind bindige Böden frostgefährdet?
Da die Bodenteilchen der bindigen Böden kleiner sind, sind auch die Hohlräume entsprechend klein. Die kleineren Hohlräume bieten dem Wasser nicht die beim Gefrieren nötige Ausdehnungsmöglichkeit von ca. 10 %. Die Volumenvergrößerung des Eises bewirkt deshalb das Anheben des Bodens. Besonders kritisch wird das, wenn zusätzlich in dem feinkörnigen Boden Wasser kapillar aufsteigt. Dann kommt es zur Bildung regelrechter Eislinsen und starker Hebung der Oberfläche.

665 Welche Wasserarten gefährden Bauwerke?
Stauwasser, Sickerwasser, Schichtwasser (Hangdruckwasser), Bodenfeuchtigkeit, Kapillarwasser, Grundwasser

666 Bodenarten und Abböschungswinkel
Unter 45° bei nichtbindigen oder weichen Böden.
Unter 60° bei steifen oder halbfesten Böden.
Unter 80° bei festen bindigen Böden oder Fels.

667 Belastungsabstand bei Baugruben
mindestens 60 cm von Baugruben- und Grabenrändern

668 Welche Breite ist für den Arbeitsraum vorzusehen?
mindestens 50 cm

669 Welche Aufgabe hat die Gründung eines Bauwerkes?
Sie hat die Aufgabe, die Bauwerkslasten sicher auf den Baugrund zu übertragen.

670 Arten von Flachgründungen
Streifenfundamente, Einzelfundamente und Gründungsplatten

Lernfeldübergreifende Grundlagen

Hochbaufacharbeiter

Vermessungsarbeiten — Lösungen

671	2	672	1	673	2	674	3	675	2	676	3
677	5	678	2	679	4	680	3	681	5	682	4
683	2	684	3	685	1	686	5	687	1	688	4
689	2

690 Geräte für die Längenmessung
1. Gliedermaßstab (Zollstock)
2. Messband
3. optische Geräte (IR-Distanzmesser, Theodolith)

691 Geräte für die Höhenmessung
1. Wasserwaage
2. Schlauchwaage
3. Laserwasserwaage
4. Rundumlaser
5. Nivelliergerät
6. Theodolith

692 Was versteht man unter Nivellieren?

Unter Nivellieren versteht man die Höhenmessung mit dem Nivellierinstrument, aber auch den Umgang mit dem Nivellierinstrument selbst, also Entfernungen messen, Fluchten abstecken und bei Instrumenten mit Horizontalkreis Winkel einmessen und abstecken.

693 Welche Möglichkeiten gibt es, rechte Winkel auf der Baustelle anzulegen?

1. Mit Schnur oder Bandmaß (Schnurschlag)
2. Bauwinkel aus Brettern im Verhältnis 3:4:5 (Satz des Pythagoras)
3. Kreuzscheibe
4. Winkelprisma
5. Doppelpentagonprisma
6. Nivelliergerät mit Teilkreis
7. Theodolith
8. Elektronische Tachymeter

694 Welche vier Fehler müssen bei Längenmessungen mit dem Bandmaß vermieden werden?

1. Das Bandmaß darf nicht durchhängen.
2. Das Bandmaß darf nicht zu stark gereckt werden.
3. Die Messung darf nicht schräg ausgeführt werden, sondern waagerecht.
4. Der Nullpunkt darf nicht falsch angenommen werden.

695 Was ist bei der Aufstellung eines Nivelliergerätes zu beachten?

1. Der Aufstellungsort darf nicht gefährdet sein durch Fahrzeuge, Transportgüter und Personen.
2. Der Aufstellungsort muss erschütterungsfrei sein.
3. Das Stativ muss sicher gegen ungewolltes Verändern der Füße aufgestellt sein.
4. Die Höhe der Sehachse muss der Augenhöhe entsprechen, damit unverkrampft gearbeitet werden kann.
5. Die Libelle muss vorschriftsmäßig eingestellt sein.

696 … 700 keine Aufgaben

Lernfeldübergreifende Grundlagen — Hochbaufacharbeiter

Dach und Dachteile — Lösungen

701	3	**702**	5	**703**	4	**704**	3	**705**	2	**706**	2
707	2	**708**	5	**709**	5	**710**	3	**711**	4	**712**	3
713	2	**714**	4	**715**	2	**716**	2	**717**	5	**718**	1
719	2	**720**	3								

721 Nennen Sie fünf verschiedene Baustoffe für die Dachdeckung.

Dachziegel, Betondachsteine, Naturschiefer, Faserzement-Dachtafeln, Faserzement-Wellplatten, Holzschindeln, bitumengebundene Platten, Bleche aus Zink, Aluminium oder Kupfer, Reet, Stroh

722 Skizzieren Sie fünf verschiedene Dachformen.

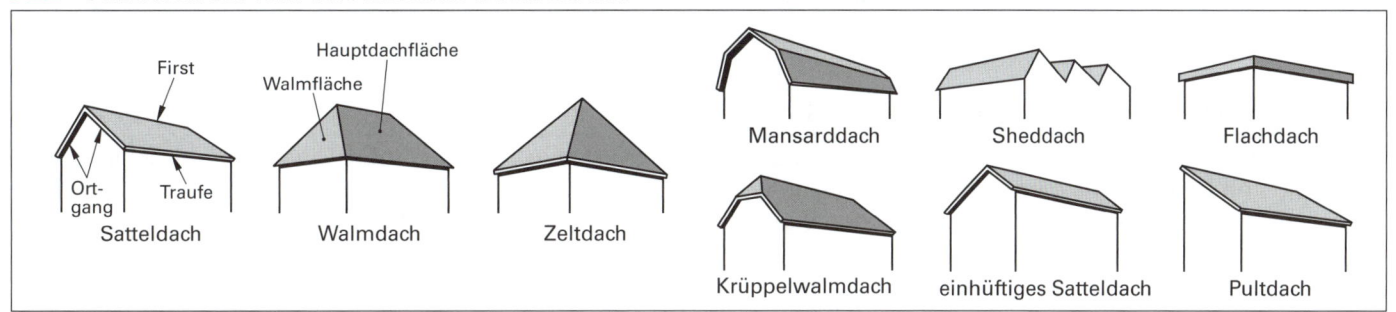

Satteldach (First, Ortgang, Traufe); Walmdach (Hauptdachfläche, Walmfläche); Zeltdach; Mansarddach; Sheddach; Flachdach; Krüppelwalmdach; einhüftiges Satteldach; Pultdach

723 Ordnen Sie die Begriffe First, Traufe, Kehle, Grat, Krüppelwalm, Walm, Ortgang, Anfallspunkt und Verfallung zu.

① Ortgang
② Krüppelwalm
③ First
④ Anfallspunkt
⑤ Verfallung
⑥ Kehle
⑦ Traufe
⑧ Walm
⑨ Grat

724 Beschreiben Sie den Unterschied zwischen einer Dachdichtung und einer Dachdeckung.

Dachdeckungen bestehen aus plattenförmigen Baustoffen, die das Wasser nur ableiten und nicht völlig dicht sind. Dachdeckungen benötigen eine Mindestdachneigung von 5°.
Abdichtungen bilden dagegen eine völlig dichte Dachhaut, die auch stehendes Wasser abhalten kann.

725 Wie wird der Lattabstand bei der Dachdeckung gemessen?

Der Lattabstand wird von der Oberkante Dachlatte bis zur Oberkante der nächsten Dachlatte gemessen.

726 ... 750 keine Aufgaben

Lernfeldübergreifende Grundlagen — Hochbaufacharbeiter
Baumetalle und Kunststoffe — Lösungen

751 — 1	752 — 2	753 — 4	754 — 1	755 — 1	756 — 3
757 — 3	758 — 1	759 — 4	760 — 4	761 — 2	762 — 4
763 — 3	764 — 1	765 — 5	766 — 3	767 — 5	768 — 1
769 — 4	770 — 2	771 — 1	772 — 4	773 — 5	774 — 1
775 — 4	776 — 2	777 — 3	778 — 4	779 — 4	780 — 3
781 — 4	782 — 2	783 — 5	784 — 4	785 — 5	786 — 3

787 Aus welchem Rohstoff werden Kunststoffe hauptsächlich hergestellt?

Erdöl

788 Beschreiben Sie kurz die Herstellung von Roheisen.

Ein Hochofen wird abwechselnd mit Eisenerz und Zuschlägen (Kalkstein), Koks oder Erdöl von oben beschickt, während von unten vorgewärmte Luft eingeblasen wird.
Im Hochofen wird das Eisenerz zu metallischen Eisen reduziert und der Kohlenstoff aus dem Koks oder Erdöl zu Kohlenmonoxid und Kohlendioxid (entweicht als Gichtgas) oxidiert. In der Schmelzzone bei rund 1500 °C schmilzt das Roheisen. Zuschläge, die die Verunreinigungen des Eisenerzes binden, schwimmen dann als Schlacke auf dem geschmolzenen Roheisen. Beim Abstich kann so die Schlacke leicht vom Roheisen getrennt werden.

789 Geben Sie vier Bauprodukte an, in denen Hochofenschlacke als Rohstoff weiterverarbeitet wird.

Als Stückschlacke zu	Schotter, Splitt und Pflastersteinen
Als Hüttensand zu	Hüttensteinen, Hochofenzement und Eisenportlandzement
Als Hüttenbims zu	Leichtbetonsteinen und Betonzuschlag
Als Hüttenwolle zu	Mineralfaser-Dämmmatten und Mineralfaser-Dämmplatten

790 ... 800 keine Aufgaben

Lernfeldübergreifende Grundlagen — Hochbaufacharbeiter
Technische Mathematik und statische Berechnungen — Lösungen

801 [2]	802 [5]	803 [4]	804 [4]	805 [3]	806 [2]
807 [1]	808 [5]	809 [4]	810 [2]	811 [4]	812 [4]
813 [4]	814 [2]	815 [4]	816 [1]	817 [2]	818 [1]
819 [1]	820 [2]	821 [2]	822 [3]	823 [4]	824 [2]
825 [4]	826 [2]	827 [3]	828 [2]	829 [1]	830 [4]
831 [3]	832 [2]	833 [5]	834 [4]	835 [2]	836 [2]
837 [1]	838 [4]	839 [4]	840 [3]	841 [4]	842 [4]
843 [2]	844 [5]	845 [5]	846 [3]	847 [4]	848 [2]
849 [4]	850 [5]	851 [3]	852 [3]		

853 Für das skizzierte System Träger auf zwei Stützen aus Nadelholz MS 10 ist die Auflagerkraft B_v zu berechnen

Statisches System mit Ersatzkraft $F_E = 4{,}2$ kN/m · 10 m im Abstand von $a = 5{,}00$ m vom Auflager A

$$B_V = \frac{42 \text{ kN} \cdot 5{,}00 \text{ m}}{7{,}00 \text{ m}}$$

$B_V = 30$ kN

854 Ein Träger wird durch die Einzellast $F_1 = 4$ kN belastet. Wie groß sind die Auflagerkräfte F_A und F_B?

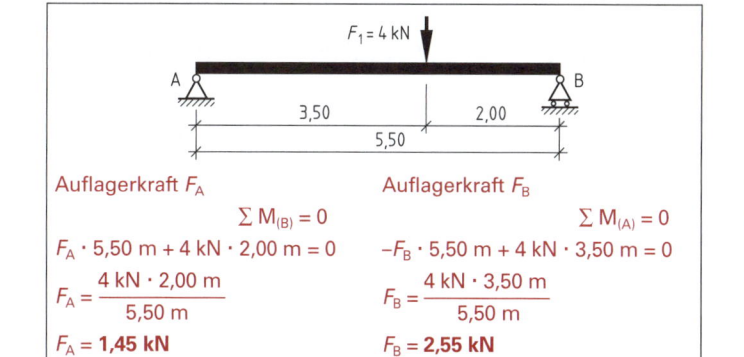

Auflagerkraft F_A
$\sum M_{(B)} = 0$
$F_A \cdot 5{,}50 \text{ m} + 4 \text{ kN} \cdot 2{,}00 \text{ m} = 0$
$F_A = \dfrac{4 \text{ kN} \cdot 2{,}00 \text{ m}}{5{,}50 \text{ m}}$
$F_A = 1{,}45$ kN

Auflagerkraft F_B
$\sum M_{(A)} = 0$
$-F_B \cdot 5{,}50 \text{ m} + 4 \text{ kN} \cdot 3{,}50 \text{ m} = 0$
$F_B = \dfrac{4 \text{ kN} \cdot 3{,}50 \text{ m}}{5{,}50 \text{ m}}$
$F_B = 2{,}55$ kN

855 [4]	856 [1]	857 [3]

858 Welche Koordinaten hat der Schwerpunkt?

$$y = \frac{A_1 \cdot y_1 + A_2 \cdot y_2}{A_{ges}} = \frac{4800 \cdot 60 + 7200 \cdot 30}{12000} = 42 \text{ cm}$$

$$z = \frac{A_1 \cdot z_1 + A_2 \cdot z_2}{A_{ges}} = \frac{4800 \cdot 140 + 7200 \cdot 60}{12000} = 92 \text{ cm}$$

859 Wird der Mindestlochabstand eingehalten?

Mindestlänge des Anschlusses:
$l_{min} = 3d_1 + 3{,}5d_1 + 3{,}5d_1 + 3d_1$
$\quad = 3 \cdot 13 + 3{,}5 \cdot 13 + 3{,}5 \cdot 13 + 3 \cdot 13 = 169$ mm
$l_{min} = 16{,}9$ cm < 18 cm (l_{vorh} → Abstand eingehalten!)

860 Wie groß ist die Spannung σ?

Nutzungsquerschnitt:
$A = (70 \text{ mm} - 21 \text{ mm}) \cdot 9 \text{ mm} = 441 \text{ mm}^2$

Spannung σ:
$$\sigma = \frac{50 \text{ kN}}{441 \text{ mm}^2} = \frac{50\,000 \text{ N}}{441 \text{ mm}^2} = 113{,}4 \frac{\text{N}}{\text{mm}^2}$$

861 Berechnen Sie die fehlenden Einzellängen.

Die Längen l_1 und l_2 haben nachfolgende Abmaße:
$l_1 = 0{,}24$ m $+ 4{,}01$ m $+ 0{,}24$ m $+ 1{,}76$ m $+ 0{,}24$ m
$l_1 = 6{,}49$ m
$l_2 = 6{,}49$ m $- 1{,}01$ m $- 0{,}99$ m $- 1{,}01$ m $- 0{,}74$ m
$l_2 = 2{,}74$ m

Lernfeldübergreifende Grundlagen — Hochbaufacharbeiter

Technische Mathematik und statische Berechnungen — Lösungen

862 Die Stahlliste ist zu vervollständigen:

Pos.	Stück	⌀ (mm)	Einzel-länge (m)	Gesamt-länge (m)	Längen-masse (kg/m)	Einzel-masse (kg)
1	2	6	0,82	1,64	0,222	0,364
2	4	12	2,24	8,96	0,888	7,956
3	3	20	1,16	3,48	2,470	8,596
4	12	8	2,06	24,72	0,395	9,764
Gesamtmasse (kg)						26,68

863 Welche Querschnittsfläche A in mm² haben Betonstähle mit folgenden Angaben:

Die Querschnittsflächen betragen:
1) **6 mm** $A = 28{,}2743$ mm²
2) **12 mm** $A = 113{,}097$ mm²
3) **18 mm** $A = 254{,}469$ mm²

864 Geg.: $A = 24{,}39$ m²; $l = 5{,}82$ m; Ges.: U

$A = l \cdot b$

$b = \dfrac{A}{l} = \dfrac{24{,}39 \text{ m}^2}{5{,}82 \text{ m}} = 4{,}19$ m

$U = 2(l + b)$ – Türbreite

$U = 2(5{,}82 \text{ m} + 4{,}19 \text{ m}) - 0{,}76 \text{ m} \rightarrow U = 19{,}26$ m

865 Auf einer Baustelle werden 196,37 m² Dämmplatten benötigt. Es sind noch 9 Pakete mit jeweils 8,70 m² Dämmplatten vorrätig. Wie viel Pakete müssen bestellt werden?

$A_1 = 9 \cdot 8{,}70 \text{ m}^2 = 78{,}30$ m²
$A_2 = 196{,}37 \text{ m}^2 - 78{,}30 \text{ m}^2$
$A_2 = 118{,}07$ m²
$n = \dfrac{118{,}07 \text{ m}^2}{8{,}70 \text{ m}^2/\text{Paket}} \rightarrow n = 13{,}57 \approx 14$ Pakete

866 Umfänge U in mm

1) ⌀ **8 mm** $U = 25{,}133$ mm
2) ⌀ **16 mm** $U = 50{,}265$ mm
3) ⌀ **24 mm** $U = 75{,}398$ mm

867 Geg.: 8 ⌀ 10; Ges.: n ⌀ 8

$n = \dfrac{8(A_1)}{(A_2)} = \dfrac{8(\pi \cdot r_1^2)}{(\pi \cdot r_2^2)}$

$= \dfrac{8(\pi(5 \text{ mm})^2)}{\pi(4 \text{ mm})^2} = 12{,}5$ $n \approx 13$ Betonstähle ⌀ 8 mm

868 Geg.: $A = 28{,}60$ m²; 33 Fl./m²; Ges.: Anzahl

$\dfrac{1 \text{ m}^2}{33} = \dfrac{28{,}60 \text{ m}^2}{n} \rightarrow n = \dfrac{28{,}60 \text{ m}^2 \cdot 33 \text{ Fl}}{1 \text{ m}^2} = 943{,}80$ Fl

$n = 943{,}80 + 3\% \cdot 943{,}80 = 972{,}11$

$n = 973$ Fliesen (einschl. 3 % Verhau)

869 3 Maurer mit 8 h; Ges.: Arbeitszeit für 2 Maurer

3 Maurer benötigen 8 Stunden
1 Maurer benötigt $3 \cdot 8$ Stunden
2 Maurer benötigen $\dfrac{3 \cdot 8 \text{ Stunden}}{2}$

$\dfrac{8 \text{ Stunden} \cdot 3 \text{ Maurer}}{2 \text{ Maurer}} = 12$ Stunden

870 Lageplan 1 : 500 – m

Zeichnungslänge = $\dfrac{\text{Wirkliche Länge}}{\text{Verhältniszahl}}$

M 1:500 $ZL = \dfrac{WL}{n}$

z. B. $ZL = \dfrac{25 \text{ m}}{500} = \dfrac{2500 \text{ cm}}{500} = 5$ cm

871 Nachfolgende Tabelle ist zu ergänzen:

Aufgabe	a)	b)
Verhältnis	1 : 50	1 : 57
Prozent	2 %	1,75 %
Länge	6,00 m	8,00 m
Höhe	12 cm	14 cm

872 Wie groß muss die Böschungsbreite b sein?

Bodenklasse 5
$\rightarrow b = 0{,}58 \cdot t$
$0{,}58 \cdot 3{,}00 \text{ m} = \underline{1{,}74 \text{ m}}$

873 Der Stundenlohn soll um 3,6 % erhöht werden.

$\dfrac{G}{100\%} = \dfrac{P}{p\%}$; geg.: Stundenlohn von 10,12 €

$p = \dfrac{G \cdot p\%}{100\%} = \dfrac{10{,}12 \text{ €} \cdot 3{,}6\%}{100\%} = \underline{0{,}36 \text{ €}}$

zukünftiger Stundenlohn = (10,12 + 0,36) = $\underline{10{,}48 \text{ €}}$

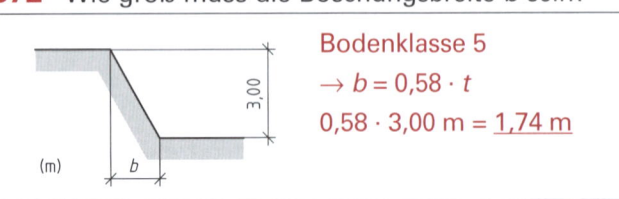

874 Die Gleichungen sind nach x umzustellen:

1) $18 - 4x + 3x = x - 2 + 2 + 3x$ $\rightarrow x = 3{,}6$
2) $6 \cdot 2 : 3 - 2 - 3x = x - 2$ $\rightarrow x = 1$

Lernfeldübergreifende Grundlagen — Hochbaufacharbeiter
Technische Mathematik und statische Berechnungen — Lösungen

875 Die Formeln sind nach A umzustellen:

1) $b = \dfrac{2 \cdot A}{(l_1 + l_2)}$ 2) $d = \sqrt{\dfrac{4 \cdot A}{\pi}}$

1) $A = \left(\dfrac{l_1 + l_2}{2}\right) \cdot b$ 2) $A = \dfrac{\pi}{4} d^2$

876 Flächeninhalt

$A_1 = \dfrac{c \cdot 2r}{2} = c \cdot r$

$A_3 = b \cdot 2\dfrac{r}{2}$

$A_3 = \dfrac{\pi \cdot r^2}{2}$

877 Geg.: Kreisausschnitt; Ges.: Bogenlänge b

$b = \dfrac{\pi \cdot d \cdot \alpha}{360°}$ $\pi = 3,34$ m $\alpha = 114°$

$b = \dfrac{\pi \cdot 3,34 \text{ m} \cdot 114°}{360°} = \underline{3,32 \text{ m}}$

878 Wie lang ist der mit NF-Mauerziegeln als Draufsicht dargestellte Pfeiler?

$N = n \,(12{,}5 \text{ cm}) - 1 \text{ cm}$ N = Rohbaunennmaß
$N = 5 \,(12{,}5 \text{ cm}) - 1 \text{ cm}$ n = Anzahl der Mauersteinköpfe

$\underline{N = 61{,}5 \text{ cm}}$ freistehendes Mauerwerk (Außenmaß)

879 Wie groß ist die Firsthöhe h des Satteldaches?

Pythagoras: $c^2 = a^2 + b^2$ $s^2 = \left(\dfrac{b}{2}\right)^2 + h^2$

$h = \sqrt{(s)^2 - \left(\dfrac{b}{2}\right)^2} = \sqrt{(5{,}00 \text{ m})^2 - (4{,}00 \text{ m})^2} = \sqrt{9{,}00 \text{ m}^2}$

$\underline{h = 3{,}00 \text{ m}}$ (Höhe im First antragen)

880 Wie groß ist der äußere und innere Umfang?

$U = \pi \cdot d$
$U_1 = \pi \cdot 15 \text{ cm} = \underline{47{,}12 \text{ cm}}$
$U_2 = \pi \,(15 \text{ cm} + 2 \cdot 2{,}8 \text{ cm})$
$U_2 = 64{,}72 \text{ cm}$

881 Welchen Umfang U hat die skizzierte Deckenfläche?

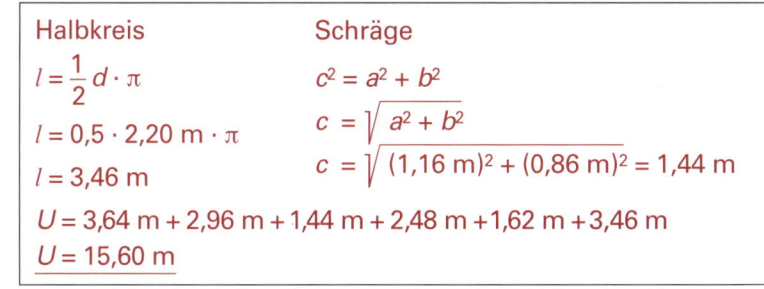

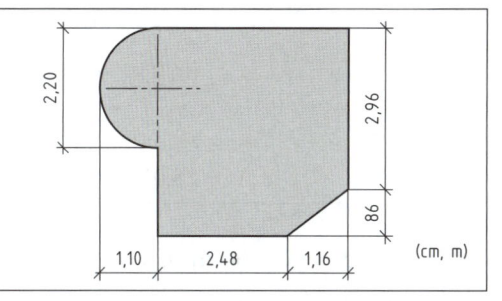

Halbkreis
$l = \dfrac{1}{2} d \cdot \pi$
$l = 0{,}5 \cdot 2{,}20 \text{ m} \cdot \pi$
$l = 3{,}46 \text{ m}$

Schräge
$c^2 = a^2 + b^2$
$c = \sqrt{a^2 + b^2}$
$c = \sqrt{(1{,}16 \text{ m})^2 + (0{,}86 \text{ m})^2} = 1{,}44 \text{ m}$

$U = 3{,}64 \text{ m} + 2{,}96 \text{ m} + 1{,}44 \text{ m} + 2{,}48 \text{ m} + 1{,}62 \text{ m} + 3{,}46 \text{ m}$
$\underline{U = 15{,}60 \text{ m}}$

882 Wie groß ist die skizzierte Fläche A des Hausgiebels?

Die Giebelfläche wird vom First nach unten geschnitten. Dadurch entstehen 2 Trapeze, von denen die Öffnungen zu subtrahieren sind.

$A = \left(\dfrac{l_1 + l_2}{2}\right) b$

$A_1 = \left(\dfrac{6{,}75 \text{ m} + 3{,}00 \text{ m}}{2}\right) 5{,}49 \text{ m} = \underline{26{,}76 \text{ m}^2}$

$A_2 = \left(\dfrac{6{,}75 \text{ m} + 6{,}00 \text{ m}}{2}\right) 4{,}50 \text{ m} = \underline{28{,}69 \text{ m}^2}$

$A_3 = (1{,}26 \text{ m} \cdot 2{,}01 \text{ m}) + (0{,}76 \text{ m} \cdot 1{,}01 \text{ m})$
$\quad\quad + (1{,}51 \text{ m} \cdot 1{,}01 \text{ m})$
$A_3 = \underline{4{,}82 \text{ m}^2}$

$A_4 = 26{,}76 \text{ m}^2 + 28{,}69 \text{ m}^2 - 4{,}82 \text{ m}^2$
$\underline{A_4 = 50{,}63 \text{ m}^2}$

883 Von dem Kreisverkehrsbereich sind zu berechnen:

a) $A_1 = \dfrac{\pi}{4} (D^2 - d^2)$

$A_1 = \dfrac{\pi}{4} ((10{,}60 \text{ m})^2 - (2{,}10 \text{ m})^2) = \underline{84{,}78 \text{ m}^2}$

b) $A_2 = \dfrac{\pi}{4} \cdot d^2$ c) $U_2 = \pi \cdot d$

$A_2 = \dfrac{\pi}{4} (2{,}10 \text{ m})^2 = \underline{3{,}46 \text{ m}^2}$ $U_2 = \pi \cdot 2{,}10 \text{ m} = \underline{6{,}60 \text{ m}}$

884 Welchen Flächeninhalt A hat die skizzierte Hoffläche?

A_1 Rechteck $A_1 = 19{,}36 \text{ m}^2$
A_2 Dreiviertelkreis
$A_2 = \dfrac{3}{4} (2{,}20 \text{ m})^2 \cdot \pi$
$\quad\, = 11{,}40 \text{ m}^2$

$A = A_1 + A_2$
$A = 30{,}76 \text{ m}^2$

Lernfeldübergreifende Grundlagen — Hochbaufacharbeiter

Technische Mathematik und statische Berechnungen — Lösungen

885 Wie groß ist die dargestellte Fläche A aus Fußbodenfliesen?

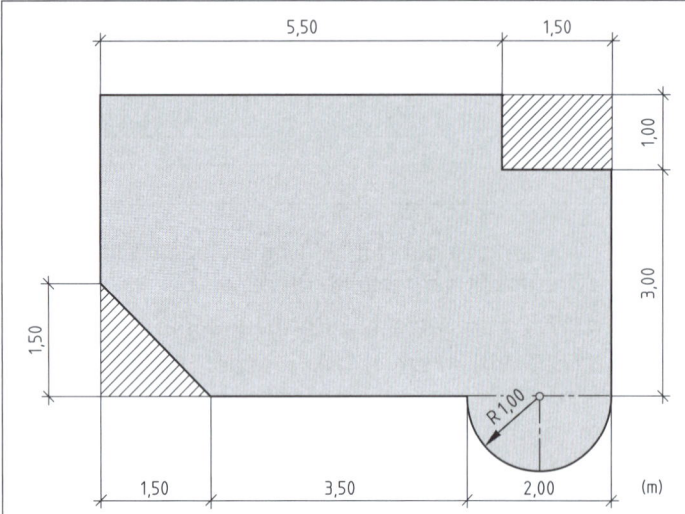

Fußbodenflächen
Gesamtrechteck A_1
$A_1 = (5{,}50 \text{ m} + 1{,}50 \text{ m}) \cdot (3{,}00 \text{ m} + 1{,}00 \text{ m}) = \underline{28{,}00 \text{ m}^2}$
abzüglich schraffierte Flächen A_2
$A_2 = \dfrac{1{,}50 \text{ m} \cdot 1{,}50 \text{ m}}{2} + 1{,}50 \text{ m}^2 \cdot 1{,}00 \text{ m}^2$
$A_2 = 2{,}63 \text{ m}^2$
zuzüglich Halbkreisfläche A_3
$A_3 = \dfrac{\pi \cdot (2{,}00 \text{ m})^2}{8} = \underline{1{,}57 \text{ m}^2}$
$A = A_1 - A_2 + A_3 = 28{,}00 \text{ m}^2 - 2{,}63 \text{ m}^2 + 1{,}57 \text{ m}^2$
$A = \underline{26{,}94 \text{ m}^2}$

886 Wie groß ist die Putzfläche der Hausfassade?

$A = (19{,}99 \text{ m} \cdot 3{,}01 \text{ m}) -$
$\quad (2{,}01 \text{ m} \cdot 1{,}26 \text{ m} + 1{,}51 \text{ m} \cdot 0{,}676 \text{ m}) \cdot 2$
$= 60{,}17 \text{ m}^2 - 7{,}11 \text{ m}^2$
$A = \underline{53{,}06 \text{ m}^2}$

887 Ges.: Holzschalung einschl. 25% Verschnitt

Bei einem Dachneigungswinkel von 45%
(Verhältnis 1:1) ist die Dachhöhe gleich der halben
Dachbreite, also $\quad h = \dfrac{b}{2}\quad$ mit $b = 8{,}00$ m folgt

$A_1 = \dfrac{8{,}00 \text{ m} \cdot 4{,}00 \text{ m}}{2} = 16{,}00 \text{ m}^2$
$A = A_1 + 25\% \text{ von } A_1$
$A = 16{,}00 \text{ m}^2 + 4{,}00 \text{ m}^2 = \underline{20{,}00 \text{ m}^2}$

888 Wie viel Liter Putzmörtel werden benötigt?

$A_1 = 2\,(4{,}74 \text{ m} + 3{,}49 \text{ m}) \cdot 2{,}59 \text{ m}$
$A_1 = 42{,}63 \text{ m}^2$
$A_2 = 1{,}01 \text{ m} \cdot 1{,}26 \text{ m} + 1{,}01 \text{ m} \cdot 2{,}01 \text{ m}$
$A_2 = 3{,}30 \text{ m}^2$
$A = A_1 - A_2 = 39{,}33 \text{ m}^2 \qquad V = A \cdot d$
$\hspace{5cm} V = 39{,}33 \text{ m}^2 \cdot 0{,}02 \text{ m}$
$\hspace{5cm} V = 0{,}787 \text{ m}^2 = \underline{787 \text{ Liter}}$

889 Zylinder $r = 2{,}90$ m; $h = 4{,}10$ m

1) $V = A \cdot h$ (Volumen)
$V = \dfrac{\pi \cdot d^2}{4} \cdot h$
$= \dfrac{\pi \,(5{,}80 \text{ m})^2}{4} = 4{,}10 \text{ m} = \underline{108{,}33 \text{ m}^3}$
2) $M = U \cdot h = \pi \cdot d \cdot h$ (Mantelfläche)
$M = \pi \cdot 5{,}80 \text{ m} \cdot 4{,}10 \text{ m} = \underline{74{,}71 \text{ m}^2}$
3) $O = M + A_u + A_o$ (Oberfläche)
$O = M + 2\left(\dfrac{\pi}{4} d^2\right)$
$O = 74{,}71 \text{ m}^2 + 2\left(\dfrac{\pi}{4} \cdot (5{,}80 \text{ m})^2\right) \qquad O = \underline{127{,}55 \text{ m}^2}$

890 Von der Baugrube sind zu berechnen:

1) $V_1 = \left(\dfrac{3{,}00 \text{ m} + 1{,}10 \text{ m}}{2}\right) 12{,}60 \text{ m} \cdot 11{,}40 \text{ m}$
$V_1 = 294{,}46 \text{ m}^3$
2) $V_2 = V_1 + 20\% \text{ von } 294{,}46 \text{ m}^3$
$V_2 = 294{,}46 \text{ m}^3 + 0{,}2 \cdot 294{,}46 \text{ m}^3 \qquad V_2 = 353{,}35 \text{ m}^3$
3) $n = \dfrac{V \text{ Gesamt}}{V \text{ Lkw}}$
$n = \dfrac{353{,}35 \text{ m}^3}{4{,}2 \text{ m}^3/\text{Lkw}} = 84{,}13 \rightarrow \underline{85 \text{ Lkw-Ladungen}}$

891 Wie groß ist das Festbetonvolumen?

$l_1 = 2\,(0{,}50 + 5{,}00 + 0{,}30 + 5{,}20 + 0{,}50)$
$\quad + 2\,(3{,}00 + 0{,}30 + 3{,}20)$
$l_1 = 36{,}00 \text{ m}$
$V_1 = (36{,}00 \cdot 0{,}50 \cdot 0{,}60)$
$V_1 = 10{,}80 \text{ m}^3$

$l_2 = (3{,}00 \text{ m} + 0{,}30 \text{ m} + 3{,}20 \text{ m}) + (5{,}20 \text{ m})$
$l_2 = 11{,}70 \text{ m}$
$V_2 = (11{,}70 \cdot 0{,}30 \cdot 0{,}60) \qquad V = V_1 + V_2$
$V_2 = 2{,}11 \text{ m}^3 \hspace{2.5cm} V = \underline{12{,}91 \text{ m}^3}$

Lernfeldübergreifende Grundlagen — Hochbaufacharbeiter
Technische Mathematik und statische Berechnungen — Lösungen

892 Mantelfläche M von 15 Stahlbetonstützen

$M = n \cdot (U \cdot h)$
$M = 15 \cdot (2 \cdot (0{,}65\ \text{m} + 0{,}35\ \text{m})) \cdot 6{,}30\ \text{m}$
$M = 189{,}00\ \text{m}^2$

893 Das Volumen eines Abwasserrohrs

$V = \dfrac{\pi}{4}(D^2 - d^2) \cdot l \qquad V = 32{,}04\ \text{dm}^3$

$V = \dfrac{\pi}{4}((2{,}00\ \text{dm})^2 - (1{,}40\ \text{dm})^2) \cdot 20\ \text{dm}$

894 Wie viel Kubikmeter Erde müssen aus dem 43,20 m langen Rohrgraben ausgehoben werden?

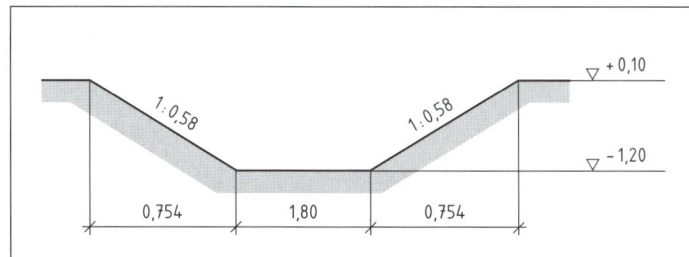

$V = \left(\dfrac{b_1 + b_2}{2}\right) h \cdot l$

$b_2 = 1{,}80\ \text{m} + 2 \cdot (0{,}58 \cdot 1{,}30\ \text{m}) = 3{,}31\ \text{m}$

$V = \left(\dfrac{1{,}80\ \text{m} + 3{,}31\ \text{m}}{2\ \text{m}}\right) 1{,}30\ \text{m} \cdot 43{,}20\ \text{m}$

$V = 143{,}49\ \text{m}^3$

895 Die Dachfläche M des Zeltdaches ist zu bestimmen.

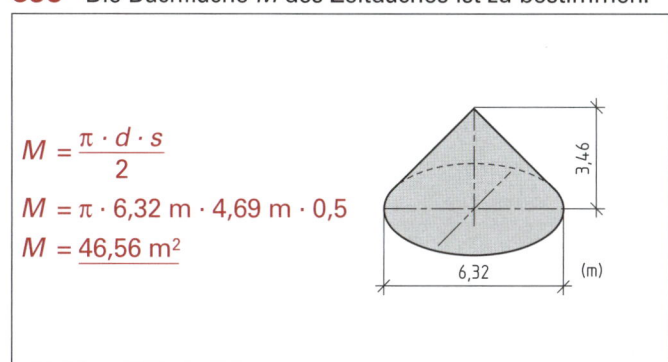

$M = \dfrac{\pi \cdot d \cdot s}{2}$

$M = \pi \cdot 6{,}32\ \text{m} \cdot 4{,}69\ \text{m} \cdot 0{,}5$

$M = 46{,}56\ \text{m}^2$

896 Wie groß ist das Volumen V der Stützmauer?

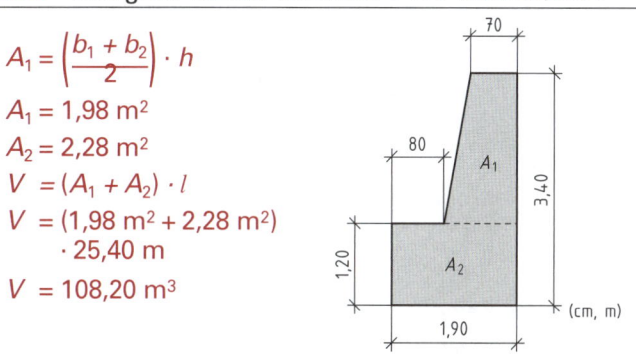

$A_1 = \left(\dfrac{b_1 + b_2}{2}\right) \cdot h$
$A_1 = 1{,}98\ \text{m}^2$
$A_2 = 2{,}28\ \text{m}^2$
$V = (A_1 + A_2) \cdot l$
$V = (1{,}98\ \text{m}^2 + 2{,}28\ \text{m}^2) \cdot 25{,}40\ \text{m}$
$V = 108{,}20\ \text{m}^3$

897 Der Flächeninhalt A der skizzierten Fläche ist in Abhängigkeit von a zu berechnen.

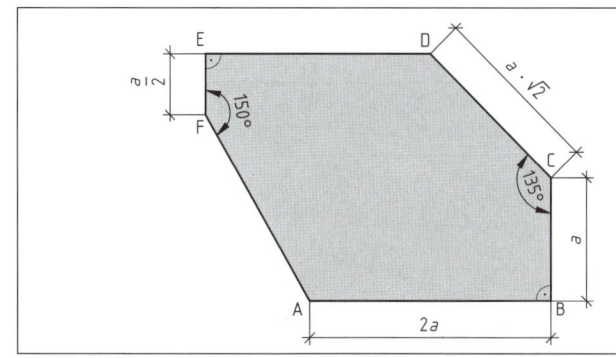

$A_1 = 2a \cdot a = 2a^2$

$A_2 = a \cdot a \cdot \dfrac{1}{2} = \dfrac{a^2}{2}$

$A_3 = a \cdot a = a^2$

$A_4 = \left(\dfrac{a}{2} + 2a\right) \cdot \dfrac{1}{2} = \dfrac{\sqrt{3}}{2} a$

$\quad = \dfrac{5}{8}\sqrt{3}\, a^2$

$A_{ges} = 4{,}583\, a^2$

898 Der Radius x und der Flächeninhalt A der schraffierten Fläche sind zu berechnen.

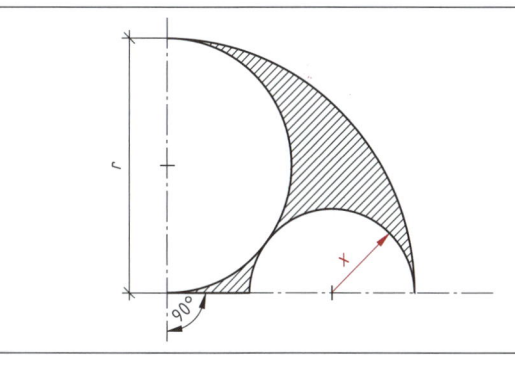

Berechne x über a:

$\left(\dfrac{r}{2} + x\right)^2 = \left(\dfrac{r}{2}\right)^2 + (r - x)^2$

$0 = r^2 - 3rx$

$0 = r(r - 3x) \qquad r = 0\ \text{(nicht definiert)}$

$x = \dfrac{r}{3}$

$A = \dfrac{r^2 \cdot \pi}{4} - \dfrac{r^2 \cdot \pi}{4 \cdot 2} - \dfrac{r^2 \cdot \pi}{9 \cdot 2} \qquad A = \dfrac{5}{72} r^2 \pi$

899 ... 900 keine Aufgaben

Lernfeldübergreifende Grundlagen — Hochbaufacharbeiter

Technisches Zeichnen und Bauzeichnen — Lösungen

901	4	**902**	1	**903**	5	**904**	5	**905**	1	**906**	3
907	1	**908**	4	**909**	2	**910**	3	**911**	2	**912**	5
913	1	**914**	5	**915**	4	**916**	3	**917**	1	**918**	3
919	1	**920**	3	**921**	2	**922**	4	**923**	4	**924**	2
925	5	**926**	2	**927**	2	**928**	3	**929**	1	**930**	4
931	1	**932**	5	**933**	5	**934**	5	**935**	1	**936**	2
937	5	**938**	4	**939**	5	**940**	4	**941**	5	**942**	2
943	4	**944**	1	**945**	3						

946 Zur Geraden g ist eine Parallele durch P zu zeichnen.

- Das erste Zeichendreieck ist an die gegebene Gerade g anzulegen.
- Das zweite Dreieck anlegen und fixieren.
- Erstes Zeichendreieck bis zum Punkt P verschieben.

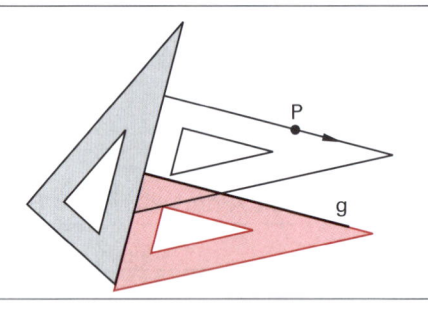

947 Die Strecke $\overline{AB}$ soll durch eine Zirkelkonstruktion halbiert werden.

- Die Kreisbögen um A und B (mit R > $\overline{AB}$/2 schneiden einander in C und D.
- Die Verbindung von C und D ist das Mittellot auf $\overline{AB}$ und Streckenhalbierende.

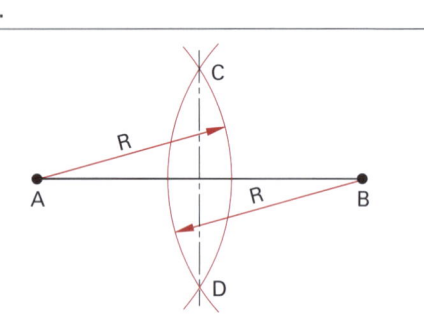

948 Auf dem Punkt P einer Strecke ist durch eine Zirkelkonstruktion eine Senkrechte zu errichten.

- Um den Punkt P ist ein Kreisbogen zu schlagen. Die Schnittpunkte mit den Geraden ergeben A und B.
- Kreisbögen um A und B ergeben den Schnittpunkt C.
- Die Verbindung von P und C ist die Senkrechte auf der Strecke.

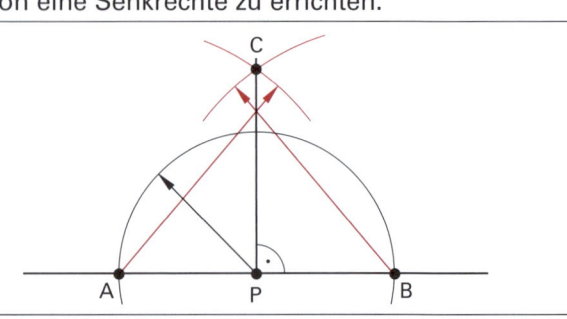

Lernfeldübergreifende Grundlagen — Hochbaufacharbeiter

Technisches Zeichnen und Bauzeichnen — Lösungen

949 Der gegebene Winkel α soll durch eine Zirkelkonstruktion halbiert werden.

- Ein Kreisbogen um S schneidet die Schenkel des Winkels in A und B.
- Kreisbögen um A und B ergeben den Punkt C.
- Die Verbindung von S mit C ist die Winkelhalbierende.

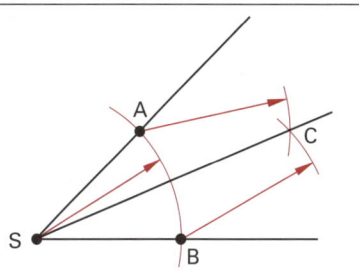

950 In den gegebenen Kreis (r = 1,5 cm) ist ein regelmäßiges Sechseck einzuzeichnen.

- In den Kreisbogen sind die Mittellinien $\overline{AB}$ und $\overline{CD}$ einzuzeichnen.
- Durch Kreisbögen (mit r = 1,5 cm) um C und D entstehen die Schnittpunkte E bis H.
- Die Schnittpunkte sind miteinander zu verbinden.

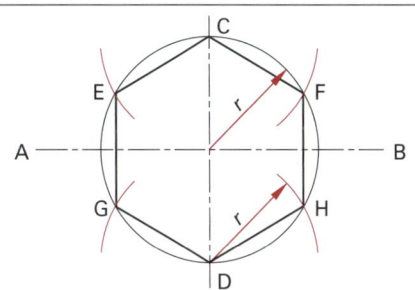

951 Qualitätsanforderungen an Bauzeichnungen

Bauzeichnungen sind Informations- und Datenträger für alle Phasen eines Bauprozesses. Sie müssen
- vollständig sein
- eindeutig sein
- verständlich sein
- gebrauchsfähig sein
- speicherbar sein

952 M. 1 : 50 – m, cm; wirkliche Länge

15,5 cm x 50 = 775 cm = 7,75 m

953 Maßstab gesucht

24 cm : 1,2 cm = 20
Maßstab 1 : 20

954 Körperkanten und Maßangaben

Körperkanten erhalten eine breite Volllinie, Maßgaben eine schmale – etwa halb so dicke – Volllinie.

955 Maßzahl bzw. Maßeintragung

Maßeintragungen sind Fertigungsmaße, die die wahre Größe eines Bauteils wiedergeben.

956 Fensterbemaßung

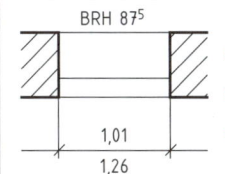

- Brüstungshöhe : 87,5 cm
- Fensterbreite : 101 cm
- Fensterhöhe : 126 cm

957 Maßeintragungen

Maßeintragung	m	cm	mm
11^5	–	11	5
3,41	3	41	–
6,62^5	6	62	5

958 Dimetrische Projektion

Die Höhen werden senkrecht und unverkürzt gezeichnet, die Längen unverkürzt im Winkel von 7° zur Waagerechten. Die Tiefen werden auf die Hälfte gekürzt und im Winkel von 42° zur Waagerechten gezeichnet.

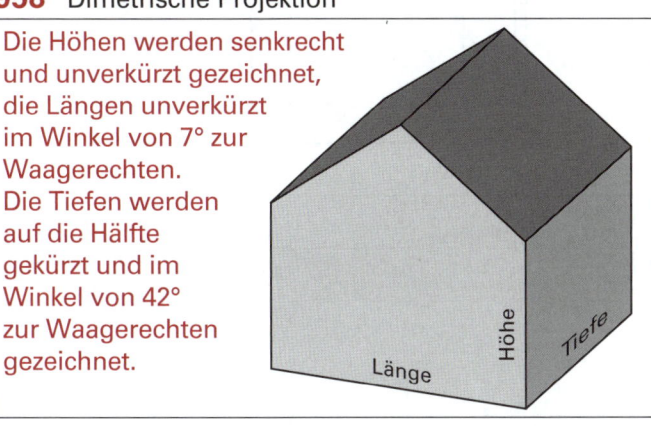

959 Was versteht man unter Kavalier-Projektion?

Die Kavalier-Projektion ist das Schrägbild eines Körpers in einer nicht genormten Darstellungsweise. Dabei wird von der unveränderten Vorderansicht ausgegangen, die Breiten werden unter 45° gezeichnet. Diese Ausdehnung wird auf zwei Drittel bzw. auf die Hälfte verkürzt.

960 Körper in isometrischer Projektion

Die Höhen werden senkrecht gezeichnet, Längen und Breiten im Winkel von 30° zur Waagerechten. Alle Kanten werden unverkürzt dargestellt.

961 ... 1099 keine Aufgaben

Grundbildung — Lernfeldaufgaben — Hochbaufacharbeiter

Mauern eines einschaligen Baukörpers — Lösungen

1100

Die Lösungsvorschläge zeigen ausführlich bautechnisch richtige Problembearbeitungen. Auch andere Ergebnisse sind denkbar. Wichtig ist immer, dass die Bearbeitungsschritte und Entscheidungen nachvollziehbar und nicht nur durch Endergebnisse dokumentiert sind.

1101/1102 Grundriss Ferienhaus – Maßstab M 1:50 (verkleinerte Darstellung) – Nennmaße in m, cm

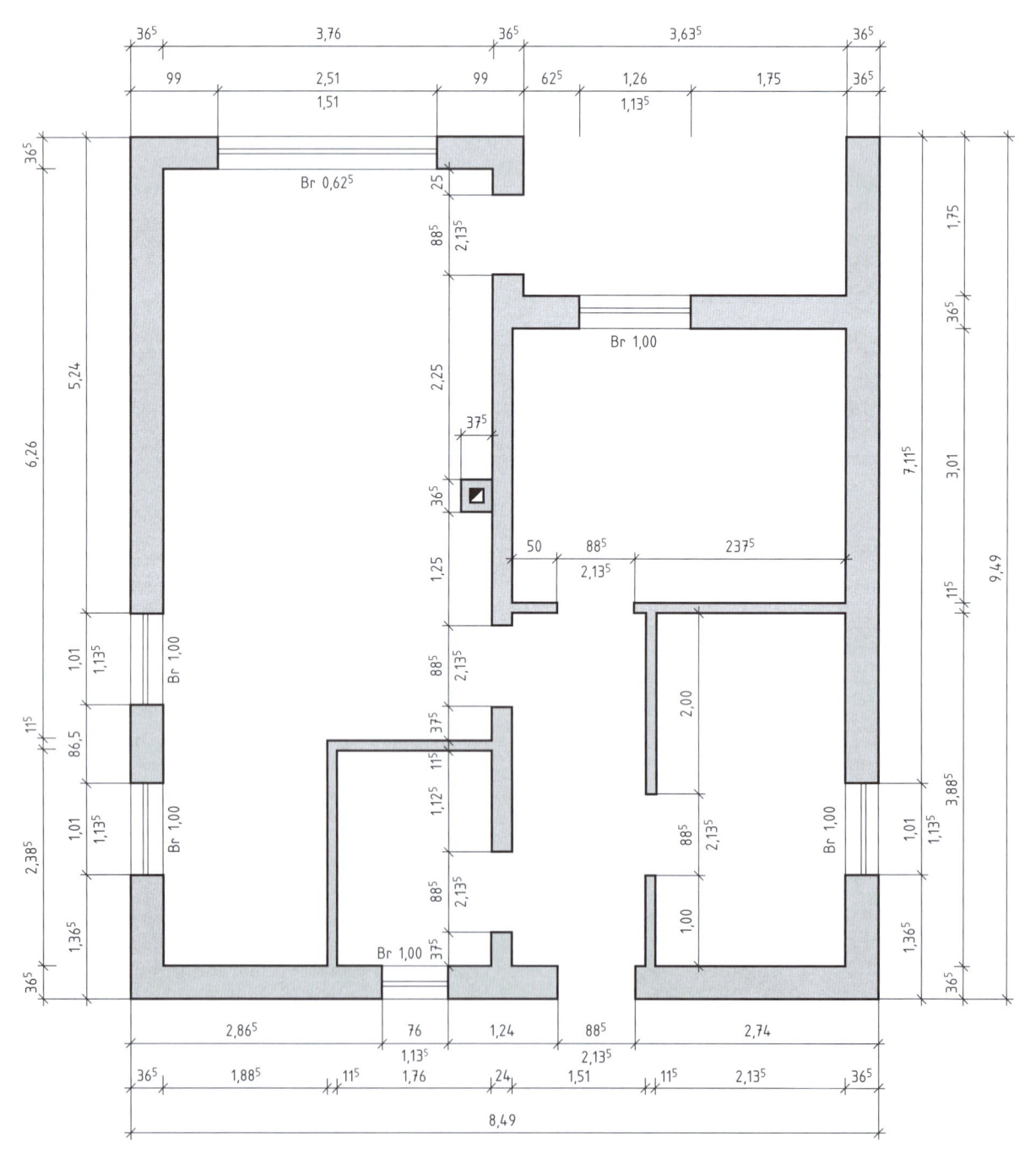

Mauerwerkshöhe 2,62⁵

Grundbildung — Lernfeldaufgaben — Hochbaufacharbeiter

Mauern eines einschaligen Baukörpers — Lösungen

1103 Steinauswahl

Format: Baupraktisch üblich verarbeitet man ab 30er-Mauerwerk größere Steinformate im Läufer- oder Binderverband. Da aber nur Vorzugsformate zur Verfügung stehen, werden **2 DF**-Steine gewählt.
Mit DF- oder NF-Steinen sind mehr Schichten nötig, das bedeutet längere Bauzeit und mehr Mörtel.
Mit 3 DF-Steinen ist kein Verband für 36,5 cm dickes Mauerwerk möglich.

Frostbeständigkeit: Nicht erforderlich, weil das Außenmauerwerk verputzt wird.

Druckfestigkeitsklasse: Nach Statikervorgabe **mindestens 8 N/mm²**.

Rohdichteklasse: Für **Außen**mauerwerk **kleine Rohdichte** (gute Wärmedämmung, schlechtere Schalldämmung ist wegen der ruhigen Wohnlage hinnehmbar).
Für **Innen**mauerwerk **größere Rohdichte** (bessere Schalldämmung und Wärmespeicherfähigkeit).

gewählt: Leichthochlochziegel **HLz 8 – 0,8 – 2 DF** für die **Außenwände**
Vollziegel **Mz 12 – 1,6 – 2 DF** für die **Innenwände**

1104 Steinbedarf Außenwände

V_{Aw} = (9,49 m + 9,49 m + 1,75 m + 7,76 m + 7,76 m) x 2,625 m x 0,365 m
= 36,25 m x 2,625 m x 0,365 m

V_{Aw} = **34,73 m³**

Abzüge:
Fenster	1 x 0,76 m x 1,135 m x 0,365 m	= 0,31 m³
	3 x 1,01 m x 1,135 m x 0,365 m	= 1,26 m³
	1 x 1,26 m x 1,135 m x 0,365 m	= 0,52 m³
	1 x 2,51 m x 1,51 m x 0,365 m	= 1,38 m³
Türen	2 x 0,885 m x 2,135 m x 0,365 m	= 1,38 m³
Fensterstürze	1 x 1,115 m x 0,115 m x 0,365 m	= 0,04 m³
	3 x 1,24 m x 0,113 m x 0,365 m	= 0,15 m³
	1 x 1,49 m x 0,113 m x 0,365 m	= 0,06 m³
	1 x 3,01 m x 0,365 m x 0,365 m	= 0,40 m³
Türstürze	2 x 1,115 m x 0,113 m x 0,365 m	= 0,09 m³
		5,59 m³

V_{Aw} = 34,73 m³ – 5,59 m³ = **29,14 m³**

Steinbedarf: 29,14 m³ x 271 Steine/m³ = 7897 Steine

Für die **Außenwände** werden **7900** Mauersteine **HLz 8 – 0,8 – 2 DF** benötigt.

1104 Steinbedarf Innenwände

24 cm dicke Wand: A_{Iw} = 7,01 m x 2,625 m
A_{Iw} = **18,40 m²**

Abzüge: Türen 2 x 0,885 m x 2,135 m = 3,78 m²
Türstürze 2 x 1,115 m x 0,113 m = 0,25 m²
4,03 m²

A_{Iw} = 18,40 m² – 4,03 m² = **14,37 m²**

Steinbedarf: 14,37 m² x 66 Steine/m² = 949 Steine

11,5 cm dicke Wände: A_{Iw} = (2,385 m + 1,875 m + 3,885 m + 3,76 m) x 2,625 m
A_{Iw} = (11,91 m x 2,625 m) = **31,26 m²**

Abzüge: Türen 2 x 0,885 m x 2,135 m = 3,78 m²
Türstürze 2 x 1,115 m x 1,113 m = 0,25 m²
4,03 m²

A_{Iw} = 31,26 m² – 4,03 m² = **27,23 m²**

Steinbedarf: 27,23 m² x 33 Steine/m² = 899 Steine

Für die **Innenwände** werden **1850** Mauersteine **Mz 12 – 1,6 – 2 DF** benötigt.

| Grundbildung | Lernfeldaufgaben | Hochbaufacharbeiter |

Mauern eines einschaligen Baukörpers — Lösungen

1105 Mörtelbedarf

Außenwände:		29,14 m³ x 218 l/m³	= 6353 l
Innenwände:	(24er)	14,37 m² x 50 l/m²	= 719 l
	(11,5er)	27,23 m² x 19 l/m²	= 517 l

Für das gesamte Mauerwerk werden **7589 l Mörtel** benötigt.

1106 Mörtelgruppe MG nach DIN 1053/Mörtelklassen Normalmauermörtel nach DIN EN 988-2

Kalkzementmörtel **(MG II/NM 2,5 : 2 RT Kalkhydrat + 1 RT Zement + 8 RT Sand)** ist der baustellenübliche Normalmörtel zum Vermauern von klein- und mittelformatigen Steinen. Er lässt sich gut verarbeiten und erreicht gute Festigkeit bei kurzer Erhärtungszeit.

Baustoffbedarf Mörtel

2 RT Kalk + 1 RT Zement + 8 RT Sand = 11 RT
7589 l Mörtel x 1,4 (Mörtelfaktor) = 10 625 l Trockenmischung
10 625 l Trockenmischung : 11 RT = 966 l / RT

2 RT x 966 l/RT = **1932 l Kalkhydrat**
                  1932 l : 40 l/20-kg-Sack = **49** (20-kg-)**Säcke Kalkhydrat**
1 RT x 966 l/RT = **966 l Zement**
                  988 l : 21 l/25-kg-Sack = **46** (25-kg-)**Säcke Zement**
8 RT x 966 l/RT = **7728 l Sand**
                  7728 l Sand ~ **7,8 m³ Sand**

1107 Werkzeuge, Messgeräte, Maschinen

Bandmaß	– Abmessen größerer Strecken
Gliedermaßstab	– Abmessen kleinerer Strecken
Schichtenmaß	– Kontrolle der Schichtenhöhen
Ecklehre	– Lot- und fluchtgerechtes Anlegen der Mauerecken
Schlauchwaage	– Übertragen von weit auseinander liegenden Höhenpunkten
Wasserwaage	– Überprüfen der Senkrechten und Waagerechten
Richtscheid	– Ausrichten kurzer Fluchten und Auswiegen kurzer Strecken
Fluchtschnur	– Festlegen und Einhalten der Mauerflucht
Lot	– Ausloten von Baufluchten, Festlegen und Nachprüfen von lotrechten Kanten
Mauerwinkel	– Anlegen rechter Winkel bei Mauerecken
Kelle	– Antragen des Mörtels beim Mauern
Mauerhammer	– Schlagen von Teilsteinen, Einschlagen von Nägeln
Schubkarre	– Transportieren von Baumaterial
Wassereimer	– Transportieren kleiner Mengen Wasser, Baustoffe oder Mörtel
Mörtelkübel	– Bereitstellen des Mörtels am Arbeitsplatz
Schaufel	– Umsetzen und Einschaufeln von losen Baustoffen und Mörtel
(Freifall-)Mischer	– Mischen der Bestandteile zu Mauermörtel

1108 Gerüst

Zum Mauern über ca. 1,50 m wird ein Gerüst erforderlich.
Für die zu erstellende Mauerwerkshöhe reicht ein **Bockgerüst** aus Gerüstböcken (z. B. Stahl, höhenverstellbar) und Gerüstbelag. Ein Seitenschutz ist nicht nötig, da die Belaghöhe 2,00 m (über Boden) nicht übersteigt. Die Gerüstböcke müssen auf einer sicheren Unterlage aufgestellt und untereinander verstrebt werden. Der Abstand der Böcke ist abhängig von der Breite und der Dicke der Belag-Bohlen. Bei z. B. 28 cm breiten und 4,0 cm dicken Bohlen dürfen die Böcke höchstens 2,00 m Abstand haben. Der Gerüstbelag darf über den letzten Gerüstbock bis zu 30 cm herausragen.

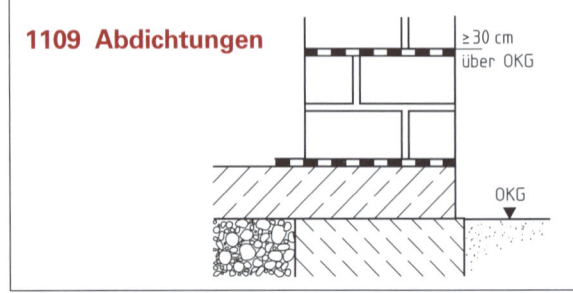

1109 Abdichtungen

Außen- und Innenwände müssen gegen aufsteigende Bodenfeuchtigkeit geschützt werden. Unter der ersten und unter der dritten Schicht (sie liegt mehr als 30 cm über dem Gelände) werden einlagige Bitumendachbahnen (oder Kunststoff-Dichtungsbahnen) in Mörtel lose (nicht geklebt!) verlegt. Die Stöße der Bahnen müssen sich mindestens 20 cm überdecken. Die untere Abdichtung soll nach innen überstehen, damit sie mit der Fußbodenabdichtung verbunden werden kann.

| Grundbildung | Lernfeldaufgaben | Hochbaufacharbeiter |

Mauern eines einschaligen Baukörpers — **Lösungen**

1110 36,6 cm dickes Mauerwerk

Das 36,5 cm dicke Außenmauerwerk wird mit den kleinformatigen 2 DF-Steinen im **Blockverband** gemauert. Jede Schicht besteht aus Bindern und Läufern, die in der nächsten Schicht wechseln.

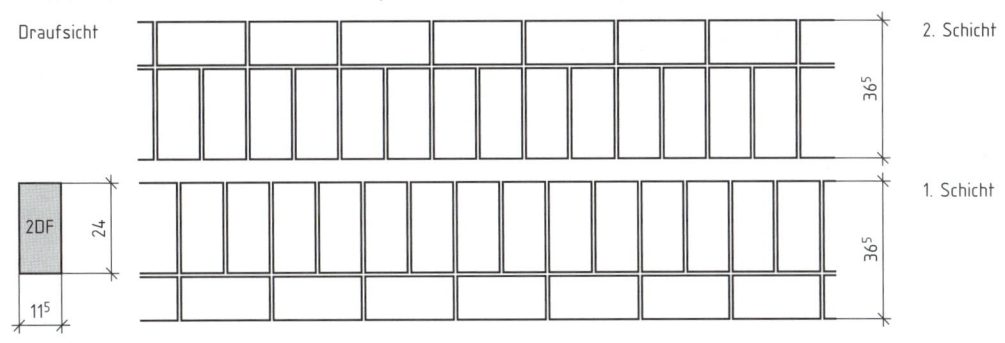

1111 Wandenden und -ecken

An den Wandenden und -ecken beginnt die Schicht, in der die Läufer auf der Außenseite sichtbar sind, mit drei 3/4-Steinen. Diese Schicht bindet durch.

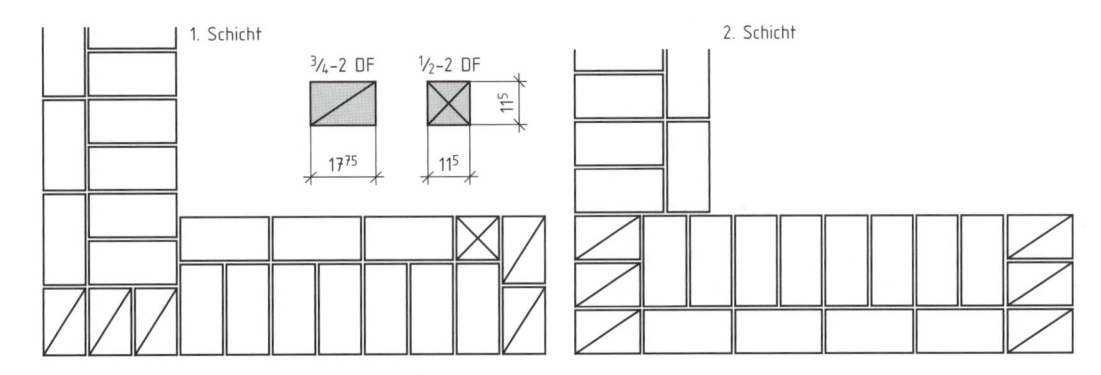

1112 24 cm dickes Mauerwerk

Das 24 cm dicke Mauerwerk wird aus 2 DF-Steinen im **Blockverband** gemauert. Binder- und Läuferschichten wechseln ab. Die Läuferschicht bindet durch, sie beginnt und endet mit zwei 3/4-Steinen (Ausnahme: Umgeworfener Verband).

1113 Mauerwerks-Detail

Die Läuferschicht der 24er Mauer bindet in die Außenwand ein und erhält wegen der geraden am-Länge (6 am) einen Binder nach dem Endverband.
Detail: Mauerwerk zwischen Badfenster, Badtür und Hauseingangstür.

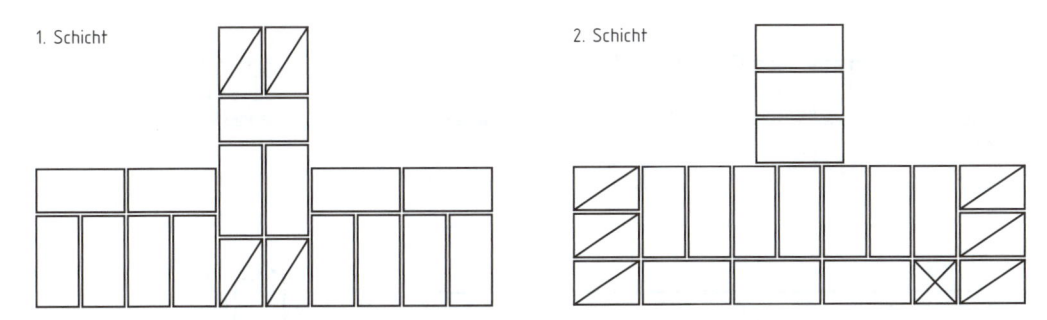

1114 11,5 cm dickes Mauerwerk

Das 11,5 cm dicke Mauerwerk wird aus 2 DF-Steinen im Läuferverband gemauert.

Grundbildung — Lernfeldaufgaben — Hochbaufacharbeiter

Herstellen eines Stahlbetonbauteils — Lösungen

1115 Abmessungen

Balkenlänge	= lichte Fensterbreite + 2 x Auflagertiefe	
	251 cm + 2 x 25 cm	= 301 cm
Balkenbreite	= Wanddicke – Dicke der Dämmschicht	
	36,5 cm – 5 cm	= 31,5 cm
Balkenhöhe	= vorgegeben	= 36,5 cm

1116 Schnittlängen

$\varnothing$ 10 (Gerade Stahleinlage, Pos. 1)

l = Balkenlänge – 2 x Betondeckung
l = 301 cm – 2 x 2,5 cm = 296 cm
 • praxisgerecht gerundet auf volle 5,0 cm = 295 cm

$\varnothing$ 12 (Gerade Stahleinlage mit Winkelhaken, Pos. 2)
 • praxisübliche Berechnung der Winkelhakenlänge = 10 x ds
l = Balkenlänge – 2 x Betondeckung + 2 x Hakenlänge
l = 301 cm – 2 x 2,5 cm + 2 x 10 x 1,2 cm = 320 cm

$\varnothing$ 8 (Bügel mit Haken)

Bügelbreite = Balkenbreite – 2 x Betondeckung
b = 31,5 cm – 2 x 2,5 cm = 26,5 cm
Bügelhöhe = Balkenhöhe – 2 x Betondeckung
h = 36,5 cm – 2 x 2,5 cm = 31,5 cm

l = 2 x Bügelbreite + 2 x Bügellänge + 2 x Hakenlänge
l = 2 x 26,5 cm + 2 x 31,5 cm + 2 x 10 x 0,8 cm = 132 cm
 • gewählt l = 135 cm

Anzahl der Bügel n = Länge der geraden Stahleinlage : vorgegebener Bügelabstand
 = 295 cm : 20 cm = 14,75 cm
 • 15 Bügel, 14 Abstände à 20 cm

Abstand der Bügel von den Balkenenden = $\dfrac{301\ \text{cm} - 14 \times 20\ \text{cm}}{2}$ = 10,5 cm

1117 Bewehrungszeichnung

Stahlbetonbalken – Längsschnitt

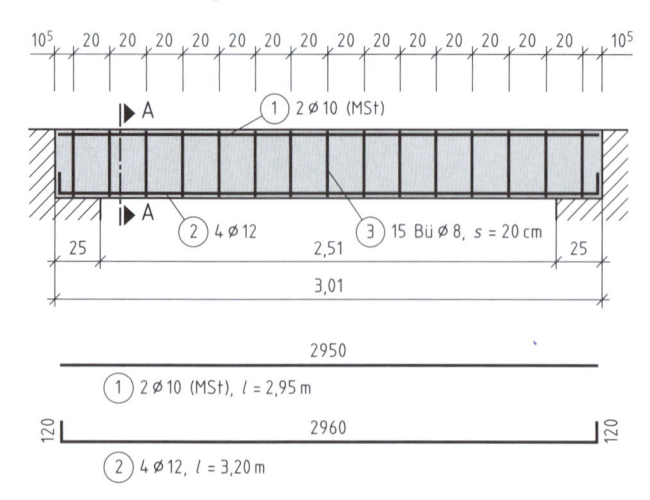

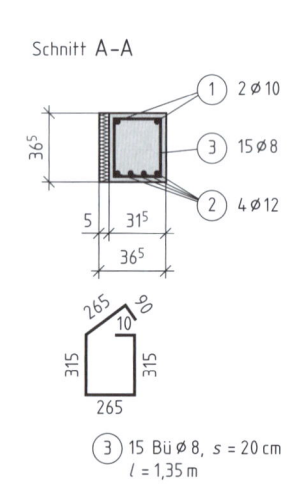

Schnitt A-A

① 2 Ø 10 (MSt), l = 2,95 m
② 4 Ø 12, l = 3,20 m
③ 15 Bü Ø 8, s = 20 cm, l = 1,35 m

Beton C20/25
Betonstahl B500A
Betondeckung c_{nom} = 2,5 cm

Grundbildung — Lernfeldaufgaben — Hochbaufacharbeiter

Herstellen eines Stahlbetonbauteils — Lösungen

1118 Stahlliste

Pos.	Ø	Anzahl	Einzellänge (m)	Gesamtlänge (m/Ø)	Gewicht (kg/m)	Gewicht (kg/Ø)
①	10	2	2,95	5,90	0,617	3,64
②	12	4	1,35	5,40	0,888	4,80
③	8	15	3,20	48,00	0,395	18,96
				Gesamtgewicht		27,40 kg

1119 Arbeitsablauf

Arbeitsunterlagen: Bewehrungszeichnung mit Stahlauszug und Stahlliste

Bewehrung — **Werkzeuge und Hilfsmittel**

- Säubern (loser Rost, Dreck, Fett, Eis) — Hammer, Stahlbürste, Bürste, ggf. Wasser
- ⇩
- Ablängen — Gliedermaßstab oder Bandmaß, Ölkreide, Betonstahlschere oder -maschine, Bolzenschneider (bis Ø 14 mm)
- ⇩
- Biegen — Biegemaschine (Biegerollendurchmesser ≥ 4 Stahldurchmesser)
- ⇩
- Flechten — Montageböcke, Flechterzange oder Drillstab, Bindedraht, Drahtschlaufen oder Spannklammern
- ⇩
- Einbauen — Abstandhalter (bei Tragstäben Ø 12 mm ca. 1 m Abstand)

1120 Balkenschalung

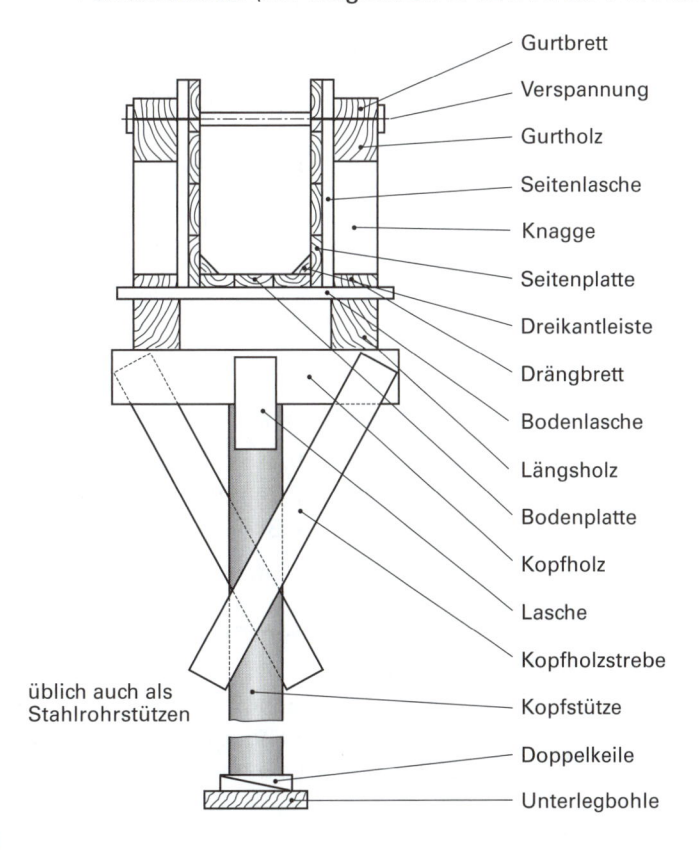

Beschriftung: Gurtbrett, Verspannung, Gurtholz, Seitenlasche, Knagge, Seitenplatte, Dreikantleiste, Drängbrett, Bodenlasche, Längsholz, Bodenplatte, Kopfholz, Lasche, Kopfholzstrebe, Kopfstütze, Doppelkeile, Unterlegbohle

(üblich auch als Stahlrohrstützen)

1121 Schalungszeichnung

Bodenplatte Länge = Öffnungsmaß − ca. 0,5 cm (zum Ausschalen)
l = 251 cm − 0,5 cm = 250,5 cm
Breite = Balkenbreite b = 36,5 cm
Laschenabstand max. 60 cm, Außenkantenabstand ca. 5 cm

Grundbildung — Lernfeldaufgaben — Hochbaufacharbeiter

Herstellen eines Stahlbetonbauteils — Lösungen

```
Seitenplatte   Länge = Balkenlänge + 2 x seitlicher Anschlag
               l     =   301 cm   + 2 x 5 cm      =  311 cm
               Höhe  = Balkenhöhe + Brettdicke Bodenplatte
               h     =   36,5 cm  + 2,4 cm = 38,9 cm; gewählt h = 39 cm
               Laschen wie Bodenplatte + ca. 5 cm von beiden Enden
```

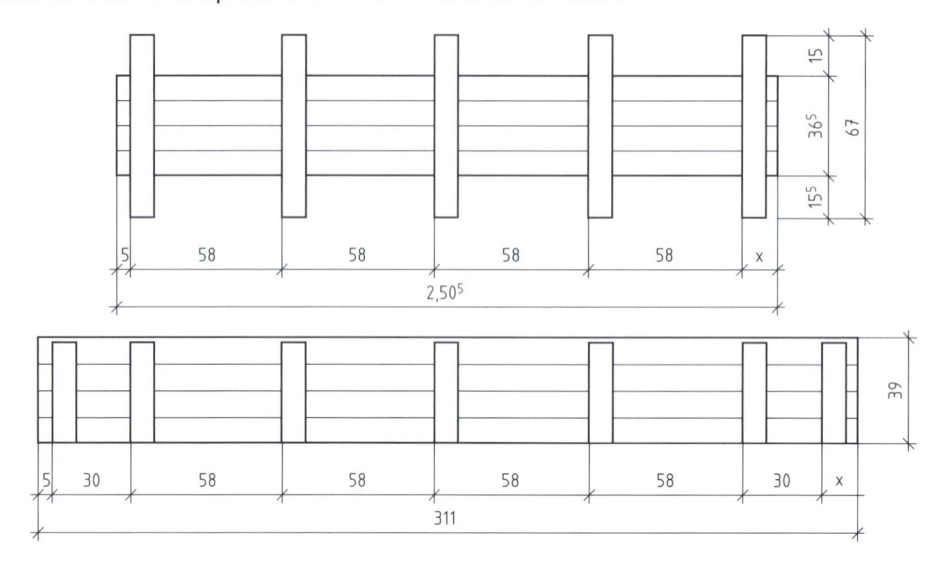

1122 Holzliste

Pos.	Bezeichnung	Abm (cm)	An-zahl	Einzel-länge	Gesamt-länge
1	Bodenbretter	2,4/10	3	2,505 m	7,515 m
2	Bodenbrett	2,4/6,5	1	2,505 m	2,505 m
3	Laschen Boden	2,4/10	5	0,67 m	3,35 m
4	Seitenbretter	2,4/10	6	3,11 m	18,66 m
5	Seitenbretter	2,4/9	2	3,11 m	6,22 m
6	Laschen Seiten	2,4/10	14	0,38 m	5,32 m
7	Gurtbretter	2,4/10	2	3,11 m	6,22 m
8	Gurthölzer	10/10	2	3,11 m	6,22 m
9	Knaggen	2,4/10	4	0,22 m	0,88 m
10	Drängbretter	2,4/10	2	3,11 m	6,22 m
11	Dreikantleisten		2	2,50 m	5,00 m
12	Längshölzer	10/10	2	3,11 m	6,22 m
13	Kopfhölzer	10/10	4	0,80 m	3,20 m
14	Kopfholzstreben	2,4/10	8	1,00 m	8,00 m
15	Kopfstützen	10/10	4	1,15 m	4,60 m
16	Laschen	2,4/10	4	0,40 m	1,60 m
17	Schwerter	2,4/10	2	2,80 m	5,60 m
18	Unterlegbohle	5/20	1	2,50 m	2,50 m

+ Keile u. Spreizen

1123 Betonmenge

Volumen des Festbetonbalkens: 3,01 m x 0,315 m x 0,365 m = 0,346 m³

Baustoffmengen: Pro m³ Festbeton werden benötigt 374 kg Zement, 140 kg Wasser, 1763 kg Gesteinskörnung.

Der Beton für den Balken wird gemischt aus
- 374 kg/m³ x 0,346 m³ = 130 kg Zement
- 140 kg/m³ x 0,346 m³ = 48 kg Wasser
- 1763 kg/m³ x 0,346 m³ = 610 kg Gesteinskörnung

1124 Mischungen

Für 1 m³ Beton (Konsistenz C2, F2/C3, F3) braucht man mit einem 250-l-Mischer 4,3 Mischungen für 0,346 m³ (4,3 Mi/m³ x 0,346 m³ = 1,49 Mi) 2 Mischungen.

Baustoffanteile je Mischerfüllung:
- 130 kg : 2 Mischungen = 65 kg Zement
- 48 kg : 2 Mischungen = 24 kg Wasser
- 610 kg : 2 Mischungen = 305 kg Gesteinskörnung

1125 Herstellen, Einbringen, Nachbehandeln

- Mischdauer: 2 bis 3 Minuten
- Verarbeitungsdauer ½ bis 1 Stunde
- Handverdichtung mit Stab
- keine Erschütterungen während Betonerhärtung
- Wärme: Besprühen mit Wasser, Abdecken mit Folie
- Kälte: Betontemperatur 3 Tage mindestens +10 °C

Grundbildung — Lernfeldaufgaben — Hochbaufacharbeiter

Herstellen eines Stahlbetonbauteils — Lösungen

1131 Abmessungen

Länge = 2 x lichte Fensterbreite + Stützung +
          2 x Auflagertiefe
      = 2 x 2,01 m + 0,24 m + 2 x 0,25 m = 4,76 m
Breite = 0,30 m
Höhe = 0,365 m

1133 Betonmenge und Baustoffmengen

Betonmenge: 4,76 m x 0,30 m x 0,365 m = 0,52 m³
Zement: 340 kg/m³ x 0,52 m³ = 177 kg
Wasser: 194 kg/m³ x 0,52 m³ = 101 kg
Gesteinskörnung: 1832 kg/m³ x 0,52 m³ = 963 kg

1135 Anzahl Bügel

Endauflagerbereich:
$$\text{Anzahl} = \frac{60\ \text{cm} - 3,5\ \text{cm} - 2 \times 2,5\ \text{cm}}{10\ \text{cm}} + 1 = 6\ \text{Bügel}$$

Mittelauflagerbereich:
$$\text{Anzahl} = \frac{160\ \text{cm}}{10\ \text{cm}} + 1 = 17\ \text{Bügel}$$

Feldbereich: 0,5 x (476 cm − 2 x 60 cm − 160 cm) = 98 cm
$$\text{Anzahl} = \frac{98\ \text{cm}}{20\ \text{cm}} + 1 = 4\ \text{Bügel}$$

1132 Schalungsbretter

2 Bodenplatten 2,01 m x 0,30 m
benötigt werden: 6 Schalungsbretter, l = 2,01 m
4 Seitenplatten 4,76 m x 0,365 m
benötigt werden: 8 Schalungsbretter, l = 4,76 m

1134 Schnittlängen

Pos. 1 Montagebewehrung
    l = 476 cm − 2 x 3,5 cm = 469 cm
Pos. 2 Untere Zugbewehrung
    l = 469 cm + 2 x 17 cm = 503 cm
Pos. 3 Obere Zugbewehrung
    l = 210 cm
Pos. 4 Schubbewehrung
    Bügelbreite: 30 cm − 2 x 3,5 cm = 23 cm
    Bügelhöhe: 36,5 cm − 2 x 3,5 cm = 29,5 cm
    l = 2 x 23 cm + 2 x 29,5 cm + 2 x 8 cm = 121 cm

1136 und 1137 Bewehrungszeichnung mit Stahlauszug

Stahlbetonbalken b/d = 30 cm / 36,5 cm

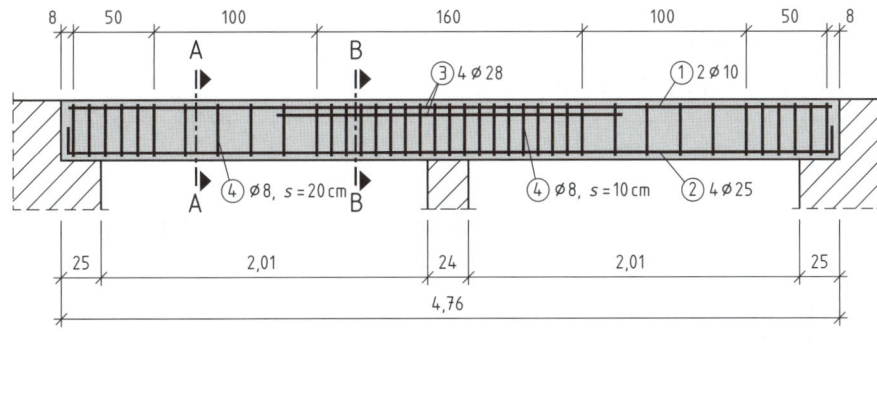

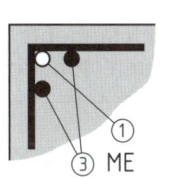

① 2 Ø 10, l = 4,69 m
② 4 Ø 25, l = 5,03 m
③ 4 Ø 28, l = 2,10 m
④ 37 Ø 8, s = 10/20, l = 1,21 m

Beton: C20/25
Betonstahl: B500A
Betondeckung: c_{nom} = 3,5 cm

1138 Stahlliste

Pos.	d_s (mm)	Anzahl	Einzellänge (m)	Gesamtlänge (m)	Gewicht (kg/m)	Gewicht (kg/d_s)
①	10	2	4,69	9,38	0,617	5,79
②	25	4	5,03	20,12	3,85	77,46
③	28	4	2,10	8,40	4,83	40,57
④	8	37	1,21	44,77	0,395	17,68
					Gesamt:	141,50 kg

Hinweis: Bauwerksabmessungen in cm, m. Teilmaße im Stahlauszug in mm (auf der Baustelle üblich in cm, m), Gesamtmaße im Stahlauszug und Stahlliste in m.

Grundbildung — Lernfeldaufgaben — Hochbaufacharbeiter

Herstellen einer Holzdachkonstruktion — Lösungen

1139
Welche Holzdachkonstruktionen sind dargestellt?

a) Pfettendach   b) Sparrendach   c) Kehlbalkendach

1140
Benennen Sie die Teile der Pfettendachkonstruktion!

a) Sparren   b) Fußpfette   c) Firstpfette   d) Kopfband   e) Pfosten   f) Schwelle

1141
Benennen Sie die Teile der Sparrendachkonstruktion!

a) Sparren   b) Firstlasche   c) Drempel mit Schwelle   d) Windrispenband

1142 4   **1143** 3   **1144** 4   **1148** 1

1145
Wie wird die Längssteifigkeit eines Sparrendaches erzeugt?

Kurzantwort: Durch Windrispenbänder.

1146
Wie wird die Längssteifigkeit eines Pfettendaches erzeugt?

Durch unverschiebliche Dreiecke aus Pfosten mit Kopfbändern und Pfette.

1147
Welcher Unterschied besteht zwischen einem einfach stehenden Dachstuhl und einem zweifach stehenden Dachstuhl?

einfach stehend: Firstpfette wird durch Pfosten unterstützt, keine Mittelpfetten vorhanden,
zweifach stehend: Mittelpfetten werden durch Pfosten unterstützt.

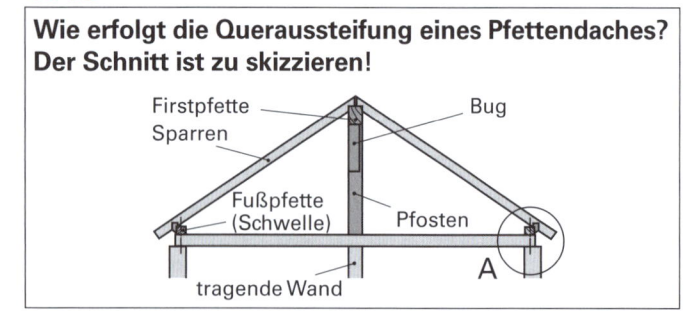

1149
Wie erfolgt die Queraussteifung eines Pfettendaches? Der Schnitt ist zu skizzieren!

(Skizze: Firstpfette, Sparren, Bug, Fußpfette (Schwelle), Pfosten, tragende Wand, A)

1150
Wie erfolgt die Queraussteifung eines Sparrendaches? Die Ansicht ist zu skizzieren!

(Skizze: Sparren, Firstbrett, Druck, Druck, Zug, A)

1151
Welche Vorteile bietet der Einsatz von Dachbindersystemen?

Liegen meist nur auf den Längsseiten von Gebäuden auf, große Spannweiten, verschiedene Materialien möglich.

Grundbildung	Lernfeldaufgaben	**Hochbaufacharbeiter**
Herstellen einer Holzdachkonstruktion		**Lösungen**

1152
Warum müssen alle Holzteile einer Holzdachkonstruktion Holzschutz imprägniert sein?

Zur Erhöhung der Witterungsbeständigkeit und dem Schutz vor pflanzlichen sowie tierischen Schädlingen.

1153   2

1154
Welche Holzarten eignen sich für die Verwendung von Holzdachkonstruktionen?

Nadelhölzer, wie Fichte, Tanne, Kiefer oder Lärche.

1155
Warum sollen Pfosten möglichst quadratische Abmessungen haben?

Da die senkrecht stehenden Pfosten von allen Seiten gleich beansprucht werden (Drucklasten), haben sie quadratische Querschnitte.

1156
Warum haben Sparren rechteckige Querschnitte?

Da Sparren auf Biegung beansprucht werden (Wind-, Schnee- und Eigenlasten), haben sie rechteckige Querschnitte (hochkant).

1157
Was bedeutet die Kennzeichnung S10?

Nadelschnittholz, visuell sortiert, mit einer üblichen Tragfähigkeit und einer Biegefestigkeit von 10 MN/m².

1158
Welcher Unterschied besteht zwischen einer ingenieurmäßigen Holzverbindung und einer zimmermannsmäßigen Holzverbindung?

Ingenieurmäßige Holzverbindung: Nutzung von Blechformteilen, Dübeln oder Bolzen, Nagel- und Schraubenverbindungen, dadurch schnell und ohne Schwächung der Querschnitte.
Zimmermannsmäßige Holzverbindung: arbeitsaufwendig, stets mit Schwächung der Holzquerschnitte verbunden.

1159
Welche Vorteile besitzen ingenieurmäßige Holzverbindungen?

Schnelle Herstellung von Holzverbindungen möglich, keine Schwächung der Holzquerschnitte.

1160   1   1161   4   1166   1

1162
Warum ist bei geringer Dachneigung ein Sparrendach statisch meist ungünstiger?

Je geringer die Dachneigung, desto größer die anfallenden Horizontalkräfte.

| Grundbildung | Lernfeldaufgaben | Hochbaufacharbeiter |

Herstellen einer Holzdachkonstruktion — Lösungen

1163
In die Abbildung des Sparrendaches sind die Richtungen folgender Kräfte einzuzeichnen.

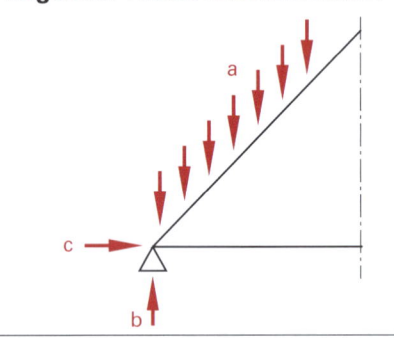

1164
Zeichnerisch ist die Horizontalkraft (in kN) und die Vertikalkraft (in kN) am Fußpunkt eines Sparrendaches zu ermitteln!

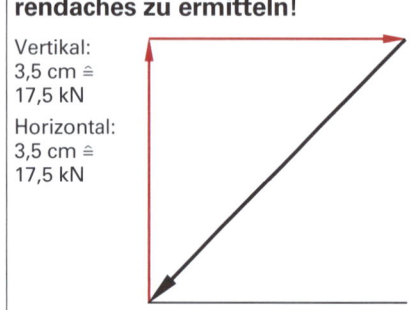

Vertikal: 3,5 cm ≙ 17,5 kN
Horizontal: 3,5 cm ≙ 17,5 kN

1165
Welchen Druck üben die Streben auf den Pfosten eines Pfettendachstuhls aus?

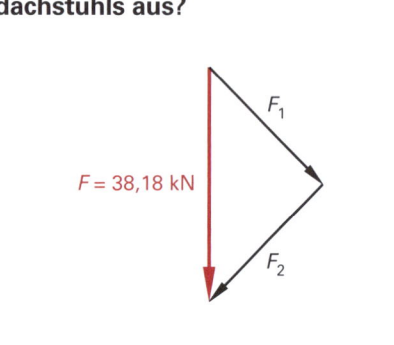

$F = 38{,}18$ kN

1167
Dargestellt ist der Fußpunkt eines Pfettendaches. Die Teile a bis f sind zu benennen!

a) Fußpfette   b) Bitumenbahn   c) Decke   d) Steinschraube   e) Sparren   f) Kerve

1168
Der Firstpunkt eines Pfettendaches ist im Maßstab 1 : 10 – cm zu zeichnen.

Firstpfette aus Vollholz 12/16
Sparren 8/16
Dachneigung 40°
Firstzange 2 x 3/10
Pfosten 12/12

Präsentieren Sie Ihre Lösung im Unterricht mit PC und Beamer oder auf OP-Folie.

1169
Zu skizzieren ist ein Dreieckbinder mit Benennung der Teile!

Diagonalstab, Vertikalstab, Obergurt, Auflager, Untergurt

1170
Für ein Sparrendach werden 22 Sparren (10 cm/16 cm) mit einer Länge von je 7,45 m benötigt. Wie viel m³ Holz sind für das Dach zu bestellen?

22 · 0,16 m · 0,10 m · 7,45 m = **2,62 m³**

1171
Wie lange sind die Sparren (in m) eines gleich geneigten Satteldaches, dessen Dachbreite 8,00 m und die Dachneigung 48° betragen?

$$s = \frac{8{,}00 \text{ m}/2}{\cos 48°} = \mathbf{5{,}98 \text{ m}}$$

1172
Die Traufe eines Daches ist 12,50 m lang. Der Abstand der Sparren (äußere Kante) zum Dachrand beträgt beidseitig 35 cm. Welchen lichten Abstand haben die 12 Sparren (12 cm/16 cm) einer Dachseite?

a = (12,50 m – 2 · 0,35 m – 12 · 0,12 m) : 11 = **0,94 m**

1173
Die nachstehende Holzliste ist zu vervollständigen:

Pos.-Nr.	Benennung [cm x cm]	Anzahl	Einzellänge [m]	Gesamtlänge [m]	Gesamtlänge nach Querschnitt [m]					Volumen [m³]
					12/10	12/12	12/16	8/16	3/10	
1	Fußpfette (12/10)	2	12,50	25,00	25,00					0,300
2	Firstpfette (12/16)	1	12,50	12,50			12,50			0,240
3	Sparren (8/16)	24	7,45	178,80				178,80		2,289
4	Firstzangen (2 x 3/10)	24	0,75	18,00					18,00	0,054
5	Pfosten (12/12)	3	2,60	7,80		7,80				0,112
									Gesamtvolumen:	**2,995**

| Grundbildung | Lernfeldaufgaben | Hochbaufacharbeiter |

Bekleiden und Beschichten eines Bauteils — Lösungen

1174

Das WC (Raum 5) des Gartenhauses soll mit Fliesen plattiert werden. Schlagen Sie unter Berücksichtigung der Eigenschaften vor, ob der Raum mit Steinzeugfliesen, Steingutfliesen oder mit Spaltplatten plattiert werden soll.

Das WC liegt im Wohnbereich. Die Platten müssen nicht frostbeständig sein. Zu empfehlen sind deshalb die in der Regel 6 mm dicken Steingutfliesen.

Steingutfliesen sind Schmutz abweisend, gut zu reinigen, beständig gegenüber Reinigungsmitteln (Chemikalien: Säuren und Basen), wasserdicht, nicht brennbar, widerstandsfähig gegenüber mechanischen Beanspruchungen, alterungsbeständig und besitzen lichtechte Glasuren.

Gegenüber Steinzeugfliesen und Spaltplatten ist die Auswahl an modischen Farben, Dekoren und Formaten bei Steingutfliesen wesentlich größer. Auch preislich dürften Steingutfliesen in der Regel günstiger liegen.

1175

Erklären Sie die Anforderungen, die an den Belagsuntergrund (Wände) gestellt werden und welche Maßnahmen Sie gegebenenfalls ergreifen.

1. Die Untergründe bzw. die Wände müssen sauber sein: Ausblühungen sowie verölte Stellen müssen entfernt und Staub muss abgefegt werden.
2. Die Untergründe bzw. die Wände müssen fest sein: Lose Bestandteile müssen beseitigt werden.
3. Der Untergrund muss rissfrei sein: Risse sind zu verputzen oder mit einem Mörtelträger zu überspannen. In Zweifelsfällen müssen der Bauherr, ein Architekt oder Sachverständiger (z.B. bei großen Setzungsrissen) hinzugezogen werden.
4. Der Untergrund muss eben und lotrecht sein: Im Dickbett können kleine Unebenheiten mit dem Ansetzmörtel ausgeglichen werden. Bei größeren Unebenheiten ist ein Mörtelträger und Vorputzen zu empfehlen.
5. Der Untergrund muss rau sein: Glatte Untergründe z.B. Beton müssen vor dem Plattieren mit einem Spritzbewurf versehen werden.
6. Der Untergrund muss in Maßen saugfähig sein: Stark saugende Untergründe müssen entsprechend vorgenässt werden. Nichtsaugende Untergründe benötigen in der Regel einen Mörtelträger.

1176

Erklären Sie die Ursachen unter Verwendung der Begriffe Adhäsion und Kohäsion.

Die Haftung der Fliese an der Wand durch den Ansetzmörtel kann in drei Bereiche eingeteilt werden:
a) Die Haftung des Mörtels an der Wand kommt durch die Anhangskräfte des Zementleims zwischen dem Mörtel und der Wand zustande. Es handelt sich also hier um Adhäsion.
b) Der Zusammenhalt des Mörtels in sich ist eine Form der Kohäsion und wird durch den Zementleim, der die Sandkörner miteinander verklebt, verursacht.

Die Haftung des Mörtels an der Fliese wird wiederum durch den Zementleim verursacht. Da hier zwei Körper über die Anhangskräfte des Zementleims verbunden werden, spricht man wiederum von Adhäsion.

1177

Berechnen Sie den Materialbedarf an Fliesen 15 cm x 15 cm und Verlegemörtel für das WC:
1. **Die Wände werden 1,48 m hoch über den fertigen Fußboden (OKFF) plattiert und erhalten keinen Sockel. Die Mörteldicke beträgt 2 cm. Der Fliesenverschnitt beträgt 5 %. Die Türmaße sind 88⁵/2,26.**
2. **Der Boden übernimmt das Fugennetz vom Wandbelag. Aussparungen z.B. für das WC werden übermessen. Die Mörteldicke soll 4 cm betragen. Der Fliesenverschnitt beträgt ebenfalls 5 %.**

1. Berechnung des Materials für die Wände:
   Raumumfang $U = 2 \cdot 1{,}51$ m $+ 2 \cdot 2{,}76$ m $- 0{,}885$ m (Tür) $= 7{,}655$ m
   Wandfläche $A_W = 7{,}655$ m $\cdot 1{,}48$ $= 11{,}33$ m²
   Fliesenmenge $A_{FW} = 11{,}33$ m² $+ 11{,}33$ m² $\cdot 5\,\%$ **$= 11{,}90$ m² Fliesen 15/15**
   Ansetzmörtel $V_W = 11{,}33$ m² $\cdot 0{,}02$ m (Mörteldicke) **$= 0{,}227$ m³ Ansetzmörtel (nass)**
2. Berechnung des Materials für den Boden:
   Bodenfläche $A_B = 2{,}76$ m $\cdot 1{,}51$ m $= 4{,}17$ m²
   Fliesenmenge $A_{FB} = 4{,}17$ m² $+ 4{,}17$ m² $\cdot 5\,\%$ **$= 4{,}38$ m² Fliesen 15/15**
   Ansetzmörtel $V_B = 4{,}17$ m² $\cdot 0{,}04$ m (Mörteldicke) **$= 0{,}167$ m³ Ansetzmörtel (nass)**

| Grundbildung | Lernfeldaufgaben | Hochbaufacharbeiter |

Bekleiden und Beschichten eines Bauteils — **Lösungen**

1178

Schreiben Sie die Einteilungsregeln für das Plattieren von Wänden und Stützen mit Fliesen ohne Dekor auf.

1. Ausgleichsstreifen müssen mindestens eine halbe Fliesenbreite aufweisen.
2. An Außenecken werden ganze Fliesen angesetzt.
3. Teilfliesen gehören bei Pfeilern und Mauervorlagen in die Mitte.
4. Teilfliesen werden bei Wänden und Nischen an den Rändern angeordnet.
5. Symmetrische Einteilungen
   a) müssen sein bei Mauervorlagen, Fliesenspiegeln, Stützen und Mauerwerkspfeilern
   b) sollen sein bei Fensterbänken, über Türen sowie Fenstern, Nischen und Kopfwänden
   c) können sein bei breiten bzw. langen Wänden.

1179

Zeichnen Sie mit Hilfe der Harmonischen Teilung die Ansichten aller Wände im Maßstab 1 : 10 – m, cm.
Das Fliesenformat beträgt 15 cm x 15 cm und die Fugenbreite 3 mm. Die Plattierung beginnt 5 cm über dem Rohfußboden.

Die Abbildungen sind nicht maßstäblich!

Zeichnerische Lösung
Bei der zeichnerischen Lösung werden alle Fliesen in gleichmäßig große Teilfliesen eingeteilt.
Im Maßstab 1 : 20 können die 3 mm breiten Fugen nur als Linie dargestellt werden!

1. Die Wände werden mit ihren Öffnungen gezeichnet.
2. Die waagerechten Grenzen des Fliesenbelages werden 5 cm und 1,53 m über dem Rohfußboden eingefügt.
3. Für 1,51 m Plattierungsbreite werden 10 Fliesenschichten benötigt. Von der linken unteren Ecke wird eine gut durch 10 teilbare Strecke, z.B. 10 cm oder 15 cm, an die rechte vertikale Wandbegrenzung gezogen.
4. Die Strecke wird mit Punkten oder Strichen in 10 Abschnitte geteilt.
5. Die senkrechte Einteilung der Fliesen wird durch Herunterloten von den Abschnittspunkten oder Abschnittsstrichen auf die untere waagerechte Grenze des Fliesenbelages erhalten.
6. Für die waagerechte Einteilung werden die 1,48 m Plattierungshöhe wiederum in 10 Schichten aufgeteilt. Von der linken unteren Ecke wird wiederum eine gut durch 10 teilbare Strecke, z.B. 10 cm oder 15 cm, an die obere waagerechte Wandbegrenzung gezogen.
7. Die Strecke wird wieder mit Punkten oder Strichen in 10 Abschnitte geteilt.
8. Die waagerechte Einteilung der Fliesen wird durch waagerechtes Herüberziehen von den Abschnittspunkten oder Abschnittsstrichen auf die senkrechten Wandgrenzen des Fliesenbelages erhalten.

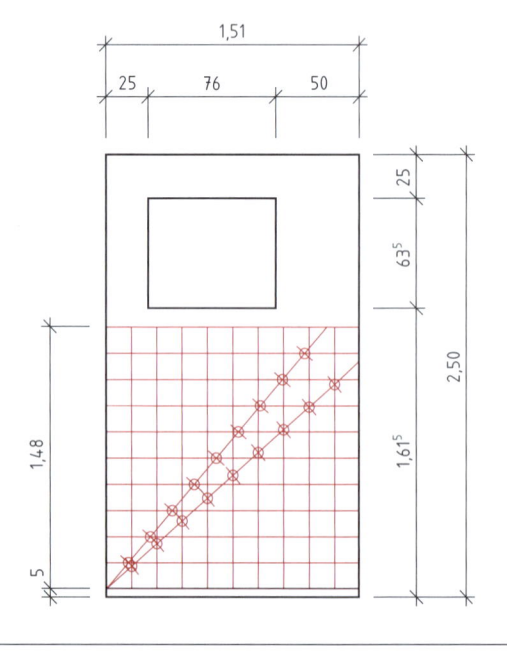

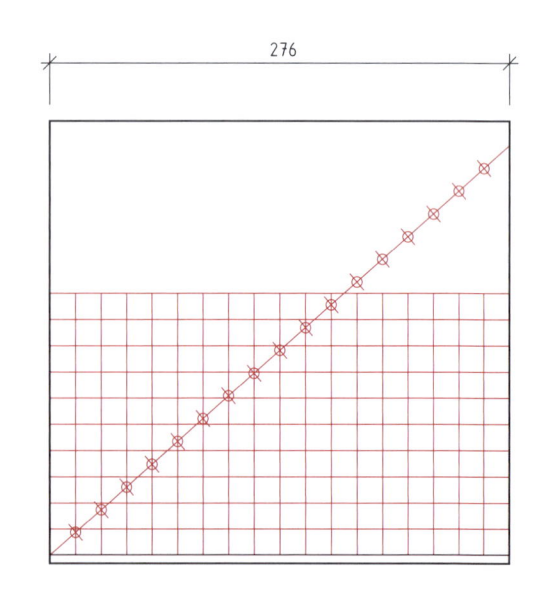

308

Grundbildung	Lernfeldaufgaben	**Hochbaufacharbeiter**
Bekleiden und Beschichten eines Bauteils		**Lösungen**

1179 (Fortsetzung)

Zeichnen Sie mit Hilfe der Harmonischen Teilung die Ansichten aller Wände im Maßstab 1 : 10 – m, cm. Das Fliesenformat soll 150 mm x 150 mm und die Fugenbreite 3 mm betragen.

9. Sind die einzelnen Wände in gleicher Höhe nebeneinander gezeichnet worden, siehe unten, kann die waagerechte Flieseneinteilung durchgezogen werden.
10. Bei den 2,76 m breiten Wänden beträgt die Zahl der senkrechten Schichten 18 (276 cm : 15,3).
11. Bei der Wand mit der Tür werden links bei 25 cm Breite zwei Fliesenstreifen und rechts bei 37,5 cm drei Fliesenstreifen zweckmäßig angeordnet. Einteilung wird hier ohne Harmonische Teilung vorgenommen.

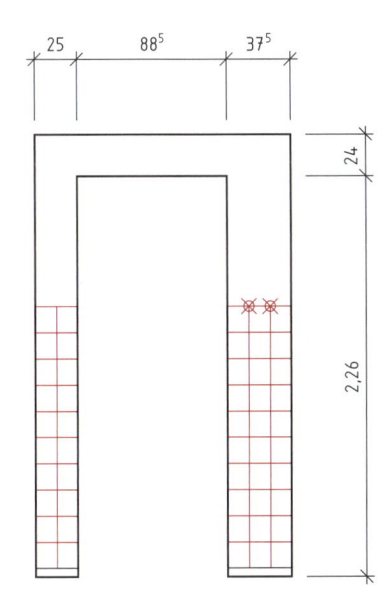

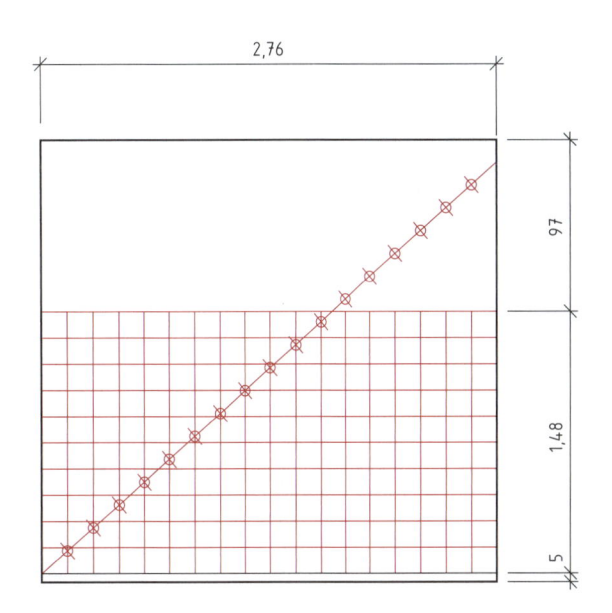

Diese zeichnerische Lösung wäre für die Praxis zu aufwändig, da alle Fliesen in gleich große Teilfliesen geschnitten werden müssten. Für die Praxis ist die rechnerische Aufteilung zweckmäßiger:

Für die Wand mit dem Fenster ergeben sich:

a) für die waagerechte Einteilung: 1510 mm – 3 mm (Anschlussfuge) : 153 mm (Fliese + Fuge) = 9,849 Fl.
Gewählt 8 ganze Fliesen und zwei Streifen mit
$(9{,}849 - 8) \cdot 153$ mm = 283 mm
283 mm – 3 mm (1 Fuge zwischen den Streifen) = 280 mm
280 mm : 2 Streifen = 140 mm Breite für einen Fliesenstreifen.

Die Fliesenstreifen können rechts und links bzw. am Wandanfang und Wandende angeordnet werden.

b) für die senkrechte Einteilung: 1480 mm – 3 mm (Anschlussfuge) : 153 mm (Fliese + Fuge) = 9,653 Fl.
Gewählt 9 ganze Fliesen und ein Streifen mit
$(9{,}653 - 9) \cdot 153$ mm = 100 mm

Der 10-cm-Fliesenstreifen wird als erste untere Schicht angesetzt.

Grundbildung — Lernfeldaufgaben — Hochbaufacharbeiter

Bekleiden und Beschichten eines Bauteils — Lösungen

1180

Folgender Lageplan eines Gartenhauses ist gegeben.

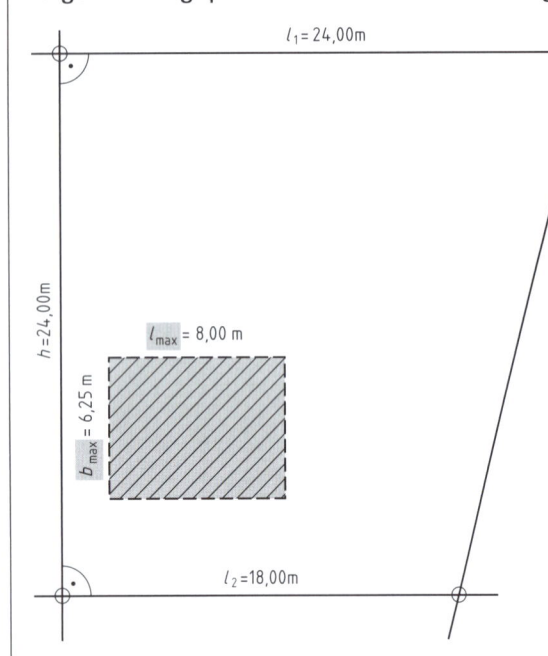

Berechnung der Grundstücksfläche:
$A = (l_1 + l_2)/2 \cdot h = (24,00\ m + 18,00\ m)/2 \cdot 24,00\ m = \mathbf{504,00\ m^2}$
Maximal 1/10 der Grundstücksfläche ist für die Bebauung vorgesehen:
Größe des Gartenwohnhauses: $1/10\ A = 1/10 \cdot 504,00\ m^2 = \mathbf{50,4\ m^2}$
Bei Anpassung der in der Zeichnung angegebenen Maße für das Gartenwohnhaus ergibt sich eine Fläche von
$A = l \cdot b = 7,99\ m \cdot 6,24\ m = \mathbf{49,86\ m^2 < 1/10\ A}$

Unter Beachtung der Ausrichtung des Gartenwohnhauses und der Nutzung der Räume könnte sich folgender Grundriss ergeben:

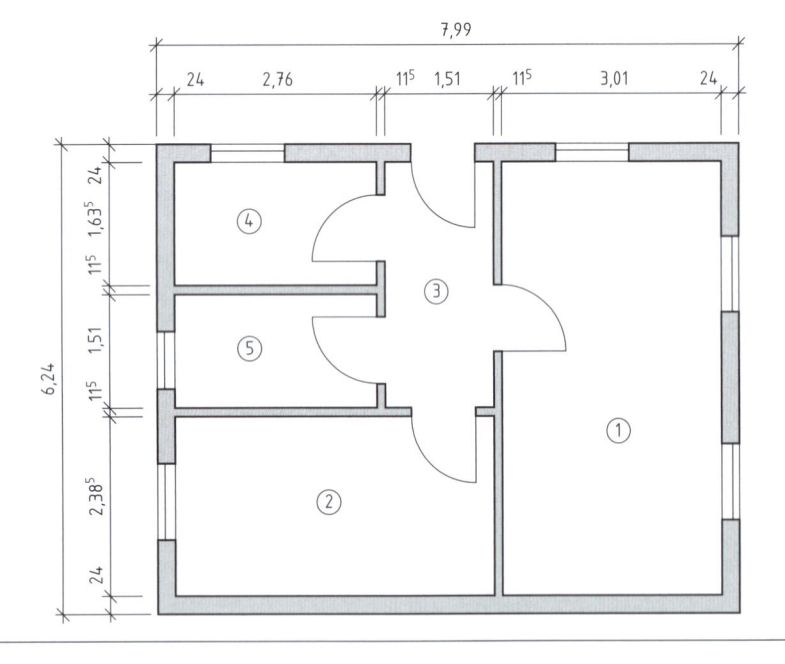

① Wohnraum
② Schlafraum
③ Flur
④ Küche
⑤ Bad/WC

1181

Schlagen Sie verschiedene Außenwandbekleidungen für das Gartenhaus vor.
Mögliche Außenwandbekleidungen für das Gartenhaus
- Außenputz mit Wärmedämmung
- Klinkermauerwerk mit Kerndämmung oder mit Wärmedämmung und Hinterlüftung
- Faserzement- oder Schieferdeckung auf Schalung mit Wärmedämmung und Hinterlüftung
- Holzverkleidung, ...

| Grundbildung | Lernfeldaufgaben | Hochbaufacharbeiter |

Bekleiden und Beschichten eines Bauteils — Lösungen

1182

a) Treffen Sie eine Materialauswahl für die gesamten Außenwände!

Materialauswahl für Außenwand:
- Mauerwerk aus Kalksandsteinen, Porenbetonsteinen, Mauerziegeln, ...
- Stahlbetonplatten
- Fachwerk, ...

für das Lösungsbeispiel: Mauerwerk der Außenwände aus Kalksandvollsteinen mit 8 cm Wärmedämmung und zweilagigem Außenputz

b) Wovon ist die Materialauswahl für Außenwände abhängig? Begründen Sie Ihre Auswahl!

Die Materialauswahl ist abhängig:
- Lage des Gebäudes
- Tragfähigkeit der Außenwände
- Nutzung und Nutzungsdauer des Gebäudes
- Wärmeschutz des Gebäudes

c) Zeichnen Sie den Schnitt durch die Außenwand im Maßstab 1:10 – cm. Beachten Sie dabei, dass das Gartenhaus auf einer Stahlbetonplatte von 18 cm Dicke errichtet wird.

Schnitt durch die Außenwand (je nach verwendetem Material kann der Schnitt unterschiedlich gestaltet werden, deswegen nur eine exemplarische Lösung: Schnitt durch eine Außenwand mit Innenputz und Wärmedämm-Verbundsystem).

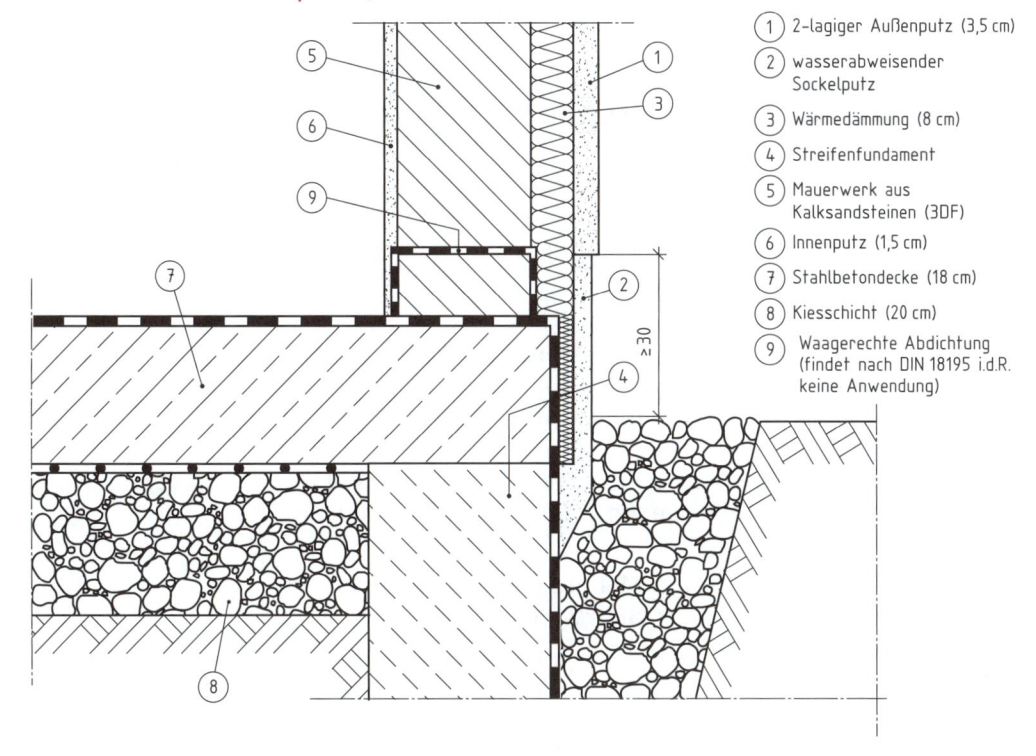

1. 2-lagiger Außenputz (3,5 cm)
2. wasserabweisender Sockelputz
3. Wärmedämmung (8 cm)
4. Streifenfundament
5. Mauerwerk aus Kalksandsteinen (3DF)
6. Innenputz (1,5 cm)
7. Stahlbetondecke (18 cm)
8. Kiesschicht (20 cm)
9. Waagerechte Abdichtung (findet nach DIN 18195 i.d.R. keine Anwendung)

1183

Begründen Sie, warum Sie sich für einen belüfteten oder unbelüfteten Außenwandaufbau entschieden haben! Welche Fehlerquellen können bei dem ausgewählten Aufbau auftreten und wie können Sie vermieden werden? Gehen Sie auf die Vor- bzw. Nachteile belüfteter und unbelüfteter Wände ein!

Begründung für belüfteten Aufbau der Außenwand:
- ständige Trocknung aller Konstruktionsteile durch Belüftungsraum zwischen Innen- und Außenschale der Wand
- feuchte Luft kann ständig abtransportiert werden

Begründung für nichtbelüfteten Aufbau der Außenwand:
- weniger Fehlerquellen im Aufbau der Außenwand möglich
- feuchte Luft kann von außen nicht in das Bauteil eintreten
- Wärmedämmung wird durch das Bauteil vor Feuchtigkeit geschützt.

Grundbildung — Lernfeldaufgaben — Hochbaufacharbeiter

Bekleiden und Beschichten eines Bauteils — Lösungen

1183 Fortsetzung

Fehlerquellen bei belüfteten Konstruktionen:
- Lüftungsquerschnitt wird durch nachträgliches Aufquellen der Wärmedämmung eingeengt, dadurch kann die Luftzirkulation behindert werden
- Zu- und Abluftöffnungen können bei verklinkerten Fassaden durch Mauermörtel zugesetzt sein und somit die Luftzirkulation nachhaltig beeinträchtigen
- Einbau feuchter Wärmedämmung

	Vorteile	Nachteile
Belüftete Außenwand	• ständiger Abtransport feuchter Luft • ständige Trocknung der gesamten Konstruktion	• Zu- bzw. Abluftöffnungen können durch Verunreinigungen zugesetzt sein und dadurch die Luftzirkulation behindern • Wärmedämmung muss an der Wand (Innenschale) befestigt werden, bei mechanischer Befestigung entstehen Wärmebrücken
Nichtbelüftete Außenwand	• kaum Baufehler bei Konstruktion möglich • vollflächige Verarbeitung der verwendeten Materialien	• ausreichender Schutz der Wärmedämmung unbedingt erforderlich • Feuchtigkeitsschutz der Wärmedämmung während des Einbaus notwendig

1184

Da die Außenwände gedämmt werden sollen, müssen Sie sich für einen Wärmedämmstoff entscheiden.

a) Anforderungen an den Wärmedämmstoff:
- hoher Luftporenanteil
- geringe Rohdichte
- sehr geringe Wärmeleitfähigkeit
- möglichst wasserabweisend
- keine Feuchtigkeitsaufnahme
- witterungs- und fäulnisbeständig

b) beim Einbau in eine Außenwand ist zu beachten:
- Befestigung des Wärmedämmmaterials,
- bei vollflächiger Aufklebung der Wärmedämmung Materialverträglichkeiten zwischen Wärmedämmung und Kleber beachten
- ausreichender Belüftungsraum zwischen Wärmedämmung und Außenwandbekleidung bei belüfteten Konstruktionen
- Lüftungsquerschnitt darf durch nachträgliches Aufquellen des Wärmedämmstoffes nicht eingeengt werden
- ausreichende Sicherung des Wärmedämmstoffes gegen aufsteigende Feuchtigkeit

c) mögliche Wärmedämmmaterialien:
- Holzwolle-Leichtbauplatten
- Polystyrol-Hartschaumplatten
- Mehrschicht-Leichtbauplatten
- Steinwolleplatten

1185

Faktoren, von denen der Wärmedurchgang durch einen Baustoff abhängig ist:
- Luftporengehalt
- Wärmeleitfähigkeit
- Feuchtigkeitsgehalt
- Oberflächenbeschaffenheit

1186 5   **1195** 2

1187 1   **1196** 1

Grundbildung — Lernfeldaufgaben — Hochbaufacharbeiter

Bekleiden und Beschichten eines Bauteils — Lösungen

1188, 1189 und 1190

Schnitte der Fußbodenaufbauten für den Wohnbereich und für das Bad/WC als schwimmender Estrich ausgeführt.

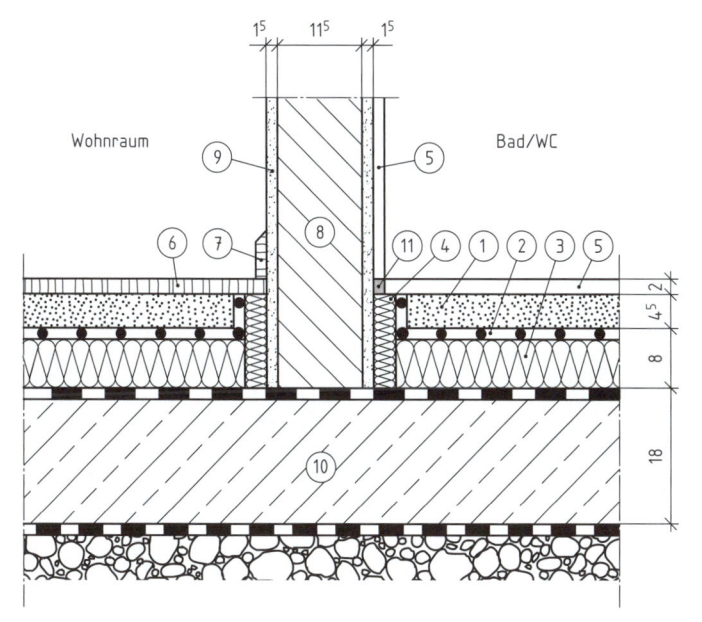

Legende:
1. Estrich
2. Trennschicht
3. Wärmedämmung
4. Randdämmstreifen
5. Boden- bzw. Wandfliesen
6. Textiler Bodenbelag
7. Fußleiste
8. Mauerwerk aus Kalksandsteinen (NF)
9. Innenputz (Plb)
10. Stahlbetondecke
11. Dauerelastische Fuge

Baustoffe als Abdichtungen gegen aufsteigende Feuchtigkeit:
- Bitumenpappe R 500 als waagerechte Abdichtung in Wänden
- Bitumen-, Polymerbitumen- oder Kunststoff-Dichtungsbahnen für Stahlbetondecken oder Sohlplatten

1191

Beschreiben Sie, welche Anforderungen ein Wärmedämmstoff für Fußböden erfüllen muss!

- Trittfestigkeit
- Dauerhaftigkeit
- Raumbeständigkeit
- keine Wasseraufnahme

Lösungen der Aufgaben 1192 ... 1194 auf Seite 314
Lösungen der Aufgaben 1195 und 1196 auf Seite 312

1197

Welche arbeitsschutztechnischen Sachverhalte sind bei der Ausführung von Dämmarbeiten zu beachten?

- Atemschutz bei Arbeiten mit faserigen Wärmedämmstoffen
- vorkonfektionierte oder kaschierte Mineralwolle-Dämmstoffe bevorzugen
- verpackte Dämmstoffe erst am Arbeitsplatz auspacken
- Dämmmaterial nicht werfen
- Mineral-Dämmstoffe nur auf fester Unterlage mit scharfem Handwerkszeug schneiden
- Verschnitte und Abfälle in gesonderten Tonnen oder Plastiksäcken sammeln

Grundbildung	Lernfeldaufgaben	Hochbaufacharbeiter

Bekleiden und Beschichten eines Bauteils — Lösungen

1192 und 1193

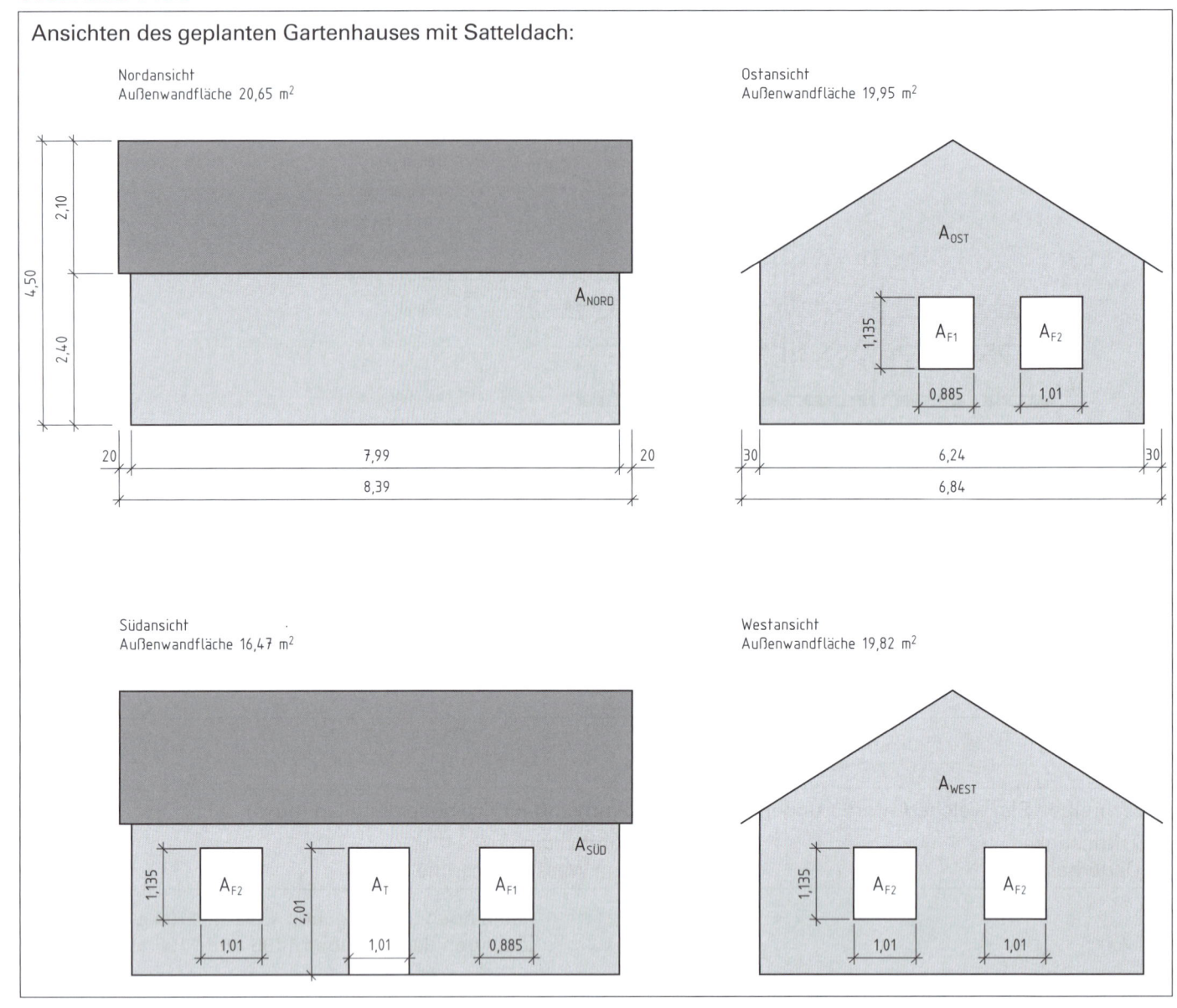

Ansichten des geplanten Gartenhauses mit Satteldach:

Nordansicht Außenwandfläche 20,65 m²

Ostansicht Außenwandfläche 19,95 m²

Südansicht Außenwandfläche 16,47 m²

Westansicht Außenwandfläche 19,82 m²

1194

Berechnen Sie auf Grund Ihrer Materialauswahl den Materialbedarf für die Außenwände!
Beachten Sie, dass nach VOB Öffnungen > 2,5 m² abgezogen werden müssen.

Außenwand besteht aus:

3,5 cm 2-lagigem Außenputz (Unterputz: 2 cm P II, Oberputz: 1,5 cm P Ic)
8 cm Wärmedämmung
24 cm Kalksandsteinmauerwerk
30 cm Sockel aus Mosaikputz

Baustoffbedarf:

Mauersteine	3461 Steine 3DF
Mauermörtel	3260 l Kalkzementmörtel
	24 Sack Kalkhydrat
	23 Sack Zement
	3,76 m³ Sand
Wärmedämmstoff mit 4 Gebinden Kleber	81 m²
Tellerdübel	444 Stück
Haftgewebe mit 4 Gebinden Kleber	81 m²
Putzmörtel	76,96 m²

Zwischenprüfung – Fachstufe I
Hochbaufacharbeiter

Allgemeine Bautechnik
Lösung

Regelwerke zur Arbeitssicherheit

Unfallverhütungsvorschriften (UVV) sind von den Berufsgenossenschaften erlassene Regeln für die Unfallverhütung in der Praxis. Sie müssen jedem Betriebsangehörigen zugänglich gemacht werden – z. B. durch Aushang im Betrieb. Bei Nichtbeachtung droht ein Bußgeld.

In der UVV Bauarbeiten BGV C22 sind u. a. folgende Bestimmungen geregelt:

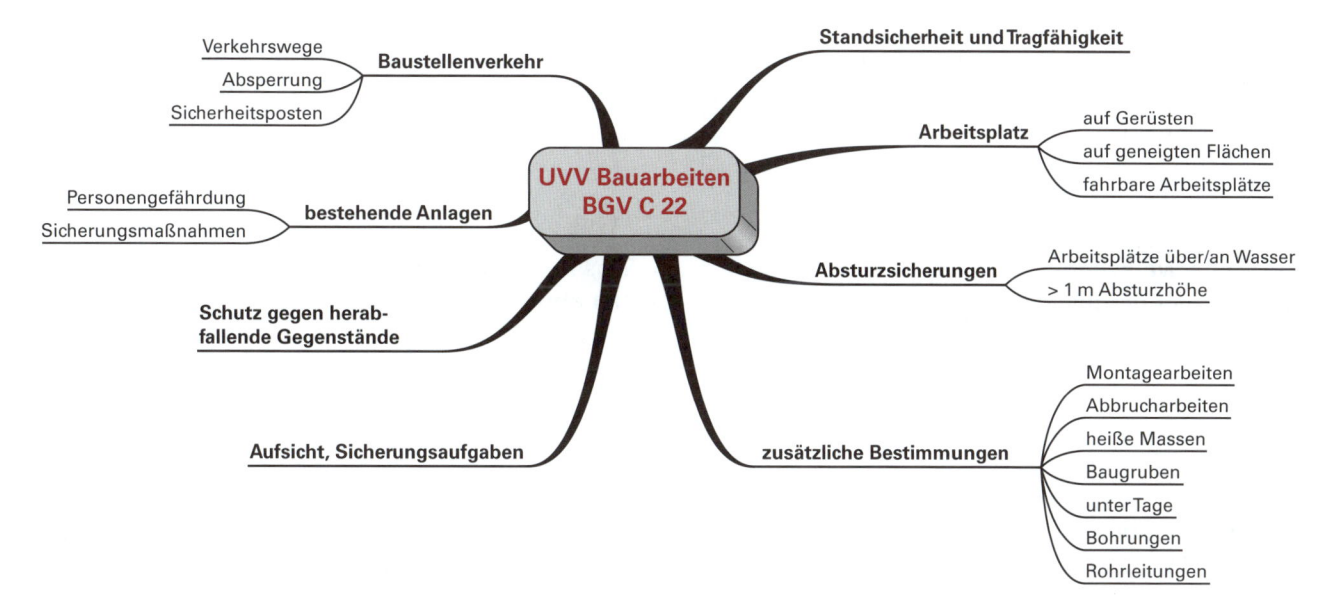

UVV Bauarbeiten BGV C 22:
- **Baustellenverkehr**: Verkehrswege, Absperrung, Sicherheitsposten
- **bestehende Anlagen**: Personengefährdung, Sicherungsmaßnahmen
- **Schutz gegen herabfallende Gegenstände**
- **Aufsicht, Sicherungsaufgaben**
- **Standsicherheit und Tragfähigkeit**
- **Arbeitsplatz**: auf Gerüsten, auf geneigten Flächen, fahrbare Arbeitsplätze
- **Absturzsicherungen**: Arbeitsplätze über/an Wasser, > 1 m Absturzhöhe
- **zusätzliche Bestimmungen**: Montagearbeiten, Abbrucharbeiten, heiße Massen, Baugruben, unter Tage, Bohrungen, Rohrleitungen

Das **Arbeitsschutzgesetz (ArbSchG)** regelt die Sicherheit und den Gesundheitsschutz der Beschäftigten. Der Arbeitgeber ist verpflichtet, die erforderlichen Maßnahmen zur Verhütung von Unfällen und arbeitsbedingten Gesundheitsgefahren zu treffen.

Die **Arbeitsstättenrichtlinen (ASR)** regeln die Ausgestaltung des Arbeitsplatzes (beispielsweise für Verkehrswege, Tagesunterkünfte, Waschräume, Toiletten).

Die **Baustellenverordnung (BaustellV)** regelt besondere Maßnahmen zur Verbesserung von Sicherheit und Gesundheitsschutz der Beschäftigten einer Baustelle durch den Bauherrn.

Die Gefahrstoffverordnung (GefStoffV) sieht für Arbeiten mit Gefahrstoffen vier Schutzstufen vor. Die Gefährdung wird an den betreffenden Stellen durch Gefahrensymbole und der dazugehörigen Gefahrenbeschreibung angezeigt.

Schutzstufenkonzept nach GefStoffV

Schutzstufe 1: Mindestmaßnahmen

Schutzstufe 2: Standardschutzstufe für Tätigkeiten mit Gefahrenstoffen

Schutzstufe 3: Zusätzliche Anwendung bei Arbeiten mit giftigen und sehr giftigen Stoffen

Schutzstufe 4: Zusätzliche Anwendung bei Arbeiten mit krebserzeugenden und erbgutschädigenden Stoffen

Gefahrensymbole

- Warnung vor feuergefährlichen Stoffen
- Warnung vor explosionsgefährlichen Stoffen
- Warnung vor giftigen Stoffen
- Warnung vor ätzenden Stoffen
- Warnung vor einer Gefahrenstelle
- Warnung vor schwebender Last
- Warnung vor gefährlicher elektrischer Spannung
- Warnung vor elektromagnetischer Strahlung
- Warnung vor magnetischem Feld
- Warnung vor radioaktiven Stoffen
- Warnung vor Laserstrahl
- Warnung vor Flurförderfahrzeugen

Zwischenprüfung – Fachstufe I
Mauerwerksbau — Hochbaufacharbeiter — Lösungen

2101
Welches Gewicht in kg ist für Zweihand-Mauersteine maximal zulässig?

③ 25 kg

2102
Welche Mauerregel ist **falsch**?

③ Lagerfugendicke 2,0 cm

2103
Wie groß ist die Überlappung beim schleppenden Verband?

③ $1/3$ oder $1/4$ Steinlänge

2104
Mit welchen Teilsteinen enden Wandecken von Regelverbänden (außer Läuferverband)?

① Dreiviertelsteinen

2105
Welche Mauerwerkskonstruktion ist hier dargestellt?

① Mauerecke

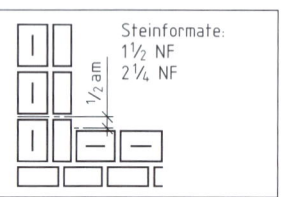

Steinformate: 1½ NF, 2¼ NF

2106
Was für Mauerwerk ist hier abgebildet?

② Mauerstoß

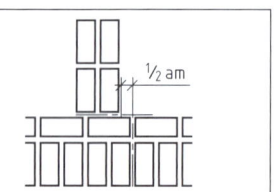

2107
Was für Mauerwerk ist nebenstehend skizziert?

③ Mauerkreuzung

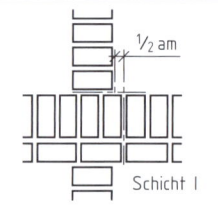

2108
Bei welcher Mauerwerkskonstruktion ist das Nennmaß als Außenmaß zu berechnen?

① Pfeiler

2109
Wie groß muss mindestens der lichte Querschnitt eines gemauerten Schornsteins sein?

② 100 cm²

2110
Was für ein Schornstein ist hier abgebildet?

① Rauchgasschornstein

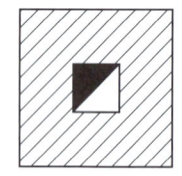

2112
Ein 3 DF-Stein geht bei einer Belastung von 612 kN zu Bruch. Welcher Druckfestigkeitsklasse ist er zuzuordnen?

② 12

Druckfestigkeit $\sigma = \dfrac{612\,000\ N}{42\,000\ mm^2} = 14{,}57\ N/mm^2$

Druckfestigkeitsklasse 12

2111
Ein trockener 2 DF-Stein wiegt 6,05 kg. Welcher Rohdichteklasse ist er zuzuordnen?

⑤ 2,0 kg/dm³

Dichte $\rho = \dfrac{6{,}05\ kg}{3{,}12\ dm^3} = 1{,}94\ \dfrac{kg}{dm^3}$

Rohdichteklasse 2,0 kg/dm³

2113
Welchen Abstand hat bei Mauerecken die Regelfuge der durchbindenden Schicht von der Innenecke?

① 1 am oder ½ am

2114
Welche Maßabweichung ist bei Mauerziegeln höchstens zulässig?

⑤ ± 4 %

Zwischenprüfung – Fachstufe I | Hochbaufacharbeiter

Mauerwerksbau | Lösungen

2115
Welcher Verband wird durch die im Grundriss skizzierten Mauerschichten dargestellt?

④ Kreuzverband

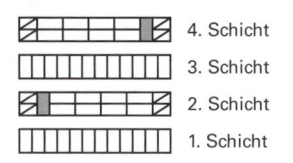

2116
Welche Mauerwerkskonstruktion ist hier im Grundriss abgebildet?

② Nische

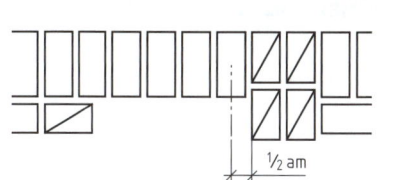

2117
Welcher Kalksandstein ist hier abgebildet?

② Hohlblockstein

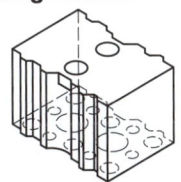

2118
Wie groß muss die Überbindung (ü) im Mauerwerk aus Großformaten mindestens sein?

③ 9,5 cm

2119
Nach welchen Steinfestigkeitsklassen werden die Druckfestigkeitsklassen von Mauerwerk (DIN EN 1996-3/NA) bestimmt?

① 4 bis 60 mit den Mörtelgruppen NM I, NM II/IIa, NM III/IIIa

2120
Mauerwerk aus großformatigen Steinen. Die Mauerlänge ist durch die Steinlänge teilbar, wie groß sind die Teilsteine?

④ ½ Steinlänge

2121
Welche Mauerdicken bilden die Mauereinbindung aus 10 DF- und 12 DF-Steinen?

⑤ 30er Mauer/24er Mauer

2122
Welches Rohbaunennmaß (N) und Rohbaurichtmaß (R) hat ein freistehendes (Außenmaße), 3 am langes Mauerwerk?

	Mauerwerk als	Richtmaß (R)	Nennmaß (N)	Darstellung
n = Anzahl der Köpfe (= 3 Köpfe) F = Dicke der Stoßfuge (= 1 cm) 1 am = 1 Achtelmeter = $\frac{100\ cm}{8}$ = (12,5 cm)	Außenmaß	R = n · (1 am) R = 3 · (12,5 cm) R = 37,5 cm	N = R – F N = 32,5 cm – 1 am N = 36,5 cm	R = 37,5 N = 36,5 (cm)

2123
In einer Tabelle ist der Läuferverband mit NF-Mauersteinen in Ansicht (5 Schichthöhen) und Draufsicht (1. und 2. Schicht) zu skizzieren und in Fugenversatz, Abtreppung und Anwendung zu unterscheiden.

Regelverbände • Ansicht • Draufsicht		Merkmale		Anwendung (Auswahl)
	Ansicht	Fugenversatz	Abtreppung	
Läuferverband Schicht 2. 1.	In jeder Schicht sind Läufer, die um ½-Stein versetzt sind, außer Zierverbände	½-Stein	½-Stein	• Trennwände • Zierverbände • Fachwerkausmauerungen • Brüstungen

317

Zwischenprüfung – Fachstufe I | Hochbaufacharbeiter

Mauerwerksbau | Lösungen

2124
Welche Nennmaße entsprechen den vorgegebenen Kopfmaßen bei NF-Ziegeln?

Nachfolgende Nennmaße ergeben sich:

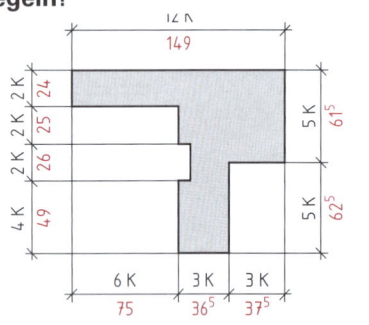

(Skizze mit Maßen: 12 K / 149; 2K/24, 2K/25, 2K/26, 4K/49; 5K/61,5; 5K/62,5; 6K/75, 3K/36,5, 3K/37,5)

2125
Schildern Sie den Arbeitsablauf zum oder beim Vermauern eines künstlichen Mauersteins.

- Mauerstein in die Hand nehmen
- Stoßfugenmörtel anbringen
- Lagerfugenmörtel auflegen und gleichmäßig verteilen
- Mauerstein aufsetzen und gegen den vorher aufgesetzten Mauerstein anschieben und ausrichten
- Den dabei hervorquellenden Mauermörtel abstreichen und auf der Lagerfuge auflegen

2126
Tragen Sie in eine Tabelle die Anzahl von Mauerschichten von DF, NF, 2 DF/3 DF und 10 DF/24 DF bei nachfolgenden Mauerhöhen ein: 1,00 m, 1,75 m und 2,25 m

Mauer-höhe	Anzahl der Mauerschichten bei			
	DF	NF	2DF/3DF	10DF/24DF
1,00 m	16	12	8	4
1,75 m	28	21	14	7
2,25 m	36	27	18	9

2127
Die 1. und 2. Schicht einer 36,5 cm dicken, rechtwinkligen Wandecke aus NF-Steinen sind nebenstehend zu skizzieren.

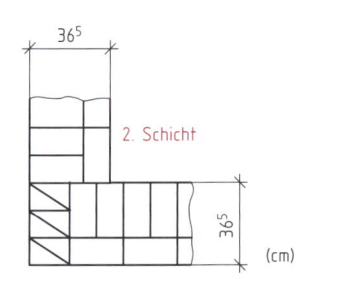

(Draufsicht der 1. und 2. Schicht, 36,5 cm)

2128
Welche Aufgaben haben Gesteinskörnung, Bindemittel und Anmachwasser im Mörtelgemisch?

Gesteinskörnung: ergibt die Tragkonstruktion im erhärteten Mörtel
Bindemittel: bewirken mit dem Anmachwasser die Erhärtung des Mörtels
Anmachwasser: macht den Mörtel verarbeitbar und ermöglicht mit dem Bindemittel das Erhärten des Mörtels

2132
Es sind die 1. und 2. Schicht einer 93 cm langen und 24 cm breiten Wand aus NF-Steinen in der Draufsicht zu skizzieren (umgeworfener Verband).

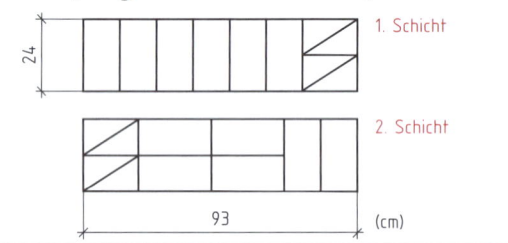

(Skizze: 1. Schicht und 2. Schicht, 93 cm × 24 cm)

2129
Welche Bestandteile sind zur Herstellung von Porenbetonsteinen (Gasbetonsteinen) notwendig?

Zur Herstellung von Porenbetonsteinen (Gasbetonsteinen) werden benötigt:

Gesteinskönungen (Quarzsand) + Bindemittel (Kalk/Zement) + Treibmittel (Alupulver) → PORENBETON

2130
Welche 4 Verbandsregeln sind beim Mauern von Block- und Kreuzverbänden einzuhalten?

Blockverband
- Läufer- und Binderschichten wechseln sich regelmäßig ab
- Stoßfugen der Läufer- und Binderschichten liegen genau senkrecht übereinander
- Die Verzahnung ist regelmäßig ¼ Stein breit
- Die Abtreppung ist abwechselnd ¼ und ¾ Stein breit

Kreuzverband
- Stoßfugen der Läuferschichten sind jeweils um ½ Stein versetzt
- Die Verzahnung ist regelmäßig ¼ Stein breit
- Die Abtreppung ist regelmäßig ¼ Stein breit

Zwischenprüfung – Fachstufe I — Hochbaufacharbeiter

Mauerwerksbau — Lösungen

2131
Was ist beim Mauern von Leicht(Poren-)betonsteinen hinsichtlich des Fugenmörtels und der Fugendicken zu beachten?

Fugendicke 12 mm:
Porenbeton-Blocksteine (PB) und Porenbeton-Bauplatten (Ppl) werden mit Normal- bzw. Leichtmauermörtel bei einer Fugendicke von 12 mm vermauert

Fugendicke 1 mm ... 3 mm:
Porenbeton-Plansteine (PP) und Porenbeton-Planbauplatten (PPpl) werden mit Dünnbettmörtel bei einer Fugendicke von 1 mm bis 3 mm vermauert

2133
Welche 3 allgemeinen Verbandsregeln sind gleichermaßen beim Mauern von Wandkreuzungen, Wandecken und Wandstößen zu berücksichtigen?

- Die Mauerschichten laufen abwechselnd durch
- Die durchlaufende Schicht ist im Regelfall die Läuferschicht
- Die durchgehende Schicht endet im Regelverband mit Teilsteinen

2134
Welche 4 Verbandsregeln sind beim Mauern von geraden Wandenden einzuhalten, die mindestens 2-am dick sind?

Mauerlänge durch ganze (am) teilbar:
- Läuferschichten beginnen bzw. enden mit so viel Dreiviertelstein-Läufern wie die Wand Köpfe dick ist
- Binderschichten beginnen bzw. enden bei 1 Stein dicken Wänden mit einem ganzen Stein, bei dickeren Wänden mit Dreiviertelstein-Bindern

Mauerlänge nicht durch ganze (am) teilbar:
- Läuferschichten enden mit Binder
- Binderschichten enden mit Dreiviertelsteinen als Läufer

2135
Ein rechtwinkliger Mauerstoß einer 24 cm dicken an eine 36,5 cm dicke Mauer aus NF-Steinen in der 1. und 2. Schicht ist nebenstehend zu skizzieren.

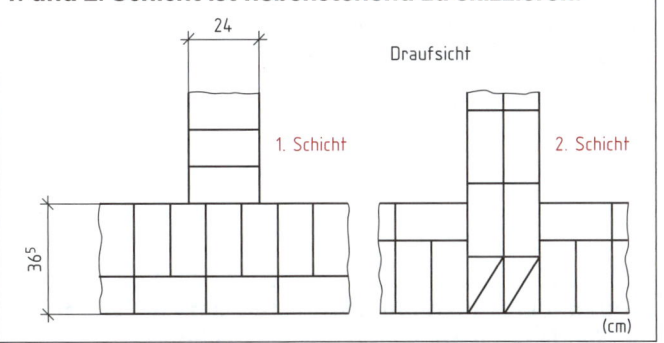

2136
Es sind zwei Schichten einer 36,5 cm langen und 12,5 cm breiten Vorlage an einer 24 cm dicken Mauer aus NF-Steinen einzuzeichnen.

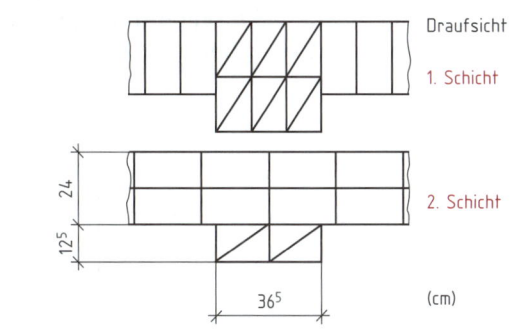

2137
Welcher Unterschied besteht zwischen Nischen und Schlitzen?

Nischen sind Aussparungen im Mauerwerk, z.B. als Raum für Heizkörper und Wandschränke

Schlitze sind Aussparungen mit kleinem Querschnitt, z.B. zur Aufnahme von Rohrleitungen und Mauern von Anschlüssen

2138
Welche 3 Verbandsregeln gelten für Mauernischen?

- Je nach Wanddicke und Nischentiefe bindet eine Schicht als Binder- oder Läuferschicht in die Schildmauer durch
- An der Leibung endet das Mauerwerk nach den Regeln für das gerade Wandende
- Die Regelfuge ist in der durchbindenden Schicht ½ am von der inneren Nischenecke entfernt

Zwischenprüfung – Fachstufe I   Hochbaufacharbeiter
Mauerwerksbau   Lösungen

2139
In der untenstehenden Skizze ist ein 12,5 cm breiter Türanschlag in der 1. und 2. Schicht an einer 36,5 cm breiten Wand einzuzeichnen. Es werden NF-Mauersteine verwendet.

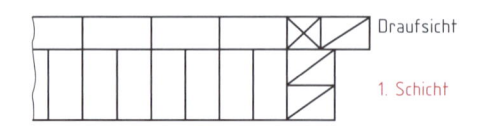

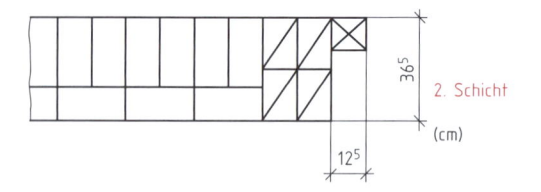

2140
Warum müssen gemauerte Schornsteine vollfugig gemauert werden?

Durch undichte Fugen kann kalte Nebenluft in den Schornstein strömen und die Rauchgase abkühlen. Das verringert den Schornsteineinzug und kann den Schornstein versotten.

2141
Welche 4 Verbandsregeln sind bei Schornsteinverbänden zu beachten?

- Vollfugiges und innerbündiges Mauern
- Kreuzfugen an den Ecken sind nicht zulässig
- Ganze Steine möglichst verwenden
- Zungen binden abwechselnd in die Wangen ein

2142
Großformatige Mauersteine werden in Einzel- bzw. Reihenverlegung vermauert. In welchen Arbeitsschritten werden beide Verlegearten durchgeführt?

- Lagerfugenmörtel für einen Mauerstein auflegen
- Stoßfugenmörtel in Randstreifen an bereits versetzten Mauersteinen anbringen
- Mauersteine auf 1 cm Fugendicke anschieben

- Lagerfugenmörtel für mehrere Mauersteine auflegen
- Mauersteine reihenweise **knirsch** anlegen
- Mörteltasche mit Mörtel ausfüllen

2143
Es sind zwei Schichten eines rechtwinkligen Mauerstoßes (24 cm und 30 cm dicke Wände) mit großformatigen Mauersteinen zu skizzieren.

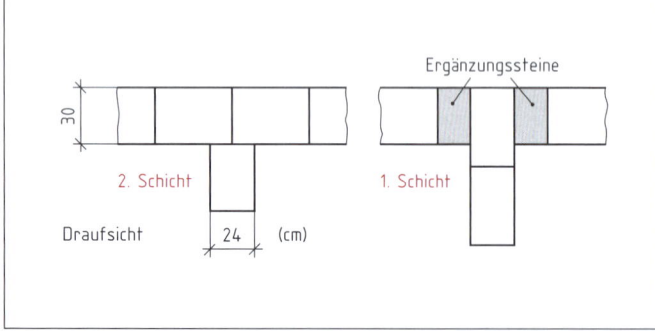

2144
In welchen Breiten und Höhen werden Stahlbetonrippendecken hergestellt?
Jeweils 2 Maße sind anzugeben.

Breiten: Höhen:
333 mm   190 mm
500 mm   240 mm

2145
Aus welchen 3 Einzelteilen besteht der skizzierte hinterlüftete dreischalige Schornstein aus Formsteinen?

Ein dreischaliger Schornstein besteht aus:
- Innenschale (Innenrohr aus Schamotte)
- Dämmstoffschicht
- Außenschale aus Leichtbetonsteinen

2146
Vom nebenstehenden Schornstein sind die ersten beiden NF-Mauerschichten einzuzeichnen.

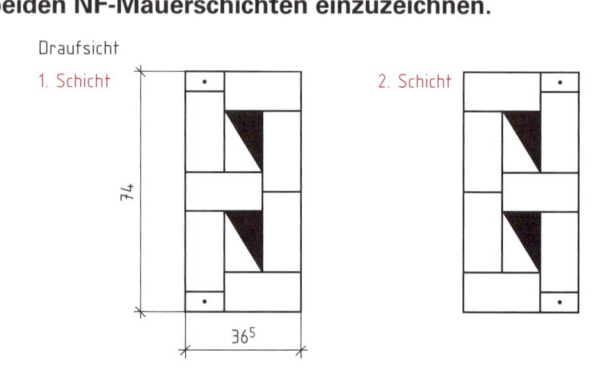

Zwischenprüfung – Fachstufe I | Hochbaufacharbeiter

Mauerwerksbau | Lösungen

2147
In welchen Deckenkonstruktionen werden Deckenziegel verwendet?

Deckenziegel werden verwendet in:
- Stahlbetonrippendecken und
- Stahlsteindecken

2148
Welche 3 Vorteile haben Rippendecken aus Deckenziegeln?

Vorteile von Rippendecken aus Deckenziegeln:
- Beton wird eingespart
- geringeres Deckengewicht
- Wärmedämmung wird verbessert

2149
Wie können die waagerechten und senkrechten Abdichtungen für eine Kelleraußenwand hergestellt werden?

Herstellen von waagerechten Abdichtungen in gemauerten Außenwänden:
- Auflegen einer abgeglichenen vollfugigen Mörtelschicht auf den Mauersteinen
- 2-lagiges Auslegen von Bitumenbahnen
- Stoßüberdeckung der Bitumenbahnen mindestens 20 cm

Herstellen von senkrechten Abdichtungen an gemauerten Außenwänden:
- im Erdbereich: mit bitumenhaltigen Anstrichen
- im Spritzwasserbereich: Sperrputz bzw. Klinker

2150
Wie können die beiden skizzierten Wärmebrücken vermieden werden?

Z.B. Dämmung außen und innen anbringen
Z.B. Außendämmung oder/und Mauersteine mit höherer Wärmedämmung verwenden

2151
Wonach werden <u>Baustoffe</u> hinsichtlich ihres Brandverhaltens eingeteilt?

Baustoffe werden in folgende Klassen eingeteilt:
Klasse A: nichtbrennbare Baustoffe, z.B. Mauersteine
Klasse B: brennbare Baustoffe, z.B. Holz

2152
Wonach werden Bauteile hinsichtlich ihres Brandverhaltens eingeteilt?

Bauteile werden in folgende Feuerwiderstandsklassen eingeteilt:
F 30, F 60, F 90, F 120 und F 180
z.B. F 90: Dieses Bauteil hat eine Feuerwiderstandsdauer von mindestens 90 Minuten

2153
Welche Höhe hat eine freistehende Mauer aus 27 NF-Mauerschichten?

② 2,25 m $h_M = 27 \cdot (7{,}10 \text{ cm} + 1{,}23 \text{ cm})$

2154
Welche Höhe hat eine eingebaute Mauer aus 27 NF-Mauerschichten?

⑤ 2,26 m $h_M = 27 \cdot (8{,}33 \text{ cm}) + 1{,}23 \text{ cm}$

2155
Wie viel NF-Mauerschichten sind in einer 1,75 m hohen freistehenden Mauer enthalten?

① 21 Schichten

2156
Wie viele NF-Mauerschichten sind in einer 2,51 m hohen eingebauten Mauer enthalten?

② 30 Schichten

2157
Wie viele NF-Steine werden für eine 24 cm dicke und 14,80 m² große gemauerte Wand benötigt?

⑤ 14,80 m² · 99 St/m² = 1465 Steine

2158
Wie viel NF-Steine werden für 3,42 m³ 24er-Mauerwerk verwendet?

③ 3,42 m³ · 411 St/m³ = 1406 Steine

2159 | 2
2160 | 5
2161 | 2
2162 | 2

Zwischenprüfung – Fachstufe I | Hochbaufacharbeiter

Mauerwerksbau — Lösungen

2163
Wie viel NF-Steine und Liter Mauermörtel werden für den skizzierten 3,3 m hohen Pfeiler gebraucht?

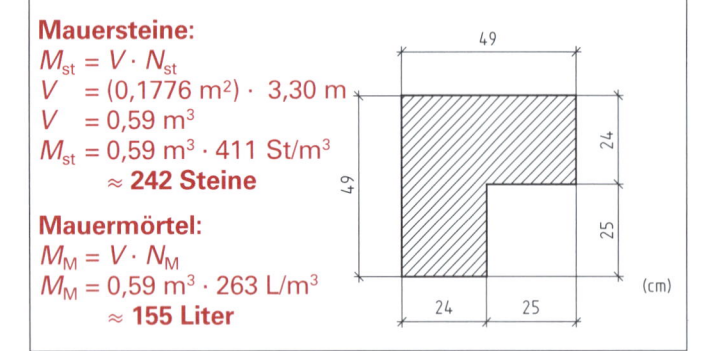

Mauersteine:
$M_{st} = V \cdot N_{st}$
$V = (0{,}1776 \text{ m}^2) \cdot 3{,}30 \text{ m}$
$V = 0{,}59 \text{ m}^3$
$M_{st} = 0{,}59 \text{ m}^3 \cdot 411 \text{ St/m}^3$
$\approx$ **242 Steine**

Mauermörtel:
$M_M = V \cdot N_M$
$M_M = 0{,}59 \text{ m}^3 \cdot 263 \text{ L/m}^3$
$\approx$ **155 Liter**

2164
Wie viel NF-Steine und Liter Mauermörtel werden für die dargestellte 36,5 cm dicke Giebelwand benötigt?

Flächenberechnung aus zwei Trapezflächen, durch senkrechte Teilung, abzüglich drei Rechteckflächen.

Mauersteine:
$A_1 = \left(\dfrac{6{,}75 \text{ m} + 3{,}00 \text{ m}}{2}\right) 5{,}49 \text{ m} = 26{,}76 \text{ m}^2$
$A_2 = \left(\dfrac{6{,}75 \text{ m} + 6{,}00 \text{ m}}{2}\right) 4{,}50 \text{ m} = 28{,}69 \text{ m}^2$
$A_3 = (1{,}26 \text{ m} \cdot 2{,}01 \text{ m}) + (1{,}51 \text{ m} \cdot 1{,}01 \text{ m})^2 \cdot 2$
$A_3 = 5{,}58 \text{ m}^2$ (Tür und Fenster)
$A = A_1 + A_2 - A_3$
$A = 49{,}87 \text{ m}^2$
$V = A \cdot d$
$V = 49{,}87 \text{ m}^2 \cdot 0{,}365 \text{ m} = 18{,}20 \text{ m}^3$
$M_{St} = V \cdot N_{St} = 18{,}20 \text{ m}^3 \cdot 407 \text{ St/m}^3 =$ **7407 Steine**

Mauermörtel:
$M_M = 18{,}20 \text{ m}^3 \cdot 274 \text{ L/m}^3 \approx$ **4987 Liter**

2165
Von der abgebildeten abgeböschten Baugrube sind die Aushubmassen in m³ bei 20 % Auflockerung nach der Näherungsformel zu berechnen. Die Gebäudeaußenmaße betragen 12,49 m und 8,24 m.
Bodenklasse 5

Grundfläche (Baugrubensohle)
$b_1 = 8{,}24 \text{ m} + 2 \,(0{,}50 \text{ m})$ Arbeitsraum $\rightarrow b_1 = 9{,}24 \text{ m}$
$l_1 = 12{,}49 \text{ m} + 2 \,(0{,}50 \text{ m})$ Arbeitsraum $\rightarrow l_1 = 13{,}49 \text{ m}$

Deckfläche
Böschungsbreite:
Bodenklasse 5 $\triangleq$ Böschungsneigung von 60° bzw. Neigungsverhältnis 1 : 0,58
$b = 0{,}58 \cdot t$ (Baugrubentiefe)
b **= 0,58 · 1,20 m ≈ 0,70 m**
$b_2 = 9{,}24 \text{ m} + 2 \,(0{,}70 \text{ m}) = 10{,}64 \text{ m}$
$l_2 = 13{,}49 \text{ m} + 2 \,(0{,}70 \text{ m}) = 14{,}89 \text{ m}$
$V = \dfrac{(l_1 \cdot b_1)(l_2 \cdot b_2)}{2} \cdot t$
$V = \left(\dfrac{13{,}49 \text{ m} \cdot 9{,}24 \text{ m} + 14{,}89 \text{ m} \cdot 10{,}64 \text{ m}}{2}\right) 1{,}20 \text{ m}$
$V = 169{,}85 \text{ m}^3$
$V_{ges} = 169{,}85 \text{ m}^3 + 20\%$ von $169{,}85 \text{ m}^3$
V_{ges} = **203,82 m³**

2166
Es ist der Bodenaushub von der skizzierten, nicht abgeböschten Baugrube mit Verbau und Schalung zu berechnen. Die Gebäudeaußenmaße betragen 11,24 m und 9,74 m. Die Auflockerung beträgt 15 %.

$V = l \cdot b \cdot t$
$b = 9{,}74 \text{ m} + 2 \cdot (0{,}50 \text{ m}) + 4 \cdot (0{,}15 \text{ m})$
$b = 11{,}34 \text{ m}$
$l = 11{,}24 \text{ m} + 2 \cdot (0{,}50 \text{ m}) + 4 \cdot (0{,}15 \text{ m})$
$l = 12{,}84 \text{ m}$
$V = 11{,}34 \text{ m} \cdot 12{,}84 \text{ m} \cdot 1{,}10 \text{ m}$
$V = 160{,}17 \text{ m}^3$
$V_{ges} = 160{,}17 \text{ m}^3 + 15\%$ von $160{,}17 \text{ m}^3$
$V_{ges} =$ **184,20 m³**

Die Auflockerung wird prozentual dazu addiert, also $V_{ges} = 1{,}15 \, V$.

2167
Für eine Rohrleitung, Außendurchmesser 200 mm, soll auf einer Länge von 24,00 m der Rohrgraben ausgehoben werden.
a) Wie viel m³ Boden sind auszuheben?
b) Wie viel m³ loser Boden sind bei 15 % Auflockerung abzufahren?
c) Wie viel m³ Boden wird für die Wiederverfüllung benötigt?

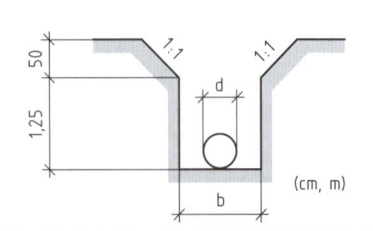

Erforderliche Grabenbreite
$b = d + 0{,}40 \text{ m}$
$b = 0{,}20 \text{ m} + 0{,}40 \text{ m} = 0{,}60 \text{ m}$

a) Bodenaushub
$A_1 = b \cdot t$
$A_1 = 0{,}60 \text{ m} \cdot 1{,}25 \text{ m}$
$A_1 = 0{,}75 \text{ m}^2$
$A_2 = \left(\dfrac{l_1 + l_2}{2}\right) t$
$A_2 = \left(\dfrac{0{,}60 \text{ m} + 1{,}60 \text{ m}}{2}\right) \cdot 0{,}50 \text{ m}$
$A_2 = 0{,}55 \text{ m}^2$
$V = (A_1 + A_2) \, l$
$V = (0{,}75 \text{ m}^2 + 0{,}55 \text{ m}^2) \, 24{,}00 \text{ m}$
$V =$ **31,20 m³**

b) aufgelockerter Boden
$V_{ges} = 31{,}20 \text{ m}^3 + 15\%$ von $31{,}20 \text{ m}^3$
$V_{ges} =$ **35,88 m³**

c) Wiederverfüllter Boden
Rohrquerschnitt
$A = \dfrac{\pi}{4} d^2$ (evtl. Abzug)
$A = \dfrac{\pi}{4} (0{,}20 \text{ m})^2 =$ **0,03 m² < 0,1 m²**

Dadurch kein Abzug → Wiederverfüllung: **31,20 m³**

+ Anteil der prozentualen Verdichtung, d.h., bei 15 % Verdichtung wird $V_{verd.}$ gesucht.

$31{,}20 \text{ m}^3 : (100\% - x\%) = V_{verd.} : 100\%$
$31{,}20 \text{ m}^3 : 85\% = V_{verd.} : 100\%$

Zwischenprüfung – Fachstufe I | Hochbaufacharbeiter

Mauerwerksbau | Lösungen

2168

Für ein Wohnhaus sind 146,2 m² Zementestrich im Mischungsverhältnis 1 : 4 herzustellen.
a) Wie viel Zementmörtel in Litern sind notwendig, wenn der Zementestrich 4 cm dick werden soll?
b) Wie viel Sack Zement und m³ Sand (baufeucht) werden dazu gebraucht?
Mörtelfaktor (MF):
MF = 1,4 (trockener Sand)
MF = 1,6 (baufeuchter Sand)

Für 1 m² Zementestrich werden je 1 cm Estrichdicke ca. 11 Liter Zementmörtel benötigt

a) **Zementmörtel**
$V_M = 146{,}20 \text{ m}^2 \cdot 44 \text{ L/m}^2 \approx $ **6433 L**

b) **Mörtelbestandteile**
Volumen der Ausgangsstoffe (V_A)
$V_A = 6433 \text{ L} \cdot 1{,}6 = 10293 \text{ L}$
Volumen eines Raumteils (V_{RT})
$V_{RT} = \dfrac{10293 \text{ L}}{5 \text{ RT}} \approx 2059 \text{ L/RT}$
Volumen des Zements (V_Z)
$V_Z = 2059 \text{ L/RT} \cdot 1 \text{ RT} \approx 2059 \text{ L}$
Anzahl der Zementsäcke (n_Z)
$n_Z = 2059 \text{ L} = $ **98 Säcke Zement**
Volumen des Sandes (V_S)
$V_S = 2059 \text{ L/RT} \cdot 4 \text{ RT} = 8236 \text{ L}$
$V_S \approx $ **8,24 m³ Sand**

2169

Wie viel Liter Sand werden beim Mischungsverhältnis 1 : 4 für 8 Sack hydraulischen Kalk (50 kg je Sack; $\rho = 0{,}85$ kg/l) benötigt?

8 Sack Kalk entsprechen 400 kg
400 kg entsprechen 470,6 l
4 × 470,6 l = 1882,4 l Sand

2170

Die dargestellte Fläche soll mit einem Zementestrich (MV 1 : 3) in einer Stärke von 3 cm hergestellt werden. Wie viel Liter Zement und m³ Sand werden dazu benötigt? Die Mörtelmischung ist nach der Tabelle zu berechnen.

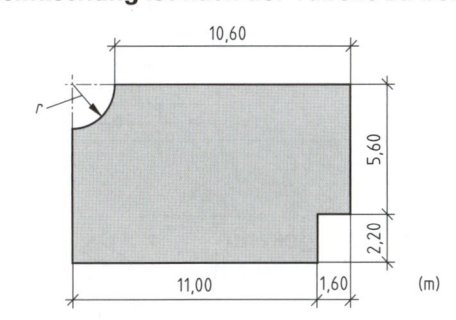

$A = 12{,}60 \text{ m} \cdot 7{,}80 \text{ m} - 1{,}60 \text{ m} \cdot 2{,}20 \text{ m} - \dfrac{\pi}{4}(4{,}00 \text{ m})^2 \cdot \dfrac{1}{4}$
$A = 91{,}62 \text{ m}^2$

Zementmörtel
$V = 91{,}62 \text{ m}^2 \cdot 33 \text{ L/m}^2 \approx 3023 \text{ L}$

Mörtelbestandteile
Für 1000 L Zementmörtel werden 390 Liter Zement und 1170 Liter Mörtelsand verbraucht.
$V_Z = \dfrac{3023 \text{ L} \cdot 390 \text{ L}}{1000 \text{ L}} \approx $ **1179 Liter Zement**
$V_S = \dfrac{3023 \text{ L} \cdot 1170 \text{ L}}{1000 \text{ L}} \approx $ **3537 Liter Sand ≈ 3,54 m³ Sand**

2171

Die dargestellte Giebelwand soll einen 2,0 cm dicken Außenputz aus Kalkzementmörtel MV 2 : 1 : 8 erhalten.
a) Wie viel Liter Putzmörtel werden benötigt?
b) Wie viel Liter Weißkalkhydrat, Zement und Mörtelsand sind für den Putzmörtel erforderlich?
Die Mörtelmischung ist nach der Tabelle zu berechnen.

$A = \left(\dfrac{7{,}80 \text{ m} + 2{,}60 \text{ m}}{2}\right) 2{,}70 \text{ m}$
$A = 14{,}04 \text{ m}^2$ (Trapezfläche)
Für 1 m² Wandputz 2,0 cm dick werden 22 Liter Putzmörtel gebraucht.

a) **Putzmörtel**
$V = 14{,}04 \text{ m}^2 \cdot 22 \text{ Liter/m}^2 \approx $ **309 Liter**

b) **Mörtelbestandteile**
$V_K = \dfrac{309 \text{ L} \cdot 280 \text{ L}}{1000 \text{ L}} \approx $ **87 Liter Weißkalkhydrat**
$V_Z = \dfrac{309 \text{ L} \cdot 140 \text{ L}}{1000 \text{ L}} \approx $ **43 Liter Zement**
$V_S = \dfrac{309 \text{ L} \cdot 1120 \text{ L}}{1000 \text{ L}} = $ **346 Liter Sand**

Zwischenprüfung – Fachstufe I | Hochbaufacharbeiter

Mauerwerksbau | Lösungen

2172
Es gibt zwei grundsätzliche Projektionsarten für die Darstellung von Bauteilen und Bauwerken. Wie werden die beiden Projektionsarten genannt?

④ Parallelprojektion und Zentralprojektion

2173
In welcher Antwort gehören alle drei Projektionsarten zur Parallelprojektion?

① Dreitafelprojektion, Dimetrie, Isometrie

2174
Welche grundsätzliche Projektionsart ist im Bild zu sehen?

② Parallelprojektion

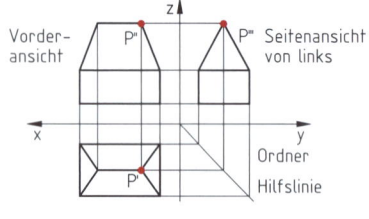

2175
Welche grundsätzliche Projektionsart ist im Bild dargestellt?

⑤ Zentralprojektion

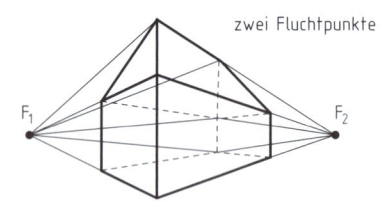

2176
Welche Bauzeichnung kann ein Maurer auf der Baustelle nicht gebrauchen?

④ Bewehrungsplan eines Köcherfundamentes

2177
Welche der Bauzeichnungen kann ein Maurer auf der Baustelle verwenden?

② Fundamentplan mit aufgehendem Kellermauerwerk

2178
Wie heißt die abgebildete Mauerschicht?

④ Grenadierschicht

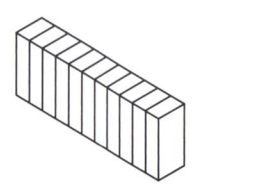

2179
Welchen Vorzugsverband zeigt das Bild?

① Kreuzverband

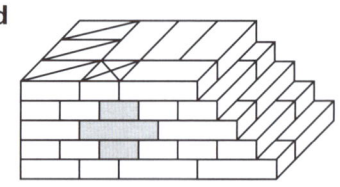

2180
Welcher Teilstein ist hier abgebildet?

② dreiviertel Stein

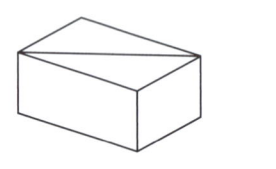

2181
Wie wird die mit a gekennzeichnete Fuge fachgerecht bezeichnet?

① Lagerfuge

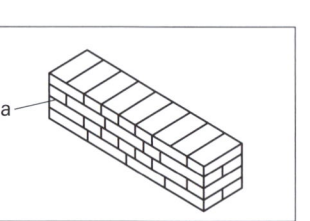

2182
Zu welcher Seitenansicht von links gehören die Vorderansicht und die Draufsicht?

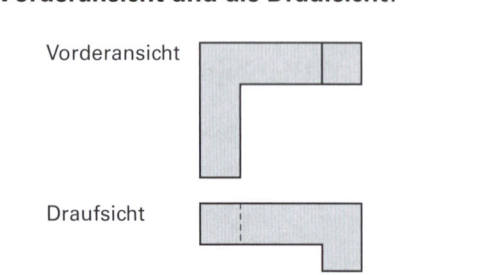

④

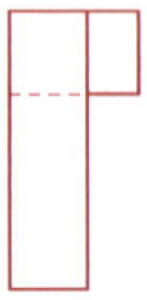

2183
Welche Draufsicht gehört zu dem abgebildeten Körper?

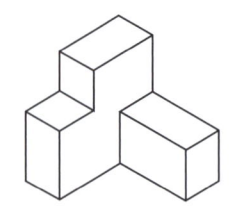

①

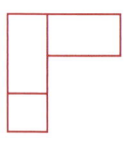

Zwischenprüfung – Fachstufe I — Hochbaufacharbeiter
Mauerwerksbau — Lösungen

2184
Welche Vorderansicht gehört zu dem dargestellten Haus?
③

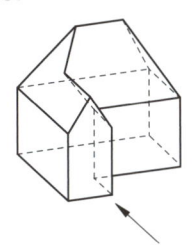

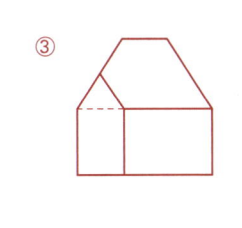

2185
Welche Draufsicht gehört zu dem dargestellten Körper?
③

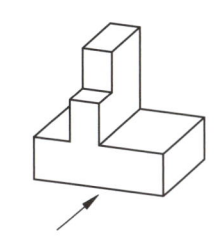

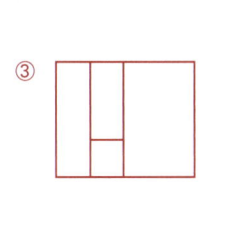

2186
Welche Schraffur wird in Bauzeichnungen nach DIN 1356 für Mauerwerk verwendet?
Bild ⑤

2187
Welche Schraffur wird in Bauzeichnungen nach DIN 1356 für Dämmung verwendet?
Bild ④

2188
Welche Position zeigt in der Skizze der Kelleraußenwand die senkrechte Sperrschicht?
② Pos. 2

2189
Aus welchem Baustoff besteht das im Bild dargestellte Bauteil?
① Stahl

2190
Welche Konstruktion ist in der Skizze zu sehen?
① Verbundestrich

2191
In welchem Bild ist die Linienart nach DIN 1356 zur Kennzeichnung von Schnittebenen abgebildet?
Bild ④

2192
Welche Außenwandkonstruktion zeigt der Schnitt?
① Einschaliges Mauerwerk mit Thermohaut

2193
Welche Handelsform von Nadelschnittholz ist im Bild zu sehen?
① Bohle ($d \geq 44$ mm, $b \geq 75$ mm)

2194
Was bedeutet die Abkürzung DN in Bauzeichnungen?
④ Nenndurchmesser

2195
Aus welchem Baustoff soll nach der Skizze die Kellersohle erstellt werden?
② Stahlbeton

2196
Welche Bedeutung hat die Angabe 1% über dem Pfeil in dem dargestellten Grundriss?
② Gefälle des fertigen Fußbodens

2197
Welche Höhe muss das Fenster nach dem Zeichnungsausschnitt erhalten?
③ 1,385 m (Breite 1,76 m/Höhe 1,385 m)

2198
Welche Abmessungen hat die zu mauernde Öffnung für den Schornstein in der Skizze?
③ 26 cm/26 cm

2199
Welche Aussage zu dem skizzierten Teilabschnitt ist richtig?
② Die Oberkante des Fertigfußbodens beträgt 2,75 m

Zwischenprüfung – Fachstufe I — Hochbaufacharbeiter

Beton- und Stahlbetonbau — Lösungen

2201
Je feiner ein Zement gemahlen ist,

① Desto schneller erhärtet er

2212
Welche Beschränkung für Standardbeton ist nicht richtig?

② Expositionsklassen nur X0, XF1, XA2, XM3

2203
Welche Aussage über das Erhärten von Zement ist falsch?

④ Die Hydratation verläuft am Anfang langsam, wird aber immer schneller

2204
An jedem Zementsilo muss ein witterungsfestes Blatt Auskunft über den eingelagerten Zement geben. Welche Angabe muss nicht enthalten sein?

① Preis pro m³

2205
Wie lange dürfen Normzemente in Säcken mit den Festigkeitsklassen 32,5 und 42,5 höchstens auf der Baustelle gelagert werden?

③ 2 Monate

2207
Welchen Vorteil hat ein Gesteinskörnungsgemisch mit einer Sieblinie im Bereich ③ gegenüber einem Gemisch im Bereich ④?

② Es wird weniger Bindemittel benötigt

2206
Bis zu welcher Korngröße wird Gesteinskörnung als »Mehlkorn« bezeichnet?

① 0,125 mm

2208
Welche Folgen hat die Verdopplung des Wasser/Zement-Wertes von 0,4 auf 0,8?

④ Die Festigkeit des Betons vermindert sich stark

2209
Ein steifer Beton soll zur Verarbeitung weicher gemacht werden. Wie kann dies ohne Qualitätsverluste nur geschehen?

④ Durch Zugabe von Zementleim

2213
Welcher Mindestzementgehalt muss für Standardbeton C 12/15 (Größtkorn 32 mm, Zementfestigkeitsklasse 32,5, plastische Konsistenz) eingehalten werden?

① 300 kg/m³

2210
Wie kann die Konsistenz von plastischen bis weichen Betonen geprüft werden?

② Mit dem Ausbreitversuch

2211
Für welche Betonfestigkeitsklassen sind Standardbetone zulässig?

③ C8/10, C12/15 und C16/20

2202
Welcher Zement wird in grünen Papiersäcken mit schwarzem Aufdruck geliefert?

④ CEM II/B-S 42,5

2214
Welches Bauteil eines kleinen Wohnhauses darf nicht mit C8/10 betoniert werden?

③ Geschossdecke

2215
Was ist ein Baustellenbeton?

② Ein auf der Baustelle zusammengestellter und gemischter Beton

2216
Was enthält das »Betonsortenverzeichnis« eines Transportbetonwerkes?

⑤ Alle lieferbaren Betonsorten dieses Transportbetonwerkes

2217
Wann muss Transportbeton (ohne Verzögerer) spätestens entladen sein?

③ 90 Minuten nach Wasserzugabe

2218
Lieferschein eines Transportbetons. Welche Angabe muss vor dem Entladen nicht überprüft werden?

② Lieferschein-Nummer

Zwischenprüfung – Fachstufe I — Hochbaufacharbeiter

Beton- und Stahlbetonbau — Lösungen

2219
Bis zu welchem Zeitpunkt sollte Transportbeton (bis 100 m³) vorbestellt werden?
④ 24 Stunden vorher

2220
Welches Betonzusatzmittel darf dem Transportbeton auf der Baustelle zugegeben werden?
② Fließmittel (FM)

2221
Welches Material eignet sich nicht für die Schalhaut?
③ Gipskartonplatten

2222
Welches Element gehört nicht zu einer herkömmlichen Deckenschalung?
② Drängbrett

2223
Nach dem Ausschalen von Platten und Balken bis 8 m Stützweite gilt:
① Notstützen in Feldmitte stehen lassen

2224
Welches Detail zeigt die Abbildung?
① Eckverspannung einer Rahmentafelschalung

2225
Wo hat die systemlose Schalung im Vergleich zur Systemschalung einen Vorteil?
② Anpassungsfähigkeit an Bauteilformen

2227
Welches Verbindungsmittel eignet sich zur Verspannung bei großen Schalhöhen?
① Schalungsanker aus Ankerstab, Ankerverschluss und Abstandshalter

2226
Wodurch wird die Stützenschalung zusammengehalten?
④ Säulenzwinge aus Stahl

2229
Was ist bei der Trennmittelbehandlung nicht richtig?
⑤ Bewehrung allseitig intensiv mit Trennmitteln reinigen

2228
Wie wird das dargestellte Schalungselement bezeichnet?
④ Vollwandträger aus Holz

2231
Welche Angabe muss der Lieferschein für Betonstahl nicht enthalten?
② Tag der Herstellung

2230
Welche Betonstabstahl-Sorten werden nach DIN 488 hergestellt?
⑤ B500A und B500B

2234
Welches Bewehrungselement erkennt man an diesem eckigen Schild?
② Lagermatte

2232
Welcher Betonstahl ist ein nicht verwundener BSt 500 S ohne Längsrippen? ③

2235
Wie wird die im Ausschnitt dargestellte Lagermatte bezeichnet?
③ Doppelstabmatte

2233
Welche Betonstahlsorte hat das Kurzzeichen IV S?
① Betonstabstahl 500 S

2237
Lagermattenbezeichnungen geben Auskunft über den Mattenaufbau. Was gilt für eine Q 335 A?
③ Quadratische Stababstände 150 mm x 150 mm, 335 mm² Querschnittsfläche der Längsstäbe je m Mattenbreite

2236
Was ist falsch beim Anliefern von Betonstahlmatten?
⑤ Große Matten unten, kleine Matten oben im Stapel lagern

Zwischenprüfung – Fachstufe I — Hochbaufacharbeiter

Beton- und Stahlbetonbau — Lösungen

2238
Wie erkennt man einen Normzement?

Die Einhaltung der Norm wird regelmäßig durch den Hersteller (Eigenüberwachung) und durch eine Güteüberwachungsgemeinschaft (Fremdüberwachung) nachgeprüft. Zemente, die den Anforderungen entsprechen, sind durch das Übereinstimmungszeichen sowie das Zeichen der Überwachungsgemeinschaft gekennzeichnet.

2239
Was versteht man unter Normfestigkeit von Zement nach DIN 1164?

Die Normfestigkeit von Zement ist die Druckfestigkeit nach 28 Tagen, unterschieden in drei Festigkeitsklassen: 32,5; 42,5 und 52,5 (N/mm^2). Jede dieser drei Klassen wird unterteilt in eine Klasse mit üblicher und eine Klasse mit schneller (gekennzeichnet mit »R«) Anfangsfestigkeit.

2240
Durch welches Verfahren wird die richtige Kornzusammensetzung von Gesteinskörnung geprüft?

Die Kornzusammensetzung wird durch einen Siebversuch ermittelt, als Sieblinie dargestellt und im Vergleich mit den Regelsieblinien bewertet.

2241
Was ist ein »Korngemisch« nach DIN EN 12620?

Mischung aus grober und feiner Gesteinskörnung, wobei D (obere Siebgröße) ≤ 45 mm und d (untere Siebgröße) = 0 sein muss.

2242
Was ist eine »Natürliche Gesteinskörnung«?

Gesteinskörnung aus natürlichen, mineralischen Vorkommen, die ausschließlich einer mechanischen Aufbereitung unterzogen worden sind.

2243
Was versteht man unter »Überschusswasser«?

Überschusswasser ist Anmachwasser, das der Zement beim Erhärten nicht mehr binden kann.

2244
Nach welchen Kriterien wird Beton eingeteilt?

- Rohdichte (Normal-, Leicht-, Schwerbeton)
- Druckfestigkeitsklasse
- Herstellung (Baustellen-, Transportbeton)
- Ausführung (unbewehrter Beton, Stahlbeton, Spannbeton)
- Einbau (Ortbeton, Betonfertigteil)
- Erhärtungszustand (Frischbeton, Junger Beton, Festbeton)

2245
Was ist »Standardbeton«?

Standardbeton ist ein Normalbeton, dessen Zusammensetzung in einer am Ort der Verwendung des Betons gültigen Norm vorgegeben ist. Er darf ausschließlich für unbewehrte und bewehrte Bauteile

- mit der Druckfestigkeitsklasse = C16/20, C12/15, C8/10
- mit der Expositionsklasse X0, XC1, XC2
- ohne Zusatzstoffe und Zusatzmittel
- mit Mindestzementgehalt nach DIN EN 206-1

hergestellt werden.

2246
Was ist »Transportbeton«?

Transportbeton ist Beton, dessen Bestandteile außerhalb der Baustelle oder des Fertigteilwerkes in einem dafür spezialisierten Werk zugemessen werden. Er wird in geeigneten Fahrzeugen zur Baustelle befördert und einbaufertig übergeben.

2247
Was sind (zwei von drei) entscheidende Vorteile von Transportbeton?

- Durch die genaue Dosierung der Bestandteile und die ständige Überprüfung hat der Frischbeton immer gleiche Qualität.
- Er kann allen Baubedingungen in kurzer Zeit angepasst werden.
- Auf der Baustelle wird kein Platz für die Lagerung von Zuschlägen und Zement und für die Mischanlage benötigt.

Zwischenprüfung – Fachstufe I
Hochbaufacharbeiter
Beton- und Stahlbetonbau — Lösungen

2248
Wie werden die Elemente einer Balkenschalung fachgerecht bezeichnet?

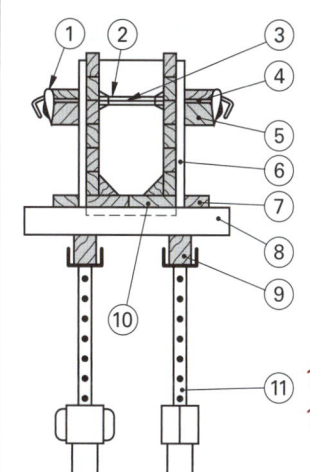

1) Spannschloss
2) Hüllrohr
3) Spanndraht
4) Beibrett
5) Gurtholz
6) Seitenschild
7) Drängebrett
8) Kopfholz
9) Längsholz
10) Bodenschild
11) Stahlstütze

2249
Die DIN EN 206-1 legt die Qualitätssicherung für Beton fest. Wer ist für die Erstprüfung zuständig?

Beton nach Eigenschaften – Hersteller
Beton nach Eigenschaften – Ausschreibende Stelle
Standardbeton – Normungsorganisation am Ort der Verwendung

2250
Woran kann man Listenmatten erkennen?

An Listenmatten sind kleine runde Schilder befestigt, auf denen die Positionsnummer steht. Diese muss mit der Positionsnummer auf der Mattenliste und der Nummerierung im Verlegeplan übereinstimmen.

2251
Ein Stahlbetonbalken ist 30 cm breit. Die Betondeckung beträgt 2,0 cm, die Bügel haben einen ⌀ 10 mm. Wie groß wird der Abstand s zwischen den 5 einzubauenden Stählen (⌀ 16 mm)?

⑤ 4,0 cm

Abstand der Stähle
$$s = \frac{30\ \text{cm} - [(2 \cdot 2{,}0\ \text{cm}) + (2 \cdot 1{,}0\ \text{cm}) + (5 \cdot 1{,}6\ \text{cm})]}{4\ \text{Stahlabstände}}$$
$$s = \frac{30\ \text{cm} - 14\ \text{cm}}{4}$$
s = **4,0 cm** > 2,0 cm (erf. Mindestabstand)

2252
16 Stützenfundamente müssen hergestellt werden. Wie viel m³ Beton (Näherungsformel) werden benötigt?

③ 20,40 m³

1 Stütze
$V = V_{\text{Quader}} - V_{\text{Pyramidenstumpf}}$
$V = 1{,}587\ \text{m}^3 - 0{,}312\ \text{m}^3$
$V = 1{,}275\ \text{m}^3$

16 Stützen
$V = 16 \cdot 1{,}275\ \text{m}^3 = \mathbf{20{,}4\ m^3}$

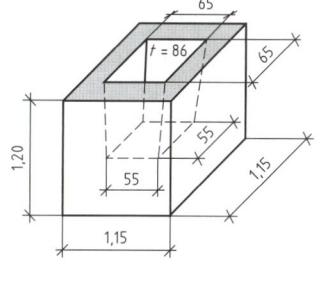

2253
6 Stützen mit abgetrepptem Fundament sollen aus Standardbeton C16/20 hergestellt werden. Wie viel kg Zement werden für den C16/20, Konsistenz weich C3/F3, Sieblinienbereich ④ benötigt?

② 3651,8 kg

Notwendige Betonmenge:
V = **9,61 m³**

Nach Rezept werden für 1 m³ Beton 380 kg Zement benötigt.

Für die gesamte Betonmenge:
9,61 m³ · 380 kg/m³
= **3651,8 kg**

2254
Zur Bestimmung der Konsistenz von Frischbeton wird ein Verdichtungsversuch durchgeführt. An den vier Seiten des 40 cm hohen, mit Beton gefüllten Normbehälters werden nach dem vollständigen Verdichten die Abstichmaße s_1 = 90 mm, s_2 = 91 mm, s_3 = 94 mm und s_4 = 93 mm gemessen. Wie groß ist das Verdichtungsmaß v?

④ 1,30

Mittleres Abstichmaß
$$s = \frac{s_1 + s_2 + s_3 + s_4}{4}$$
$$s = \frac{368\ \text{mm}}{4} = 92\ \text{mm}$$

Verdichtungsmaß
$$v = \frac{\text{Höhe des Normbehälters}}{\text{Höhe d. Normbehälters} - \text{Abstichmaß}}$$
$$v = \frac{400\ \text{mm}}{400\ \text{mm} - 92\ \text{mm}} = 1{,}30$$

Zwischenprüfung – Fachstufe I | Hochbaufacharbeiter

Beton- und Stahlbetonbau — Lösungen

2255

Wie viel m³ Beton sind zur Herstellung von 160 Betonrohren (Abmessungen nach Abbildung) erforderlich?

④ **39,7 m³**

1 Rohr (Außendurchmesser 72 cm,
         Innendurchmesser 60 cm, Länge 2,00 m)

$V = V_{Zylinder} - V_{Hohlraum}$

$V_Z = \dfrac{\pi \cdot (0{,}60 \text{ m} + 2 \cdot 0{,}06 \text{ m})^2}{4} \cdot 2{,}00 \text{ m} = 0{,}814 \text{ m}^3$

$V_H = \dfrac{\pi \cdot (0{,}60 \text{ m})^2}{4} \cdot 2{,}00 \text{ m} = 0{,}566 \text{ m}^3$

$V = 0{,}814 \text{ m}^3 - 0{,}566 \text{ m}^3 = \textbf{0{,}248 m}^3$

160 Rohre $V = 160 \cdot 0{,}248 \text{ m}^3 = \textbf{39{,}7 m}^3$ (gerundet)

2258

**Um die angestrebte Druckfestigkeit eines C16/25 zu erreichen, benötigt man 340 kg Zement CEM 32,5 und einen Wasserzementwert w/z = 0,6.
Die Gesteinskörnungsmenge von 1830 kg hat eine Oberflächenfeuchte von 4,0 %.
Wie viel Liter Zugabewasser werden benötigt?**

② **130,8 l   (130,8 kg)**

Wasseranspruch

$\dfrac{w}{z} = 0{,}6$ $w = 0{,}6 \cdot z$
            $w = 0{,}6 \cdot 340$ kg
            $w = 204$ kg = **204 Liter**

Zugabewasser =
Wasseranspruch – Oberflächenfeuchte der Gesteinskörnung

$w = 204 \text{ kg} - 1830 \text{ kg} \cdot \dfrac{4{,}0}{100}$

$w = 204 \text{ kg} - 73{,}2 \text{ kg} = \textbf{130{,}8 kg}$ (1 kg entspr. 1 l)

2257

**Für 1 m³ verdichteten Frischbeton werden 345 kg Zement, 1910 kg oberflächentrockene Gesteinskörnung und 162 Liter Zugabewasser benötigt.
Wie ist das Mischungsverhältnis in Masseteilen (Zement : Gesteinskörnung : Wasser)?**

① **1 : 5,54 : 0,47**

Mischungsverhältnis
= Zement : Gesteinskörnung : Wasser

Gesteinskörnung und Wasser beziehen sich immer auf den Zement, d. h. 345 kg (Zement) = 1 Teil

MV = 345 kg : 1910 kg : 162 kg = 1 : 5,54 : 0,47

2256

**Im Siebversuch wurde die Zusammensetzung von Gesteinskörnungen ermittelt.
Die zum Einzeichnen der Sieblinie notwendigen Werte sind zu berechnen.
Wie ist die Gesteinskörnung zu bewerten?**

③ **Grob- bis mittelkörnig**

z. B. Sieb 2 mm:

Durchgang (g) = 5000 g – Summe aller Rückstände (g)
              = 5000 g – 3735 g = 1265 g

Durchgang (%) = $\dfrac{1265 \text{ g} \cdot 100\ \%}{5000 \text{ g}}$ = 25,3 %

Die Siebdurchgänge (in %) werden in das Siebliniendiagramm eingetragen und einem Sieblinienbereich zugeordnet. Das Gesteinskörnungsgemisch liegt im Sieblinienbereich ③.

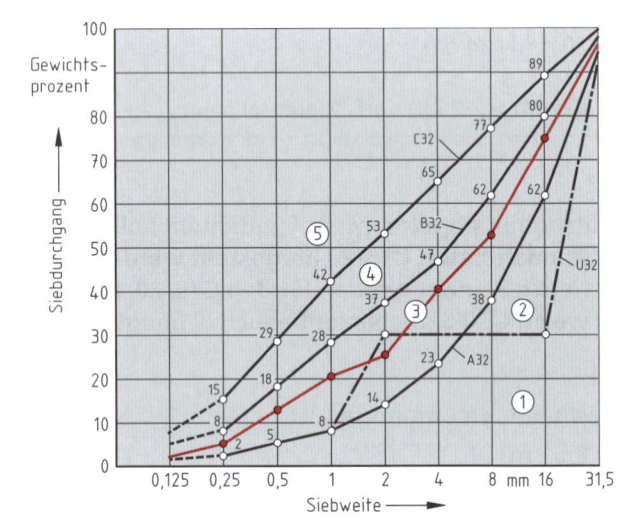

Sieb (mm)	0,125	0,25	0,5	1	2	4	8	16	31,5
Durchgang (g)	100	255	630	1040	1265	2050	2625	3760	5000
Durchgang (%)	2,0	5,1	12,6	20,8	25,3	41,0	52,5	75,2	100
Rückstand (g)	155	375	410	225	785	575	1135	1240	0
Summe aller Rückstände (g)	4900	4745	4370	3960	3735	2950	2375	1240	0

Zwischenprüfung – Fachstufe I
Hochbaufacharbeiter
Beton- und Stahlbetonbau — Lösungen

2259
Wie groß ist die Schnittlänge *l* für den geraden Tragstahl mit Rechtwinkelhaken?

Hakenzuschlag (bei ⌀ 20 bis 28 mm) mindestens 7 d_s gewählt: Hakenzuschlag = 12,5 · Stahldurchmesser

l = 5,70 m + 2 · 12,5 · 0,02 m
l = **6,20 m**

2260
Die Schnittlänge *l* für den beidseitig aufgebogenen Tragstab mit Rechtwinkelhaken ist zu bestimmen.

Hakenzuschlag (bei ⌀ 6 bis 16 mm) mindestens 6 d_s gewählt: Hakenzuschlag = 10 · Stahldurchmesser
Länge der Schräge (bei ∢ 45°)

l_s = 1,41 · (Einbauhöhe – Stahldurchmesser)
l_s = 1,41 · (0,40 m – 0,016 m) → l_s = 0,54 m
l = 2 · 0,60 m + 2 · 0,54 m + 4,62 m + 2 · 10 · 0,016 m
l = **7,22 m**

2261
Für den im Balkenschnitt dargestellten Bügel ist die Schnittlänge zu ermitteln.

Balkenquerschnitt 24 cm/30 cm
Betonstahl ⌀ 8 mm
Betondeckung c_{nom} = 3,0 cm

$b_{Bü}$ = Schalmaß – 2 · Betondeckung
$b_{Bü}$ =   0,24 m   – 2 · 0,03 m → $b_{Bü}$ = 0,18 m
$h_{Bü}$ = Schalmaß – 2 · Betondeckung
$h_{Bü}$ =   0,30 m   – 2 · 0,03 m → $h_{Bü}$ = 0,24 m

Hakenzuschlag (bei ⌀ 6 bis 16 mm)
            = 10 · Stahldurchmesser

$l_{Bü}$ = 2 · 0,18 m + 2 · 0,24 m + 2 · 10 · 0,008 m
$l_{Bü}$ = **1,00 m**

2262
Einer Bewehrungszeichnung werden folgende Angaben entnommen:

1. 14⌀16, Schnittlänge = 6,32 m
2.   6⌀ 8, Schnittlänge = 4,40 m
3. 24⌀ 8, Schnittlänge = 2,52 m
4. 17⌀16, Schnittlänge = 4,05 m
5.   3⌀16, Schnittlänge = 3,50 m
6. 32⌀10, Schnittlänge = 4,65 m

Gewichte sind aus Tabellen zu entnehmen, Angabe je ⌀ in kg/m

Wie viel Kilogramm Bewehrungsstahl werden für die Bewehrung benötigt?

⌀ 8 mm
Gesamtlänge 6 · 4,40 m + 24 · 2,52 m   = 86,88 m
Gesamtgewicht 86,88 m · 0,395 kg/m   = **34,32 kg**
⌀ 10 mm
Gesamtlänge 32 · 4,65 m   = 148,80 m
Gesamtgewicht 148,80 m · 0,617 kg/m   = **91,81 kg**
⌀ 16 mm
Gesamtlänge 14 · 6,32 m + 17 · 4,05 m
+ 3 · 3,50 m   = 167,83 m
Gesamtgewicht 167,83 m · 1,58 kg/m   = **265,17 kg**
Gesamtgewicht aller Durchmesser
34,32 kg · 91,81 kg + 265,17 kg   = **391,30 kg**

2263
Bei einer Festbetonprüfung wird die Höchstlast *F* von 1190 kN auf eine Druckfläche von 201 mm x 201 mm gemessen.
Die Höhe des Probewürfels beträgt 200 mm, die Masse m_B = 19,7 kg.
Wie groß sind seine Druckfestigkeit β_D und seine Festbetonrohdichte ρ_R?

$\beta_D = \dfrac{F}{a \cdot b}$ $\qquad$ $\rho_R = \dfrac{m_b}{a \cdot b \cdot h}$

$\beta_D = \dfrac{1190}{201 \cdot 201} \dfrac{kN}{mm^2}$ $\qquad$ $\rho_R = \dfrac{19{,}7}{0{,}201 \cdot 0{,}201 \cdot 0{,}2} \dfrac{kg}{m^3}$

$\beta_D = \dfrac{1\,190\,000}{40\,401} \dfrac{N}{mm^2}$ $\qquad$ $\rho_R = \dfrac{19{,}7}{0{,}00808} \dfrac{kg}{m^3}$

β_D = **29,5 $\dfrac{N}{mm^2}$** $\qquad$ ρ_R = **2438 $\dfrac{kg}{m^3}$**

Zwischenprüfung – Fachstufe I | Hochbaufacharbeiter

Beton- und Stahlbetonbau — Lösungen

2264

Das Ergebnis eines Siebversuchs:

1 m³ Beton soll mit 1950 kg Gesteinskörnung obiger Zusammensetzung in der Konsistenz weich: C3, F3 hergestellt werden.
– Wie groß ist der Wasseranspruch in Litern?
– Wie viel Liter Zugabewasser werden benötigt, wenn die Oberflächenfeuchte der Gesteinskörnung 3,5 % beträgt?

Körnungsziffer $k = \dfrac{\text{Summe der Rückstandsprozente}}{100}$

$k = \dfrac{467}{100} =$ **4,67**

Wasseranspruch nach Grafik: **175 l**

Zugabewasser =
Wasseranspruch – Oberflächenfeuchte der Gesteinskörnung

= 175 kg – 1950 kg · $\dfrac{3,5}{100}$

= 175 kg – 68,3 kg → Zugabewasser **106,7 l**

2265

Ein angelieferter Transportbeton C 25/30, Konsistenz weich (C3, F3) mit einem Wasserzementwert von 0,51 enthält gemäß dem Betonsortenverzeichnis 350 kg/m³ CEM I 32,5 und 180 l/m³ Wasser. Um den Beton leichter verarbeiten zu können, werden den 4,5 m³ Frischbeton zusätzlich 120 Liter Wasser beigemischt.

- Erreichbare Betondruckfestigkeit

  Wasserzugabe/m³ = 120 l / 4,5 m³

  Wasserzugabe/m³ = 26,7 l

  Wasserzementwert = $\dfrac{180 \text{ kg} + 26,7 \text{ kg}}{350 \text{ kg}}$

  Wasserzementwert = **0,59**

- Die erreichbare Betondruckfestigkeit wird mit Hilfe der Grafik ermittelt. Bei einem Wasserzementwert von 0,59 ergibt sich eine zu erwartende Betondruckfestigkeit von ca. **35 N/mm²**.

- Notwendige Zementzugabe

  w/z-Wert = $\dfrac{\text{Masse Wasser}}{\text{Masse Zement}}$

  $0,51 = \dfrac{120 \text{ kg}}{\text{Masse Zement}} = \dfrac{120 \text{ kg}}{0,51}$

  Zementzugabe = **235 kg**

| 2266 | 1 | 2267 | 2 | 2268 | 4 | 2269 | 4 | 2270 | 4 | 2271 | 5 |
| 2272 | 5 | 2273 | 3 | 2274 | 3 | 2275 | 4 | 2276 | 4 | 2277 | 3 |

2280

Ein Stahlbetonunterzug ist auszuführen. Die fehlenden Maße sind zu ermitteln, die Betonstahl-Gewichtsliste auszufüllen und die Masse an Betonstahl zu berechnen.

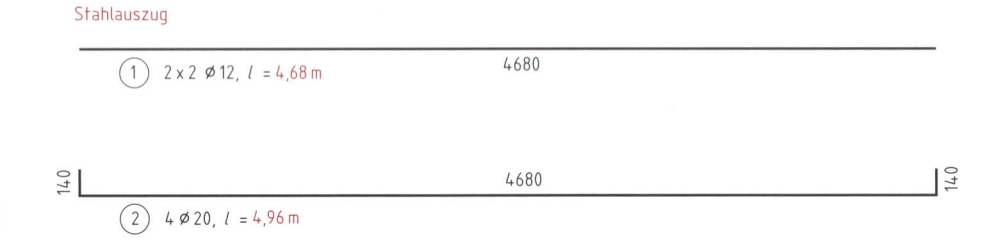

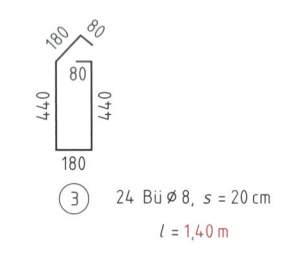

Stahlauszug

① 2 x 2 ⌀ 12, l = 4,68 m — 4680

② 4 ⌀ 20, l = 4,96 m — 4680, 140, 140

180, 80, 80, 440, 440, 180

③ 24 Bü ⌀ 8, s = 20 cm, l = 1,40 m

Stahl-Liste

Betonstahl-Gewichtsliste					Betonstahlsorte: B500A				Bauteil: Stahlbetonunterzug		
Pos. Nr.	Anzahl	d_s mm	Einzellänge m	Gesamtlänge m	Gewichtsermittlung in kg für						
					d_s = 8 mm mit 0,395 kg/m	d_s = 10 mm mit 0,617 kg/m	d_s = 12 mm mit 0,888 kg/m	d_s = 14 mm mit 1,21 kg/m	d_s = 16 mm mit 1,58 kg/m	d_s = 20 mm mit 2,47 kg/m	
1	4	12	4,68	18,72			16,62				
2	4	20	4,96	19,84						49,00	
3	24	8	1,40	33,60	13,27						
Gewicht je Durchmesser [kg]					13,27		16,62			49,00	
Gesamtgewicht [kg]					**78,89**						

Zwischenprüfung – Fachstufe I

Hochbaufacharbeiter

Beton- und Stahlbetonbau

Lösungen

2278

Zeichnen Sie die Vorderansicht, Seitenansicht von links und Draufsicht des räumlich skizzierten Mauerwerkskörpers auf DIN A4 in Bleistift im Maßstab 1 : 50 – cm, m.

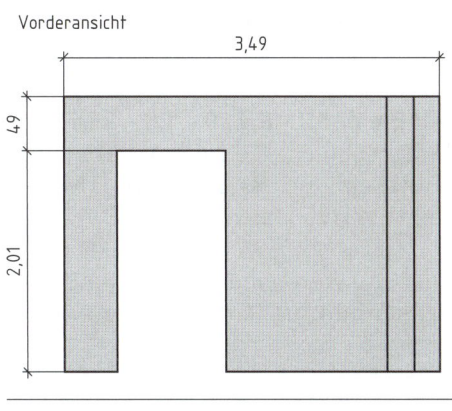

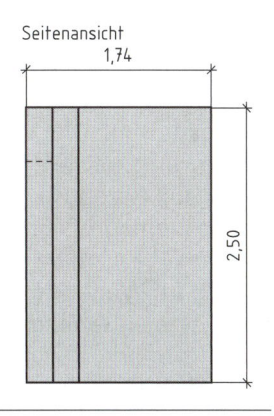

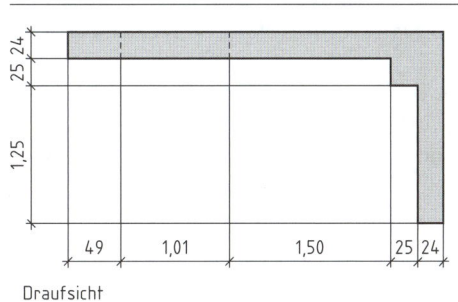

- In den zu zeichnenden Ansichten sind alle für die Ausführung notwendigen Maße einzutragen.
- Verdeckte Kanten sind als gestrichelte Linien darzustellen.

2279

Zeichnen Sie die Vorderansicht, Seitenansicht von links und Draufsicht des räumlich skizzierten Hauses auf DIN A4 in Bleistift im Maßstab 1 : 200 – m.

- In den zu zeichnenden Ansichten sind alle für die Ausführung notwendigen Maße einzutragen.
- Verdeckte Kanten sind als gestrichelte Linien darzustellen.

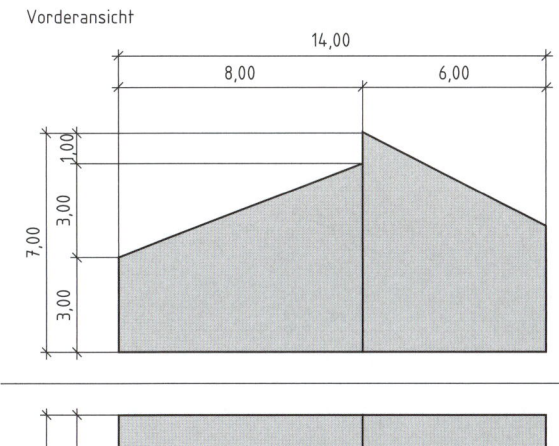

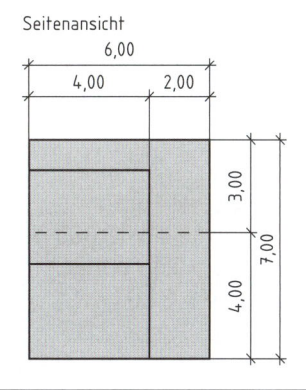

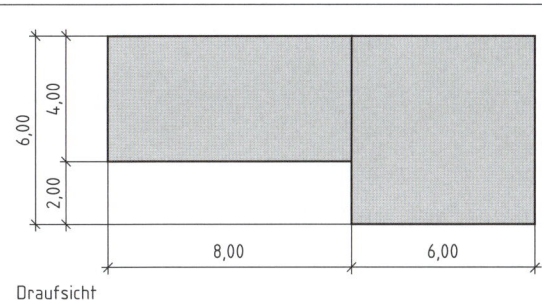

Zwischenprüfung | **Hochbaufacharbeiter**

Handlungsorientierte Aufgaben: Mauerwerksbau | **Lösung 2301**

2301

② **Baustoffauswahl**

Mauersteine
Es werden Kalksandvollsteine (KS) mit dem Steinformat 2 DF gewählt.
Nach Vorgabe soll das Mauerwerk aus Mauersteinen mit mittlerer Druckfestigkeit bestehen. Das entspricht bei Kalksandvollsteinen einer Druckfestigkeitsklasse von z.B. 20 N/mm². Es wird eine Rohdichteklasse von 1,6 kg/dm³ gewählt.
Kurzbezeichnung für die Steinauswahl: **DIN V 106-1/DIN EN 771-2 – KS 20 – 1,6 – 2 DF**
Kalksandvollsteine wurden gewählt, da sie ein gutes Wärmespeichervermögen haben und sehr maßgenau hergestellt werden. Das Mauerwerk soll Rezeptmauerwerk (RM) sein und der DIN 1053-1, Mauerwerk, Teil 1: Berechnung und Ausführung entsprechen. Wenn großformatige Steine verwendet werden, z.B. 12 DF, kann die Arbeitszeit verringert werden.
Sollte z.B. der Sportraum auch im Winter genutzt werden, so wäre eine innenliegende (kürzere Nutzungsdauer eines warmen Raumes) bzw. eine außenliegende Wärmedämmung (längere Nutzungsdauer eines warmen Raumes) notwendig.

Mauermörtel
Es wird ein Normalmauermörtel (NM) der Mörtelgruppe NM II/Mörtelklasse M 2,5 (Kalkzementmörtel) gewählt. Das Mischungsverhältnis MV soll 2 : 1 : 8 sein.
2 RT Kalkhydrat, 1 RT Portlandzement CEM I/A-32,5 R, 8 RT lagerfeuchten Sand.
Dieser Mauermörtel ist ausreichend geschmeidig und dadurch gut verarbeitbar. Der Zement ist ein schnell erhärtender Portlandzement. Dieser Mörtel hat nach dem Erhärten eine ausreichende Fugendruckfestigkeit von 2,5 N/mm² (Verfahren II).

Putzmörtel
Für den Wandinnenputz wird ein Putzmörtel P II a genommen. Das MV beträgt 1 : 4.
1 RT hydraulischen Kalk HL 5, 4 RT baufeuchten Mörtelsand.
Dieser Putzmörtel lässt sich gut verarbeiten; er ist Wasserdampf durchlässig und stoßfest. Der Putzmörtel wird 1-lagig in einer Dicke von 15 mm aufgebracht.

Waagerechte Abdichtungen
Bitumen-Dachbahnen mit Rohfilzeinlagen R 500 werden für die beiden waagerechten Abdichtungen verwendet. Sie bieten einen ausreichenden Feuchtigkeitsschutz gegenüber senkrecht aufsteigender Feuchtigkeit (Kapillarfeuchtigkeit) in den Kellerwänden.

③ **Baustoffbedarf (Materialbedarf)**

Mauersteine
Materialbedarf (Steine) M_{St} = Mauerwerksfläche A × Materialbedarfsnorm (Steine) N_{St}
$M_{St} = A \times N_{St}$ Materialbedarfsnormen sind Tabellen zu entnehmen.
Wanddicke 24 cm
A_1 = 35,17 m² Gesamtfläche
A_2 = 2 (0,885 m × 2,01 m) = 3,56 m² Türen
Die Fläche der Türstürze beträgt je A = (0,885 m + 0,20 m) × 0,20 m = 0,22 m²
(< 0,25 m², VOB) und bleibt unberücksichtigt.
$A_3 = A_1 - A_2$ = 35,17 m² – 3,56 m² = 31,61 m²
M_{St} = 31,61 m² × 66 St/m² = 2086 Steine 2 DF
Wanddicke 36,5 cm
A_1 = 46,18 m² Gesamtfläche
A_2 = 2 (0,65 m × 1,26 m) + 2 (1,46 m × 0,20 m) = 2,22 m² Fenster und Stürze
$A_3 = A_1 - A_2$ = 46,18 m² – 2,22 m² = 43,96 m²
M_{St} = 43,96 m² × 99 St/m² = 4352 Steine 2 DF
Für die Kellerwände sind 6438 2DF-Mauersteine erforderlich.

Mauermörtel
Materialbedarf (Mörtel) M_M = Mauerwerksfläche A × Materialbedarfsnorm (Mörtel) N_M
$M_M = A \times N_M$ Materialbedarfsnormen sind Tabellen zu entnehmen
M_M = 31,61 m² × 49 l/m² = 1549 l Mauermörtel Wanddicke 24 cm

Zwischenprüfung	Hochbaufacharbeiter
Handlungsorientierte Aufgaben: Mauerwerksbau	Lösung 2301

2301

M_M = 43,96 m² × 79 l/m² = <u>3473 l Mauermörtel</u> Wanddicke 36,5 cm
Insgesamt werden 5022 l Mauermörtel, Kalkzementmörtel MV 2 : 1 : 8 benötigt.
Für 1000 l Kalkzementmörtel braucht man laut Tabelle (Seite 183): 140 kg Weißkalkhydrat (Schüttdichte 0,5 kg/l), 168 kg Zement und 1120 l Mörtelsand.
V_K = (5022 l × 140 kg)/1000 l = 703 kg   n = (703 kg)/20 kg/Sack ≈ <u>35 Säcke Kalkhydrat</u>
V_Z = (5022 l × 168 kg)/1000 l = 844 kg   n = (844 kg)/25 kg/Sack ≈ <u>34 Säcke Zement</u>
V_S = (5022 l × 1120 l)/1000 l = 5625 l   = <u>5,625 m³</u> Mörtelsand

Putzmörtel
Materialbedarf (Mörtel) M_M = Mauerwerksfläche A × Materialbedarfsnorm (Mörtel) N_M
$M_M = A × N_M$
A_1 = 39,09 m × 2,40 m = 93,82 m² Gesamtfläche
A_2 = 2 (0,885 m × 2,01 m + 1,26 m × 0,65 m) = 5,20 m² Fenster und Türen   (mit einer zusätzlichen Tür
$A_3 = A_1 – A_2$ = 93,82 m² – 5,20 m² = 88,62 m² ohne Leibungen   5,20 m² + (0,885 m × 2,01 m) = 6,98²)
Für 1 m² Wandputz 1,5 cm dick werden laut Tabelle 17 Liter Putzmörtel verbraucht.
M_M = 88,62 m² × 17 l/m² = <u>1507 l Putzmörtel</u> P II a, MV 1 : 4
Im Gegensatz zum Mauermörtel werden beim Putzmörtel die Mörtelstoffe   (Bei Berücksichtigung einer
mit dem Mörtelfaktor 1,6 (baufeuchter Sand) ermittelt.   zusätzlichen Tür folgt
Σ RT = 1 RT + 4 RT = 5 RT V_s = 1,888 m³
V_{MS} = 1507 l × 1,6 = 2411 l
$V_{RT} = V_{MS}/Σ RT$ = 2411 l/5 RT = 482 l/RT V_k = 472 l/RT
V_K = 1 RT × 482 l/RT = 482 l
n = 482 l/25 kg/Sack ≈ <u>20 Säcke hydraulischen Kalk</u>
V_S = 4 RT × 482 l/RT = 1928 l   = <u>1,928 m³</u> Mörtelsand
Für den Innenputzmörtel werden 20 Säcke hydraulischer Kalk HL 5 und 1,928 m³ Mörtelsand gebraucht.

Waagerechte Abdichtungen
Materialbedarf (Abdichtung) M_A = Abdichtungsfläche A × Materialbedarfsnorm (Abdichtung) N_A
$M_A = A × N_A$
A_1 = 75,04 m × 0,365 m = 27,39 m² Wanddicke 36,5 cm
L = 4 (8,74 m + 2,51 m + 4,375 m) = 62,50 m
A_2 = 62,50 m² × 0,24 m = 15,00 m² Wanddicke 24 cm
$A_3 = A_1 + A_2$ = 27,39 m² + 15,00 m² = 42,39 m²
A_4 = 42,39 m² + 5 % von 42,39 m² = 44,51 m² ≈ <u>45,00 m²</u>
Für die waagerechten Abdichtungen sind 45 m² Bitumen-Dachbahnen mit Rohfilzeinlagen R 500 notwendig.

④ **Mauern der Kellerwände**

Werkzeuge zum Mauern
Zum Mauern der Kellerwände werden Maurerkelle, Maurerhammer, Richtscheit, Senklot, Wasserwaage, Latten- oder Bretterwinkel, Fluchtschnur, Maurerpinsel, Weichmacher, Gliedermaßstab (2,00 m lang) und Mörtelkasten benötigt.

Allgemeine Mauerregeln
- Alle Mauerschichten müssen waagerecht liegen
- Läufer- und Binderschichten wechseln in der Regel miteinander ab
- Vollfugig mauern
- Möglichst viele ganze Steine vermauern

Zwischenprüfung — Hochbaufacharbeiter

Handlungsorientierte Aufgaben: Mauerwerksbau — Lösung 2301

2301

Wandecke (36,5 cm) (Grundriss, 1. und 2. Schicht)

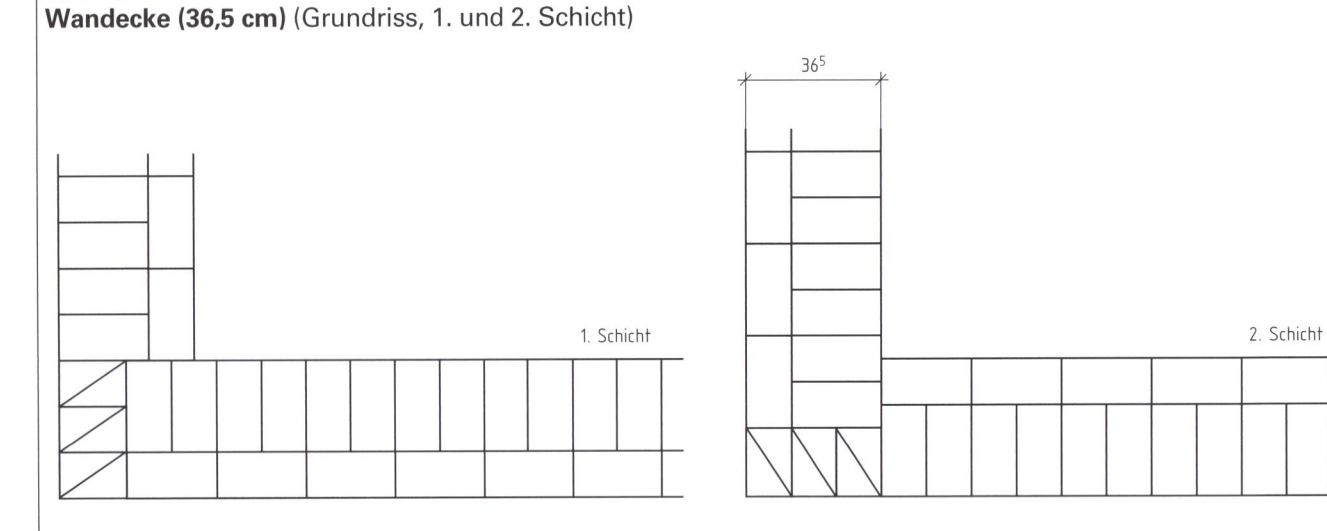

⑤ **Baustoffpreise und Lohnkosten (Auswahl)**

Baustoffpreise

Mauersteine
P = 6438 Steine × 0,43 €/Stein = 2768,34 € 2 DF-Steine

Mauermörtel
P = 35 Säcke × 3,32 €/Sack = 116,20 € Kalkhydrat
P = 34 Säcke × 2,86 €/Sack = 97,24 € Zement
P = 5,625 m³ × 20,00 €/m³ = 112,50 € Mörtelsand

Putzmörtel
P = 20 Säcke × 3,14 €/Sack = 62,80 € hydraulischer Kalk HL 5
P = 1,928 m³ × 20,00 €/m³ = 38,56 € Mörtelsand

Abdichtungen
P = 45,00 m² × 2,30 €/m² = 103,50 € Bitumen-Dachbahnen R 500
Die Baustoffe kosten insgesamt 3299,14 €.

Lohnkosten

Mauersteine/Mauermörtel (Mauern)
t = 2086 Steine × 1,40 h/66 Steine = 44,25 h Wanddicke 24 cm
t = 4352 Steine × 1,95 h/98 Steine = 86,60 h Wanddicke 36,5 cm
In den Arbeitsstunden sind auch alle waagerechten Abdichtungsarbeiten enthalten.

Putzmörtel (Putzen)
t = 88,62 m² × 0,60 h/m² = 53,17 h Putzen (oder 0,68 h/m² einschl. Kantenschutzleisten)
t = 19,85 m × 0,30 h/m = 5,96 h Anbringen von Kantenschutzleisten
Die Arbeitszeit beträgt insgesamt 189,98 h. Für die Arbeitsstunde eines Facharbeiters werden 40,65 € angenommen. Daraus ergeben sich die Lohnkosten:
K = 189,98 h × 40,65 € = 7722,69 €
Die Herstellkosten ergeben sich aus den Baustoffpreisen und den Lohnkosten.
Herstellkosten = 3299,14 € + 7722,69 € = 11021,83 €

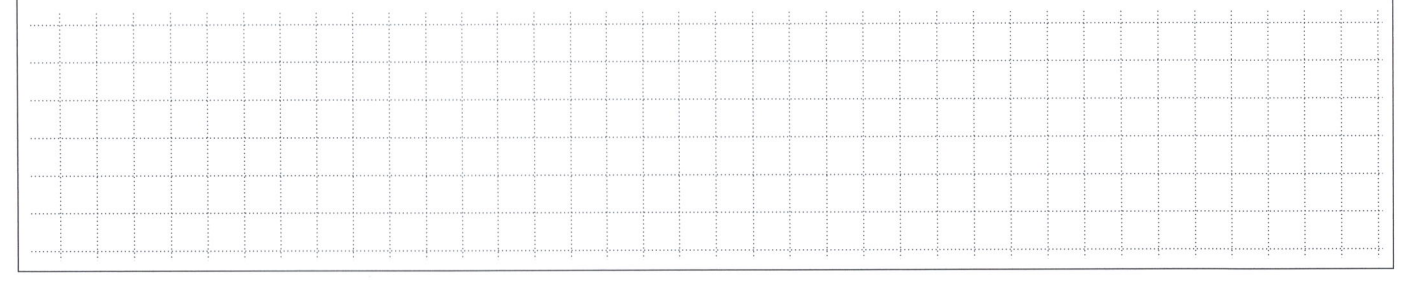

Zwischenprüfung — Hochbaufacharbeiter

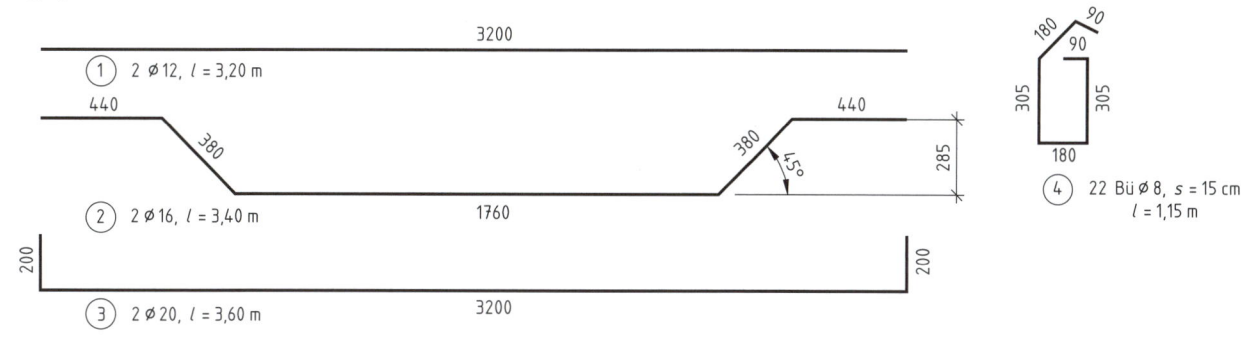

Handlungsorientierte Aufgaben: Beton- u. Stahlbetonbau — Lösung 2302

2302

① **Schnittlängenermittlung**

Praxisgerecht ist eine Aufrundung der ermittelten Schnittlängen auf volle 5,0 cm, wenn das Übermaß in Verankerungs- oder Hakenlängen aufgefangen werden kann, ohne die erforderliche Betondeckung zu verringern.

2⌀12 (Gerade Stahleinlagen, Pos. 1)

l = Balkenlänge − 2x Betondeckung
l = 326 cm − 2x 3,0 cm
l = 320 cm

2⌀20 (Gerade Stahleinlagen mit Winkelhaken, Pos. 3)

l = Balkenlänge − 2x Betondeckung + 2x Hakenzuschlag
l = 326 cm − 2x 3,0 cm + 2x 10x 2,0 cm
l = 360 cm

22⌀8 (Bügel mit Haken, Pos. 4)

Bügelbreite = Balkenbreite − 2x Betondeckung
b = 24 cm − 2x 3,0 cm
b = 18 cm

Bügelhöhe = Balkenhöhe − 2x Betondeckung
h = 36,5 cm − 2x 3,0 cm
h = 30,5 cm

l = 2x Bügelbreite + 2x Bügelhöhe + 2x Hakenzuschlag
l = 2x 18 cm + 2x 30,5 cm + 2x 10x 0,8 cm
l = 113 cm   gewählt: l = 115 cm

2⌀16 (45° Aufgebogene Stahleinlagen, Pos. 2)

Aufbiegehöhe = Bügelhöhe − 2x Bügeldurchmesser
h = 30,5 cm − 2x 0,8 cm
h = 28,9 cm,   gewählt: h = 28,5 cm

Grundmaß der Aufbiegelänge (bei 45°)
= Aufbiegehöhe − Stahldurchmesser
a = 28,5 cm − 1,6 cm
a = 26,9 cm

Aufbiegelänge = Grundmaß der Aufbiegelänge x 1,414
l_s = 26,9 cm x 1,414
l_s = 38 cm

l = Balkenlänge − 2x Betondeckung − 2x Grundmaß der Aufbiegelänge + 2x Aufbiegelänge
l = 326 cm − 2x 3,0 cm − 2x 26,9 cm + 2x 38 cm
l = 342,2 cm   gewählt: l = 340 cm

Teillänge des Stabes in der Zugzone = Balkenlänge − 2x 75 cm
= 326 cm − 150 cm
= 176 cm

Teillänge des Stabes in der Druckzone = (Schnittlänge − 2x Aufbiegelänge − Teillänge Zugzone) : 2
= (340 cm − 2x 38 cm − 176 cm) : 2
= 44 cm

② **Biegeplan**

① 2 ⌀ 12, l = 3,20 m — 3200

② 2 ⌀ 16, l = 3,40 m — 440 / 380 / 1760 / 380 / 440 / 285 ; 45°

③ 2 ⌀ 20, l = 3,60 m — 200 / 3200 / 200

④ 22 Bü ⌀ 8, s = 15 cm, l = 1,15 m — 180 / 90 / 305 / 180 / 305 / 90

Zwischenprüfung — Hochbaufacharbeiter

Handlungsorientierte Aufgaben: Beton- u. Stahlbetonbau — Lösung 2302

2302

Gewichtsermittlung

① 2 x 3,20 m x 0,888 kg/m = 5,68 kg
② 2 x 3,40 m x 1,58 kg/m = 10,74 kg
③ 2 x 3,60 m x 2,47 kg/m = 17,78 kg
④ 22 x 1,15 m x 0,395 kg/m = 9,99 kg
   Gesamtgewicht   44,19 kg

③ **Arbeitsschritte Bewehrung**
Vorbereiten der Stahlpositionen 1 bis 4

- Schnittlängen ermitteln, anzeichnen und mit Bolzenschneider (bis ⌀ 14 mm), Betonstahlschere oder -maschine zuschneiden.
- Mindestwerte der Biegerollendurchmesser einhalten:
  Pos. 2 Aufbiegung (seitliche Betondeckung > 5 cm): 15 x 16 mm = 240 mm
  Pos. 3 Haken: 7 x 20 mm = 140 mm
  Pos. 4 Bügel: 4 x 8 mm = 32 mm
- Biegeriss: Bei Aufbiegungen auf der Rollenmitte, bei Haken und Bügeln eine Stabdicke vor der Biegerolle.

Herstellen des Bewehrungskorbes

- Montagestäbe Pos. 1 auf Montageböcke auflegen.
- Ersten Bügel nach 2,5 cm, dann die Bügelabstände = 15 cm anreißen. Überprüfen, ob die letzte Markierung 2,5 cm vor dem Stahlende liegt.
- Bügel wechselseitig auf die Montagestäbe schieben und mit Bindedraht befestigen. Die Bügelschlösser liegen abwechselnd rechts und links oben.
- Tragstäbe Pos. 3 einschieben und in den unteren Bügelecken befestigen.
- Aufgebogene Stähle Pos. 2 einschieben und mit Abständen von etwa 3 cm an den Bügeln befestigen.
- Untere und seitliche Abstandhalter (je Seite zwei pro Meter) anbringen.

④ **Schnitt durch eine Balkenschalung**

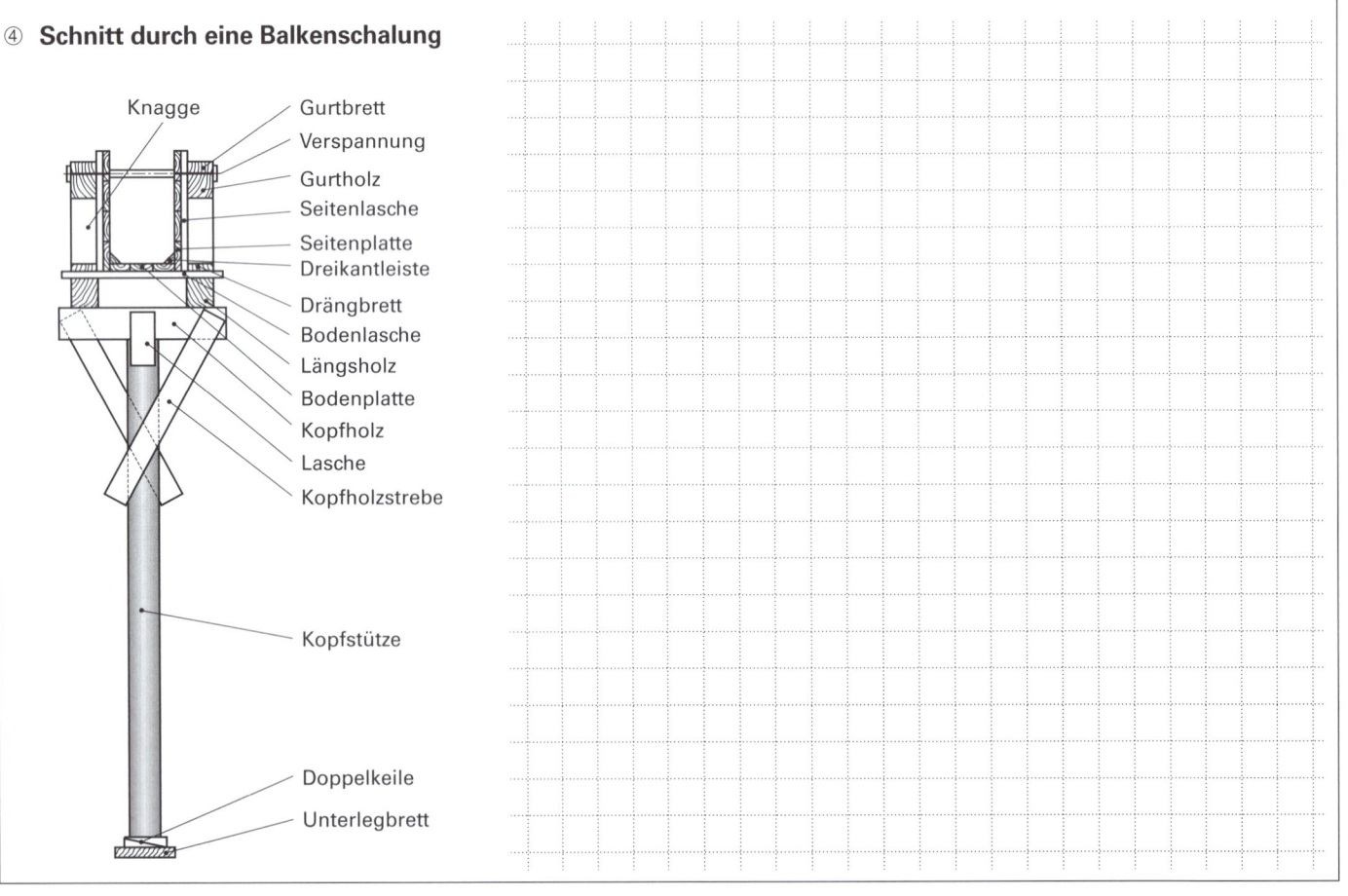

Beschriftungen: Knagge, Gurtbrett, Verspannung, Gurtholz, Seitenlasche, Seitenplatte, Dreikantleiste, Drängbrett, Bodenlasche, Längsholz, Bodenplatte, Kopfholz, Lasche, Kopfholzstrebe, Kopfstütze, Doppelkeile, Unterlegbrett

Zwischenprüfung

Hochbaufacharbeiter

Handlungsorientierte Aufgaben: Beton- u. Stahlbetonbau

Lösung 2302

2302

⑤ **Arbeitsschritte Schalung**

Erstellen einer (unmaßstäblichen) Schalungsplatten-Zeichnung
- gewählte Schalbretter: 2,4 cm/10 cm

Länge der Bodenplatte
$l =$ Öffnungsmaß – ca. 0,5 cm (zum Ausschalen)
$l =$ 276 cm – 0,5 cm
$l =$ 275,5 cm

Breite der Bodenplatte
$b =$ Balkenbreite
$b =$ 24 cm

Laschen
Abstand der äußeren Laschen von den Außenkanten: ca. 5 cm
Maximaler Laschenabstand: 60 cm
wird erreicht durch 6 Laschen mit einem Abstand von 51 cm
Laschenlänge = Balkenbreite + 2x seitlicher Überstand
l = 24 cm + 2x 15 cm
l = 54 cm

Länge der Seitenplatte
$l =$ Balkenlänge + 2x seitlicher Anschlag
$l =$ 326 cm + 2x 5 cm
$l =$ 336 cm

Die Laschen der Seitenplatte orientiert man an den Laschen der Bodenplatte. Zusätzlich wird an jedem Ende der (2x 30 cm längeren) Seitenplatte eine Lasche angeordnet.

Höhe der Seitenplatte
$h =$ Balkenhöhe + Brettdicke der Bodenplatte
$h =$ 36,5 cm + 2,4 cm
$h =$ 38,9 cm ⇒ gewählt: $h =$ 39 cm

Bodenplatte

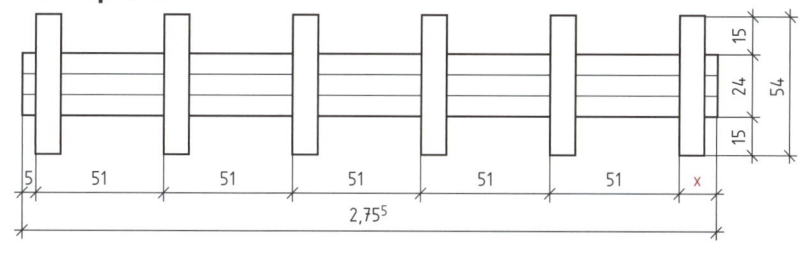

Seitenplatte

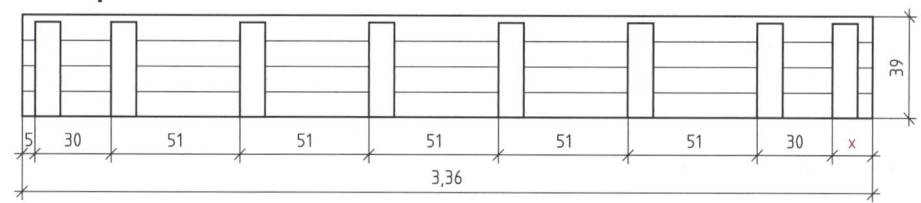

Bodenplatte und zwei Seitenplatten herstellen (Kernseiten der Bretter zum Beton) und mit Trennmittel behandeln.
Unterstützung und Aussteifung herstellen:
- 2 Längshölzer werden auf 335 cm Länge geschnitten,
- 4 Kopfstützen (max. Abstand 1 m) komplett hergestellt:
  – Kopfholz (10/12) (länger als Bodenlasche): 60 cm,
  – Rundholzstütze ⌀ 10 cm: ca. 40 cm kürzer als lichte Balkenhöhe,
  – Lasche und zwei Kopfholzstreben.

Unterstützung aufstellen und Schalungsbodenplatte auf die Unterstützung, Seitenplatten direkt auf die Laschen der Bodenplatte stellen.
Drängbrett annageln, Gurtholz und Gurtbrett auf Knaggen lagern.
Verspannung (4x) aus Spanndrähten, Spannschlössern und Abstandhaltern vorbereiten.
Bewehrungskorb mit Abstandhaltern einbauen. Schalung verspannen.

Zwischenprüfung — **Hochbaufacharbeiter**

Handlungsorientierte Aufgaben: Beton- u. Stahlbetonbau — **Lösung 2302**

2302

⑥ **Schalmaterialermittlung**
Um den Bedarf an Schalmaterial zu kennen, wird die geschalte Fläche des Balkens ermittelt:
- 1 Balkenunterseite: 2,76 m x 0,24 m = 0,67 m²
- 2 Balkenseiten: 2x 3,26 m x 0,365 m = 2,38 m²
  ges.: 3,05 m²

Damit ist die Schalfläche nach DIN 18331 richtig ermittelt, die **Aufgabenstellung** »Schalmaterialermittlung« **erledigt**.
Tatsächlich benötigt man **mehr** Schalmaterial:

Bretter Bodenplatte	3x 0,10 m x 2,76 m	= 0,83 m²
Laschen Bodenplatte	6x 0,10 m x 0,54 m	= 0,32 m²
Bretter Seitenplatten	2x 4x 0,10 m x 3,36 m	= 2,69 m²
Laschen Seitenplatten	2x 8x 0,10 m x 0,38 m	= 0,61 m²
Drängbretter	2x 0,10 m x 3,36 m	= 0,67 m²
Gurtbretter	2x 0,10 m x 3,36 m	= 0,67 m²
Kopfholzstreben	8x 0,10 m x 1,00 m	= 0,80 m²
Brettstücke für Laschen, Unterlegbretter, Knaggen, ca.	12x 0,10 m x 0,20 m	= 0,24 m²

Schalbretter mit Querschnitt 2,4 cm/10 cm insges. 6,83 m²

2 Langhölzer 10/14	2x 3,35 m	= 6,70 m
2 Gurthölzer 10/12	2x 3,35 m = 6,70 m	ges.: 9,10 m
+ 4 Kopfhölzer 10/12	+ 4x 0,60 m = 2,40 m	
4 Kopfstützen ⌀ 10	4 x ca. 1,80 m	= 7,20 m

⑦ **Betonmenge/Baustoffanteile**
Baustoffbedarf für **1 m³** verdichteten Frischbeton: 340 kg Zement, 128 kg Wasser und 1822 kg Gesteinskörnung.
Volumen des Festbetonbalkens: 3,26 m x 0,24 m x 0,365 m = **0,286 m³**.
Der **Beton** für den Balken wird **gemischt** aus:
  340 kg/m³ x 0,286 m³ = **98 kg Zement**
  128 kg/m³ x 0,286 m³ = **37 kg Wasser**
  1822 kg/m³ x 0,286 m³ = **521 kg Gesteinskörnung**

⑧ **Herstellen**
Einbringen
- Betonverarbeitung: ½ Stunde bei trockenem und warmem Wetter,
  1 Stunde bei feuchtem und kühlem Wetter.
- Mischerfüllungen zügig, ohne Absätze einbringen, maximale Freifallhöhe nicht überschreiten.
- Frischbeton verdichten, bis sich eine zähe Schlempe an der Oberfläche bildet. Für die Konsistenz C 2/F 2 und die kleine Bauteilgröße reicht Handverdichtung mit einem Stab, sonst Rüttelflasche oder Schalungsrüttler einsetzen.

Nachbehandeln
- Erschütterungen während der Betonerhärtung vermeiden.
- Vorzeitiges Austrocknen durch Besprühen mit Wasser und Abdecken mit Folie vermeiden.
- Bei niedrigen Temperaturen mit Folie und Wärmedämmung abdecken, Betontemperatur min. 3 Tage auf +10 °C halten.

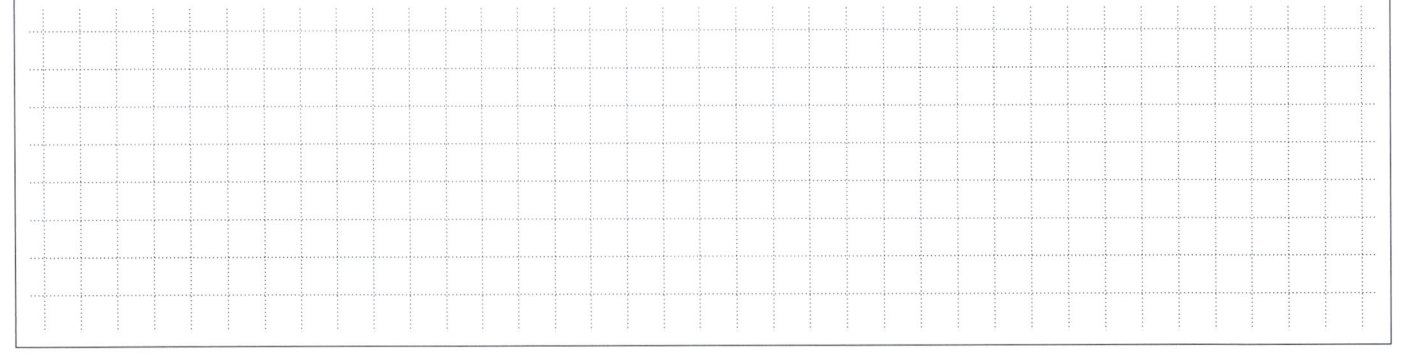

Zwischenprüfung – Fachstufe I | Hochbaufacharbeiter

Putz- und Estricharbeiten | Lösungen

2401
Was versteht man unter Putz nach DIN 18550 in der Bautechnik?

② Ein Mörtelbelag für Wände und Decken aus mineralischen Bindemitteln mit und ohne Sandkörnung

2402
In welcher Auswahlantwort werden nur Bindemittel für Putze aufgeführt?

② Baugipse, Baukalke, Zement

2403
Welche Aussage über die Beschaffenheit des Putzgrundes ist **falsch**?

③ Der Putzgrund soll glatt sein

2404
In welcher Auswahlantwort sind nur Putzweisen aufgeführt?

④ Kratzputz, Spritzputz, geriebener Putz

2405
Welche Behauptung trifft auf den Unterputz eines zweilagigen Putzes **nicht** zu?

⑤ Der Unterputz soll in der Regel eine geringere Festigkeit als der Oberputz aufweisen

2406
In welcher Auswahlantwort werden ausschließlich Putzträger für **ungeeignete** Putzgründe genannt?

① Holzwolle-Leichtbauplatten, Ziegeldrahtgewebe, Rippenstreckmetall

2407
Für welche Verwendung ist Gipsputz geeignet?

⑤ als Innenputz für trockene Wohnräume

2408
Welche Aussage über Putzgips ist **falsch**?

② Putzgips kann etwa sechs Stunden lang verarbeitet werden

2409
Was versteht man unter Estrich in der Bautechnik?

② Feinüberzug für Rohböden oder Rohdecken, der in Industriehallen als Gehbelag dienen kann

2410
In welcher Auswahlantwort werden nur Bindemittel für Estriche genannt?

① Zement, Anhydrit (wasserfreier Gips), Bitumen

2411
Welche Aussage über den Einbau von Estrichen ist richtig?

④ Zementestriche werden nass eingebaut

2412
In welcher Auswahlantwort werden nur Estriche nach der Art des Einbaus aufgeführt?

⑤ Verbundestrich, Estrich auf Trennschicht, schwimmender Estrich

2413
Welche Aussage über die Eigenschaften von Zementestrichen ist richtig?

④ Zementestriche haben eine gute Druckfestigkeit

2414
Welcher Estrich ist für den Wohnungsbau gut geeignet?

③ Schwimmender Estrich, weil er die beste Schall- und Wärmedämmung aufweist

2415, 2416, 2417 und 2418
Lösungen vgl. Seite 343

Abschlussprüfung – Fachstufe II Maurer
Mauerwerksbau Lösungen

3101
Welches Mauerwerk ist kein Natursteinmauerwerk?
② Porenbetonmauerwerk

3102
Wie dick muss mindestens ein Binder im Natursteinmauerwerk sein?
③ 30 cm

3103
Wie tief müssen Bindersteine mindestens in die Hintermauerung einbinden?
② 10 cm

3104
Welches Natursteinmauerwerk ist hier abgebildet?
① Bruchsteinmauerwerk

3105
Welchen Durchmesser dürfen Zuschläge von Fugenmörtel nicht überschreiten?
④ 4 mm

3106
Welcher Zierverband ist nebenstehend dargestellt?
⑤ Gotischer Verband

3107
Welche Mindestdicke müssen tragende Innenwände haben?
② 11,5 cm

3108
Welche Geschosshöhe darf bei Innenwänden nicht überschritten werden, wenn die Wanddicke geringer als 24 cm ist?
⑤ 2,75 m

3109
Wie wird das skizzierte zweischalige Mauerwerk bezeichnet?
② Mit Putzschicht ohne Luftschicht

3110
Welcher gemauerte Bogen ist nebenstehend dargestellt?
④ Korbbogen

3111
Welche Stoßfugendicke darf bei gemauerten Bögen am Bogenrücken nicht überschritten werden?
④ 2,0 cm

3112
Welche Druckfestigkeit sollten künstliche Mauersteine von Mauerwerksbögen mindestens aufweisen?
③ 12 N/mm²

3113
Welcher Stabdurchmesser darf bei bewehrtem Mauerwerk höchstens verwendet werden?
③ 8 mm

3114
Welche Mörtelgruppe/Mörtelklasse ist zur Herstellung von bewehrtem Mauerwerk vorgeschrieben?
④ NM III, IIIa (Zementmörtel) M 10/20

3115
Wie hoch muss mindestens die Sockelhöhe von Fachwerkwänden sein?
③ 30 cm

3116
Wie heißt die abgebildete Zierschicht?
② Schränkschicht

3117
Welchen Abstand hat die Regelfuge der Läuferschicht bis zur Innenecke bei stumpfwinkligen Mauerecken?
① ½ am

3118
Wie heißt das skizzierte Mauerwerk?
④ Spitzwinklige Mauerecke

Abschlussprüfung – Fachstufe II   Maurer

Mauerwerksbau   Lösungen

3119
Welches ist der kleinste belastbare Pfeilerquerschnitt?

③ 24 cm/24 cm

3120
Was für ein Pfeiler ist hier dargestellt?

⑤ Pfeiler im Spar- oder Schornsteinverband

3121
Wie weit darf der Überstand $ü$ einer 11,5 cm dicken Außenschale eines zweischaligen Mauerwerks über das Auflager vorstehen?

④ $1/3$ Steinbreite

3122
Welche Aussage über zweischaliges Mauerwerk ist richtig?

④ Die Innenschale übernimmt die Tragfunktion, die Außenschale ist zuständig für den Wetterschutz

3123
Welchen lichten Abstand a dürfen Innen- und Außenschalen bei zweischaligem Mauerwerk – mit 5 Drahtankern (⌀ 5 mm) pro m² Wandfläche – höchstens haben?

③ 15 cm

3124
Welche Maßnahme zum Schutz des zweischaligen Mauerwerks vor Feuchtigkeit ist **nicht** geeignet?

④ Ausfüllen des Wandschalenzwischenraums mit Mörtel

3125
Welcher Mauerwerksbogen hat den größten Horizontalschub am Widerlager?

③ Scheitrechter Bogen   scheitrechter Bogen

3126
Ab welcher Höhe h über Erdgleiche darf die Luftschicht beim zweischaligen Mauerwerk beginnen?

④ $h \geq 10$ cm

3127
Zweischalige Außenwand mit Kerndämmung
Welche Aussage ist **falsch**?

① Drahtanker sind nicht nötig

3128
Wo sind Dehnungsfugen in der Außenschale einer zweischaligen Außenwand **nicht** nötig?

⑤ In waagerechter Richtung über Fensterstürzen

3129
Was sind »Ausblühungen«?

① Ablagerung von Sulfaten und Karbonaten an der Mauerwerksoberfläche

Putz- und Estricharbeiten   Lösungen

2415
Welche Aufgabe hat der Randstreifen bei schwimmenden Estrichen?

④ Gewährleistung einer guten Schalldämmung

2416
Welche Aussage trifft auf den Einbau von Zementestrich nicht zu?

⑤ hitzeempfindliche Bauteile entfernen

2417
Was ist in der Bezeichnung für Verbundestrich »DIN 18560 – CT – C30 – F5 – A15« mit C30 gemeint?

③ Die Druckfestigkeitsklasse

2418
Was ist in der Bezeichnung für Schwimmenden Estrich »DIN 18560 – CA – F4 – S40« mit S40 gemeint?

④ Die Nenndicke

Abschlussprüfung – Fachstufe II — Maurer

Mauerwerksbau — Lösungen

3130
Welche 4 Verbandsregeln sind allgemein beim Mauern von Natursteinmauerwerk einzuhalten?

Verbandsregeln:
- Läufer- und Binderschichten müssen abwechselnd
- – oder
- auf zwei Läufer muss mindestens ein Binder gemauert werden
- Große Steine sind an den Ecken zu vermauern
- Fugendicke höchstens 3,00 cm

3131
Wie werden untenstehende Zierschichten bezeichnet?

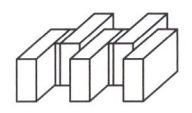

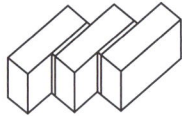

Zahnrollschicht — Schränkschicht — Stellschicht — Rollschicht

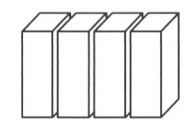

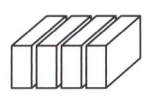

3132
Welche 4 Zierverbände werden unterschieden?

- Gotischer Verband
- Holländischer Verband
- Märkischer Verband
- Wilder Verband

3133
Welche 4 Verbandsregeln sind beim wilden Verband zu beachten?

- Höchstens 2 Köpfe nebeneinander
- Keine Einviertelsteine verwenden
- Höchstens 6 Läufer aneinander
- Dreiviertelsteine nur an Ecken

3134
Vom wilden Verband ist die 2. Schicht einzuzeichnen. Es werden kleinformatige Steine vermauert.

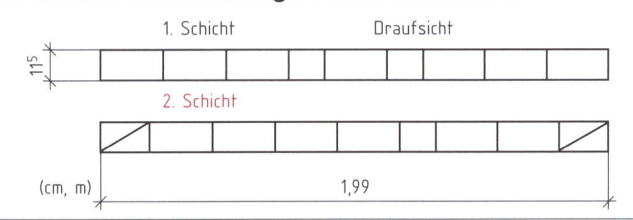

3135
Nach welchen 6 Gesichtspunkten können Wände eingeteilt werden?

- Lage im Gebäude (z. B. Außenwände)
- Lage im Gelände (z. B. Stützwände)
- Schutzfunktionen (z. B. Brandschutzwände)
- Belastung (z. B. tragende Wände)
- Baustoffe (z. B. Betonwände)
- Wandaufbau (z. B. zweischalige Wände)

3136
Was ist beim Einmauern von Bauteilen aus Holz zu beachten? Es sind 3 Konstruktionsregeln anzugeben.

Einmauern von Holzbauteilen:
- Holz allseitig vor Mauerfeuchtigkeit schützen, z. B. durch nackte Bitumenbahnen
- Luftzwischenraum von mindestens 1 cm zwischen Holz und Mauerwerk
- An der Stirnfläche der Aussparung eine Wärmedämmschicht einbauen

3137
Was sind tragende Wände?

Tragende Wände sind hauptsächlich auf Druck beanspruchte scheibenartige Bauteile zur Aufnahme senkrechter und waagerechter Lasten.

3138
Was sind Brandwände?

Brandwände sind Wände mit einer Mindestdicke von 24,00 cm. Sie sollen die Brandausbreitung in Bauwerken verringern.

3139
Welche 3 Anforderungen müssen bei bewehrtem Mauerwerk eingehalten werden?

- Stabstahldurchmesser höchstens 8 mm
- Die Fugen dürfen mit Bewehrung nicht dicker als 2 cm sein
- Die Wand muss mindestens 11,50 cm dick sein

Abschlussprüfung – Fachstufe II — Maurer

Mauerwerksbau — Lösungen

3140
Welche 3 Konstruktionsregeln sind beim Mauern von zweischaligen Außenwänden einzuhalten?

- Je 1 m² Wandfläche sind mindestens 5 Drahtanker ⌀ 3 mm in die Lagerfugen einzulegen
- Der senkrechte Abstand der Drahtanker soll 50 cm, der waagerechte Abstand 75 cm nicht überschreiten
- Lüftungsöffnungen sollen 10 cm über dem Gelände und oben in der Außenschale angeordnet werden (mindestens 8 offene Stoßfugenöffnungen unten und oben)

3142
Welche Regeln sind beim Ausmauern von Gefachen bei Fachwerkwänden zu berücksichtigen?

- Ganze Schichtenhöhen verwenden
- An den Fachwerkstiefen ist der Läuferverband regelmäßig zu beginnen, an den Streben ist mit schräg gehackten Steinteilen anzumauern
- Die Ausmauerung ist mit dem Fachwerk zu verankern, z. B. mit Dreikantleisten, Stahlstäbe oder Stahlwinkeln

3141
Wie werden die 4 verschiedenen zweischaligen Außenwände bezeichnet?
Zweischalige Außenwände mit

- Ⓐ Putzschicht ohne Luftschicht
- Ⓑ Luftschicht und Wärmedämmung
- Ⓒ Luftschicht
- Ⓓ Wärmedämmung ohne Luftschicht

3143
Von der skizzierten spitzwinkligen Mauerecke ist die 2. Schicht einzuzeichnen. Beide Wände sind 36,5 cm breit und werden aus NF-Mauersteinen hergestellt.

Draufsicht   1. Schicht
             2. Schicht

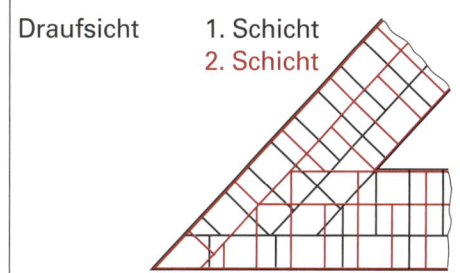

3144
Es ist die 2. Schicht des quadratischen Pfeilers einzuzeichnen. Es werden NF-Mauersteine verwendet.

Draufsicht   1. Schicht   2. Schicht

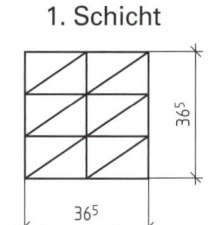

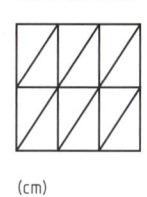

Alternativ zu NF-Mauersteinen werden 2DF- und 3DF-Mauersteine verwendet.

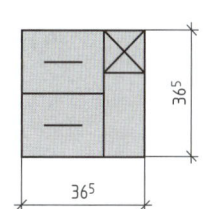

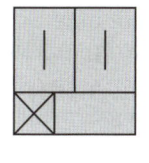

3145
Welche Bezeichnungen haben untenstehende gemauerte Bögen?

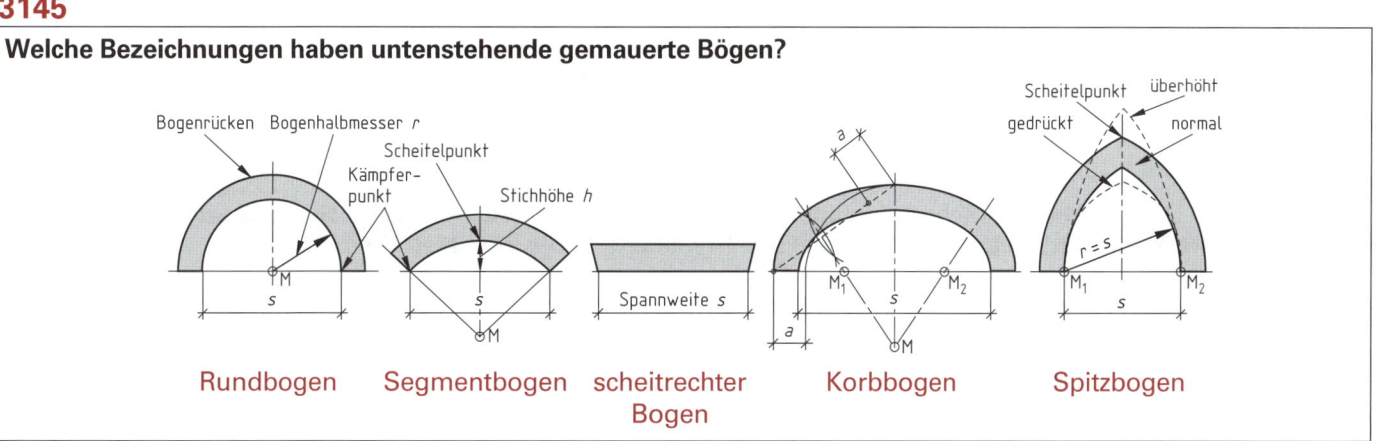

Rundbogen — Segmentbogen — scheitrechter Bogen — Korbbogen — Spitzbogen

Beschriftungen: Bogenrücken, Bogenhalbmesser r, Scheitelpunkt, Kämpferpunkt, Stichhöhe h, Spannweite s, gedrückt, überhöht, normal, $r = s$

Abschlussprüfung – Fachstufe II — Maurer

Mauerwerksbau — Lösungen

3146
Wie viel kg wiegen 30 Liter Zement?
④ 36 kg

3147
Wie viel Liter sind 54 kg hydraulischer Kalk mit der Schüttdichte 0,9 kg/l?
② 60 l

3148
Wie viel Liter Zement werden für 650 Liter Zementmörtel im MV 1 : 4 benötigt?   ④ 195 l

3149
Wie viel Säcke Zement erfordern 750 Liter Zementmörtel im MV 1 : 5?   ④ 9 Säcke

3150
Wie viel m³ Mörtelsand sind notwendig, um 1460 Liter Kalkzementmörtel im MV 2 : 1 : 8 herzustellen?
① 1,635 m³

3151
Wie viel Liter Zement werden für 1612 Liter Zementmörtel MV 1 : 4 benötigt, wenn feuchter Sand verwendet wird?   ③ 403 l

3152
Wie viel Säcke Zement entsprechen 403 Liter Zement aus Aufgabe 3151?   ① 20 Säcke

3153
Welcher Sandbedarf in m³ ergibt sich aus der Aufgabe 3151?   ④ 1,612 m³   (4 RT × 403 l)

3154
Wie viel Kalkzementmörtel MV 2 : 1 : 8 können mit 8 Säcken Weißkalkhydrat (Schüttdichte 0,5 kg/l) hergestellt werden? Der Mörtelsand ist baufeucht.
⑤ 1100 l   (V_k = 320 l; MF = 1,6)

3155
Wie viel m³ Sand sind für 1840 Liter Zementmörtel MV 1 : 5 notwendig? Der Mörtelsand ist trocken.
③ 2,147 m³   (6 RT, MF = 1,4)

3156
Von dem skizzierten Pfeiler aus NF-Steinen ist das Volumen von Fugenmörtel in Litern zu berechnen. Der Pfeiler hat eine Höhe von 2,30 m.
③ 19 l   (3,36 m² · 5,5 l/m²) (5,5 l/m² vorgegeben)

3157
Wie viel m³ lose Bruchsteine werden für das 30 cm dicke Natursteinmauerwerk benötigt?
⑤ 5,672 m³   (4,536 m³ · 1,25)

3158
Ein Rundbogen hat eine Spannweite s von 1,26 m. Wie groß ist die Bogenleibungslänge?
① 198 cm   ($b_L = \pi \cdot s/2$)

3159
Von der Aufgabe 3813 ist die Schichtenzahl des Rundbogens zu berechnen, wenn DF-Steine verwendet werden.
③ 33 Schichten   (198 cm Bogenleibung)

3160
Wie groß ist die Bogenleibungslänge eines Segmentbogens, wenn die Spannweite 1,01 m und der Stich 1/10 sind?
③ 103,1 cm $\left(r = \dfrac{s^2}{8h} + \dfrac{h}{2};\ b = \dfrac{\pi \cdot d \cdot \alpha}{360°}\right)$

3161
Welche Abmessung d muss das Mauerwerk (b) mindestens haben, wenn ein Wärmedurchlasswiderstand von 2,85 m²k/W erreicht werden soll?
④ d = 0,24 m
$\left(R = \dfrac{0,015}{0,70} + \boxed{\dfrac{0,24}{0,99}} + \dfrac{0,10}{0,04} + \dfrac{0,115}{1,1} = 2,868\ \dfrac{m^2 k}{W}\right)$

3162
Wie viel Säcke Weißkalkhydrat (Schüttdichte 0,50 kg/l) und Zement sowie m³ Mörtelsand sind erforderlich, um die dargestellte Mauerwerkswand herzustellen? Das MV ist 2 : 1 : 8. Die Wand ist 24 cm dick.

Für diese Wand werden 750 l Mauermörtel benötigt. Für 1000 l Kalkzementmörtel braucht man 140 kg Weißkalkhydrat, 168 kg Zement und 1120 l Mörtelsand

$m_K = \dfrac{750\ l \cdot 140\ kg}{1000\ l} = 105\ kg$ $n = \dfrac{105\ kg}{20\ kg/Sack} = 5,25 \approx$ **6 Säcke Weißkalkhydrat** $V_S = \dfrac{750\ l \cdot 1120\ l}{1000\ l} = 840\ l =$ **0,840 m³ Mörtelsand**

$m_Z = \dfrac{750\ l \cdot 168\ kg}{1000\ l} = 126\ kg$ $n = \dfrac{126\ kg}{25\ kg/Sack} = 5,04 \approx$ **5 Säcke Zement**

Abschlussprüfung – Fachstufe II | Maurer
Mauerwerksbau | Lösungen

3163

Wie viel Säcke Zement und m³ Mörtelsand sind erforderlich, um 8 Pfeiler herzustellen? Die Pfeilerhöhe beträgt 3,30 m. Der Grundriss eines Pfeilers ist in der Skizze dargestellt. Das MV ist 1 : 4. Es wird baufeuchter Mörtelsand verwendet. Die Mörtelstoffe sind mit dem Mörtelfaktor zu ermitteln.

Für diesen Pfeiler werden 155 Liter Mauermörtel verwendet (siehe Aufgabe 2817).

Σ RT = 5 RT V_{MS} = 8 (155 l) · 1,6 = 1984 l $V_{RT} = \frac{1984\ l}{5} \approx 397$ l/RT

V_Z = 1 RT · 397 l/RT = 397 l Zement $n = \frac{397\ l}{21\ l/Sack} \approx$ **19 Säcke Zement**

V_S = 4 RT · 397 l/RT = 1588 l Sand = **1,588 m³ Sand**

3164

Welches Mörtelvolumen MV 2 : 1 : 8 kann aus dem skizzierten baufeuchten Sandhaufen hergestellt werden?

$V_S = \frac{\pi \cdot d \cdot h}{12} = \frac{\pi \cdot (2,20\ m)^2 \cdot 1,40\ m}{360°} = 1,774$ m³

$V_{RT} = \frac{1774\ l}{8\ RT} = 222$ l/RT V_{MS} = 222 l/RT · 11 RT = 2442 l

$V_M = \frac{2442\ l}{1,6} =$ **1526 l Kalkzementmörtel**

3165

Wie viel Liter Kalkzementmörtel MV 2 : 1 : 9 können mit 8 Säcken Weißkalkhydrat (Schüttdichte 0,5 kg/l) angemacht werden? Der Mörtelsand ist baufeucht.

V_K = 8 Säcke · 40 l/Sack = 320 l V_S = 160 l/RT · 12 RT = 1920 l

$V_{RT} = \frac{320\ l}{2\ RT} = 160$ l/RT $V_M = \frac{1920\ l}{1,6} =$ **1200 l Kalkzementmörtel**

3166

Wie viel Säcke Weißkalkhydrat (Schüttdichte 0,60 kg/l) und Zement sowie m³ Mörtelsand sind notwendig, um die skizzierte 36,5 cm dicke Giebelwand herzustellen? Das MV ist 2 : 1 : 10. Die Mörtelstoffe sind mit Tabellenwerten zu berechnen.

Für die Wand werden 4987 l Mauermörtel benötigt.
Für 1000 l Kalkzementmörtel braucht man laut Tabelle:
– 144 kg Weißkalkhydrat – 144 kg Zement – 1200 l Mörtelsand

$V_K = \frac{4987\ l \cdot 144\ kg}{1000\ l} = 718$ kg

$n = \frac{718\ kg}{20\ kg/Sack} \approx$ **36 Säcke Kalkhydrat**

$V_Z = \frac{4987\ l \cdot 144\ kg}{1000\ l} = 718$ kg

$n = \frac{718\ kg}{20\ kg/Sack} \approx$ **29 Säcke Zement**

$V_S = \frac{4987\ l \cdot 1200\ l}{1000\ l} \approx 5985$ l = **5,985 m³ Sand**

3167

Wie viel Liter Weißkalkhydrat (Schüttdichte 0,7 kg/l) und Zement sowie m³ Mörtelsand müssen bestellt werden, damit die dargestellte 36,5 cm dicke Hauswand aus 2DF-Steinen gemauert werden kann? Das MV ist 2 : 1 : 9. Der Mörtelsand soll baufeucht sein. Die Mörtelstoffe sind mit dem Mörtelfaktor zu ermitteln.

A = 20,01 m · 3,01 m – 2 (2,01 m · 1,26 m + 1,51 m · 0,679 m)
A = 53,11 m²
V = A · d = 53,11 m² · 0,365 m = 19,386 m³
V_{MS} = 19,386 m³ · 218 l/m³ = **4226 l** ΣRT = 2RT + 1RT + 9RT = 12 RT
V_S = 4226 l · 1,6 = 6762 l $V_{RT} = \frac{6762\ l}{12\ RT} = 563,5$ l/RT

V_K = 2RT · 563,5 l/RT = **1127 l Kalkhydrat**
V_Z = 1RT · 563,5 l/RT ≈ **564 l Zement**
V_S = 9RT · 563,5 l/RT ≈ 5072 l V_S = **5,072 m³ Sand**

3168

Von dem skizzierten Rundbogen aus DF-Steinen sind zu berechnen:

Bogenleibungslänge b_L
a) $b_L = \pi$ · Radius $r = \pi \cdot r$
$b_L = \pi$ · 63 cm = **198 cm**

Bogenrückenlänge b_R
b) $b_R = \pi$ (r + Bodendicke d)= π (r + d)
$b_R = \pi$ (63 cm + 24 cm) = **273 cm**

Anzahl der Bogenschichten n
c) $n = \frac{\text{Bogenleibung – Mindestfugendicke}}{\text{Steindicke + Mindestfugendicke}}$

$n = \frac{198\ cm - 0,5\ cm}{5,2\ cm + 0,5\ cm} = 34,6$ cm

n = **gewählt 33 Schichten**

3169

Ein Segmentbogen soll aus NF-Steinen mit $^1/_{10}$ Stich gemauert werden. Zu berechnen sind:

a) die Bogenleibungslänge
b) die Bogenrückenlänge
c) die Anzahl der Bogenschichten
d) die Fugendicke an der Bogenleibung
e) die Fugendicke am Bogenrücken

a) h = 1/10 · s → 1/10 · 151 cm = 15,10 cm

$r = \frac{h}{2} + \frac{s^2}{8h} \rightarrow \frac{15,10\ cm}{2} + \frac{(151\ cm)^2}{8\ (15,10\ cm)} = 196,3$ cm

$b_L = \frac{\pi \cdot r \cdot \alpha}{180°} \rightarrow \frac{\pi \cdot 196,3\ cm \cdot 45°}{180°} =$ **154 cm**

b) $b_R = \frac{\pi\ (r+d)\ \alpha}{180°} \rightarrow \frac{\pi\ (196,3\ cm + 24) \cdot 45°}{180°} =$ **173 cm**

c) $n = \frac{154\ cm - 0,5\ cm}{7,1\ cm + 0,5\ cm} = 20,1 =$ **gewählt 19 Schichten**

d) $F_L = \frac{154\ cm - (19 \cdot 7,1)}{19 + 1} =$ **0,96 cm**

e) $F_R = \frac{173\ cm - (19 \cdot 7,1\ cm)}{19 + 1} =$ **1,91 cm**

Abschlussprüfung – Fachstufe II Maurer
Mauerwerksbau — Lösungen

3170

Der skizzierte Segmentbogen soll mit ⅛ Stich gemauert werden. Es werden DF-Steine verwendet. Die Fugendicke an der Bogenleibung wird mit 0,7 cm angenommen. Zu ermitteln sind:

a) die Bogenleibungslänge
b) die Bogenrückenlänge
c) die Anzahl der Bogenschichten
d) die Fugendicke an der Bogenleibung
e) die Fugendicke am Bogenrücken

a) $h = 1/8 \cdot s \rightarrow 1/8 \cdot 176\ cm = 22\ cm$

$r = \dfrac{22\ cm}{2} + \dfrac{(176\ cm)^2}{8\ (22\ cm)} = 187\ cm$

$b_L = \dfrac{\pi \cdot 187\ cm \cdot 56°}{180°} =$ **183 cm**

b) $b_R = \dfrac{\pi\ (187\ cm + 24\ cm)\ 56°}{180°} =$ **206 cm**

c) $n = \dfrac{183\ cm - 0{,}7\ cm}{5{,}2\ cm + 0{,}7\ cm} \approx$ **31 Schichten**

d) $F_L = \dfrac{183\ cm - (31 \cdot 5{,}2\ cm)}{31 + 1} =$ **0,68 cm** tatsächlicher Betrag

e) $F_R = \dfrac{206\ cm - (31 \cdot 5{,}2\ cm)}{31 + 1} =$ **1,40 cm**

3171

Über einer Türöffnung ist ein scheitrechter Bogen aus DF-Steinen zu mauern. Das Verhältnis der Widerlagerneigung soll 1 : 8 sein. Zu berechnen sind:

a) die Bogenleibungslänge
b) die Bogenrückenlänge
c) die Anzahl der Bogenschichten
d) die Fugendicke an der Bogenleibung
e) die Fugendicke am Bogenrücken

a) $b_L = s =$ **88,5 cm**

b) Widerlagerungsmaß $W = \dfrac{\text{Bogendicke}}{\text{Verhältniszahl der Widerlagerneigung}}$

$W = \dfrac{24\ cm}{8} = 3\ cm$

$b_R = b_L + 2\ W \rightarrow 88{,}5\ cm + 2\ (3\ cm) =$ **94,5 cm**

c) $n = \dfrac{88{,}5\ cm - 0{,}5\ cm}{5{,}2\ cm + 0{,}5\ cm} \approx$ **15 Schichten**

d) $F_L = \dfrac{88{,}5\ cm - (15 \cdot 5{,}2\ cm)}{15 + 1} =$ **0,66 cm**

e) $F_R = \dfrac{94{,}5\ cm - (15 \cdot 5{,}2\ cm)}{15 + 1} =$ **1,03 cm**

3172

Der dargestellte scheitrechte Bogen soll mit einer Widerlagerneigung von 1 : 7 gemauert werden. Es werden NF-Steine verwendet. Zu ermitteln sind:

a) die Bogenleibungslänge
b) die Bogenrückenlänge
c) die Anzahl der Bogenschichten
d) die Fugendicke an der Bogenleibung
e) die Fugendicke am Bogenrücken

a) $b_L =$ **126 cm**

b) $W = \dfrac{36{,}5\ cm}{7} = 5{,}2\ cm$ $b_R = 126\ cm + 2\ (5{,}2\ cm) =$ **136,4 cm**

c) $n =$ **gewählt 15 Schichten**

d) $F_L = \dfrac{126\ cm - (15 \cdot 7{,}1)}{15 + 1} =$ **1,2 cm**

Die Fugendicke an der Bogenleibung darf höchstens 1,2 cm betragen.

e) $F_R = \dfrac{136{,}4\ cm - 15 \cdot 7{,}1\ cm}{15 + 1} =$ **1,8 cm**

3173

Mit welcher Gewichtskraft in kN drückt der skizzierte 3,30 m hohe Pfeiler aus NF-Steinen (Vollklinker) auf den Untergrund? Die Rohdichte der Vollklinker beträgt 2,0 kg/dm³.

$V = 0{,}74\ m \cdot 0{,}24\ m \cdot 3{,}30\ m = 0{,}586\ m^3$

$m = 2{,}0\ t/m^3 \cdot 0{,}586\ m^3$

$m = 1{,}172\ t = 1172\ kg$ 1 kg ≈ 10 N

$F = 1172\ kg \cdot 10 = 11\,720\ N$ 1 kN = 1000 N

$F =$ **11,72 kN**

3174

Ein Stahlbetonsturz mit einer Auflagerkraft von 34 kN liegt auf einer gemauerten Wand: Mauerziegeln der Steinfestigkeitsklasse 6 und Mauermörtel MG II. Wie groß muss mindestens die Auflagerlänge sein?

Vorhandene Spannung vorh $\sigma \leq$ zulässige Spannung zul σ

Bei einer Steinfestigkeitsklasse von 6 und einer Mörtelgruppe MG II (Normalmauermörtel NM 2,5) ergibt sich zul $\sigma = 0{,}9\ MN/m^2$ nach DIN 1053-alt.

zul $\sigma = 0{,}9\ MN/m^2 = \dfrac{F}{b \cdot l}$

$l = \dfrac{34\ KN}{0{,}9\ MN/m^2 \cdot 24\ cm} = \dfrac{0{,}034\ MN}{0{,}9\ MN/m^2 \cdot 24\ cm}$

$l = 0{,}157\ m = 15{,}7\ cm$

$l =$ **16 cm gewählt**

3175

Der dargestellte Pfeiler trägt eine Belastung $N_{Rd} = 264$ kN. Welche Steinfestigkeitsklasse müsste nach DIN EN 1996 mindestens gewählt werden, wenn Mauermörtel (Normalmörtel) der Mörtelgruppe MG II a verwendet wird? Benennen Sie die Grundzüge der Berechnung.

$A = 0{,}49\ m \cdot 0{,}365\ m = 0{,}179\ m^2$

vorh $\sigma = f_d = \dfrac{0{,}264\ MN}{0{,}179\ m^2} =$ **1,47 MN/m²**

N_{Rd} ist der Bemessungswert. Verbandsmauerwerk f_k nach Tabellenbuch: Charakteristische Druckfestigkeiten für Einsteinmauerwerk nach Tabellenbuch; Knickbeiwert und Teilsicherheitswert nach Tabellenbuch.

Abschlussprüfung – Fachstufe II — Maurer
Mauerwerksbau — Lösungen

3176 — 2	3177 — 5	3178 — 5
3179 — 1	3180 — 2	3181 — 2
3182 — 1	3183 — 4	3184 — 1
3185 — 5	3186 — 2	3187 — 1
3188 — 3		

3189
Welche Bedeutung hat das diagonal geteilte, schwarzweiße Viereck mit den Angaben 13⁵/26 in dem Ausschnitt aus der Bauzeichnung eines Erdgeschoss-Grundrisses von einem Wohnhaus?

⑤ Gemauerter Rauchgas-Schornstein 13⁵/26

3190
Welche Bedeutung hat die Abkürzung »BRH 90« in dem Ausschnitt aus der Bauzeichnung eines Erdgeschoss-Grundrisses von einem Wohnhaus?

③ Brüstungshöhe = 90 cm

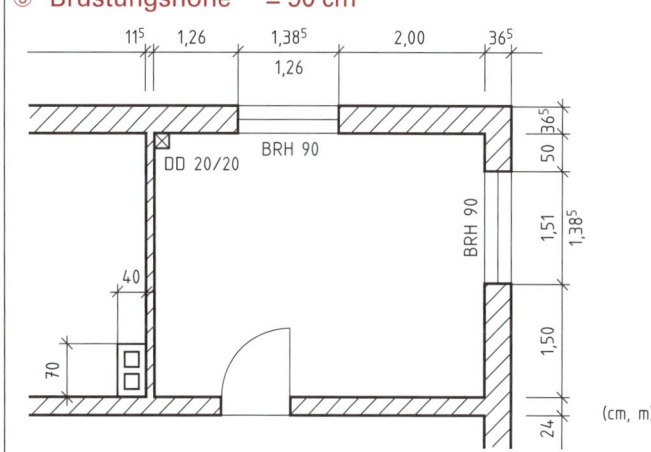

3191
Welche Aussage zu den Höhenangaben aus dem Schnitt eines Wohnhauses ist richtig?

⑤ Der Fenstersturz liegt 2,385 m über Oberkante Rohfußboden

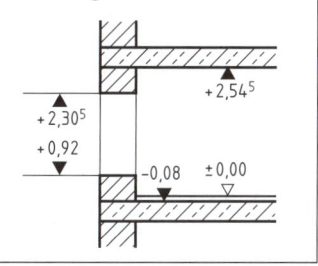

3192
Welche Bedeutung hat die gestrichelte Linie in der Skizze eines Ausschnittes aus einem Fundamentplan?

⑤ Breite des aufgehenden Kellermauerwerks

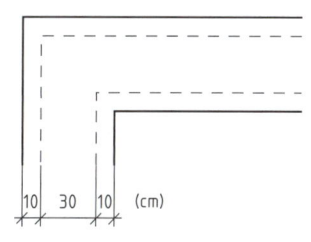

3193
Wie tief liegt die Unterkante des Fundamentes unter der Oberkante des Geländes?

④ – 3,05 m

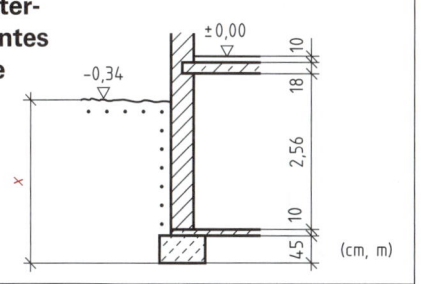

3194
Welche Auftrittsbreite besitzt die Treppe in der Skizze?

① 28 cm

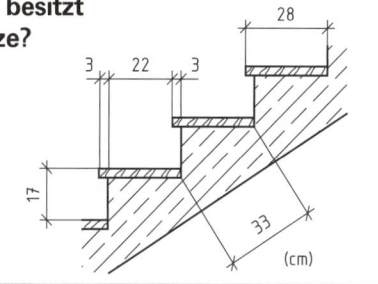

3195
Welche Bedeutung hat die Darstellung aus dem Erdgeschossgrundriss eines Wohnhauses in der Skizze?

③ Deckenaussparung in der Decke des 1. Obergeschosses

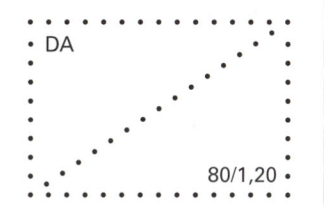

3196
Welchen Fehler enthält die zweischalige Wandkonstruktion in der Skizze?

④ Die Luftschicht muss ≥ 4 cm sein

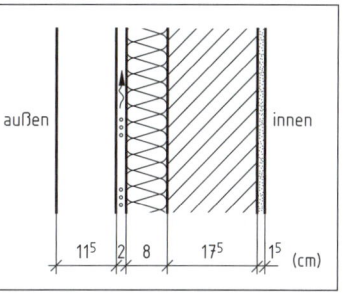

Abschlussprüfung – Fachstufe II — Maurer

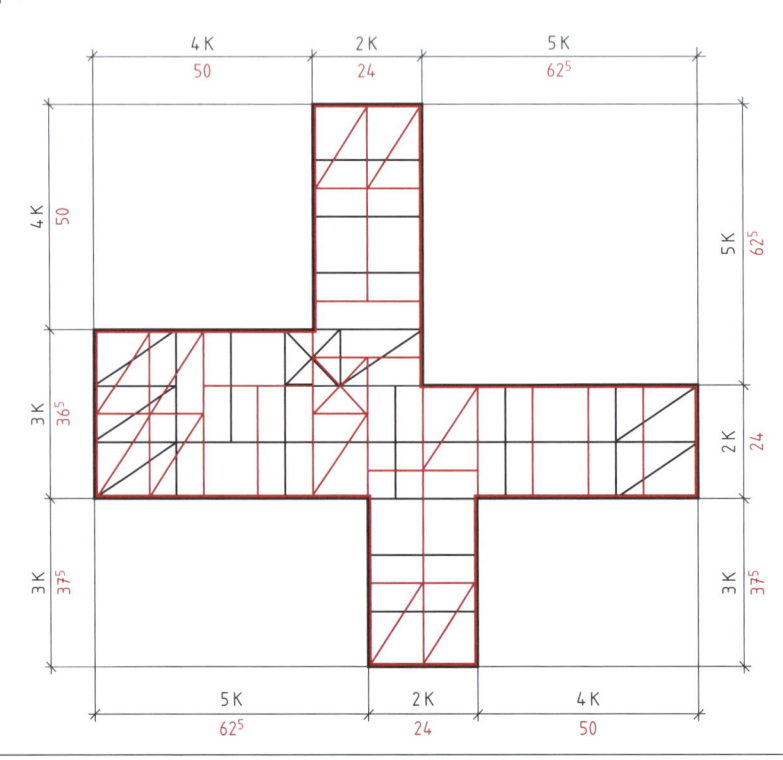

Mauerwerksbau — Lösungen

3197

Für den dargestellten Mauerwerkskörper sollen zwei Schichten aus 2 DF-Steinen im Trockenverband angelegt werden. Zeichnen Sie in das Aufgabenblatt eine mögliche 1. Schicht sowie eine mögliche 2. Schicht ein. Bemaßen Sie den Mauerwerkskörper in der 1. Schicht mit Nennmaßen.

1. Schicht

(2. Schicht mit ROT als Übung nachtragen)

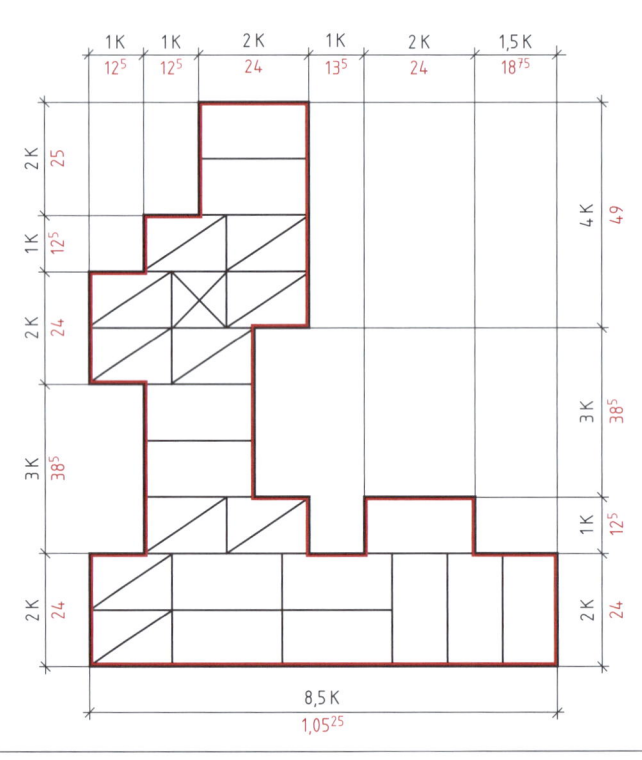

3198

Für den dargestellten Mauerwerkskörper sollen zwei Schichten aus 2 DF-Steinen im Trockenverband angelegt werden. Zeichnen Sie in das Aufgabenblatt eine mögliche 1. Schicht sowie eine mögliche 2. Schicht ein. Bemaßen Sie den Mauerwerkskörper in der 1. Schicht mit Nennmaßen.

1. Schicht
2. Schicht

Abschlussprüfung – Fachstufe II — Maurer

Mauerwerksbau — Lösungen

3199

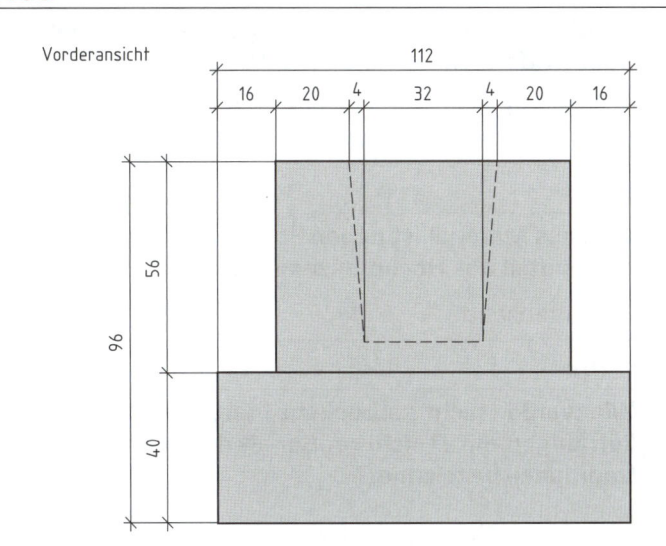

Vorderansicht

Seitenansicht von links

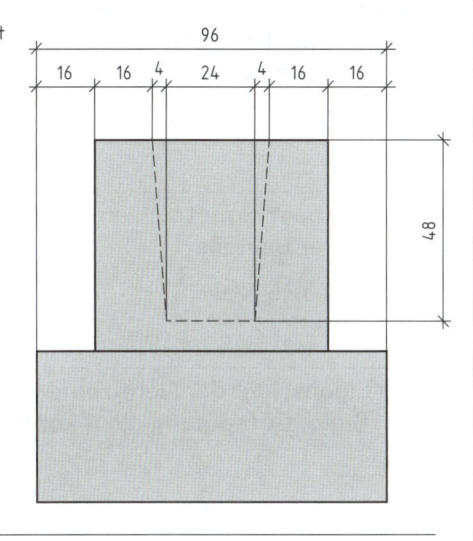

Draufsicht

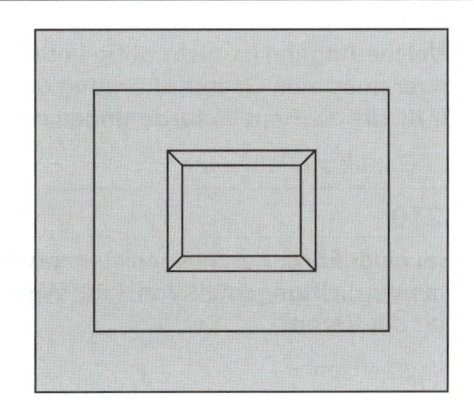

Zeichnen Sie die Vorderansicht, Seitenansicht von links und Draufsicht des räumlich skizzierten Köcherfundamentes auf DIN A4 in Bleistift im Maßstab 1 : 20 – m, cm. Die Köchertiefe beträgt 48 cm und die Maße des Köcherbodens sind 32 cm/24 cm.

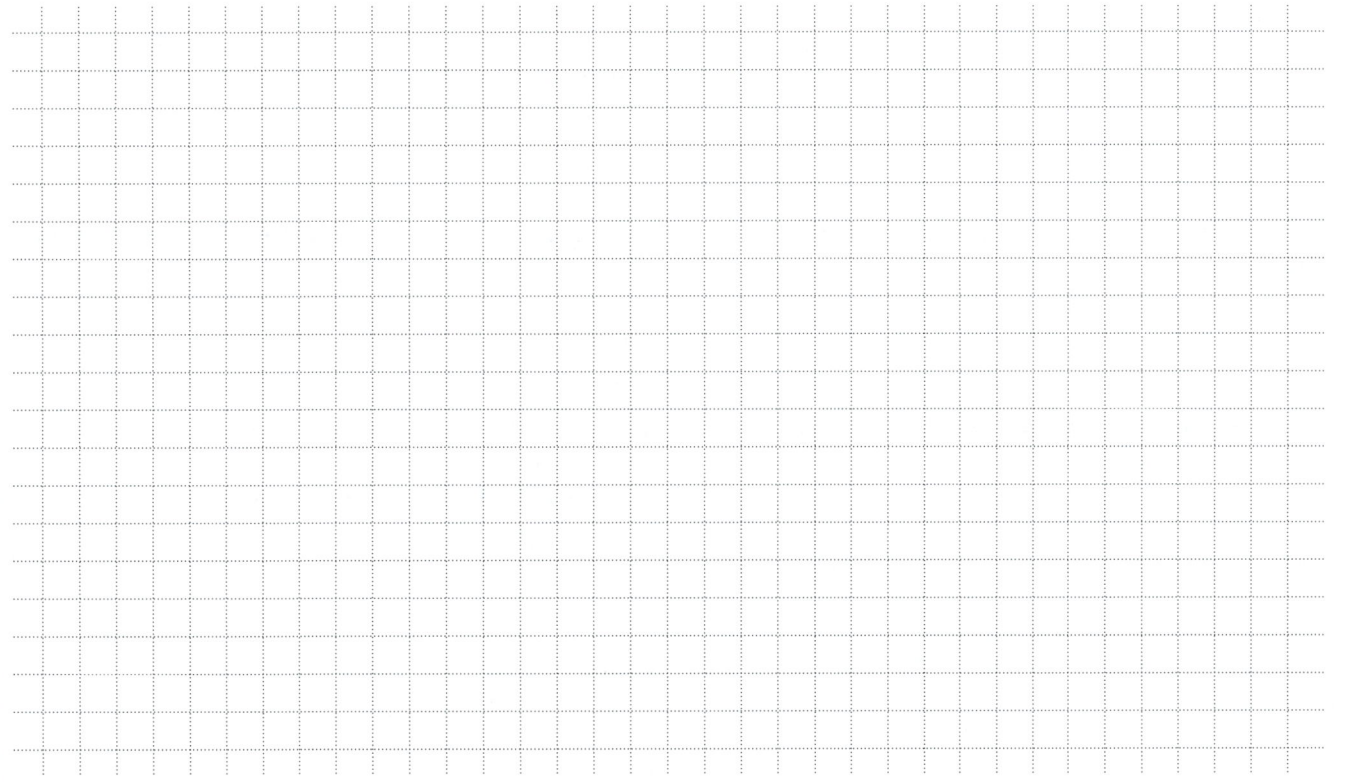

Abschlussprüfung – Fachstufe II — Beton- und Stahlbetonbauer

Beton- und Stahlbetonbau — Lösungen

3201
Welche Normkennzeichnung erhält ein Portlandzement mit schneller Anfangserhärtung und einer 28-Tage-Mindestdruckfestigkeit von 32,5 N/mm²?
① CEM I 32,5 R

3202
Welcher Zement eignet sich wegen seines hohen Sulfatwiderstandes für Beton-Abwasserrohre?
⑤ Hochofenzement CEM III/B 32,5-NW/HS

3203
Welcher Zement eignet sich am besten zur Herstellung massiver Bauteile?
③ CEM III/B 32,5-NW/HS

3204
Welches Material ist neben Portlandzement Hauptbestandteil des Hochofenzementes CEM III?
④ Hüttensand

3205
Welche Eigenschaft der Normzemente wird bei der regelmäßigen Güteprüfung nicht kontrolliert?
② Farbe

3206
Wie werden nicht gebrochene, natürliche Gesteinskörnungen mit D nicht größer als 4 mm und d = 0 traditionell bezeichnet?
① Sand

3207
Eine Stahlbetondecke ist 16 cm dick. Welches Größtkorn sollte die Gesteinskörnung haben?
⑤ 32 mm

3208
Welche Angabe ist nicht nötig in der Bezeichnung einer normalen Gesteinskörnung der Korngruppe 8/16, die die Regelanforderungen erfüllt?
③ Gehalt an Feinteilen

3209
Welcher Wasserzementwert ist für einen ausreichenden Korrosionsschutz der Stahlbetonbewehrung höchstens zulässig?
① 0,6

3210
Bei einer Frischbeton-Konsistenzprüfung ergibt sich das Verdichtungsmaß von 1,20. Welche Konsistenz hat der Beton?
③ plastisch

3211
In welcher Auswahlantwort sind die Betonfestigkeitsklassen für Standardbeton vollständig aufgelistet?
③ C8/10, C12/15, C16/20

3212
Vor der Veränderung einer zugelassenen Betonzusammensetzung ist eine Erstprüfung durchzuführen. Wann kann darauf verzichtet werden?
④ Der Zementgehalt wird um nicht mehr als ± 15 kg/m³ verändert

3213
Die Frischbetontemperatur beim Einbau sollte liegen zwischen
③ + 5 °C bis + 30 °C

3214
Bei Einsatz von Betonzusatzstoffen gilt der Grundsatz:
⑤ Eine Güteüberwachung (Eigen- und Fremdüberwachung) muss die anforderungsgemäße Qualität der Zusatzstoffe sicherstellen

3215
Welches Betonzusatzmittel vermindert die Wasseraufnahme von Beton?
① DM

3216
Ein Beton mit verbessertem Widerstand gegen Frost und Tausalz soll hergestellt werden. Welches Betonzusatzmittel ist zu wählen?
⑤ Luftporenbildner (LP)

3217
Welches Betonzusatzmittel verbessert die Verarbeitbarkeit und vermindert die Gefahr der Entmischung bei Frischbeton?
① ST

3218
Was versteht man unter »Karbonatisierung« des Betons?
① Verringerung des pH-Wertes von Beton durch Kohlenstoffdioxid aus der Luft

Abschlussprüfung – Fachstufe II
Beton- und Stahlbetonbauer
Beton- und Stahlbetonbau — Lösungen

3219
Wie kann man die Karbonatisierungstiefe bei Beton feststellen?
⑤ Rotfärbung durch Phenolphthalein = Nicht karbonatisierter Bereich

3220
Was ist keine Ursache für Betonstahlkorrosion?
② Stark alkalischer Beton

3221
Aufgrund der Dehnung eines Bauteils kommt es zu feinen Rissen im Beton. Was ist richtig?
② Nur Haarrisse bis 0,2 mm bringen keine Gefahr für die Bewehrung

3222
Was bewirkt das Auftragen von Versiegelung auf die Betonoberfläche?
③ Die Wasseraufnahmefähigkeit wird reduziert

3223
Welche Eigenschaft von hydrophobierenden Betonimprägnierungen ist nicht richtig beschrieben?
① Sie machen den Beton dauerhaft wasserfest

3224
Welche Aussage zu der Schalung einer Ortbetontreppe ist nicht richtig?
③ Die Stützen unter dem schrägen Treppenlauf sind senkrecht gestellt

3225
Welches Schalungsplattenmaß der im Schnitt dargestellten herkömmlichen Stützenschalung ist falsch?
④ Laschenlänge = Betonmaß a + 2 x 2^4 + 2 x Laschendicke

3226
Was zeigt das nebenstehende Bild?
⑤ Faltstütze als selbststehende Deckenstütze

3227
Wie verhindert man ein Ausknicken oder eine Verschiebung von Schalungsstützen?
④ Durch eine Verschwertung zu unverschieblichen Dreiecken

3228
Welche Bauteile lassen sich mit Gleitschalungen nicht herstellen?
④ Behälterbauten mit veränderlichem Querschnitt

3229
Nach welchem Zeitraum dürfen Deckenplatten (Zementfestigkeitsklasse 42,5 R) in der Regel ausgeschalt werden?
② 3 Tage

3230
Welche zwei Informationen kann man aus der genormten Anordnung der Rippen des Betonstahls erhalten?
④ Festigkeit und Herkunft

3231
Eine Betonstahl-Bestellung lautet: 30 t Betonstahl DIN 488 – BSt 500S – 25 x 12. Welche Lieferung BSt 500S ist richtig?
② 30 t Stähle, ⌀ 25 mm, Länge 12 m

3232
R-Lagermatte.
Welcher Einsatz ist richtig?
① Für einachsig gespannte Bauteile: Nur die Längsstäbe (Abstand 150 mm) tragen

3233
Was ist falsch beim Verlegen von Betonstahlmatten?
① Längsstäbe liegen immer oben

3234
Eine Deckenplatte soll zweiachsig gespannt werden. Welche Betonstahlmatte ist für die Bewehrung geeignet?
⑤ Q 257 A

Abschlussprüfung – Fachstufe II

Beton- und Stahlbetonbauer

Beton- und Stahlbetonbau — Lösungen

3235
Was bedeutet der Buchstabe d in der Aufbaubeschreibung einer Betonstahlmatte? 150 x 6,0 d/6,0 – 4/4

③ Matte mit Doppelstäben

3236
Wo ist bei schmalen Balken (höher als 30 cm) der beste Verbund zwischen Beton und Stahleinlage zu erwarten?

① Unten im Balken (Verbundbereich I)

3237
Was ist **nicht** richtig an der Stahlbetonwand-Bewehrung?

① Höchstabstand der senkrechten Längsstähle < 50 cm

3238
An welcher Stelle der Stützwand ist die Biegebeanspruchung besonders hoch?

③ Im Bereich der Verbindung von Grund- und Wandplatte

3239
Verschiedene Arbeitsschritte sind zum Herstellen von Stahlbeton-Wänden nötig:

⑤ A D C B E
A 1. Schalungswand aufstellen
D Aussparungen einbauen
C Bewehrung einbauen
B 2. Schalungswand aufstellen
E Beton einbringen und verdichten

3240
Ein Balken, frei aufliegend auf 2 Stützen, wird in Balkenmitte belastet. Wo liegt die Zugbewehrung richtig?

⑤ Unten im ganzen Balken

3241
Balken auf zwei Stützen mit Kragarm: In welcher Skizze ist die Zugbewehrung richtig eingezeichnet?

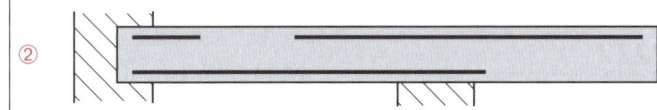

②

3242
Welche Aussage über bewehrte Plattenfundamente ist **nicht** richtig?

④ Eine untere Bewehrungslage ist ausreichend

3243
Welche Spannungen treten in einem nicht belasteten, vorgespannten Stahlbetonbalken auf?

① Oben und unten Druckspannungen

3244
Welcher Arbeitsablauf bei der Herstellung eines Spannbetonbauteils mit sofortigem Verbund ist richtig?

③ B A C D E
B = Spanndrähte einbauen
A = Vorspannen
C = Betonieren
D = Betonerhärtung
E = Überstehende Spanndrähte abtrennen

Abschlussprüfung – Fachstufe II
Beton- und Stahlbetonbauer
Beton- und Stahlbetonbau — Lösungen

3245
Wo verwendet man Zemente mit niedrig wirksamem Alkaligehalt (NA-Zemente)?

Sie werden verwendet bei Bauteilen, die mit alkaliempfindlichen Gesteinskörnungen hergestellt werden. Solche Gesteinskörnungen kommen in einigen Bereichen Nord- und Mitteldeutschlands vor und führen unter bestimmten Bedingungen zur Rissbildung (Treiben) von Beton.

3246
Wonach wählt man das Größtkorn einer Gesteinskörnung?

Das Größtkorn ist so zu wählen, wie es das Fördern und Verarbeiten des Betons zulassen. Es sollte weniger als $1/5$ der kleinsten Bauteilabmessung betragen. Der überwiegende Anteil des Gemisches sollte kleiner sein als der Bewehrungsabstand oder die Betondeckung.

3247
Nennen Sie vier Anforderungen, die an Gesteinskörnungen gestellt werden.

- Ausreichende Korneigenfestigkeit
- Gemischtkörnige Zusammensetzung
- Gedrungene Kornform
- Widerstandsfähigkeit gegen Frost
- Frei von schädlichen Bestandteilen:
  - Abschlemmbare Bestandteile,
  - Stoffe organischen Ursprungs,
  - Erhärtungsstörende Stoffe,
  - Schwefelverbindungen,
  - Stahlangreifende Stoffe.

3248
Wie bestimmt man die Konsistenz von Frischbeton mittels Ausbreitversuch?

Auf dem Ausbreittisch wird der Beton in einen Blechbehälter von der Form eines Kegelstumpfes eingefüllt und abgezogen. Die Form wird nach oben weggezogen. Die Tischplatte wird 15-mal bis zum Anschlag angehoben und fallen gelassen, der Frischbeton breitet sich dabei aus:

Klasse	Ausbreitmaß (Durchmesser in mm)	Konsistenzbeschreibungen
F 1	≤ 340	steif
F 2	350 bis 410	plastisch
F 3	420 bis 480	weich
F 4	490 bis 550	sehr weich
F 5	560 bis 620	fließfähig
F 6	≥ 630	sehr fließfähig

3249
Herstellung und Verarbeitung bestimmen die Qualität des Betons. Welche (vier von fünf) Faktoren beeinflussen die Betongüte?

- Zementart, Zementgehalt
- W/Z-Faktor
- Kornform und Zusammensetzung der Gesteinskörnung
- Betonzusatzmittel und -stoffe
- Mischen, Einbringen, Verdichten und Nachbehandeln des Betons

3250
Was sind Expositionsklassen?

Die Anforderungen an ein Bauwerk werden auch maßgeblich von den Umweltbedingungen bestimmt. In den Expositionsklassen nach DIN 206-1/DIN 1045-2 werden die Umwelteinflüsse nach Bewehrungs- und Betonkorrosion klassifiziert. Sie müssen bei der Bemessung und Konstruktion jedes Bauteils berücksichtigt werden.

3251
Der Wassergehalt eines Frischbetons soll festgestellt werden. Wie ist eine schnelle Ermittlung möglich?

Zwei Frischbetonproben von jeweils 5000 g werden in Darrgefäßen innerhalb von 20 Minuten scharf und schnell getrocknet. Nach Beendigung des Trockenvorganges werden die Proben gewogen. Der Gewichtsverlust bei der Trocknung = Wassergehalt des Frischbetons.

3252
Was beschreiben die Druckfestigkeitsklassen nach DIN EN 206-1 / DIN 1045-2?

Druckfestigkeitsklassen werden mit dem Großbuchstaben C für Normal- und Schwerbeton, bzw. LC für Leichtbeton mit zwei durch Schrägstriche getrennte Zahlen bezeichnet. Die erste Zahl gibt die Nennfestigkeit, ermittelt an einem Zylinder (∅ 150 mm, Länge 300 mm), die zweite die Nennfestigkeit, ermittelt an Würfeln mit der Kantenlänge 150 mm, im Prüfalter von 28 Tagen an.

Abschlussprüfung – Fachstufe II — Beton- und Stahlbetonbauer

Beton- und Stahlbetonbau — Lösungen

3253
Welche Vorbereitungen sind vor einer Transportbetonlieferung auf der Baustelle zu treffen?

- Überprüfen der Anfahrts- und Verkehrswege (auch auf die Tragfähigkeit des Bodens).
- Bereitstellen und Überprüfen der Fördergeräte.
- Personal bereitstellen und einweisen.
- Geräte und Stromversorgung sichern.
- Probeentnahme vorbereiten.
- Gegebenenfalls behördliche Ausnahmegenehmigungen einholen.

3254
Was sind »Systemschalungen«?

Systemschalungen werden aus ganz oder teilweise industriell vorgefertigten Schalungselementen montiert. Für gleichartige Bauteile können die Schalungselemente mehrmals eingesetzt werden. Bei gut durchdachten Systemen können die Schalungselemente zu Großflächenschalungen zusammengesetzt, aber auch für schwierige Schalungsaufgaben eingesetzt werden.

3255
Wodurch unterscheiden sich Rahmentische und Portaltische für großflächige Deckenschalungen?

Beim Rahmentisch bilden Schalhaut, Quer-, Jochträger und Unterbau ein starres System. Portaltische besitzen als Unterbau normale Deckenstützen mit umklappbaren Portalköpfen. Damit können sie leichter umgesetzt werden.

3256
Welche Konstruktionssysteme für Großflächen-Wandschalungen unterscheidet man und wie sind sie aufgebaut?

- Trägerschalung:
  Schalhaut: Großflächige Schalungsplatten.
  Unterstützung: Schalungsträger aus Holz.
  Aussteifung: Quer zu den Trägern angeordnete Stahlprofile.
- Rahmentafelschalung:
  Unterstützung und
  Aussteifung: Stahl- oder Aluminiumrahmen mit Quer- und Längsrippen.
  Schalhaut: Großflächig auf den Rahmen aufmontiert.

3257
Woraus bestehen bei der dargestellten Wand-Systemschalung die
- **Schalhaut**
- **Tragkonstruktion**
- **Verspannung**
- **Verstrebung?**

Die Schalhaut besteht aus Platten, die in Stahl- oder Aluminiumrahmen eingelassen sind.
Als Tragkonstruktion dienen die Rahmen der Schalhaut, die noch mit Zwischenrippen ausgesteift sind.
Verspannt werden die Schalungswände zwei- bis dreimal bei geschosshohen Schaltafeln mit Spannstäben, Abstandhaltern aus Kunststoff und Schraubverschlüssen als Ankerschlösser.
Die Verstrebung erfolgt mit zweiarmigen Richtstützen im oberen und unteren Bereich der Schalungswände.

3258
Aus welchen Elementen bestehen Systemschalungen für Balken und Unterzüge?

- Längsaussteifung (Schalungsträger)
- Schalhaut
- Stützbock
- Überleger (Schalungsträger)
- Lochschiene
- Längsholz
- Traverse
- Stütze

3259
Was sind Randsparmatten?

Beim Verlegen von Betonstahlmatten müssen vorgeschriebene Übergreifungslängen eingehalten werden.
Bei Randsparmatten ist im Bereich der erforderlichen Deckung an den Längsrändern Stahl – durch Querschnittsverringerung der Längsstäbe – eingespart.

3260
Welche Lieferformen von Betonstahlmatten unterscheidet man?

- **Lagermatten** Standardisierte, normalduktile Matten (Kennzeichnung B500MB) mit festgelegten Abmessungen und festgelegtem Aufbau. Mattengröße 2,15 m x 5,00 m bzw. 2,15 m x 6,00 m.
- **Designmatten** Hochduktile Matten (Kennzeichnung B500MB), die vom Anwender nach individuellen Anforderungen konstruiert werden. Länge, Breite, Stabdurchmesser und Stababstand sind frei wählbar.
- **Vorratsmatten** Standardisierte, hochduktile Matten (Kennzeichnung B500MB), die die Vorteile der Lager- und der Designermatte miteinander verknüpfen. Sie werden direkt vom Werk geliefert.

Abschlussprüfung – Fachstufe II | Beton- und Stahlbetonbauer

Beton- und Stahlbetonbau — Lösungen

3261
Eine dreiseitig aufliegende Deckenplatte ist eingeschalt worden. Wie viel Quadratmeter Schalung sind in Rechnung zu stellen?

⑤ **30,76 m²**

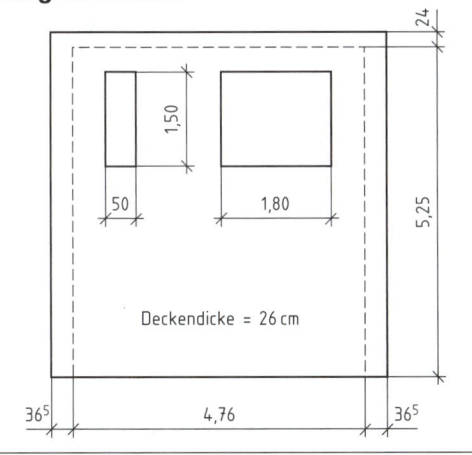

$A_{\text{Deckenschalung}}$ = 4,76 m · 5,25 m = 24,99 m²

Die kleinere Öffnung (0,50 m · 1,50 m = 0,75 m²) wird übermessen, da sie kleiner als 2,5 m² ist.

Die größere Öffnung (1,80 m · 1,50 m = 2,70 m²) muss abgezogen werden.

$A_{\text{Deckenschalung}}$ = 24,99 m² − 2,70 m² = **22,29 m²**

$A_{\text{Randschalung}} = l_{\text{Rand}} \cdot d_{\text{Decke}}$
$A_{\text{Deckenschalung}}$ = [2 · (0,365 m + 4,76 m + 0,365 m)
  = + 2 · (5,25 m + 0,24)] · 0,26 m
  = 21,96 m · 0,26 m
  = **5,71 m²**

$A_{\text{Öffnungsschalung}} = l_{\text{Öffnungen}} \cdot d_{\text{Decke}}$
$A_{\text{Deckenschalung}}$ = [2 · (0,50 m + 1,50 m) + 2 · (1,80 m + 1,50 m)] · 0,26 m
  = 10,60 m · 0,26 m
  = **2,76 m²**

A_{Schalung} = A_{Decke} + A_{Rand} + $A_{\text{Öffnungen}}$
  = 22,29 m² + 5,71 m² + 2,76 m²
  = **30,76 m²**

3262
Ein Rundstahl (zul σ = 160 N/mm²) hat eine Zugkraft F = 72 kN aufzunehmen.
Welcher Stahldurchmesser ist notwendig?

② **2,4 cm**

zul $\sigma = 160 \frac{\text{N}}{\text{mm}^2} = 16\,000 \frac{\text{N}}{\text{cm}^2}$

notwendige Querschnittsfläche des Rundstahls

$A = \frac{F}{\text{zul }\sigma} \rightarrow A = \frac{72\,000 \text{ N}}{16\,000 \text{ N/cm}^2}$

$A = 4{,}5 \text{ cm}^2$

Durchmesser des Rundstahls aus der Kreisformel:

$A = \frac{d^2 \cdot \pi}{4}$

$d = \sqrt{\frac{4 \cdot A}{\pi}} = \sqrt{\frac{4 \cdot 4{,}5 \text{ cm}^2}{\pi}}$

d = 2,4 cm

mit F_k = 72 kN und $f_{y,k}$ = 240 N/mm² folgt

$A = \frac{72\,000 \cdot 1{,}35 \cdot 1{,}10}{24\,000}$

$A \approx 4{,}5 \text{ cm}^2$

3263
Welche (charakteristische) Last überträgt das Streifenfundament aus C8/10 in der Bodenfuge pro Längenmeter?

Lastannahme für Baustoffe:
Mauerwerk 18 kN/m³
Beton C8/10 23 kN/m³

Lasten der oberen Geschosse F_k = 70 kN/m

① **97,30 kN/m**

Berechnung der charakteristischen Eigenlasten:

Mauerwerk
1 m · 0,365 m · 3,00 m · 18 kN/m³ = 19,71 kN/m

Fundament aus C8/10
1 m · 0,60 m · 0,55 m · 23 kN/m³ = 7,59 kN/m

Fundamentbelastung = 97,30 kN/m

3264
Ein Stahlbetonsturz ist im Zugbereich mit 6 Betonstabstählen ⌀ 16 mm bewehrt. Die Zugkraft im Stahlbetonsturz beträgt 120 kN.
Wie groß ist die vorhandene Zugspannung in den Betonstabstählen?

③ **99,5 N/mm²**

Zugspannung $\sigma_Z = \frac{\text{Zugkraft } F \text{ (N)}}{\text{Fläche } A \text{ (mm}^2\text{)}}$

$A = \frac{6 \cdot (16 \text{ mm})^2 \cdot \pi}{4} = 1206{,}4 \text{ mm}^2$

$\sigma_Z = \frac{120\,000 \text{ N}}{1206{,}4 \text{ mm}^2} = 99{,}5 \frac{\text{N}}{\text{mm}^2}$

Abschlussprüfung – Fachstufe II
Beton- und Stahlbetonbauer
Beton- und Stahlbetonbau — Lösungen

3265

Auf einen Stahlbetonträger wirken verschiedene Lasten. Die Auflagerkraft bei A beträgt 19,4 kN. Wie groß ist die Auflagerkraft bei B?

① **29,8 kN**

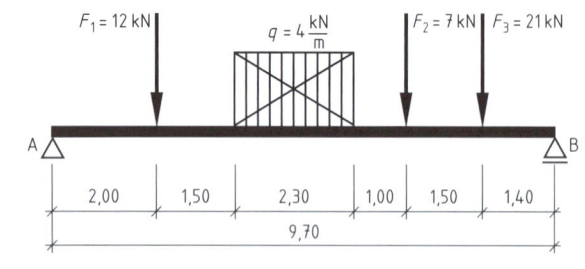

$\Sigma V = 0$ (Kontrolle)

$F_1 + F_2 + F_3 + q \cdot L_Q - A - B = 0$

12 kN + 7 kN + 21 kN + 4 $\frac{kN}{m}$ · 2,30 m − 19,4 kN = B

29,8 kN = B

3266

Für 1 m³ Beton werden 330 kg Zement (ρ = 3,1 kg/dm³) und 165 kg Wasser benötigt. Der Luftporengehalt wird mit 4,5 Vol.-% angenommen.
Wie groß ist der Bedarf an oberflächentrockener Gesteinskörnung (ρ = 2,65 kg/dm³)?

⑤ **1811,41 kg**

Die erforderliche Gesteinskörnungsmenge wird mit der Stoffraumrechnung ermittelt:

$1000 \text{ dm}^3 = \frac{330 \text{ kg}}{3{,}1 \text{ kg/dm}^3} + \frac{165 \text{ kg}}{1{,}0 \text{ kg/dm}^3} + \frac{\text{Masse Gesteinskörnung}}{2{,}65 \text{ kg/dm}^3} + \frac{4{,}5 \cdot 1000 \text{ dm}}{100}$

$1000 \text{ dm}^3 = 106{,}45 \text{ dm}^3 + 165 \text{ dm}^3 + \frac{\text{Masse Gesteinskörnung}}{2{,}65 \text{ kg/dm}^3} + 4{,}5 \text{ dm}$

$\frac{\text{Masse Gesteinskörnung}}{2{,}65 \text{ kg/dm}^3} = 683{,}55 \text{ dm}^3$

Masse Gesteinskörnung = 1811,41 kg oberflächentrocken

3267

Die Wandecke mit Türöffnung und Schlitz wurde eingeschalt.
Wie viel m² Schalung werden nach DIN 18331 abgerechnet?

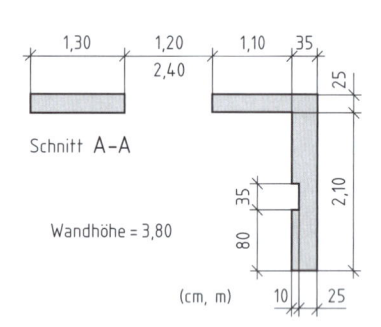

Schalungsfläche Wand

l_W = 1,30 m + 1,20 m + 1,10 m + 0,35 m + 0,25 m
     + 2,10 m + 0,25 m + 0,10 m + 2,10 m + 1,10 m
     + 1,20 m + 1,30 m + 0,25 m

l_W = 12,60 m

A_W = 12,60 m · 3,80 m = 47,88 m²
  Türöffnung: 1,20 m · 2,40 m = 2,88 m²
        Öffnung (> 2,5 m²) wird abgezogen
  Wandschlitz: wird nicht abgezogen
A_W = 47,88 m² − 2 · 2,88 m² = **42,12 m²**

Schalungsfläche Türleibung
A_T = (2,40 m + 1,20 m + 2,40 m) · 0,25 m
A_T = **1,50 m²**

Schalungsfläche Wandschlitz
A_{WS} = (0,10 m + 0,35 m + 0,10 m) · 3,80 m
A_{WS} = **2,09 m²**

A = A_W + A_T + A_{WS}
A = 42,12 m² + 1,50 m² + 2,09 m²
A = **45,71 m²**

3268

Für das dargestellte Abwasserbecken aus Stahlbeton muss die Betonmenge (m³) abgerechnet werden. Wanddicke: 30 cm; Höhe der Sohlplatte: 55 cm
Die Abrechnung erfolgt nach DIN 18331.

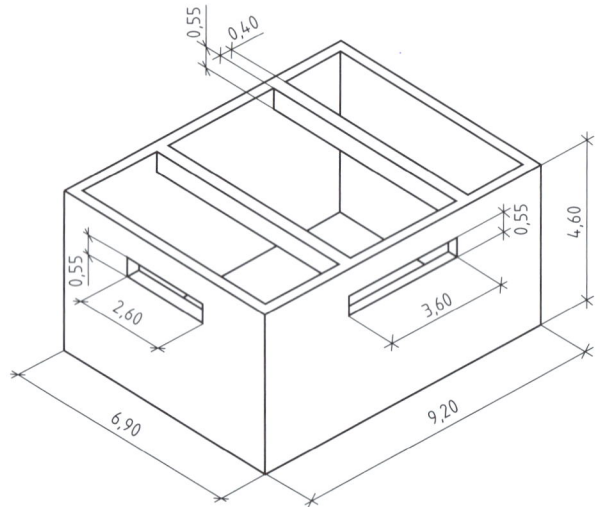

Sohlplatte:
V_S = 9,20 m · 6,90 m · 0,55 m
V_S = 34,914 m³ ≈ **34,91 m³**

Wände:
V_W = $V_{\text{lange Wände}}$ (lW) + $V_{\text{kurze Wände}}$ (kW)
V_{lW} = 21,762 m³ ≈ 21,76 m³
V_{kW} = 15,309 m³ ≈ 15,31 m³
V_W = 21,76 m³ + 15,31 m³
V_W = **37,07 m³**

Balken:
V_B = 2 · [(6,90 m − 2 · 0,30 m) · 0,40 m · 0,55 m]
V_B = 2,772 m³ ≈ **2,77 m³**

V = V_S + V_W + V_B
V = 34,91 m³ + 37,07 m³ + 2,77 m³
V = **74,75 m³**

Abschlussprüfung – Fachstufe II — Beton- und Stahlbetonbauer

Beton- und Stahlbetonbau — Lösungen

3269

Für einen Garagentorsturz sind die Längen der einzelnen Positionen zu bestimmen und die Gesamtmasse an Betonstahl zu ermitteln.

Länge des Sturzes = 2,635 m + 2 · 0,25 m = 3,135 m

Pos. ① **Schnittlänge** = 3,135 m − 2 · 0,03 m = 3,075 m
  (Betondeckung ≈ **3,07 m**)

Pos. ② Aufbiegehöhe = 0,30 m − 2 · 0,03 m − 2 · 0,012 m = 0,216 m

  Schräge Abbiegelänge
   = 1,41 · (Abbiegehöhe − Stabdurchmesser)
   = 1,41 · (0,216 m − 0,012 m) = 0,288 m

  Schnittlänge
   3,07 m − 2 · Grundmaß der   + 2 · schräge
       schrägen Abbiegelänge   Abbiegelänge
   3,07 m − 2 · (0,216 m − 0,012 m) + 2 · 0,288 m
       = 3,243 m ≈ **3,24 m**

Pos. ③ **Schnittlänge** = 3,135 m − 2 · 0,03 m + 2 · 0,16 m
          (Betondeckung)   (Hakenzuschlag)
   = 3,395 m ≈ **3,40 m**

Pos. ④ $b_{BÜ}$ = Schalmaß − 2 · Betondeckung = 0,18 m
   $h_{BÜ}$ = Schalmaß − 2 · Betondeckung = 0,24 m
   Hakenzuschlag = 10 · Stabdurchmesser
   $l_{BÜ}$ = 2 · 0,18 m + 2 · 0,24 m + 2 · 10 · 0,08 m
   Schnittlänge
   $l_{BÜ}$ = **1,00 m**

Pos. ① **Masse** = 3,07 m · 2 · 0,888 kg/m = **5,45 kg**
Pos. ② **Masse** = 3,24 m · 2 · 1,210 kg/m = **7,84 kg**
Pos. ③ **Masse** = 3,40 m · 2 · 1,580 kg/m = **10,74 kg**
Pos. ④ **Masse** = 1,00 m · 16 · 0,395 kg/m = **6,32 kg**

Gesamtmasse Pos. ① bis ④   = **30,35 kg**

3271

Für eine Außenwand ist zu berechnen:
- **Wärmedurchlasswiderstand**
- **Wärmedurchgangskoeffizient**

Entspricht die dargestellte Außenwand den Anforderungen nach DIN 4108?

$R_{vorh} = \dfrac{d_1}{\lambda_1} + \dfrac{d_2}{\lambda_2} + \dfrac{d_3}{\lambda_3} + \dfrac{d_4}{\lambda_4}$ d in m
                               λ in W/(mK)

$R = \dfrac{0,02}{0,87} + \dfrac{0,06}{0,081} + \dfrac{0,18}{2,10} + \dfrac{0,015}{0,87}$

$R = 0,02 + 0,74 + 0,08 + 0,01$

R_{vorh} = **0,85 m²K/W** < R_{min} = **1,20 m²K/W**   Die Anforderung für eine Außenwand ist nicht erfüllt.

$U = \dfrac{1}{R_{si} + R + R_{se}} \Rightarrow U = \dfrac{1}{0,13 + 0,85 + 0,04}$ = **0,98 W/(m²K)**

(Nachweis unerheblich)

Alternative:
Verwendung von Holzwolle-Mehrschichtplatten mit Mineralwolle nach DIN EN 13162 mit λ_2 = 0,03 W/mK

$R = \dfrac{0,02}{0,87} + \dfrac{0,06}{0,03} + \dfrac{0,18}{2,10} + \dfrac{0,015}{0,87}$ = **2,13 m²K/W** > 1,2 m²K/W

3270

In ein Wohnhaus mit der Geschosshöhe von 2,80 m soll eine einläufige gerade Stahlbetontreppe eingebaut werden. Zu berechnen sind

1. Anzahl der Steigungen = $\dfrac{\text{Geschosshöhe (cm)}}{\text{angenommene Steigungshöhe (cm)}}$
   (Steigungshöhe bei Geschosstreppen 16 cm bis 18 cm)

   = $\dfrac{280\ cm}{17\ cm}$ = 16,5 Steigungen

   = gewählt: **16 Steigungen**

2. Steigungshöhe $s = \dfrac{280\ cm}{16\ \text{Steigungen}}$ = **17,5 cm**

3. Auftrittsbreite
   (Schrittmaßregel: $2s + a$ = 63 cm)
   a = 63 cm − 2 · 17,5 cm
   a = **28 cm**

4. Treppenlauflänge l = (16 − 1) · 28 cm
   l = **420 cm**

3272

Bei der dargestellten viertelgewendelten Treppe sollen die Stufen 4 bis 10 rechnerisch verzogen werden. Wie breit sind diese auf der Hilfslauflinie?

Länge des Viertelkreises der Lauflinie:
 $\dfrac{2 \cdot 45\ cm \cdot 3,14}{4}$ = **70,65 cm** (hier mit π = 3,14 gerechnet)

Länge des Viertelkreises der Hilfslauflinie:
 $\dfrac{2 \cdot 15\ cm \cdot 3,14}{4}$ = **23,55 cm**

Bogendifferenz:
 70,65 cm − 23,55 cm = **47,10 cm**

Die Auftrittsbreiten der zu verziehenden Stufen werden auf der Hilfslauflinie um 47,10 cm schmaler:

Stufe 4 und 10 je 1 Teil = 2 Teile
Stufe 5 und 9 je 2 Teile = 4 Teile
Stufe 6 und 8 je 3 Teile = 6 Teile
Stufe 7   4 Teile   = 4 Teile
             16 Teile   = 47,10 cm

 1 Teil = $\dfrac{47,10\ cm}{16\ \text{Teile}}$ = **2,94 cm**

Die **Auftrittsbreiten an der Hilfslinie** betragen:
Stufe 4 und 10 = 27,5 cm −   2,94 cm = **24,6 cm**
Stufe 5 und 9 = 27,5 cm − 2 · 2,94 cm = **21,6 cm**
Stufe 6 und 8 = 27,5 cm − 3 · 2,94 cm = **18,7 cm**
Stufe 7   = 27,5 cm − 4 · 2,94 cm = **15,7 cm**

Abschlussprüfung – Fachstufe II
Beton- und Stahlbetonbauer
Beton- und Stahlbetonbau — Lösungen

3273
Für mehrere Hallenbauten sind 312 gleiche Stützen zu schalen. Die komplette Rahmenschalung (angenommene Nutzungsdauer mehr als 200 Einsätze) für eine Säule kostet 8 500,00 €.
Das Ein- und Ausschalen erfordert einen Aufwand von 2,2 Stunden pro Stütze.
Eine glasfaserverstärkte Polyesterschalung (Nutzungsdauer mindestens 170 Einsätze) kostet fertig 6 300,00 €. Pro Stütze benötigt man 3,7 Stunden zum Ein- und Ausschalen.
Die Kosten für eine fertige herkömmliche Holzschalung (Nutzungsdauer 20 Einsätze) betragen 980,00 €.
Ein- und Ausschalen pro Stütze dauert 6,1 Stunden.
Der Mittellohn einschließlich Gemeinkosten beträgt 43,80 €/h.
Welches Verfahren ist hinsichtlich der Kosten am günstigsten, wenn jeweils 6 Stützen gleichzeitig betoniert werden sollen?

Verfahren 1 (Rahmenschalung)
6 Rahmenschalungen sind nötig:
6 · 8 500,00 € = 51 000,00 €
Ein- und Ausschalkosten:
312 Stützen · 2,2 h/Stütze · 43,80 €/h = 30 064,32 €
= 81 064,32 €

Verfahren 2 (Polyesterschalung)
6 Polyesterschalungen sind nötig:
6 · 6 300,00 € = 37 800,00 €
Ein- und Ausschalkosten:
312 Stützen · 3,7 h/Stütze · 43,80 €/h = 50 562,72 €
= 88 362,72 €

Verfahren 3 (Herkömmliche Holzschalung)
Bei gleichzeitigem Einsatz von 6 Schalungen (mit einer maximalen Lebensdauer von 20 Einsätzen) sind 18 Schalungen nötig:
18 · 980,00 € = 17 640,00 €
Ein- und Ausschalkosten:
312 Stützen · 6,1 h/Stütze · 43,80 €/h = 83 360,16 €
= 101 000,16 €

Das Verfahren 1 (Rahmenschalung) ist unter den angegebenen Bedingungen am kostengünstigsten.

3274
In welchem Maßstab werden Bewehrungspläne in der Regel erstellt?

③ Maßstab 1 : 50

3275
In welcher Antwort werden nur Zeichnungen für Betonbauwerke oder Betonbauteile genannt?

④ Fundamentplan, Bewehrungsplan, Schalplan

3276
In welcher Antwort werden nur Angaben genannt, die der Legende eines Bewehrungsplanes zu entnehmen sind?

① C30/37, B500A, c_{nom} = 3 cm

3277
In welcher Antwort werden nur die Bestandteile eines Bewehrungsplanes aufgeführt?

② Bewehrungszeichnung, Stahlauszug, Stahlliste

3278
Welche Bauzeichnung kann ein Betonbauer auf der Baustelle nicht gebrauchen?

⑤ Detailzeichnung eines gemauerten Schornsteinkopfes

3279
Welche der Bauzeichnungen kann ein Betonbauer auf der Baustelle verwenden?

④ Bewehrungsplan eines Köcherfundamentes

3280
Was ist mit der Angabe c_{nom} = 3,5 cm in der Legende eines Bewehrungsplanes gemeint?

③ Das Nennmaß für die Betondeckung ist 3,5 cm

3281
Mit welcher Linienart wird die Anschlussbewehrung, die bereits auf einem anderen Plan dargestellt ist, in einem Bewehrungsplan eingezeichnet?

⑤ Mit einer gestrichelten Linie

Abschlussprüfung – Fachstufe II
Beton- und Stahlbetonbauer
Beton- und Stahlbetonbau — Lösungen

3282
Welche Bedeutung hat das abgebildete Symbol in einem Bewehrungsplan?
④ Bewehrungsstab im Schnitt

3283
Welche Bedeutung hat das abgebildete Symbol in einem Bewehrungsplan?
④ Stab mit Haken

3284
Welche Schraffur wird in Bauzeichnungen nach DIN 1356 für Stahlbeton verwendet?
③

3285
Welche Schraffur wird in Bauzeichnungen nach DIN 1356 für Betonfertigteile verwendet?
④

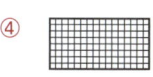

3286
Aus welchem Baustoff besteht die Sauberkeitsschicht in der Skizze?
② Unbewehrter Beton

3287
Aus welchem Baustoff besteht das im Bild dargestellte Bauteil?
③ Betonfertigteil (gekennzeichnet durch Schraffur wie in 3285)

3288
Wie werden freihändig angefertigte Zeichnungen genannt?
③ Skizzen

3289
In welchem Bild ist die Linienart nach DIN 1356 zur Kennzeichnung von Achsen abgebildet?
⑤

3290
Welchen **Bemaßungsfehler** enthält die Zeichnung?
④ Die Maßzahl 62 muss von rechts zu lesen sein

3291
Welchen **Fehler** enthält die Skizze?
③ Die Sauberkeitsschicht fehlt

3292
Welche Bedeutung hat das abgebildete Symbol in Bauzeichnungen? +2,56
① Rohbauhöhe des Bauteiles

3293
Welche Positionen bzw. welche Stäbe liegen an der mit Ⓟ gekennzeichneten Stelle im Bild?
③ Nur Position ①

3294
In welchem Bild ist der Schnitt durch untere und obere Bewehrung der Decke richtig gekennzeichnet?
⑤

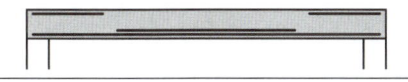

3295
Was bedeutet das Symbol mit der Abkürzung DA 20/40 in dem Bild mit dem Teilschnitt?
④ Deckenaussparung 20 cm × 40 cm, im Endzustand offen

3296
In welchem Bild ist die Bewehrungsführung im Schnitt durch die Zweifelddecke richtig gezeichnet?
④

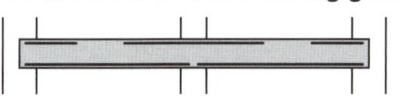

3297
Welche Betonstahl-Lagermatte zeigt der abgebildete Ausschnitt aufgrund der Stababstände und Stabdurchmesser nach der abgebildeten Tabelle (Auszug)?
③ R188A

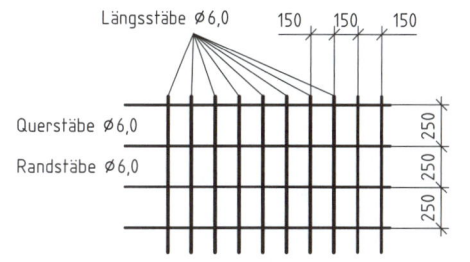

361

Abschlussprüfung – Fachstufe II

Beton- und Stahlbetonbauer

Beton- und Stahlbetonbau

Lösungen

3298

Welche Höhenlage hat das Maschinenfundament an der Stelle Ⓟ im Schnitt?

① +1,69

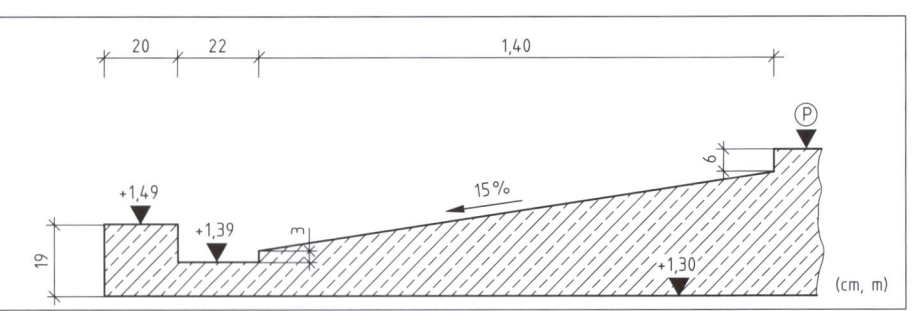

Abschlussprüfung — Maurer

Handlungsorientierte Aufgaben: Mauerwerksbau — Lösung 3301

3301

② Baustoffauswahl

Mauersteine

Es werden Kalksandvollsteine (KS) Format 3 DF und Kalksandsteinverblender (KSVb) Format NF verwendet. Entsprechend der Aufgabenstellung soll das Mauerwerk aus Mauersteinen mit mittlerer Druckfestigkeit bestehen. Das entspricht bei Kalksandsteinen einer Druckfestigkeitsklasse von z.B. 20 N/mm². Da das Wohnzimmer ganzjährig genutzt wird, müssen besondere Wärmedämmaßnahmen durchgeführt werden. Für beide Formate wird die Rohdichteklasse
1,6 kg/dm³ gewählt.
Kurzbezeichnung für die Steinauswahl:
DIN V 106 – KS 20 – 1,6 – 3 DF und **DIN V 106 – KSVb 20 – 1,6 – NF**
Kalksandsteine wurden gewählt, da sie gute Werte für Schallschutz und Wärmespeicherung bringen und außerdem sehr maßgenau hergestellt werden. Das weiße Sichtmauerwerk besteht aus Kalksandsteinverblendern. Das Mauerwerk soll Rezeptmauerwerk (RM) sein und der DIN 1053-1, Mauerwerk, Teil 1: Berechnung und Ausführung, bzw. der DIN EN 1996 entsprechen.

Mauermörtel

Es wird ein Normalmauermörtel (NM) der Mörtelgruppe NM II/Mörtelklasse M 2,5 (Kalkzementmörtel) verwendet. Das Mischungsverhältnis MV soll 2 : 1 : 8 sein:
2 RT Kalkhydrat, 1 RT Portlandzement CEM I/A – 32,5 R, 8 RT lagerfeuchter, baufeuchter Mörtelsand.
Dieser Mauermörtel ist ausreichend geschmeidig und dadurch gut verarbeitbar. Der Zement ist ein schnell härtender Portlandzement. Dieser Mörtel hat nach dem Erhärten eine ausreichende Mindestdruckfestigkeit von 5 N/mm².

Wärmedämmstoff

Für die zweischalige Außenwand werden Mineralfaserdämmplatten, 4 cm dick, Wärmeleitfähigkeitsgruppe 035, gewählt. Die zweischalige Außenwand mit dem o.g. Wärmedämmstoff erfüllt die Forderungen der EnEV.

Putzmörtel

Für den Wandinnenputz wird ein Putzmörtel P I b gewählt. Das MV beträgt 1 : 4.
1 RT hydraulischen Kalk HL2, 4 RT baufeuchten Mörtelsand.
Dieser Putzmörtel lässt sich gut verarbeiten und ist sehr wasserdampfdurchlässig. Der Putzmörtel wird 1-lagig in einer Dicke von 15 mm aufgebracht.

Waagerechte Abdichtungen

Bitumen-Dachbahnen mit Rohfilzeinlagen R 500 werden für die eine waagerechte Abdichtung verwendet. Sie bieten einen ausreichenden Feuchtigkeitsschutz gegenüber senkrecht aufsteigender Feuchtigkeit (Kapillarfeuchtigkeit) in den Erdgeschosswänden.

③ Baustoffbedarf (Materialbedarf)

Mauersteine

Materialbedarf (Steine) M_{St} = Mauerwerksfläche A × Materialbedarfsnorm (Steine) N_{St}
$M_{St} = A \times N_{St}$

<u>Wanddicke 11,5 cm (Sichtmauerwerk)</u>
A_1 = 35,34 m² Gesamtfläche
A_2 = 2,26 m × 1,377 m + (2,26 m + 0,20 m) × 0,20 m = 3,60 m² Fenster, Fenstersturz
$A_3 = A_1 - A_2$ = 35,34 m² – 3,60 m² = 31,74 m²
M_{St} = 31,74 m² × 49 St/m² = <u>1555 Steine NF</u>

<u>Wanddicke 24 cm (Tragendes Mauerwerk)</u>
A_1 = 47,24 m² Gesamtfläche
A_2 = 2,26 m × 1,377 m + (2,26 m + 0,20 m) × 0,20 m + 0,885 m × 2,01 m
A_2 = 5,38 m² Fenster, Fenstersturz, Tür
Die Fläche des Türsturzes beträgt A = (0,885 m + 0,20 m) × 0,20 m = 0,22 m² (< 0,25 m²) und wird nach VOB nicht berücksichtigt.
$A_3 = A_1 - A_2$ = 47,24 m² – 5,38 m² = 41,86 m²
M_{St} = 41,86 m² × 45 St/m² = 1884 Steine 3 DF
Für die Erdgeschosswände sind 1555 NF (KSVb)- und 1884 3 DF (KS)-Mauersteine erforderlich.

Abschlussprüfung — Maurer

Handlungsorientierte Aufgaben: Mauerwerksbau — Lösung 3301

3301

Mauermörtel
Materialbedarf (Mörtel) M_M = Mauerwerksfläche A × Materialbedarfsnorm (Steine) N_M
$M_M = 31{,}74\ m^2 \times 26\ l/m^2 = \underline{825\ Liter\ Mauermörtel}$, Wanddicke 11,5 cm
$M_M = 41{,}86\ m^2 \times 42\ l/m^2 = \underline{1758\ Liter\ Mauermörtel}$, Wanddicke 24 cm
Insgesamt werden 2583 l Mauermörtel, Kalkzementmörtel MV 2 : 1 : 8 benötigt. Die Mörtelstoffe werden mit dem Mörtelfaktor ermittelt. Σ RT = 2 RT + 1 RT + 8 RT = 11 RT Summe aller Raumteile
V_{MS} = 2583 l × 1,6 = 4133 l Volumen der Mörtelstoffe
V_{RT} = 4133 l/11 RT = 376 l /RT Volumen eines Raumteils
V_K = 2 RT × 376 l/RT = 752 l   n = 752 l/40 l/Sack = $\underline{19\ Säcke\ Kalkhydrat}$ (Schüttdichte 0,5 kg/l)
V_Z = 1 RT × 376 l/RT = 376 l   n = 376 l/21 l/Sack = $\underline{18\ Säcke\ Zement}$ (Schüttdichte 1,2 kg/l)
V_S = 8 RT × 376 l/RT = 3008 l V_S = $\underline{3{,}008\ m^3\ Sand}$
Zum Herstellen des Mauermörtels werden 19 Säcke Kalkhydrat, 18 Säcke Zement und 3,008 m³ Sand benötigt.

Wärmedämmstoff
Aus Berechnung Sichtmauerwerk $A_3 = 31{,}74\ m^2$
$A = 31{,}74\ m^2 + 5\%$ von $31{,}74\ m^2 \approx 34\ m^2$ Mineralfaserdämmplatten, 4 cm dick, WLG 035

Drahtanker
Nach DIN 1053-1, Mauerwerk, Teil 1: Berechnung und Ausführung,
Mindestanzahl und Durchmesser von Drahtankern je m² Wandfläche gem. Berechnung Sichtmauerwerk: 5 Drahtanker je 1 m² Wandfläche, 4 mm Durchmesser aus nichtrostendem Stahl. An allen freien Rändern (Öffnungen, Gebäudeecken, oberes Ende der Außenschalen) sind zusätzlich drei Drahtanker je m Randlänge einzusetzen.
$n \approx 32{,}00\ m^2 \times 5\ Drahtanker/m^2 + 20{,}00\ m \times 3\ Drahtanker/m = \underline{220\ Drahtanker}$
Zum Befestigen der Mineralfasermatten werden 220 Drahtanker gebraucht.

Putzmörtel
Materialbedarf (Mörtel) M_M = Mauerwerksfläche A × Materialbedarfsnorm (Mörtel) N_M
$A_1 = 54{,}58\ m^2$ Gesamtfläche
Nach VOB werden Öffnungen > 2,50 m² abgezogen,
$A_2 = 2{,}26\ m \times 1{,}377\ m + 3{,}135\ m \times 2{,}50\ m = 10{,}95\ m^2$
$A_3 = A_1 - A_2 = 54{,}58\ m^2 - 10{,}95\ m^2 = 43{,}63\ m^2$
$A_4 = 7{,}19\ m^2$ Leibungsfläche
$A_5 = A_3 + A_4 = 43{,}63\ m^2 + 7{,}19\ m^2 = 50{,}82\ m^2$
Für 1 m² Wandputz 15 mm dick werden laut Tabelle 17 Liter Putzmörtel verbraucht.
$M_M = 50{,}82\ m^2 \times 17\ l/m^2 \approx \underline{864\ l\ Putzmörtel}$ Plb, MV 1 : 4
Im Gegensatz zum Mauermörtel werden beim Putzmörtel die Mörtelstoffe mit Tabellenwerten ermittelt. Für 1000 l hydraulischen Kalkmörtel benötigt man laut Tabelle Seite 184 (Schüttdichte vom hydraulischen Kalk soll 0,9 kg/l betragen): 270 kg hydraulischer Kalk und 1200 l Mörtelsand
V_K = (864 l × 270 kg)/1000 l ≈ 233 kg   n = 233 kg/25 kg/Sack ≈ $\underline{10\ Säcke\ hydraulischen\ Kalk}$
V_S = (864 l × 1200 l)/1000 l ≈ 1037 l V_S = $\underline{1{,}037\ m^3\ Mörtelsand}$
Für den Putzmörtel sind 10 Säcke hydraulischer Kalk und 1,037 m³ Mörtelsand erforderlich.

④ **Mauern der Erdgeschosswände**

Bestimmungen für die Herstellung einer zweischaligen Außenwand mit Luftschicht und Wärmedämmung
Auswahl:
- Die Mindestdicke der Außenschale beträgt 9 cm, die der Innenschale 11,5 cm.
- Die Mauerwerksschalen sind durch Drahtanker aus nichtrostendem Stahl zu verbinden.
- Die Drahtanker sind so einzubauen, dass keine Feuchtigkeit von der Außen- zur Innenschale gelangen kann, z.B. durch Aufschieben einer Kunststoffscheibe.
- Die Luftschicht soll mindestens 6 cm und darf höchstens 15 cm dick sein.
- Die Außenschalen sollen unten und oben mit Lüftungsöffnungen versehen werden, z.B. offene Stoßfugen.

Abschlussprüfung — Maurer

Handlungsorientierte Aufgaben: Mauerwerksbau — Lösung 3301

3301

Allgemeine Putzregeln
- Glatter Putzgrund ist aufzurauhen oder mit Spritzbewurf zu versehen.
- Stark saugender Putzgrund ist anzufeuchten.
- Die Festigkeit der Putzschichten muss von innen nach außen abnehmen.
- Den Putzmörtel gleichmäßig dick anwerfen und sorgfältig verreiben.
- Putzarbeiten dürfen nicht bei einer Lufttemperatur unter 5 °C durchgeführt werden.

⑤ **Baustoffpreise und Lohnkosten (Auswahl)**

Baustoffpreise

Mauersteine
P = 1555 Steine × 0,40 €/Stein = 622,00 € NF-Steine
P = 1884 × 0,60 €/Stein = 1130,40 € 3 DF-Steine

Mauermörtel
P = 19 Säcke × 3,32 €/Sack = 63,08 € Kalkhydrat
P = 18 Säcke × 2,86 €/Sack = 51,48 € Zement
P = 3,008 m³ × 20,00 €/m³ = 60,16 € Mörtelsand

Wärmedämmstoff
P = 34,00 m² × 2,60 €/m² = 88,40 € Mineralfaserdämmplatten

Putzmörtel
P = 10 Säcke × 3,14 €/Sack = 31,40 € hydraulischer Kalk
P = 1,037 m³ × 20,00 €/m³ = 20,74 € Mörtelsand

Die Baustoffe kosten insgesamt 2067,66 €.

Lohnkosten

Mauersteine/Mauermörtel (Mauern)
t = 1555 Steine × 1,40 h/50 Steine = 43,54 h, Wanddicke 11,5 cm
t = 1884 Steine × 1,25 h/45 Steine = 52,33 h, Wanddicke 24 cm
In den Arbeitszeitstunden sind auch alle waagerechten Abdichtungsarbeiten enthalten.

Putzmörtel (Putzen)
t = 50,82 m² × 0,60 h/m² = 30,49 h Putzen
t = 22,10 m × 0,30 h/m = 6,63 h Anbringen von Kantenschutzleisten

Die Arbeitszeit beträgt insgesamt 132,99 h.
Für die Arbeitsstunde eines Facharbeiters werden 40,65 € angenommen.

Daraus ergeben sich die Lohnkosten:

K = 132,99 h × 40,65 € = 5406,04 €

Herstellkosten = Baustoffpreise + Lohnkosten

Herstellkosten = 2067,66 € + 5406,04 €

Die Herstellkosten betragen 7473,70 €.

Abschlussprüfung — Maurer

Handlungsorientierte Aufgaben: Baukörper aus Stein — Lösung 3302

3302

① **Kurzzeichen**

Ziegel DIN 105-Hlz 12-1,4-6DF
DIN 105 – Normblatt 105
Hlz – Hochlochziegel
12 – Druckfestigkeitsklasse in N/mm²
1,4 – Rohdichteklasse in kg/dm³
6DF – Format 6DF, l = 36,5 cm, b = 24 cm, h = 11,3 cm

Ziegel DIN 105-Mz 12-1,4-2DF
DIN 105 – Normblatt 105
Mz – Vollziegel
12 – Druckfestigkeitsklasse in N/mm²
1,4 – Rohdichteklasse in kg/dm³
2DF – Format 2DF, l = 24 cm, b = 11,5 cm, h = 7,1 cm

② **Mauerregeln**
- Mauern im Verband
- Mauerwerk muss im Lot stehen
- Fluchtgerecht mauern
- Vollfugig mauern
- Alle Mauerschichten müssen waagerecht sein
- Alle Abmaße nach Zeichnung überprüfen

③ **Andere Mauersteine**

Außenwände
Mauersteine: Großformatige Porenbetonsteine u.a.. Es kann in einem Arbeitsgang mehr Mauerwerk hergestellt werden (im Vergleich zu kleinformatigen Mauersteinen). Zusätzlich erhöht sich hierbei die Wärmedämmung.

Innenwände
Mauersteine: Kalksandsteine u.a.
Durch Kalksandsteine wird die Luftschalldämmung zwischen den einzelnen Räumen des Wohnhauses erhöht.

④ **Mauermörtelarten**
NM: Keine Einschränkungen: NM I bis NM III
DM: Nur für Plansteine, nicht zulässig für Gewölbe: DM
LM: Vorzugsweise für wärmedämmendes Mauerwerk, nicht zulässig für Gewölbe und der Witterung ausgesetztes Verblendmauerwerk: LM 21, LM 36.

⑤ **Baustoffbedarf von Mauersteinen und Mauermörtel**

A = (7,26 m · 2,625 m) – 2 · (0,885 m · 2,135 m) – (1,51 m 2,135 m) = 12,05 m²
M_{Steine} = 12,05 m² · 66 St/m² = 795 Mauersteine
$M_{Mörtel}$ = 12,05 m² · 50 l/m² = 603 Liter Mauermörtel

⑥ **Mörtelbestandteile**

$V_{Trockenmörtel}$ = 603 l · 1,6 = 965 Liter Trockenmörtel
$V_{Raumteil}$ = 965 l / 11 Raumteile = 88 l/Raumteil (RT)
V_{Kalk} = 88 l/RT · 2 RT = 176 l Kalkhydrat
n_{Kalk} = 176 l / (40 l/Sack) = 4,4 Säcke = 5 Säcke Kalkhydrat

V_{Zement} = 88 l/RT · 1 RT = 88 l Zement
n_{Zement} = 88 l / (21 l/Sack) = 4,2 Säcke ≈ 5 Säcke
V_{Sand} = 88 l/RT · 8 RT = 704 l Sand = 704 dm³
m = 1,5 kg/dm³ · 704 dm³ = 1056 kg = 1,056 t Sand

⑦ **Außenmaße, Anbaumaße und Innenmaße**
Außenmaße: 6,99 m; 7,99 m   Anbaumaße: 1,25 m; 1,75 m   Innenmaße: 1,01 m; 1,51 m

⑧ **Mauerwerk der 1. und 2. Mauerschicht**

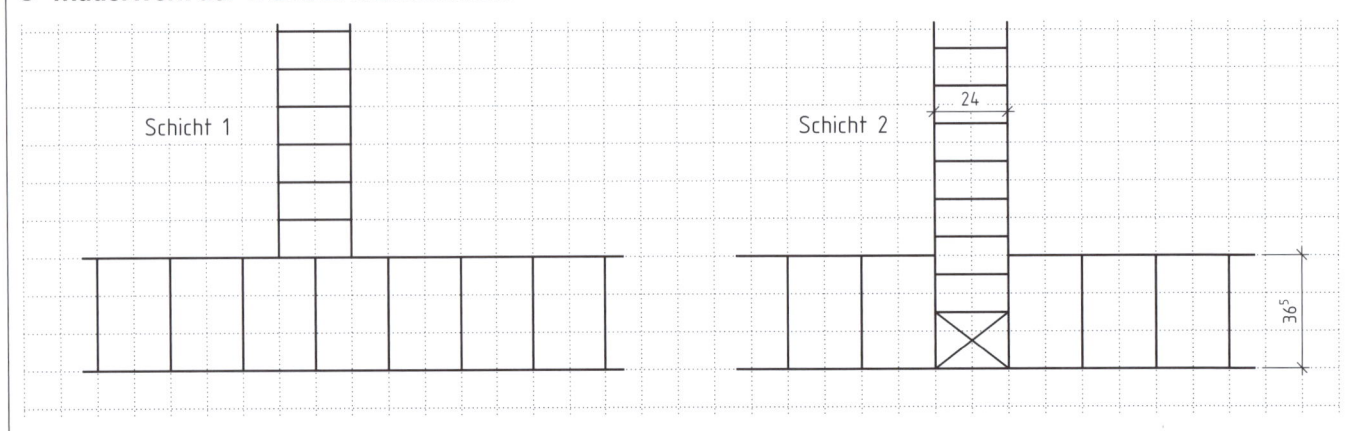

Abschlussprüfung — Maurer

Handlungsorientierte Aufgaben: Baukörper aus Stein — Lösung 3302

3302

⑨ **Arbeitsschutzmaßnahmen**
- Bei Mörtelspritzarbeiten ist eine Schutzbrille zu tragen
- Hautkontakt mit Mauermörtel vermeiden, sonst können Hautkrankheiten entstehen

⑩ **Beurteilungskriterien für Mauerwerk**
- Wurde der vorgeschriebene Mauerverband eingehalten
- Überprüfen der Abmaße nach der vorliegenden Zeichnung
- Kontrollieren der Lot- und Fluchtgenauigkeit des Mauerwerks
- Wurde wirtschaftlich gearbeitet und die festgelegte Arbeitsnorm eingehalten

⑪ **Abkürzungen in Bauzeichnungen**
BRH: Brüstungshöhe
OK RFB: Oberkante Rohfußboden
OK FFB: Oberkante Fertigfußboden
WLG 035: Wärmeleitgruppe 035 (Einteilung von Wärmedämmschichten)

Handlungsorientierte Aufgaben: Bauwerke im Hochbau — Lösung 3303

3303

① **Druckfestigkeitsklassen, Ausbreitmaßklassen und Expositionsklassen**
  a) Streifenfundament: C8/10   Fundamentplatte: C12/15
  b) Streifenfundament: F 1   Fundamentplatte: F 2
  c) Streifenfundament: X0   Fundamentplatte: XC 2

② **Volumen des Frischbetons vom Streifenfundament und von der Fundamentplatte**

Streifenfundamente
$V = 2 \cdot (8{,}23\ m + 6{,}03\ m) \cdot 0{,}60\ m \cdot 1{,}00\ m = \underline{17{,}11\ m^3}$

Fundamentplatte
$V = (6{,}03\ m + 2 \cdot (0{,}1175\ m + 0{,}365\ m)) \cdot (7{,}03\ m + 2 \cdot (0{,}1175\ m + 0{,}365\ m)) \cdot 0{,}20\ m$
$V = 6{,}995\ m \cdot 7{,}995\ m \cdot 0{,}20\ m = \underline{11{,}19\ m^3}$

③ **Betonbestandteile vom Streifenfundament und von der Fundamentplatte**

Streifenfundament
$m_{Zement} = 17{,}11\ m^3 \cdot 230\ kg/m^3 = 3.935\ kg = \underline{3{,}935\ t}$ Zement
$m_{Gesteinskörnung} = 17{,}11\ m^3 \cdot 2045\ kg/m^3 = 34.990\ kg = \underline{34{,}99\ t}$ Gesteinskörnung
$m_{Wasser} = 17{,}11\ m^3 \cdot 140\ kg/m^3 = 2.395\ kg = 2.395\ l = \underline{2{,}395\ m^3}$ Wasser

Fundamentplatte
$m_{Zement} = 11{,}19\ m^3 \cdot 320\ kg/m^3 = 3.581\ kg = \underline{3{,}581\ t}$ Zement
$m_{Gesteinskörnung} = 11{,}19\ m^3 \cdot 1.915\ kg/m^3 = 21.429\ kg = \underline{21{,}429\ t}$ Gesteinskörnung
$m_{Wasser} = 11{,}19\ m^3 \cdot 160\ kg/m^3 = 1.790\ kg = 1.790\ l = \underline{1{,}790\ t}$ Wasser

④ **Herstellung des Streifenfundaments**
- Einschalen des Streifenfundaments
- Einbringen und Verteilen des Frischbetons
- Verdichten des Frischbetons
- Nachbehandeln des Betons

⑤ **Kiessandschicht unterhalb der Fundamentplatte**
Die Kiessandschicht wirkt als kapillarbrechende Schicht und verhindert das Aufsteigen von Erdfeuchtigkeit.

Abschlussprüfung — Maurer

Handlungsorientierte Aufgaben: Bauwerke im Hochbau — Lösung 3303

3303

⑥ **Beton mit der Druckfestigkeitsklasse C12/15**

C Concrete = Anfangsbuchstabe der englischen Bezeichnung Beton

12 Charakteristische Festigkeit $f_{ck,\,zyl}$ von Prüfzylindern mit 15 mm Durchmesser und 300 mm Länge nach 28 Tagen Normlagerung (Mindestdruckfestigkeit)

15 Charakteristische Festigkeit $f_{ck,\,cube}$ von Prüfwürfeln mit 15 mm Kantenlänge nach 28 Tagen Normlagerung (Mindestdruckfestigkeit)

⑦ **Schnitt B-B aus dem Fundamentplan**

Schnitt B-B

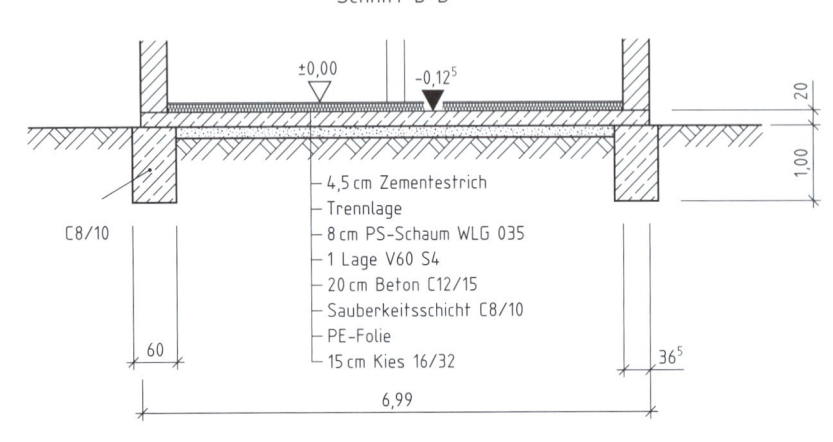

- 4,5 cm Zementestrich
- Trennlage
- 8 cm PS-Schaum WLG 035
- 1 Lage V60 S4
- 20 cm Beton C12/15
- Sauberkeitsschicht C8/10
- PE-Folie
- 15 cm Kies 16/32

⑧ **Expositionsklassen**
Expositionsklassen (XO, XC, XD, XS, XF, XA, XM) zeigen die Umweltbedingungen an, in denen Betonbauteile während ihrer Nutzung ausgesetzt sind.

⑨ **Angaben auf dem Lieferschein bei Transportbeton**
- Lieferscheinnummer
- Kennzeichen des Fahrzeuges
- Bezeichnung und Ort der Baustelle
- Volumen des Betons in Kubikmeter

⑩ **Eigenschaften von Standardbeton**
- Dieser Beton besteht aus natürlichen Gesteinskörnungen
- Der Beton enthält keine Zusatzstoffe und Zusatzmittel
- Der Mindestzementgehalt ist in Tabellen vorgeschrieben und ist abhängig von der Druckfestigkeitsklasse
- Standardbeton ist Normalbeton
- Druckfestigkeitsklasse höchstens C16/20

⑪ **Aufgaben der Betondeckung**
- Schutz der Bewehrung vor Brand
- Schutz der Bewehrung vor Korrosion
- Sicherung des Verbundes zwischen Bewehrung und Beton

⑫ **Volumen der kapillarbrechenden Schicht (Kies) und Fläche der PE-Folie**

Volumen der kapillarbrechenden Schicht
a) $V = 6{,}03 \text{ m} \cdot 7{,}03 \text{ m} \cdot 0{,}15 \text{ m} = \underline{6{,}36 \text{ m}^3 \text{ Kies}}$

Fläche der PE-Folie
b) $A = 6{,}99 \text{ m} \cdot 7{,}99 \text{ m} = 55{,}85 \text{ m}^2$
$A_{\text{Verschnitt}} = 55{,}85 \text{ m}^2 \cdot 1{,}08 = \underline{60{,}32 \text{ m}^2 \text{ PE-Folie}}$

Abschlussprüfung — Maurer

Handlungsorientierte Aufgaben: Mauerwerksbau — Lösung 3304

3304

Zeichnen Sie Vorderansicht und Seitenansicht von links des räumlich skizzierten Bauteils in Bleistift im Maßstab 1:20 – m, cm in die unten dargestellten Grundebenen der Dreitafelprojektion.

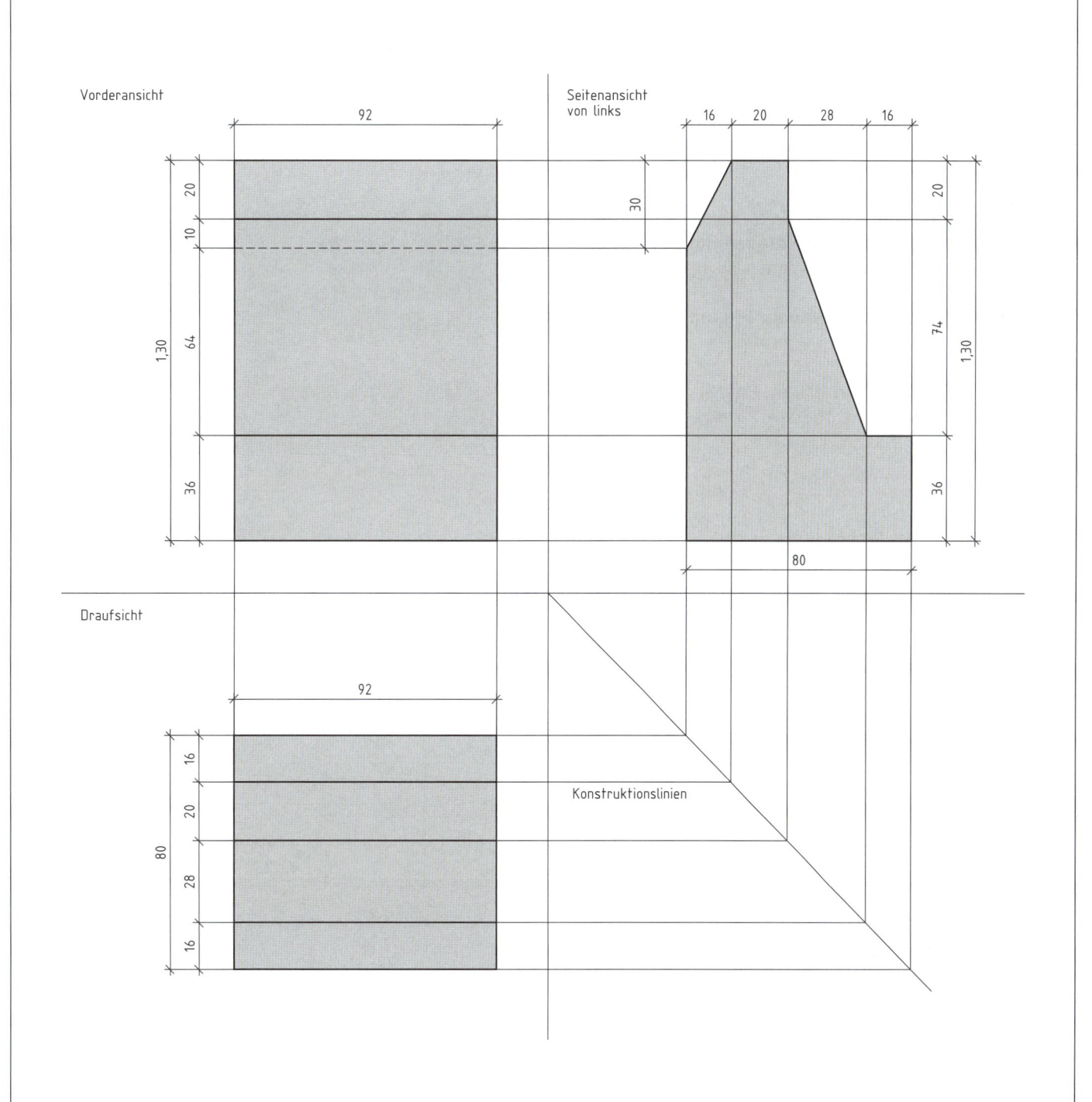

Abschlussprüfung — Beton- und Stahlbetonbauer

Handlungsorientierte Aufgaben: Beton- u. Stahlbetonbau — Lösung 3305

3305

① **Fundamentschalung**
Errichtet wird die Fundamentschalung auf einer 5 cm dicken Sauberkeitsschicht aus unbewehrtem Beton C8/10. Die Schalung besteht aus Schaltafeln oder Schalungsplatten, die durch Kanthölzer, Gurthölzer, Fundamentzargen und Drängbretter gehalten werden. Der Betondruck wird durch eine Verspannung aufgenommen.
Zur Schalung von Fundamenten kann man auch Systemschalungen einsetzen.
Nach den allgemein anerkannten Regeln der DIN 18331 »Beton- und Stahlbetonarbeiten« wird die Schalung von Fundamenten in der Abwicklung der geschalten Fläche berechnet:

$A_{Fundamentschalung} = 4 \times 1{,}60 \text{ m} \times 0{,}50 \text{ m}$
$A = 3{,}20 \text{ m}^2$

Es sind 3,20 m² Fundamentschalung aufzustellen.

② **Fundamentbewehrung**
Schnittlängenermittlung

2x 17⌀14 (Gerade Stahleinlagen mit Winkelhaken, Pos. 1)
$l = 25 \text{ cm} + 150 \text{ cm} + 25 \text{ cm}$
$l = 200 \text{ cm}$

4⌀16 (Anschlussbewehrung mit Winkelhaken, Pos. 2)
$l = 30 \text{ cm} + 110 \text{ cm}$
$l = 140 \text{ cm}$

3⌀8 (Bügel mit Haken, Pos. 3)
$l = 8 \text{ cm} + 18 \text{ cm} + 24 \text{ cm} + 18 \text{ cm} + 24 \text{ cm} + 8 \text{ cm}$
$l = 100 \text{ cm}$

Betonstahlliste – B500A

Pos. Nr.	Anzahl	d_s mm	Einzellänge m	Gesamtlänge m	Gewichtsermittlung in kg für					
					d_s= 8 mm mit 0,395 kg/m	d_s= 10 mm mit 0,617 kg/m	d_s= 12 mm mit 0,888 kg/m	d_s= 14 mm mit 1,21 kg/m	d_s= 16 mm mit 1,58 kg/m	d_s= 20 mm mit 2,47 kg/m
1	2 · 17	14	2,00	68,00				82,28		
2	4	16	1,40	5,60					8,85	
3	3	8	1,00	3,00	1,19					
Gewicht je Durchmesser [kg]					1,19			82,28	8,85	
Gesamtgewicht [kg]					92,32					

Einbau der Bewehrung
- Nach dem Bewehrungsplan wird die Bewehrung bestellt, bei Lieferung die einzelnen Positionen und deren Kennzeichnung (Positionsschildchen) überprüft.
- Zurichten und Biegen der Bewehrung auf der Baustelle: Schnittlängen aus dem Bewehrungsplan ermitteln, anzeichnen und mit Bolzenschneider, Betonstahlschere oder -maschine zuschneiden. Beim Biegen die Biegerollendurchmesser (d_{br}) beachten: $d_{br} \geq 4\, d_s$ (d_s = Stabstahldurchmesser).
Die Winkelhakenlängen der Bügel sind angegeben (8 cm).
- Vor Einbau der Bewehrung Schalung mit Trennmitteln behandeln.
- Fundamentbewehrung nach Bewehrungsplan auf Abstandhaltern (Betondeckung nom c = 5,0 cm) verlegen und mit Bindedraht, Drahtschlaufen oder Spannklammern unverschiebbar verknüpfen.
- Anschlussbewehrung für die Stahlbetonstütze als Bewehrungskorb in der Fundamentmitte fixieren.

Abschlussprüfung — Beton- und Stahlbetonbauer

Handlungsorientierte Aufgaben: Beton- u. Stahlbetonbau — Lösung 3305

③ **Fundamentbeton**
- Mengenermittlung
  Den Betonbedarf für das Fundament ermittelt man aus den Konstruktionsmaßen, die Bewehrung wird nicht berücksichtigt.

  $V_{Fundament} = l \times b \times h$
  $V_{Fundament} = 1{,}60 \text{ m} \times 1{,}60 \text{ m} \times 0{,}50 \text{ m}$
  $V_{Fundament} = 1{,}28 \text{ m}^3$

- Transportbetonbestellung

Nach DIN EN 206-1/DIN 1045-2 ist in der Regel Beton nach Eigenschaften zu verwenden. Der Kunde bestellt Eigenschaften, das Transportbetonwerk stellt sicher, dass diese erreicht werden. Das Transportbetonwerk garantiert die Eigenschaften nach Norm und erbringt die entsprechenden Prüfungsnachweise.

Folgende Angaben sind bei der Bestellung von Transportbeton erforderlich:
- Druckfestigkeitsklasse: C25/30 (Vorgabe des Planers)
- Expositionsklasse: XC2 (Bewehrtes Gründungsbauteil)
- Chloridgehaltsklasse: Cl 0,40 (Beton mit Bewehrung)
- Größtkorn: 32 mm (Nenngröße deutlich kleiner als 1/5 der kleinsten Bauteilabmessung, kleiner als Bewehrungsabstand und Betondeckung)
- Konsistenz: C3 (Übliche Transportkonsistenz für Kran und Pumpe)

Zur Organisation des Betontransports muss man angeben:

Besteller	Menge
Baustellenanschrift	Baustellenverhältnisse und Anfahrtswege
Tag, Datum, Uhrzeit der gewünschten Lieferung	

- Vorbereitungen auf der Baustelle vor der Transportbetonlieferung

Überprüfen der An- und Abfahrtswege, ggf. des Wendeplatzes, der Baugrubenkante. Bereitstellen und Überprüfen der Fördergeräte (Betonpumpe, Kran und Kübel, Rutsche, Rohre).	Personal bereitstellen und einweisen. Geräte (Rüttler) und Stromversorgung sicherstellen.

- Transportbetonlieferung und Einbringung

Der Beton muss spätestens 90 Minuten nach Beladen des Fahrmischers entladen sein. Auf dem Lieferschein Empfänger des Betons, Baustelle und Bestellangaben überprüfen. Beton mit dem Krankübel vom Fahrmischer über die Fundamentschalung bringen und mit einer Fallhöhe von höchstens 1 m betonieren.	Mit dem Innenrüttler (Rüttelflaschen) verdichten (zügig eintauchen, langsam herausziehen), bis sich an der Oberfläche eine zähe Schlempe zeigt. Bei extremen Temperaturen eine Mindesttemperatur des Frischbetons einhalten bzw. vor vorzeitigem Austrocknen schützen.

④ **Stahlbetonstütze**
- Beanspruchung, Aufgaben von Beton und Bewehrung
  Eine Stütze im Bauwerk kann mittig und außermittig belastet werden. Bei mittiger Belastung wird sie in Richtung ihrer Längsachse auf Druck, bei außermittiger Belastung auf Biegedruck (Stauchung) und Biegezug (Dehnung) beansprucht.
  Verformung und Ausknicken der Stütze werden durch das Zusammenwirken von Beton, Längsstäben und Bügeln verhindert. Der Beton nimmt ca. 90% der Druckspannungen auf, die restlichen Druckspannungen die Längsstäbe (durch Haftung im Beton). Die Längsstäbe müssen die durch Biegebeanspruchung hervorgerufenen Zug- und Druckspannungen sowie durch Materialfehler verursachte Spannungen aufnehmen. Bügel umschnüren die Längsstähle und verhindern ihr Herausknicken aus dem Beton.

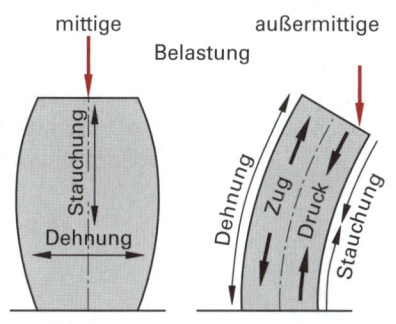

Beanspruchung von Stützen

Abschlussprüfung — Beton- und Stahlbetonbauer

Handlungsorientierte Aufgaben: Beton- u. Stahlbetonbau — Lösung 3305

3305

⑤ **Stützenbewehrung**

Unter Berücksichtigung der Anforderungen Normen für Beton und Stahlbeton wird die Bewehrung geplant und gezeichnet:

- Bei Stützenquerschnitten mit b ≤ 40 cm genügt ein Längsstab in jeder Ecke:
  4 Längsstäbe müssen den erforderlichen A_S = 5,92 cm² aufbringen.

  erf. A_S = 4 (Längsstäbe) x d^2 x $\frac{\pi}{4}$

  5,92 cm² = d^2 x π
  1,89 cm² = d^2 (aufgerundet)
  1,38 cm = d (aufgerundet)

  gewählt: **4⌀14 mm IV** (Pos. 4)

  vorh. A_S = 4 x 1,4 cm x 1,4 cm x $\frac{\pi}{4}$

  vorh. A_S = **6,15 cm²** > erf. A_S = 5,92 cm²

- Verbügelung mit geschlossenen Bügeln, deren Haken über die ganze Stützenlänge versetzt werden.
- Mindestdurchmesser der Bügel bei Längsstäben ⌀ 14 mm : 5 mm,
  gewählt: **Bügeldurchmesser 8 mm** (Pos. 5)
- Bügelabstand darf nicht größer sein als die kleinste Querschnittsabmessung der Stütze (30 cm) und auch nicht größer als der 12fache Durchmesser der Längsstäbe (12 x 1,4 cm = 16,8 cm),
  gewählt: **Bügelabstand 16 cm**
- Übergreifungslänge = Höhe der Anschlussbewehrung + Betondeckung + 2 x Bewehrungsdurchmesser − Fundamenthöhe
  Übergreifungslänge = 110 cm + 5 cm + 2x 1,4 cm − 50 cm ≈ 68 cm
- Verstärkung der Bügelbewehrung im Verankerungsbereich der Stützenbewehrung am Stützenfuß durch Einbau von Bügeln im Abstand ≤ 8 cm: Wird erreicht durch 4 zusätzliche Bügel im Bereich der Übergreifungslänge.
- Anzahl der Bügel = Bügel mit 16 cm Abstand + zusätzliche Bügel im Bereich der Übergreifungslänge

  = $\frac{\text{Stützenhöhe} - 2 \times \text{Abstand der äußeren Bügel vom Stützenende}}{16 \text{ cm}}$ + 1 Bügel + 4 (zusätzliche) Bügel

  = $\frac{310 \text{ cm} - 2 \times 3{,}0 \text{ cm}}{16 \text{ cm}}$ + 1 + 4

  Anzahl der Bügel = 24

Schnittlängenermittlung

4⌀14 (Längsstäbe Pos. 4)
l = Stützenhöhe + Länge der Anschlussbewehrung
l =   310 cm   +   118 cm
l =   428 cm

24⌀8 (Bügel mit Haken Pos. 5)
Bügelbreite = Stützenbreite − 2 x Betondeckung
  b =   30 cm   − 2 x 3,0 cm
  b =   24 cm
l = 4 x Bügelbreite + 2 x Hakenzuschlag
l =   4 x 24 cm   +   2 x 10 x 0,8 cm
l =   112 cm

Gewichtsermittlung
Pos. 4   4 x 4,28 m x 1,21 kg/m = 20,72 kg
Pos. 5   24 x 1,12 m x 0,395 kg/m = 10,62 kg
                    Gesamtgewicht 31,34 kg

Herstellen des Bewehrungskorbes
- Vorbereiten der Stahlpositionen 4 und 5 (wie bei der Fundamentbewehrung beschrieben).
- 2 Längsstäbe (Pos. 4) auf Montageböcke auflegen, Kröpfung beachten.
- Ersten Bügel nach 3 cm, dann die Bügelabstände (8 x 8 cm, 15 x 16 cm) anreißen. Überprüfen, ob die letzte Markierung 3 cm vor der Kröpfung liegt.
- Bügel (Pos. 5) mit versetzten Haken über die Längsstäbe hängen, mit Bindedraht befestigen und Bügel schließen.
- Restliche Längsstäbe einschieben und befestigen.
- Abstandhalter an den Bügeln anbringen (in Längsrichtung im Abstand von ca. 1 m pro Stützenseite 2 Stück).

Abschlussprüfung

Beton- und Stahlbetonbauer

Handlungsorientierte Aufgaben: Beton- u. Stahlbetonbau | Lösung 3305

- Bewehrungszeichnung

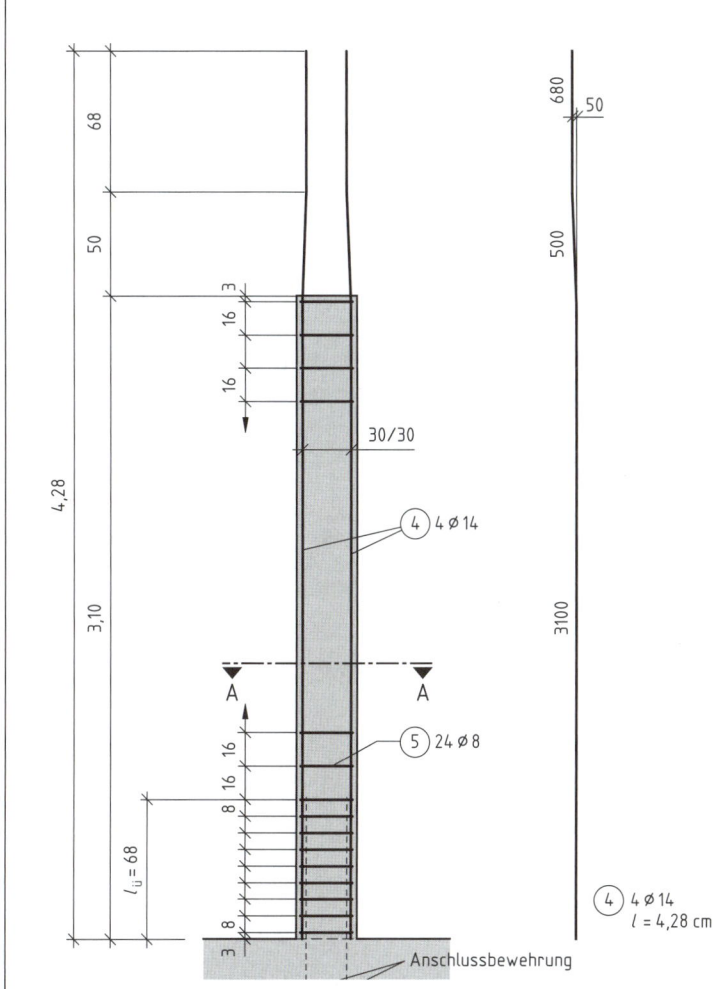

Stahlbetonstütze C25/30, B500A
Betondeckung c_{nom} = 3,0 cm

Schnitt A–A

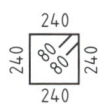

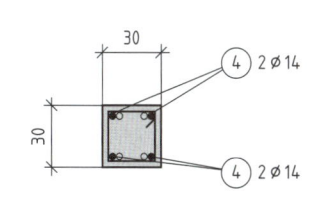

⑤ 24 Ø 8-8/16
  l = 1,12 m

④ 2 Ø 14
④ 2 Ø 14

④ 4 Ø 14
l = 4,28 cm

Anschlussbewehrung

Die Schalhaut wird um den Bewehrungskorb mit Säulenzwingen zusammengebaut, ins Lot gebracht und mit Richtstützen in ihrer Lage gesichert.

$A_{Stützenschalung}$ = 4 x 0,30 m x 3,10 m
A = 3,72 m²

Es sind 3,72 m² Stützenschalung aufzustellen.

⑥ **Stützenschalung**
Nach dem Einbau (möglichst enge Verknüpfung von Anschlussbewehrung und Längsstäben) wird die Stützenbewehrung mit einer Träger- oder Rahmenschalung eingeschalt. Mit Richtstützen ist eine genaue Fixierung auf dem Fundament und die Standsicherheit der Schalung möglich.
Sollte keine Systemschalung zur Verfügung stehen, muss eine konventionelle Brettschalung aufgebaut werden. Ein auf dem Fundament befestigter Fußkranz sichert die genaue Lage der Stütze. Es werden jeweils zwei gleiche, stützenhohe Schilder gefertigt: mit der Stützenbreite von 30 cm und um zwei Brettdicken breiter als 30 cm (Reinigungsöffnung vorsehen!). Die Querlaschen der Schilder werden in gleicher Höhe angebracht. Beginnend mit einem Abstand von ca. 25 cm vom Stützenfuß können die Laschenabstände wegen des abnehmenden Schalungsdrucks nach oben hin größer werden. Die Schalungsschilde werden mit Dreikantleisten versehen und mit Trennmitteln behandelt.

⑦ **Stützenbeton**
- Mengenermittlung
  $V_{Stütze}$ = l x b x h
  $V_{Stütze}$ = 0,30 m x 0,30 m x 3,10 m
  $V_{Stütze}$ = 0,279 m³
- Transportbetonbestellung:
  - Menge: 0,3 m³
  - Druckfestigkeitsklasse:
    C25/30 (Vorgabe des Planers)
  - Expositionsklasse:
    Expositionsklassengruppe 5 (Nach DIN EN 206-1/DIN 1045-2 lassen sich zur praktischen Vereinfachung Expositionsklassengruppen bilden, diese Klasse 5 ist für Stützen geschlossener Parkhäuser und Tiefgaragen geeignet.)
  - Chloridgehaltsklasse:
    Cl 0,40 (Beton mit Bewehrung)
  - Größtkorn:
    32 mm (Nenngröße deutlich kleiner als 1/5 der kleinsten Bauteilabmessung, überwiegender Anteil des Gemisches kleiner als Bewehrungsabstand und Betondeckung)
  - Konsistenz:
    C3 (Übliche Transportkonsistenz für Kran und Pumpe)

Abschlussprüfung — Beton- und Stahlbetonbauer

Handlungsorientierte Aufgaben: Beton- u. Stahlbetonbau — Lösungen 3306 ... 3307

3306

① **Bewehrung in Draufsicht und Seitenansicht**

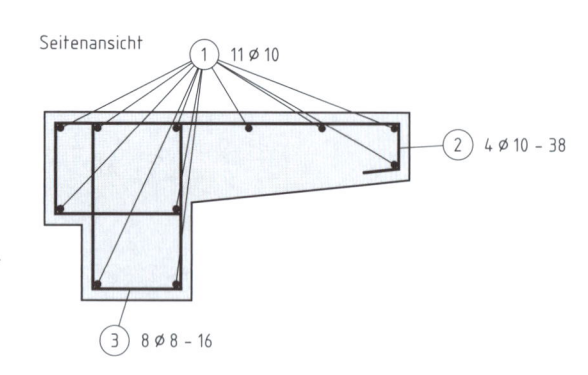

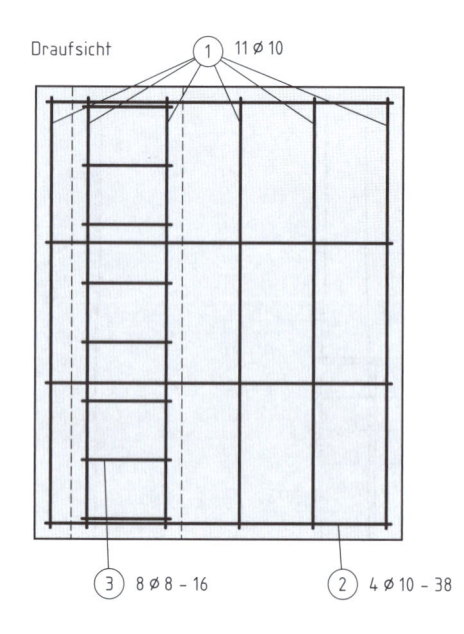

Seitenansicht — ① 11 ⌀ 10; ② 4 ⌀ 10 – 38; ③ 8 ⌀ 8 – 16

Draufsicht — ① 11 ⌀ 10; ③ 8 ⌀ 8 – 16; ② 4 ⌀ 10 – 38

② **Betonmenge und Baustoffmengen**

Querschnitt = 0,1 m × 0,3 m + 0,3 m × 0,5 m + 0,6 m × 0,5 × (0,18 m + 0,24 m) = 0,306 m²

Betonmenge = 0,306 m² × 1,2 m = 0,367 m³

Für den Beton wird festgelegt: Zementfestigkeitsklasse CEM 32,5; Größtkorn 16 mm; Konsistenz: plastisch

Nach Rezept werden benötigt:
352 kg/m³ × 0,367 m³ = 129 kg Zement
134 l/m³ × 0,367 m³ = 49 l Wasser
1774 kg/m³ × 0,367 m³ = 651 kg Gesteinskörnung

③ **Gewicht der Bewehrung**

Pos.	d_s (mm)	Anzahl	Einzellänge (m)	Gesamtlänge (m)	Gewicht (kg/m)	Gewicht (kg/d_s)
①	10	11	1,14	12,54	0,617	7,73
②	10	4	2,08	8,32	0,617	5,13
③	8	8	1,56	12,48	0,395	4,93
					Gesamt:	17,79 kg

3307

① **Bewehrung in Draufsicht und Schnitt A–A**

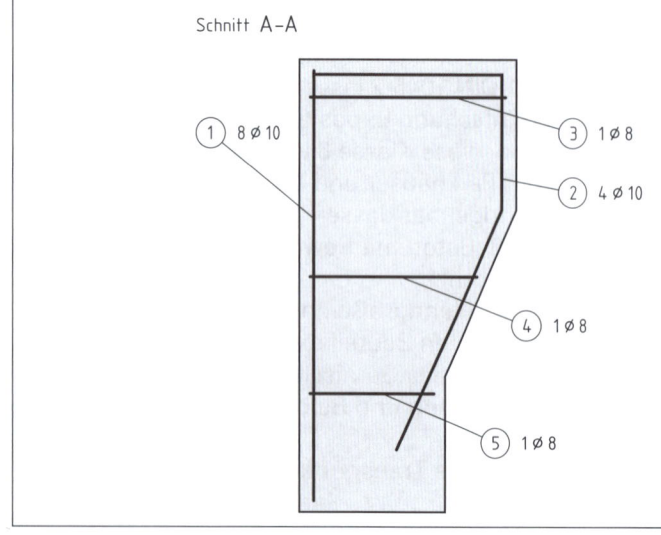

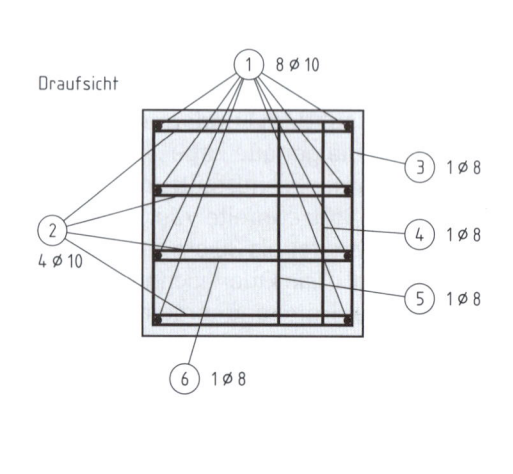

Schnitt A–A: ① 8 ⌀ 10; ② 4 ⌀ 10; ③ 1 ⌀ 8; ④ 1 ⌀ 8; ⑤ 1 ⌀ 8

Draufsicht: ① 8 ⌀ 10; ② 4 ⌀ 10; ③ 1 ⌀ 8; ④ 1 ⌀ 8; ⑤ 1 ⌀ 8; ⑥ 1 ⌀ 8

Abschlussprüfung
Beton- und Stahlbetonbauer

Handlungsorientierte Aufgaben: Beton- u. Stahlbetonbau — Lösungen 3307 … 3308

3307

② **Gewicht der Bewehrung**

Pos.	d_s (mm)	Anzahl	Einzel-länge (m)	Gesamt-länge (m)	Gewicht (kg/m)	Gewicht (kg/d_s)
①	10	8	1,14	9,12	0,617	5,63
②	10	4	1,78	7,12	0,617	4,39
③	8	1	2,36	2,36	0,395	0,93
④	8	1	2,20	2,20	0,395	0,87
⑤	8	1	1,96	1,96	0,395	0,77
⑥	8	1	1,66	1,66	0,395	0,66
⑦	8	1	1,50	1,50	0,395	0,59
⑧	8	1	1,26	1,26	0,395	0,50
					Gesamt:	14,34 kg

3308

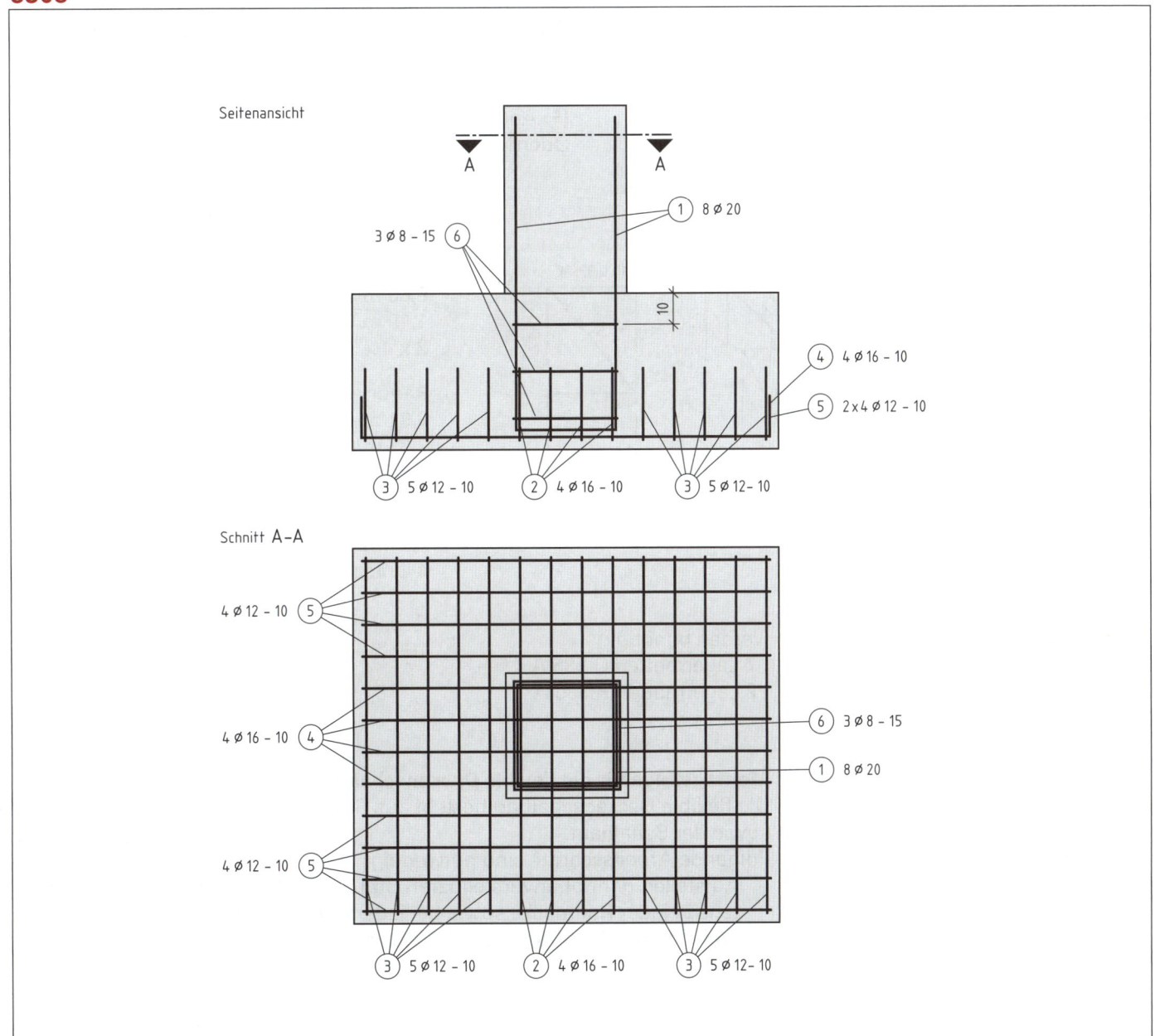

Abschlussprüfung

Beton- und Stahlbetonbauer

Handlungsorientierte Aufgaben: Beton- u. Stahlbetonbau

Lösung 3309

3309

① **Matten-Verlegeplan**
Die untere und obere Bewehrungslage werden getrennt dargestellt. In den Übergreifungsbereichen dürfen maximal 3 Matten übereinander liegen.

Länge: 8,74 m – 2 x 0,04 m = 8,66 m
Breite: 3,99 m – 2 x 0,04 m = 3,91 m

Untere Bewehrungslage:
Lagermatte Q 335 A (2,30 m x 6,00 m),
Übergreifungslänge 32 cm

4 Matten (Lage: 2 quer, 2 längs)

Längsrichtung:
4,70 m + 2 x 2,30 m – 2 x 0,32 m = 8,66 m
Querrichtung:
2 x 2,30 m – 0,69 m = 3,91 m

② **Schneideskizze**
Sie ist auf der Grundlage des Matten-Verlegeplanes zu erstellen. Grundsätzlich ist auf geringen Verschnitt zu achten.

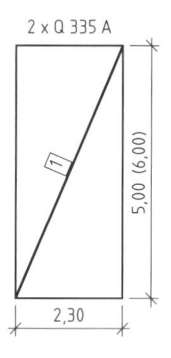

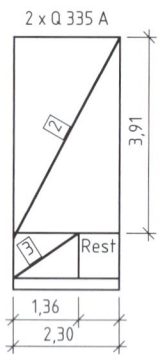

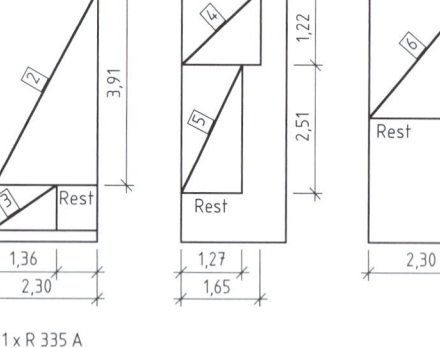

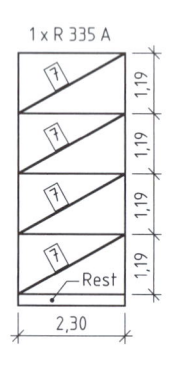

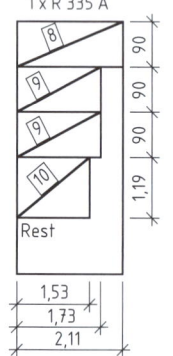

Es werden benötigt:
 7 Lagermatten Q 335 A
 2 Lagermatten R 335 A

Obere Bewehrungslage:
Lagermatten Q 335 A/R 335 A (2,30 m x 6,00 m),
Übergreifungslänge 46 cm

Stützbereich/3 Matten
Längsrichtung: 2,51 m
Querrichtung: 2,30 m + 2 x 1,27 m – 2 x 0,46 m = 3,91 m

Eckbereich über Abstellraum/1 Matte
Längsrichtung: 0,90 m
Querrichtung: 0,90 m + 0,46 m = 1,36 m

Eckbereich über Garage/1 Matte
Längsrichtung: 1,19 m
Querrichtung: 1,19 m + 0,46 m = 1,65 m

Randbereich über Abstellraum/3 Matten
Längsrichtung: 0,81 m + 2 x 0,46 m = 1,73 m
Querrichtung: 3,91 m – 2 x 1,36 m + 2 x 0,46 m = 2,11 m

Randbereich über Garage/5 Matten
Längsrichtung: 3,25 m + 3 x 0,46 m – 2 x 2,30 m = 0,03 m
($\Rightarrow$ Änderung für Eckbereich: 1,19 m + 0,03 m = 1,22 m)
Querrichtung: 3,91 m – 2 x 1,65 m + 2 x 0,46 m = 1,53 m

③ **Unterstützungen für die obere Bewehrungslage**

Randbereich Längsrichtung
8,66 m/2,00 m ≅ 4 Unterstützungskörbe
1,19 m/0,70 m ≅ 2 Unterstützungskörbe
2 x 4 x 2 = 16 Unterstützungskörbe

Randbereich Querrichtung
3,91 m – 2 x 0,90 m = 2,11 m
2,11 m/0,70 m ≅ 3 Unterstützungskörbe
2 x 3 = 6 Unterstützungskörbe

Stützbereich
2,51 m/0,70 m ≅ 4 Unterstützungskörbe
4 Unterstützungskörbe

Gesamt:
16 + 6 + 4 = 26 Unterstützungskörbe

④ **Montagefolge für die flexible Deckenschalung**
Die flexible Deckenschalung besteht aus Stützen, Joch- und Querträgern sowie der Schalhaut.
Folgende Arbeitsschritte sind notwendig:
– Aufstellen der höhenverstellbaren Stützen auf Dreifußständer (mindestens in jeder Raumecke sowie bei jedem Stoß der Jochträger)
– Einlegen der Jochträger auf die Stützenköpfe
– Aufstellen von Zwischenstützen unter die Jochträger
– Auflegen der Querträger auf die Jochträger und Ausrichten der Querträger
– Verlegen der Schalhaut auf die Querträger

Abschlussprüfung — Beton- und Stahlbetonbauer

Handlungsorientierte Aufgaben: Beton- u. Stahlbetonbau — Lösung 3309

3309

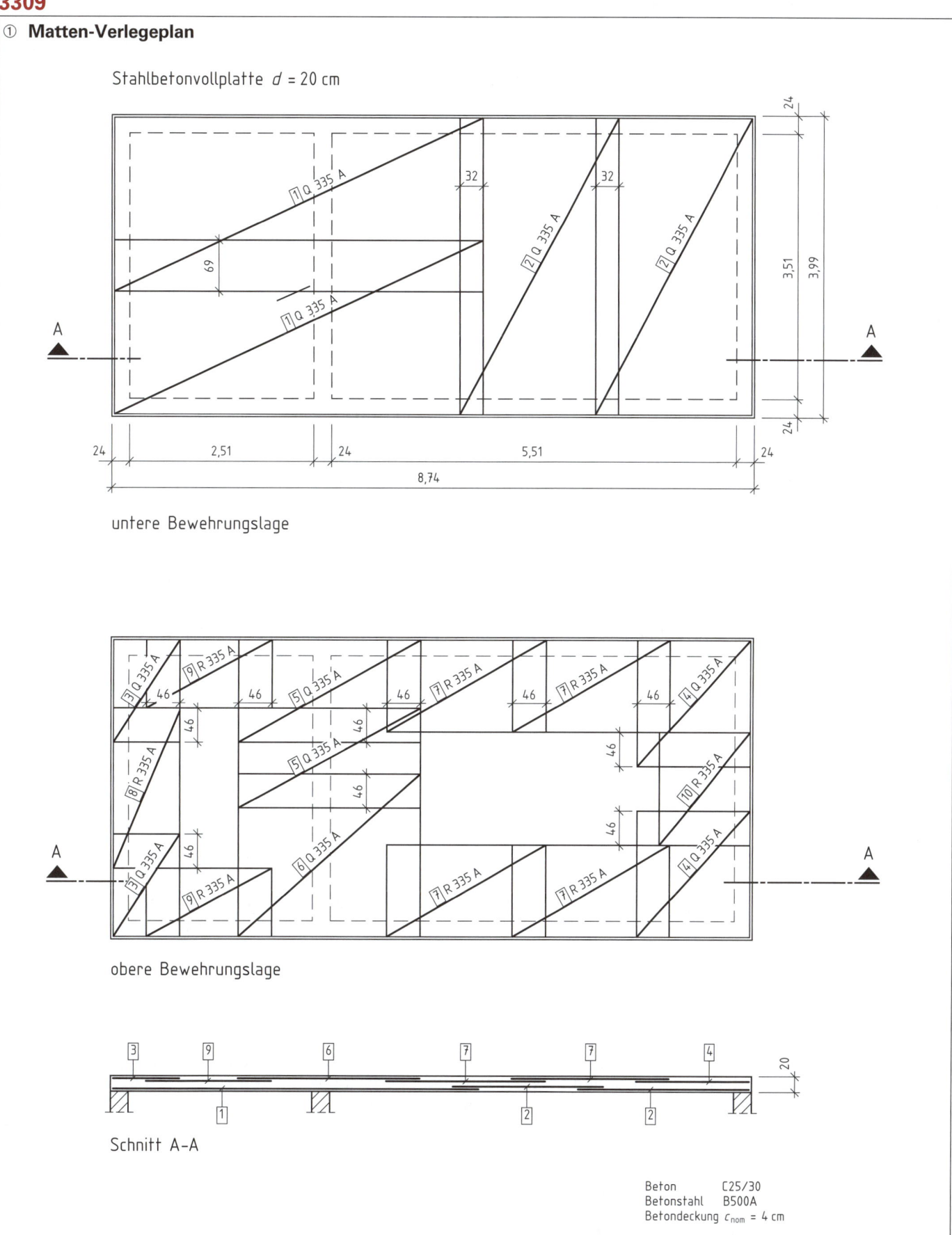

① **Matten-Verlegeplan**

Stahlbetonvollplatte $d = 20$ cm

untere Bewehrungslage

obere Bewehrungslage

Schnitt A-A

Beton C25/30
Betonstahl B500A
Betondeckung $c_{nom} = 4$ cm

Abschlussprüfung — Maurer

Lernfeldaufgaben: Mauerwerksbau — Lösungen

3401	4	3402	2	3403	1	3404	3	3405	3	3411	2
3412	1	3414	5	3415	1	3416	3	3417	1	3418	vgl. Bild zu 3302-16

3406
Wie viele Steigungen hat die dargestellte Treppe?

14 Auftritte ⇒ **15** Steigungen

3407
Was versteht man unter dem Steigungsverhältnis einer Treppe?

Das Verhältnis wird als Quotient von Treppensteigung s zu Treppenauftritt a (in cm) angegeben. Dieser Quotient ist ein Maß für die Neigung der Treppe und darf auf deren Lauflinie nicht wechseln.

3410
Wie groß ist die lichte Durchgangshöhe?

Auftritte unter dem Treppenloch:
336 cm : 28 cm = 12 Auftritte
12 Auftritte = 13 Steigungen − 1 Steigung
12 Steigungen · 18,5 cm = 222 cm

lichte Durchgangshöhe: 222 cm − 18,5 cm = **203,5 cm**

3408
Anhand einer Skizze sind Begriffe Trittstufe, Setzstufe, Trittkante, Trittfläche und Unterschneidung zu zeigen.

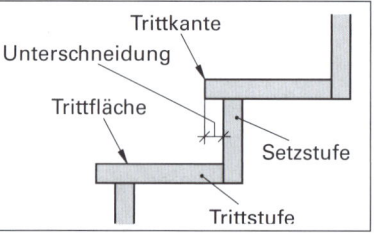

3409
In ein Einfamilienhaus (Geschosshöhe 2,875 m) ist eine einläufige Treppe (Steigungen ca. 18 cm) einzubauen. Die Rohdecke ist 16 cm dick, der Fußbodenaufbau im unteren Geschoss 14 cm, auf den Treppenstufen 3 cm und auf der oberen Geschossdecke 9 cm.

Gesucht werden:

Steigungen n = 287,5 cm : 18 cm n = 15,95
                 gewählt: n = **16**

Steigungshöhe s = 287,5 cm : 16 St s = **17,97 cm**

Auftrittbreite a = 63 cm − 2 · 17,97 cm a = 27,06 cm
                 gewählt: a = **27 cm**

Treppenlänge l_T = (16 − 1) · 27 cm
                 l_T = **405 cm**

Rohbauhöhe von ...

... **Antrittstufe**
 s = Steigungshöhe + unterer Fußbodenaufbau − Treppenbelag
 s = 17,97 cm + 14,00 cm − 3,00 cm
 s_1 = **28,97 cm**

... **Treppenstufen**
 s_{2-15} = **17,97 cm**   Rohbaumaß = Fertigmaß

... **Austrittstufe**
 s = Steigungshöhe − oberer Fußbodenaufbau + Treppenbelag
 s = 17,97 cm − 9,00 cm + 3,00 cm ⇒ s_{16} = **11,97 cm**

3413
Wie wird die lichte Treppendurchgangshöhe gemessen und wie hoch muss sie mindestens sein?

Die lichte Treppendurchgangshöhe als lotgerechtes Fertigmaß wird gemessen über einer gedachten geneigten Ebene, die durch die Vorderkanten der Stufen gebildet wird (über Podesten von deren waagerechter Oberfläche) bis zu den Unterseiten darüber liegender Bauteile. Sie muss mindestens 2,00 m betragen.

3419

Schrittmaßregel	$2s + a$ = 59 cm ... 65 cm z.B. $2s + 28{,}2$ cm = 63 cm ⇒ s = 17,4 cm
Gehsicherheitsregel	$s + a$ = 46 cm ... 47 cm; **Bequemlichkeitsregel** $a − s$ = 12 cm

Abschlussprüfung — Maurer

Lernfeldaufgaben: Mauerwerksbau — Lösungen

3420

Freihandzeichnung

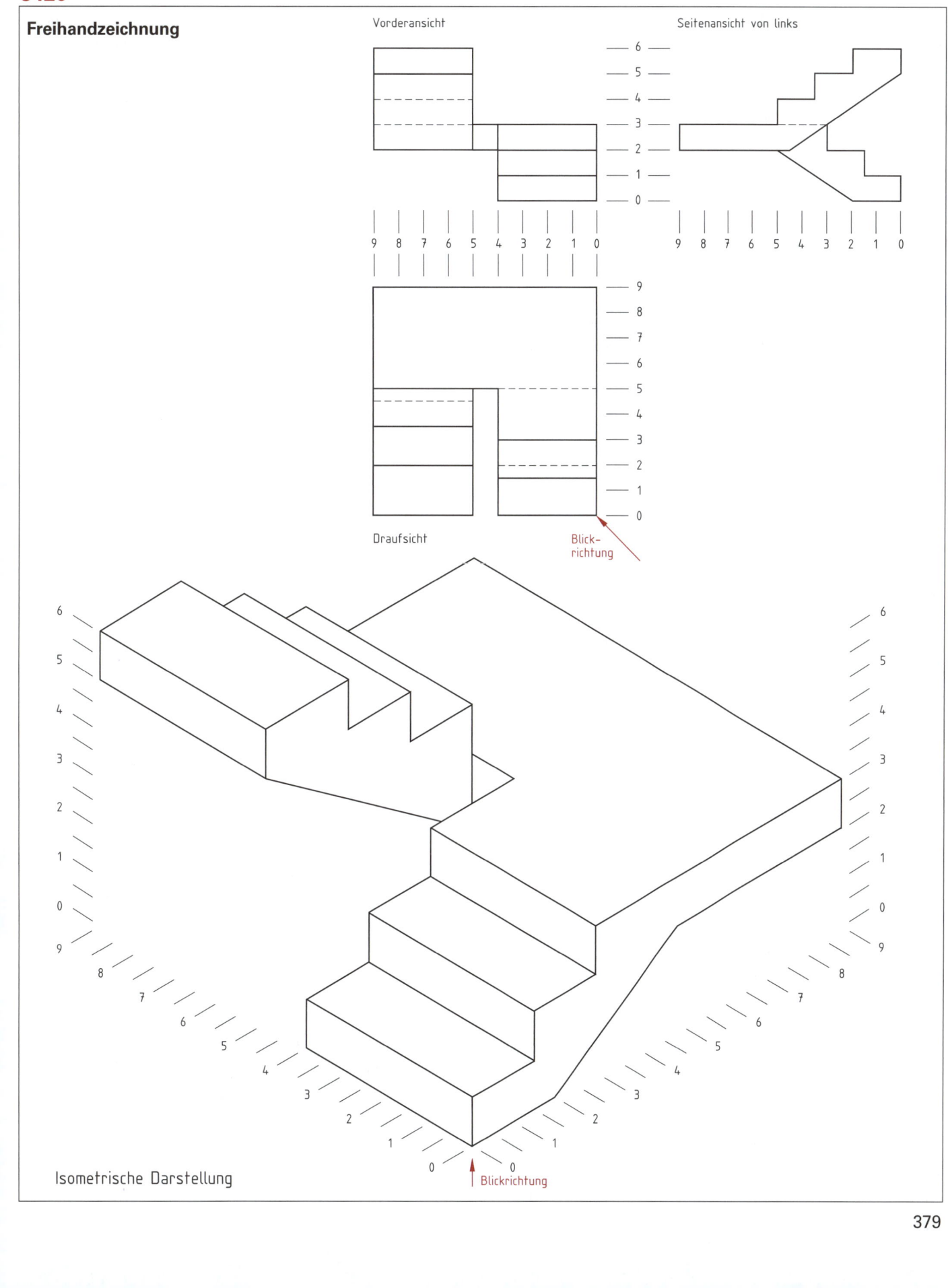

Vorderansicht

Seitenansicht von links

Draufsicht

Blickrichtung

Isometrische Darstellung

Blickrichtung

Abschlussprüfung Wirtschafts- und Sozialkunde

Gebundene Aufgaben — **Lösungen**

Nr.		Nr.		Nr.		Nr.		Nr.		Nr.	
4001	①	4054	⑤	4104	①	4182	④	4230	②	4312	④
4002	⑤	4055	④	4105	②	4183	③	4251	④	4313	②
4003	④	4056	③	4106	①	4184	④	4252	③	4314	④
4004	②	4057	②	4107	②	4185	③	4253	④	4315	④
4005	④	4058	③	4108	③	4186	③	4254	①	4316	③
4006	①	4059	⑤	4109	④	4187	④	4255	③	4317	①
4007	②	4060	③	4110	③	4188	⑤	4256	③	4318	⑤
4008	③	4061	③	4141	⑤	4189	⑤	4257	①	4319-1	c
4009	④	4062	②	4142	①	4190	⑤	4258	③	4319-2	d
4010	⑤	4063	②	4143	③	4191	②	4259	③	4319-3	e
4011	④	4064	③	4144	④	4192	②	4271	①	4319-4	b
4012	③	4065	②	4145	④	4193	③	4272	④	4319-5	a
4013	①	4066	⑤	4146	⑤	4194	⑤	4273	③	4320	②
4014	③	4067	③	4147	④	4195	①	4274	④	4330	③
4015	⑤	4068	①	4148	②	4196	②	4275	①	4331	①
4016	②	4071	④	4149	①	4197	③	4276	②	4332	④
4017	①	4072	②	4150	②	4198	③	4277	⑤	4333	③
4018	④	4073	③	4151	④	4199	②	4278	③	4334	①
4019	③	4074	④	4152	③	4200	②	4281	③	4335	②
4020	②	4075	②	4153	②	4201	③	4282	④	4336	②
4021	⑤	4076	①	4154	④	4202	①	4283	①	4337	⑤
4022	③	4077	②	4155	⑤	4203	④	4284	④	4351	⑤
4023	④	4078	①	4156	④	4204	③	4285	④	4352	②
4024	①	4079	④	4157	④	4205	②	4286	②	4353	①
4030	②	4080	②	4158	②	4206	④	4287	④	4354	③
4031	②	4081	②	4159	②	4207	④	4288	①	4355	②
4032	①	4082	①	4160	③	4208	⑤	4289	②	4356	②
4033	①	4083	①	4161	①	4209	⑤	4290	⑤	4357	⑤
4034	②	4084	②	4162	③	4210	④	4291	④	4358	③
4035	②	4085	⑤	4163	①	4211	④	4292	①	4359	⑤
4036	③	4086	④	4164	②	4212	⑤	4293	⑤	4360	④
4037	④	4087	③	4165	④	4213	②	4294	①	4361	④
4038	⑤	4088	③	4166	②	4214	①	4295	④	4362	③
4039	④	4089	③	4167	⑤	4215	①	4296	⑤	4363	②
4040	③	4090	②	4168	④	4216	④	4297	①	4364	②
4041	⑤	4091	④	4169	③	4217	①	4298	③	4365	③
4042	③	4092	③	4170	②	4218	④	4299	④	4366	②
4043	②	4093	③	4171	②	4219	③	4301	②	4367	③
4044	②	4094	④	4172	③	4220	③	4302	④	4368	④
4045	③	4095	③	4173	④	4221	④	4303	①	4369	②
4046	②	4096	④	4174	②	4222	④	4304	⑤	4370	③
4047	①	4097	④	4175	⑤	4223	②	4305	②	4371	②
4048	③	4098	②	4176	②	4224	⑤	4306	④	4372	④
4049	④	4099	⑤	4177	②	4225	④	4307	④	4373	④
4050	⑤	4100	①	4178	①	4226	②	4308	②	4374	①
4051	③	4101	④	4179	⑤	4227	②	4309	①		
4052	①	4102	②	4180	④	4228	②	4310	①		
4053	②	4103	②	4181	⑤	4229	④	4311	③		

Klasse:	Name:	Datum:

Leistungskontrolle im Lernfeld:

Nr. 1 ○ 2 ○ 3 ○ 4 ○ 5 ○	**Nr.** 1 ○ 2 ○ 3 ○ 4 ○ 5 ○	**Nr.** 1 ○ 2 ○ 3 ○ 4 ○ 5 ○	**Nr.** 1 ○ 2 ○ 3 ○ 4 ○ 5 ○	**Nr.** 1 ○ 2 ○ 3 ○ 4 ○ 5 ○	**Nr.** 1 ○ 2 ○ 3 ○ 4 ○ 5 ○	**Nr.** 1 ○ 2 ○ 3 ○ 4 ○ 5 ○
Nr. 1 ○ 2 ○ 3 ○ 4 ○ 5 ○	**Nr.** 1 ○ 2 ○ 3 ○ 4 ○ 5 ○	**Nr.** 1 ○ 2 ○ 3 ○ 4 ○ 5 ○	**Nr.** 1 ○ 2 ○ 3 ○ 4 ○ 5 ○	**Nr.** 1 ○ 2 ○ 3 ○ 4 ○ 5 ○	**Nr.** 1 ○ 2 ○ 3 ○ 4 ○ 5 ○	**Nr.** 1 ○ 2 ○ 3 ○ 4 ○ 5 ○
Nr. 1 ○ 2 ○ 3 ○ 4 ○ 5 ○	**Nr.** 1 ○ 2 ○ 3 ○ 4 ○ 5 ○	**Nr.** 1 ○ 2 ○ 3 ○ 4 ○ 5 ○	**Nr.** 1 ○ 2 ○ 3 ○ 4 ○ 5 ○	**Nr.** 1 ○ 2 ○ 3 ○ 4 ○ 5 ○	**Nr.** 1 ○ 2 ○ 3 ○ 4 ○ 5 ○	**Nr.** 1 ○ 2 ○ 3 ○ 4 ○ 5 ○
Nr. 1 ○ 2 ○ 3 ○ 4 ○ 5 ○	**Nr.** 1 ○ 2 ○ 3 ○ 4 ○ 5 ○	**Nr.** 1 ○ 2 ○ 3 ○ 4 ○ 5 ○	**Nr.** 1 ○ 2 ○ 3 ○ 4 ○ 5 ○	**Nr.** 1 ○ 2 ○ 3 ○ 4 ○ 5 ○	**Nr.** 1 ○ 2 ○ 3 ○ 4 ○ 5 ○	**Nr.** 1 ○ 2 ○ 3 ○ 4 ○ 5 ○
Nr. 1 ○ 2 ○ 3 ○ 4 ○ 5 ○	**Nr.** 1 ○ 2 ○ 3 ○ 4 ○ 5 ○	**Nr.** 1 ○ 2 ○ 3 ○ 4 ○ 5 ○	**Nr.** 1 ○ 2 ○ 3 ○ 4 ○ 5 ○	**Nr.** 1 ○ 2 ○ 3 ○ 4 ○ 5 ○	**Nr.** 1 ○ 2 ○ 3 ○ 4 ○ 5 ○	**Nr.** 1 ○ 2 ○ 3 ○ 4 ○ 5 ○
Nr. 1 ○ 2 ○ 3 ○ 4 ○ 5 ○	**Nr.** 1 ○ 2 ○ 3 ○ 4 ○ 5 ○	**Nr.** 1 ○ 2 ○ 3 ○ 4 ○ 5 ○	**Nr.** 1 ○ 2 ○ 3 ○ 4 ○ 5 ○	**Nr.** 1 ○ 2 ○ 3 ○ 4 ○ 5 ○	**Nr.** 1 ○ 2 ○ 3 ○ 4 ○ 5 ○	**Nr.** 1 ○ 2 ○ 3 ○ 4 ○ 5 ○
Nr. 1 ○ 2 ○ 3 ○ 4 ○ 5 ○	**Nr.** 1 ○ 2 ○ 3 ○ 4 ○ 5 ○	**Nr.** 1 ○ 2 ○ 3 ○ 4 ○ 5 ○	**Nr.** 1 ○ 2 ○ 3 ○ 4 ○ 5 ○	**Nr.** 1 ○ 2 ○ 3 ○ 4 ○ 5 ○	**Nr.** 1 ○ 2 ○ 3 ○ 4 ○ 5 ○	**Nr.** 1 ○ 2 ○ 3 ○ 4 ○ 5 ○

Sachwortverzeichnis

A

Abdichtungen 136, 164, 335
Ablagerungsgestein 54
Abschlussprüfung . . . 125, 127, 228
Anhydritestrich. 51
Anschlussfugen 53
Ansichten 158, 161, 217
Arbeitsraum 58
Arbeitsrecht 239
Arbeitssicherheit 8, 261, 314
Arbeitszeitverordnung. 229
Asphalt 73
Auflagerkräfte. 81, 377
Ausbildungsvertrag 228
Außenwände 35, 176

B

Balkenschalung 150, 337
Bau
– absteckungsplan. 37
– gruben 56
– grund 3
– holz 41, 44
– metalle 70, 73
– nennmaße 131
– richtmaße. 131
– zeichnung. 92, 181, 202, 210
Baum. 50
Bekleiden. 119
Berufsbild 228
Berufsbildungsgesetz 228
Beschichten 119
Beton 25, 145, 194, 265
– sortenverzeichnis 146
– stahl 30, 148, 197, 206
– zusatzmittel 146, 195
– zusatzstoffe 195
Betrieb. 233, 234
Bewehrungsplan 206
Bindemittel 14, 20
Bitumen. 72
– emulsion 73
Blockunterricht. 228
Bodenarten. 54, 61
Bodenaushub. 139
Bögen 176, 179, 185
Böschungswinkel. 56
Brandwände 178

C

CEM 25, 32, 145, 194
Calcium
– carbonat 14
– oxid 14

D

Dach
– deckung 68
– formen 66
– teile 69
Decken. 135, 206, 211
Dehnungsfugen 53
Die Eine Welt 256
Dienstleistung. 233
Dispersion. 73
Draht
– anker. 363
– stifte 50
Draufsicht 98
Druckfestigkeit 154, 156
Duales Ausbildungssystem . . . 228
Dünnbett. 53

E

Einzelgründung 60, 218, 367
Entlohnung. 248
Entwässerung. 37
Ergonomie 8, 13
Estriche 53, 164
Expositionsklassen . . . 33, 199, 367

F

Faserplatten 44
Fernsehen 250
Flachgründung. 59
Flächenberechnung. 59
Fliesen 53, 119
Frischbeton. 152, 154
Fundamente 37, 54
Furniere. 47
Fußboden 37

G

Gefahrstoffe 9, 314
Gehalt 248
Geld 235, 236
Geschichte 254, 255
Gesellschaft 254, 255
Gesteinskörnung 145, 149, 204
Gerüste 10, 13
Gips 14, 21
Gräben. 57
Gründungen 54, 62
Grundriss 36, 164, 335
Gussasphaltestrich 51

H

Handwerksbetrieb 229
Höhenmessung 63
Holz 39, 50
– dachkonstruktion. 113, 116
– liste 118
– schädlinge 43
– schutz 39, 41, 44
– verbindungen 43, 48
– werkstoffe 39, 50
Humanisierung der Arbeit 229
Hydraulefaktoren 20

I

Individualversicherung 243
Innenputz 213
Innenschale. 213
Innenwände 35, 38
Isometrie. 206

J

Jahresringe. 39
Jugendschutzgesetz 230

K

Kalk 14
– sandstein 24
– stein 14
Keramik 51
Kernholz 41
Köcherfundament 60
Konsistenz. 26
Korrosion 72
Kunststoffe 70, 73

L

Längen
– berechnung 83
– messung. 65
Lageplan 35
Lagermatte 218, 220
Leichtbetonsteine. 24
Leistungskontrolle WISO 257
Lohnkosten 208

M

Magnesiaestrich. 51
Markt-Preisbildung 237
Maßstäbe 92

Sachwortverzeichnis

Mauer
- mörtel 15, 19, 210
- steine 16, 210
- werksbau 129, 166
- ziegel. 16, 17
Mischungsverhältnis 154
Mörtel
- ausbeute. 22, 181
- bedarf 181

N

Natursteine 55
Natursteinmauerwerk 174, 181
Neigungen 75
Nichteisenmetalle 70
Nivellement 64
Nivelliergerät 64

O

Oberboden 59
Organischer Boden 54

P

Papierformate. 92
Parlament 251
Parteien 251
Pfettendach 113, 116
Platten 51, 53, 119
Preise 335
- bildung 237
Presse 250
Projekte 35, 109, 119, 208
Projektionen 102, 141
Prozentrechnung 85
Putz 15, 166
- mörtel 15, 24, 140, 333
- regeln 364
- weisen 166

Q

Q-Lagermatte 369
Quader. 79

R

Rationalisierungsaufgaben. . . . 229
Rechenarten 74
Regelverbände 17, 129
Regierung 251
R-Lagermatte 218
Rundfunk. 250

S

Schalung 29, 147, 202, 208
Scheck 236
Schlauchwaage 63
Schnitte 97, 211
Schnittlängen 155, 162, 336
Schornsteine. 134
Schraffuren. 96, 143, 210
Schrittmaßregel 224
Schutzausrüstung 8
Schwimmender Estrich 51
Seitenansicht 98
Setzstufe 224
Sicherheitsregel 224
Stahlbeton 25, 145, 194
- balken 31, 151, 162
- klassen 39, 46
- platte 369
Sieblinien 27
Siebversuch 27, 157
Sortierklassen. 36, 46
Sozialversicherung 243
Spanplatten 44, 47
Sparen 249
Sparrendach 113
Staat. 254
Stahl. 70
- auszug 338, 219
- liste 162, 369
Standardbeton 150
Steingutfliesen 52
Steinzeugfliesen 52
Steigung 224
Steuern 247
Stoßfugen 17
Stützen 370
Systemschalung. 200

T

Tariflohn 248
Thermoplaste. 73
Transportbeton 150, 157
Treppe 206, 211
Trittstufe 224

U

Überbindung 130
Umwandlungsgesteine 56
Unfallverhütung 8, 13, 314
- vorschriften 229
Unternehmen 233, 234

V

Verbände 130, 174
Verbundestrich 52
Vermessungsarbeiten 63, 65
Vertragsrecht 231, 232
Volumenberechnung 79, 90
Vorderansicht 98

W

Währung 235
Wärmedämmung 178
Wandfliesen 52
Wasser
- arten 62
- zementwert 28, 194
Wechsel. 236
Wirtschaftspolitik 238

Z

Zement 25, 32, 145, 194
- estrich. 51, 140, 166
Zier
- schicht 175
- verbände 174
Zugspannung 81, 203